通览中国历史　汲取无穷智慧
终生受益的人文读本

中国家庭必备书

不可不知的 1500 个 中国历史常识

朱立春 主编

中国华侨出版社
北 京

图书在版编目 (CIP) 数据

不可不知的 1500 个中国历史常识 / 朱立春主编 . —北京：中国华侨出版社，2010.5（2018.8 重印）

ISBN 978-7-5113-0432-2

I. ①不… Ⅱ . ①朱… Ⅲ . ①中国－历史－通俗读物 Ⅳ . ① K209

中国版本图书馆 CIP 数据核字（2010）第 089260 号

不可不知的 1500 个中国历史常识

主　　编：朱立春

责任编辑：文　臣

封面设计：施凌云

文字编辑：徐胜华

美术编辑：刘欣梅

经　　销：新华书店

开　　本：787mm × 1092mm　1/10　印张：46　字数：720 千字

印　　刷：北京德富泰印务有限公司

版　　次：2010 年 7 月第 1 版　　2018 年 8 月第 2 次印刷

书　　号：ISBN 978-7-5113-0432-2

定　　价：58.00 元

中国华侨出版社　北京市朝阳区静安里 26 号通成达大厦 3 层　邮编：100028

法律顾问：陈鹰律师事务所

发 行 部：（010）58815874　　传　　真：（010）58815857

网　　址：www.oveaschin.com　　E－m a i l：oveaschin@sina.com

如果发现印装质量问题，影响阅读，请与印刷厂联系调换。

前言

Preface

　　中国是一个历史悠久的国度，五千年的风雨历程铸就了辉煌灿烂的中华文明史，这是祖先留给后人的一笔巨大财富，其中不仅蕴含着无尽的经验与真知，更可以照亮前方未知的路途。对于学习历史的重要性，中外名人多有论及，培根说"读史可以明智"，而蔡元培先生下面这段话则更为精到："吾人读历史而得古人之知识，据以为基本，而益加研究，此人类知识之所以进步也。吾人读历史而知古人之行为，辨其是非，究其成败，法是与成者，而戒其非与败者，此人类道德与事业所以进步也，是历史之益也。"

　　学习历史，从历史的兴衰演进中体会生存智慧，从人物的叱咤风云中感悟人生真谛，小到个人，是修身齐家、充实自己头脑、得到人生启迪的需要，大到国家，是在世界民族之林立于不败之地的前提。换个角度讲，在今天，掌握必要的历史常识已然成了一个人综合素质和能力的重要体现，一个人若没有必要的历史知识储备，不仅会使工作、事业受阻，生活上也可能处处遭遇尴尬。事实上，博古通今一直是中国人的不懈追求，古往今来的有识之士们无不注重从历史中汲取营养。史学巨著《资治通鉴》的得名来自于宋神宗"鉴于往事，有资于治道"的御批，司马光亦将编写此书的目的确定为"鉴前世之兴衰，考当今之得失"，足见前人对研究历史的高度重视。

　　为了帮助读者更方便、更轻松、更快捷地了解和掌握必要的中国历史常识，为走向成功的人生打下坚实的基础，编者对纷繁复杂的中国历史资料做了精心的梳理，选取其中最重要、最实用、读者最感兴趣的内容，推出了本书。全书按历史发展的顺序，将中国历史分为"钟鼎之声""争霸图强""九州一统""离析与交融""流金岁月""积贫积弱""马上治天下""重塑辉煌""最后的帝国""民主与新生"等几大部分，涵盖政治、军事、经济、文化、科技、民族等各个领域，勾勒出中华五千年历史演进的基本脉络和发展历程，使读者能从宏观上把握中国历史，窥斑知豹，进而从中揣摩与品味出历史发展的内在规律。为了便于读者阅读和掌握，本书化繁为简，在一个严谨科学的框架体系内，将所有历史常识以词条的形式一一呈现，简明扼要，脉络清晰。另外，本书还精选了300余幅与正文内容紧密契合的精美图片，包括出土文物、人物肖像、历史遗迹、现场照片等，与文字相辅相成，将中国历史的丰富与精彩更直观、更真实、更立体地呈现在读者面前。

中国人注重学习历史，更善于治史，从作为正史的二十四史（从《史记》《汉书》《三国志》到《明史》的二十四本官修纪传体史书）到各类其他史书，史学著作堪称汗牛充栋、浩如烟海，成为历史文化的最佳传承载体。但毋庸讳言，在经济、文化发展日新月异的 21 世纪，那些凝重的皇皇巨著对今天的普通读者来说已太过艰深、晦涩，因此，如何更好地将历史典籍中的精华部分发掘出来，并以科学的体例、通俗生动的语言加以呈现，就成了我们面临的课题，也正是我们编写本书的宗旨。

总之，本书堪称一座浓缩了中国历史全程的知识宝库，集知识性、趣味性、实用性于一体，既是一本精华版的、方便的历史工具书，又可以作为日常生活中一道别有风味的文化快餐——为读者提供其最想知道也应该知道的中国历史常识。衷心希望本书的出版能为广大读者轻松自如地获得历史知识开辟一条捷径，真正做到开卷有益。

目 录
Contents

1

第二章 钟鼎之声

第三章　争霸图强

第四章　九州一统

第五章　离析与交融

第六章　流金岁月

第七章 积贫积弱

第八章　马上治天下

第九章　重塑辉煌

第十章　最后的帝国

第十一章　民主与新生

中华民国 …………………… 360

第一章

远古文明

旧石器时代

（800万年前—约前6000年）

史前史：旧石器时代（约前800万年—约前6000年）是能够确认的人类最早制造和使用工具的时代。考古学家把人类起源至农业出现以前的这一漫长时代，称作"旧石器时代"。这一阶段，人类在体质演化上经历了直立人阶段、早期智人阶段和晚期智人阶段，逐渐由猿人向现代人进化。整个旧石器时代都以打制石器作为重要的标志。打制石器由简单、粗大向规整、细小发展，种类也不断增多，并且在骨器上发明了磨光技术和钻孔技术。此间，发明了人工取火，人类的进化更加迅速，思维得到了突飞猛进的发展，人类社会出现了原始的宗教和艺术。距今1万年前后，人类从攫取经济过渡到生产经济，开始了新石器时代革命。农业和家畜饲养的出现扩大了食物来源，人们开始定居，并从事一些手工业生产。

1. 旧石器时代早期的直立人
猿人

是古猿向现代人进化过程中的一个阶段，距今约300万—60万年。四肢已经开始接近现代人，但头部和脑部还有些原始。经过研究，当人类进化到猿人阶段时，已会制造粗糙的石器工具，并开始使用火。猿人的遗迹，在中国境内尤其多，如元谋猿人、蓝田猿人、北京猿人等。

直立人与智人

约500万年前，最初的人科动物已同猿类分别开来。那时地球环境发生了巨大变迁，由于生存适应，他们采用了直立行走的姿态，这方便了他们采摘果实和掠取动物腐肉。约150万年前，真正的人出现了，称为直立人。他们的头部还很接近猿类，但四肢和躯干部分已很接近现代人。开始使用最原始的工具，为他们的进化和适应提供了便利。以后100多万年间，原始工具的使用使人类

旧石器时代大事年表
距今约170万年 元谋猿人（云南元谋县上那蚌村发现）
距今约80万～75万年 蓝田猿人（陕西蓝田县公王岭发现）
距今约77万～20万年 北京猿人（北京房山区周口店发现） 金牛山人（辽宁营口市金牛山发现）
距今约10万～6万年 许家窑人（山西阳高县许家窑发现）
距今约10万年 北丁村人（山西襄汾县丁村发现） 马坝人（广东韶关市曲江区马坝发现）
距今约5万～4万年 下草湾人（江苏泗洪县下草湾发现）
距今约3万～1万年 左镇人（台湾台南县左镇乡发现）
距今约2万年 柳江人（广西柳江县发现）
距今约1.8万年 山顶洞人（北京房山区山顶洞发现）
距今约7000年 资阳人（四川资阳市发现）

1

的脑容量逐步变大。

约 30 万 — 25 万年前智人出现，流星索的广泛使用、人工取火的发明、标枪的改进、弓箭的出现，使渔猎经济有了重要发展，人们的物质生活水平提高了。旧石器时代晚期，石器制作技术有了更大的突破，开始生产细石器，出现磨制、穿孔技术，并利用骨、角原料制作生产工具和生活用品，不仅有骨锥、骨针、骨铲和骨刮削器，还发明了脱柄骨鱼镖和弓箭。借用弹力把箭射向远方，大大提高了狩猎技术，使人们可以获得更多的猎物。在旧石器时代晚期产生了灵魂信仰和审美观念。

元谋人

1965 年于云南元谋县上那蚌村附近发现。其化石有猿人的左、右上内侧门齿两颗，属同一青年男性个体。后来在元谋人化石所在的褐色黏土层里，发现用石英岩打制的刮削器 4 件，还采集到其他的石制品十几件。在厚约 3 米的 3 个地层中零星散布有炭屑，并存有烧骨，还有多种哺乳类动物化石。元谋人距今约 170 万年，是迄今在中国发现最早的早期人类。源远流长的中华文明最迟即在那时，于此地诞生。

蓝田人

1963 — 1965 年，在陕西蓝田县陈家村和公王岭一带发现，距今有 80 万至 75 万年。蓝田猿人化石有头盖骨一个、上颌骨和下颌骨各一块，牙齿 10 余枚。蓝田人比稍后出现的北京人脑容量小，估计约为 780 毫升。

北京人

北京猿人遗址在北京西南的周口店龙骨山，原为一个长约 140 多米、宽约 20 米的山洞。自 1927 年至 1966 年历次发掘所得猿人化石有头盖骨 6 个，头骨和面骨碎片 12 块，下颌骨 15 块、股骨 7 段、胫骨 1 段、肱骨 3 段、锁骨 1 根、月骨 1 块，牙齿 157 颗。这些化石分属 40 多个人体。北京猿人的总体特征与现代人近似。其用火遗址是目前所能见到的内容最丰富的古人类的用火遗迹。所发现的各种石器有 1.7 万多件，还有大量石片和石核。北京猿人采用砸击、锤击、碰钻等方法制造石器。北京猿人生活在距今 77 万至 20 万年之间。

北京人头盖骨

距今约 50 万年，属旧石器早期，1966 年于北京市房山区周口店第一地点出土。北京人化石相当丰富，自 1927 — 1937 年陆续在这里发现的直立人化石有：头盖骨、下颌骨、牙齿、股骨、肱骨、锁骨、月骨，但这批化石大部分已在第二次世界大战中丢失，至今下落不明。1949 年后，又先后发现了头盖骨、下颌骨、牙齿、肱骨、胫骨等。已发现的北京人化石共代表 40 多个个体。北京人头盖骨具有与猿相近的特征，如顶骨低平、前额后倾、眉脊粗壮等。据古地磁测定的结果，自 77 万年到 20 万年前，北京人陆续生活在这里。与北京人化石同时发现的还有大丁氏鼢鼠、扁角鹿、肿骨鹿等 100 余种动物化石，部分植物化石，几万件石器和大量用火的遗迹。由此可以推断：当时的北京地区较现在温暖，"北京人"居住的洞穴周围有森林、草原，还有河流。他们制作石器，从事采集狩猎活动，用火烧烤兽肉，过着十分原始的生活。

北京猿人复原像　　　　北京猿人头盖骨化石

金牛山人

1984 年发现，遗址在辽宁营口市西金牛山的洞穴里。化石有较完整的头骨 1 个，还有脊椎骨、肋骨、腕骨、掌骨、趾骨、髋骨、尺骨、指骨、跗骨等比较罕见的猿人骨骼化石 50 余件。金牛山人距今 28 万年左右。

丁村人

我国古人化石。1954 年在山西襄汾丁

村附近发现，故名。所发现化石有属于同一个体的门齿 2 枚，臼齿 1 枚。门齿的舌面与北京人相同，是蒙古人种的特征。牙齿比北京人细小，臼齿咬合面的纹理比北京人简单，但比现代人复杂。在其遗址中发现石器 2000 多件，还有许多动物化石。石器的制作技术比北京人进步，类型也有进一步分化，有砍砸器、刮削器、石球、小型尖状器、厚三棱尖状器等打制石器。石球和厚三棱尖状器是丁村人具有代表性的石器，前者可能是挖掘用的工具，后者可能是狩猎用的武器。据考证，丁村人约 10 万年前生活于汾河中游。当时该地气候比现在温暖，他们过着以渔猎为主而兼采集的群居生活。

许家窑人

1976 年发现于山西省阳高县许家窑村和河北省阳原县侯家窑村一带，距今约 10 万年至 6 万年。属于中更新世末或更新世初。20 多块化石分别属于 10 个不同的人体。他们总体上属于早期智人，已经能打造更先进的石器和骨器。发掘出来的石器多达 1.4 万件，以石英和燧石为主要原料。许家窑遗址出土了数吨动物骨骸，但未见一具完整的动物遗骸。由此看来，成了智人的许家窑人已经具有了更大的生存能力，野兽的肉和皮已成了他们的口中物和身上衣了。

大荔人

1978 年发现于陕西省大荔县洛河第三级阶地的砾石层中。化石为一个不足 30 岁的男性头骨，这是约 10 万年前中更新世末期的人类化石。这个头骨有低矮的头顶，扁平的前额，粗壮的眉脊，一条横沟在上方，沟的两端，脑颅前部向内侧渐缩渐窄，骨壁显得很厚。这和周口店发现的北京人相像。大荔人处于由直立人向智人过渡的阶段，这表明人类又向前进了一步。

2. 旧石器时代中晚期的智人
马坝人

我国旧石器时代中期原始人类化石。

1958 年在广东韶关市曲江区马坝镇狮子岩洞穴中发现，故名。所发现的化石为不完整头骨一具，为成年男性。其特征：额骨向后渐倾，低于现代人，高于北京猿人；眉脊粗壮，眉脊之后的额骨部分明显收缩，类似猿人；头骨高度较小，骨壁薄于北京猿人而厚于现代人。随同化石出土的还有熊、虎、野猪、犀牛、东方剑齿象等 19 种动物化石。根据头骨特征及共生动物群分析，距今约有 10 余万年。靠捕猎采集为生，是晚期猿人向古人发展的最早类型。

左镇人

距今约 3 万－1 万年的旧石器时代晚期的古人类。1972 年发现于台湾台南县左镇乡莱寮溪。化石为一青年男性顶骨，脑的发育已经成熟，是古人类的新人类型。据研究，左镇人是由大陆迁入台湾的，是迄今为止台湾发现的最古老的人类化石。

河套人

1922 年发现于内蒙古乌审旗萨拉乌素河岸，距今四五万年之间。其化石有人类顶骨、额骨、枕骨、下颌骨、门齿、椎骨、肩胛骨、肱骨、股骨、胫骨等 20 余件化石，其中有 6 件是从晚更新世原生地层里发掘出土的。石器多采集于大沟湾，石器偏于细小，制作技术进步。主要有尖状器、刮削器、雕刻器，其中以圆头刮削器、小雕刻器和楔形石核等最典型。发现一处长宽范围约 1－2 米的灰烬遗迹，是人们架火烤肉的地方，周围散落有动物烧骨和大量兽骨碎片。

下草湾人

距今约四五万年的旧石器时代晚期的古人类，1954 年发现于江苏泗洪县下草湾河岸。化石是一段人的股骨。

柳江人

1951 年于广西壮族自治区柳江县通天崖发现，距今约 2 万年。通天崖出土的柳江人头骨，其形态特征表明是属于新人的早期类型，比北京房山区周口店的山顶洞人和资阳人原始。柳江人头骨已具备了黄种人的特征，与现代中国人无明显区别。

山顶洞人

旧石器晚期生活在北京周口店龙骨山的原始人类。1933 年于龙骨山山顶洞发现化石，距今约有 18000 年。根据对化石的研究，和现代人基本相同，是蒙古人种体质类型形成中的一个重要阶段。他们已掌握了钻孔、磨制、刮挖等技术，会制造骨针，把兽皮缝成衣服。还会用赤铁矿石粉将石珠、鱼骨等装饰品染成红色，说明当时人类已有爱美的观念。有的尸骨周围撒有赤铁矿粉粒，可能已产生原始的宗教观念。在洞穴中还发现 54 种动物化石，其中有鱼骨化石，洞穴中还有用火的痕迹，开始有了劳动的自然分工，男子从事狩猎渔捞，女子和老人、儿童则从事采集，活动范围扩大到 100 — 500 公里以外地区。已脱离原始人群的早期社会，按血缘亲属关系聚族而居，过着母系氏族公社的社会生活。山顶洞人及其遗物的发现，为研究新人时期的人类及其社会情况，提供了丰富的资料。

资阳人

旧石器时代晚期智人，1951 年在四川资阳市黄鳝溪发现。化石为一老年女性头骨，头骨上有些部分比较原始（如显著的眉脊和矢状脊，较扁平的额骨，较厚的颅骨骨壁），但头骨高度相当大，头骨最宽处在两侧顶结节部分等特征基本上与现代人相似。其生存年代距今约 7000 年。

新石器时代
（1 万年前—4000 年前）

考古学家把陶器和农业的出现作为进入新石器时代的标志。新石器时代人类开始定居下来，刀耕火种，从事原始农业生产，并把一些野生动物驯化成家畜，从而有了比

新石器时代大事年表

约公元前 6800 年	河姆渡文化（浙江余姚市河姆渡遗址）
约公元前 6300 ~ 前 4600 年	大汶口文化（以山东泰安市大汶口遗址为代表）
约公元前 5400 ~ 公元前 5100 年	磁山文化（河北武安县磁山发现）
约公元前 5000 年	大坌坑文化（台湾台北市大坌坑发现）
约公元前 5000 ~ 4000 年	良渚文化（浙江杭州余杭区良渚发现）
约公元前 5000 ~ 公元前 3000 年	仰韶文化（河南渑池县仰韶村首先发现）
约公元前 4750 ~ 公元前 3700 年	马家浜文化（浙江嘉兴市马家浜首先发现）
约公元前 4400 ~ 公元前 3300 年	大溪文化（重庆市巫山县大溪发现）
约公元前 4000 年	齐家文化（甘肃广河县齐家坪）
约公元前 3800 ~ 公元前 2000 年	马家窑文化（甘肃临洮县马家窑首先发现）
约公元前 3500 年	红山文化（内蒙古赤峰市红山首先发现）
约公元前 2900 ~ 公元前 1900 年	龙山文化（山东章丘市龙山首先发现）
约公元前 2750 ~ 公元前 2650 年	屈家岭文化（湖北京山县屈家岭首先发现）
约公元前 2300 公元 ~ 前 2000 年	卡若遗址（西藏昌都县卡若发现）

较稳定的食物来源。人类还改进渔猎手段，从事制陶、纺织、木工等手工生产。新石器时代前期（约 1 万年前至 5000 年前），氏族集团日益扩大，并营建了规模很大的聚落。人们的宗教信仰日益发展。仰韶文化时期的居民创造的彩陶艺术，展现了他们的创造力。

新石器时代后期，人口快速增加，居址遍布中国大地。各地区的氏族部落创造出各具特色的文化，使这一时期的文化多姿多彩。犁耕技术开始出现，农作物的品种和产量均大有增加。手工业分工及其技术均有发展，人们已掌握冶铜技术。随之，社会结构明显变化，贫富分化加剧，宗教与政治结合在一起，出现了规模很大的祭坛。还出现了掌握宗教权力和军事权力的首领，掠夺战争

频繁，各地纷纷筑造城堡。这一时期，有些氏族部落开始向文明时代迈进。

1. 母系氏族公社

距今约 10 万年前，母系氏族社会开始形成。母系氏族社会的主要特点是：妇女居于主导地位，丈夫居于妻方，辈分从母系计算，财产由母系继承。当时实行族外婚制，就是同一氏族内部不许通婚，只有不同氏族之间的同辈男女可以互为夫妻。后来发展为对偶婚，就是在互婚的男女群中各有一个主要配偶，但不严格。因此，所生子女知其母不知其父。这时氏族共有财产，实行原始共产主义。这一历史时期，考古学上称之为新石器时代。发现的比较有代表性的文化遗址有：山顶洞人遗址、河姆渡文化遗址、半坡村遗址、昂昂溪遗址、林西遗址和仰韶文化遗址。

山顶洞人是母系氏族公社的早期阶段。距今约有 18000 年。山顶洞人在体质方面和现代人基本相同，而且明显地显示出蒙古人种的特征。山顶洞人会磨制骨器，这是制作工具技术的一大进步。在遗址中曾发现一根磨制的骨针，在针的一端还挖有穿线的小孔。骨针的发现，证明他们已能用兽皮缝制衣服，在身上还佩戴着饰物，这说明人们的生活较以前有了显著的改善。发现的饰物有穿孔的兽牙、砾石，有经过磨制的鸟骨、石珠，这说明山顶洞人穿孔、磨制的技术还应用于装饰品上。在遗址中发现有用赤铁矿的粉末和海蚶壳做的饰物。赤铁矿和海蚶壳都非当地

彩陶人面鱼纹盆
鱼纹盆为仰韶文化半坡类型彩陶的代表作，表现了人类早期与动物的密切关系。

所出，说明山顶洞人已和外界有了交换关系。

早期原始农业

距今 1 万年前后，人类从攫取经济过渡到生产经济，开始了新石器时代的革命。早期农业和家畜饲养的出现，扩大了食物来源，人们开始定居，并从事一些手工业生产。中国是世界上农业起源最早的国家之一。最迟在距今七八千年以前，黄河流域已种植粟和黍，长江中、下游已种植稻。在长期的狩猎活动中，人们开始饲养一些比较温驯的动物，使之成为家畜。北方以饲养猪、狗、鸡为主，南方以饲养猪、狗、水牛为主。在新石器时代，渔猎和采集仍然是获取食物的重要补充手段，渔猎工具和技术较前有很大的发展。农作物的食用及对炊器的需要促使制陶技术产生。人们开始用纺织物来改善自身的穿着。

河姆渡文化

分布在浙江绍兴与宁波之间，为新石器时代繁荣时期的文化，距今约有 6800 年。生产工具有石斧、骨耜、骨镞等，陶器为黑色，有釜、钵、罐、盆、盘等，都是手工制作。河姆渡居民已大量种植水稻，考古发掘时发现有很多稻谷、稻壳、稻茎的遗存，这证明当时农业已相当发达。此外，还发现一种栽桩架板高于地面的杆栏式建筑，这证明当时的建筑技术已相当进步。河姆渡文化是中国长江下游地区的新石器时代文化，因首先发现于浙江余姚的河姆渡遗址而得名。主要分布于杭州湾南岸的宁（波）绍（兴）平原，并且越海东抵舟山群岛，年代大致是公元前 5000 年—前 3300 年。普遍发现谷物遗存，有的地方稻谷、稻壳与茎叶相互混杂。稻类遗存数量之多，保存之完好，在中国新石器时代考古史上是罕见的。稻谷遗存主要属于栽培稻籼亚种晚稻型水稻。河姆渡稻谷与马家浜文化桐乡罗家角遗址出土的稻谷，年代都在公元前 5000 年，是迄今发现的中国最早的两例稻谷实物，也是目前已知世界上最古老的人工栽培稻。当时饲养的家畜有

骨哨 河姆渡文化
狩猎工具，长6－10厘米，骨哨均用一截禽类的骨管制成，里边还可插一根可以移动的肋骨，用以调节声调。猎人利用骨哨模拟鹿的鸣叫，吸引异性，伺机诱杀。

猪和狗，在一件方口陶钵上，刻画有猪的纹样。有一件陶盆上，还同时刻画着稻穗和猪的图像，反映当时家畜饲养依附于农业的情形。河姆渡文化的骨器制作比较发达，木作工艺也相当进步。在河姆渡遗址第三层出土一件瓜棱状敛口圈足木碗，外表有薄层的朱红色涂料，虽剥落较甚，仍微显光泽，经鉴定而知是生漆，这是中国迄今发现最早的漆器。遗址第二层还发现木构浅水井遗迹，这是中国目前所知最早的水井遗迹，也是迄今发现的采用竖井支护结构的古老的遗存。据井内发现的平面略呈辐射状的小长圆木和苇席残片等分析，推想井上当初还有类似井亭的建筑。

半坡村遗址

位于陕西西安东郊，是一个比较完整的村落遗址。遗址略呈椭圆形，北面为氏族墓地，南面为居住区，东北面为陶器窑场。居住区的建筑有一定布局。房屋有大有小，大的面积达120平方米。其中一间可能是氏族酋长的居室或议事场所。生产工具以石器为主，有石斧、石锛、石铲、石刀等，多磨制得比较精致合用。还有骨器、陶器等。这里已处于"锄耕农业阶段"，谷物有粟、稻等。还开始种植白菜、芥菜等。家畜饲养业已出现，主要饲养猪、狗。半坡居民的主要手工业有制造陶器、石器、骨器和纺织、木工等。陶器系手制，有瓮、罐、瓶、盆、钵、鼎等，上绘黑色或红色漩涡纹、波浪纹、几何纹、花瓣纹、鱼纹、鹿纹和人面形图案等。有的陶器造型和纹饰十分精美，今人称这类陶器为彩陶。

仰韶文化

是黄河流域新石器时代较早的一种文化，约为公元前5000年－公元前3000年。仰韶文化主要分布于黄河中游地区，包括陕西的关中、山西南部和河南大部分地区。它西可到达甘肃洮河流域，东到河北中部，北到内蒙古南端，南到汉水上游。仰韶文化的居民已过着定居的农业生活。农具有石斧、石锄、石铲，有收割谷物的长方形石刀或陶刀，还有谷物加工用的石磨盘和磨棒。粟是当时主要的农作物。家畜主要是猪和狗。狩猎、捕鱼仍是重要的生存方式。狩猎工具为弓箭和长矛，鹿、獐是当时人的主要猎物。捕鱼工具有骨制的鱼叉和鱼钩，用网捕鱼已较普遍。陶器是当时生活不可缺少的器物，可做容器、食器、炊器、汲水器。陶器的颜色以红色或红褐色为主，在红陶器物上施以黑色、赭红色或白色的彩绘，这就是彩陶。彩陶上常见花纹有几何纹、涡纹、方格纹等，也有的绘上人面形图案或鱼、鹿、鸟、蛙等动物形象。

天象观测

华夏文明在史前时期已经有了较为丰富的天文学知识。原始人在长期的农牧渔业生产中观察物候、天象，形成了最初的天文、历法概念。初始的季节概念起源于对物候的观察，原始人在生产活动中观察某些动、植物的生活现象，慢慢总结出这些动、植物的生活习性和生长规律，从动、植物生长活动的周期性中产生了年岁、季节和物候月的概念。后来人们发现星象的位移比物候更能准确反映季节变化，在观察星宿位置变化的过程中发明了原始的天象物候历。原始社会晚期的人们已经掌握了观测恒星以定节气的方法。天干计日法是原始人观测太阳产生的天文学成果，对月亮的朔望的观测也促成阴阳合历的诞生。前人还依靠对太阳的观测确定方位，形成四方的概念，以北极星定方向的方法也随之出现。此外，我国在史前时期已发现太阳黑子现象。这些史前时期的天文学知识可以在出土器物中得到印证。1972 —
1975 年河南郑州大河村出土了一些仰韶文
化时期绘有太阳纹、月牙纹、月亮纹的陶片，
提供了考察约前 3790 —前 3070 年间史前人
天象观测方面的资料。根据陶片上太阳纹的
大小形状制出的复原图，可以看出当时阴阳
历已有使用。关于太阳的观测，中国古代还
有许多"金鸟"的神话和画有飞鸟驮红日的
彩陶出土，证明我国发现太阳黑子现象的时
间绝不会晚于新石器时代晚期。

2. 父系氏族公社

父系氏族社会是向阶级社会过渡的社
会组织形式。父系氏族社会的主要特点是：
男子居于主导地位，妻子从夫而居，辈分从
父系计算，财产由父系继承。父系氏族制的
产生与农业及饲养业的发展分不开。这时，
农业和饲养业已成为人们的主要生活来源。
男子不再以狩猎、捕鱼为主，而是取代妇女
从事农业和饲养业，妇女退居次要地位，主
要从事家务劳动和生儿育女。这时的婚姻向
一夫一妻制过渡。父系氏族社会内部以男子
为中心分成若干个大家庭，各大家庭内部又
分为若干个一夫一妻的小家庭。父系氏族社
会出现了私有制、贫富分化和阶级差别，以
公有制为基础的原始公社制度逐步被奴隶制
所代替。父系氏族社会的文化遗址很多，主
要有大汶口文化、龙山文化、良渚文化、马
家窑文化、齐家文化等。

大汶口文化

大汶口文化的区域在仰韶文化以东，得
名于山东泰安和宁阳交界处的大汶口遗址。
该遗址发掘了 133 座墓葬，出土陶器 1000
多件，有 1/3 以上的墓葬用完整的猪头骨随
葬。其早期陶器系手工制作，多为红陶；中
期以后灰陶、黑陶增加；晚期则采用轮制技
术生产大件器物。属于大汶口文化的江苏邳
州市刘林遗址、山东胶县三里河遗址、江苏
新沂市花厅遗址等都有殉猪现象，这说明大
汶口文化时期饲养业发达。大汶口文化分布
在山东的中、南和东南的丘陵地区以及江苏

淮北一带，距今 6300 年至 4600 年之间。其
后发展成为山东龙山文化。

龙山文化

龙山文化由大汶口文化发展而来。其陶
器制作普遍采用快轮，造型规整，器壁薄而
均匀，特别是漆黑光亮、薄如蛋壳的泥质黑
陶更具特色。当时制玉工艺已专业化，能生
产精美的玉质礼器，山东胶县三里河遗址出
土的成组玉器和日照市两城镇遗址出土的刻
花玉斧，都是典型器物。山东寿光市边线王
村于 20 世纪 80 年代中期发现有龙山文化时
期的城堡遗址，面积达 5.7 万平方米，为龙
山文化中城堡之最。龙山文化的建筑普遍采
用挖槽筑墙和原始夯筑技术，多为长方形土
台建筑，居室地面分层筑就。农业成为龙山
文化父系氏族的主要经济部门，渔猎经济的
比重较仰韶文化显著下降。龙山文化遗址还
发现了一些为仰韶文化所没有的新型农具，
如半月形双孔石刀，有柄的石镰、蚌镰和双
齿木耒等。这充分说明龙山文化的农业生产
技术已达到很高的水准。龙山文化又有河南
龙山文化、陕西龙山文化、山东龙山文化等
类型，以山东龙山文化最为典型。

齐家文化

齐家文化得名于甘肃广河县齐家坪遗
址，广泛分布于甘肃、青海、宁夏、内蒙古
等地区，距今 4000 年左右。齐家文化的制
陶业比较发达，当时已掌握了复杂的烧窑技
术。在墓葬中发现的红铜制品，反映了当时
生产力水平的提高，为后来青铜文化的发展
奠定了基础。齐家文化的房屋多为半地穴式
建筑，居室铺一层白灰面，既坚固美观，又
防潮湿。

良渚文化

良渚文化得名于浙江杭州附近的良渚
遗址，距今 5000 年至 4000 年之间。良渚文
化的稻作农业、竹木制品、养蚕、丝织、麻
织等都有重要发展。尤其是发现了以琮、璧、
钺为主的大量玉器。浙江余杭的反山和瑶山、

江苏武进的寺敦等地都出土有良渚文化的精美玉器，工艺精湛，器形和纹饰多反映社会上层建筑的深刻变化。陶器制作繁多，以泥质灰胎黑皮陶居多。良渚文化的墓葬很有特色，一些大型墓葬的墓主属于当时的显贵阶层。

裴李岗文化

1997年首次发现于河南新郑县裴李岗，故名。主要分布在河南中部，豫北、豫南也有发现。生产工具以磨制石器为主，制作精致，其中带锯齿刃石镰、长条形扁平的双弧刃石铲和鞋底形四足石磨盘（附磨棒）最为典型，也有打制的刮削器等。陶器以细泥红陶和夹砂粗红陶为主，均为手制，烧成温度较低；多素面，有少量磨光或饰以篦点纹；典型的器形是三足钵和半月形双耳壶。当时已形成定居的聚落。经济生活以农业为主，饲养猪、狗等家畜，并以采集渔猎为辅。碳14法测定其年代为公元前5600年—公元前4900年，可能是仰韶文化的先驱。

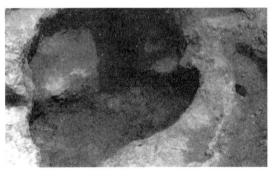

陶窑
裴李岗文化舞阳贾湖遗址发现的陶窑，椭圆形窑口，火台则为架坯之处。

磁山文化

1976年发现于河北武安磁山，故名，主要分布在河北南部。生产工具以磨制石器为主，石器中的石镰不带锯齿刃，而且数量较少，石铲多呈扁平，石磨盘则呈柳叶形。骨器较多，有锥、铲、镞、网梭等。陶器以夹砂粗红陶为主，泥质红陶较少，都是手制，烧成温度较低；多素面，其次为绳纹，也有篦点纹和个别的彩陶。农业

发达，有一些窖穴里发现成堆的小米，饲养的家畜有猪和狗，可能还饲养了家鸡。采集、渔猎也占很大比例。碳14法测定年代约为公元前5400—公元前5100年，与裴李岗文化的年代大体相同，文化性质也比较接近。

屈家岭文化

1954年发现于湖北京山县屈家岭，故名。以薄如蛋壳的小型彩陶器、彩陶纺轮和长颈圈足壶、高圈足豆为特征。主要分布于江汉平原。当时的经济生活以农业为主，已能种植粳稻，并饲养猪、狗等家畜，狩猎亦占相当重要地位。据碳14法测定，屈家岭文化的年代约为公元前2750—公元前2650年。

大溪文化

因1959年发掘的四川巫山县（今属重庆）大溪遗址而得名。主要分布在长江中游鄂西、渝东山地丘陵地区、洞庭湖周围和江汉平原的一部分。年代约在公元前4400年—前3300年。营造半地穴式和地面建筑，在居住面下往往铺有较厚的红烧土块垫层，有的房子墙外铺设红烧土渣、地面散水或有专门的檐廊，以适应南方炎热多雨环境。经济生活以稻作农业为主。石器工具有磨制的斧、锛、圭形凿和打制石锄等。陶器多呈红色，普遍以炭化稻壳末为羼和料，代表当时较高制陶工艺水平的产品是篦点戳印纹白陶和薄胎彩陶。流行璜、等玉装饰品。死者绝大多数实行单人葬，葬式有仰身直肢、俯身直肢以及很特殊的仰身跪屈葬和仰身蹲屈葬。随葬品除陶器、石器外，还有放置鱼和龟的，有的把整鱼规则地摆放在死者身上、口边或臂下，这些罕见的葬俗当与人们的现实经济活动和原始信仰有关。

红山文化

1935年首次发现于辽宁赤峰县红山（今属内蒙古），故名。主要分布在辽宁

西部一带。生产工具中有打制石、磨制石和细石器。陶器中有细泥的彩陶和带篦纹、划纹的粗陶。玉器有玉龟、兽形玉等。当时的经济生活以农业为主，也养猪、羊等家畜，并辅以狩猎。年代约与仰韶文化中、晚期相当。

马家窑文化

马家窑文化集中反映了甘肃、青海地区的原始文化，延续了仰韶文化的一支。饲养业在马家窑文化中占有重要的地位，主要饲养牛、羊、猪、狗和鸡等家畜家禽，渔猎为农业和饲养业的补充。制陶业相当发达，创造了灿烂的彩陶文化。当时的制陶规模相当大，原始氏族公社成员有组织地进行劳动生产，基本上具备制陶、彩绘、烧窑等程序，并由专业工匠完成。制石、制骨、制玉、纺织、冶炼及木制品等原始手工业都有了长足发展。石器磨制技术，石、陶制作的纺轮、串珠等装饰品，在当时已比较普遍。在甘肃东乡县林家遗址中出土的铜刀和铜碎块，是迄今发现最早的青铜制品。马家窑文化的墓葬则反映了母系氏族社会向父系氏族社会过渡的情况，即出现了严重的贫富分化。

大坌坑文化

1964 年发现于台湾台北市八里乡大坌坑贝丘遗址而得名。距今约 5000 多年，以台湾北部淡水河下游两岸及西北、中部和西南诸海岸最集中。主要遗址有台北八里乡大坌坑下层、台北圆山贝丘下层、台南归仁乡八甲村、高雄林园乡凤鼻头等。出土有磨制的石斧、石铲等。陶器系手捏，含粗砂，火候不高，硬度低，质松软；器形简单，主要有罐、瓮、碗；器壁粗厚，常饰绳纹和划纹，少数有涂红条彩饰；以粗陶绳纹圈底罐最具代表性。当时人们过着以采集和渔猎为主的经济生活。

锻造技术

公元前 2000 年左右，齐家文化的人们已经认识了金属的性质并锻造和铸造出各种铜器。中国古代锻造分为冷锻和热锻两种，齐家文化时期冷锻工艺普遍应用，一些出土的刀、斧等铜器的铸范痕迹可作例证。1978 年以前在甘肃武威市皇娘娘台齐家文化遗址出土的刀、凿、锥等红铜器和一些饰物均经过冷锻，锤击痕迹非常明显。人们可以利用单金属矿冶炼出红铜，也能利用多金属共生矿冶炼出青铜，锻造工艺随着冶金业的发展得到推广，锻造技术不断提高。齐家文化朵马台出土的铜镜保存较好，为我国目前发现最早的铜镜。甘肃齐家坪还发现迄今为止最大的一件铜器制品——斧，长 13 厘米，一端有长方孔，便于安柄。这些器物展示了齐家文化锻造工艺之精。齐家文化锻造工艺的产生，适应了当时冶铁技术的发展，制造出的各种金属工具和用于日常生活的铜器及饰物，促进农业生产的发展的同时，也丰富了人们的生活。冶金与锻造工艺在齐家文化空前繁荣，为商、周时期青铜文化的繁荣发展奠定了基础。

卡若遗址

约公元前 2300 —公元前 2000 年的西藏卡若遗址，是中国目前发现的海拔最高、经度最西的一处新石器时代遗址。遗址位于澜沧江上游西藏昌都城东南卡若村西，遗迹范围约 1 万平方米。卡若遗址的遗存可分为早、晚两期。早期房屋以半地穴式或地面营建的草拌泥墙建筑为代表，平面呈圆形、方形或长方形。炉灶一般设在房子中部，屋顶和墙壁的内面都经过烧烤。晚期房屋以半地穴式石墙建筑为代表。墙壁是用砾石贴靠坑壁垒砌而成，石墙周围及屋内均有柱洞。遗址中出土遗物有大型打制石器、细石器与磨制石器及骨刀、骨锥、骨针、骨饰。陶器多数为夹砂陶器。还发现有粟和猪、牛等家畜骨骼，以及各类兽骨和鸟骨。与生产工具相印证，反映出当时的经济生活以农作物粟为主，狩猎也较重要。

岩画

岩画是在岩石上雕刻和绘制的图画，其创作时间最早约为旧石器时代，中国境内岩画分布很广，比较著名的有阴山岩画、云南边境的沧源岩画、新疆的呼图壁岩画、青海的刚察岩画以及嘉峪关附近的黑山岩画。岩画多表现各种动物、人物、狩猎及各种符号，反映原始的游牧生活。这些岩画从总体上反映了远古时代的社会经济、社会状况和人群组织形式。原始崇拜等宗教观念和宗教仪式，也通过这类岩画表现出来。表现村落、战争、舞蹈的岩画则体现了原始农业社会的生活状况。

陶器文化

陶器是新石器时代文化的主要标志之一，陶器形制变化往往反映文化的不同和发展。已由手工制陶发展到快轮制陶。山东龙山文化出土的漆黑光亮、壁薄如蛋壳的高柄杯，反映了史前制陶术的最高水平。泥质陶主要用来制作致密度较高的一些器物，如碗、瓶、甑等。仰韶文化彩陶、龙山文化黑陶多是细泥质的。尤其是黄河流域发明了高铝质白陶，长江流域发明了高铝质和高镁质两种类型的白陶，我国也因此成为世界上最早发明白陶的国家。制陶术的发展，在物理化学知识、高温技术上，为制瓷术、冶金术的产生打下了良好的基础。在新石器时代，陶器几乎是当时物质与精神文化的总和。从仰韶文化以及马家窑文化等彩陶的纹饰来看，那些流畅而又挺健的线条，长达周圈，没有能够蓄色的工具来进行描绘，几乎是不可能的。由此可以推断，当时必定有陶工和画工的分工。

双耳壶　新石器时代　马家窑文

新石器时代晚期的陶器文化，为青铜时代的来临，准备好了造型的场所。

原始农业

距今5000年左右出现了原始农业。随着农业的发展，农耕技术有较大的提高，一个人的劳动除能满足自己的最低需求外，还能提供一定的剩余产品，从而促进社会分工的扩大，促进了专门的手工业的发展。

原始手工业

新石器时代，随着社会分工的扩大，出现了原始手工业，如冶铜、快轮制陶和镶嵌技术，同时改进了制玉和牙雕技术，手工业逐渐成为独立的生产部门。社会生产力的发展，导致了父权制社会、私有制和阶级的产生。掠夺战争的频繁，加速了原始社会的瓦解；剩余产品的出现，则是私有制产生的前提。

阶级出现

社会分工的扩大和商品交换的发展，促进了私有制的形成。财产私有从占有生产工具、生活用品和牲畜等开始，继而占有奴隶和房屋。私有制和阶级出现以后，原来的血亲复仇演变成了为获得财产而进行掠夺的战争。出于防御和作战的需要，一些部落结成联盟，并设有主管行政、军事和宗教的首领。他们对内保护贵族和本氏族的利益，对外进行掠夺战争，在频繁的战争中，一些首领变成了世袭贵族。

部落

是由两个或两个以上具有相同或相近血缘关系的氏族或胞族联合组成的社会组织。在原始社会里，两个互通婚姻的氏族构成了部落。在这个阶段，区域划分、宗教、行政事务已开始萌芽，每个部落都有自己的名称、活动地域，有共同的宗教信仰和风俗习惯，有相通的方言。

从一开始部落便形成了跨氏族的调解、管理机制，并渐渐在氏族大会之上形成单独的部落大会、氏族酋长议事会和首领掌权机构，甚至出现部落所拥有的财产，如公共活动用地等。

部落联盟

原始社会组织所形成的最高形式，通常由若干有亲属联系、操共同方言、居住地相邻的部落组成，存在于原始社会的解体时期，往往是战争的产物。为了共同防御外敌和对外侵夺，具有相同利益的部落便结合为一个更大的组织，订立各加盟部落必须遵守的章程，主要是统一军事行动的某些规则。入盟部落对内仍享有自主权，在联盟内部地位平等，重大决定必须通过各部落酋长组成的联盟议事会做出。但并不是所有氏族部落都能发展到这一阶段。

青铜时代

继石器时代之后出现的一个时代，它的特征是出现了以红铜和锡为原料冶制合金的铸造技术。青铜器的出现对生产力的发展具有划时代的意义。

世界各地都有青铜时代，历史上较早进入青铜时代并产生了文字的是美索不达米亚和埃及。欧洲大部、中亚、西伯利亚进入到这一时代时还没有产生文字。美洲、大洋洲、非洲部分地区基本上没有青铜器时代，它们由新石器时代直接进入铁器时代。

中国的青铜时代出现在夏、商、西周、春秋时期。青铜器的铸造技艺源远流长，即使是在铁器已经普遍使用的战国、秦汉时期，青铜器在各地仍广泛地使用着。

铁器时代

铁器时代出现的标志是冶铁技术和大量制造铁工具。铁器时代是个极为重要的时代，由于铁的硬度和韧性优于青铜，加上铁矿分布很广，铁器很快取代石器和青铜器。铁器的使用，导致了世界上一些民族从原始社会发展到奴隶社会，也推动了一些民族从奴隶社会进入封建社会。在中国，铁器出现于春秋末期。

传说时代
（约 1 万年前—4000 年前）

在文字记载出现之前，历史靠世世代代的讲述而流传。后来被文字记录下来，成为文献中的古史传说。对于远古先民的生活情况，古传说中有一些正确的揣测。《韩非子·五蠹》篇提到的有巢氏、燧人氏的情况和旧石器时代的情况是符合的。传说时代的社会发展，古人曾用"大同""小康"加以比较说明。"大同"之世是没有阶级和剥削的时代。其后便进入私有制的"小康"之世。传说时代的原始农业已经出现，起源要追溯到神农氏。神农氏创造了耒耜，教民耕作。考古材料表明，中国从新石器时代初期开始兴起农作，神农氏可能是那个时代善农耕的氏族。

传说时代里有许多著名人物，如黄帝、炎帝、帝喾、尧、舜、禹等，应是当时著名的部落联盟首领。古代传说在反映原始社会的某些特点方面，在一定程度上是接近于历史真实的。

尧舜古城

中国考古工作者于 2000 年 6 月 6 日在山西省襄汾县境内首次发现了尧舜时期的古城遗址，这一重大发现使中华民族国

史前传说时代大事记
有巢氏（发明巢居）
燧人氏（发明人工取火）
伏羲氏（人类始祖）
神农氏（发明农业和医药）
黄帝（中国古代各族共同的祖先）
炎帝（与黄帝一起被尊为各族的共同祖先）
蚩尤（炎帝后裔，东方九黎部落首领）
黄帝先后降服炎帝、蚩尤，成为帝王。
黄帝之孙颛顼继承帝位。
颛顼之后由帝喾即位，禅位给尧。
尧成为帝王，晚年禅位给舜
舜任用禹治平水患，晚年禅位给禹。

家起源的历史提前了近千年。

古城遗址位于山西省临汾市襄汾县的陶寺村。这里是中华民族文明的发祥地之一，被称为"尧都"。古城遗址发现之前，人们在这里发现过上万座 4000 多年前的古墓，并从中挖掘出世界上最早的青铜器，还在陶片上发现了"文化"的"文"字。古城遗址完全具备史学界公认的国家起源的三大标志——文字、金属器和城市。

三皇五帝

我国史前传说中的原始社会的帝王。自古以来有多种说法，现在较为一致的说法是："三皇"为伏羲、神农、黄帝；"五帝"为黄帝、颛顼、帝喾、尧、舜。其中黄帝既是"三皇"之一，又是"五帝"之一。

炎帝

炎帝传说是上古时期姜姓部落首领。也有说炎帝即神农氏。原居姜水（即岐水）流域，后发展到中原地区，曾与黄帝战于阪泉之野并被打败，后与黄帝部落结为联盟。后世将炎、黄并称，作为中华民族的共同祖先。

黄帝

中国古代传说中中原各族的共同祖先。姬姓，号轩辕氏（一作有熊氏）。相传他和炎帝都是少典氏所生，并形成两个兄弟部落。黄帝生长在姬水附近，是姬姓部落始祖，炎帝生长在姜水附近，是姜姓部落始祖。相传两人在阪泉（今河北怀来）

黄帝战蚩尤图
蚩尤发动叛乱，不服从黄帝的命令。黄帝就向诸侯征调军队，与蚩尤在涿鹿之野进行决战，擒获并杀死了蚩尤。

先后发生过 3 次大战，黄帝得到中原各部落的帮助，打败了炎帝，势力伸及中部地区。后蚩尤叛乱，他又率领各部落擒杀蚩尤，被推为炎黄部落联盟首领。传说中的许多发明创造，如舟车、蚕丝、棺椁、文字、音律、历法、算数等，都创始于黄帝时期。黄帝时期的经济、政治、文化、婚姻关系的特征，都显示出了父系氏族社会的性质。我国传说中的黄帝时期开始进入父系氏族社会。

尧

传说中父系氏族社会后期部落联盟领袖，中国历史上有名的圣王。原为陶唐氏部落酋长，名放勋，史称唐尧。传说陶唐氏为黄帝嫡裔。尧即位后，曾命人管时令，制定历法；率各部落大败丹水之浦的三苗，并以其子丹朱选任丹水部落的军事首领；咨询四岳（四方部落首领），用鲧来治理水患；推选舜为其继承人，并对舜进行了 3 年的考核，然后命其摄政。死后，由舜即位。尧的时代已走近阶级社会的边缘。

舜

中国古代传说中的圣人，原始社会末期部落联盟首领。姚姓（一说妫姓），有虞氏，名重华，史称虞舜。相传尧晚年命他摄政，他巡行四方，先后蠲除鲧、共工、兜等人；大败三苗；任用禹平水患等。尧死后，他即位，选用贤人，扩大设官分职，治理民事，而最后让位于治水有功的禹。舜的时期是我国由原始社会进入阶级社会的转折时期。

大禹治水

传说在尧舜时期，大水泛滥，水患严重。统治者尧命鲧前往治理，鲧用了 9 年时间没有治理成功。到舜为天子时，杀鲧并起用其子禹继续治理洪水。禹采用堵和疏相结合的方法把水引入江河里流往大海，用了 13 年的工夫，终于把洪水控制住了。

禅让制

我国原始社会向奴隶社会过渡时期的一种首领继承制度。相传尧为部落联盟首领时，四岳（四方部落首领）推举舜为继承人，尧让舜协助他办事，对舜进行了3年考查，尧死后，由舜即位。舜又用同样方式，经过治水的考验，以禹为继承人。这种部落联盟的最高首领，必须由各部落首领共同推选，并经过一定的仪式，得到大家承认。到禹时，逐步过渡到世袭王位。禹在位时，各部落首领参加部落联盟会议都要手执玉帛，不许迟到，否则格杀勿论。禹的权力已凌驾于整个氏族部落之上。传说禹年老时，各部落首领曾推选皋陶为继承人，皋陶早死，又推伯益。但禹死后，其子启自继王位，使世袭制取代了禅让制。我国从此进入奴隶制社会。

刻画符号

在中国原始社会的文化遗址里有多处发现，可视为远古先民使用的最早的文字符号。如在西安半坡遗址出土的100多件陶器上发现的刻画符号共100余个，20余种。陕西宝鸡北首岭、陕西临潼姜寨等仰韶文化遗址也发现有刻画符号。青海乐都柳湾遗址出土有50余个彩绘符号，其中一些符号与西安半坡遗址出土的相似。山东大汶口遗址的75号墓、山东莒县陵阳河遗址及山东诸城前寨遗址的陶器上也有比仰韶文化刻画符号更先进的象形刻画符号10余个。

原始宗教

远古先民最初崇拜自然，进而崇拜图腾，这在母系氏族社会极为盛行。稍后又出现了对灵魂和祖先的崇拜。原始社会盛行各种祭祀活动，如祭祖、祭天、埋葬、建筑等。在齐家文化遗址的墓地中，建有专门为送葬者举行活动而用的圆形祭坛。辽宁牛河梁还发现了祭坛和女神庙。仰韶文化晚期和龙山文化的许多遗址发现有卜骨，大都用猪、牛、羊的肩胛骨制成，这说明当时已有专职或半专职的祭司。原始宗教活动往往与巫术联系。巫术所呼唤的神灵的威力实际上是人类征服自然、战胜自然的愿望的曲折表现。

原始科学

远古先民在生产实践中逐渐掌握了一些天文、物理、数学、动植物方面的初步知识。陕西半坡遗址出土的一种汲水器——小口大腹尖底瓶，其构造符合物理学原理，表明原始科学开始萌芽。此外，"构木为巢""结绳记事"等传说也反映了原始人类最初的文化活动。

燧人氏

我国历史传说中人工取火的发明者。据研究，其所处时代相当于母系氏族社会初级阶段。据记载，燧人氏之时，经济生产是以渔猎和采集为主。战国尸佼所著《尸子》一书说"燧人之世，天下多水，故教民以渔"。当时人民"茹毛饮血"，多生疾病，于是燧人氏钻木取火，教人熟食。这一传说反映了中国原始时代从用自然火，进步到人工取火的阶段。

伏羲氏

一作宓羲、包（庖）牺、伏戏，又称牺皇、皇羲，我国神话传说中的人类始祖。传说人类由他和女娲氏兄妹相婚而产生。《通鉴外纪》说"上古男女无别，太昊（伏羲）始制嫁娶"，反映了我国原始时代由族内群婚进步到族外婚的情况。又传说他教民结网，从事渔猎畜牧。《尸子》说"疱（伏）羲氏之世，天下多兽，故教民以猎"。这些传说表明伏羲氏处于以渔猎、采集为主的母系氏族社会。传说八卦也出于他的创作。

神农氏

我国传说中农业和医药的发明者。《白虎通义》说："古之人民皆食禽兽肉，至于神农，人民众多，禽兽不足，于是神农因天

黄帝战蚩尤图

蚩尤发动叛乱,不服从黄帝的命令。黄帝就向诸侯征调军队,与蚩尤在涿鹿之野进行决战,擒获并杀死了蚩尤。

之时,分地之利,制耒耜,教民耕种。"反映原始时代由采集渔猎进步到原始农业的阶段,又传他尝百草,用药材治病。神农氏时代仍处于母系氏族社会阶段。妇女在社会生活中占有重要地位。《尸子》说:"神农夫负妇戴,以治天下。"世系以母系计。《庄子·盗跖篇》说:"神农之世……民知其母,不知其父。"这些都是母系氏族社会的主要特征。一说神农氏即炎帝。

彩绘

新石器时代彩绘十分盛行。出土的彩陶上绘有三角纹、线纹等各种纹饰和枝叶、游鱼、人头、几何图形等精美图案。半坡遗址出土的彩陶上的鱼与真鱼相似。青海大通县出土的舞蹈纹陶盆,彩盆内壁上画一舞蹈场面,共 15 人翩翩起舞,姿态生动,是一件极其珍贵的原始人物画。江苏连云港市郊将军崖的岩画,主要内容为人面、农作物、兽面及各种符号,反映了 4000 多年前东部沿海地区经济和文化的面貌。新疆呼图壁县境内发现了以"生殖崇拜"为主题的、规模宏大的岩画,举世罕见。

第二章

钟鼎之声

夏朝
（公元前 2070 年—公元前 1600 年）

夏朝是我国历史上奴隶制确立的时期。夏族原是生活在黄河中游的一个部落，禹是他们的首领。因为受封于夏，所以他的部落就称为夏。禹治水有功，而且征讨三苗，南巡东狩，会诸侯，划九州，用铜制作兵器和传国的宝器。禹死后，他的儿子启开创了子承父位的世袭王朝制度，打破尧和舜的禅让制度，建立了中国历史上第一个王朝——夏朝。夏朝有王都和宫殿，但八迁其都。它的政治中心在今河南省偃师、禹州、登封等一带地区。夏朝时已设有负责观察天体四时的羲氏、和氏，管理政事的牧正、车正、庖正等官职，有专门囚禁犯人的地方"夏台"。发明了"夏小正"历法，把一年分为12个月。掌管政事的牧正、车正、庖正负责领导人民制造石器、木器等工具并组织生产活动。偃师二里头文化早期遗址，是夏文化的典型代表，在那里发掘出不少石镰刀、石斧头、蚌刀、木耒等农具，也有一些小型的青铜制的兵器和工具。陶器的种类也比较多，有爵、觚、鼎、豆、罐等。考古发现在夏代已经有谷、稻、麦、菽、瓜等多种农产品。夏实行"五十而贡"的税收制度，各部落都要按收入的一定比例向中央政府纳税。

1. 政治
夏朝的建立

禹在晚年，曾推选夷人首领皋陶为继承人。皋陶先死，又推举伯益。但当禹死后，部落联盟中一些有权势的贵族，却起来反对伯益，禹之子启夺得了王位。传统的"禅让"制度从此被破坏，代之以父传子的王位世袭制。王位世袭制的确立，是形成奴隶制国家的重要标志之一，是一场重大的社会变革。夏部落中的同姓邦国有扈氏起兵反对，启亲率大军进行讨伐，双方大战于甘（今陕西户县），有扈氏战败而被"剿绝"。启经过巩固王位的激烈斗争，确立了王位世袭制。启在钧台（今属河南禹县）召开诸侯大会，从而巩固了新王权。启建都于阳城（今河南登

夏朝大事年表
公元前 2070 年，夏朝历史开始。
夏朝第 1 位王是禹。都城在阳翟（今河南禹州）。
第 2 位王是启。中国历史的王位继承由禅让制演变成"家天下"制。
第 3 位王是太康。都城在斟鄩（今河南登封）。东夷族首领后羿篡夺了太康的王位，史称太康失国。
第 5 位王是相。大臣寒浞杀后羿，又杀相，自立为王。
第 6 位王是少康。少康诛杀寒浞，回到阳翟重建夏朝，史称少康中兴。
第 7 位王是杼。杼为了扩大统治范围，先将都城北迁到原（今河南济源），后又东迁到老丘（今河南老丘）。
第 8 位王是槐。槐征服了东方的九夷部落，夏朝疆土进一步扩大。
第 13 位王是廑。夏朝国势开始衰落，都城退到西河（今河南安阳）。
第 14 位王是孔甲。孔甲昏庸，夏朝日趋衰败。
第 17 位王是履癸，又称夏桀。夏桀荒淫残暴，致使人心叛离。商族首领汤率诸侯伐桀，桀败逃而亡。
公元前 1600 年，桀死后，夏朝灭亡。

封东）。随着王位世袭制的确立，以帝王为中心的国家机构等体制亦逐渐建立起来。

夏朝分期

夏朝历史可分为三个时期。前期从启到少康，共 5 王，是夏朝确立和巩固的时期；中期从杼到廑，共 7 王，是鼎盛时期；后期从孔甲到桀，共 4 王，是走向衰落并最后灭亡的时期。

禹

中国历史传说中的圣王，古代部落联盟领袖。原为夏后氏部落酋长，姒姓，又称大禹、夏禹、戎禹。鲧的儿子。鲧奉命治水，采用筑堤堵水的办法，9 年未治平。舜即位后，又派禹治水。禹总结了鲧治水失败的经验教训，改用疏导的办法，经过 13 年的努力，终于制服了洪水。接着，又带领人民开凿沟渠，引水灌溉，在黄河两岸的平原上开出许多良田和桑土，发展了农业生产。在治水 13 年中，"三过家门而不入"。后以治水有功，被舜选为继承人，舜死后他担任部落联盟首领。禹是原始社会末期由民主推举产生的最后一个部落联盟领袖。他即位后，打败了南方叛乱的三苗部落。当时已有军队、官吏、刑罚、监狱等权力存在的迹象，标志着我国早期国家即将产生。禹死后，其子启废除禅让制，自立为王，建立夏朝。禹是夏朝的奠基人。

禹王像
禹系鲧之子，因治水有功，舜让位于他。在他死后，其子启即位，建立了中国历史上第一个奴隶制国家——夏，并从此开始了王位的世袭制度。

启

夏后氏部落领袖禹的儿子，夏朝开国之君。相传禹曾选定夷族的伯益做继承人。

禹死后，启打破禅让制的旧规，杀伯益，自承王位，确立传子制度。夏部落中的同姓邦国有扈氏不服，被他消灭。此后，夏启又在钧台（今河南禹州）大会诸侯。诸侯纷纷前来朝贺，夏王朝的统治得到正式承认。夏朝建立后，划分天下为"九州"，派遣"九牧"治理。同时还建立了军队、贡赋制度和刑法、监狱，基本完备了"家天下"的奴隶制国家体制。其统治中心在今天河南西部和山西南部，势力影响达到黄河南北和长江流域，建都阳城（今河南登封东）。生产以农业为主，主要工具有石器、骨角器和蚌器等，出现了原始的水利灌溉技术。手工业生产粗具规模，并有较高的工艺水平。当时人们已能制造车辆和冶铸青铜。夏历是我国最早的历法。夏朝是我国第一个有明确世系的王朝。

桀

夏朝末代帝王，名履癸。当政时暴虐荒淫，大兴土木，穷兵黩武。在有仍（今山东金乡）会诸侯，攻灭有缗氏，又兵伐岷山，劳民伤财，加重人民负担。人民对其暴政忍无可忍，诅咒其死亡。此时，黄河下游一个夷人部落——商，在首领汤领导下以讨伐夏桀暴政为号召，发动灭夏战争。夏桀势孤力穷，战败南逃，死于南巢（今安徽寿州东南）。至此夏朝灭亡。

设官分职

启为首的奴隶主贵族为了维护自身的利益，建立了奴隶制国家。夏王是国家的最高统治者。国家机构中设置许多官职，"夏后氏百官"均为大小贵族。据史书记载，夏官职有"宅乃事（中央官吏）、宅乃牧（地方官吏）、宅乃准（祭师）"。此外，还有牧正、车正、庖正等官吏。他们协助夏王实施统治，并有了简单的典章制度即"夏礼"。

军队和刑法

夏朝设置有军队，《左传·哀公元年》记伍子胥之言说，夏王少康在逃亡时"有田一成，有众一旅"，反映了夏代实行的是民军制，兵民合一。夏朝的军队装备有用铜制作的兵器及铠甲，受夏王朝直接指挥。夏朝还制定刑法，称"禹刑"，有死、墨、劓、膑、宫和幽闭6种刑罚。夏朝还修筑了监狱，称"夏台"或"钧台"。

分土贡赋

夏把天下分为九州，置九牧管理。"牧"是地方长官。夏朝贡赋的征收，据文献记载是"五十而贡"。即奴隶耕种的田地约为50亩，为奴隶主耕种田地为5亩，"五十而贡"为"什税一"。

少康中兴

启死后，其子太康即位。先发生太康兄弟五人争夺王位的变乱，后出现武装叛乱。太康死后，其子仲康立。仲康死后，其子相立。这时东夷族中势力比较强大的有穷氏首领后羿（又称夷羿），趁夏王朝内部发生王权之争，攻入夏都，夺取了王位，号称帝羿。羿掌权后，不吸取教训，自恃善射，不修民事，终日以田猎为乐。不久，后羿被亲信东夷族伯明氏成员寒浞所杀，寒浞自立为帝，又夺羿妻子，生子浇及豷。寒浞又命其子浇追杀逃亡的夏王相。结果，相被杀，但相之妻子从墙洞逃出，躲藏到母家有仍氏（今山东金乡境），生夏王遗腹子少康。少康长大后做了有虞氏（今河南虞城）庖正。有虞氏首领虞思以二女为少康妻，并封之于纶（今虞城东北）。当时少康"有田一成，有众一旅"。他在斟灌与斟鄩余众的协助下，灭掉了寒浞及其子浇，又命儿子杼灭掉了豷，从而结束了后羿与寒浞40年左右的统治，恢复了夏王朝的政权。少康死后，其子杼立。予重视发展武装和制造兵甲，曾"征于东海"，东夷诸侯都臣服于夏，夏代中兴局面得以形成。

鸣条之战

传说夏桀身材高大，很有力气。他自负勇武，认为天下无敌，就只知玩乐，终日醉生梦死。夏朝与周围各国的矛盾也相当激化，东方临近的商部落日益强大，见桀如此无道，其首领汤起兵伐夏。直到商兵杀至京城，夏桀才如梦方醒，慌忙逃向鸣条。商军在鸣条一举全歼夏军。

2. 社会经济
农业

农业是夏王朝主要的经济门类，在夏代经济中已占重要地位。夏人活动的地区主要是河流冲积的黄土地带，这种疏松肥沃的土壤，正适合原始农业生产的发展。黄河和伊、洛、汾、济等水系的流域，可以使用比较原始的木石工具进行耕作。夏代主要的农业生产工具还是木石器和部分骨器、蚌器。农耕工具有耒、耜、畬等木石器。原始形态的耒，是一根前端弯曲有双尖的棒。如果在耒柄的前端绑上一块石质的尖头，就成为耜。耒、耜用来耕地起土。畬是一种铲，主要用来挖土。奴隶被用于农业生产，更是农业发展中的决定因素。经过人们的长期努力，农作物的产量有了提高。夏代先民在不断积累农业生产经验的同时，天文历法知识也逐渐积累起来，天文历法知识反过来又进一步指导了农业生产。

手工业

随着社会的分工，烧制陶器，琢磨石器，制作骨器、蚌器，冶铸青铜器和制作木器等各种手工业有了新的发展。在烧制陶器方面，广泛使用了快轮制造技术，石器制造方面，以钻孔石铲和石刀为主。各种石器磨制精致，文献中有夏代冶铸青铜器的记载，如"禹铸九鼎"和夏王启命人在昆吾铸鼎，有出土的铸造铜器遗存为证。可铸造各种兵器。青铜铸造技术是当时一项极为重要的发明，标志着中国历史已结束了野蛮的时期，进入了文明时代。

畜牧业

农业生产有了一定的剩余，就为社会分工的进一步发展提供了物质前提。在一些部落联盟内部，在各氏族部落之间，农业、畜牧业和手工业的社会分工越来越明显。夏

17

代有成批奴隶从事畜牧业。在夏王朝和各诸侯国中，还设有职官专司畜牧业。少康就曾担任有仍氏牧正，专门管理畜牧。夏代的畜牧业很发达，除了食用的肉类外，还用大量的猪、牛、羊等来做祭祀的牺牲。

医药的创造

在夏朝以前，病人服药需干嚼生吞，常常难以下咽，有时囫囵吞了下去，消化吸收较差，疗效亦不好。夏代初期，陶釜、陶罐等烹调器具的发明造就了一批精通烹调技艺的庖人。"藕皮散血，来自庖人"之说，证明了在积累医药经验上，庖人曾有许多贡献，尤其在将草药加工制成易服用的药剂方面，其功甚伟。

纺织

随着农业的发展和手工编结技术的提高，纺织技术出现并发展起来。经过提取、绩、纺将纤维制为纱线，于是织造成为可能。最初的纺织是一种手工编织，在技法上借鉴过竹器编织术。良渚文化遗址出土过织物残片。织物的产量及质量都有提高，草鞋山、钱山漾出上的织物可看出机织的痕迹。不断发展完善纺织技术，使人类进入了纺织的文明时代。

3. 文化
文字

夏朝的文字只是在部分陶器或陶片上发现有刻画的陶文记号。迄今没有发现夏朝有甲骨文，但在山东莒县陵阳河和诸城市前寨的大汶口文化遗址中，发现了刻在器物上的图形文字。

夏历

夏代历法。以农立国的夏朝重视观察物候和天象的变化，夏历就是观察天象成果的积累。它根据北斗星斗柄的旋转，来确定 1 年 12 个月份（闰年 13 个月），以斗柄指向寅的正月为岁首，即以建寅之月为正月。把月亮的一次圆缺算作 1 个月。有大小月之

分，大月 30 天，小月 29 天。古人认为夏历比较正确地反映了天象运行规律，所以有"夏数得天"的说法。从汉武帝颁布太初历，到现在流行的农历，都是使用"夏正"，即以建寅之月为岁首。

《夏小正》

相传是夏代流传下来的、在战国时期流行的一部历书。载于西汉戴德《大戴礼》第四十七篇。记载了 1 年 12 个月的物候、气象、星象和有关重大政事，特别是生产方面的大事，包括农耕、渔猎、蚕桑、养马等，是我国最早的物候学著作。有的学者认为该书成于商代，或商周之际。这部历书现已分为"经"和解释经的"传"两部分。书中的有些内容为后人增添，不完全是夏代的历法，但其中保留了一些夏代甚至更古老的资料，部分反映了夏代的历法知识和农业水平。

音乐舞蹈

随着社会经济的长期发展，夏朝的音乐舞蹈已经具有一定的水平。在考古发掘中发现夏朝的乐器有石磬、陶埙、陶铃等。夏王朝时期，行之于当时的有著名的"韶乐"。"韶乐"不仅是音乐，也有舞蹈，既可歌，也可舞。据说韶乐的音调很美。孔子甚至认为，夏乐已达到了完美的境界。

卜骨

河南偃师县二里头出土的占卜用具。它是一块羊肩胛骨，其用途是卜问吉凶。在羊骨被钻凿和烧灼后，会出现一些裂纹，巫师便根据这些纹路来判断祸福。早在新石器时代晚期，人们就开始运用卜骨来判断吉凶。除羊骨外，猪骨、鹿骨、牛骨、龟甲也都曾被当作占卜用具。夏代的卜骨大多没有经过整治和钻凿。商代的甲骨文就是在卜骨上刻上文字。

二里头文化

夏代文化遗址，发现于河南偃师二里头。于河南龙山文化和郑州早商文化之间，

为公元前 2395—前 1625 年，和夏代纪年基本相合。其文化遗迹和遗物很多。二里头遗址中部有 1 万平方米的夯土建筑基址。早期遗址中发现了大量的青铜器工具，有刀、钻、锥、凿、锛、鱼钩等，兵器有戈、镞等。兵器和礼器是确立国家机器的标志。还有制陶、制骨、制石作坊。陶器纹饰有云雷纹、曲折纹、叶脉纹，并有 20 多种刻画符号，可能是当时的文字。装饰品有贝壳、绿松石串珠等。生产工具多为石器，有铲、斧、刀、镰等。从墓葬上看有鲜明的等级，第一类为贵族墓，有棺有椁，随葬品丰富。第二类为平民墓，约 20 座，面积只为第一类墓葬的 1/5 或 1/3，随葬品很少。第三类为乱葬坑，30 余副骨架零散在灰坑中，有的做挣扎状，有的首身异处，有的双腕相交，可能是被活埋的。二里头文化对探索夏代文化提供了宝贵的资料。

商朝
（ 公元前 1600 年—公元前 1046 年 ）

　　商族是居住在黄河下游的一个悠久的部落，为东夷的一支。商人的祖先，传说是高辛氏的后裔，《诗经》中有简狄吞食玄鸟（燕子）卵而生契的传说。夏朝末年，商的势力由黄河下游发展到中游，渗透到夏的统治地区，建立了强大的部落联盟，开始向奴隶制过渡。当太康失国的时候，契之孙相土大力向东方扩张，把附近的许多部落征服或纳在它的控制之下。公元前 1600 年，成汤灭夏建立了商朝，于商丘旧邑的基础上，扩建首都亳。商朝实行"以宽治民"的政策，注意发展农业生产。向四方扩大征伐面，把疆土扩大到西部的氐羌地区，周边部落前来朝贡的越来越多，商朝统治逐渐巩固。从成汤至盘庚，商王五次迁都，其中盘庚迁殷是一大事件。武丁统治的五十几年间，是商朝最强盛时期。商朝末年，江淮之间夷人强盛，征战连绵。纣王的统治引起了人民的强烈不满，存在 500 余年的商朝终于灭亡。甲骨文的发现，为研究商代历史提供了宝贵资料。同时，商朝灿烂辉煌的青铜技术和文化，为中国古代文化的进一步发展奠定了基础。

1. 政治

　　商代以盘庚迁殷为界，分为两个时期：前期，从汤建国到盘庚迁殷，共历 9 世 19 王，是商王国初步巩固到中衰时期。后期，从盘庚迁殷至帝辛（纣）亡国，共历 12 王。盘庚迁殷后，商朝走向鼎盛。到祖甲后，日益衰败，传至纣，被周武王攻灭。商代共 31 王，历时 554 年。

汤

　　又称武汤、天乙、成汤，或称成唐，甲骨文称唐、大乙，又称高祖乙。商朝建立者。原为商族首领，一度被夏桀囚于夏台。获释后，重用奴隶出身的伊尹为相，励精图治，

商朝大事年表
公元前 1600 年，商族首领汤灭夏，建立商朝，建都于亳（今山东曹县）。
第 4 位王是仲壬。国事主要由大臣伊尹治理。
第 5 位王是太甲。太甲是商朝的贤明之君。
第 10 位王是太戊。太戊任用伊尹之子伊陟治国，国势强盛。
第 11 位王是仲丁。将都城从亳迁到嚣（今河南荥阳）。
第 13 位王是河亶甲。将都城从嚣迁到相（今河南内黄）。
第 14 位王是祖乙。将都城从相迁到邢（今山东费县）。祖乙是与汤、太甲等齐名的商朝贤明之君。
第 18 位王是南庚。将都城从庇迁到奄（今山东曲阜）。
公元前 1300 年，第 20 位王盘庚将都城从奄迁到殷（今河南安阳）。从此后商朝再未迁都，因此又称为"殷商"或"殷"。
公元前 1250 年，第 23 位王武丁即位。商朝势力扩展，达到极盛。史称武丁中兴。
第 27 位王是康丁。自康丁之后，王位的嫡长子继承制才固定下来。
第 28 位帝王是武乙。武乙昏庸无道。周族势力逐渐强大。
第 30 位王是帝乙。周族的姬昌（周文王）出兵伐商，未胜。
第 31 位王是帝辛，人称"纣"。纣王残暴无道，致使众叛亲离。
公元前 1046 年，周武王率诸侯伐纣王，在牧野之战中大败纣王。纣王自焚而死，商朝灭亡。

积蓄力量，准备灭夏。陆续攻灭邻国葛（今河南宁陵北）、韦（今河南滑县东南）、顾（今河南范县东南）、昆吾（今河南许昌东）等国，成为强国。其后，以吊民伐罪为号召，率军讨伐夏桀。夏桀败退鸣条，又遭惨败，遂仓皇东逃，汤大胜而归。汤回师亳（今山东曹县），即位为王。三千诸侯来朝，表示臣服。至此，商朝建立，时间为公元前 1600 年。

盘庚迁殷

盘庚是商代第 20 个帝王，汤九代孙。商代中期，多次发生内乱，王位纷争不已，政治腐败，国势衰落。盘庚即位后，为摆脱困境，避免自然灾害，不顾贵族臣民的反对，从奄（今山东曲阜）迁都到殷（今河南安阳西北），扭转了殷王朝颓势，走上了中兴道路，此即历史上著名的盘庚迁殷。迁殷成功后，出现了"百姓由宁，殷道复兴、诸侯来朝"（《史记·殷本纪》）的政治局面。从此商王朝结束了动荡岁月，进入政治、经济、文化发展的新时期。因此，盘庚迁殷是商王朝由中衰到全盛的转折。

殷墟

商代后期都城的遗址，在今河南安阳小屯村一带。商代从盘庚至纣在此建都 273 年，是我国历史上可确定位置的最早的都城。从 1928 年开始发掘，先后发现了宫殿、手工作坊、陵墓等遗迹。由考古发掘可知，殷都建筑规模宏伟，有一定的布局结构。在洹河南岸以王宫为中心，周围环绕着居民点、手工作坊和墓地等。宫殿大都建筑在夯土台基上，台基上放置础柱，竖立巨型木柱，然后安上梁架，覆盖草顶，装上门户。这种建筑方式成为我国传统建筑的基本格式。在洹河北岸以王陵为中心，有商王陵墓、贵族墓葬和数以千计的屠杀奴隶的祭祀坑。手工作坊分为青铜器铸造，陶器烧制，骨器、玉器、车辆制造等各种部门。遗址总面积达 24 平方公里。同时出土的还有大量的生产工具、生活用具、礼乐器和甲骨等遗物。这些出土文物对研究商代后期社会有很大意义。

纣

商代最末一位帝王，是中国历史上的暴君之一。纣天资聪敏，体格魁伟，勇力过人，能言善辩，恃才傲物。帝乙死后，纣即位为王。纣王好酒色，喜淫乐，广建苑囿台榭。宠爱美女妲己，唯妇言是听，厚敛赋税，高筑"鹿台"，命乐师作"北里之舞""靡靡之乐"等，又"以酒为池，悬肉为林"，通宵达旦地饮酒作乐，不理朝政。纣王昏淫无道，致使百姓怨恨，诸侯叛离。为重振天子威风，纣作"炮烙之法"：用青铜制成空心铜柱，中间燃木炭，将铜柱烧红，凡有敢议论是非者，一律绑在铜柱上，活活烙死。这激怒了朝臣，但敢怒而不敢言。鄂侯仗着是王朝三公，与纣激烈争辩，指责其无道，纣当即将他处死。纣的叔父箕子对暴政不满，佯装疯子，纣发现后，命武士将其囚禁。纣的叔父比干亲眼见微子逃隐，箕子佯狂为奴，非常伤感，于是以死相诤，苦苦劝谏纣王，纣恼羞成怒，下令杀死比干，剖腹取心。纣王昏乱暴虐，愈演愈烈，终为周武王所灭。

王位继承制

商朝的基本政体是以商王为首的奴隶主贵族专制。商王是全国最高统治者。为了显示帝王至高无上的权威和地位，自称"余一人""一人"或者"予一人"；又自称是天帝的嫡系子孙，天帝是其祖宗神，裔王死后回到天上当帝王，因此，很多商王的名字前面都冠以"帝"号。其王位传授，盘庚迁殷以前多是"兄终弟及"，或父子相传和兄终弟及相结合，到晚商时期才完全确立起父死子继制。

内服外服制

商朝的一种政治制度。内服是商王畿，即商王直接统治的地区。外服是指分封给诸侯的封地，还有派贵族去统治的边境地区。内服、外服中都有许多的邑，贵族、平民都聚居于邑中。受封者有侯、伯两种。侯、伯的封地为世袭，他们各自拥有武装。诸侯对商王有贡纳谷物、龟甲、牛马的义务，再就是要服"王事"，即率兵随王出征。商代统治阶层就由大小官僚和侯、伯组成。

殉葬

商代的奴隶，要从事各种劳役，还被任意杀戮，甚至用来殉葬或祭祀祖先。殷墟侯家庄大墓中的殉葬者约400人，武官村大墓中有殉葬者近100人。殷墟还发现有很多人祭的遗迹，在一批葬坑中，有被杀的无头人骨架及人头骨。甲骨卜辞中有大量杀人祭祀的记载，其中最多的一次杀祭者达500人。人祭的手段包括砍头、肢解、焚烧等。被杀者多为俘虏，还有仆人及少数的妾等。

武丁中兴

盘庚迁殷后，商的政治、经济和文化都有很大的发展，武丁时达到强盛时期。武丁少年时，曾在民间居住，体察人民疾苦。约公元前1250年，武丁即位后，思索复兴殷道之法，在傅说和甘盘等众大臣辅助下，国家日益兴盛。武丁中兴，国力强盛，于是军事上不断征战四方。鬼方是殷代北方草原地区的游牧部落，曾频频出动骚扰商的统治区，武丁亲自率军征讨，三年平定；邛方是北方另一游牧部落，在盘庚迁殷前，邛方趁殷王室"九世之乱"之机，迅速扩展势力，不断向南游移，骚扰商朝属国。武丁于是命武将禽和甘盘率军征伐，通过十几年征伐，终于平服邛方，武丁在征伐邛方过程中，用二三年时间消灭了土方，土方居住地也成为商朝领土。羌族是西部地区的古老部落，或称西羌，武丁对西羌多次进行征伐，所获战俘，多作"人牲"，充作祭祀鬼神的牺牲。随着战争的不断胜利，商王朝的势力在西、北、东、南急剧扩张，达到商代的顶峰。

车战兴起

车战最早起源于夏代，约在夏末商初，已有小规模的车战。在商代晚期的甲骨文中，出现了最早的"车"字，至西周时期，车战就基本上取代了步战，成为主要的、占支配地位的作战方式，从而实现了中国古代战争

样式的第一次巨变。据考古推测，商代可能拥有300辆战车。商代和西周时期军事角逐的中心区域是黄河中下游的关中和中原地区，战场都是广阔的平原。《诗经》中有关西周的篇章，凡写到命将出征，都要提备车备马，反映了车战的兴盛和威力。战车用木制作，一些部位装有青铜饰件或加固件。其形制包括独辕、两轮、长毂、车厢。辕前端横置车衡，衡上缚两轭以供驾马。战车大多数驾2马，称为"骈"，也有驾3马的，称为"骖"，只有少数驾4马。车上载3名甲士，其中右方甲士执长兵器（戈、矛等），是主要格斗者，并负责为战车排除障碍，称"车右""戎右"或"参乘"；居中的是控马驭车的御者，只随身佩带刀剑等短兵器。商代车阵已出现右、左的配置。商代晚期军队建制中右师、中师、左师概念的出现，反映了当时已经具有中军和两翼相配合的意识。

商代战车（模型）
先秦时期，战车一般为独辕两轮，初为两马牵拉，后来演进为一车四马。

武王伐纣

公元前1046年，周武王亲率戎车300乘，勇士3000人，甲士4.5万人，东进伐纣。周与诸侯之师到达商郊牧野，庄严誓师。纣王闻讯，匆忙调集大军，开赴牧野，与武王对阵。纣王之师远远多于武王，但是因纣王暴虐已极，遗弃骨肉兄弟，任用奸人，残害百姓，纣王军队无心恋战，只盼望武王尽快打败纣王。双方一交战，纣军士兵就倒戈转向武王。武王乘势指挥军队冲入敌阵，商军全线崩溃。纣王逃回殷都，在鹿台上用4000多块宝玉环绕周身，然后自焚。武王

对纣尸连射三箭，然后下车，用剑击之，再用黄钺砍下纣的首级，悬于大白之旗示众。周武王灭了商纣王，商王朝至此灭亡。

2. 社会经济

农业

农业是商朝的主要社会经济部门。随着生活方式的改变、生产经验的积累、生产技术的改进，农业生产已达到相当水平。商民已种植禾、黍（糜子）、麦、稷（谷子或小米）、稻、秜（一种再生稻）等粮食作物，产量也较高。商人还栽桑植麻，河北邢台曹演庄遗址发现有商代麻籽。果林生产也有发展，河北藁城台西遗址出土有桃、李等30多枚植物种仁。

畜牧业

商民已普遍饲养"六畜"：马、牛、羊、鸡、犬、豕。饲养方法除围地放牧外，还采用圈养厩养。牛、马除食用外，广泛使用于驾车、作战等，还被大量用于祭祀。商民还饲养鸡、鸭、鹅等家禽食用。养蚕也是重要的饲养业之一。

农具

商朝农业生产已有相当水准，农业生产工具除主要使用木、石、骨、蚌等制作的农具外，青铜农具开始使用，有青铜耒、青铜铲、青铜镰等，不仅农具种类齐全，而且使用地区广泛。青铜农具轻巧锋利，使用方便，对提高农业生产效率、推动农业发展、促进社会经济进步发挥了重要作用。

耒耜

在新石器时代晚期的遗址中，已发现有保留于黄土上的耒痕。耒双齿之上有一横木，表明使用时以脚踏之，以利于耒齿扎入土中。耜为木制的铲状耕田工具，西周时为人们普遍使用。汉代学者以为耒耜为一物。如许慎以为耒为上部，耜为下部，但都属于木制。郑玄也认为上为耒，下为耜，所不同

的是，耜为金属刃口的专称。

手工业

商代的手工业分工较细，有铸铜、制陶、制骨、琢玉、漆器等门类，其中最能反映时代特点和工艺技术水平的是青铜铸造业。制陶是商代重要的手工业部门。陶器的种类有灰色、红色的泥质陶和夹砂陶，还有更高级的硬陶、白陶和原始瓷器。器形有炊器鼎、鬲等，食器有簋、豆、盂，酒器有盉、觚、爵等，储盛器有罐、盆、瓮、缸、大口尊等，其中最能代表商代制陶工艺水平的是白陶和釉陶（原始瓷器）。釉陶呈青绿色，是敷釉技术的最早发明。骨器在商代广泛使用，种类包括生产工具铲、锥、刀、针和鱼钩，兵器镞及生活用具簪、梳、匕、叉等。玉器均为软玉，颜色有绿、褐、白等，种类主要有礼器琮、璧、圭、璋、璜、琥及其他用于礼仪的尊、磬、矛、戈等，实用器有杯、盘、臼、杵、梳，工艺装饰器有头饰、玉环、玉珠，以及各种不同形状的佩玉、玉人、玉象、玉虎、玉凤、玉鱼、玉蝉、玉蚕等。商代漆器仅为一些残片及颜料痕迹，但从中也能了解其颜色、花纹等情况，证明当时的漆器工艺已具相当水平。商代有麻布，也有了丝织物。商朝的建筑水平较高，殷墟的王宫遗址，已发现53座，建筑规模雄伟，是中国最早的宫殿建筑。

青铜器

古代以铜、锡、铅合金铸造成的器具。在我国仰韶文化早期及马家窑文化时期就已出现，到商代，品种、数量及其工艺水平都达到很高程度。据粗略统计，历年出土的商代青铜容器达数千件之多，兵器、车马器和工具等更以万计。商周青铜器品种主要有礼器、兵器、工具和生活用具等，这些青铜器大致可分为两类：一类以造型生动奇特、刻镂精美见长，如湖南宁乡出土的四羊方尊，堪称代表作；一类以雄浑厚重、形体恢宏而取胜，如后母戊鼎。数量众多且工艺高超的青铜器，表明商周青铜冶炼和铸造技术高度

发达，生产规模巨大。铸造青铜器时，需要很多工序，如制模、翻范、熔铸等，并需大量人力密切配合。目前发现的商代熔铜坩埚，一次约能熔铜12.7千克，而后母戊鼎重达875千克，铸造这样一件大鼎，就需70多个坩埚。若一个坩埚配备3至4人，就需要二三百人同时操作。此外，还要分别铸好各个部件，再行合铸。商代青铜作坊规模相当大，殷墟发现的青铜作坊遗址，面积达1万平方米。西周青铜铸造技术在商代基础上又有发展。到春秋、战国时期，青铜铸造业的地位逐渐为新兴的冶铁业取代。

3. 文化

编钟

商的音乐十分发达，演奏的乐器有陶埙、石埙、骨埙、石磬、铜铃、铜铙、鼓等。殷墟武官村商墓出土的青白色的大磬，长84厘米，高42厘米，正面刻着张口龇牙的猛虎，纹饰流畅工整，为悬挂的敲击乐器，音韵清晰，是迄今所发现的中国最早的一件大型乐器。商朝的编钟、编磬、编铙都是3枚1套，每套发3个音，能演奏简单的曲调。

天文历法

相传中国最早的历法是出于夏代的《夏小正》，是通过观察授时的方法进行编制的自然历。到商代，大规模的祭祀周期，加之农业生产的进步和社会生活的更高需求，使得商代历法在夏代的基础上进一步发展。商代历法为阴阳历，阳历以地球绕太阳一周，即365又1/4日为一回归年，又称"四分历"。阴历以月亮绕地球一周，即29或30日为一朔望月。商代用干支记日，数字记月；月有大小之分，大月30日，小月29日。12个朔望月为一个民用历年，它与回归年有差数，所以阴阳历在若干年内置闰，闰月置于年终，称为十三月。季节与月份有大体固定的关系。商代天文学中许多天象在卜辞中均有记载，如"日月有食""月有食"，卜辞还记载了观察到的"大星""鸟星""大火"等，不仅有恒星，还有行星，后世的二十八宿中的一些星座名亦见于卜辞，卜辞中"有新大星并火"，即是说接近火星有一颗新的大星。当时已有立表测影以定季节、方向、时刻的方法，卜辞的"至日""立中"等，就是这方面的记载。商人对气候的变化特别予以重视。卜辞记有许多自然现象，"启""易日"为天晴，"曀"为阴天及浓云密布，"晕"为出现日晕。记录自然界变化的有风、云、雨、雪、雷、虹、霜、雹，风有大风、小风、骤风。商人不止对一日之内，而且对一旬、数旬及至数月的气象变化进行了连续的记录。

八卦

商、西周的甲骨文、金文以及陶文中的八卦数字符号是3000多年以前形成的，但直到20世纪七八十年代以来才得到较初步的认识。目前已发现有八卦的器物计29件，记有36条八卦数字符号，这些符号广泛见于商和西周的甲骨、铜器和陶器上。商代后期的重卦，有的略早于周文王，有的与周文王活动时代相当。组成八卦的数字都是"一""五""六""七""八"，而且早期形态的单卦符号较普遍地在西周出现。

金文

殷商时期，一种刻在青铜器上的文字产生了，称为金文。金文不仅刻在青铜礼器上，而且还刻在青铜兵器上，最多的是青铜礼器中的钟和鼎，因而又称为钟鼎文。商代金文的字体结构比甲骨文简单，字体仍不固定。金文的内容主要是记载器物归谁所有和纪念先人的称号，还有的记载了制作青铜器的原因，并附记了年月日，少数记有比较重要的历史事实，反映了晚商记事文字有了进一步发展。铭文一般只有一两个字，多为族号和其他图形文字，商代二里岗文化遗址出土的1件铜鬲的"亘"字，其意当为族氏名号。殷墟出土的青铜器铭文中许多是属于族氏标记，妇好墓出土的铜器上的铭文有"妇好""亚启""来泉""共"等。如妇好墓中的"司母辛"方鼎，就是祖甲或祖庚专门铸造出来祭祀其母的祭器，"母辛"是妇好的庙号。著名的司母戊方鼎是商王文丁专门用于祭祀自己的母亲"母戊"而铸造的祭器。在商代后期，出现了一些篇幅较长的铭文。商人在青铜器上铸造的金文，标志着汉字的发展已从甲骨文字逐渐走向金文阶段，对研究中国汉字的发展历史和商代的社会经济文化状况具有重要价值。

大型涂朱红牛骨刻辞　商代
商朝的甲骨文是占卜时刻在龟甲或者兽骨上的象形文字，也称卜辞。河南安阳殷墟有大量出土。

甲骨文

甲骨文是龟甲以及一般兽骨和骨角器上的文字，是商代通行的文字，又称"契文""卜辞""龟甲文字""殷墟文字"等。商朝灭亡后，甲骨文鲜为人知，直到光绪二十五年（1899 年），清代金石学家王懿荣才认识到商代后期都城遗址殷墟出土的甲骨上的锲刻文字是一种比西周金文还要早的文字。20 世纪以来，有关人员进行了大量的发掘活动，特别是 1936 年第十三次发掘的 127 号坑，出土了甲骨 17096 片，成为甲骨出土最多的一次。到目前为止，已出土了 15 万片以上。甲骨文已形成一个较完整的文字体系，文字的发展已相当成熟，共有5000 多单字，已显示了象形、指事、会意、假借、形声、转注等六种构字方法，而且"主语——谓语——宾语"的语序已基本固定。甲骨文已有从一到十和百、千、万等 13 个记数单字，使用十位进制记数，出现了四位数，较大的数字是三万。已有奇数、偶数、倍数的概念，并掌握了初步的运算技能。从甲骨文可知当时已有完整的六十甲子，用天干地支记日；有一月至十二月，甚至十三月的历法。出现大量计时用的专名：天明前称"昧"；6 时左右称"明""旦"或"旦明"；下午 2 时左右是"昃"；4 时左右是"小食"，"小食"以后是"郭兮"；黄昏称"小采""莫"；黄昏以后是"昏"或"夕"，还有日食、月食、新星的名称。从书写的工具、书法的技巧看，甲骨文已达到成熟的地步。文字大多用刀刻，表明刻写者对字形的掌握已非常精熟；其中有朱书、墨书，表明当时已有毛笔，

或先书后刻，或刻后填朱墨，大多都是直接刻成。甲骨文的笔画无论是粗是细，都显得遒劲，富有立体感，细而不轻，粗而不重，轻重疾徐表现得当，反映出锲刻人对字和刀的掌握相当熟练。在行款上，有左行、右行、直行、横行之别，文字结构自然灵活，布局参差错落；在风格上按时期、书写人的不同，或壮伟宏放，或纤弱颓靡，都体现了很高的书法技巧。

日食记录

中国甲骨文中的日食记录是世界天文学界公认的。《殷契佚存》第 347 片记载："癸酉贞：日夕有蚀，佳若？癸酉贞：日夕有蚀，非若？"关于这次日食，虽然因推算方法的差异，所求得的发生日期不同，但大多数学者认为发生在公元前 1200 年左右，早于古巴比伦的可靠日食记录。根据文献记载推算，最早的日食记录还要早得多。《尚书·胤徵》篇记载夏代的一次月食，当在公元前 2000 年前后。

制陶

新石器时代末期，龙山的陶工已经使用陶轮制造陶器，生产各式各样的器皿。虽然商周时期青铜器生产已占优势，但在制造陶器方面仍有重大发展，同时开始生产瓷土制造的白陶。在此之前，在仰韶已经使用过白黏土，但是只作为陶衣或简单的表面装饰。此时的白瓷土没有铁一类的杂质，用于制造厚厚的手工容器。陶器在形状和装饰上与铜器一样。在陶胚完全硬化之前，白陶要刻上

装饰图案。烧白陶所需温度大致在 1038℃ ~ 1149℃之间。瓷土缺少塑性，只能生产厚的器皿。不过，这种土又相当易碎，可能正是由于这一原因，商朝结束以后就不再用它来制造器皿了。迄今为止最早上釉的器皿在河南安阳已有发现。这种使壶罐变得不透水的重要工艺，经过了好几个世纪才达到完善的地步。

商代宗教

商代的宗教观念可以从殷墟出土的几十万片甲骨卜辞中得到反映。可见商人十分崇信天帝和祖先，形成了天帝为最高神，与宗法血缘制度紧密结合的国家性宗教。从商问卜的对象及卜辞中可以看出，商人相信有日、月、风、雨、雷等天空诸神和土、地、山、川等地下诸神。天帝有巨大的威力，支配自然界，主宰人类祸福，决定战争的胜负和政权的兴衰。每逢战争，统治者便令巫师占问天帝。商人对鬼神的崇信还表现在他们的祭祀活动中。对于同属天空神的风、雨、云、雷诸神，多用火祭。祭山川等地上神祇则采用沉埋法，如祭河就把牛羊、玉璧以及奴隶沉入河中。卜辞中祭地又写作祭土，这与农业社会土地的重要性有关。卜辞中却没有明显祭祀天帝的纪录。既然天帝是主宰，为什么会没有直接的祭祀活动呢？原来，在商代宗教，人的灵魂是不死的，也没有轮回转世之说，鬼魂永恒地留存于天地之间。商人祭祖不仅隆重，而且极虔诚、频繁。据卜辞记载，商人祖先都是以忌日天干为庙号的，祭日与忌日相应。为了表示对祖灵的敬畏，商人花费了大量的牺牲品，家畜有牛、马、羊、豕、鸡等，数量多时可达上百。商人甚至还用人作牺牲品来祭祀祖先或殉葬。在河南安阳西北冈商王大墓区发现了 191 座祭坑，其中所埋无头尸体、全躯人骨、人头、祭器等物，证明是商王室祭祀祖先的公共祭场，被杀者除了少数亲属、随从，多是奴隶和战俘。商王奉于祖庙的神主称为"示"，"大示"是直系先王，"小示"是旁系先王。祭祀"大示"用牛牲，祭祀"小示"用羊牲。

商代服装

商代手工业颇为发达，已粗具规模，使人们在装饰自身方面迈开了一大步，穿着实行上衣下裳制。商代已能生产各种各样的麻丝制品，丝织品除绢外，还生产出世界上最早的提花织品绮。穿着也反映了社会阶层和风俗习惯。中国古代以"衣"作为各类服饰的统称，分为头衣、体衣、胫衣、足衣、寝衣。在春秋时期以前，没有裤子，男女都穿裙，所以当时的裳实际上就是裙。早在夏代，衣和裳就有一定程度的分离。夏、商、周时期的服饰，多为上衣下裳制，如元端、袴褶、襦裙。元端为国家法定服装。袴褶是上身穿褶下身穿袴的一种服式，襦裙指上襦下裙的女服，二者皆于东周以后流行。

商代学校

商代的学校分为序、庠、学、瞽宗等，商代的序和夏代的序没有多少区别，都具有习射等职能，是讲武习礼的场所。学有"左学""右学"之分。甲骨文表明了商代学校已有读、写、算教学，出现了作为教材的典册。《尚书·多士》中有"唯殷先人，有典有册"的句子，说明商代学校具有读书写字的教学条件。由于几乎事事占卜，同宗教有密切关系的数术成为商代教育的重要内容。教育具有官师合一的特点，即执掌国家宗法祭典大礼的职官往往是在学校教授礼乐知识的教师，这种身兼两职的职官和教师统称为"父师"。商代奴隶主贵族为了培养自己的子弟，巩固奴隶制国家的统治，建立了序、庠、学、瞽宗等学校，教师由国家职官兼任，教学内容以宗教和军事为主，此外，还有伦理和一般文化知识。"六艺"教育初露端倪，为后世的教育开辟了道路。

精美玉刻

商王武丁的配偶妇好去世，陪葬有许多精美的玉石雕刻。墓葬在 1976 年发掘于河南省安阳市小屯村西北，保存完好。其中出土玉器共 755 件，是迄今商代玉器出土最多、最集中的，另有 63 件石器、47 件宝石器。

玉器以青玉最多，白玉、青白玉、黄玉、墨玉等次之，石器以大理石、石灰岩等为原料，宝石器由绿晶、玛瑙、绿松石、孔雀石 4 种材料加工制成。有琮、圭等礼器，簋、盘两种玉雕，豆、瓿、斝等石雕礼器，石磬类石器，戈、矛、戚、钺、大刀等仪仗用玉制兵器。腰插宽柄器玉人，身着交领有花纹长服，腰束宽带，头部有圆箍状的束发，额装卷筒状装饰。人物面部无表情、双目突出的特点正是当时流行的雕刻装饰手法的体现，具有明显的时代特色。

原始青瓷

中国是世界上最早发明瓷器的国家。商朝中期，青瓷开始出现，在河南、湖北、河北、江西等地都有原始青瓷的产地，其中又以长江下游为盛。它以含铁量低于 1.5% 的高岭土为原料，坯体施青色石灰釉，经过 1200℃左右窑温烧成，胎质坚硬细密，胎色青中泛白，故称青瓷，亦称为原始瓷。原始青瓷首先在长江下游得到了较大发展，在商、西周多用泥条盘筑法，部分产品在器表也留有拍印残痕，如瓷刀、瓷纺轮等。原始瓷釉不断发展，北方最迟在仰韶文化时，就发明了在陶器表面上涂白色涂料，即所谓"白衣""陶衣"的工艺；在南方，湖南澧县新石器时代早期陶器就采用了千峰翠色陶衣的技术。商、周的原始瓷釉叫石灰釉，它的主要优点是熔融温度较低，高温黏度较小，釉面光泽好，硬度大，透明度亦较高。白陶、印纹硬陶的发明和发展，分别在胎质、釉质上为原始瓷的出现准备了条件，使原始青瓷变成了现实。

三星堆雕像

距今 3000 余年前，蜀地先民创造了具有很高价值的青铜雕塑艺术品。1986 年在四川省广汉县三星堆蜀文化遗址发现了大量青铜人头像，反映了蜀文化的艺术成就及其地域特点。三星堆遗址出土的商代大型青铜器雕塑作品，以人物雕像最具特色。青铜人头像的大小与真人相当，共 10 余件，有贵族头像，也有奴隶形象。青铜人像都头戴冠帽，颈部有衣领等。 面部均作夸张的表情，五官线条清晰有力，眼大，呈杏叶形。耳朵形如扁尖的扇子，耳垂有穿孔，形象坚毅。其中有一具完整的全身铜像，高达 1.70 米，形象生动，服饰华丽。三星堆还出土有青铜方座立人像、人头像、人面像、人面罩及雕刻于其他器物上作为装饰的人头像。其精致优美说明了当时的青铜铸造技术已十分成熟，表明了商周时期确实存在着独立的雕塑艺术品，并且具有高超的技艺水平和宏大的规模。

金银器

3000 多年前，中国金银器工艺产生，在以后漫长的发展历史中，曾产生过无数优秀的制品。金银器是以贵金属黄金和白银为基本原料加工而成的器皿、饰件等。在物理性能方面，金不怕氧化，不易生锈，不溶于酸碱，延展性较好，而银在这些方面都不及金。金银器的制作工艺主要有熔炼、范铸、锤镍、焊接、炸珠、镌镂、抽丝、掐丝和镶嵌等。我国最早的金器产生于商代。在河南、河北、北京、山西等地的商代遗址和墓葬中均有金器出土。其中商殷中心区域出土了金片、金叶、金箔等饰件。北京平谷商代中期墓葬中出土的金臂钏、金耳环等，经化验含金达 85%，杂有较多的银和少量的铜。商代晚期金器主要出土于山西石楼后兰家沟，这里可能就是商代的北方，这批金器应该是商文化与北方文化的结合。青海大通县上孙家寨还出土了金耳环和金贝等。中国金银器工艺在商代已达到了相当高的水平，尤其是北方少数民族地区。

青铜兵器

商代晚期，青铜兵器已经广泛使用。王室近卫部队、商军主力和战车兵均已装备青铜兵器。但一些消耗特别大的兵器如箭镞等则仍为骨石和蚌质。这一时期，不但青铜兵器数量激增，而且器类齐全，形成了包括格斗兵器（戈、矛、戟、钺、刀）、射远兵器（弓箭）和防护装具（胄、甲、盾）的完备组合。由于青铜冶铸技术的发展，青铜兵器已能用纯铜、锡和铅来冶铸，增加了兵器的硬度；又出现了青铜胄表面镀锡的做法，既可防锈又更为美观。

豕尊

这件青铜器由考古工作者于 1981 年在湖南湘潭发现。尊口呈椭圆形，位于猪的背上，尊口上有盖，盖上装饰有华冠立鸟。器物外观比较逼真，有栩栩如生之感。器身呈站立姿势，整体比例关系与细部结构都比较精确，面部比较长，两颗獠牙露在外面，具有很强的写实性。周身纹饰复杂多变，又和谐统一。其头部施云状纹；四肢为倒立的夔龙纹，以云雷为底；颈部、腹部则是面积较大的鳞甲纹。各种纹饰的变化与配合处理得恰到好处。以豕为尊，在中国青铜鸟兽尊中十分罕见，而这种纹饰精美、形象逼真、富有装饰性的豕尊更显珍贵。

四羊方尊

商代晚期青铜酒器，1938 年出土于湖南省宁乡县月山铺，是现存商代青铜器中最大的方尊。其主体为商代流行的方尊样式，造型庄严、雄伟。四角各铸一只大卷角羊，瘦劲的羊腿抵附于圈足之上，形态逼真，栩栩如生。全器以精美细腻的花纹装饰，羊头饰满雷纹，羊颈部、腹部饰以鳞纹，胸部为高冠鸟纹，鸟足附于羊腿上。颈部为夔龙纹组成的蕉叶纹和带状的兽面纹，圈足及浮雕的羊腿之间饰有倒夔龙纹。线条光洁刚劲，繁简疏密得当，雕琢精细。四羊方尊集绘画、

四羊方尊 商代
巨大的方形口，长颈，折肩，浅腰腹，高足，
四面和每面中都有脊。它将器物的造型设计
与艺术装饰高度完美地结合在一起。

线雕、浮雕、分铸、合铸为一体，把平面纹饰、立体雕塑、器皿和动物形态有机结合起来，成为青铜器时代最珍贵的艺术品。

后母戊鼎

商代晚期王室青铜祭器，1939 年出土于河南安阳武官村。鼎的腹部作长方形，上面竖立两只直耳，下承 4 根圆柱形鼎足，高 1.33 米，长 1.1 米，重 875 千克，是目前我国已发现的最大的古代青铜器。鼎腹内有铭文"司母戊"3 字，是商王为祭祀其母而作。鼎体饰以饕餮纹，耳上铸有两虎相向张口吞食一人头的形象，耳、身、足分别铸成后再合成一个整体，充分反映了商代铸造青铜器的高超工艺水平。它也是目前世界青铜文化中最大的一件青铜器。

4. 民族

商朝的方国

在商王朝的周围，还聚居着许多大小民族，即"多方""多邦方"。其方国首领称"白（伯）"。方国有土方、井方、羌方、召方、巴方、亘方、人方、印方、尸方、危方、林方、马方、龙方、虎方、箕方、鬼方、盂方等。商代自武丁时期起，曾长期大规模对外族外邦作战，先后征服了多方及其他小国。

商王为抵御外族外邦的侵扰，亦为扩大自己的领土，掠夺奴隶和财物，经常向外族征伐，尤以武丁及帝乙、帝辛时为盛，对方国的征伐要征集众多的兵员，时间也相当长。武丁伐鬼方，三年克之；帝乙征人方，往返一次几乎历时一年。商王朝经过一系列对外用兵，成为疆域辽阔的强大国家。

西周
（公元前 1046 年—公元前 771 年）

周是我国一个古老的姬姓部落，始祖弃为夏的农官，十三世孙古公亶父率周人迁居到岐山之南的周原。到文王时，周已成为

西周大事年表

前1046年，周武王建立周朝，建都于镐(今陕西西安西南)。

前1042年，周武王死后，周成王即位。大臣周公摄政，周公建立各项典章制度，称为"周礼"。周公东征，平定各地叛乱。

前1020年，周康王即位。周成王、周康王时期，国势鼎盛，史称"成康之治"。

前841年，周朝的"国人"(住在城里的平民)举行起义，反抗周厉王的统治。周厉王逃亡，周朝由召公、周公两位大臣共同执政，史称"共和行政"。从这一年开始中国历史有了明确的纪年。

前828年，周厉王死，周宣王即位。共和行政结束。周宣王时期国势较强，史称"宣王中兴"。

前780年，都城镐发生大地震，山崩地裂，河水枯竭。这次大地震是促使西周灭亡的原因之一。

前779年，周幽王宠褒姒，废申后和太子宜臼。为博褒姒一笑，周幽王"烽火戏诸侯"。

前771年，周幽王之子宜臼的外祖父申侯，联合犬戎等部落攻破都城镐。犬戎杀死周幽王，西周灭亡。

商朝西方的一个强大方国。文王重用姜尚等人，继续向东发展。文王死时，已是"天下三分，其二归周"了。武王时，终于灭商。为了实行有效统治，周初大封诸侯，以"选建明德，以藩屏周"。封建制度又以宗法制度为基础，它由相对而言的大宗和小宗呈树形结构组成，以血缘关系为基础，最大限度地保证各个阶层嫡长子的世袭权力。周王是国家的最高统治者，自称"余一人"，他周围重要的辅佐官员有太师、太傅、太保，合称为"三公"；与"三公"地位相当，直接管理政事的是太宰，太宰是政府机构中的首脑。太宰下有众多卿士和官司之守，分掌各项具体事务。周王朝强化国家机器的另一面是扩大军队，加强刑罚。西周的农业经济水平比殷商有很大进步，金属工具的应用和耦耕的推广，促进了垦荒，集体劳作在井田上是农业生产的主要特征。以纺织印染、酿造和冶炼为主的手工业也得到长足发展。以货易货的贸易方式十分流行。

1. 政治

周文王

商末周部落的首领，姓姬，名昌。在位50年。一度被纣王囚于羑里，是一位有作为的创业君主，节制游乐，勤于政事，重视发展农业生产。礼贤下士，广罗人才，在姜尚等一批贤才的辅助下，用各种计谋动摇了商朝的统治基础。团结周围各小国，使虞、芮等归附；同时，不断发动对外战争，先后攻灭黎、邗、崇等国，抓获大批俘虏，使周国奴隶制迅速发展，国势益强。此后又迁都到丰(今西安西南)。在他临死前，天下三分，周有其二，政治、经济、军事力量已大大超过商王朝，奠定了周灭商的基础。

周武王

西周王朝的建立者。姓姬，名发，文王姬昌的儿子。即位不久，大会八百诸侯于孟津。后率兵车300乘、甲士4.5万人、勇士3000人，征伐商纣王。庸、蜀、羌、髳、微、泸、彭、濮等友邦都来援助。牧野一战，商兵阵前倒戈，引导周兵杀纣，周兵很快攻入商都灭商。灭商后，又经一系列军事行动，基本占据了原商王朝的统治地区。为了控制新征服地区，采纳周公建议，封纣的儿子武庚为诸侯(殷君)治殷遗民。同时，又封自己的弟弟管叔、蔡叔和霍叔三人同驻商都和周围地区，监视武庚，史称"三监"。封同母弟周公于鲁并担任宰相。封军师尚父(姜尚)于齐。封弟叔武于成，封弟叔振铎于曹。周武王于灭商后两年病死。

牧野之战

周灭商的一场决定性战役，发生于公元前1046年。商末，纣王残暴，引起诸侯不满和人民反抗。泾水、渭水流域周部落的力量迅速发展。周文王死后第四年春，周武王联合800多部落、方国起兵伐纣。兵至牧野，举行誓师大会，列数纣王罪状，鼓动军队和商纣决战。当时纣王军队主力远征东夷，不及调回，只好将大批奴隶和俘虏武装起来，凑成17万人开往牧野。开战后商兵阵前倒戈反击，引导周军杀向纣王，纣王大败而归；周军进逼朝歌。商纣见大势已去，被迫登鹿台自焚。周武王遂率师进占商都朝歌，商朝宣告灭亡。

姜尚

商纣王时期，周部落的首领文王（当时被封为西伯）曾因苦谏纣王而被囚。其下属用美女奇物贿赂纣王，文王才保住了性命。归国之后，文王想举兵攻商，却因时机不够成熟，从者太少而失败。吸取了这个教训，文王重申了对商王的从属地位，同时下决心从根本上增强周国的力量。在文王的兴国策略中，有迁都于丰、改革行政管理体制等方面，但最为后人称道的，是他礼贤下士。孟子说，因为西伯善于养护老者，天下有声望有资历的贤人就都跑到了周国。文王寻访到的最有才能的贤人，是人所周知的姜太公。据传，文王寻访贤人的途中在渭水南岸看到一位器宇不凡的白发老者在钓鱼，每起一钓，就是一条活蹦乱跳的大鱼。文王在惊讶之余，就与这位老者攀谈起来。令文王惊讶的是，这位老者竟然对治国之道有精辟的见解。文王大喜过望，就把老者请上车，一同回到都城。老者姓姜名尚，字子牙，因为文王在与他同归时说："吾太公望子久矣！"就号称为太公望，俗称姜太公。在姜太公的辅佐之下，文王开始了对周围小国的攻伐，为周朝的立国奠定了基础。在晚年，西伯姬昌终于自号为文王，要与商纣王抗衡。只是纣王的颓势还没有到底，而文王的力量还不足以推翻商朝，所以灭商的使命就落在了武王的肩上。

姜太公像

至今民间还有许多关于他的传说，他在人们心目中是一个德高望重的智者形象。他帮助周文王治国，辅佐周武王灭商。

镐京

西周都城，在今陕西西安西南。武王灭商后，建立西周王朝，即定都镐。此后至公元前 770 年平王东迁的 276 年中，镐一直是西周首都。因距今年代久远，地面已无迹可寻。近年在中原地区发现西周早、中期的宫室建筑群，其结构类似四合院形式，镐可能也建有内城外郭。镐京附近有灵台、灵沼、灵囿等设置，有辟雍、宗庙等祀天祭祖的大型建筑。经济已相当繁荣，有各种工匠专为天子、贵族制造各种器物，是当时全国最大最繁盛的城市。但自周平王东迁以后，镐不断遭到破坏，逐渐湮灭。

洛邑

又称雒邑，古代都城。故址在今河南洛阳洛水北岸、瀍水东西，周成王时为巩固对殷商故土的统治，在周公主持下筑成。武王灭商后，把传国之宝九鼎迁到洛邑，就有定都洛邑的打算。成王即位后，开始大规模营建洛邑。共建两座城。一叫成周，在瀍水东即今白马寺东 3 里的地方，是周朝宗庙所在，也是安置商代贵族的地方。另一叫王城，在涧水东、瀍水西即今洛阳市王城公园一带，给管辖成周的周人居住。两城相距 40 里。公元前 770 年，周平王东迁到洛邑，住在王城。到周敬王时，为躲避叛乱迁都成周，赧王时又还都王城。因洛邑在黄河北，从战国起，称为洛阳。

周公

西周初政治家。武王弟，姓姬，名旦。早年辅助周武王灭商，灭商后建议封武庚、立"三监"，以巩固新建王朝。周成王年幼即位，他摄政。武庚乘机离间，煽动"三监"和东南夷族造反。他亲率大军东征，历时 3 年，平息武庚和东南地区的叛乱；流放蔡叔，杀了武庚和管叔，扩大和巩固了周王朝的统治。东征胜利后，又在今天的河南洛阳筑洛邑，作为统治中原的政治中心；同时，扩大分封制，借以捍卫周王室。为加强对诸侯的控制，又制礼作乐，完善了西周的宗法等级制度。在政治思想方面，吸取商亡的教训，主张明德慎罚、敬德保命，缓和阶级矛盾，从而出现"成康之治"。摄政 7 年后，还政于成王。

周公东征

西周初，周公姬旦为平息武庚叛乱，巩

固周王朝的统治而进行的一场大规模战事。武王灭商两年后病死，周成王年幼即位，不能理事，由周公摄政，部分王室大臣及武王之弟管叔、蔡叔不服，诬其篡位。商纣之子武庚乘机煽动管叔、蔡叔造反，联合东南殷商残余势力起兵反周。面临这种局面，周公首先向召公等王室大臣解释，消除疑忌，安定王室内部。然后调动大军东征，讨伐武庚。东征军迅速翦除以武庚为首的叛乱势力，杀武庚和管叔，流放蔡叔。接着，又挥师东进，经过3年苦战，相继削平了参与叛乱的东方小国和诸侯，使周王朝的统治势力扩展到黄河下游和东部沿海。东征的胜利，为西周社会的进一步发展扫清了道路。

分封制

西周初期建立政权、巩固统治的重大措施。西周政治制度的基本形式是分土封侯。周王把国都附近的地区划为王畿，由王室直接统辖。王畿以外的广大地区分封给诸侯，各建邦国。诸侯主要有3种类型：周王的同姓亲属、功臣、古帝王后裔（实际是一些较强大的部落或方国首领）。诸侯对天子保持臣属关系，承担各种义务：镇守疆土、捍卫王室、交纳贡税、朝觐述职等。诸侯在封国内也实行分封制度，把大部分土地封给自己的卿大夫（大臣），作为采邑。卿大夫又把所受采邑的土地分封给士，士直接统治人民。自诸侯至士，其职位、俸邑都由嫡长子继承。这样，周王、诸侯、卿大夫、士逐级形成一个宝塔式的统治体制。相传周初武王、成王、周公先后封置71国，主要封国有鲁、齐、燕、卫、宋、晋等。周初通过分封诸侯，巩固了周王朝对广大被征服地区的统治，并扩大了其影响和势力范围。

平民

西周自由人阶层。有自己的土地，平时参加农业生产，战时则"执干戈以卫社稷"，是兵役和军赋主要承担者。居住在城里或城郊，有人身自由。其上层可入官参政。西周后期，因战争、赋敛有增无减，

平民负担日增，迅速破产和分化，与贵族间的矛盾日益尖锐。公元前841年爆发的"国人暴动"中，平民便成为推翻周厉王统治的主力。

国人暴动

我国历史上第一次大规模群众性武装暴动。西周社会有国人和野人之分。国人是居住城里和城郊的人，除了奴隶主贵族外，还包括平民、小手工业者和商人，主要是平民。西周第10代帝王周厉王，贪财好利，对国人横征暴敛，并霸占国人赖以谋生的山林川泽，国人怨声载道。厉王命令巫师监视国人活动，禁止他们谈论国事，违者格杀勿论。厉王的残暴统治持续了3年，国人忍无可忍，终于在公元前841年发动了武装起义。他们冲进王宫，袭击厉王。厉王逃过黄河，流亡于彘（今山西霍县）。太子姬静逃到召公家中，起义者闻讯，又包围了召公宅第，要他交出太子。召公把自己儿子冒充太子，交给起义者处死，太子幸免于难（后为周宣王）。起义推翻了周厉王的残暴统治，导致周王朝走向衰亡，打击了奴隶制的剥削制度。

共和行政

西周历史事件。公元前841年，发生"国人暴动"，推翻周厉王统治。由周公、召公共同执掌国政，实行贵族共和政治，所以又称"周召共和"。司马迁所著《十二诸侯年表》从这一年（前841年）开始，从此我国历史上有了确切纪年。到共和十四年，周厉王死亡，归政于周宣王，共和行政结束。

宗法制

上古时代对家庭内部成员区分亲疏关系的制度。源于父系氏族家长制，于周代成为国制。其核心为嫡长子继承制。在宗法制下，属同一原始血缘的后代被分为大宗和小宗两个支系。大宗，即为始祖之下的嫡长子，及其后历代的嫡长子之系。嫡长子又称宗子。在同一代中，嫡长子之外的诸子，则

称庶子。小宗，则为庶子及其后代之系，亦称庶宗。在小宗中，亦有大宗、小宗之分。宗法制主要用于区分嫡庶、亲疏关系，目的是在家庭内部确立财产和权力、地位的继承权。西周的分封制即以宗法制为基础。周王即通过嫡长子世代相袭，是为大宗。嫡长子的同母弟及庶系兄弟则受封为诸侯，接受封赏的土地和城邑，是为小宗。诸侯在各自的封国中，亦通过嫡长

《周礼》书影

所谓周礼有两层意思：一是周代的礼法、政法制度，其中包括分封制、宗法制及与其相对应的政法、礼法制度，它们有力地维护了周朝的统治；另一层意思是礼俗，包括周代的各种文化制度、风俗，后代各种礼法制度的制定多参照周礼。

子世代相袭诸侯的爵位和财产，又形成诸侯国内的大宗和小宗。大宗在家庭内部以其具有财产和权力的继承权，而受到庶宗的敬奉，即所谓尊祖敬宗。西周时期形成的宗法制，对巩固和维护奴隶制国家有重要的作用。进入封建社会以后，早期宗法制度已经崩溃，但嫡长子继承制仍继续沿袭。皇权的传袭即依据此制而长期进行。

礼制与刑罚

西周的统治阶级在血缘关系的基础上建立了一套比较完整的宗法、分封、等级、世袭制度，以及严密的礼制与刑罚制度。以宗法制为基础的周礼，是体现等级差别的各种典章制度和礼仪规定，主要用以调节统治阶级内部的关系。不同等级的贵族所使用的礼器组合各不相同。庶人不得使用贵族的礼仪。刑罚主要是控制和镇压平民和奴隶的手段。

宣王中兴

公元前827年周宣王即位后，为了消除周厉王暴虐政治的影响，缓和国内外不安定局面，采取了一系列的措施。对内，首先是改革政治，以周公、召公二相为辅，又任用尹吉甫、仲山甫等贤臣，效法文王、武王、成王、康王的政治遗风。对外，针对猃狁部族不断侵扰，掠夺财物，杀害人民这一严重情况，宣王一方面派南仲驻兵朔方，加强防守，同时又派尹吉甫领兵北伐，追至太原（泛指陕北、晋北一带的黄土高原），猃狁兵败，其他戎狄部落也臣服于周。其后，又派方叔带兵南征荆楚，也取得一些胜利。接着，派尹吉甫武力弹压南淮夷，暂时控制了东南地区，恢复了对南方的影响。在宗周以南，以秦仲为大夫，命其西征西戎，结果为西戎所杀。又召秦仲之子庄公兄弟5人，带兵7000人再伐西戎，取得胜利。这一系列措施，大大提高了周王室的威信，使周势复振，诸侯又重新来朝。史称"宣王中兴"。

穆王西巡

周穆王元年（约公元前976年），周昭王之子周穆王即位，在位55年。周穆王好大喜功，企图向四方发展。穆王十二年（约公元前965年）西征戎，获其五王，并把戎人迁到太原（今甘肃镇原一带）。约公元前961年，乘着征讨的胜利，穆王向西巡行，一直到达了青海东部一带。艰苦的千里往返并没有打消穆王对西方乐土的向往。据说周穆王有个善于驾车的车夫，名叫造父，其先人以擅长养马驾车而著称。造父受宠于周穆王，精心挑选八匹毛色相配、力量相当的骏马，加以调驯，名为"骅骝""绿耳"等，献给周穆王。穆王乘坐八骏所驾之车，造父为驭，西行至西王母之邦，乐而忘返。穆王西征的故事，如战国竹简《穆天子传》所载，反映了当时穆王意欲周游天下，以及与西北各国部落往来的情形。周穆王环游西北地区的真正意图，后人有种种说法。从政治的角度看，他似乎是想向这些地区的民族展示一番周朝的力量，使他们不敢轻易反叛；或者是想转移国内的政治矛盾，以巩固自己的地位。殊不知，正是这种无谓的炫耀，才使周朝的势力进一步衰落下去。

烽火戏诸侯

周宣王死后，其子姬宫湦即位，史称幽王。周幽王当政时，社会动荡不安，内外交困。周幽王任用"善谀好利"的虢石父为卿士，引起国人极大的怨愤。周朝为了保卫都城镐的安全，在骊山设置了烽火和大鼓，并且与邻近诸侯约定了求救的信号。西周末年，周幽王为了博取宠妃褒姒启齿一笑，竟然下令在骊山点起烽火，擂起大鼓。诸侯闻讯，急忙率军救驾，到骊山后方知受到愚弄。褒姒看到各路诸侯打着旗号像没头苍蝇一样来来去去，觉得十分可笑。幽王自以为得计，又接连搞了几次这样的恶作剧。待到敌人真的入侵，幽王发出信号求救时，却再没有一个诸侯前来救驾，西周就这样失去了天下。

幽王被杀

姬宫湦（幽王）因宠爱褒姒，于幽王五年废申后及太子宜臼。此事虽遭大臣反对，但幽王一意孤行。此时周王朝的力量衰微，只相当于一个中等诸侯国，齐、鲁、晋等诸侯已摆脱王室控制。申侯虽不满幽王，然之前尚未公然叛周。幽王废申后和太子，遂使

烽火戏诸侯
荒淫昏庸的周幽王为博得爱妃一笑，不惜假借烽火之名欺骗诸侯，使诸侯对其失去信任，最后亡国，可谓荒唐可笑又教训深刻。

周、申之间矛盾趋于表面化。幽王九年，申侯与西戎等结盟，做好了联合反周的准备。次年，幽王针锋相对，与诸侯盟于太室山，并派兵讨伐申国以示威。幽王十一年（前771 年），申侯联合西戎等举兵伐镐，幽王燃烽火而诸侯不至，势穷力孤，被打得大败。幽王死后，申侯、鲁侯、许文公等共立原太子姬宜臼于申。宜臼为避西戎，迁都到洛邑，是为周平王。

宗庙祭祀体制

宗庙祭祀在周代成为国家政治生活的一项重要内容，产生专供祭祀使用的建筑群，形成一套完备的宗庙祭祀体制。在夏朝就有正式的祭祀活动，其内容以祭拜天地和自然神为主。周代推行以礼治国的方针，由国君亲自主持祭祀天地、宗祖和社稷的礼仪制度在周代正式形成。这些礼制建筑按祭祀内容分几类：一是建于皇城之前作为帝王祭祀祖先的"太庙"和祭祀社稷的"社稷坛"；一类是建于都城近郊供帝王祭祀天地的"天地坛"，以及分布在全国各地由帝王派出官吏主持祭祀的岳庙、镇庙和渎庙，如后来的孔庙、武侯庙等，这些建筑适应周代以礼治国的统治方式。根据周代礼治主义的观念，没有这套祭祀宗祖和社稷的活动和场所，国不成其为国，君不成其为君，废祭祀甚至可以成为被讨伐的理由。帝王祭祀祖先在宗庙建筑——太庙进行，太庙按周制被置于都城宫殿建筑群的左前侧。祭祀社稷反映我国古代以农立国的社会性质，社代表土地，稷代表五谷，社稷为国家的代称。它还起着治国安邦、抚慰民心的作用。宗法血缘关系直接构成周代社会基础，周代设立的宗庙祭祀体制，以宗法原则为依据，适应周人祖先崇拜的观念，把祭祀活动贯穿在国家政治生活中，客观上起了教化民心、淳化民风的作用，影响了后来中国社会和中国文化的发展。

平王东迁

象征西周结束的历史事件。周宣王执政 46 年间，西周一度出现中兴局面，但仍

不能挽救统治危机。宣王死后，子幽王立。正逢发生大地震，生产遭到严重破坏。面对残破局面，周幽王却荒淫无度，废申后和太子宜臼，立宠妃褒姒为后，并立褒姒之子伯服为太子。于是宫廷内部分裂。申后之父申侯于公元前 771 年联合犬戎攻周，杀幽王于骊山下，把都城抢劫一空。诸侯和申侯拥立宜臼即位，是为周平王。这时镐已残破不堪，周围又有戎人威胁，平王被迫弃镐，于公元前 770 年东迁雒邑（今河南洛阳）。至此，西周结束，东周建立。

2. 社会经济

百工

西周工奴的总称，指西周官府有各种技艺的工匠。西周初，大批工匠是从商朝接管过来的。许多诸侯受封时，也分得这类工匠。他们因有世传专门技能，受到统治者的重视。如周公教导康叔，对违禁饮酒的人要杀无赦，但对违禁的工匠却可以不杀。这些专门的手工业者是西周生产领域的重要力量，以其辛勤劳动和智慧，创造了西周辉煌的手工业成就。百工之称春秋时仍沿用，并成为各种手工业工人的总称。

井田制

西周时期的土地制度，是殷商井田制的沿袭和发展。西周实行土地国有，周王是全国土地的最高所有者。为有效地统治全国，他将土地及生活在土地上的民众分封给各诸侯，史称"授民""授土"。诸侯又将分封给自己的土地封赏给属下，层层封赏直至士。井田制即产生于层层"授土"的背景下，但所封土地不得买卖。后人对井田制的解释主要有两种：一为土地形状。即由封地疆域构成土地的方块状，田中又有沟渠、道路，纵横交错而将其分割成整齐的"井"字。据古文献记载，井田大致是以百亩（约合今 0.2 公顷）为一方田（称一田）。被"井"字分割开的九块方田，称为一井。二为经营方式，即被"井"字分割的九块方田中，分为公田

和私田。居中一块为公田，周围八块皆为私田。私田由庶人（即农奴）耕种，但须先耕种奴隶主贵族的公田后，才能在私田劳作。井田制随着春秋后期土地私有制的出现，逐渐瓦解。

耦耕

两人各持一耜的合力并耕，为西周流行的一种协作劳动方式。这种劳动方式与使用耒耜有关，因耒耜刃部窄，难以掘起较大土块，故实行合力并耕。后随铁器农具普及和牛耕的推广而消失。

货币交换

中国上古先民已采用货币作为商品交换的手段。西周的商品交换上承商代并有新的发展，用于交换的实物有天然贝，还有石贝、骨贝、蚌贝、玉贝及铜贝等，这便是中国货币的最早起源。贝以"朋"为计量单位，10 枚贝为一朋。西周时期铜开始用作交换手段，以锊或镮作为重量计算单位。贝和铜作为货币使用，反映了西周商业经济的发展。

3. 文化

文字

西周是青铜器极盛时代，遗留后世的钟鼎甚多，冶铸精致，器上多刻有极富艺术价值的图画与文字，这些文字称为"金文"。铭刻在钟鼎以外的文字，用笔墨书写在竹片上，长约两尺四寸，每片只书一行，约二三十字，将竹片连缀起来，称为"方策"。策即"册"字，方策即是当时的书籍。

原始瓷器

中国古代制陶技术在周代发展到新的高度。在灰陶、白陶进一步发展的基础上，又发明印纹硬陶和原始瓷器。灰陶是指采用易熔黏土为原料的夹砂陶，周代已被人们广泛使用，西周后因印纹硬陶和原始瓷的发展而日渐少见。原始瓷器的原料在产

生初期的周代主要是高岭土。原始瓷在西周时多用泥条盘筑法，外表经过修饰，很少留有痕迹。烧制温度达到1200℃以上，质地致密坚硬，吸水性弱，已具备瓷器的基本性质。原始瓷器从选料、成形、施釉到烧制，都比较原始，故不管胎还是釉，皆是真瓷的前身。

《周易》

《周易》是中国最早的占卜用书，分为《周易本经》(简称《易经》)和《周易大传》(简称《易传》)两大部分。"传"是解释"经"的。相传周文王被商纣王囚禁于羑里时，曾推演《易》。《周易》一般认为是西周时期的作品。它的基本思想是阴阳对立，代表阴(——)和阳(—)的两种符号叫作爻(阴爻和阳爻)。爻是构成"卦"的基本成分。三个爻叠加为一组，据说象征天、地、人三者的关系，称为卦，有八种基本排列，称为"八卦"。即乾、坤、震、巽、坎、离、艮、兑，分别代表天、地、雷、风、水、火、山、泽八种自然物，它们是构成世界的物质基础。其中天、地(乾与坤)是生成万物的根源。"八卦"是"单卦"，以后又发展为重叠排列而成的六十四卦，叫作"重卦"，共三百八十四爻，每卦有六爻。卦有卦辞，爻有爻辞，用以推测人的吉凶祸福。《周易》也称《易》，汉代人通称为《易经》，是中国儒家典籍"六经"之一。关于《周易》的成书，过去传说伏羲画八卦，周文王将八卦推演为六十四卦，现在大多认为《周易》是先民们和古代卜筮之官长期积累的卜筮记录，约在周代初期成书。

刺绣

刺绣是中国古代的手工技艺。《尚书·益稷》记载虞舜时就用五彩绣绣作礼服。什么是绣，古人和今人在概念上有所不同。今人谓绣，是指以绣花线在纺织物上绣出花纹；而古人谓绣，也包括五彩的画绘在内。在原始社会，人们用文身、文面、纹绘服装等方式来美化生活。但服装上纹绘的花纹，毕竟会在运动中摩擦时剥落毁损。后来，人

们逐渐学会用丝线将花样绣在衣服上，既美观又牢固。周代《诗经·秦风·终南》中"黻衣绣裳"，《豳风·九罭》中《衮衣绣裳》等诗句，说明西周已出现了刺绣这种工艺。《考工记》记载周代官府"设色之士"中的画绘，也包括刺绣在内。西周时，绣是"天子之服"，其他人是不能越级穿用的。当时列国诸侯间也常以高贵的锦绣作为相互馈赠的礼物。春秋战国时期，随着列强兼并，诸侯间的政治交往日益频繁，生活享受日益奢侈，刺绣的产量也不断提高。

青铜器

西周是中国奴隶制度继续发展的时期，促进了青铜制造业的进一步发展。青铜礼器种类增多，按照周礼的要求，青铜礼器有严格的组合制度。如钟、鼎、鬲、壶、豆、盘等礼器都要按照规定数目配套使用。基于这样的历史缘故，所以发现的西周墓葬和窖藏的青铜器大多是成组和成群出土，如陕西扶风县庄白村西周青铜器窖藏中一次便出土了103件器物。西周时期的青铜器大部分铸有铭文，少则几字、几十字，多则几百字。铭文内容简明扼要地记述了当时的奴隶买卖、战争、赏赐、祭祀和法律诉讼等情况，是研究西周历史的珍贵实物资料。

羊首青铜刀　西周
这种青铜刀为短兵器，柄端饰有羊首，具有北方草原文化特征。

六艺教育

西周官学分为国学和乡学。国学专为贵族子弟设立，设在王城和诸侯国都，分小学和大学两种，小学在城内宫廷中，大学在南郊。乡学则按地方行政区域建立。国学教育内容以礼、乐为中心，附以射、御、书、数的"六艺"教育。礼教是有关政治、宗法、道德、礼仪等知识的教育，在"六艺"教育中占有核心地位。礼教包括吉、凶、

军、宾、嘉五个方面，乡学有冠、婚、祭、乡饮酒、相见等"六礼"。"六艺"中的射、御是培养武士的军事技术，西周礼法中规定士子要习"五射""五御"。射御是一种综合性的教育，包括道德情操、内心志向和技艺的培养。西周"六艺"教育的特点是学在官府、官师合一，是中国古代教育的一次重大改革。

陶瓦

西周初期，陶瓦出现。在西周早期遗址中，人们发现，周人在建筑房屋时已经使用陶瓦，但数量比较少，只用于屋脊和屋面，无筒瓦、板瓦之分。瓦片上仰面和俯面分别很清楚，两面分别有陶钉或陶环，背面饰有绳纹，青灰色。西周中晚期，陶瓦的使用扩展到全屋顶。从陕西扶风西周晚期遗址中发现，这时的陶瓦一是数量多，遗址中留有大量的瓦片堆积；二是种类多，有板瓦、筒瓦、大板瓦，还出现了一种面饰绳纹充地黼黻纹小筒瓦和头带素面的半瓦当。陶瓦有大有小，形制不一；三是瓦面上饰有精致的花纹，有回曲纹、绳纹、黼黻纹等，呈青灰色，反映了周人已把陶瓦的使用和审美意识有机地结合起来。瓦的发明是在制陶工业进一步发展的条件下建筑材料的一个重大改革，是文明发展的必然产物。陶瓦的出现，解决了房顶的防水问题，提高了人们抵御自然灾害的能力，也促使中国建筑脱离了原始简陋状态而进入了比较高级的阶段。

饴糖

中国是世界上最早制糖的国家之一，早期制得的糖主要有饴糖、蔗糖，而饴糖占有更重要的地位。史前时期，人类就已知道从鲜果、蜂蜜、植物中摄取甜味食物。后发展为从谷物中制取饴糖。饴糖是一种以米（淀粉）和麦芽经过糖化熬煮而成的糖，呈黏稠状，俗称麦芽糖。中国自西周创制饴糖以来，民间流传普遍，广泛食用。西周之后的史书中都有饴糖食用、制作的记载，其中，北魏贾思勰所著的《齐民要术》记载最为详尽。

毛公鼎

西周晚期的毛公鼎是金文的经典名作。毛公鼎因作者毛公而得名，铭文铸在鼎上，有32行，共497字，是现存青铜器铭文中较长的一篇。全文首先追述周代君主文王、武王的丰功伟绩，感叹现时的不安宁，接着叙述宣王册命毛公，委任他管理内外事务，拥有宣布王命的大权。宣王一再教导毛公要勤政爱民，修身养德，并赐给他一些器物以示鼓励。毛公将此事铸于鼎上，以资纪念和流传后世。这是一篇典型的西周册命铭文，但不拘泥于传统的册命体例，全铭文以"王若曰"开始，基本引述王的册命话语，分段处以"王曰"隔开。全铭文文辞精妙而完整，古奥艰深，是西周散文的代表作。

散氏盘

散氏盘因铭文中的主要人物散氏而得名，也因做器者为矢人而名矢人盘。这是现存较早的土地交易和测量的契约，记录了西周时代一件交易行为，为了解当时的社会生活方式提供了有趣的第一手材料。根据铭文记载，一个叫作矢的领主与叫作散的领主交换田地，双方订立有关的契约。这样的契约在西周时代的文物中并不常见，所以散氏盘显得特别重要。在青铜器的鼎盛时代，把重要文献铸在器皿上，显示了当事人对这件事的重视。

大盂鼎

大盂鼎是迄今所见西周最大的青铜器，作器者为周康王时大臣盂。此鼎在清道光（1821—1850）初年出土于陕西省岐山礼村，同出还有两鼎，其中包括小盂鼎。现仅存大盂鼎，并据小盂鼎测定为周康王二十三年铸成。大盂鼎铭文291字，内容酷似《商书·酒诰》，记载了周康王在宗周训诰盂的史实。赐给盂祭神的香酒一卣，祭祀用的礼冠礼服、蔽膝、鞋履，以及车马；赐给盂嫡祖南公的旗帜和官员4名，步卒659名等；要盂不违弃他的诰诫。于是盂颂扬王的赏赐，并制作祭祀嫡祖南公的宝鼎。铭文用了训诰体和册命体，其中记述多名奴隶以及十几名官员王臣，是西周奴隶制社会的真实反映。

周历

周代历法。与夏历、殷历的主要区别在于它以冬至所在建子之月（夏历十一月）为岁首。从西周铭文和典籍看，当时已把1个月分为初吉、既生霸、既望、既死霸4个等分。这实为今日通行的星期的原形，但不久即废，未流传下来。另据文献记载，周人已使用土圭之法测量日影，以确定四时变化和地理的远近。所谓土圭，就是在地面树立一根垂直的表，与表相连成直角的座子称为圭。土圭之法就是利用正午的太阳照射在表上，观察表在圭上投影的长短，以确定四时的变化。当太阳走到最北而位置最高时，日影最短，这时叫夏至；当太阳走到最南，距地平面最低时，日影最长，这时就是冬至。从日影长短的变化周期中，测定一年的长度。土圭是我国最早的测天仪表。在长期观测的基础上，周人创立二十八宿，以确定天体的位置和日月五星在天空中的运行。所谓二十八宿，就是在黄道带与赤道带西侧，选取二十八组恒星作为观测的标志，每一宿由若干颗恒星组成，并以地上的事物去命名。二十八宿是古人测天的基础，通过观察太阳在二十八宿中位置的变化可以推定一年季节的变化，还可制定更精确的历法。

4. 民族

东夷

中国古代东方少数民族的总称。夏时有"九夷"，殷周时有人方（尸方、夷方）、徐夷、淮夷和莱夷。分布在今山东、江苏、河南、安徽等地，主要从事农业生产。东夷很早就和古代诸王朝发生密切联系，商周时常与中原的华夏族发生战争。商朝晚期，东夷较强大，为商朝的劲敌。商代最后两个帝王帝乙和帝辛（纣王），都把主要精力转向征伐东夷。纣王曾亲率大军东征，经过多次苦战，才取得胜利。西周时，淮夷、徐夷是东夷中最强的部族。穆王、厉王、宣王时，多次与徐夷、淮夷发生战争。战争给人民带来很大痛苦，但东方各族人民也借机发展与中原的经济文化交流。春秋以后，渐被中原华夏族同化。

西戎

中国古代西北少数民族的总称。最大一支是羌人，分布于西北广大地区，后人因此把西羌作为西方各族的总称，或以羌戎泛指这里众多的少数民族。商朝和羌人多次发生战争。羌人战俘是商朝奴隶的主要来源之一。武王伐商时，羌人曾与周人结盟，共同伐商。周族和羌戎有着世代相传的婚姻关系。后来周穆王西伐犬戎，受到西方各族的反对，从此双方断绝了关系，矛盾日趋尖锐。到西周末年，周与犬戎的战争连年不断，最后西周是在犬戎的进攻下灭亡的。西方各民族经济发展不平衡，当商周进入奴隶社会时，有些民族还处在原始社会或向阶级社会过渡阶段。西周时期，西戎逐渐东迁，春秋时分属于秦、晋，后渐与华夏族同化。

青铜乐舞人　西周
使用乐舞也是礼的范畴，此乐舞人挽椎髻穿袍服，应是西周时少数民族的舞人。

第三章

争霸图强

春秋时期

（公元前 770 年—公元前 476 年）

东周被史家分为春秋和战国两个时期，因为这一时期的政治中心逐渐从周王室转移到了各诸侯国。公元前 770 年，周平王东迁之后，中央政权的权力大受削弱，不再有控制诸侯的力量。各诸侯国互相兼并，大国陆续出现，打破了诸侯并列、王室独尊的局面。在兼并过程中，西周旧制逐渐被破坏，特别是宗子世袭不得买卖的宗族土地所有制，向个人私有可以买卖的家族土地所有制转化，成为这一历史时期社会各种变动中最基本的变化。相对而言，西周比较稳定，东周则进入动荡时期，频繁的兼并战争，加重了人民的痛苦，推动了社会的巨变。这一时期，既是诸侯、大夫兼并的时期，同时，也是华夏族和南方蛮国争霸的时期。战争破坏了旧制度，产生了新制度，也就是旧的领主阶级逐渐被新的地主阶级所代替，旧的农奴阶级逐渐被新的农民阶级所代替。

公元前 770 年，周平王即位，并把都城从镐迁至洛邑（今河南洛阳）。至此，西周结束，东周建立。自这年起到公元前 476 年，史称春秋时期。这一时期的年代因与孔子所著编年史《春秋》所记载的年代相一致而得名。

公元前 770—公元前 476 年，是我国奴隶制向封建社会过渡的历史转变时期。西周末年，社会动荡，王室衰微。平王东迁后，周王室地位更加衰落。诸侯不再听从周天子的命令，不再定期朝贡，而为争夺土地、人口展开激烈的兼并战争。在战争中，小国被吞并，大国交替争霸。首先是齐桓公，打着"尊王攘夷"的旗号，"挟天子以令诸侯"，称霸中原。之后是宋襄公、晋文公、秦穆公、楚庄王先后称霸。这一时期，各族间的频繁迁徙和交往，加强了华夏族和其他各族间的经济文化联系。各诸侯国内部经历了剧烈变革。由于铁器和牛耕的应用，生产力显著提高，农业生产进一步发展，私田日益增多，

春秋时期大事年表

公元前 770 年，周平王即位，将都城从镐东迁到洛邑（今河南洛阳），史称"平王东迁"。周朝进入东周时期。

公元前 722 年，中国的编年体史书《春秋》所载史事从这一年开始。

公元前 685 年，管仲在齐国任宰相，推行改革。

公元前 651 年，诸侯举行葵丘会盟，齐桓公称霸。

公元前 638 年，楚国与宋国发生泓水之战，宋国败。

公元前 632 年，晋国与楚国发生城濮之战，晋国胜。晋文公成为霸主。

公元前 594 年，鲁国开始实行"初税亩"。

公元前 575 年，晋国与楚国发生鄢陵之战，晋国胜。

公元前 551 年，孔子诞生。

公元前 512 年，孙武著《孙子兵法》。

公元前 510 年，老子在世，著有《道德经》。

公元前 494 年，吴王夫差大败越军，俘越王勾践。

公元前 482 年，吴王夫差称霸。

公元前 479 年，孔子去世。《论语》集中了他的主要思想。

公元前 479 年，史书《春秋》中的记事至这一年结束。

迫使一些诸侯国先后采取了"初税亩"等新的赋税制度。奴隶制的井田制逐步瓦解，封建土地所有制开始形成。随着奴隶制经济的动摇瓦解，礼乐制度、道德观念也发生了变化，形成礼崩乐坏的局面。这一时期，产生了我国最早的一部诗歌总集《诗经》，出现了道家创始人老子、思想家和教育家孔子、军事家孙武等众多贤哲。老子的客观唯心主义思想体系中含有朴素辩证法因素；孔子学说后来成为我国封建社会的正统，对后世影响极大；孙武的《孙子兵法》是闻名世界的古代兵书。

1. 政治

春秋五霸

春秋时期先后称霸的 5 个诸侯。周平王东迁后，失去控制诸侯的能力，地位只相当于一个普通的诸侯国。各自为政的诸侯国，为争夺土地、人口展开了激烈的兼并战争。一些诸侯国逐渐强大起来，另一些诸侯国逐渐衰落下去。西周初的"八百诸侯"经过兼并只剩 100 多个。一些小诸侯国成为大诸侯国的附庸。战胜国往往召开诸侯会议，强迫大家承认其盟主地位，成为霸主。这些先后建立霸业的诸侯有 5 个：齐桓公、宋襄公、晋文公、秦穆公、楚庄王。另一说是指齐桓公、晋文公、楚庄王、吴王阖闾、越王勾践。

齐桓公

（？—公元前 643 年）春秋时齐国国君，春秋五霸之首。姜姓，名小白，齐襄公的弟弟，襄公时出居莒国。公元前 686 年，齐国内乱，襄公被杀。公元前 685 年，他自莒回国，夺得君位。即位后，经鲍叔牙荐，任用管仲为宰相，在政治、经济、军事方面进行了一系列改革，使国力大增，奠定了称霸的基础，即位 5 年伐鲁，与宋、陈、蔡等国会盟于北杏（今山东东阿），为诸侯主持天下会盟之始。即位 7 年会诸侯于鄄（今山东鄄城北），开始争霸事业。用管仲之谋，以"尊王攘夷"相号召，联合燕国打败北狄的入侵；

营救邢、卫两国，制止了戎狄对中原的侵扰，使齐国威信大大提高。公元前 656 年，亲率鲁、宋等 8 国大军伐楚，楚成王派大夫屈完来军前讲和，在召陵（今河南郾城东北）订立盟约。召陵之约，使楚国北进锋芒受挫。他曾多次大会诸侯，订立盟约，自称"九合诸侯，一匡天下"。还多次以"尊王"名义派兵为周王室平定内乱。公元前 651 年，举行葵丘之盟，周襄王也派人前往参加，正式承认了他的霸主地位。

管仲

（？—公元前 645 年）春秋时齐桓公的宰相。春秋初期杰出的政治家，名夷吾，字仲。早年贫困，与齐大夫鲍叔牙相知甚深，有管鲍之交之称。公元前 685 年，齐桓公即位，经鲍叔牙荐任为相。辅佐齐桓公进行改革，政治上改组原行政组织，分国都为 5 士乡和 6 工商乡，分鄙野为 5 属，设官治理。设立人才选拔制度，扩大统治基础。军事上实行兵民合一，以士乡的乡里组织为军事编制，习武备战，将军事组织和行政组织统一起来，扩大了兵源，增强了军事力量。经济上重视发展生产，主张适当征发力役，禁止掠夺家畜；打破井田制限制，按土地好坏征收赋税；提倡渔盐之利，设盐铁官，利用官府力量发展盐铁业，铸造和管理货币，调剂物价。这些改革使齐国数年之内国富兵强。他又帮助齐桓公以"尊王攘夷"为号召，纠合诸侯，扩充实力，树立威望，成为春秋时期第一个霸主。

尊王攘夷

春秋诸侯争霸时提出的口号。齐桓公首倡，意即尊重周王，共御北方游牧民族的进攻。打出这一旗帜是因周王虽势力衰落，但仍保留天下共主的形象，借其名有助于纠合诸侯，扩充实力。到战国时代，周王地位更加没落，这一招牌便被摒弃。

晋文公

（公元前 697—公元前 628 年）春秋

时晋国国君，五霸之一。晋献公之子，姬姓，名重耳。公元前636—公元前628年在位。献公宠爱骊姬，她欲立己子，陷害太子及重耳等。重耳逃亡国外，流亡19年，辗转8国。公元前636年由秦穆公护送回国，杀死晋怀公即位。即位后，整顿内政，实行"举善援能"的政策；重视农业生产，发展商业贸易；建立三军，增强军力，实行军政合一。经过整顿，晋国国力增强。同时，他利用周王室内乱的时机，出兵击败叛军，迎周襄王复位，独得"尊王"之功，在诸侯中树立了威望，开始了争霸事业。公元前632年，联合秦、齐、宋在城濮（今山东鄄城西南）大败楚军。战后，中原各小国纷纷摆脱楚国控制，归附晋国。同年，又大会诸侯于践土（今河南原阳），周襄王派代表参加，确立了其霸主地位。

城濮之战

春秋时晋文公为称霸中原同楚国进行的一场战争，是我国历史上以弱胜强的著名战例。公元前636年，晋文公即位，发展生产，整顿政治，训练军队，使晋国成为强国，志在称霸中原。这时，楚国势力壮大，晋楚之战势在必行。公元前633年，楚成王率陈、蔡等国军队攻宋，宋向晋求救。公元前632年，晋联合秦、齐、宋出兵与楚在城濮对阵。晋军选择楚军薄弱环节，首先击溃由陈、蔡军组成的楚军右翼，同时主力假装退却，诱使楚军左翼追击，然后夹攻使其溃败，迫使楚

军主力后退。战后，晋文公和齐、鲁、宋、卫等七国之君于践土会盟，成为霸主。

宋襄公

（？—公元前637年）春秋时宋国国君，子姓，名兹父。公元前650—公元前637年在位。齐桓公死后，他同楚成王争霸中原。公元前638年，兴师伐郑，楚派兵救郑，两军在泓水（今河南柘城西北）交战。楚军比宋军人多，宋军已列好阵势，楚军才开始渡河。宋臣目夷主张乘机出击，被宋襄公拒绝。楚军渡过河尚未排好阵列，目夷又主张出击，宋襄公却要等楚军排好阵再打。结果，宋军大败，他也身受重伤。宋襄公的做法受到国人一致谴责，他却说："君子不以阻隘取胜，不进攻未排列成阵的敌人。"次年因伤重死去。

秦国崛起

公元前770年，秦庄公之子秦襄公因护送周平王东迁洛邑有功，被平王封为诸侯，并将岐山（今陕西岐山县东北）以西之地赐秦，秦国迅速崛起。秦是古代嬴姓部族中的一支。周宣王时，派秦仲为大夫讨伐西戎，秦仲战死。秦仲的儿子秦庄公后来攻破西戎，收复西犬丘，成为秦建国的开端。春秋早期，东周迁出今陕西境内后，秦致力于伐戎，收复周故地。公元前766年，秦襄公伐戎至岐身亡，其子秦文公即位。公元前762年，秦文公收复汧水、渭水交会处，迁都于此。秦

晋文公复国图卷（之一、之二）　南宋　李唐

在很多方面继承了正统文化，在春秋时代文明兴起的浪潮中走在前列。在军事上，秦积极拓展领地。秦的疆域最初主要在今甘肃东南和陕西西部的渭水流域，后逐渐占据今陕、甘境内的西戎各部；沿渭水东进，逾黄河进攻三晋；逾今陕西商洛地区进攻楚；逾今陕西汉中地区，进入巴蜀，并从巴蜀进攻楚。公元前753年，秦开始有史记事，民众亦开始接受教育。公元前746年，秦法律开始有诛三族之罪。我国现存最早的刻石文字石鼓文，歌咏了秦国游猎、战争的情景。至此，秦由西部的小国，一跃而成为与中原诸国匹敌的诸侯。

秦穆公

（？—公元前621年）春秋时秦国国君，五霸之一。嬴姓，名任好。公元前659—公元前621年在位，即位后，起用"五羖大夫"百里奚和蹇叔、由余、九方皋等人，参与争霸战争。曾击败晋国，俘获晋惠公，又灭掉梁、芮两个小国，晋文公在他的扶持下即位后，称霸中原，使他东进受挫，公元前627年在殽（今河南三门峡东南）遭晋军伏击，几乎全军覆没。后又两次伐晋，均未获胜。他东进不成，转向西进。采纳由余伐戎王的谋略，先后灭掉12个小国，开辟土地千余里，周王赐金鼓以示祝贺，他由此成为函谷关以西的霸主。秦独霸西戎，对西北地区的开发和民族融合起了积极作用。

楚庄王

（？—公元前591年）春秋时楚国国君，五霸之一。芈姓，名侣。公元前613—公元前591年在位。楚自前632年城濮之战败于晋后，北进受挫，转而向东发展。国力强盛起来后，他重新开始争夺中原霸权，首灭庸国，解除西部威胁，随后向北方发展。公元前606年，兵伐陆浑（今河南嵩县东北）之戎，至东周都城郊外，周王被迫派人慰迎。席间，他"问鼎之轻重"，流露出要取代周王地位的野心。公元前598年，他包围郑国3个月，郑不得不降

楚求和。公元前597年，邲（今河南荥阳东）之战大败晋军。公元前594年，又攻宋。宋求救于晋，晋不敢发兵。从此，中原各国纷纷背晋向楚。他"并国二十六，开地三千里"，终于成为中原霸主。

吴越争霸

春秋晚期，地处长江下游新崛起的吴国和越国企图向中原争夺霸权。吴国在春秋中叶后得晋助而强大。公元前515年，吴公子光杀吴王僚自立为王，即吴王阖闾。他重用伍子胥和孙武等人，改革政治和军事，建造城郭，设立守备，充实仓廪，整治军兵。吴国力渐强，在晋的支持下连年攻楚。公元前506年，吴王阖闾以大军事家孙武为大将，伍子胥为副将，联合唐、蔡两国，大举伐楚。楚军大败。吴军又五战五胜，攻入楚都郢。就在吴攻陷楚都时，与吴相邻的越国乘机袭击吴国。公元前496年，吴伐越，战于槜李（今浙江嘉兴），吴军战败，吴王阖闾受伤而死。公元前494年，吴王夫差为报父仇而伐越，在夫椒（今浙江绍兴北）打败越军，又乘胜攻入越都。越王勾践被迫求和，臣服于吴。吴自从灭越后，自以为从此无后顾之忧，一心争霸中原，并夺得霸主地位。越王勾践被打败后，不甘屈服，卧薪尝胆，暗中准备复仇。他任用文种、范蠡等人，整顿内政，发展生产，训练军队。同时，在外交上采取"结齐、亲楚、附晋"的方针，孤立吴国。经过"十年生聚""十年教训"，越国的力量很快强大起来。越王勾践看到吴国争霸黄池（今河南封丘西南），主力北上，便于公元前482年向吴国进攻，大败吴军，杀吴太子，夫差闻讯引兵回国与越议和。过了几年，越再次伐吴，大败吴军。公元前473年，夫差被迫自杀，吴亡。越王勾践继而率师北上争霸中原。

卧薪尝胆

春秋时越王勾践被吴国打败后刻苦自励、立志恢复的故事。公元前496年，吴伐

越战败，吴王阖闾负伤而死。公元前494年，吴攻入越都，越王勾践退居会稽山求和，被拘押至吴伺候吴王夫差，3年后放回。勾践回国后，立志雪耻，在室内放置一只苦胆，吃饭时常要尝尝，以不忘会稽之耻。他还睡卧于柴草之上，以示不苟于安逸。经十年苦心经营，国力恢复。公元前482年，吴王夫差率精锐赴黄池之会，同晋国争做盟主，国内空虚。勾践乘机出兵，大败吴师，并杀死吴太子。吴王夫差带兵回国求和。前473年，勾践出兵灭吴，吴王夫差自杀。

齐鲁长勺之战

周庄王十二年（前683年）年初，齐国军队攻到鲁国长勺。眼看形势紧急，鲁庄公只好临阵督战。当齐军擂鼓进攻之时，庄公马上命令鲁军迎战，但曹刿制止了庄公的鲁莽。等到齐军三鼓之后，曹刿才令鲁军冲锋，结果一举打败齐军。这就是历史上著名的以少胜多、以弱胜强的"长勺之战"或曰"曹刿论战"。

晋悼公恢复霸业

周灵王七年（前565年），晋悼公为继续晋文公的霸业，召集鲁、郑、齐、宋、卫等国在邢丘相会，晋国提出朝聘的财礼数字，让诸侯国大夫听命。郑简公听取命令，而且奉献伐蔡所得的俘虏。

伍子胥奔吴

周景王二十三年（前522年），楚平王听信谗言，想杀太子建，于是将太子的老师伍奢关押起来。太子建逃亡到宋。楚平王怕伍奢的两个儿子伍尚和伍子胥成为日后的隐患，就派人召两人来，说："你们来了就可以放掉你们的父亲。"大儿子伍尚为全孝道去了，于是跟父亲一起被楚王杀掉；小儿子伍子胥为报仇出逃到宋国投奔太子建。不巧宋发生内乱，伍子胥和太子建逃到郑。在郑三年，太子建报仇心切，参与密谋夺郑定公之权，被郑定公发现杀了。

伍子胥带着太子建的儿子公子胜逃奔吴。逃到吴楚交界的昭关（今安徽含山县北），关上盘查很严，因为郑王已叫人画像悬赏捉拿伍子胥。伍子胥非常着急，传说他一夜之间全白了头发，在好心人东皋公的帮助下混出了关。伍子胥和公子胜一路疾行，唯恐后面有追兵到来。到了一条大江前，一渔夫将伍子胥和公子胜渡过了江，伍子胥为感谢渔夫，摘下身上的宝剑相赠。渔夫说，楚国有令，凡抓到伍子胥者可以得到五万石粟和高官厚禄，我这都不在乎，还在乎你的剑吗？伍子胥还未到吴，便在路上病倒了，一路乞讨到了吴国。

吴国公子光引见伍子胥给吴王，伍子胥劝吴王伐楚，公子光阻拦。伍子胥见公子光想谋王位，便荐勇士专诸给公子光。公子光杀吴王后自立为王，他就是吴王阖闾。阖闾即位后，封伍子胥为大夫，又任用了孙武将军，先后兼并了附近几个小国。周敬王十四年（前506年），阖闾拜孙武为大将，伍子胥为副将，率军伐楚，一直攻到楚都。传说，伍子胥将楚平王之尸挖出，鞭尸以报父仇。

邲之战

晋、楚争霸中原的战争，因楚军在邲（今河南荥阳东北）大败晋军得名。公元前597年春，楚庄王率师围郑（今河南新郑一带），攻下郑都。六月，晋中军元帅荀林父率军救郑，但军帅间对和战久议不决。主战的中军副帅先縠不听指挥，率其部渡过黄河，驻扎在敖、鄗二山（今河南荥阳北）之间。先縠的主张得到中军大夫赵括、下军大夫赵同的支持。魏锜与赵旃企图使晋军失败以泄私愤，便擅自向楚军请战。上军主帅士会、副帅郤克提出备战的建议，遭到先縠反对而未被采纳。楚庄王接受魏锜、赵旃的请战，领军迎战晋军。他采纳令尹先发制人的策略，展开进攻。晋军遭到突然袭击，不知所措，荀林父命士兵渡河逃归。唯上军主帅士会有所准备，设七处伏兵于敖山应敌，未被打败。中军和下军则溃不成军。至黄昏，楚军进驻邲地而获得大胜。楚庄王由此奠定霸主地位。

鄢陵之战

晋、楚为争霸中原进行的一次大战。公元前 575 年春，楚人诱使郑国叛晋归楚。五月，晋厉公率师伐郑，楚共王领兵救郑，两军相遇于鄢陵（今河南鄢陵西北）。楚军采用以往策略，在黎明时突然逼近晋军营垒。晋军填井平灶，疏散行道，列队应战。由楚逃晋的苗贲皇献计晋厉公。他认为楚中军兵力强大，左、右军兵力薄弱，应首先改变晋军中、下军严整的阵容，诱使楚左、右军进攻中军，然后集中上、中、下军与新军共击楚精锐的中军。晋厉公听从了苗贲皇的计谋。楚共王见晋军兵力薄弱，率中军进攻，遭到抗击。共王伤目，中军后退，晋军乘势猛攻楚左、右军。激战从晨至暮，楚军伤亡惨重，只得暂时收兵，在夜间补充兵力，准备鸡鸣再战。后因主帅子反醉酒，不能商议军机，楚军被迫夜遁。晋军创造的攻弱避坚的战略战术，成为古代战争中著名的范例。

子产

（？—公元前 522 年）姓公孙，名侨，字子产，公孙成之子。春秋时期在郑国执政，郑简公二十三年至郑定公八年（前 543—公元前 522 年）在位。子产具有开明的贵族民主政治主张，听取"国人"意见，还反对当时的迷信举动。子产知人善任，使臣属各得其位。他还是出色的外交家，与诸大国进行了有理有利的斗争，减轻了人民的负担和痛苦，提高了国家的政治地位。

阖闾

一作阖庐，名光，春秋末吴国国君。公元前 514—公元前 496 年在位。吴王诸樊之子。得伍子胥之助，用专诸刺杀吴王后自立为王。即位后，以伍子胥为大臣，以齐人孙武为将军。后又以流亡吴国的楚人伯嚭为大夫，改革内政，遂使国力富强。用伍子胥之谋，分兵扰楚，轮番出战，以迷惑和疲劳楚军。公元前 506 年与蔡、唐联军攻楚，破楚军于柏举（今湖北麻城东北），乘胜攻入楚都（今湖北荆州西北）。次年，因秦出兵

救楚，弟夫概又回吴自立，乃退兵回吴。公元前 496 年又率军攻越，与越王勾践大战于槜李（今浙江嘉兴西南），兵败伤重而死。

勾践

（？—公元前 465 年）又称菼执，春秋末越国国君。公元前 497—公元前 465 年在位。越王允常之子。公元前 494 年与吴王夫差战于夫椒（今浙江绍兴北），败后求和，与范蠡入吴为人质三年。返越后与文种、范蠡等大臣共谋强国，食不甘味，与百姓共苦乐，终于转弱为强。乘吴王夫差邀晋、鲁北上黄池相会之机，率军入吴都，俘吴太子，逼吴与越媾和。后又多次攻吴，终于在公元前 473 年灭吴国。继而北上与齐、晋诸侯在徐州（今山东滕州南）会盟，成为霸主。

2. 社会经济

牛耕

春秋时出现的耕作方式，即用牛耕作土地。当时牛耕用的犁用青铜或铁制作，坚固适用，再配以耕牛作动力，改进了生产方式，产生巨大的生产效率。

铁器时代

是继青铜器时代之后的又一个时代。它以冶铁和制造铁器为标志，因铁矿资源分布较广，铁又具有较高的硬度和较强的韧性，极适于制造生产工具及兵器，极大地促进了生产力的发展和社会的进步。中国最早的人工冶铁和铁器制造始于春秋早期，以甘肃灵台一座春秋早期墓葬中出土的铜柄铁剑为标志。至春秋晚期，在各地的墓葬中较普遍地发现有铁器及铁制品。铁器的使用，促

虎形灶 春秋时期
行军作战时使用的炊具。

进了社会经济的发展，加速了奴隶制社会的瓦解。

土地私有制

春秋时期，土地私有制的萌芽产生，这是社会生产力发展的必然结果。在井田制尚未完全瓦解的情况下，私有土地主要有四个来源。首先，周王或诸侯赐田。如赵简子赐给名医扁鹊田4万亩，晋惠公夷吾允诺赐里克"汾阳之田百万"，这些赐田都成为私有财产。其次，贵族之间通过转化归属关系，将部分土地转为私有。第三是贵族之间互相劫夺土地，据为己有。第四是开荒地占为己有。开荒地一般不向国家登记，隐瞒在私人手中，成为私有财产。土地私有制的产生和不断发展，表明封建地主私有制正强有力地冲击着奴隶制的国有制，使井田制终于彻底瓦解。

国、野

周代城乡分称国、野两个地区。国为城区，住着称为国人的统治部族；野是农村，住着名为野人的被统治部族。城包括城内及城郊地区。城的中心为君主和卿大夫等人的宫室，城郊为平民居住区。城郊之外为野，地域广大，其面积视侯国大小而定。在国、野中，有不同的行政组织。国中称为乡，野中称为隧（遂）或鄙，周王室及一些诸侯国有此制度。春秋时，社会经济的发展及诸侯国严重的政治军事冲突，促使国人地位下降，野人地位提高，两者逐渐合一。

初税亩

春秋时赋税制度之一。私田的大量出现以及土地私有制的确立，迫使当政者改变赋税制度。私田一开始不向国家纳税，私田越多，不纳税的田地越多，拥有大量私田的人越富。于是，出现了"私肥于公"的现象，这对诸侯极为不利。诸侯们为扩大税源，增加财政收入，先后进行了赋税制度改革。齐国的赋税改革叫作"案田而税"。晋国的赋税改革叫作"爰田"。鲁宣公十五年（前594年）的"初税亩"，是最著名的一次赋税改革。初税亩就是实行以面积为单位的征收耕作地税的制度。这一制度实际也就是开始承认私有土地的合法性，不分公田、私田，一律按亩纳税，税率为亩产量的十分之一。

军赋

古代帝王或诸侯向臣属征发的兵役与军用品，也称赋或兵赋。春秋后期，由于战争需要扩充兵源，野人开始服兵役。当时服兵役以家为单位，每家出一人，年龄从20岁至60岁。

商业与商人

井田制的瓦解和土地私有制确立，带动了商业的发展，出现了一些富可敌国的大商人。春秋时期民间商品交换有较大发展出现了很多以私人资本经商的大商人。如西周、春秋之际，郑国由今陕西华县迁到新郑（今河南新郑）时，郑桓公便是得到大商人的资助进行的。春秋前期，秦穆公偷袭郑国时，路遇郑国大商人弦高，他竟以郑国国君的名义用12头牛犒劳秦军。春秋后期，大商人更多，且很有名。如范蠡，协助勾践灭吴后退隐民间，改名易姓，以经商为业。至陶（今山东定陶），称"陶朱公"。在19年间，"三致千金"，成为著名的大富商。

金属货币

随着商业的发展，原来用作货币的贝壳已不再应用，金属铸币大量增加。1970年在河南洛阳附近发现一个陶瓮，内有属于春秋早期的大平肩空首布604枚，属于春秋中期的斜肩"武"字空首布149枚。1971年，出土属于春秋中期的小型平肩空首布401枚。20世纪50年代后期，在山西侯马亦发现有春秋末年晋国铸造货币的作坊遗址，并出土大批尖肩尖足大型空首布。空首布也叫"铲布"，它是原始形式的金属货币。金属货币的使用和发展，是商业经济发展的重要标志。

菑、新、畲

周代初称初垦之田为菑，次年、第三年为新、畲。从西周早期到周末这类名称一直存在。菑为一岁田，菑以后一年和再一年之田为新、畲。菑田属于刀耕火种，在田中先把草木除去，晒干后以火焚之，等下雨时再播种。类似的情况在后来的有些少数民族中也能见到。田地经过菑、新、畲后，人们便放弃原来的耕地另择他土，即古书上所说的"爰田易居"。

爰田

即易田，指休闲耕作。春秋时，随着农作技术的发展，土地使用率提高，休闲期相应缩短。因为农业技术的进步，田地休耕的年限也相应缩短，最长不过两年，和过去休闲三五年或更长时间大不相同。特别是其中部分田地已无须休闲，表明爰田制正在走向消亡。

贡、助、彻

春秋以前的租税制度。贡的起源较早，在原始公社末期，公社首领已部分地靠公社成员缴纳的贡物如家畜、谷物等来生活。阶级和国家产生以后，贡税更成为居民的一种固定和强制性的负担。助是驱使"农夫"耕种"公田"的一种剥削制度。一般认为助以井田制下"公田"和"私田"的划分为前提。农夫自耕其"私田"，以维持自己及一家的生活；共耕"公田"，为公社共同体或压迫者、剥削者提供剩余产品。彻是在王畿和各诸侯国内行之甚久的一种赋税制度。西周时期有国、野的划分，作为征服者的周人主要居于国中，被征服者则主要聚居于野地。一般认为当时彻法和助并行，国中用彻，野地行助。助法和彻法的主要区别在于，助有公田、私田，由民共耕公田、服劳役；彻则无公田、私田之分，由民自耕其田，交纳部分实物。

租税

先秦时期帝王、诸侯以及卿、大夫等征收生产者土地上的各种产物和工、商、衡、虞的收入，以供"郊、社、宗庙、百神之祀、天子奉养、百官禄食、庶事之费"。春秋以前，帝王、诸侯、大夫具有土地世袭所有权，他们向劳动者征收租和税合为一体的剩余劳动产品，实行贡、助、彻之制。春秋、战国时在保持井田的形式下，进行了履亩而税的改革。商鞅变法以后，民可以买卖土地，确立了土地私有制，租与税才分离开来。

力役

先秦时期征发民众所服的无偿劳役。范围甚广，包括筑城修路、开河作堤、运输物资等大规模劳役，还有田猎、逐寇、伺捕盗贼、丧葬、祭祀等杂役。

钱布

称铜币为钱始于春秋末。钱本为铲形农具之名。有人以为古时曾用铲为交换媒介，称铸币为钱当与此有关。布和币的本意是指麻布或绢帛。古代用布帛为交换媒介，麻布长八尺，幅宽两尺五寸，相当十一钱。布和钱有一定的比价，反映出秦国在铸币出现之前，麻布曾起过货币的作用。在铜币取代麻布之后，人们仍惯于把铜币称为布。以往的布帛、贝壳等物，只是一般等价物，虽在交换中起到货币的作用，还不算是真正的货币。春秋末到战国初，由于社会生产力的提高，出现了简单的商品生产，贝壳等物已不能适应新的需要，金属铸币遂应运而生。春秋末到战国初，在晋、周一带通行铲形币，后人称之为布。齐和燕的钱币以刀币为主。市场交易虽以铜币为主，但黄金也进入流通之中。白银也有用作货币的。

3. 民族

统一的多民族国家

中国自古就是多民族的国家。各民族之间的交往，都打上了深刻的历史印记。在漫长曲折的历史进程中，一些古老的民族消失了，多数古代民族经过不断的繁衍、融合，终于形成了统一多民族的大家庭。现在总共有 56 个民族，由于历史的原因，少数民族居住地域形成了自己的特点。主要聚居在内蒙古、新疆、宁夏、西藏和广西 5 个自治区，云南、贵州、青海、四川、甘肃等省也有大量的少数民族聚居，单是云南一省，就有 20 多个少数民族，是中国民族最多的省份。有些少数民族既有集中的聚居地，又散居于全国各地，形成了"大杂居""小聚居""交错分布"的特点。广西、贵州等省区，各民族的交错居住呈现阶梯式特点，一般来说，汉族住城镇附近，壮、傣、布依、白等族住平坝，其他民族则住在不同高度的山地上。这些特点既便于保持本民族的特色，又便于各民族间的交往。许多民族聚居在祖国的边疆和沿海地区，对于边疆的开发和推动国家统一起着重要的作用。

戎族

春秋时西北少数民族，其支系甚多。春秋时秦与西戎关系密切，从秦文公至秦穆公，秦国疆土不断向西推进，成为中国西部地区的融合中心。此外，在中原地区也杂居一部分戎族，在山东曹州一带的戎族，曾几次与鲁隐公会盟。在河南嵩山一带有一支陆浑之戎，楚庄王曾遣兵北上征伐。这些戎族在春秋时期的政治舞台上都有一定作用，但最终为晋国或楚国所灭，而与晋、楚人民相融合。

狄族

春秋时北方少数民族。主要有白狄、赤狄和长狄三支，分布在今陕西、山西和河北等省。春秋时期，狄曾"灭卫""灭邢"和"灭温"，又伐郑、伐晋和伐齐，在历史舞台上扮演过重要角色。齐桓公曾打起"尊王攘夷"的旗帜，南攘楚蛮，北击戎狄。齐桓公与狄族作战，出兵救燕、邢和卫。后来，晋国崛起，晋景公于公元前 594 年灭赤狄的一支潞氏，又于公元前 588 年灭赤狄。至晋悼公时，又采纳魏绛主张，实行"盟诸戎，修民事，田以事"的政策，与北戎维持了数十年的友好关系，推动了北戎与华夏族的交往与融合，

晋国成为北方各族的融合中心。军事上的征伐，使一些戎狄蛮夷被强制接受了较为先进的华夏文化。到春秋末，大多数居住在中原或靠近中原的各族融合于华夏族，华夷之间的差别、界限也就渐渐地消失了。

华夏族

主要聚居在黄河流域的中下游地区，建立了许多奴隶制诸侯国。华夏族各国之间及其四周生活着各少数民族，东方有夷族，南方有蛮族，西方有戎族，北方有狄族。春秋时期长期的争霸战争，给人民带来了巨大的痛苦和灾难，打破了各民族间的隔阂，促进了以华夏族为主的民族大融合，为后来统一的多民族国家的形成奠定了基础。早期的华夏族主要是指居住在黄河流域中原文化区的夏、商、周等族，他们的经济文化水平较高，最早进入阶级社会，建立起中国早期国家。夏至春秋时期是中原文化区周边各族的重要形成时期。这些具有本地、本族特色的文化，在其自身发展过程中，与中原文化频繁交流，逐渐融合，对于以后汉民族的形成和发展产生了极大的影响。

夷族

春秋时东方少数民族。夷族主要有舒夷、淮夷、徐夷和莱夷。莱夷居住在山东半岛的东半部，是夷族中较强的一支。公元前 567 年，齐国灭莱夷，其边境延伸至渤海，取得了丰富的渔盐之利。齐国和鲁国不断地征伐淮夷和徐夷。公元前 512 年，徐夷归顺齐国。齐国逐渐成为东方各族的融合中心。

蛮族

春秋时南方少数民族。蛮族生活在南方，分支较多，除卢戎外，统称"群蛮"和"百濮"。春秋时期，群蛮和百濮的大部分为楚征服，与楚国人民融合。楚国大约在周庄王时征服了西南的巴人，并灭掉了舒夷和部分淮夷。徐夷则为吴国所灭，后来越国灭吴，楚灭越国。楚国成为南方地区各族的融合中心，同时又是中原华夏族与南方蛮族文化

交流的桥梁。

4. 文化

《道德经》

用韵文写成的道家哲学著作，分为上下两篇，即《道篇》和《德篇》，共有81章，后来被尊为道教经典。《道德经》基本上是春秋时期老子思想的记述，又经过后人的加工和补充。从汉初崇尚老子以来，历代对《道德经》一书的研究和注释之多，仅次于儒家的《论语》。《道德经》中最高的哲学范畴是"道"。"道"本来是具体的道路，但在老子前后，已成为表示客观规律和人们处事原则的哲学概念。当时思想家们主要关心的问题是弄清自然界和社会的规律性，广泛谈论"天道""人道""治国之道""用兵之道"等等。《道德经》的巨大功绩就是把这些具体领域中的"道"概括为普遍的、不带具体规定的道，并且对"道"的性质和内容作了多方面的阐释。老子认为，"道"无形无像，看不见摸不着，是和具体物根本不同的东西。他认为，具体物是对立的，有美就有丑，有善就有恶，"长短相形，高下相倾"；而"道"是无对立的，它"混而为一"。万物都有生有灭，因而是"不常"；而"道"是"常"，是永恒存在的。他还认为具体的事物都要向其反面转化，"正复为奇"，"善复为妖"，"祸兮福所倚，福兮祸所伏"，只有得"道"才能使人长生久视。得"道"的人要像无知的婴儿和愚人，"不言""无为"，这样不仅能保全自己，使大家免于斗争，也能把天下治理好。《道德经》的思想倾向基本上是消极的、软弱的，不得意的知识分子、失势的权贵往往从此寻求精神寄托。《道德经》对后世影响深远，以它为主，形成了中国历史上和儒家对立的道家学派。

老子

生卒年不详，约与孔子同时代。春秋时期思想家，道家创始人。一说即老聃，姓李名耳，字伯阳，楚国苦县（今河南鹿邑东）人，曾做周朝管理藏书的史官。主要思想保存在《老子》（即《道德经》）一书中。其哲学思想属于客观唯心主义，认为万物源于"道"，"道"是一种超时空的虚无本体，"道生一，一生二，二生三，三生万物"。认识论中包含朴素辩证法因素，认为一切事物都有正反两方面的对立，如有与无、损与益、多与少、长与短、先与后、生与死、贵与贱、强与弱等，对立双方可以转化，"祸兮福所倚，福兮祸所伏"。政治上主张"无为而治"，幻想人类回到小国寡民的原始状态。

孔子

（公元前551—公元前479年）我国古代思想家、教育家，儒家学派创始人。名丘，字仲尼，鲁国陬邑（今山东曲阜东南）人。出身没落贵族，少年贫贱，做过吹鼓手和管账的小官。30岁左右开始聚徒讲学。50岁后，一度出任鲁定公的中都宰、大司寇，职同宰相。56岁离开鲁国，带弟子周游列国，宣传其思想主张。曾到过宋、卫、陈、蔡、齐、楚等国，但其政见未被采纳。68岁时回鲁，致力于教育，整理编订《诗》《书》等古籍，为保存和发展我国古代文化做出卓越贡献。曾删订鲁国史书《春秋》，修成我国第一部编年体史书。弟子相传有3000人，著名的有70余人。政治上，以礼、仁思想为核心，强调"仁者爱人""克己复礼为仁"。还提出"正名"，主张君、臣、父、子名实相符。

孔子讲学图　清代

此图表现了春秋时期孔子在杏坛讲学的情景。图中孔子端坐讲授，弟子们在周围恭敬地聆听。作品因是宫廷绘画，所以特别讲求用色和整体结构。

在哲学上，继承商、周以来的天命观，认为"死生有命，富贵在天"，但对鬼神迷信持怀疑态度，在认识论上既承认"上智与下愚不移"，"生而知之"，又强调后天学习的重要性。首创私人讲学，主张"有教无类"，提倡"知之为知之，不知为不知"的老实态度。在学习方法上提倡"学而时习""温故而知新"，并重视学思关系："学而不思则罔，思而不学则殆"。认为教师应有"诲人不倦"的精神，首倡"因材施教"等教学方法。他所创儒家学说，在当时未受重视，但后来历代学者加以改造和继承，逐步构成完整的封建统治思想体系。自汉武帝实行"罢黜百家，独尊儒术"政策后，儒学成为封建社会正统的官方学说，孔子也被奉为"圣人"，对中国 2000 余年的封建文化影响极大。他同门人弟子的谈话问答记录在《论语》一书中，是研究其思想的主要资料。

《论语》

书名，孔子言论汇编，20 篇，是孔子弟子及其再传弟子关于孔子言行的记录，成书年代难以断定。西汉时已有 3 种版本，今本是东汉郑玄注本。东汉时被列为"七经"之一。南宋淳熙年间，朱熹把它和《大学》《中庸》《孟子》合在一起，作《四书集注》，后成为封建社会科举考试的必读书。孔子着重探寻与阐明人生态度和行事准则，即通常所说的道德伦理哲学。他从自己的政治立场出发，系统地阐明人在社会中的地位和作用，提出以"仁"为核心的哲学思想体系。虽然"仁"这个词早在孔子以前就被人用过，但是真正把它当作哲学范畴来使用，则是从孔子开始的。在《论语》中，"仁"字出现 109 次，"礼"字出现 75 次。"仁"的含义，主要有两层：一是"仁者爱人"；二是"克己复礼为仁"。前者是爱人，后者是修身，是对道德准则的遵从。

《诗经》

中国第一部诗歌总集。原称《诗》。包括自西周至春秋中期约 500 年间的作品 305 篇，分为《风》《雅》《颂》三大类。《风》又称《国风》，绝大部分是各地的民歌。《雅》又分为《大雅》和《小雅》，《大雅》都是贵族作品，《小雅》中有贵族作品，也有民歌。《颂》分为《周颂》《鲁颂》和《商颂》，都是贵族祭神祭祖的诗歌。《诗经》不仅表现了古代人民在艺术上的伟大创造，而且反映了当时的社会生活、典章制度、风俗习惯以及各阶层的精神面貌等。

《尚书》

书名，又称《书》《书经》，儒家经典之一，是夏、商、周王朝的历史文献汇编。相传原有 2000 篇，经孔子删定为百篇。有些篇章系后人追加。西汉初年仅存 28 篇，即《今文尚书》，为秦博士伏生所传，汉武帝时立于学官。后来又出现孔子十一世孙孔安国献上的《古文尚书》，西汉刘歆请求将它和其他 3 部古文经立于学官，引起今古文之争。西晋永嘉之乱时，文籍丧失，今古文都散亡。东晋梅赜又献《古文尚书》58 篇，其中包括西汉今文 28 篇，但已析为 33 篇。其余 25 篇经考证为伪书，称《伪古文尚书》。现通行的《十三经注疏》本即梅本。该书记录了我国古代一些重要的史事、文告、讲话等，保存了商、周时期的一些重要史料，是研究我国古代历史的重要资料。

《春秋》

书名，原为古代各国国史的通名，后专指"六经"之一的《春秋》。传由孔子据鲁国史书修订而成，是我国最早的一部编年体史书。记载鲁隐公元年（前 722 年）至鲁哀公十四年（前 481 年）242 年间的历史。书中多载政治活动，其中又以各国间的征战比重最大，约占全书五分之二，会盟和朝聘各占五分之一，对社会情况的记载很少。全书 12 篇，只有 1.8 万字。相传每字皆含褒贬之意，字里行间充满微言大义，后世称为"春秋笔法"。因经文过于简略，仅具纲目，不叙史事过程，很难读懂。后世学者对经文作引申解释，称为"传"。

汉代有《左氏传》《公羊传》《谷梁传》《邹氏传》《夹氏传》5 种，后《邹氏传》《夹氏传》亡佚，其他 3 传流传至今，称为"春秋三传"。其中《左传》是独立的历史著作。古代经、传分立，现在的经文则分载于各传之前。

彗星记录

中国古代对彗星的观测历史悠久，并作有详细记录。对于大彗星的出现，更特别注意。据《春秋》载，鲁文公十四年（前613 年）"秋七月，有星孛（彗星）入于北斗"。这是世界上最早的关于哈雷彗星的记载，比西方早 670 多年。此后，从秦王政七年（前 240 年）到清宣统二年（1910 年）的 2000 多年间，哈雷彗星 29 次回归，中国都做了记录（有说共记录 31 次）。这些不间断的记录对现代研究哈雷彗星的轨迹变化提供了宝贵资料。

陨石记录

中国古代关于陨石降落的文献记载多达 700 处，是全世界研究古代陨石最系统、最珍贵的资料。《春秋》记载了周襄王七年（前 645 年）十二月二十四日，在今河南商丘城北的一次陨石降落。首次提出了陨石是星陨至地之说，比欧洲人早 2000 多年。

孙武

我国古代军事家。字长卿，春秋末年齐国人。后至吴国，经伍子胥推荐，向吴王阖闾进献所著《兵法》13 篇，受到赞赏，被任为将。曾以 3 万吴军打败楚国 20 万大军，一举攻入楚都郢，使吴国"北威齐晋，显名诸侯"。政治上主张改革图强，军事思想中有丰富的辩证因素。《孙子兵法》总结前人和自己的作战经验，探索战争规律，是我国最早的兵书，在中外军事史上享有很高声誉。后世尊孙武为兵家始祖。

《孙子兵法》

世界上现存最古老的兵书。又称《孙子》《孙子兵法》《吴孙子兵法》《孙武兵法》或《孙武兵书》。该书为中国历来谈兵者所称道，从宋以来被列为《武经七书》之首。早在唐初即传入日本，近代以来更传欧美，以多种文字译行，是具有世界影响的中国古代典籍之一。全书共 13 篇。其中《计》讲的是庙算，即出兵前在庙堂上比较敌我的各种条件，预计战事胜负，制定作战计划。这是全书的纲领。《作战》讲的是庙算后的战争动员。《谋攻》讲的是以智谋攻城，即不是专恃武力强攻，而是采用各种手段迫使守敌投降。《形》《势》讲的是决定战争胜负的因素，如战斗力的强弱、战争的物质准备；"势"指主观、易变，带有偶然性的因素，如兵力的配置、士气的勇怯。《虚实》讲的是如何通过分散集结、包围迂回，造成预定会战地点上的我强敌劣，"以众击寡"，"避实而击虚"。《军争》讲的是如何"以迂为直""以患为利"，夺取会战的先机之利。《九变》讲的是将军根据不同情况采取不同的战略战术。《行军》讲的是如何在行军中宿营和观察敌情。《地形》讲的是 6 种不同的作战地形及相应的战术要求。《九地》讲的是依"主客"形势和深入敌方的程度等划分的 9 种作战环境及相应的战术要求。《火攻》讲的是以火助攻。《用间》讲的是 5 种间谍的配合使用。全书叙述简洁，内容富于哲理性，对历代行师和用兵、讲习武备影响至深，许多脍炙人口的名言至今仍被人们习用。

《管子》

相传为春秋时齐国管仲所著。今本《管子》由西汉时刘向编定，原为 86 篇，现存

《管子》书影

76篇，分为8类：《经言》9篇，《外言》8篇，《内言》7篇，《短语》17篇，《区言》5篇，《杂篇》10篇，《管子解》4篇，《管子轻重》16篇。该书内容比较庞杂，包括法家、儒家、道家、阴阳家、名家、兵家、农家的思想。在刘向编定之前，韩非、贾谊、司马迁都提及该书，并认为它有一个主导思想，即一面强调法治，一面肯定道德教化的重要，兼重礼与法。《管子》保存了丰富的思想资料，从中可以找出先秦哲学许多失掉的环节，具有重要的史料价值。

左丘明

生卒年不详。姓左丘，名明，一说左氏，名丘明。春秋末期史学家，鲁国人。双目失明，曾任鲁太史。孔子曾称其贤，云："左丘明耻之，丘亦耻之。"相传他鉴于鲁史《春秋》太简，恐后学弟子各持异说，失其真意，写成《左氏春秋》，后世称为《左传》。还编著有《国语》。

《左传》

记载春秋历史的重要史学名著，亦称《左氏春秋》《春秋左氏传》《春秋内传》。《左传》通过叙述春秋时的具体史事来说明《春秋》所记录的纲目，不仅记载了春秋时代许多重要史事，还保存了此前的若干传说古史。有些记述已反映出某些进步的思想，如轻视鬼神而注重人事，强调君主忠于人民管好国家等。同时，它也显示出春秋时政治思想的一些特点，如不承认统一的专制君权，宣扬君臣为共同的国家利益而结合，双方都有选择的自由，不主张臣民绝对效忠于君主。

《国语》

书名，左丘明编著，杂记西周、春秋时周、鲁、齐、晋、郑、楚、吴、越八国人物、事迹、言论的国别史，亦称《春秋外传》。全书21卷。《周语》从周穆王开始，尚属西周早期；《郑语》仅记桓公谋议东迁之事，亦在春秋之前；《晋语》记到智伯灭亡，已属战国之初。可见《国语》的内容并不局限于《春秋》，但的确记载了不少西周、春秋的重要史事。《国语》是价值很高的原始资料。

《仪礼》

中国古代记载礼仪的书。简称《礼》，亦称《礼经》《士礼》。商、周统治者有名目繁多的典礼，其仪式日益繁缛复杂，只有经专门职业训练并经常排练演习者，才能经办这些典礼。儒生掌握的可能创行于西周并在春秋以后通用的各种仪节单，经过不断排练补充，整齐厘定，成为职业手册。他们要为帝王、诸侯、士大夫举行各种不同的礼，因此保存的仪节单很多，曾有"礼仪三百，威仪三千"的记载。但传到汉代只剩了17篇，包括冠、婚、丧祭、朝聘、射乡5项典礼仪节，作为专供士大夫阶层施行的"士礼"传授，称作《礼经》，为"五经"之一。

《山海经》

中国古代地理著作。今传本18卷，包括《山经》5卷、《海经》8卷、《大荒经》4卷、《海内经》1卷。《山海经》的《山经》和《海经》各成体系。这些资料具有重要的文学价值和史料价值，对研究中国的原始社会和上古的姓氏、部族，以及考察上古人对宇宙、自然和社会历史的认识，都有重要意义。

《公羊传》

亦称《春秋公羊传》。与《左传》《谷梁传》同为解说《春秋》的三传之一。"传"是指注解、注疏，而非"传记"。全书用问答体解说《春秋》所记史事，着重从政治学的角度阐述是非观，并把它看成孔子政治思想的体现，作为指导后世帝王行事的准则。该书本文2.7万多字，其中有37年无传，可能已有残缺。

5. 科技

鲁班

春秋战国之际鲁国著名工匠。公输氏，名班，又称公输子。出身贵族，精通工程技术，在建筑房屋和桥梁、制造生产工具方面，有许多发明创造。相传他发明木作工具，造木人驾驭木车。曾游历到楚国，发明水上作战的新式武器勾拒，使楚国多次战败越国。还为楚国攻打宋国制造了攻城用的云梯。以其聪明才智和精湛技艺，被后世传为神话般人物。工程建筑方面的许多行业都尊他为祖师，称鲁班爷。

扁鹊

战国时期民间医生，姓秦，名越人，齐国渤海郡郑（今河北任丘）人。有丰富的临床医疗经验，内外科、妇科、五官科、儿科，无所不通。用看色、听声、观形的方法诊病，创造了切脉诊病法，为后世中医的望、闻、问、切四诊法奠定了基础。采用砭法、针灸、汤液、按摩、熨贴等多种方法治病，创造了丸、散、膏、丹、汤等药物制剂。遍游各地行医，深受人民爱戴，被誉为神医。后在秦国诊治秦武王病时，遭秦太医令忌妒而被杀害。《汉书·艺文志》载有《扁鹊内经》《外经》，已佚。

扁鹊像

四分历

春秋时天文学比夏、商、西周又有了发展。《春秋》一书，对日月的记录非常翔实，在 241 年间，记录日食 37 次，其中 30 次已被证明是可靠的。公元前 720 年记录的日全食，是世界上最早的一次记录，比西方记录早 135 年。又据《春秋》记录，周匡王二年七月（前 611 年），"有星孛入于北斗"。天文学家公认这是哈雷彗星在世界上最早的记录，比欧洲记录早 670 多年。《左传》中有两次冬至时刻的记录，一次是鲁僖公五年（前 655 年）；一次是鲁昭公二十年（前 522 年）。春秋中期，我国已知道 19 年置 7 个闰月的排历法。春秋末期创制了"四分历"，规定一年有 365 天零 6 个小时，是当时世界上最先进的历法。

战国时期
（公元前 475 年—公元前 221 年）

中国历史进入战国时期后，形成了齐、楚、燕、韩、赵、魏、秦七大国，史称"战国七雄"，七国之间展开激烈的兼并战争。春秋末年，伴随奴隶制瓦解而日趋强大的新兴地主阶级，相继占据了各国政治的优势地位，为进一步打击奴隶主贵族势力，发展封建经济，纷纷在各自国内实施"变法"。重要的有魏国李悝变法、楚国吴起变法以及秦国商鞅变法。中国社会完成了由奴隶制向封建制的转变。由于商鞅变法比较彻底，秦国成为力量最强的国家，终于灭掉六国，统一了全国。战国时期的变法推动了社会经济的发展。铁器和牛耕得到普及和推广。水利事业得到发展，手工业和商业也兴盛起来，出现了许多著名都城。科学技术方面，出现了世界最早的天文学著作《甘石星经》，医学、工程技术等方面也有许多成就。思想文化方面，出现"百家争鸣"的局面，诸子百家著书立说，广收门徒，展开激烈论争。文学艺术方面，诗人屈原和他所创的楚辞文体在我国文学史上占有重要地位。战国是我国古代文化最辉煌的历史时期之一。

1. 政治
三家分晋

战国初期卿大夫韩氏、赵氏、魏氏三家瓜分晋国的事件。春秋争霸战争以来，晋国一些异姓卿大夫逐渐掌握了兵权。进入春秋中期以后，晋国政权逐渐落到范、中行、知、韩、赵、魏六卿手中，出现卿大夫专政的局面。晋国国君昏庸，民不聊生，民众纷纷投到六卿门下。六卿之间也展开激烈斗争。

公元前 490 年，赵氏打败了范氏、中行氏，晋国政权落入知、赵、韩、魏四家。公元前 453 年，赵、魏、韩三家合力灭掉知氏，瓜分晋国大部分领土，晋国国君只保有绛和曲沃两小块封地。公元前 403 年，周威烈王承认韩、赵、魏三家为诸侯，晋侯名存实亡，史称"三家分晋"。

战国七雄

战国时代的七大强国，指齐、楚、燕、韩、赵、魏、秦。"春秋五霸"之一的晋国于公元前 453 年发生三家分晋的事件，被瓜分为韩、赵、魏 3 个国家，号称"三晋"。魏文侯任用李悝变法，使魏国成为战国初年最强盛的国家，公元前 353 年桂陵之战败于齐，公元前 340 年又败于秦，国力大衰。韩在三晋中最弱，韩昭侯时任用申不害为相进行改革，国力稍强。申不害死后，韩又成为诸侯连年攻伐的对象。赵在赵武灵王时提倡"胡服骑射"，增强了军队战斗力，拓土千里，成为强国。公元前 260 年长平之战，只会纸上谈兵的赵括葬送了赵国 40 多万军队，从此一蹶不振。燕国较弱，燕昭王拜乐毅为将，联合其他诸侯出奇兵败齐，一度成为北方强国。齐威王时推行法治，重用军事家孙膑和田忌，打败魏国强兵，威慑东方。齐湣王时被燕军连下 70 余城，后虽恢复国土，但势力大损。楚是南方强国，先与齐结成反秦联盟，后被张仪连横所破。公元前 312 年在丹阳大败于秦，公元前 280 年首都郢被秦攻占，从此无力再与秦抗争。秦原是个较落后的国家，秦孝公时商鞅两次变法，使秦一跃成为七雄中最强的国家，先后消灭了其他 6 国，于公元前 221 年统一全国。

秦

战国七雄之一。战国早期，秦长期处于内乱之中，无暇外顾，魏乘机夺取秦的河西之地，迫使秦退守洛水以西。战国中期，秦献公迁都栎阳（今陕西临潼北渭水北岸）。公元前 364 年，秦大败魏军于石门。秦孝公即位，下令求贤，商鞅自魏入秦。公元前 356 年，孝公任用商鞅变法，实行什伍连坐之法和民户分异制度，制定按军功大小给予爵位等级的二十等爵制，奖励耕织，生产多的可免徭役。秦变得强大，连续击败魏，并于公元前 350 年迁都咸阳（今陕西咸阳东北）。公元前 338 年，孝公卒，惠文君即位，车裂商鞅。公元前 324 年，惠文君称王改元。在此前后击败东方六国的联合进攻，灭巴、蜀，疆域扩大。战国晚期，秦进一步向东扩展，不断取地于韩、魏和楚。公元前 289 年，苏

战国时期大事年表
公元前 473 年，越王勾践称霸。
公元前 453 年，晋国被分成韩、赵、魏 3 个国家，史称"三家分晋"。
公元前 433 年，韩国、赵国、魏国势力强盛。
公元前 406 年，李悝在魏国实行变法。
公元前 382 年，吴起在楚国实行变法。
公元前 360 年，天文学著作《甘石星经》成书。
公元前 356 年，商鞅在秦国实行第一次变法。
公元前 353 年，孙膑指挥围魏救赵之战。
公元前 350 年，商鞅在秦国实行第二次变法。
公元前 344 年，孙膑于马陵之战中大败魏军，魏军统帅庞涓兵败自杀。
公元前 342 年，孙膑著《孙膑兵法》。
公元前 307 年，赵武灵王推行"胡服骑射"。
公元前 289 年，孟子逝世。著有《孟子》。
公元前 280 年，庄子逝世。著有《庄子》。
公元前 279 年，秦国和赵国举行渑池之会。
公元前 278 年，诗人屈原逝世。
公元前 260 年，秦国于长平之战中大败赵国。
公元前 256 年，秦灭东周。从公元前 255 年起，史家以秦王纪年。
公元前 252 年，魏国信陵君窃符救赵。
公元前 251 年，李冰兴建都江堰。
公元前 238 年，秦王嬴政开始掌政。
公元前 230 年，秦国灭韩国。
公元前 227 年，荆轲刺秦王。
公元前 225 年，秦国灭魏国。
公元前 223 年，秦国灭楚国。
公元前 222 年，秦国灭燕国和赵国。
公元前 221 年，秦国灭齐国。至此统一全国。

秦等合赵、齐、楚、魏、韩五国攻秦，秦归还部分赵、魏失地并求和。其后六国之间矛盾迭起，秦乘机继续向东扩展。公元前247年，魏信陵君合五国兵攻秦，败秦于河外。公元前241年，赵、楚、燕、韩合兵攻秦。公元前230年，秦灭韩。公元前228年，秦破赵，俘赵王。公元前223年，秦灭楚。公元前222年，秦灭燕。公元前221年，秦灭齐。列国均被兼并，秦王嬴政统一中国。

秦孝公

战国时秦国国君，公元前361—前338年在位。名渠梁，秦献公之子。即位时，周室衰微，诸侯竞相兼并。秦孝公六年（前356年），以商鞅为左庶长，实行变法，兵力大强。十二年，迁都咸阳公元（今陕西咸阳东北），进一步变法，从此，秦益富强，最终灭掉六国。

齐

战国七雄之一。战国时田齐立国。到齐威王时任用邹忌为相，改革政治，齐国遂强大。公元前353年，孙膑大败魏军于桂陵。公元前341年，孙膑又大败魏军于马陵。公元前334年，齐威王正式称王。齐威王晚年，邹忌与将军田忌争权。公元前322年，田忌攻临淄，不胜，逃亡楚国。战国晚期，齐仍保持着强盛的地位。公元前301年，齐联合韩、魏攻楚，大败楚军于垂沙。公元前298—公元前296年，齐联合韩、魏连年攻秦，入函谷关，迫秦求和。公元前288年，齐、秦并称东、西帝，不久皆放弃帝号。公元前284年，燕国以乐毅为上将军，合燕、韩、赵、魏攻齐，攻入临淄，连下70余城，齐城不下者只有莒和即墨。齐湣王逃入莒，被淖齿杀死。燕引兵围即墨，即墨大夫战死，城中推举田单为将，双方相持达五年。公元前279年，田单组织反攻，用"火牛阵"大败燕军，收复失地。齐虽复国，但元气大伤，无力再与秦抗衡。公元前221年，秦灭韩、魏、楚、燕、赵后，将军王贲从燕地南攻齐国，俘虏齐王。齐国灭亡。

楚

战国七雄之一。战国早期，楚惠王再度灭蔡，占领淮水流域。公元前431年，楚简王北上灭莒（今山东莒县）。楚悼王晚年任用吴起变法，南收扬越，占领洞庭、苍梧，楚复强大。战国中期，楚威王败越，占领吴故地。公元前318年，魏、赵、韩、燕、楚等国合纵攻秦，以楚怀王为纵长，不胜而归。公元前312年，秦败楚于丹阳（今河南西峡一带），取楚汉中。楚反攻，秦又败楚于蓝田（今陕西蓝田）。楚服秦，但仍与齐、韩合纵。公元前306年，楚灭越。公元前301年，齐联合韩、魏攻楚，大败楚军于垂沙。翌年，秦亦攻楚，取襄城。公元前299年，楚怀王入秦被扣押，后死于秦，楚从此一蹶不振。楚顷襄王时，秦继续攻楚。公元前278年，秦将白起破楚郢都，楚迁都于陈（今河南淮阳）。楚顷襄王卒，考烈王立，以黄歇（封为春申君）为相。公元前257年，黄歇与魏信陵君救赵败秦。次年，楚灭鲁。公元前253年，楚迁都巨阳（今安徽太和东南）。公元前241年，楚迁都寿春（今安徽寿县西南）。公元前223年，秦将王翦、蒙武破楚，楚国灭亡。

赵

战国七雄之一。战国初期，赵经常与韩、魏联合进攻他国，并向北方各少数民族地区（林胡、楼烦、代、中山等）扩展。它首先灭代，后又助魏进攻中山。战国中期，赵与齐、魏争夺卫，连年大战。公元前354年，魏围赵都邯郸。次年，齐救赵，败魏于桂陵。公元前333年，赵为御北敌修筑长城。公元前325年，赵武灵王即位，他奋发图强。公元前307年，赵武灵王实行军事改革，教民"胡服骑

赵武灵王胡服骑射复原图

射"，图灭中山和北略胡地。公元前 300—公元前 296 年，赵连续进攻中山，中山灭亡。赵惠文王时，赵国实力比较强大。公元前 287 年，苏秦、李兑合赵、齐、楚、魏、韩五国攻秦，秦归还部分赵、魏失地并求和。其后，公元前 273 年，秦大败赵、魏于华阳。公元前 269 年，赵大败秦于阏与。公元前 260 年，秦、赵激战于长平，秦军大破赵军，继而围赵都邯郸。公元前 257 年，魏信陵君、楚春申君救赵败秦，解除邯郸之围。公元前 251 年，燕攻赵，为赵将廉颇、乐乘所败。公元前 241 年，赵将庞煖率赵、楚、魏、燕、韩五国兵攻秦。公元前 236 年，赵攻燕，秦乘机攻赵。赵虽两次打败秦军，但兵力耗损殆尽。公元前 228 年，秦将王翦、辛胜破赵，俘赵王。赵公子自立为代王。公元前 222 年，秦将王贲攻代，俘代王，赵国灭亡。

魏

战国七雄之一。战国初年，魏国是最强大的诸侯国。魏文侯任用其弟魏成子和翟璜、李悝为辅佐，任用乐羊为将攻取中山。李悝在魏国变法，使经济得以发展，其所撰《法经》是中国第一部系统的成文法典。公元前 413—公元前 409 年，魏连年攻秦，夺取秦的河西之地，迫使秦退守洛水以西。公元前 408 年魏攻中山。公元前 405—公元前 404 年，魏联合赵、韩攻齐，入齐长城。公元前 400 年及前 391 年，"三晋"联军又先后败楚，魏强盛一时。战国中期，齐、秦等国崛起，对魏构成威胁。魏遂沿洛水筑长城以御秦。秦孝公任用商鞅变法，秦更强大，不断攻取魏河西之地。同时，齐任用邹忌变法，也渐强大。公元前 353 年，齐败魏于桂陵。公元前 344 年，魏惠王称王。公元前 341 年，齐又大败魏军于马陵，魏从此逐渐衰落。公元前 318 年，魏用公孙衍为相，联合赵、韩、燕、楚攻秦，不胜而归。到战国晚期，魏已居弱国之列。公元前 298—公元前 296 年，齐、韩、魏攻秦，入函谷关，迫使秦归还部分韩、魏失地求和。不久，秦又攻取魏河内，魏献安邑于秦。公元前 283 年和公元前 275

年，秦两次攻魏到大梁，魏与秦求和。公元前 273 年，秦败赵、魏于华阳，围魏都大梁，魏献南阳与秦求和。公元前 254 年，魏王攻取秦的陶郡并灭亡卫国。公元前 225 年，秦将王贲引黄河、大沟水灌入梁，大梁城坏，魏王被俘，魏国灭亡。

韩

战国七雄之一。战国早、中期，韩武子迁居宜阳（今河南宜阳西）。韩景侯时又迁都阳翟（今河南禹州）。公元前 375 年，韩哀侯灭郑，将国都迁到郑（今河南新郑），韩国重心于是移到今河南新郑一带和洛阳周围地区。韩所处地理位置正当所谓"四战之地"的中原地区，东有魏，南有楚，西有秦，北有赵，因而受各大国威胁，势力一直未能发展起来。公元前 355 年，韩昭侯任用申不害为相，实行政治改革。申不害死后，韩仍不能摆脱困境，来自秦的威胁尤为严重。公元前 335—前 301 年，秦曾多次败韩，先后攻取韩的宜阳、鄢、石章、武遂、穰等地。公元前 296 年，齐、韩、魏联军攻入秦函谷关，秦归还韩河外及武遂。公元前 293 年，秦大败韩、魏联军于伊阙，后又攻取韩的宛、邓，韩不得不献上武遂之地以求和。公元前 286—前 263 年，秦又大败韩，并连续攻取韩的少曲、高平、陉城、南阳。公元前 262 年，秦取韩野王，切断上党通往韩都新郑的道路，韩上党郡降赵。翌年，秦攻取韩的缑氏、纶。数年后，攻取阳城、负黍。公元前 249 年秦又取得韩的成皋、荥阳，后全部占领上党郡，并攻取韩的 13 城。公元前 230 年，秦派内史腾攻韩，俘韩王，韩国灭亡。

燕

战国七雄之一。战国时期，燕在七国中实力最弱，但在列国兼并战争中起过重要作用。到战国中晚期，争战愈演愈烈。在孟轲的劝说下，齐宣王出兵伐燕，五旬将燕攻下。各国见齐国无意退兵，打算吞并燕国，于是合谋伐齐救燕。公元前 312 年，秦、魏、

荆轲刺秦王石像图

韩出兵救燕，败齐于濮水之上。翌年，赵武灵王召燕公子于韩，派兵护送回燕，立为燕昭王。昭王立志报仇雪耻，招聚天下贤士，得乐毅等，励精图治，燕从此强大。公元前284年，燕以乐毅为上将军，联合秦、楚、赵、魏、韩五国伐齐，攻入齐都临淄，连下70余城。公元前279年，燕昭王死，惠王即位。惠王猜忌乐毅，改用骑劫为将。齐将田单进行反攻，收复丧失的70余城，燕从此国势不振。公元前251年，燕派栗腹、庆秦攻赵，为赵将廉颇所败。公元前244年，燕派剧辛攻赵，又为赵将庞煖所败。公元前236年，庞煖攻取燕的狸、阳城。秦乘燕、赵发生大规模战争之机，也不断攻取"三晋"之地。公元前228年，秦破赵，兵临易水，直接威胁到燕国。翌年，燕太子派荆轲入秦刺杀秦王，惜未成功。秦派王翦、辛胜击溃燕。公元前226年，王翦攻取燕都蓟，燕王迁都辽东。公元前222年，秦将王贲攻取辽东，俘燕王，燕国灭亡。

合纵连横

战国时各国处理军事外交活动的一种方式。"合众弱以攻一强"称合纵，"事一强以攻众弱"称连横。战国后期，秦国日益强大，合纵即指齐、楚、赵、魏、韩、燕六国联合抗秦；连横即秦国拉拢某些弱国进攻他国。由于六国皆欲借外力以利己，故合纵实为松散联盟，抗秦活动不能持久，最终被秦国各个击破。一说南北为纵，齐、楚、赵、魏、韩、燕六国地处南北，故南北联合抗秦谓之合纵；东西为横，秦处西，齐、楚、赵、魏、韩、燕六国在东，故东方六国事秦谓之连横。公孙衍、苏秦、张仪、李兑、庞煖等即当时著名的纵横家。

孙膑

我国古代军事家，战国时代齐国人。孙武后裔，战国中期兵家代表人物。生卒年不可考，约与商鞅、孟子同时。曾和庞涓一起学习兵法。后庞涓任魏惠王的将军，妒其能力胜于己，借故对其施以膑刑（去除膝盖骨），故称孙膑。在齐使臣帮助下，他逃于齐，经田忌推荐，拜为齐国军师，指导齐国取得一系列军事胜利。公元前353年桂陵之战，他用避实就虚、攻其必救的战术，调动围赵的魏军回救都城大梁，途中出奇兵截击，大败魏军。这就是历史上著名的围魏救赵战例。前341年，马陵之战，又用退兵减灶、诱敌深入、设伏歼敌的战术，使魏军陷入伏围，庞涓兵败自杀。孙膑著有《孙膑兵法》一书。

桂陵之战

战国时魏、齐之间的一场战役。公元前354年，魏的附庸卫国臣服于赵，魏起兵伐赵，包围了赵都邯郸。赵向齐求救。公元前353年，齐威王派田忌为统帅，孙膑为军师，率军救赵。孙膑认为魏攻赵，精锐在外，内部空虚，如"引兵疾走大梁"（魏都，今开封西北），魏军必回救本国，齐可乘其疲惫打垮魏军，并释赵之围。按孙膑部署，齐军先佯攻魏之平陵（今开封东北），迷惑对方。继而遣轻快战车直趋大梁，以激怒魏军，同时给敌人以兵力单薄的假象。敌将庞涓果然中计，放弃辎重，兼程回救。当魏军到达桂陵（今河南长垣西，一说在今山东菏泽）时，孙膑率军截击，大败魏军，赵国遂转危为安。

马陵之战

战国时期齐、魏间的一次战役。战国前期，关东六国以魏最强，到魏惠王时极盛，而齐也于此时崛起。公元前341年，魏攻韩，韩向齐求救，齐乃命田忌为将，孙膑为军师，率十万军往救。魏惠王也派太子和庞涓为将，率十万军迎战。孙膑利用魏人悍勇、轻视齐人胆怯的思想，采用"减灶法"迷惑敌人。庞涓误以为齐军怯阵逃亡，乃丢掉步卒，仅带轻装的精兵兼程追赶，到达马陵（今山东郯城县马陵山附近，另有大名、鄄城、范县、濮县说）。马陵道狭，两旁多山隘，齐军又故意丢弃大批战车、武器作障碍。庞涓率军进入马陵后，齐军万弩齐发，魏军大乱，主力全被歼灭，庞涓自杀，太子被俘。魏国从此由盛而衰。

长平之战

战国晚期，秦军在长平（今山西高平西北）大败赵军的战役。公元前 262 年，秦攻取韩的野王（今河南沁阳），切断韩之上党（今山西长治地区）与本土的联系。韩上党守将冯亭不愿降秦而将其地献给赵国。赵派名将廉颇率军驻守长平。秦昭王大怒，于公元前 260 年派白起、王龁进攻长平。廉颇筑垒坚壁固守，不与秦军交战，以逸待劳。后赵孝成王听信秦反间计，于七月任用赵括为将，取代廉颇。赵括改变廉颇的策略，大举出兵进攻秦军，白起利用赵括只善"纸上谈兵"，缺乏作战经验的弱点，使正面之军佯败，另出两支奇兵，伺机袭击赵军。赵括见秦军败退，率军追至秦军壁垒。白起用奇兵，断其退路，又派兵将赵军截为两段，使其难以进退。秦昭王得知此情，亲赴河内，征发壮丁到长平，堵截赵军援兵。赵军被困 46 天，饥饿乏食，虽轮番反攻，仍难突围。赵括亲率精锐突围，被秦军射杀。赵军大败，降秦。长平一战，赵军被秦军消灭 45 万人，秦军亦损失过半。赵军败后，赵国从此一蹶不振。

李悝变法

战国时李悝在魏国主持的政治改革。李悝是战国初期法家代表人物之一。魏于公元前 403 年正式成为诸侯后，为巩固政权，魏文侯任用李悝为相，进行变法。废除世卿世禄制残余，按"食有劳而禄有功"的原则授职赐爵。提倡农民勤谨耕作，增加产量。实行"平籴法"，丰年由国家购进粮食，灾年平价出售，使粮价保持平衡。李悝又著《法经》6 篇，集春秋以来成文

法之大成，成为我国第一部比较完整的法典，目的在于维护地主阶级的私有制。变法使魏国趋于稳定，经济得到发展，成为战国前期最强大的诸侯国。

吴起变法

战国时吴起在楚国主持的政治改革。吴起是战国初年的军事家和政治家，卫国人，曾在鲁、魏任将，屡建战功，却遭猜忌。前 383 年到楚国，受楚悼王重用，实行变法。凡贵族子孙传三代以上的收回爵禄，疏远的贵族撤除族籍，取消其世卿世禄特权。打击旧贵族，强令其迁往边远地区。精简机构，裁减冗官。下令禁游客之民，奖励耕战之士，保护农业生产的发展。变法削弱了旧贵族的政治和经济势力，加快了楚国向封建制转化的进程。但变法仅 1 年，楚悼王死去，吴起被旧贵族杀害，变法失败。

商鞅变法

战国时商鞅在秦国主持的政治改革。商鞅是战国中期著名政治家，卫国人。秦孝公即位后，立志图强，下令求贤。商鞅自魏入秦，得到孝公信任，于公元前 356 年，实行第一次变法。废除世卿世禄制，没有军功的王室不能再取得贵族身份。实行 20 级军功爵，按军功大小授予相应爵位，并占有相应数量的田宅、奴婢等，形成了封建等级制。重农抑商，奖励耕织。凡努力生产粮食和丝帛的人，可以免除徭役。凡弃农经商或因懒惰而贫困的人，没入官府为奴。采用李悝《法经》，实行什伍连坐法，各家相互纠察以防奸人，加强封建统治秩序。公元前 350 年，秦迁都咸阳，商鞅进一步实行变法。推行县制，由中央任命县令、县丞掌管县政，建立了封建集权制度。废井田，开阡陌，承认土地私有，允许买卖，确立封建土地所有制。创立按男丁征赋办法，规定成年男子分居立户，以扩大农业生产和增加赋税收入。统一度量衡，颁布度量衡标准器，便于国内经济联系。这场改革遭到旧贵族的反抗。以太子师傅公子虔、公孙贾为首的旧贵族，故意唆

使太子犯法，商鞅将公子虔和公孙贾分别处以劓刑和黥刑。公元前 338 年秦孝公死，旧贵族便诬告商鞅谋反，将他车裂而死。商鞅虽死，所制订的各项制度和政策仍在秦国贯彻执行。变法使秦国发展了封建经济，增强了军事实力，稳定了社会秩序，一跃成为七雄之首，为统一中国奠定了基础。

苏秦

战国时著名纵横家。纵横家兴起于战国后期，当时群雄相争，除用武力外，还需展开外交上的攻势，纵横家便应运而生。苏秦是东周洛阳人，曾受业于鬼谷子，后出游数年，得周书《阴符》而读之，悟出投人主之所好的奥秘。到燕国去见燕文侯，文侯接受了他的合纵主张，并资助他车马金帛，使他能到赵、韩、魏、齐、楚去游说。六国经过他的劝说联合起来，苏秦成为纵约的首领。到燕易王时，他因得罪易王而逃齐。到齐湣王时，齐大夫嫉恨苏秦而使人行刺。他在临死前对齐湣王说，我死后可用叛齐之罪名而处车裂之刑，这样做可以找出刺杀我的凶手。苏秦死后，其弟苏代、苏厉也到处游说而"名显诸侯"。

张仪

战国时著名纵横家，魏国人。魏惠王时入秦，秦惠文君待为客卿。惠文君十年（前 328 年），秦使张仪、公子华攻魏，魏割上郡（今陕西东部）与秦。是年，张仪任秦相。更元三年，张仪任魏相。更元八年，又任秦相。十年，张仪任楚相，后又归秦。秦惠文王卒，秦武王素与张仪有隙，张仪离秦去魏。之后五月卒于魏。

范雎

战国时秦昭王的宰相，字叔，魏国人。范雎受郑安平之助，易名张禄，潜随秦使王稽入秦。范雎至秦，上书秦昭王，得到召见。他提出了远交近攻的策略，认为韩、魏与秦接壤，在地理上有"中国之处而天下之枢"的重要战略地位，是秦向外兼并发展的首要目标。范雎即被拜为客卿，谋兵事，深得昭王信用。秦、赵长平之战中，范雎用反间计，让赵国以赵括代廉颇为将，秦将白起因而大破赵军。长平之战后，范雎因妒忌白起的军功，听信韩、赵的游说，借秦昭王之命迫使白起自杀。秦围邯郸之役，范雎举荐为将的郑安平兵败降赵。随后他举荐的河东守王稽也因通诸侯之罪被诛。范雎内惭，并失去秦昭王的宠信，谢病辞相。王稽被诛的当年，范雎亦卒。

乐毅

战国时名将，中山灵寿（今河北灵寿西北）人。赵武灵王沙丘之乱，乐毅离赵至魏。后闻燕昭王立志报齐之仇而广揽天下贤士，经过长期准备，欲出兵伐齐。乐毅认为齐为霸国，不易独攻，乃亲自出使约赵，遣使约楚、魏等国共伐齐。燕昭王二十八年（前 284 年），燕起兵，以乐毅为上将军，赵惠文王又授相国印。于是乐毅率燕、赵、秦、韩、魏五国之师伐齐，大破齐军。乐毅遣还诸国军队，独率燕军乘胜深入，攻下齐都临淄。燕昭王死后，燕惠王与乐毅有旧隙，齐将田单乘机反间燕，燕惠王召乐毅还。乐毅畏诛，于是奔赵，被封于观津（今河北武邑东南），号望诸君。乐毅去后，燕破军亡将，齐乘势复国。燕惠王悔恨，复封乐毅之子为昌国君，乐毅则兼为燕、赵出力。后卒于赵。

田单

战国时名将。燕将乐毅破齐时，田单与族人避居安平（今山东临淄东北）。即墨大夫战死，田单被任为将军，守即墨拒燕。田单闻乐毅与燕惠王有隙，乃施反间计，使燕惠王撤换乐毅。齐襄王五年（前 279 年），田单大破燕军。他搜集城中千余头牛，饰以绘有五彩龙文的绛色缯衣，缚兵刃于牛角，灌油脂于芦苇而系于牛尾，于夜间点烧，牛因发怒直奔，袭击燕军。齐军随后冲杀，大破燕军。田单乘胜挥师尽收失地 70 余城，由莒迎齐襄王入都临淄。田单因功被任为相，封为安平君。田单后又在赵国任相。

廉颇

战国时赵国名将。曾率兵破齐，被赵惠文王拜为上卿。以勇猛善战闻名于诸侯。因不服蔺相如位高于己，伺机羞辱。后为蔺相如的宽宏大度所感，负荆请罪，遂结刎颈之交，齐心合力，屡胜齐、魏等国，使秦长期不敢攻赵。长平之战时，面对强大秦军，他采取坚壁固守之策，与敌军相持3年，不分胜负。赵孝成王中秦反间计，将他撤换，让善于纸上谈兵的赵括接替职务，放弃坚守，盲目出击，结果40万赵军为秦军坑杀。公元前251年，他大破燕军，被封为信平君。赵悼襄王时，他不得志，投奔魏国，不被重用。又去楚国为将，终无建树，客死楚国。

蔺相如

战国时赵国大臣。赵惠文王时，秦国强索赵王的稀世宝玉——和氏璧。他奉命带璧入秦。在秦廷上，看到秦王并无以城换璧之意，便持璧立于柱旁，宣称与璧同归于尽。后派人暗中送璧回国，自己留下对付秦王，终于完璧归赵。公元前279年，随赵惠文王出席渑池之会。席上，针锋相对，回击秦王对赵王的轻侮，维护了赵国尊严。回赵后，因功封为上卿。赵国老将廉颇不服，扬言要侮辱他。他以国体为重，不计私仇，主动退避。廉颇知道后，十分羞愧，负荆请罪，遂结生死之交，确保了赵国的安宁。

赵括

战国时赵将，马服君赵奢之子，亦称马服子。少年即学兵法，善言兵事，然空谈其父所传兵法，不知运用。赵孝成王六年（前260年），秦、赵对峙长平（今山西高平西北），赵王中秦反间计，命他代廉颇为将。到任后，他改变廉颇的坚守战略，大举出击，秦将白起佯装败走，另置两路奇兵，分断赵军，绝其粮道46日。他亲率锐卒搏战，被射死。40万赵军降秦，尽被坑杀。

白起

又称公孙起，战国时秦国名将，郿（今陕西眉县东）人。秦昭王十三年（前294年），受魏冉举荐，被任为左庶长。翌年，白起破韩、魏联军于伊阙（今河南洛阳西），斩首24万。二十八年，白起攻楚，拔鄢（今湖北宜城东南）等数城。二十九年，拔楚都郢（今湖北江陵西北），秦因此设置南郡，楚被迫迁都于陈（今河南淮阳）。三十四年，白起击破赵、魏联军于华阳（今河南郑州南），斩首15万。四十七年长平之战，白起大破赵军，赵割地求和而罢兵。因被认为前时未能乘长平之胜围赵，致失战机，后受秦王逼迫自杀身亡。

吕不韦

战国末秦相，濮阳人。秦昭王末年，昭王立其次子安国君为太子，安国君立爱姬华阳夫人为正夫人。秦公子嬴子楚作为秦国人质留在赵国，因无内援而甚不得志。吕不韦于邯郸见子楚，以为"奇货可居"，乃劝说子楚去结交华阳夫人，华阳夫人无子，若借其力可以成为安国君之继承者。吕不韦资助子楚千金，使其归秦，又以五百金购秦宝献与华阳夫人。后来华阳夫人果然劝安国君立子楚为嫡嗣。昭王卒，安国君立，是为孝文王，一年而卒。子楚立，是为庄襄王。庄襄王以吕不韦为丞相，封文信侯。吕不韦"招致天下游士"，有食客3000人。他让门客每人著其所闻，写成八览、六论、十二纪，共20万言，书名《吕氏春秋》。秦王嬴政立，因吕不韦为前朝元勋而尊之为相，号仲父。吕不韦有家僮万人。当时秦已并巴蜀、汉中，占领楚地置南郡，东面有太原、河东诸郡，东界到荥阳。吕不韦此时招致宾客游士，做好吞并天下的打算。吕不韦常与太后私通，后又物色到奇人嫪毐，使其伪装成宦官而进献给太后，嫪毐甚得太后之宠信，获得很大权势，秦王政九年（前238年），已成年的秦王对吕不韦和嫪毐专断国政不满，故先诛嫪毐，并放逐其门客党羽。次年，吕不韦被罢官。一年后，秦王仍恐吕不韦东山再起，下令将吕不韦与其家属迁蜀，吕不韦饮鸩而死。

百家争鸣

战国时期学术界不同流派互相辩争的风气。战国时期封建经济迅速发展，为学术文化的繁荣提供了物质条件。私学的兴起和"养士"之风的盛行，造就了一大批具有丰富知识和阅历的士，为学术辩争提供了场所。士阶层面对社会变革中的各种新课题，或著书立说，或聚徒讲学，或游说诸侯各国，宣传自己的政治主张及学术观点，形成各种学派。《论六家要旨》分出阴阳、儒、墨、名、法、道6家。《汉书·艺文志》分出儒、道、阴阳、法、名、墨、纵横、杂、农、小说10家。这些分类并不能容纳当时所有的学派。各家学派在意识形态领域里，围绕着天道观、认识论、名实关系、社会伦理、礼法制度等问题，展开广泛论辩，出现了"百家争鸣"的盛况。如：儒家孟子，政治上主张"王道""仁政"，哲学上主张性善论。另一代表人物荀子，哲学上主张性恶论。道家代表人物庄子，继承发展老子学说，对"道"的解释更加神秘化，把有关对立转化的观点引向极端，导致不可知论。法家代表人物韩非，把战国前期"法""术""势"三家思想结合起来，建立一套完整的法治思想体系，提出"法后王"的进步史观。墨家代表人物墨子，主张"兼爱""非攻"，主张节约，反对浪费。这种学术上的活跃局面，是社会变革在意识形态上的反映，促进了文化学术的繁荣，在中国学术思想史上产生了深远影响。

2. 社会经济

李冰

战国时水利专家，约公元前256—公元前251年被秦昭王任为蜀郡守。他总结古代治水经验，因势利导，变水害为水利，在岷江流域修建著名的都江堰，2000多年来一直有着巨大的灌溉效益。此外，还主持修建了多项水利工程。

都江堰

中国古代著名的水利工程之一，位于四川都江堰市西北的岷江中游。秦昭王时，

都江堰

都江堰的基本原理是在岷江中修筑江心分坝，即"鱼嘴"，顺"鱼嘴"下修"金刚堤"，把岷江分为外江和内江。在内江紧靠金刚堤处修飞沙堰起分洪和自动排除内江沙石的作用。稍下，凿玉垒山，开宝瓶嘴，将内江导入川西平原，形成一套完整的水利自流灌溉系统。都江堰的建成使成都平原成为"天府之国"，为秦国对外征战提供了经济保证。

蜀郡守李冰父子访察水脉，因地制宜，因势利导，基本上完成了都江堰的排水灌溉工程，于是成都平原"沃野千里，号为陆海"。主要设施是在岷江江心，以竹笼装卵石，堆砌成鱼嘴状的分水工程，下接金刚堤，使岷江在此分为外江及内江两股。外江系岷江正流，在下游辟有许多灌溉渠道；内江为人工渠道，凿玉垒山成宝瓶口，由此向下辟为走马河、蒲阳河及柏条河等，穿入成都平原，成为灌溉兼通航运的渠道。在都江堰附近，还兴建了排水入外江的平水漕、飞沙堰等工程，使进入内江过多的洪水、泥沙自动泄入外江，以确保内江灌溉区的安全。都江堰以下内、外两江灌溉总面积曾达300余万亩，经整治扩建，灌溉面积扩大到800多万亩。

郑国渠

战国时关中平原最早兴建的大型人工灌溉渠道。秦王政元年（前246年）采纳韩国水工郑国的建议开凿，故名。主要工程从中山西瓠口（即谷口，在今陕西泾阳县西北）利用西北向东南逐步倾斜的地形，引泾水东流。至今三原县北，合浊水，利用浊水及石川河水道，再引流东经今陕西富平、蒲城之南，注入洛水。全长300余里。整个工程由渠首、引水渠、灌溉渠三部分组成，除在中途利用部分天然河流作灌溉渠外，还截取了纵流小河作水源的补充，设计合理。建成后，"关中为沃野，无凶年，秦以富强"。唐代郑、白二渠趋于混合，主要发展白渠，郑国

渠逐渐废弃。

冶铁和青铜铸造

冶铁业是战国时重要手工业部门,有据可查的铁矿有三十几处。北至辽东半岛,南至湖南,东至山东,西至甘肃、四川,当时七国的主要地区都有铁器出土,且种类较多,除农具外,有斧、锯、锥、锤、刀、凿等手工工具和甲、杖、剑、戟、刀、矛、匕首等兵器,还有日常用具等。1978年湖北随县战国早期曾侯乙墓出土的青铜器,有礼器、兵器、乐器等,其中有稀世之宝编钟。这批青铜器采用分铸、铸接与焊接等新技术制作,还运用浮雕、透雕、镂孔、镶嵌等工艺,器物造型十分精美。

商业城市

战国时作为统治中心的城邑往往成为商品交换的中心,如周的洛阳、魏的大梁(今开封西北)、韩的阳翟(今河南禹州)、赵的邯郸、宋的陶(今山东定陶)、卫的濮阳(今河南濮阳)、楚的郢(今湖北江陵)、燕的蓟(今北京),既是政治中心,又是有名的商业城市。

纺织和造船

战国时纺织业发达,产品主要有丝帛、麻葛两种。山东的纺织手工业尤为突出,齐纨、鲁缟最负盛名。楚国的丝织品质量很好,湖北江陵一座战国楚墓里出土了大批珍贵丝织品,有素绢绵衣、素纱禅衣、绣绢绵衣、绣罗禅衣等。丝织品绣线的颜色有红、黑、棕、蓝、白、浅黄、金黄、枣红等,织锦大多数为双色锦和三色锦。战国时造船业发展较快,能制造大木船和战舰。已出土的战国"水陆攻战铜鉴"和"百花潭铜壶"上刻有双层战船图案,反映了当时造船业的水平。

商品交换

战国时农民不从事手工业,也可获得布帛和陶器、铁器,手工业者不耕田也能得到粮食。当时北方的走马、吠犬,南方的羽翮,东方的织物和鱼盐,西方的皮革,都出现在中原的市场上。商品交换使各地区经济上的联系逐渐密切起来。商品交换的兴盛,使商人日益增多。在交通方便、经济繁荣的三晋、周、鲁等地,居民中以商贩为业者占相当比例。战国时商人靠买贱卖贵和囤积居奇牟取暴利。著名的大商人白圭,根据"人弃我取,人取我与"的原则,丰年时收购粮食,抛售丝、漆、茧,荒年时又售出粮食而收进帛、絮等。商人对扩大产品流通,推动经济发展,促进社会文明进步发挥了重要作用。

金属钱币

战国时各国钱币形式是不一样的。"三晋"和周以铲状的铜质布币为主,燕、齐则以铜质的刀币为主,楚国通行小方块黄金做的"郢爰"币。还有贝形铜币,后人称之为"蚁鼻钱"。战国晚期,三晋、周、齐都铸造过一些圆孔或方孔的圆钱。战国时钱币往往由城邑来发行,钱币上多铸有地名,常见的有安邑、阴晋、垣、邯郸、晋阳、离石、蔺、长子、皮氏、高都、安阳、即墨、襄平等100多个地方。

早期度量衡

战国时度、量、衡实物资料流传下来的不少,有铜尺、铜权、铜量等。战国时一升约合200毫升,一斤约合250克,一尺约合23厘米。值得注意的是各国度、量、衡标准渐趋一致,这应是商品交换频繁的结果。

3. 民族

戎

戎族居住在西部地区,与秦国为邻。戎族有绵诸、月氏、义渠、大荔、朐衍、乌氏等部,其中义渠比较强大,一直威胁着秦的安全,牵制着秦向东方发展。秦昭王时,秦发兵灭义渠,其地建置陇西、北地和上郡等三郡。不少北方民族陆续被燕、赵两国所征服。赵武灵王曾大破林胡、楼烦,侵占的土地建置为郡。战国末赵将李牧又"灭襜褴,破东胡，降林胡"。燕修筑长城，并建置上谷、渔阳、右北平、辽西、辽东郡。战国时匈奴尚未强大，它与中原各国接触不多。

巴蜀

战国时巴人分布在四川东部的嘉陵江、长江沿岸。秦惠王因贪图蜀地物产富饶，派司马错灭蜀，同时也灭巴。秦把蜀王降为蜀侯，并派陈庄为蜀相以监督蜀人。公元前301年，蜀人奋起反抗，秦又派司马错定蜀，后来就开始在蜀、巴设立郡县。约在商周时，蜀人就进入了青铜时代，到战国时已有发达的青铜文化。成都扬子山出土的青铜器有鼎、盘、盉、戈、矛、弩机等物。

西南夷

西南的云贵川地区，居住着夜郎、滇、邛都、巂、徙、筰都、僰等众多的少数民族，习惯称为"西南夷"。公元前285年，秦蜀守张若率兵"取筰及其江南地"，使秦的领土到达今天云南北部和西北部地区。公元前279年楚国派将军庄蹻进军巴黔地区，征服滇国。后来秦占黔中，绝庄蹻归路，庄蹻自称滇王。

越

越人分布地区颇广，北至浙江、江西，南到两广、福建等地。战国时已有百越、扬越、瓯越、闽的名称，名号不一，表明越人部族分散。战国时越人在文化发展上是不平衡的。一些地区的越人可能还未脱离石器时代，而广东、广西境内的一些越人，已能制造出精美的青铜钟、鼎和多种工具、武器，工艺水平接近中原各国，器形、花纹和楚基本相同。

4. 文化

墨子

（约公元前468—公元前376年）战国初期思想家、政治家、墨家学派创始人。名翟，宋国人。他主张"兼爱""非攻"，反对以大攻小、以强凌弱的兼并战争，提出"兼相爱，交相利"的原则，作为救世良药。其观点代表了当时广大小生产者要求平等、厌恶战争、希望安居乐业的愿望。他所主张的"统一兼爱"是一种不切实际的幻想。他还提出"尚贤""尚同"的政治主张，认为"官无常贵，民无终贱"，希望用说教来实现政治平等和经济平均。他的弟子被称为"墨者"，讲究实践，节约俭朴，不怕艰苦，服从纪律。墨子思想对学术界影响很大，与儒家、法家并称三大"显学"。

《墨子》

墨子及其弟子的著作总集，成书于战国末。《汉书·艺文志》录存71篇，其中否定天命，强调人为，批评儒家"天命"，提出中国最早的若干逻辑范畴。《小取》6篇，为后期墨家哲学、逻辑学和自然科学著作，称《墨经》，又名《墨辩》。《耕柱》至《公输》5篇，记墨子言行，多涉及其政治主张，可作为墨子生平史料。

庄子

即庄周，战国时期思想家，宋国蒙（今河南商丘东北）人。庄子的思想源于老子。庄子以"物（人）不胜天"为中心思想，说无可奈何的叫作命，不可违离的叫作天。他把"无为"说成无是非，无成败，无梦醒，无生死，无空间、时间，一切归于无；把"其任自然"说成弃绝人世，不视不听不食不呼吸，回到无人类的世界里去。这种厌世的思想，反映出庄子消极的性格和人生观。

庄子像

《庄子》

庄周学派著作总集。经汉朝刘向编定，为52篇。今本《庄子》仅33篇，分3部分，其中内篇7，外篇15，杂篇11，是晋人郭象的定本。《庄子》内篇思想比较系统，文字风格比较一致，外、杂篇内容较为丰富，风格则有差别。书中思想接近《老子》，是道家重要经典之一。《庄子》一书，借寓言的形式来表达自己的哲学见解，创造了许多优美动人的故事，又是一部优美的文学著作。

孟子

战国中期儒学大师，名轲，邹（今山东邹县）人。曾受业于孔子之孙子思的门人。孟子约在齐威王时到过齐国。同时又到过魏，见过魏惠王及魏襄王。在齐宣王时又到齐。他还去过滕、薛、宋、邹、梁等国。孟子有著述7篇传世，《汉书·艺文志》说有11篇。东汉末赵岐说孟子有《性善辩》《文说》《孝经》《为政》4篇外书。《孟子》全书虽非孟子手笔，但为孟子弟子所记。在人性方面，主张性善论，以为人生来就具备仁、义、礼、智四种品德，人可以通过内省去保持和扩充它，否则将会丧失这些善的品质。在社会政治观点方面，孟子突出仁政、王道的理论，认为三代得天下都因为"仁"，由于不仁而失天下。他又提出"民贵君轻"的主张，认为君主必须重视人民，"诸侯之宝三，土地、人民、政事"。君主如有大过，臣下则谏之，如谏而不听可以易其位。至于像桀、纣一样的暴君，臣民可以起来诛灭之。他反对霸道，倡行仁政。孟子继承并发挥了孔子的学说和思想，是仅次于孔子的最有影响的儒家宗师，有"亚圣"的称号。

韩非

（约公元前280—公元前233年）战国末期思想家，法家代表人物。韩国人，出身韩国贵族，与李斯同师于荀子。韩非曾数次上书韩王主张法治，不被采用。著作传入秦国，受到秦王赏识。后出使秦国，得见秦王。不久遭李斯、姚贾谗害，自杀于狱中。韩非的学说兼采商鞅、申不害、慎到的观点，提出法、术、势三者结合的法治思想。主张中央集权、君主专制，认为应"不务德而务法"。重耕战，轻商业，倡言武力。强调独尊法家。

韩非的思想集先秦法家之大成，为封建专制主义奠定理论基础。

《韩非子》

韩非的著作总集，又称《韩子》。该书在韩非生前即已流传。西汉刘向校书，杂入了几篇他人著作，如《初见秦》《有度》和《存韩》的后半篇，并定《韩子》为55篇。韩非是法家思想的集大成者，他总结了商鞅、申不害和慎到三家的思想，提出了一套法、术、势相结合的法治理论。认为君主应凭借权力和威势以及一整套驾驭臣下的权术，保证法令的贯彻执行，以巩固君主的地位。他还继承了荀子的人性恶说，主张治国以刑、赏为本，让法家之学一统天下。

《公孙龙子》

战国后期名家公孙龙的著作。全书14篇，今存6篇。其中第一篇《迹府》是后人收集的有关公孙龙的事迹，其余5篇是公孙龙的作品。其中《白马论》所提出的"白马非马"的命题以及"离坚白"的命题，是公孙龙名辩思想的中心。该书着重探讨了概念的内涵和外延以及事物的共性和个性所具有的内在矛盾，夸大这种矛盾并否认两者的统一，因而得出了违背常识的结论。这种探讨促进了人类认识的深化，是哲学思想发展的一个重要环节。《指物论》论述了指与物的关系。所谓指，就是事物的概念或名称，所谓物就是具体的事物，它们的关系也就是物质与意识的关系。《通变论》论述了对运动变化的看法。《名实论》专门讨论名与实的关系。这5篇著作共同构成了一个完整的学说体系。

《孙膑兵法》

古代著名兵书之一，是继《孙子兵法》之后"孙子学派"的另一重要著作。古称《齐孙子》。1972年2月，山东临沂银雀山1号汉墓出土了竹简本《孙膑兵法》。经整理，分为上、下两编，上编是确定属于《齐孙子》的15篇，包括《擒庞涓》《见威王》《威王问》和《陈忌问垒》等；下编则是一些尚不能确定是否属于《齐孙子》的论兵之作。

《吕氏春秋》

吕不韦组织门下学者集体编纂的杂家著作，亦称《吕览》。成书于秦王政八年（前239年），分十二纪、八览、六论，共26卷，160篇，20余万言。该书崇尚道家，取老子顺应客观的思想，舍其消极避世的成分，兼采儒、墨、法、兵诸家之长，初步形成了包括政治、经济、哲学、道德、军事等各方面内容的理论体系。作者意在综合百家之学，总结历史经验，为即将出现的统一全国的专制中央政权提供长治久安的治国方略。该书提出的"法天地""传言必察""疑似必察""别宥"等思想，和适情节欲的健身之道，具有唯物主义倾向。它还保存了许多旧说佚闻，在理论上和史料上都有很高的价值。

《战国策》

战国至秦汉间纵横家说辞和故事的汇编。今天能见的《战国策》，按东周、西周、秦、齐、楚、赵、魏、韩、燕、宋、卫、中山，分国编次，共33篇，460章，也有分为497章的。其所记史事，上起公元前490年知伯灭范、中行氏，下迄公元前221年秦始皇统一中国以后，高渐离击秦始皇，反映了其间270年中重要的政治、军事和外交活动。

《竹书纪年》

战国时魏国史书。该书原无名题，后世以所记史事属于编年体，称为《纪年》，又因原书为竹简，也称为《竹书》，一般称为《竹书纪年》，亦称《汲冢纪年》《汲冢古文》或《汲冢书》。全书共13篇，叙述夏、商、西周和春秋、战国的历史，按年编次。周平王东迁后用晋国纪年，三家分晋后用魏国纪年，至"今王"二十年为止。该书有不少地方与传统记载大不相同，比较接近史实，如"太甲杀伊尹""文丁杀季历""共伯和干王位"等。此外，有的还与甲骨文、金文符合。《纪年》记"（殷）祖乙胜即位，是为中宗"，与《史记·殷本纪》等以中宗为太戊不同，但与甲骨文"中宗祖乙"的称谓却完全相合。该书对研究先秦史有很高的史料价值，在中国史学史上也是一部重要著作。

《世本》

战国时赵国史书。为避唐太宗李世民讳，唐代改称《系本》或《代本》。该书记载黄帝以来的史事，原15篇，有《帝系篇》《王侯世》《卿大夫世》《氏姓篇》《作篇》《居篇》等。《帝系篇》《王侯世》《卿大夫世》又称为《纪》或《本纪》，接近《史记》的"本纪"和"世家"；《作篇》记器物发明，《居篇》记帝王诸侯都城，接近《史记》的"书"。该书对纪传体的创立有所影响，司马迁作《史记》曾以该书为据。

屈原

名平，战国末年楚国人。楚怀王时任过高官。他面对楚国的衰落，主张革新图强，联齐抗秦，但受到楚怀王近臣和宠妃的嫉妒与谗毁，一再遭到放逐，使他不能施展自己的政治抱负。公元前278年，秦军攻破楚国都城郢，屈原悲愤已极，于农历五月初五日投汨罗江，以身殉国。后人为纪念屈原，把农历五月初五定为端午节，在这天举行各种活动来纪念这位伟大的爱国主义诗人。

《楚辞》

战国时期楚国文学总集。原收楚人屈原、宋玉及汉代淮南小山、东方朔、王褒、刘向等人的辞赋共16篇，后王逸增入己作《九思》，成17篇。该书以屈原的作品为主，其中《离骚》《九歌》《天问》等篇保存了较多的历史资料和神话传说。

荀子

（公元前313—公元前238年）战国末期儒学大师。名况，字卿，赵国人。古书中多作孙卿，《史记》作荀卿。荀子学识渊博，继承了儒家学说，并有所发展，还能吸收一些别家之长，故在儒家中自成一派。对人性，荀子主张性恶，和孟子的性善针锋相对。提出人应该顺应自然但也可改变自然，即所谓"制天命而用之"的人定胜天的思想。他继承了儒家"为政以德"的传统，认为治国应该"平政爱民"。他将君主比作舟，庶民比作水，认为"水则载舟，水则覆舟"。荀子是礼法兼用、王霸并重，和他以前的儒家有明显的不同。《荀子》一书收入荀子的著述，其中如《劝学》《王霸》《性恶》《天论》《解蔽》《正名》《礼论》《乐论》等篇，应是荀子的作品。

《申子》

战国时法家申不害的著作。申不害，郑国人，曾为韩昭侯的宰相，15年间，国治兵强。申不害吸收并改造了道家的学说，他主张君主"无为"，就是不从事任何具体工作，只是不露声色地用"术"去驾驭臣子。所谓"术"，即君主要根据臣子的才能授予官职，并经常对他们进行督促和考核以决定奖惩。

《尉缭子》

战国晚期论述军事、政治的著作。传世共5卷24篇，以南宋刻《武经七书》本为最古。该书内容大部分论兵，因此宋以后多视为兵家著作。该书反对军事上相信"天官时日、阴阳向背"的迷信观念，强调政治、经济对军事的决定性作用，见识颇高。其思想有糅合儒、法、道各家的倾向。后半部《重刑令》以下12篇，对研究战国时代的兵法有帮助。

5. 科技

《甘石星经》

战国时期天文学著作。战国时人们对天体运行有了进一步的研究，涌现了许多专门观测星象、研究天文的学者和著作。齐国学者甘德著有《天文星占》8卷，魏国石申著有《天文》8卷，后人把这两部天文著作合而为一，定名《甘石星经》。甘德、石申对金、木、水、火、土5颗行星及其运行规律进行了观测，测定了数百颗恒星的方位。其中甘德发现了木星的3号卫星，比意大利科学家伽利略发现该星要早近2000年。甘、石两人测定恒星的记录，比较准确，是世界上最早的恒星表。书中记录了120颗恒星，比欧洲第一个恒星表的问世早约200年。

《考工记》

我国最早的手工艺专著。该书记述了"百工之事"，分木工、金工、皮革工、设色工、刮磨工、抟埴工六类。书中著录的"六齐"，是配制青铜的六种方剂——钟鼎之剂（铜五锡一）、斧斤之剂（铜四锡一）、戈戟之剂（铜三锡一）、大刃之剂（铜二锡一）、削杀矢之剂（铜三锡二）、鉴燧之剂（铜锡各半）。这是对青铜冶炼技术的总结，是世界上最早的关于金属成分的记录。书中还记述了数学、物理等方面的知识。

《黄帝内经》

中国最早的医学著作。它分《素问》《灵枢》两部。这本书总结了生理、病理、诊断、预防、药物性能、施治原则以及针灸疗法等方面的知识。《素问》中提出"邪"是致病因素，还认为治病必求其本，根据不同病情，取"扬""减""彰""补""越""泻"等法。《灵枢》论述了经络、腧穴和针法。《黄帝内经》记载了中国最早的人体解剖知识，在世界上最早提出了血液循环的理论。《黄帝内经》奠定了中国中医的理论基础。《黄帝内经》的成就是多方面的，除基础理论、诊断法则、病因病理、针灸运气等方面以外，还详细论述了心理学、解剖学方面的内容。《灵枢·肠胃》则根据解剖测量的结果，指出人体食道与小肠的长度比例为1：35.5。20世纪初，德国著名解剖学家斯巴德何辞（Spaltaholz）对食道与小肠比例测量的结果是1：37。二者何其接近！

第四章

九州一统

秦朝

（前公元 221—公元前 206 年）

秦国的政治经济文化比山东六国都进步，兵力也较强，所以秦国能完成统一中国的伟大任务。从公元前 230 年灭韩开始，秦开始了剿灭六国的战争，并于公元前 221 年统一了全国，建立了中国第一个统一的多民族的中央集权的封建国家。秦王朝推行了许多消除分裂的措施，加强了各地区的经济、文化联系，为我国长期的统一奠定了基础。

秦王朝的开基之人为始皇嬴政。秦王朝废除了周代的封建制，代之以郡县制，将全国划分为 36 郡，后又增设闽中、南海、桂林、象郡 4 郡，郡守县令都由朝廷任免，中央对地方有很大的控制权。此外，秦始皇还北伐匈奴、修筑万里长城以定边疆，统一了文字、货币和度量衡，为中国的长久统一做出了许多开创性的贡献。然而，秦始皇过度征用民力，以残暴统治著称，搞得人民十分疲惫，加上政治、经济、军事、法律上的高压，文化上的钳制以及后来秦二世的无能，加速了秦的灭亡。

秦始皇像

1. 政治
秦灭六国

公元前 230—公元前 221 年秦统一全国的战争。战国后期，魏、赵、韩、齐、秦、楚、燕七国争雄，各据一方。七国中，秦用商鞅变法，提倡耕战，发展生产，国富兵强，势力最盛。秦王嬴政亲政后，以尉缭、李斯等人为谋士，王翦父子和蒙武父子为战将，采取远交近攻、分化离间、各个击破的战略和策略。公元前 230 年，攻韩，俘韩王，将韩国改为颍川郡。公元前 229—公元前 228 年，乘赵国发生地震和灾荒，攻赵，占领赵都邯郸（今河北邯郸），赵王被迫降秦。公元前 227 年以燕太子派荆轲刺秦王为由，攻燕，次年占领燕都蓟（今北京大兴西南）。公元前 222 年俘燕王。公元前 225 年围魏，水灌魏都大梁（今河南开封），魏王投降。公元前 224—公元前 223 年，攻楚，占领楚都寿春（今安徽寿州），虏楚王。公元前 222 年，秦军过长江平定江南地区，降服越君，设会稽郡。公元前 221 年，进军齐国，占领齐都临淄（今属山东淄博），齐王投降。前后历时 10 年结束了诸侯割据混战的局面。秦灭六国后，建立起中国历史上第一个统一的多民族的封建中央集权国家。

秦始皇

（公元前 259—公元前 210 年）战国时秦国国君，秦王朝建立者。公元前 246 年即位，年仅 13 岁，由相国吕不韦和宦官嫪毐专权。公元前 238 年嬴政正式亲政，随即镇压了嫪毐叛乱，免吕不韦之职。后起用尉缭、李斯等谋士和王翦、蒙恬等武将，整治朝政，加强武备，使秦国迅速强大。公元前230—公元前221年，10年当中先后灭掉韩、赵、燕、魏、楚、齐六国，建立起中国历史上第一个统一的多民族的封建专制国家——秦朝。首创皇帝制度，始称皇帝。建三公九卿制，分管全国政务；在地方废除分封制，确立郡县制，统一法律、文字、度量衡、货币和车轨；拆毁各国关塞，修筑驰道、直道、五尺道和新道，通往各地；派兵抵御匈奴，修建长城；南定百越，修凿灵渠，开拓五岭。这些措施有助于巩固国家统一，加强民族融合和推动社会经济文化的发展。同时，为强化专制统治，下令销毁民间兵器，焚书坑儒。实行严刑苛法，大兴土木，修建阿房宫、骊山墓，给人民造成严重灾难。公元前210年，于巡行途中病死沙丘平台（今河北巨鹿东南）。

书同文

秦统一六国前，"文字异形"，给政令推行和经济、文化的交流带来诸多不便。秦始皇统一全国的当年便下令统一文字，即用简化的秦文"小篆"作为标准文字，废除西周以来的"大篆"和东方六国通行的"古文"以及其他异体文字。并由丞相李斯和赵高等人领衔编写小篆字书，规定作为学童必读课本，想入仕者要通过考试及格才能担任官吏。另一方面由于战国以来王权加强，官府事务纷繁，公文数量大增，这在实践中又产生了更为简化的字体——"秦隶"。这种书体在民间流行较早，1975年湖北云梦出土的一批秦统一前夕的竹简，其字体就是用墨笔书写的秦隶。

车同轨

秦始皇统一六国后采取的重大改革举措之一，即统一规定车轨距离为六尺（秦一尺合今23.1厘米）。"车同轨"的改革促进了经济的发展。"车同轨"还包括"驰道"的修筑和水路的疏浚。秦朝的驰道以京都咸阳为中心，东至燕齐，南达吴楚，北极九原，

可谓四通八达。驰道是皇帝专用的道路，种松树标明路线。驰道修成后，陆路交通十分便利。水路工程最著名的当数修建灵渠，灵渠为人工开凿的运河，为南北二渠。北渠向北流通湘江，南渠经过广西兴安县城，向西注入漓江。南渠渠中设若干个斗门，用于抬升水位，南北来往的船只可以逐斗上进和下降。载重大船自湘江上溯，通过北渠，进入南渠，安然过山，运输省时省力。

中央集权

秦始皇创立的将国家权力集中于皇帝和中央政府的政体。秦始皇统一全国后，自称始皇帝，把政治、经济、司法、军事大权集中控制在自己手中，大小政事俱由皇帝裁定。皇帝之下，在中央设置三公九卿辅助处理全国政务，监察百官，掌管军事、刑狱，由皇帝任免，绝对服从执行皇帝命令。在地方设置郡县，郡守、县令俱由皇帝任免，负责统治人民，征收赋税，征发徭役兵役。中央对郡县严加管理，地方集权于中央，中央

秦朝大事年表

公元前221年，秦始皇统一中国，建立秦朝，定都咸阳（今陕西境内）。秦朝定官制，建郡县制，统一车轨、文字、度量衡、币制、法律等，加强中央集权。

公元前220年，在全国各地修直通首都的驰道，东至燕、齐，南达吴、楚。

公元前219年，秦始皇巡行各地。在泰山封禅。途中遭韩国贵族张良的伏击。派徐福率数千名童男女入海求仙。

公元前218年，在广西湘水、漓水间开凿灵渠，以便于运输车粮。

公元前214年，在北方修建万里长城。在南方发兵攻取南越（今岭南地区）。

公元前213—前212年，秦始皇焚书坑儒。

公元前212年，开始修建阿房宫和骊山秦始皇陵。

公元前210年，秦始皇病死。大臣赵高和李斯合谋篡改秦始皇遗诏，将太子扶苏赐死，立胡亥为秦二世。

公元前209年，陈胜、吴广起义反秦。刘邦、项羽等起兵响应。

公元前208年，陈胜被害。李斯被赵高害死。

公元前207年，项羽在巨鹿大破秦军，成为反秦义军首领。刘邦逼近咸阳，赵高逼秦二世自杀。

公元前206年，刘邦、项羽相继攻入咸阳，秦朝天亡。项羽攻入咸阳后大肆屠杀、抢掠，火烧阿房宫。

集权于皇帝。这种政体对于巩固封建国家的统一起过积极作用，以后 2000 多年历代王朝体制都是它的演变和发展。它是中国封建社会政治制度的主要特点之一，欧洲直至封建社会晚期才形成中央集权制。

万里长城

秦始皇在原秦、赵、燕三国旧长城的基础上，修筑了西起甘肃临洮，东到辽东郡碣石，绵延 5000 余公里的万里长城。秦长城大多为土筑或石砌，整个工程由关隘、城墙、城台、烽燧四部分组成。关隘设于高山隘谷等险要处，扼守要冲；城墙为长城的主体，大都随山势而筑；城台凸出于墙外，或用来放哨，或用来藏兵；烽燧大多建于山顶或长城转折处，主要是用来传递军情，白天燃烟，晚上烧火。秦长城由蒙恬率士兵、戍卒和罪犯修建，在当时工具简陋、交通不便的条件下，修筑如此浩大的工程，足见其艰难程度和人民的创造能力。

焚书坑儒

秦始皇为统治思想文化采取的两项重大措施。公元前 213 年，秦始皇大宴群臣，博士淳于越倡议学古法，分封皇子功臣为诸

秦始皇焚书坑儒图 清代
这件清代的帛画以想象的方式展现了秦始皇当年焚书坑儒的情形。

侯。丞相李斯斥儒生不师今而学古，各尊私学，诽谤朝政，惑乱民心，建议禁私学。办法是除了史官所藏秦国史书以外，别国史书一概烧毁；除了博士官所藏图书，私人所藏儒家经典和诸子书一概送官府焚毁。下令后 30 天不送所藏私书到官府，罚筑长城 4 年。只有医药、卜筮、农作书不禁。民间求学以吏为师。秦始皇从李斯议，实行了焚书法令。公元前 211 年，秦始皇活埋儒生 460 余人。焚书坑儒的野蛮行为，反映出当时统治阶级内部矛盾极端尖锐。

封禅

一种表示帝王受命于天的典礼。起源于春秋、战国时期，是当时齐、鲁儒生为适应兼并争霸趋于统一的形势而提出的祭礼。他们认为泰山是世界上最高的山，人间的最高帝王应当到这座最高的山上去祭至高无上的天帝。泰山是齐、鲁的分界，于是就把齐、鲁祭泰山的望祭扩大为统一帝国的望祭，并定名为"封禅"。封是祭天，禅是祭地。第一个举行封禅大典的是秦始皇。即位的第三年，他巡视郡县，借用原秦国祭祀的仪典，到泰山行封礼，到梁父行禅礼。

秦律

秦王朝法律的总称。秦始皇统一六国后，对商鞅变法以来的法律法令加以补充和修订，颁布全国，对六国原有的法律法令除吸收有用的条文外，其余全部废除。湖北云梦出土的秦律竹简中，不仅有对商鞅制定的秦律的解释和案例，还有从商鞅变法以来先后修订的各方面的律令，如田律、厩苑律、仓律、金布律、关市律、工律、徭律、司空律、军爵律、置吏律、效律、游士律、牛羊律、傅律、捕盗律等等。秦律的刑罚有以下几种：死刑，主要有弃市和磔；肉刑，有斩足、宫、劓、黥等残害肢体刑；徒刑，将犯人拘禁起来服苦役；笞刑，即鞭笞之刑；赀罚，即法律要求罪人向官府交纳财物或提供劳役以达到惩罚的目的，即罚款。

郡县制

古代地方行政区域建制。起源于春秋时期，盛行于战国时期。秦统一全国后，采纳廷尉李斯的建议，在全国范围推行，初设36郡，后增至40余郡。郡设郡守，掌管全郡事务，郡尉管军事，监察御史管监察。郡下设县。万户以上设县令，不满万户者设县长，掌管全县事务，受郡守节制。县令、县长下设县尉，掌管军事；设县丞掌管司法。郡县长官都由皇帝任免，负责征收赋税、征发徭役兵役。这种由中央层层控制的地方统治机构，对封建中央集权制和国家统一起了积极作用，为后来2000多年地方行政体制奠定了基础。

丞相

封建王朝中最高行政长官，又称宰相。战国时秦国有相、相国，秦王朝统一后，改为丞相。其承受皇帝旨意，辅佐皇帝主持朝政，管理全国政务。丞相与太尉、御史大夫合称"三公"，位居整个官僚机构之首。秦开创和确立丞相制，废除世卿世禄制，加强了专制主义中央集权。历代沿袭，名称稍变。西汉改称大司徒，东汉称尚书令。隋唐实行三省制，以参知政事为事实上的丞相。宋代称同平章事，元代称中书令。明初设丞相，不久废之而以内阁大学士取代丞相。清初沿袭明制，以军机大臣为实际丞相。君主专制愈强，丞相权位愈弱。

阿房宫

秦朝宫殿。秦统一后，在咸阳渭水南岸的上林苑建造朝宫，朝宫前殿所在地名阿房，故名。宫内以木兰为梁，磁石为门，施以雕刻，涂以丹青，五光十色，极其富丽堂皇。为建筑此宫，征调刑徒和民夫工匠70多万，伐运了荆楚、巴蜀的大量木材，搜刮了各地无数珍宝和美女充饰宫中。秦始皇死后，秦二世继续修造，其巨大耗费，给百姓带来深重灾难。秦末被项羽焚毁，火烧3月不熄。其残迹现为全国重点文物保护单位之一。

秦代匈奴

匈奴是中国古代北方游牧民族，起于战国时期，盛于秦末汉初。最早称荤粥，周朝称猃狁，秦时始称匈奴。秦初，主要分布在阴山南北地区，经济以畜牧业为主，狩猎仍占一定地位，处于奴隶制发展初期。其强悍骑兵常深入中原对内地人民袭扰和掠夺。公元前218年，秦始皇派大将蒙恬两次征伐，击败匈奴贵族，夺取河南地（今内蒙古河套一带），设置九原郡，同时修筑长城，迁民屯边，以防止匈奴入侵。公元前209年，其首领头曼单于乘中原动荡，出兵夺回河南地。不久其子冒顿单于杀父自立，遂建立起较完备的奴隶制国家，军队发展至30万，先后破月氏、东胡、丁零、楼烦等族，统一了大小部落和国家。楚汉之争时，又屡犯燕、代一带，国力处于鼎盛时期。受中原影响，其冶铁和制陶业有初步发展。

秦代越族

越族是中国古代南方一个重要民族，主要分布在长江中下游及以南地区，即今浙江、江西、福建、湖南南部和两广等地。约春秋时，开始向文明社会过渡，战国时属楚。秦灭楚后，越君又降于秦，秦将越民北迁，而徙中原之民南居。公元前221年，秦统一六国后，又派遣50万大军分5路进攻百越地区，先后攻占其地，设置闽中郡（今福建福州）、南海郡（今广东广州）、桂林郡（今广西桂平）、象郡（今广西崇左）。并再次迁移大批中原人民到百越定居。越族与汉族的联系更为紧密，除从事渔猎、农耕、金属冶炼外，水上航行也有所发展。秦汉以后，越族经过长期发展，部分与汉族融合，部分与今壮、黎、傣等民族有密切的渊源关系。

秦末农民起义

陈胜、吴广领导的秦末农民起义，是中国历史上第一次全国性的农民战争。秦始皇在兼并六国后根本不重视与民休息，稳定社会，恢复经济，反而大肆搜刮民脂民膏，大兴土木，劳民伤财，修建阿房宫、骊山墓，人民苦不堪言。加上秦王朝实行严刑酷法，人民苦难日益深重，社会危机四伏。秦始皇死后，秦二世嬴胡亥即位。秦二世元年（前209 年）七月，征发 900 人戍渔阳，陈胜、吴广为屯长。他们行至大泽乡（今安徽宿县东南）为大雨所阻，不能按期到达。按照秦法，过期要杀头。陈胜、吴广便设计发动戍卒起义，提出"大楚兴，陈胜王"的口号。陈胜鼓动戍卒说："壮士不死即已，死即举大名耳，王侯将相宁有种乎！"于是自立为将军，以吴广为都尉，用秦始皇长子扶苏和楚将项燕的名义号召群众起义。陈胜、吴广引发的秦末农民大起义，推翻了秦朝的黑暗统治，在中国历史上第一次显示了农民阶级的伟大力量。陈胜和吴广虽在起义不久即先后牺牲，但秦朝灭亡是和他们首倡起义的功绩分不开的。

巨鹿之战

秦末农民起义军摧毁秦军主力的重要战役。公元前 208 年，秦将章邯率军进攻反秦义军政权所在地赵国，困赵王于巨鹿，赵王向楚怀王求援，楚派宋义为上将军，项羽为次将，带军救赵。宋义怯敌，行至安阳后不敢再进，途中逗留 46 日，士卒饥冻。项羽盛怒之下杀宋义。楚怀王改命项羽为上将军。他亲率全军从安阳北上渡河，破釜沉舟，烧掉军营，以决一死战的斗志直捣巨鹿，与秦军展开决战。起义军九战九捷，大破秦军。秦军大将苏角被杀，王离被俘。此战全面击垮了秦王朝的主力部队，扭转了整个战争形势，从而奠定了反秦斗争胜利的基础。战后诸侯将领臣服项羽，项羽由此成为反秦军队的当然领袖。

秦弩

秦二世嬴胡亥

（公元前 230—公元前 207 年），秦朝第二代皇帝。前 210 年，秦始皇巡行途中病死，宦官赵高拉拢丞相李斯伪造诏书，废太子扶苏，立胡亥为帝。秦二世统治期间，滥用民力，继续大修阿房宫和驰道，徭役租赋以及刑法更为苛厉。即位不久便爆发陈胜、吴广起义。他重用宦官赵高，变本加厉推行暴政，社会矛盾日益加剧。公元前 207 年，在农民起义军的沉重打击下，秦军节节败退，赵高恐秦二世追究罪责，遣婿阎乐、弟赵成闯入宫内，逼他自杀。死后仅 46 天秦王朝即被推翻。

李斯

（?—公元前 208 年）秦朝重臣，楚上蔡人。入秦后做吕不韦舍人，因受秦王嬴政重视，任为客卿。公元前 237 年因韩国水工事件，宗室贵族议逐客卿，他上书谏阻，为秦王赏识，不久官升廷尉。他提出将六国各个击破的策略，对秦统一六国起了较大作用。秦朝建立后，任丞相，此后反对分封制，主张焚《诗》《书》，禁私学，以加强专制中央集权统治。和同僚一起将六国文字简化整理，制定小篆标准字体，对文字的统一有一定贡献。秦始皇死后，追随宦官赵高，合谋伪造遗诏，逼太子扶苏自杀，另立少子胡亥为二世皇帝。曾向秦二世申述独裁专断之术，并劝谏其减免徭役。后为赵高所忌，被诬告谋反，秦二世二年（前 208 年）被腰斩于市，诛夷三族。

蒙恬

（?—公元前 210 年）秦朝名将，原为齐人，自祖父蒙骜起，世代为秦将。秦统一六国后，北方河套地区仍被匈奴侵占，给秦后方造成极大威胁。公元前 215 年，秦始皇派他率 30 万大军往河套征伐匈奴。他善于指挥，很快击败匈奴主力，收复河套以南地区。第二年又率军渡黄河，攻占高阙、阴山、北假等地，战功卓著。为防止匈奴侵扰内地，率领 30 万军士修筑长城。守防北边 10 余年，匈奴不敢进犯，保障了秦朝北部地区的安定。秦始皇死后，秦二世即位，杀戮功臣，他被迫服毒自杀。

赵高

（?—公元前207年）秦朝宦官、权臣。秦始皇三十七年（前210年），始皇病危，下诏书将玺书赐长子扶苏，命其将兵权交给蒙恬，返咸阳主持丧葬。赵高得宠于胡亥，又考虑到蒙氏兄弟掌权对自己不利，于是与胡亥、李斯合谋，秘不发丧，篡改始皇遗诏，立胡亥为太子，赐扶苏和蒙恬死。胡亥立为二世皇帝，赵高任郎中令，此后赵高拜为中丞相，事无大小皆取于其意旨。他为了巩固权位，故意在二世面前指鹿为马，凡是不随声附和的大臣，就捏造罪名加以迫害。秦二世三年八月，发兵围宫，逼令二世自杀。赵高企图篡位自立，但因百官不从，只好立二世兄子嬴子婴为秦王。九月，赵高被子婴用计杀于斋宫，夷三族。

2. 社会经济

统一币制

文字统一以后，秦始皇废止战国时各国形制和轻重大小各不相同的货币，改以黄金为上币，以镒为货币单位；以秦国旧行的圆形方孔铜钱为下币，称半两。

统一度量衡

秦始皇用商鞅时制定的度量衡标准器统一全国的度量衡。遗存至今的秦朝权量，都刻有始皇二十六年（前221年）颁布的统一度量衡的诏书。还颁布法律规定度量衡器允许误差的限度。文字、货币、度量衡的统一，为经济、文化的发展提供了有利条件，促进了统一国家的发展。

半两钱

秦和汉初铜币名。秦汉一两合今约16克，半两约8克。但传世的秦半两钱轻重差异很大，轻的6克多，重的在20克以上，介乎其中的则重十几克，成色也很不一样。

工官

秦时管理官府手工业的官署。从睡虎地秦墓出土的秦律竹简中可以看到，秦对官府手工业的各种制度，如产品的品种、数量、质量、规格和生产定额，产品的账目、各类劳动者的劳动定额及其换算，对劳动者的训练和考核，度量衡的检校等，都有详细具体的规定。当时管理官府手工业的官署，县有工官、司空，县以上直到中央有工室、邦司空、太官、左府、右府、左采铁、右采铁等，官员有丞、啬夫等。县的令、丞对官府手工业的管理也负有一定的责任。劳动者则有工师、工匠、徒、隶等，由曹长领班工作。生产门类有铁的开采和冶铸、铸钱、车辆、兵器、用具、漆树的种植与漆的生产等。产品主要归官用，也有出售的。

铁官

秦时主管铁业的官署。铁业在古代是有关国计民生的重要生产部门，常与盐业一起受封建政府的控制。战国时，冶铁是重要的官营手工业，产品供国家使用，但市场上流通的铁器则归私人经营，以此致富的人不在少数。秦在商鞅变法后置铁官，把冶铁业全部收归官营。

盐官

秦时主管盐政的官署。盐业在古代是有关国计民生的重要生产部门。战国时，东方诸国盐业主要由商人经营,官府收税。只有秦在商鞅变法后置盐官，实行食盐官营。

酒榷

秦时官府对酒类的专卖。又称榷酒酤、榷酤。榷是独木桥，借以形容独占其利的垄断性经济行为。秦律规定，住在农村的百姓禁止卖酒，违者受罚。

市籍

经官府准许在特定市区内营业的商人的特殊户籍。先秦时，凡利用官府设置的房舍店铺或官有空地，长期固定地在市内从事交易活动的人，都要先向官府登记，列入市籍，并按章缴纳租税。秦汉沿袭这一制度。

有市籍是商人在市内做买卖的必需条件，违者治罪。在特定的市区内营业的，主要是身份低贱的中小零售商人，巡游郡国的大批发商，不须到市内来，一般就不在市籍之中。市内商人所交租税，包括为取得市籍所交的场屋税和按交易额与一定比率计算的交易税，统称"市税"或"市租"，由市吏征收后交皇帝或封君，供其私用。在市租之外，商人还要同其他有产者一样，缴纳"赀算"，即财产税。

田租

秦时国家向土地拥有者征收的土地产品税，亦称田税。战国时税率一般定制为亩产的十分之一，称"什一之税"。秦灭六国后，田租税率未见记载，大约很高。田租系按亩征税。秦和西汉一般由地主、自耕农向政府申报土地数量，登入簿籍，作为征收依据，叫"自实田"或"名田"。

灵渠

秦时开凿，位于今广西北部的运河。又称零渠，也称秦凿渠。秦始皇统一六国后，着手开发岭南一带，为了运输军粮，命士兵在今广西兴安县境内开凿运河，以沟通湘、漓二水，联系长江与珠江两大水系。这条运河自此成为联络中原与岭南地区的水路通道。除有舟楫之利外，又用于灌溉。它的主要工程包括铧嘴、大小天平、南渠、北渠等。灵渠对发展漕运、方便交通、灌溉农作物发挥了重要作用。

3. 文化

碑文石刻

秦始皇实行专制主义的文化政策，演出了"焚书坑儒"的悲剧，秦留给后世的文化遗产便只剩歌功颂德的刻石类文字。秦始皇从公元前219年开始，连续近10年巡行各地，足迹遍及山东邹峄山（今山东邹城）、泰山、琅琊（今山东胶南）、芝罘（今山东烟台）、河北碣石（今河北乐亭）、浙江会稽（今浙江绍兴市），并刻石称颂功德。这些刻石

文字，大多出自李斯之手，具有较高的书法艺术价值。

秦兵马俑

兵马俑是秦始皇陵陪葬的兵马陶塑群。1974年在陕西临潼县秦始皇陵东侧出土，共有4处，在地面以下2米左右。1号坑最大，占地14620平方米，有6000多个兵马俑，呈长方形军阵，排列有序。2号坑总面积约6000平方米。3号坑仅500平方米。4号坑疑是一个未建成的废弃坑。共发掘出武士俑7000个，陶马100余匹，战车100余辆。规模之大，陶俑之多，艺术价值之高，堪称世界帝王陵墓之最。1987年，在原兵马俑博物馆附近又发现另一座兵马俑坑，出土100多件兵马俑。兵马俑被称为世界第八大奇迹。1992年，秦兵马俑被世界教科文组织列为世界文化遗产。

秦兵马俑一号坑

秦始皇陵

秦始皇墓，位于骊山北麓（今陕西临潼东），又称骊山墓。秦王嬴政初即位，即开始在骊山为自己造陵墓，秦统一中国后，调征全国刑徒奴隶70余万继续建造。墓高50余丈，周长12里多，墓内有各式宫殿，陈列各色珍奇珠宝。今已发掘的秦始皇陵东侧兵马俑坑，面积达20780平方米，规模宏大。埋葬秦始皇时，秦二世下令将后宫无子女的宫女全部陪葬，并将修陵的全部工匠活埋。秦始皇陵是秦朝统治者穷奢极欲、劳民伤财的罪证之一。

西汉

（公元前 206 年—公元 25 年）

秦亡之后的第五年，中国又出现了统一的西汉王朝。

西汉建立之初，人口散亡，经济凋敝，物价飞腾，社会动荡不安，汉高祖刘邦为了稳定社会秩序，恢复生产，用黄老无为而治的思想指导政治，基本上沿用了秦朝的政治制度，将新王朝稳定下来。到文、景之时，社会已全面繁荣，但诸吕及以后的七国之乱还是给西汉造成了不小麻烦。真正使西汉走向顶峰的是汉武帝。在他统治的半个世纪中，"外事四夷，内兴功利"，抗击匈奴的战争取得了决定性的胜利，汉初分封的同姓王和异姓王已没有了分裂的本钱，但武帝好大喜功，也为由盛而衰埋下了种子。虽有其后的"昭宣中兴"，毕竟盛势不再。接下去的外戚宦官交替掌权，使政治更加黑暗，最终发展成了王莽篡权。

西汉时期，休养生息政策促进了经济发展，轻徭薄赋保证了农民生活，铁器和牛耕的广泛使用提高了社会生产力，水利建设使国家更加富庶，商业有了长足进步，"丝绸之路"揭开了中西文化交流的序幕。

董仲舒的"黑黜百家，独尊儒术"得到了汉武帝的采纳，儒学从此成了历朝历代正统的统治思想。

1. 政治

汉高祖刘邦

（公元前 256—公元前 195 年）西汉王朝的建立者。字季，沛县（今江苏沛县）人。公元前 202 年称帝，在位 7 年，谥号高皇帝。早年做沛县泗水亭长。公元前 209 年，陈胜、吴广起义反秦，起兵响应，杀县令，占县城，被推为沛公。陈胜牺牲后，与项羽同为反秦主力。公元前 206 年，率军攻占咸阳，接受秦王嬴子婴投降，秦朝灭亡。入关后，废秦苛政，与民"约法三章"，深受关中人民拥护。同年，被项羽封为汉王。随后在长达 4 年的楚汉战争中打败项羽，

公元前 202 年即帝位。初定都洛阳，后迁至长安（今陕西西安），史称西汉。在位初，继承秦制，实行中央集权制。先后平定韩信、英布、彭越等异姓诸王的叛乱。把关东旧贵族和豪族 10 余万人迁徙到关中，以加强控制。以秦亡为鉴，采取宽松政策，

西汉大事年表

公元前 207 年，刘邦入咸阳，秦王投降。项羽自封为西楚霸王，封刘邦为汉王。楚汉战争开始。

公元前 202 年，项羽兵败，在乌江自刎。

公元前 202 年，刘邦称帝，定都长安（今陕西西安西北），史称西汉。

公元前 187 年，吕后执掌朝政。

公元前 179 年，吕后死，周勃等平定吕氏集团。汉文帝即位。

公元前 165 年，晁错建议汉文帝削诸侯、改法令。

公元前 156 年，实行减租减税，租减去一半，税减为"三十税一"。

公元前 154 年，吴王刘濞发动"七国之乱"。汉景帝听信谗言误杀晁错。

公元前 141 年，汉景帝死。文帝、景帝时期政绩卓著，史称"文景之治"。

公元前 138—公元前 119 年，张骞两次出使西域。

公元前 134 年，汉武帝采纳董仲舒提出的建议，"罢黜百家，独尊儒术"。

公元前 129—公元前 119 年，卫青、霍去病数次出击匈奴，均获大胜。

公元前 127 年，汉武帝颁行"推恩令"，削减诸侯权力。

公元前 118 年，造纸术发明。合裆短裤出现，之前男女均穿裙。

公元前 104 年，司马迁开始著《史记》，历时 10 余年完成。

公元前 100 年，苏武出使匈奴，被拘留 19 年后还朝。

公元前 91 年，"巫蛊之祸"兴起，皇太子因受到牵连而自杀。

公元前 81 年，盐铁会议召开，辩论经济政策。

公元前 60 年，汉置西域都护府，是管理西域的最高行政机构。

公元前 53 年，匈奴连年战败，各部纷纷降汉或向汉称臣。

公元前 33 年，匈奴呼韩邪单于入朝求婚。汉元帝令宫女王昭君出塞下嫁。

公元 8 年，大司马王莽称帝。改国号为"新"。

公元 17 年，绿林起义爆发。

公元 22 年，赤眉起义爆发。汉朝皇族刘秀起义反王莽。

公元 23 年，刘秀等于昆阳大战大败王莽军。后王莽自杀。

减轻租役,与民休息;鼓励耕种,制定《汉律》。这些措施保护了新兴地主阶级的利益,有利于社会经济的恢复和发展,为西汉王朝的巩固和发展奠定了基础。

约法三章

公元前 207 年,刘邦进入咸阳后发布的政令。陈胜、吴广死后,项羽、刘邦的两支队伍成为反秦的主力。正当项羽与秦军主力激战于巨鹿时,刘邦乘关内空虚,直逼咸阳,接受了秦王嬴子婴的投降。刘邦此时兵力远不如项羽,因此接受张良等人建议,退军灞上(今西安市东),并发安民告示,废秦苛法,约法三章:"杀人者死,伤人及盗抵罪。"这个政令得到关中人民的拥护,"秦人大喜,争持牛羊酒食","唯恐沛公不为秦王"。"约法三章"为刘邦在后来的楚汉战争中取胜争取了民心。

楚汉战争

秦末农民起义后,项羽、刘邦为争夺统治权而进行的战争。公元前 207 年,刘邦、项羽先后率军入关,秦朝被推翻,刘邦兵力不如项羽,退军灞上,实行"约法三章",争取民心。项羽入咸阳后,自立为西楚霸王,封刘邦为汉王,共封 18 王。分封引起诸侯间的权力纷争,刘邦乘机杀出汉中,占领关中地区,战争开始。初期,项羽兵力占优势。但刘邦善用人,有张良、萧何、韩信等辅佐,又有富饶的关中作为根据地,势力不断壮大。公元前 203 年,项羽被迫讲和,约定以鸿沟为楚汉河界,东属楚,西属汉。同年年底,刘邦乘项羽撤兵的机会全力追击,并约韩信、彭越合围。项羽败退至垓下(今安徽灵璧南),陷入重围,绝望中带八百壮士突围逃走。逃至乌江(今安徽和县北),自刎身亡。公元前 202 年,刘邦称帝,建立汉朝。

文景之治

封建史家对西汉文帝和景帝统治时期的誉称。公元前 179—公元前 141 年,汉文帝、汉景帝统治时期,继续推行汉初休养生息政策。重视农业,劝课农桑,将"十五税一"减为"三十税一"。景帝时,将"三十税一"定为制度。文帝时,减少赋役征发,将原来 1 年服役 1 个月的制度改为"三年而一事",把每人每年 120 钱的算赋减为 40 钱。文景时期,减轻刑罚,废除连坐法和肉刑,减轻笞刑。文帝还取消诸多禁令,促进了商业的发展,也有利于农副业生产。文帝提倡节俭,在位时,宫室苑囿、车骑服御无所增益。文景统治 40 年,社会生产得到恢复和发展,百姓富足,国库充实,出现了多年未有的富裕现象。这一时期积累下的大量钱粮,为汉武帝时国力达到鼎盛打下了基础。

七国之乱

汉景帝时吴、楚等七个诸侯王的叛乱。汉初刘邦分封的刘姓王国,到景帝时势力大增,逐渐成为中央政权的威胁,景帝因此接受晁错"削藩"建议。吴王刘濞是最大的诸侯王,得到削藩的消息后,派人游说各国,鼓动造反。公元前 154 年,吴、楚、胶西、赵、济南、菑川、胶东等 7 个封国,在刘濞领导下,同时发动叛乱。他们打出"请诛晁错,以清君侧"的旗号,以掩盖其叛乱的真实目的。景帝在吴王所派奸细袁盎的挑拨怂恿下,处死晁错,赦免七国叛乱罪行,恢复封地,以促使七国收兵。刘濞却拒收诏书,自立为"东帝",战事继续进行。大将周亚夫东征首败吴军,刘濞败逃,为东越人所杀。其余 6 王也先后兵败自杀。叛乱平定后,景帝将封国的治民之权和官吏任免权收归中央,诸侯只剩下"衣食租税"的权力,势力大大减弱,中央政府对诸侯王国的控制得到加强。

告缗

汉武帝刘彻为打击商人势力、解决财政困难而采取的一项重要政策。告缗是算缗的延伸。算缗是一种财产税。至武帝时,由于内兴功利,又连年对周边少数民族进行战争,财政发生困难,商人势力乘机兴风作浪。他们以高利盘剥贫民,囤积居奇,投机倒把，或冶铁贩盐，积累巨额财产，使社会矛盾日趋激化。因此，汉武帝在张汤、桑弘羊等筹划下，采取一系列措施，如更改币制、盐铁官营、酒榷、均输平准等，打击商人势力，摆脱财政困难，加强中央集权。算缗和告缗就是其中加强对商人征税的一项重要措施。

盐铁之议

关于盐铁官营问题的一次辩论。汉武帝在元狩年间起用桑弘羊等人，制定推行一系列新经济政策，如统一币制，盐铁和酒类官营，实行均输平准、算缗告缗等。但伴随农业生产的发展，土地兼并日益尖锐，广大农民的负担愈来愈沉重。盐铁官营等政策的弊端，如铁器质劣，价格不平，主管官吏废公法、谋私利，强征农民冶铁煮盐等，也直接贻害农民，致使农民的反抗斗争日益频繁。而且依靠盐铁官营等政策所聚敛的财货，无法维持战争的长期消耗。至武帝晚年时，已是"海内虚耗，户口减半"。对此，征和四年（前89年）武帝诏令禁绝苛暴，不得擅兴赋役，应致力农耕。武帝死后，为了保证"与民休息"政策的实行，汉昭帝始元六年（前81年）二月下诏命丞相田千秋、御史大夫桑弘羊召集郡国所举贤良文学征召的人才，询问民间疾苦所在。贤良文学与桑弘羊意见不一，他们就汉王朝的内外政策进行了辩论，这即是有名的盐铁之议。

汉律

汉代法律的总称。刘邦入关后，认为秦法烦苛，曾"约法三章"。后因三章大律太简略，难以适应统治的需要，萧何便在秦律的盗、贼、囚、捕、杂、具6篇外，又增户、兴、厩3篇，形成《九章律》。汉惠帝时，叔孙通定汉诸仪法，作《傍章》18篇。汉武帝时对法律和各种典章制度有过较大变革，有张汤的《越宫律》和赵禹的《朝律》。法网益密，律文繁多，律令凡359章，属于死罪的有400多条，可见刑法之严酷。到汉成帝时，死罪有1000余条，律文多至100

余万字。到东汉和帝时，死罪610条，赎罪以下2681条。从西汉到东汉，律文日益繁密。汉代法律条文有律、令之分。律为主干部分，除盗、贼等律外，还有尉律、左宫律等。令多为新增者，其中包括一部分皇帝的诏令，又分为《令甲》《令乙》《令丙》。令有《功令》《金布令》《秩禄令》《廷尉挈令》等。还有程、科、品、条，这些为律令的旁支，是对律令的补充。律令中除刑法外，也包括若干行政或民事法规。断狱时因缺乏适合的律令条文，所以还须借助于所谓"比"或"例"。比是比附有关的律条以定罪，例是案例。比和例在汉代和律令具有同样的法律效力。汉代用比、例定罪，为官吏随意解释法律和专横独断开了方便之门。

汉攻匈奴

匈奴又称"胡"，不断南犯中原地区。西汉初，刘邦曾亲征匈奴，被匈奴围困。汉武帝时，经济发展，国力强盛，开始对匈奴进行反击，爆发三次大规模战役。从武帝元朔二年（前127年）到武帝元鼎元年（前116年），主要战将是卫青和霍去病，三次战役夺回了大量土地，并设朔方、武威、酒泉等郡。后来汉武帝又进行大规模的北伐，将匈奴分裂为南北两部，北匈奴西迁到达东欧地区；南匈奴呼韩邪单于降汉，后来入长安请求和亲，汉元帝以宫女王昭君嫁之。此后40年间，汉与匈奴再无战事。

汉武帝刘彻

（公元前156—公元前87年）西汉第五位皇帝，景帝子。16岁即皇帝位，在位54年。汉武帝为巩固统一的封建国家和加强专制主义中央集权，进行了多方面的活动。公元前127年，武帝

汉武帝刘彻像

采纳主父偃的建议，下推恩令，使诸侯王得以分户邑封子弟。随后，淮南王刘安和衡山王刘赐谋反，他即制定严刑峻法，限制诸侯王结党营私。公元前 112 年，汉武帝夺爵 106 人，从此诸侯王、列侯的势力日益衰落。为加强皇权，武帝于北军置八校尉，又设期门、羽林军，加强中央常备军。他在裁抑丞相职权的同时，不拘一格录用人才，提拔许多士人做侍中，着手强国拓疆。元朔二年（前 127 年），卫青奉命率军出云中，击败匈奴的楼烦王、白羊王，收复了河南地（今内蒙古河套地区），置朔方郡、五原郡。元狩二年（前 121 年）春，霍去病带兵越过居延泽，攻至祁连山。匈奴浑邪王率部降汉，汉在河西地区置武威、酒泉、张掖、敦煌郡。元狩四年，卫青、霍去病分兵出定襄、代郡，追击匈奴。为对匈奴发动攻势，汉武帝还派张骞出使西域，联络大月氏。此行沟通了汉与西域各族之间的联系。汉武帝还派兵从海陆两道攻入辽东，设置真番、临屯、乐浪、玄菟等郡。汉武帝为发展经济，充实国库，任用大盐铁商孔仅和出身商人家庭的桑弘羊，实行盐铁官营和均输平准等经济统制措施，元封二年（前 109 年），武帝东巡，征发数万人治河，各地的水利事业也有较大发展，关中地区的漕渠、龙首渠、六辅渠和白渠等著名水利工程，对促进农业生产都起了重要作用。

汉宣帝刘询

（公元前 92—公元前 49 年）西汉第七位皇帝，在位 24 年。元平元年（前 74 年）汉昭帝死后，因无嗣子，霍光等奏请皇太后迎立刘询为帝，是年 18 岁。甘露三年（前 51 年）诏诸儒讲论五经异同，亲自裁决。他任用官吏注重名实相符，选用那些熟悉法令的"文法吏"，并以刑名考核臣下。为维护封建法律的正常行使，宣帝设置了治书侍御史，审核廷尉量刑的轻重失当。宣帝采取的另一方面的重要措施是招抚流民，恢复发展农业生产。神爵元年（前 61 年）赵充

国平息羌患，挫败了羌豪借助匈奴势力企图隔绝汉朝与西域往来通道的计划。甘露二年，匈奴内乱，五单于并立，呼韩邪单于向汉称臣，乌孙、安息诸国也转而尊汉。宣帝时期"吏称其职，民安其业"，史称中兴。

项羽

（公元前 233—公元前 202 年）秦末反秦起义军领袖之一，灭秦后自封西楚霸王。名籍，字羽，下相（今江苏宿迁西南）人。少时学习书写和剑术，叔父为项梁。秦二世元年（前 209 年）七月，陈胜、吴广起义，建立张楚政权。原六国贵族闻讯后也纷纷起兵。同年九月，项梁与项羽举兵反秦。项梁立楚怀王，自号武信君。项梁骄傲轻敌，被秦将章邯乘隙袭破。项梁阵亡，项羽、刘邦退保彭城（今江苏徐州）。章邯又渡河北上击赵，与秦将王离军进围巨鹿。楚怀王命宋义为上将军，项羽为次将，项羽以宋义与齐密谋反楚为名，袭杀宋义。楚怀王即命项羽为上将军，统率全军救赵。项羽派当阳君、蒲将军率兵 2 万迅速渡过漳河，以解巨鹿之围。随即亲自率全军渡河，破釜沉舟，进击秦军。双方经九次激战，楚兵大破秦军，他怕秦降卒不服，在新安城南将降卒 20 万全部坑杀。当项羽率军进入关中时，刘邦已先期进据咸阳。项羽依仗 40 万大军，企图消灭刘邦，独霸天下。因刘邦卑辞言和，双方暂时和解。项羽随即引兵西屠咸阳，焚烧秦宫室，掳掠货宝和美女东归。汉高帝元年（前 206 年），项羽分封诸侯，自立为西楚霸王，不久，田荣、陈余、彭越等相继举兵反楚。刘邦也还定三秦，进逼西楚，爆发了历时 4 年多的楚汉战争。项羽分封诸侯，举措失当，促使一些诸侯王倒向刘邦，政治上日益孤立，如韩信、陈平等都弃楚投汉。汉高帝五年十二月，楚军被围困于垓下（今安徽灵璧东南），汉军四面唱起楚歌，项羽与虞姬对饮，慷慨悲歌："力拔山兮气盖世，时不利兮骓不逝，骓不逝兮可奈何，虞兮虞兮奈若何！"其后，与从者 800 余骑突围，突围后仅剩 28 骑。汉将灌婴率 5000 骑追击，

项羽引兵东向，至乌江（今安徽和县境）自刎而死。

虞姬

（？—公元前202年）姓虞，名不详。秦末人，常随项羽出征。公元前202年项羽被汉军围困垓下，虞姬哀叹大势已去。她以歌和项羽，以死明志。后传其歌词为："汉兵已略地，四方楚歌声。大王意气尽，贱妾何聊生。"

霸王别姬　年画
这是杨柳青年画中表现项羽兵败、痛别虞姬的场面，可见"霸王别姬"的故事在民间流传之广。

韩信

（？—公元前196年）秦末汉初名将。淮阴（今属江苏淮安）人。秦二世二年（前208年）投奔项梁，参加反秦斗争。项梁阵亡后归属项羽，任郎中，曾多次献策，都未被采纳。刘邦受封为汉王后，拜韩信为大将军。韩信建议刘邦利用吏卒企望东归的心情，举兵东向，三秦必可夺取。刘邦采纳了韩信的建议，很快占取了关中。楚汉战争中，韩信发挥了卓越的军事才能。公元前204年10月，韩信破代后，率兵东下井陉击赵。赵王聚兵井陉口，号称20万，汉军两面夹攻，获得全胜，赵王被俘获。其后，韩信又北上降服了燕国。公元前203年，韩信被拜为相国，刘邦还遣张良封韩信为齐王。翌年十月，刘邦命韩信会师垓下，围歼楚，迫使项羽自刎。韩信后被人告发谋反。公元前196年，韩信部署家臣诈诏赦诸官徒奴，企图袭击吕后和太子，被人告发。吕后与相国萧何合谋，伪称高帝班师回朝，将韩信骗入长乐宫中，斩于钟室，夷其三族。

萧何

（？—公元前193年）西汉大臣，沛县（今江苏沛县）人，秦二世元年随同刘邦起兵。攻克咸阳后，萧何却忙于接收秦丞相、御史大夫府所藏的律令、图书，使刘邦得以掌握全国户口、民情和地势。刘邦被封为汉王后，萧何劝说刘邦以巴蜀为基地，并推荐韩信为大将军。楚汉战争时，萧何以丞相专任关中事，使关中成为汉军的巩固后方。萧何采纳秦法，酌加新律，作《九章律》。汉高帝十一年（前196年），因助吕后定计收捕淮阴侯韩信，被拜为相国。刘邦死后，辅佐汉惠帝。卒于汉惠帝二年（前193年）。

张良

（？—公元前189年）西汉谋臣。字子房，先世为战国时韩国人。秦灭韩时，张良倾全部财力寻求刺客，企图暗杀秦始皇，为韩报仇。秦二世元年，陈胜、吴广起义，张良聚众响应。后归属刘邦，刘邦进据咸阳时，张良说刚入秦就贪图安乐，这是"助桀为虐"。刘邦听了，立即退出咸阳，得到秦民拥护。张良劝刘邦在鸿门宴上卑辞言和，保存实力，并疏通项羽的叔父项伯，使刘邦得以脱身。刘邦称帝后，封张良为留侯。他力劝刘邦建都关中，拥立刘盈为太子。汉惠帝六年（前189年）病卒。谥号文成侯。

陆贾

（约公元前240—公元前170年）西汉政论家，楚人。早年随刘邦平定天下，有辩士之称，曾任太中大夫。陆贾主要活动于汉高祖刘邦、吕后、文帝之时。他曾两次受命出使南越，说服尉佗接受汉朝所赐予的南越王印，归附汉朝。吕后当政时，陆贾劝说丞相陈平结交太尉周勃，联络大臣和刘氏宗室王侯，最后平定诸吕之乱。陆贾作为政论家，向刘邦提出"逆取顺守，文武并用"的方略，倡导儒学，"行仁义，法先圣"，同时辅以黄老"无为而治"。

受刘邦之命，陆贾撰书总结秦朝灭亡的教训，刘邦读后称赞其书，取名《新语》。后人称《新语》继承孟、荀学说，开启贾谊和董仲舒的思想，成为汉代确立儒家思想统治地位的开端。

吕后

（？—公元前 180 年）刘邦之妻。名雉，秦时单父县（今山东单县）人。其父吕公因避仇家，移居沛县，在一次宴会上认识刘邦，遂以吕雉许配。楚汉战争初，吕雉和刘邦父母被项羽俘虏，置军中作为人质。汉高帝四年（前 203 年），项羽战争失利，被迫与刘邦讲和，吕雉和刘邦父母获释。翌年，刘邦称帝，立吕雉为后。吕后有谋略而性残忍，在刘邦翦除异姓诸侯王的过程中起了很大作用。高帝十一年（前 196 年），吕雉听说韩信发兵策应陈豨谋反，遂与萧何商议，骗韩信入宫处死，并夷三族。吕后生汉惠帝刘盈及鲁元公主。刘邦死后，吕雉密谋尽诛诸将，但未果。她毒死赵王如意，砍断戚夫人手足，挖眼熏耳，用药使之变哑，置于厕中，名曰“人彘”。汉惠帝不满吕后所为，忧郁病死后，吕雉执掌朝政，封侄吕台、吕产、吕禄等为王，擅权用事，排斥老臣，擢拔亲信。吕后掌政 8 年间，继续执行刘邦与民休息政策，奖励农耕，废除夷三族罪和妖言令等苛法。由于刘邦曾有“非刘氏不王”的誓约，吕雉所封诸吕，遭到刘氏宗室和大臣的强烈反对。她病危时告诫诸吕部署应变，命吕禄领北军，吕产居南军严密控制京城和皇宫的警卫。吕后死后，诸吕被周勃、陈平和刘章等翦灭。

贾谊

（公元前 201—公元前 168 年）西汉政论家、思想家。洛阳（今河南洛阳东北）人。18 岁时以文才而闻名，后被河南守吴公召置门下。文帝即位之初，听说吴公治政为天下第一，故征为廷尉。吴公推荐贾谊为博士，时年 20 余岁。每次参议诏令，贾谊对答都得到众人赞同，升为太中大夫。贾谊建议汉文帝易服色制度，定官名，兴礼乐，更定法令。文帝颇为赏识，拟任贾谊为公卿，遭周勃、灌婴等重臣反对。贾谊去长沙任职，作《鹏鸟赋》，表露内心的怨愤和悲伤。文帝思念贾谊，特地召见他，问鬼神之事，君臣交谈至半夜。贾谊随即被拜为梁怀王的太傅，多次上疏陈治安之道，这些奏疏即后世所称《治安策》。文帝十一年（前 169 年）梁怀王坠马而死，贾谊自伤失职，岁余也悲郁而亡，年仅 33 岁。贾谊是西汉著名的散文家，著作有《贾子》58 篇、赋 7 篇。其主要思想和政治主张集中反映在《治安策》和《过秦论》中。

法钱

西汉初期，贾谊多次上书陈述政见，反对汉高祖和汉文帝实行的任民铸钱政策，主张由国家统一铸造铜钱，禁止私人铸造钱币。他还针对货币流通 20 多年来陷于混乱的局面，最早提出了“法钱”概念，以实现封建国家货币制度的统一和稳定。“法钱”是指符合国家规定的标准重量和成色的铜钱。中央政府应“立法钱”，建立统一的本位货币，使流通界只有良币，以限制富商大贾对市场的操纵。贾谊提出“法钱”概念和“立法钱”的要求，并把货币问题和生产、交换、富国、强兵等问题联系起来，既符合了封建王朝的统治利益，又符合社会经济发展的客观趋势，为历代封建王朝特别是汉武帝统一铸造五铢钱作了重要的舆论准备。

昭君出塞

汉元帝建昭二年（前 37 年），汉朝消灭郅支单于，帮助呼韩邪单于重新统一了匈奴。呼韩邪在建昭五年（前 34 年）上书汉朝，表示要朝见汉帝。提出愿为汉婿，复通和亲之好。汉元帝

王昭君像
昭君怀抱琵琶，戎装乘马出塞，离开长安时，文武百官一直送到十里长亭。

准其要求，把宫女王嫱以公主的礼节嫁给呼韩邪单于。王嫱，字昭君，南郡秭归（今属湖北）人，幼时被选做宫女。昭君慷慨应召，愿远嫁匈奴。昭君姿容丰美，仪态大方，通情达理，深得呼韩邪单于钟爱。昭君离开长安时，文武百官一直送到十里长亭，她怀抱琵琶，戎装乘马出塞。到匈奴后，呼韩邪单于封她为"宁胡阏氏"。后生一子，取名伊屠智牙师，长大后被封为右日逐王。成帝建始二年（前31年），呼韩邪单于去世。依匈奴风俗，昭君再嫁复株累单于（呼韩邪单于与大阏氏子），又生二女。昭君出塞后，匈奴与汉朝长期和睦相处，两族间政治、经济、文化的联系有所发展。

匈奴称臣

汉宣帝五凤四年（前54年）正月，匈奴呼韩邪单于派遣其弟右谷蠡王入侍汉朝，向汉称臣。汉朝因边塞无战事，裁减戍边军队十分之二。同年四月，匈奴郅支单于打败呼韩邪单于。甘露元年（前53年），呼韩邪单于与郅支单于各自都派儿子入侍汉朝。甘露二年（前52年）十二月，呼韩邪单于到五原塞（今内蒙古包头西北）表示愿携珍宝来朝见。宣帝下诏以贵宾之礼接待，地位在诸侯之上。甘露三年（前51年）正月，呼韩邪单于亲自朝见汉宣帝。宣帝与呼韩邪在长平会见后一起回长安，宣帝赠之以厚礼。二月，呼韩邪单于请求留居漠南光禄塞下，遇有紧急情况，可协助汉朝保护受降城。汉朝派遣1.6万骑兵护送单于出朔方，并转运边塞粮谷前后共3.4万斛，给单于做饷粮。从此乌孙以西至安息诸国近匈奴的地方，都尊汉朝。

张骞

（？—公元前114年）西汉外交家，汉中成固（今陕西城固）人。建元元年（前140年）为郎。汉武帝想联合大月氏共击匈奴，张骞应募任使者。于建元二年出陇西，经匈奴，被俘。在匈奴10余年，娶妻生子，但却始终秉持汉节。后逃脱，西行

至大宛（今费尔干纳盆地），经康居（今锡尔河中游地带），抵达大月氏。大月氏此时已定居妫水（今阿姆河）北岸，又统领了大夏（今阿富汗北部），决定在此安居乐业，无意报复匈奴。张骞至大夏，停留了一年多才返回。在归途中，张骞改从南道，依傍南山，避免被匈奴发现，但仍为匈奴所拘，又被拘留一年多。元朔三年（前126年），匈奴内乱，张骞乘机逃回汉朝，武帝授以太中大夫。元朔六年，张骞以校尉身份随大将军卫青征匈奴，有功，封博望侯。元狩二年（前121年），为卫尉，与李广出右北平（今河北东北部）击匈奴，张骞劝武帝联合乌孙（在今伊犁河流域），武帝乃拜张骞为中郎将，率300人，牛羊金帛以万数，出使乌孙。张骞到乌孙，分遣副使往大宛、康居、月氏、大夏等国。乌孙遣使送张骞归汉，并献马报谢。元鼎二年（前115年），张骞还朝。翌年卒。张骞对开辟从关中通往西域的"丝绸之路"有卓越贡献，至今为人称道。

西域诸国

西汉时张骞出使西域，了解到西域诸国的情况。在当时的西域"三十六国"中，有以游牧为主的乌孙、婼羌、鄯善等国和以农耕为主的且末、于阗、莎车、疏勒，以及后来建立的高昌等国。西域各国受西方和中原王朝的双重影响，处于中西方文化交流的"丝绸之路"上，在新疆、甘肃等地的古代遗址中，即能看到反映当地人民生活情况的实物。在敦煌和吐鲁番等地出土的各种文物，是研究西北历史、文化的珍贵资料。

苏武

（公元前140—公元前60年）西汉大臣。字子卿，杜陵（今陕西西安东南）人。苏武早年即为官，汉武帝天汉元年（前100年）以中郎将身份出使匈奴。匈奴缑王图谋劫持单于母阏氏归汉，副使张胜卷入这一活动。事发后，苏武受到牵连。匈奴单于为诱逼苏

武投降，先将他幽闭于大窖中，苏武以雪和旃毛为饮食，不为屈服。单于又将他远徙北海（今贝加尔湖），苏武持汉节，以牧羊为生。汉昭帝始元元年（前 86 年），汉与匈奴和亲，要求匈奴遣返苏武等汉使。苏武在匈奴 19 年，昭帝始元六年（前 81 年）还长安，被封为典属国。

卫青

（？—公元前 105 年）西汉名将。字仲卿，河东平阳（今山西临汾西南）人。卫青因同母异父姊卫子夫得幸于武帝。武帝为根绝匈奴侵扰，发动了大规模抗击匈奴战争。卫青自元光六年（前 129 年）拜车骑将军始，7 次率军出击匈奴，收复河南地（今内蒙河套地区），卫青以功封长平侯。汉得朔方后，匈奴连年入侵上谷、代郡、雁门、定襄、云中、上郡。元朔五年，卫青又率苏建、李沮、公孙贺等出朔方，击溃匈奴右贤王。武帝拜卫青为大将军。元狩四年（前 119 年），卫青、霍去病奉武帝之命，各领步骑大军分别出

击匈奴。卫青出定襄塞外千余里，包围匈奴。单于突围溃走，精锐丧失殆尽。卫青率军乘胜追至阗颜山赵信城（约在今蒙古杭爱山以南）而还。武帝为酬偿卫青、霍去病的军功，乃置大司马位，拜卫青为大司马大将军。卫青后娶平阳公主，死于元封六年。

卫青像

桑弘羊

（公元前 152—公元前 86 年）西汉大臣，洛阳（今河南洛阳东北）人。出身商人家庭，自幼有心算才能，13 岁入侍宫中。汉武帝即位后，为摆脱财政困境，巩固中央集权，加强了封建国家对重要经济部门的干涉和控制，桑弘羊是制定和推行这些政策的主要人物。自元狩三年（前 120 年）起，到武帝逝世，他历任大司农中丞等职，

先后实行了盐、铁、酒官营，均输、平准、算缗、告缗，统一铸币等经济政策。还组织 60 万人屯田戍边，防御匈奴。这些措施暂时缓解了经济危机。桑弘羊因与霍光政见发生分歧，卷入燕王旦和上官桀父子的谋反事件，被处死。

霍去病

（？—公元前 117 年）西汉名将，卫青外甥，与卫青齐名。喜骑射，汉武帝元朔六年（前 123 年）随卫青出征，率轻骑 800 人击匈奴，斩首 2000 余级，封冠军侯。元狩二年（前 121 年）升任骠骑将军。同年，率万骑出陇西，越过焉支山（今甘肃山丹东南）1000 余里，斩虏首近 900 级。是年夏，再出陇西、北地 2000 余里，越过居延泽，进军祁连山，捕斩虏首 3 万余级，沉重地打击了匈奴右部，匈奴浑邪王杀休屠王，率部 4 万余人归汉。汉分徙其众于边塞之外，因其故俗置五属国，又设立武威、张掖、酒泉、敦煌 4 郡，沟通内地与西域交往。元狩四年，汉武帝又命卫青、霍去病各领步骑分道出击匈奴，霍去病出代、右北平 2000 余里，俘获匈奴屯头王、韩王、将军、相国、当户、都尉等 83 人，斩首 7 万余级，被拜大司马骠骑将军。他用兵注重实际，不死守兵法。打仗时，他总是身先士卒，经常率领部队担任大军先锋。但因从小长于宫中，自恃显贵，不能抚恤士卒。死于汉武帝元狩六年（前 117 年），终年不到 30 岁。

张汤

（？—公元前 115 年）西汉权臣，杜陵（今陕西西安东南）人。早年学习律令，曾任长安吏和茂陵尉，由丞相田蚡推荐，补侍御史。因在审理陈皇后巫蛊狱和淮南王、衡山王、江都王谋反事件中穷治根本，受到汉武帝赏识，累迁太中大夫、廷尉、御史大夫。张汤是制定和实施汉武帝改革政策的重要人物之一。他曾与赵禹共同编定法律，制定《越宫律》《朝律》。张汤用法苛刻严峻，又迎合武帝所好，审理案

件完全以皇帝意旨为准绳。凡是武帝所欲加罪的，他就交给执法严苛的属吏去办，武帝想开释的则交给执法宽缓的属吏去审理，又把武帝对疑难案件的批示制定为律令程式，作为以后办案的依据。他还协助武帝改革币制，实施盐铁官营、算缗告缗，打击富商大贾，诛锄豪强之家，"天下事皆决汤"。张汤权势远在丞相之上，受到统治集团内部的嫉恨。元鼎二年（前115年），张汤被人告发和诬陷，被迫自杀。他死后，武帝知道是被陷害，又尽诛奸臣朱买臣等，丞相庄青翟也引咎自杀。

霍光

（？—公元前68年）西汉权臣。字子孟，霍去病的异母弟。10余岁时，因霍去病的关系得任为郎。霍去病死后，升为奉车都尉、光禄大夫，供奉内廷20余年。后元二年（前87年）武帝病危，立年仅8岁的刘弗陵为太子，拜霍光为大司马大将军。汉昭帝刘弗陵即位，霍光领尚书事决断朝政。元凤元年（前80年），上官桀父子、桑弘羊与觊觎帝位的燕王刘旦等密谋，企图杀害霍光，废黜昭帝，立燕王为天子。阴谋被粉碎后，霍光权倾朝廷。霍光辅政期间，继续执行"与民休息"政策，当时百姓充实，四夷宾服。元平元年（前74年）昭帝卒，因无嗣子，霍光以皇太后诏迎立武帝孙昌邑王刘贺为帝。不久，刘贺因荒淫无道被废，霍光与群臣又迎立武帝卫太子之孙刘询（即汉宣帝）。因拥立有功，增封赏赐无数。地节二年（前68年）病卒。霍光秉政20年，成为西汉后期外戚专擅朝政的开始。

编户制度

西汉户籍制度。"编户"指编入国家户籍的平民。西汉政府把编户的姓名、年龄、籍贯、爵级、肤色、身高、家口、财产、田宅、奴婢、牛马、车辆等及其价值一一载于户籍，作为征收租赋、征发徭役和兵役的根据。被编入户籍的人无故不得迁徙，叫作编户齐民。如果丢掉户籍流亡，抓到后要罚作官家奴婢。编户对封建国家的主要负担有田租（土地税）、算赋和口赋（人头税）、徭役、兵役4项。编户制度的实行，维护了西汉政府对人民的控制和剥削。

西域都护

汉代西域最高军政长官。西汉时，西域都护多以骑都尉任该职，东汉时为单任官职。西汉宣帝神爵二年（前60年），该职正式设置，治所在乌垒城（今新疆轮台东北），都护统领西域36国（后增至50国），颁布朝廷号令，诸国有乱，可发兵征讨。东汉时曾两度复置，并将治所移至龟兹（今新疆库车）。西域都护的设置，对巩固中原与西域在政治、经济、文化上的关系，发展西域地区生产，保证东西商路的畅通，都有积极作用。在担任西域都护的官员中，以东汉班超功绩最著。

长安城建成

汉都城长安的营建开始于汉高帝五年（前202年），经30多万人前后5次修建，至汉惠帝五年（前190年）九月建成。长安城城墙又高又厚，雄伟壮观，规模空前。城墙高达8米，基底厚16米，土质纯净，逐层夯实。城墙四周共开城门12座。城内有9条主要街道干线互为经纬，其建设规模达到了当时的顶峰。汉元帝以后，外戚贵族竞相在城内兴建住宅和池苑，使城内建筑拥挤，官办的冶炼、铸造作坊被压缩在城内西北一角和城西南部。王莽当政时期，大搞复古主义，于城南大建明宫、辟雍和宗庙等礼制建筑，大规模扩建太学，但汉长安城基本面貌没有很大改变。汉长安城近似正方形，长宽几乎相等，方向基本上成正南北向。城内道路相当整齐，街道笔直，或东西向，或南北向，交叉、会合成8个丁字路口和2个十字路口。城内给水、排水系统规划严密。市区规划大致可分为宫殿、市场、作坊和居民区等。市场在城西北的横门附近；手工作坊有的设在皇宫之中，有的分布在城内西北角；居民区多分布在城的北部和东北部。此外，在未央宫北阙附近还有"蛮夷邸"，用以居住外国和少数民族的首领、使者和商人。

汉文帝刘恒

（公元前202—公元前157年）西汉第三位皇帝，在位23年。汉高帝之子，母薄氏。刘恒初封代王，吕雉死后，周勃、陈平等平诸吕之乱，迎立代王恒为帝。刘恒即位后，继续推行"与民休息"政策：减免田租，轻赋减役；减轻刑罚，简省狱事。对同姓王，采用"众建诸侯而少其力"加以控制。与匈奴重修和亲之约。对自立为帝的南越王，示以恩德，使之归附。在位时，社会经济得以恢复和发展，社会秩序比较安定，封建帝国开始呈现富庶景象。史家将文帝同景帝时期并举，称为"文景之治"。后元七年（前157年）卒，葬霸陵。庙号太宗，谥孝文皇帝。

汉景帝刘启

（公元前188—公元前141年）西汉第四位皇帝，在位16年。文帝之子，母窦氏。景帝继续推行"与民休息"政策，鼓励发展农业生产，将田赋由"十五税一"改为"三十税一"，提倡农桑，重农抑商，兴修水利，减省酷刑。前元三年（前154年），景帝采纳晁错建议"削藩"，导致"七国之乱"。平乱后，将诸侯王任免封国官吏之权收归中央，由中央直接派官吏治理王国。对匈奴仍采取和亲之策。前元七年（前150年），废皇太子刘荣为临江王，另立王夫人为皇后，立其子胶东王彻为太子。景帝晚年，国库充裕，京师之钱累万。旧史家将他与其父统治时期并称为"文景之治"。后元三年（前141年）病死，葬阳陵。谥孝景皇帝。

年号出现

汉景帝后元三年（前141年）正月，

汉景帝刘启去世，皇太子刘彻即位，为汉武帝。第二年（前140年）十月，汉武帝定年号为"建元元年"，此为中国历史上使用年号的开端。自古以来中国的帝王没有年号，其纪元按帝王的"帝号"或"庙号"加上一、二、三……的顺序而组成。武帝以"建元"为年号，并以公元前140年为"建元元年"。也有人认为中国纪元发端于汉武帝元鼎四年（前113年），武帝即位后的建元、元光、元朔、元狩等年号都是后来追纪的。自此，中国历史上开始使用年号。皇帝年号这种纪年方式一直沿用到辛亥革命。

汉昭帝刘弗陵

（公元前94—公元前74年）西汉第六位皇帝，在位13年。汉武帝之子，母赵婕妤，公元前87年被立为太子。同年武帝死，嗣位。即位时8岁，由大司马大将军霍光等辅政。汉武帝晚年天下呈疲敝之势，汉昭帝遂恢复"与民休息"政策，轻徭薄赋，移民屯田。重视吏治，平理刑狱。多次发兵击败匈奴、乌桓贵族袭扰。始元六年（前81年），他召开盐铁会议，讨论盐铁官营、均输、平准诸策之利弊得失，集其言论而成《盐铁论》。曾挫败上官桀、桑弘羊与燕王刘旦的废帝阴谋。史家将昭帝、宣帝时期并称"昭宣中兴"。元平元年（前74年）刘弗陵21岁时病死，葬平陵（今陕西咸阳）。谥孝昭皇帝。

汉更始帝刘玄

（？—公元25年）字圣公，南阳蔡阳（今湖北枣阳西南）人，东汉光武帝刘秀的族兄。地皇三年（22年）绿林农民起义，刘玄投奔陈牧领导的平林兵。翌年正月，绿林军诸部合兵击破王莽将领甄阜、梁丘赐，遂号刘玄为更始将军。因其为刘姓宗室，遂拥立为帝，建元更始。六月入都宛城，大封宗室。他嫉恨刘縯、刘秀兄弟威名，诛杀刘縯。起义军昆阳大捷后，更始帝遣王匡攻洛阳，申屠建、李松攻武关，三辅震动，各地豪强纷纷用汉年号，服从更始帝政令。王莽死后，更始帝由洛阳移都长安。他一朝为帝，便沉湎于宫廷淫乐生活，委政于岳父赵萌，以致众叛亲离。赤眉军进逼长安时，更始帝杀害申屠建、陈牧、成丹等起义军将领，于更始三年（25年）十月，归降赤眉军，封长沙王。不久，被缢而亡。

金日磾

（公元前134—公元前86年）西汉名将。字翁叔，本为匈奴休屠王太子。汉武帝时匈奴浑邪王杀休屠王并率其众降汉，他与其母被送于黄门养马。后被武帝擢拔任马监，迁侍中，出则骖乘，入侍左右。因功被封侯。昭帝时与霍光同受遗诏辅政，为车骑将军。始元元年（前86年）病死。

李广

（?—公元前119年）西汉名将，陇西成纪（今甘肃静宁西南）人。先人李信为秦将，世传其射术。汉文帝十四年（前166年）从军击匈奴，因功升为中郎。汉景帝时，先后任北部边域七郡太守。汉武帝即位，李广被召为中央宫卫尉。元光六年（前129年），任骁骑将军，领万余骑出雁门（今山西右玉南）击匈奴，因众寡悬殊负伤被俘。匈奴兵将其置于两马间，李广佯死，于途中趁隙跃起，奔马返回。后任右北平郡（今内蒙古宁城西南）太守。匈奴畏服，称之为"飞将军"，数年不敢来犯。元狩四年（前119年），漠北之战中，李广任前将军，随大将军卫青出塞，受命迂回匈奴单于侧翼，因迷失道路，未能参战，愧愤自杀。李广为人质朴，爱护士卒，得赏赐均分部下。亡故之日，老壮均为之涕泣。李广前后与匈奴交战70余次，以骁勇善射著称。

李广像

王莽改制

哀帝元寿二年（前1年），汉哀帝死，王莽在其姑母元帝皇后王政君的支持下，拥立年仅9岁的刘衎为汉平帝，自任大司马、安汉公，掌握政权。后来，王莽毒杀平帝，又废汉帝孺子婴，自立为皇帝，改国号为"新"。王莽出身于元帝、成帝之际望族，在官僚、外戚之中地位显赫。王莽本人谦恭俭约，礼贤下士，有"当世名士"之誉。平帝即位，王莽辅政，立即把专横一时的外戚董贤铲除，把董贤和外戚丁氏、傅氏的亲属都徙远方。王莽为救济灾民曾一次捐献钱百万、田30顷，在他的带动下，官僚、豪富纷纷捐献田宅，用以救灾。他又废呼池苑（今甘肃华亭）为安民县，安置灾民。灾民可分得田宅、器具、耕牛、谷种、粮食等。他还扩大太学，广招太学生，网罗学有专长的士人，安置在长安，给予优待。对汉宗室和功臣的后裔以及年老退休的高官，都给予照顾。他掌权不久，就得到多数贵族、官僚、地主和儒生的爱戴，希望他能有一番作为，稳定社会秩序，保住封建地主阶级的统治。王莽对当时的社会问题比较重视，是贵族、官僚集团中一个比较有见识的人物，有改善社会状况的愿望。但为树立自己的权威而不择手段的做法，暴露了他的个人野心。他以周公辅成王的故事比附自己。汉平帝元始元年，他称"安汉公"，四年，称"宰衡"。五年，毒杀平帝，另立两岁小儿刘婴为帝，号"孺子"，史称孺子婴；自称"假皇帝"，实际和真皇帝一样。过了3年，他又废掉孺子婴，正式当了皇帝，改国号为"新"，改年号为"始建国"。新朝始建国元年（9年），王莽宣布改制。主要内容是：第一，"更名天下田曰王田……皆不得买卖"。原先无地的，按一夫一妻授田百亩。改"奴婢曰私属"，不得买卖。但贵族、官僚和大地主占有大量的土地和奴婢，他们反对这个法令。无地农民实际上分不到土地，也心存不满。土地、奴婢买卖照旧。3年后，王莽只得废除这个法令。第二，实行五均、赊贷和六筦。五均是在长安和全国五大城市洛阳、邯郸、临淄、宛、成都设立"五均司市师"，各郡县设司市，大都由地方官兼任。五均官的职责是平均物价，抑制商贾囤积居奇，收取租税及办理赊贷等。六筦是官卖盐、铁、酒，收取山泽出产税，官铸铜钱，五均赊贷。这是汉武帝实行过的办法，只是多了一个赊贷。目的是抑制兼并，扶助贫弱，实际上成了地主和官僚商人掠夺财富的一种手段。第三，改革币制，禁止私铸钱币，国家垄断铸币权。王莽多次改变币制，货币繁杂，比价又极端不合理，如他发行的大钱，每个还不到五铢钱两个半重，却要当 50 个五铢钱使用。这实际上是掠夺财富的一种手段，很多人因此倾家荡产。由于大地主、大官僚、大商人的强烈抵制，王莽无力坚持改革终于半途而废。

昆阳之战

我国历史上以弱胜强的著名战例。公元 23 年，绿林军拥立刘玄为帝，建立更始政权。后派王凤、王常、刘秀等攻占昆阳（今河南叶县）等地，又派刘缤进攻宛城。王莽派王寻、王邑率兵 43 万，号称百万，向宛城进发，包围昆阳。王凤、王常率八九千人坚守昆阳，刘秀则率轻骑突围，调集援军。当万余援兵到达昆阳时，刘秀又率 3000 人突袭王莽军中军大营，击杀王寻，王莽军陷于混乱。守城起义军趁势杀出，内外夹攻，大败王莽军，王邑仅率数千人逃还洛阳。这次战役，使王莽军主力损失殆尽，对推翻王莽政权起了决定性作用。

绿林赤眉起义

王莽当政的天凤四年（17 年），长江中游的荆州地区连年灾荒，饥民们在新市人（今湖北京山）王匡、王凤兄弟领导下发动起义。王莽派更始将军廉丹、太师王匡率军向赤眉军发动进攻。王莽军队所到之处，起义军势力大增，人数发展到十几万人。他们转战山东、河北、河南、安徽等省交界的广大地区，瓦解了王莽在东方的统治。为了更好地联合各路起义军共同推翻王莽政权，绿林军领袖决定建立自己的政权。是年二月，

刘玄在王匡、王凤等人的支持下称帝，建号更始。不久，起义军内部分裂，刘玄杀死刘缤，刘秀则北上图谋发展。同年，刘玄派王匡等兵分两路进攻洛阳、长安。十月，长安城破，王莽被杀，新莽政权宣告垮台。公元 24 年春，刘玄由洛阳迁都长安，随后大封宗室，日夜饮酒作乐。义军将领对此大为不满，于是绿林军部分将领与赤眉军联合，大败刘玄军。公元 25 年秋，绿林军、赤眉军联合攻入长安杀死刘玄，更始政权灭亡。

2. 社会经济

五铢钱

西汉铸造的标准铜币。因其实际重量和币面重量一致，都是五铢（约 3.33 克），故名五铢钱。大小、轻重适中，有外廓可保护钱币不被盗磨，利于流通和长久使用。

五铢钱　西汉
汉武帝时铸造，其重量、大小均适中，故延用至隋末，历时 700 余年。

口赋

西汉向 14 岁及其以下儿童征收的人头税。亦称口钱、口赋钱。汉初是每人 20 钱，起征年龄是 7 岁，汉武帝时提前至 3 岁起征。元帝时把起征年龄再推迟到 7 岁。武帝时在原口赋的 20 钱外附加了 3 钱，以供军马粮草的费用，故称作"马口钱"。口赋是帝室的税收，归少府。马口钱是特殊用途的附加税，不属少府，而属大司农，以供军用。

平准

两汉政府通过官营商业收售物资以平抑市场商品价格的一种经济措施。其办法是在京师长安设置名为"平准"的机构，由大司农属下的平准令掌管。平准所掌握的物资，包括均输贡物所剩余的物品，以及工官制作器物中用作商品的部分，基本上集中到这里。当市场上某种商品价格上涨时，平

准就以低价抛售，价格下落，则由平准收购，使物价保持稳定。平准的推行，在一定程度上平抑了物价，限制了市场上的投机活动，特别是限制了富商对市场的操纵，对人民也有一定的好处。但平准在推行中也出现了一些违背制度原意的问题，如商人与官吏勾结起来囤积居奇，贱收贵卖，进行投机。

耧车

西汉武帝时，搜粟都尉赵过创造了一种畜力播种机——耧车。耧车也叫耧犁，由耧架、耧斗、耧腿等几部分组成。耧架为木制，供人扶牛牵；耧斗是放种的木箱，分大小两格，大格放种子，小格相当于播撒调节门，是一个带闸板的出口，可控制下种速度，以便均匀地播撒种子；耧腿是一只只开浅沟的铁铲。耧车因播种幅宽、行数的不同而有一腿耧、二腿耧、三腿耧等等。其中三腿耧能一次完成开沟、播种、覆土、填压等多项工作，初步完成联合作业，提高了播种质量与效率，是当时较高水平的播种工具。

代田法

西汉赵过推行的一种适应北方旱作地区的耕作方法。在同一地块上作物种植的位置隔年代换，所以称作"代田法"。汉武帝末年，赵过把关中农民创造的"代田法"加以总结推广，首先令离宫卒在离宫外墙内侧空地上试验，结果较常法耕种的土地每亩一般增产粟一石以上，好的可增产二石。随后，赵过令大司农组织工奴大量制作改良农具耦犁、耧犁，又令关中地区的懂农业技术的使用改良农具，学习"代田法"的耕作和养苗方法，以便推广。在推广过程中，发现有些农民因缺牛而无法趁雨水及时耕种，于是赵过又接受下官的建议，令农民以换工或付工值的办法组织起来用人力挽犁。采用这种办法，人多的一天可耕30亩，人少的一天也可耕13亩，较旧法用耒耜翻地，效率大有提高。还推广到河东、弘农、西北边郡乃至居延等地。

区田法

西汉后期在"畎种法"和"代田法"基础上发展起来的一种田园化的集约耕作方法。适用于北方旱作地区。"区田法"的特点是在小面积土地上集中使用人力物力，精耕细作，防旱保收，求得单位面积的高额丰产。"区田法"不仅适用于平地和熟田，也可施之于坡地和荒地，有利于扩大土地利用范围。

耦犁

由二牛合力牵引、三人操作的一种耕犁。汉武帝时赵过在推行"代田法"的同时，发明了二牛耦耕的耦犁，其操作方法是一人牵牛，一个掌犁辕，以调节耕地的深浅，一人扶犁。这种犁犁铧较大，增加了犁壁，深耕和翻土、培垄一次进行，可以耕出"代田法"所要求的深一尺、宽一尺的犁沟。二牛三人一个耕作季节可管五顷田的翻耕任务，耕作速度快，不致耽误农时。从西汉晚期起，二牛三人的耕作方法逐渐为一人扶犁并驱二牛的方法所取代。

丝绸之路

西汉时起中国与中亚、西亚以及印度之间以贸易为主的交通路线。因中国丝及丝织品多由此路输出，故称"丝绸之路"。中国以盛产丝织品而闻名世界，被称为"丝国"。汉初，河西走廊曾先后为乌孙、月氏、匈奴所占，西域绿洲各小国亦为匈奴所控制，汉与西方的道路难于通达。汉武帝元光二年（前133年）后，连年派兵进攻匈奴，先后设立酒泉、武威、张掖、敦煌诸郡，沟通了内地与西域的直接交往。元狩四年（前119年），张骞第二次出使西域，携带金、帛等价值成千上万的馈赠礼物，不仅到达了大宛、大月氏、大夏、康居，还到达了奄蔡、安息、条支、犁靬等国。此后，中亚、西亚各国也经常派使节到汉都长安，开展贸易往来和文化交流。汉为了发展同中亚、西亚各国的交往，修筑了令居（今甘肃永登）以西的道路，设置驿站，便利商旅。通往中亚、西亚的大道有南北两条：南路从长安、金城（今甘肃兰州）出发，经敦煌、楼兰（今鄯善）、于阗、莎车等地，越葱岭到大月氏（今阿富汗境内），从大月氏以西到达安息（今伊朗），再往西即达条支（今伊拉克一带），最后直到大秦，即罗马帝国；北路从长安、金城出发，经敦煌、车师前国（今新疆吐鲁番）、龟兹、疏勒，越葱岭到大宛、康居，再往西经安息到达大秦。通过这两条"丝绸之路"，大量丝帛锦绣不断西运，同时西域的"珍奇异物"也输入中原。

南海交通

汉代中国与东南亚、印度的海上通道。由日南边塞（出海口在今越南岘港）或广东徐闻、合浦出发，沿印支半岛南下，船行 5 月，到都元国（今越南南圻一带），全程 1060 海里；船再行 4 月，到邑卢没国（今泰国华富里），全程 840 海里；再船行 20 余日，到谌离国（暹罗古都佛统），全程 160 余海里。由谌离国舍舟登陆，横越中南半岛，步行 10 余日，到夫甘都卢国（今缅甸蒲甘地区，包括萨尔温江入海处和仰光一带），全程 300 公里。再船行 2 月余，到黄支国（今印度东岸，出海口为马德拉斯），全程 1728 海里。黄支之南有已程不国（今斯里兰卡），汉使至此乃循原路而归。汉时，黄支国遣使至中国赠生犀牛，该国使臣自黄支出发，船行 8 月，到达皮宗（今印尼苏门答腊岛西北部一带），全程 1700 海里；再船行 2 月，经新加坡、胡志明市到日南、象林界（越南岘港），全程 1700 海里。由此可见，日南道又分南、北两线。北线自日南、徐闻或合浦，船行经都元、邑卢没、谌离后，舍舟登陆，步行至夫甘都卢，再乘船至黄支，汉使南下多循此线；南线则由黄支经皮宗至日南，黄支使臣北上即循此线。《汉书·地理志》载黄支国"其州广大，户口多，多异物"，所产明珠、璧琉璃、奇石等，自汉武帝以来，源源流入中国；中国的特产通过馈赠、贸易，不断输往上述各地。

白渠

西汉武帝时在关中平原上修筑的沟通泾水和渭水的人工灌溉渠。因太始二年（前 95 年）依照赵中大夫白公的建议开凿，故称白渠。渠起自谷口（亦作瓠口、洪口，今陕西礼泉东北），引泾水东南流，经池阳（今陕西泾阳西北）、栎阳（今陕西临潼栎阳东北），东到下邽（今陕西渭南东北），南注入渭水。长 200 里，溉田 4500 余顷。渠成，人乐其利，作歌赞曰："田于何所？池阳谷口。郑国在前，白渠起后。举臿为云，决渠为雨。水流灶下，鱼跳入釜。泾水一石，其泥数斗。且溉且粪，长我禾黍。衣食京师，亿万之口。"

3. 文化
罢黜百家，独尊儒术

汉武帝刘彻实行的封建思想文化统治政策。西汉初年，著名儒生叔孙通被任为太常，协助汉高帝刘邦制定礼仪，促使诸子学说复苏，阴阳、儒、墨、名、法、道六家思想比较活跃，其中儒、道两家影响较大。在政治上主张无为而治，经济上实行轻徭薄赋的同时，在思想上主张清静无为的黄老学说。武帝即位时，主张清静无为的黄老思想已不能满足政治的需要，更与汉武帝本人的好大喜功相抵触。而儒家的春秋大一统思想、仁义思想和君臣伦理观念显然与武帝时所面临的形势和任务相适应。于是，在思想领域，儒家终于取代了道家而居于统治地位。丞相窦婴、太尉田蚡荐举儒生王臧为郎中令，赵绾为御史大夫，王、赵二人褒扬儒术，贬斥道家，鼓动武帝实行政治改革，甚至建议不向权势颇重的窦太后奏事。元光元年（前 134 年），武帝召集文学之士亲自问策。董仲舒在对策中指出，春秋大一统是"天地之常经，古今之通谊"，建议"诸不在六艺之科孔子之术者，皆绝其道，勿使并进"，很受武帝赏识。此后，公卿、大夫、士吏都为文学之士，通晓儒家经典成为做官食禄的主要条件。儒术完全成为封建王朝的统治思想，而道家等诸子学说则在政治上遭到贬黜。

造纸术的发明

西汉时中国已发明了造纸术，多为麻纸。西汉时期选择以麻为原料造纸，是因为人们早已掌握了麻的脱胶、柔化、漂白等工艺技术，使生硬的麻皮变为纤维而用于纺织。麻纺织前期的重要工艺"沤麻"可作为造纸技术的借鉴，斧和碓可作为切断长纤维的刀具和打烂纸浆的工具。这些相关的工艺和工具都为汉代造纸术的发明提供了物质条件。

通过对西汉纸的研究和对现存的传统造纸工艺的考察，汉代造纸工艺的流程主要为：

1. 浸沤。使麻皮变软，易于除去外皮和杂质，同时使麻皮得以初步脱胶。

2. 石灰水浸泡。也称浆灰。麻料在碱的作用下易于脱胶和分散纤维，还有漂白的作用。

3. 舂捣。碓打麻料纤维形成帚化现象，增强纸的牢度。

4. 洗涤。洗漂掉灰浆和杂质，增强纸的洁白度。

5. 打槽。纸浆放入加水的槽，以打槽木棒将纸浆打匀，使纸浆纤维均匀地漂浮在槽中。

6. 抄纸。用抄纸模将纸浆抄起，使纸浆均匀地滞留在抄纸模框上。

7. 晒纸。将湿抄纸模放在通风的地方晾晒。

8. 揭纸。将晒干的纸从抄纸模框上撕下。至此，一张麻纸就制成了。

石渠阁会议

汉宣帝刘询召集的一次学术会议。汉宣帝时为了进一步统一儒家学说，加强思想统治，于甘露三年（前51年）诏萧望之、刘向、韦玄成、薛广德、施雠、梁丘临、林尊、周堪、张山拊等儒生在未央宫石渠阁讲论儒家"五经"的异同，由汉宣帝亲自评判。石渠讲论的奏疏经过汇集，辑成《石渠议奏》一书，又名《石渠论》。经过这次会议，《易》增立梁丘，《书》增立大小夏侯，《春秋》增立谷梁。

今古文经学

西汉末期形成的儒家经学研究中的两个派别。汉哀帝、平帝之际，刘歆立古文经传于学官，形成"古文"一派。"今文"则是由于古文派独树一帜，迫使原有经师结成另外一派，是与古文经师对立的经书、经说和经师的别称。

《山海经》书成

《山海经》是中国古代的地理著作，今传本是经西汉末年刘向、刘歆父子校刊整理的。共18卷，包括《山经》5卷，《海经》8卷，《大荒经》4卷，《海内经》1卷，3.1万多字。原有图，早已亡佚，今本的图是后人补入的。关于该书的作者已不可考，旧传是禹、益所作。《山海经》的形成，从公元前5世纪春秋战国之交开始，延续了约300年漫长历程，是这一时期地理知识的汇集。它所记的内容相当丰富，涉及范围很广，包含了古代山川、地理、历史、民族、物产、医药、祭祀、巫术、动物、植物、矿产等诸多方面。书中所记人名达140多个，山名300多个，水名250多个，动物120多种，植物50多种，还有许多矿产等。书中记载和保存了大量的神话和古代传说，具有很高的文化史价值，对于研究中国原始社会和上古的姓氏、部族，以及考察上古人的宇宙观、自然观和对社会历史的认识，都有重要意义。

马王堆汉墓

我国20世纪70年代考古工作的重大发现之一。1972—1974年间，在湖南长沙东郊马王堆先后发掘了三座西汉古墓，被定为马王堆一号、二号、三号汉墓。墓主人是西汉轪侯利苍（二号墓）、利苍之妻（一号墓）、利苍之子（三号墓）。根据文献记载，汉惠帝二年（前193年）利苍被封为轪侯，传袭四代后被废。三座墓中出土了大批珍贵文物。其中一号墓由于深埋、密封，保存了一具完整的、距今已有2000多年的女尸。这是马王堆汉墓里最重要的发现。三号墓出土了许多帛书，有 20 余种，12 万多字。如《老子》《周易》《战国策》等，特别是《纵横家书》《十大经》等一些久已失传的佚书。三号墓中还出土了 3 幅地图，是我国现存最早的地图。出土物还有彩绘帛画、丝织品、乐器、漆器以及汉简等，对研究汉代历史文化具有极高价值。

汉乐府

汉初采诗制乐的官署，后来又专指汉代的乐府诗。汉惠帝时，有乐府令一官。武帝时乐府规模扩大，成为专设的官署，掌管郊祀、巡行、朝会、宴飨时的音乐，兼管采集民间歌谣，以供统治者观风察俗，了解民情。这些采集来的歌谣和其他经乐府配曲入乐的诗歌即被后人称为乐府诗。西汉时乐府采集的民歌有 138 篇，流传至今的只有三四十篇，加上东汉民歌和文人的作品，现存汉乐府有 100 多篇。这些民歌都是"感于哀乐，缘事而发"，如《东门行》《孤儿行》《妇病行》《战城南》《十五从军征》《饮马长城窟行》《上山采蘼芜》等篇，广泛而深刻地反映了当时的社会生活和人民所遭受的苦难；《有所思》《上邪》等篇，则是感情真挚的情歌；以批判封建礼教、歌颂高尚情操为主题的《孔雀东南飞》，又题《古诗为焦仲卿妻作》，是前所未有的长篇叙事诗，在中国文学史上具有较高的地位。汉代文人写的乐府诗也有佳作，如辛延年的《羽林郎》等。汉乐府的现实主义优秀传统对后世的许多诗人起过示范性的作用，它以五言和杂言为主的形式，也推动了诗体的发展。

司马迁

生卒年不详。西汉史学家、文学家，字子长，夏阳（今陕西韩城西南）人。司马迁 10 岁开始学习古文经典。约在汉武帝元光、元朔年间，向经学大师董仲舒学《公羊春秋》，又向古文经学家孔安国学《古文尚书》。20 岁，从京师长安南下漫游，遍及江淮流域和中原一带。后不久，仕郎中，

成为汉武帝的侍卫和扈从，多次随驾西巡，并奉命出使巴蜀。元封三年（前 108 年），司马迁继承其父之职，任太史令，职掌天时星历，管理皇家图籍。太初元年（前 104 年），与唐都、落下闳等共同制定《太初历》，以代替由秦沿袭下来的《颛顼历》。此后，司马迁开始撰写《史记》。天汉二年（前 99 年），李陵出击匈奴，兵败投降，司马迁为李陵辩护，触怒汉武帝，下狱受腐刑。后获赦出狱，为中书令。他发愤著书，最后完成了《史记》的撰写。除《史记》外，作赋 8 篇，已散佚，唯存《艺文类聚》卷三十引征《悲士不遇赋》片段。又撰《报任安书》，记述了他下狱受刑的经过和修史的抱负。

《史记》

中国第一部纪传体通史。初名《太史公书》，亦称《太史公传》《太史记》。该书记事起于传说中的黄帝，讫于汉武帝，历时 3000 余年。所述史事，着重于战国、秦、汉。全书 130 篇，包括十二本纪、十表、八书、三十世家、七十列传，共 526500 字。"本纪"是全书纲领，按年月记述帝王言行政绩，兼录各方面重大事件。其中先秦诸篇按朝代成篇，秦汉诸纪则按帝王成篇。项羽虽然不是帝王，但他一度主宰天下，分封王侯，所以把项羽也载入本纪。"表"采用表格形式简列世系、人物和史事，以清脉络。其中包括世表、月表和各种年表。"书"叙述各种制度沿革，内容涉及礼乐制度、天文兵律、社会经济、河渠地理等。"世家"记载子孙世袭的王侯国史迹，兼及个别地位与侯王相当的著名人物。"列传"主要是社会各阶层代表人物的传记。少数篇章为中国少

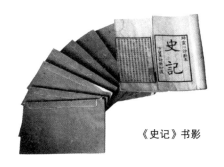

《史记》书影

数民族以及与中国互相往来的一些国家和地区的历史记录。本纪和列传是全书主要部分，与表、书、世家相辅相成，融为一体。该书的宗旨是"究天人之际，通古今之变，成一家之言"。所谓"究天人之际"，就是探索天道和人事之间的关系。所谓"通古今之变"，就是研究历史的发展和变化。该书取材丰富，对《左传》《国语》《世本》《战国策》《楚汉春秋》及诸子百家多有采摘，又利用了国家收藏的档案、民间保存的古文书传，并增添了亲身采访和实地调查的材料。作者在广泛取材的同时，又注意鉴别和选择材料，淘汰无稽之谈，表现了审慎的科学态度。在撰写过程中，"不虚美，不隐恶"，力求实事求是。

《九章算术》

《九章算术》是中国古代数学的经典著作，是先秦数学集大成者。它的出现，标志着中国古代数学体系的形成。该书不是出自一人之手，而是经历了漫长的过程，由多人先后删改、修补并在东汉初年（50 年）最后成书。内容非常丰富，题材广泛，共 9 章，分为 246 题 202 术，在中国和世界数学史上占有十分重要的地位。欧洲在 16 世纪才有人研究三元一次方程组，线性方程组的理论及解法乃是 18 世纪末叶才出现的，而这些在《九章算术》中均已涉及，以此足见该书的先进性。该书形成了中国传统数学的理论体系，因而后世的数学家，大都从此开始学习和研究，唐宋时成为国家明令规定的教科书。该书又是世界上最早的印刷本数学书，隋唐时就已传入朝鲜、日本，现已被译成日、俄、德、法等多种文字。

《盐铁论》

根据"盐铁之议"记录写成的重要史籍，西汉桓宽撰。汉昭帝始元六年（前 81 年），下诏将各郡国推举的人才（称为贤良文学）召集到京师，询问民间疾苦所在。贤良文学提出盐铁官营和平准均输等经济政策是民间疾苦的原因，要求废除盐铁、酒榷、均输官。

这一主张受到御史大夫桑弘羊的反对，双方对施政得失展开了一场全面的辩论，此为著名的"盐铁之议"。贤良文学服膺儒家，桑弘羊信奉法家，双方对民间疾苦的根源、同匈奴的和战政策、治国的方针和理论等重大问题申述了不同的见解。桓宽根据记录进行"推衍"和"增广"，写成《盐铁论》一书，成为研究西汉中期历史和桑弘羊其人的重要历史材料。书分 60 篇，各标题目，内容前后连贯。桓宽与贤良文学思想相一致，因此书中流露出对贤良文学的赞同和对桑弘羊的不满。书中对各方问答的记述，虽笔墨不多，却比较生动地刻画出各自不同的情态，再现了盐铁之议的辩论。

汉简

两汉时代遗留下来的竹木简牍。北周时代就有人在居延地区发现过汉代"竹简书"，北宋也在今甘肃等地获得过东汉简。近代最先发现的古简是魏晋简。1901 年，瑞典人斯文赫定在新疆罗布泊北部地区的一个古遗址里发现了一批魏晋木简和字纸。这个遗址后来被定为楼兰遗址。同年，英籍匈牙利人斯坦因在新疆民丰北部也发现了魏晋简。在所谓楼兰遗址，斯坦因和日人橘瑞超也发现过魏晋简纸。1906 年，斯坦因在新疆民丰县北部的民雅遗址发现了少量汉简，大部分简的性质类似后世的名片，有人推测是西域精绝国遗物。次年，他又在甘肃敦煌一带的一些汉代边塞遗址里发现了 700 多枚汉简。这是近代初次发现的汉简。此后陆续有新的汉简出土，70 多年来共发现 4 万余枚，其中既有完整的，也有残碎到只剩一两个字的。汉简可以根据出土情况分为两大类：一类是在汉代西北边塞地区遗址里发现的，称为"边塞汉简"；一类是在汉墓里发现的，称为"墓葬汉简"。边塞汉简还可分为敦煌汉简、居延汉简、罗布泊汉简。

《周髀算经》

西汉时期，出现了一本有关天文学和数学的著作，名叫《周髀》。由于它最先记载许多高水平的数学成果，被后人当作数学经典，称为《周髀算经》。在天文学方面，《周髀》主要阐述盖天说和四分历法。中国古代天文学按照所提出的宇宙模式学说可分为三家，《周髀》是其中的代表。在数学方面，《周髀》代表了当时的最高水平，记载了汉代最新数学成就，在许多领域都有创新。《周髀》还率先提出了几何学上重要的勾股定理，并在测量太阳高远的方法中给出了勾股定理的一般公式。对几何学中其他图形的比例，《周髀》也进行了一些探讨，在推测日地距离时，虽然由于假设大地是平面而导致计算错误，但运用的原理是完全正确的。重差术是推求高度的一种方法，《周髀》中出现了运用重差术绘出的日高图，但未详述方法。三国时赵爽、刘徽进一步研究，使之成为中国古代测望理论的核心内容。另外，《周髀》还给出了平行线的做法，其全过程即使按欧氏几何的严格要求也是正确的。《周髀算经》的作者不详。从成书时间来看，它并非一人一时之作，而是对先秦数学成就的总结，是集体智慧的结晶。

汉赋

汉代的赋。赋是一种介于诗歌和散文之间的文学体裁，讲究文采、韵节。最早以赋为题的是战国时赵人荀况，但汉朝人常把赋和辞连用，称为辞赋，原因是汉赋多模仿楚国屈原、宋玉等人的作品。汉朝人把屈原、宋玉等人的作品收为一集，名曰《楚辞》。初期的汉赋如贾谊的《吊屈原赋》、淮南小山的《招隐士》等，形式同《楚辞》没有什么区别。汉景帝时枚乘作《七发》，开创了一种进一步散体化、以铺张为能事的新赋体。经过司马相如等著名赋家的发扬光大，新体赋在汉武帝以后繁荣起来，成为汉赋的主流。新体赋可分为大赋和小赋两类。大赋多是铺叙夸耀都城、宫殿、苑囿之盛和帝王大规模行猎的场景，旨在歌功颂德，粉饰太平，迎合统治者好大喜功、追求享乐的心理，而在篇末寓讽谏之意。主要作品有司马相如的《子虚赋》，扬雄的《长杨赋》《羽猎赋》，班固的《两都赋》，张衡的《东京赋》《西京赋》等。小赋篇幅较短，或抒情述志，或借物寓言，内容比较广泛，风格比较清新，主要流行于东汉。著名作品有张衡的《归田赋》、赵壹的《刺世疾邪赋》、祢衡的《鹦鹉赋》等。

刘向

（约公元前77—公元前6年）西汉经学家、目录学家、文学家，沛县（今江苏沛县）人。刘向好儒学，能诗赋。曾任谏大夫、宗正等职。初学《易》，尤精《春秋谷梁传》。用阴阳灾异推论时政得失，屡次上书劾奏外戚专权之祸，被贬为庶人。汉成帝时刘向任光禄大夫、中垒校尉，受诏校阅经传、诸子、诗赋于天禄阁。每校完一书，即编撰一份书录题解的文字，为中国最早的目录学著作。刘向对文学亦有很深造诣，所作《九叹》等辞赋33篇，大部亡佚。

董仲舒

（公元前179—公元前104年）西汉哲学家、思想家、经学大师，广川（治今河北景县西南）人。汉景帝时任博士，是春秋公羊学派的儒学大师。董仲舒以儒家学说为基础，融合了其他各家学说，建立起了一个庞大的思想体系。汉武帝时，董仲舒以贤良对策上书三篇，史称"天人三策"。其中提出了著名的"罢黜百家，独尊儒术"的观点，开此后两千多年以儒学为正统的先河。董仲舒以儒家宗法思想为中心，杂以阴阳五行之说，将神权、君权、父权、夫权连成一体，形成封建神学思想体系。宣扬"天人感应"与"君权神授"论，提倡"三纲五常"的封建伦理，并主张抑

董仲舒像

制兼并，设立太学。董仲舒的思想学说适应了当时封建皇权的需要，因而受到了汉代统治者的青睐，长期居于指导思想的地位并对后世产生了极其深远的影响。董仲舒曾任江都王的宰相和胶西王的宰相。后托病辞官，修学著书，卒于家。著有《春秋繁露》82篇，其语言质朴平易。

东方朔

（公元前154—公元前93年）西汉文学家。字曼倩，平原厌次（今山东惠民）人。武帝即位，征四方士人，他上书自荐，诏拜为郎，后任常侍郎、太中大夫等职。善辞赋，言词敏捷，滑稽多智，玩世不恭，宫中呼之为"狂人"。常侍从武帝，应对敏捷，滑稽取乐。曾上书反对武帝修造上林苑，认为是"取民膏腴之地，上乏国家之用，下夺农桑之业，弃成功，就败事"。言政之得失，陈农战强国之策，皆未被重视，故作散文赋《答客难》，以主客问答形式，抒写怀才不遇的苦闷，揭露统治者轻视人才。其语言疏朗，议论酣畅，刘勰称其"托古慰志，疏而有辩"。《非有先生论》亦用主客问答形式，以历史故事，从正反两方面劝谕帝王虚怀纳谏，励精图治。东方朔另作有《神异经》《海内十洲记》等，书已佚。

扬雄

（公元前53—公元18年）西汉文学家、哲学家、语言学家。字子云，蜀郡成都人。少年家贫，不慕富贵。口吃，不善言辞，然好深思，博览群书。善为辞赋，以文章名世。40余岁游京师。汉成帝时，扬雄初为待诏，岁余，任为郎、给事黄门郎。王莽时，校书于天禄阁，官至大夫。早年酷好辞赋，沉博绝丽，闻名于世。后世以"扬马"并称，对后世颇有影响。晚年贬抑辞赋，认为是"雕虫篆刻，壮夫不为"，转而研究哲学。仿《周易》作《太玄》，仿《论语》作《法言》。又续《仓颉》篇作《训纂》。著《方言》，记载西汉各地方言，是研究古代语言的重要资料。

李延年

（？—约公元前90年）西汉乐官。中山（今河北定县一带）人，出身于乐工世家，父母兄弟皆为乐工，曾因犯法被处腐刑。李延年善歌，又善创新声。其妹李夫人善舞，得汉武帝宠幸。延年也被任为乐府协律都尉，史载他"每为新声变曲，闻者莫不感动"。曾为司马相如等所作《汉闻祀歌》19章配乐。据说他还根据张骞从西域带回的《摩诃兜勒》制作新曲"二十八解"，作为军中横吹曲。至晋代，犹有《黄鹄》《陇头》等10曲流传。

氾胜之

祖籍在今山东曹县，大约生于西汉末年。早年因学识渊博被举荐到长安任议郎。通过研究西汉农业发展的现状，氾胜之提出一系列发展农业的设想，受到汉成帝赏识。他总结长期从事农业管理的实践，撰写出《氾胜之书》，这是中国第一部由个人独立撰写的最早的农书，也是世界上最早的农学专著。可惜原书到宋代已失传，现有后人辑佚本。

东汉
（25年—220年）

公元25年，刘秀称帝，重新建立起汉朝的统治。他用10年时间，消灭了各地割据势力，完成了全国的统一，建都洛阳，历史上称为东汉。

刘秀创建的东汉王朝是在南阳、颍川、河北等地的地主、官僚集团支持下建立起来的。对于开国功臣，刘秀采取了在政治上限制、经济上优待的政策。他还多次下诏释放官私奴婢，检查垦田与户口实数，使西汉后期极其紧张的土地问题和奴婢问题得到部分解决。刘秀还改革官僚制度，裁撤地方武装，注意招揽人才，严厉抑制诸侯王势力，从而有力地加强了中央集权制度。明帝、章帝都继承了刘秀的做法，使东汉的社会经济进一步向前发展。农业、手工业都较西汉有一定程度的提高。科学技术也有了发展，造纸术的改进，水车等农机的出现，数学、天文学、医学的进步，都给予后代以深刻的影响。

东汉中期，刘氏帝位开始由外戚和宦官两大权力集团轮流控制。184 年爆发的黄巾大起义使东汉王朝分崩离析，名存实亡。董卓把汉献帝变成傀儡。196 年之后，曹操又"挟天子以令诸侯"。220 年，曹丕废献帝，自己称帝，汉室江山结束。

1. 政治

汉光武帝刘秀

汉光武帝刘秀像

（公元前 6—公元 57 年）东汉开国皇帝。字文叔，南阳蔡阳（今湖北枣阳西南）人，汉高祖刘邦九世孙。在位 32 年。王莽末年，赤眉、绿林起义先后爆发，新莽政权呈现败亡之兆。地皇三年（22 年），刘秀与其兄刘縯为恢复刘姓统治，起事于春陵（今湖北枣阳南），联络附近各县的地主豪强，组成一支七八千人的武装，称为"春陵军"。春陵军不久与绿林军约定"合纵"。次年二月更始政权建立后，刘縯任大司徒，刘秀任太常偏将军。地皇四年六月，王莽命王邑、王寻率领大军围绿林军于昆阳（今河南叶县）。刘秀突围调集援兵，重创王莽军。由于刘秀在昆阳之战中立了大功，刘縯又夺取了宛城，他们的势力逐渐与农民起义军分庭抗礼。趁征战之机，收编了河北地区农民起义军的铜马军，扩充了实力，人称刘秀为"铜马帝"。不久，刘秀与农民军彻底决裂。建武元年（25 年）六月，刘秀在群臣拥戴下称帝于鄗（今河北柏乡北），重建汉政权，不久定都洛阳，史称东汉。东汉王朝建立的第三年，刘秀打败了赤眉农民军，控制了整个黄河中下游地区。经过 12 年搏杀削平群雄，完成了统一大业。刘秀鉴于西汉末年的教训，虽封功臣为侯，赐予优厚爵禄，但禁止他们干预政事。对诸侯王和外戚权势，也多方限制。在行政体制上，刘秀进一步抑夺三公职权，使全国政务都经尚书台，最后总揽于皇帝；加强监察制度，提高检举之吏的权限和地位。建武六年，刘秀又令削减吏员，全国共合并 400 多个县，吏职减至 1/10。这些措施强化了皇帝的权力，达到了"总揽权纲"的目的，并在一定程度上提高了封建官僚机构的行政效率。与此同时，刘秀还采取了不少措施来安定民生，恢复社会经济。建武六年下诏恢复"三十税一"制，并且一度废除了更役制度。自建武二年至四年 9 次下诏释放奴婢，或提高奴婢的法律地位。规定民有被卖为奴婢而愿意归随父母的听其自便，奴婢主人如果拘留不放，依法治罪。对没有释放的官私奴婢，在法律上给予一定的人身保障，规定杀奴婢的不得减罪，并废除了奴婢伤人处死刑的法律。建武初年，全国户籍遗存的人口只有 1/5，田野荒芜，到建武五年情况已有所好转，土地逐渐得到垦辟。光武帝末年，载于户籍的人口已达到 2100 多万。刘秀即位之后，宣称要以"柔道"治天下。所谓"柔道"，实际就是扶植和保护世家豪族的利益。建武十五年，刘秀为了稳定封建统治秩序，加强中央集权，针对当时隐瞒土地户口的现象，下令全国检核土地户口。郡守、县令不敢触动贵戚官僚和世家豪族，反而在清查过程中畏强凌弱，隐瞒谎报。结果，激起各地农民的反抗，郡国的豪强大姓也乘机作乱。对此，刘秀采取了不同的对策。对于农民的反抗斗争进行分化和镇压，对于大姓豪强，则在处死查田不实的河南尹张伋等十几名郡守后，即下令停止查田，向豪强地主让步。光武帝在其统治末年还"宣布图谶于天下"，企图以儒家学说与神学的混合物作为思想武器，加强对人民思想的统治。刘秀死于中元二年（57 年）。

光武中兴

史书对东汉光武帝统治时期出现的较为安定局面的誉称。刘秀建立东汉后，为缓和阶级矛盾，巩固统治，调整统治政策，采取了不少安定民心、恢复经济的措施。先后9次下诏释放奴婢或提高奴婢的法律地位，使大量奴婢成为庶人，返回农村从事生产。公元30年，将田租从"十税一"恢复到西汉时的"三十税一"，减轻了人民的租赋徭役负担。统一战争结束后，大量遣散地方军队，使大批劳动力回到农业生产上来，还鼓励流民回归故乡，把国有荒地、苑囿及山林等租借给他们，并在三五年内免收租税。这些措施对发展农业生产和安定社会秩序十分有利。刘秀还注意整顿吏治，加强中央集权。对诸侯王和外戚控制很严，本人也以身作则，提倡节俭。上述政治、经济措施，促进了社会生产的恢复和发展。刘秀统治10余年后，全国出现了较安定的局面。

汉明帝刘庄

（公元27—公元75年）东汉第二位皇帝，字严，庙号显宗。汉光武帝刘秀的第四子，母为阴皇后。建武十九年（43年）被立为皇太子，中元二年（57年）即帝位。汉明帝即位后，一切尊奉光武制度，使政局得以继续。因此汉明帝以及随后的汉章帝在位期间，史称"明章之治"。汉明帝提倡儒学，命皇太子、诸王侯及大臣子弟、功臣子孙等习经，又为外戚樊氏、郭氏、阴氏、马氏诸子立学于南宫，号"四姓小学"，设置"五经师"授课。他本人也很注重刑名文法，为政苛察，总揽权柄。他严令后妃之家不得封侯与政，对贵戚功臣也多方防范。明帝在位期间，基本上消除了因王莽虐政而引起的周边少数民族侵扰的威胁，使汉族和少数民族的友好关系得到恢复和发展。永平八年，明帝又设置度辽营，命中郎将吴棠任度辽将军，以监护南匈奴。十六年，窦固、耿忠等分兵四路征伐北匈奴。汉军出酒泉，进抵天山，击呼衍王，斩首千余级，追至蒲类海（今新疆巴里坤湖），

取伊吾卢地。明帝设置宜禾都尉，并屯田伊吾卢城。其后，窦固又以班超为假司马出使西域，西域诸国皆归附。自王莽始建国元年（9年）至此，西域与中原断绝关系65年后又恢复了正常交往。至十六年，自汶山以西白狼、槃木等100余国也皆称臣奉贡。随着对外交往的正常发展，佛教已在西汉末年传入中国。明帝听说西域有神，其名曰佛，于是派使者赴天竺求得其书，并于洛阳建立中国第一座佛教庙宇白马寺。明帝之世，吏治比较清明，境内安定，加上多次下诏招抚流民，以郡国公田赐贫人、贷种食，永平九年至十二年，出现了牛羊遍野的繁荣局面。永平十三年，王景修治

东汉大事年表

25年，刘秀称帝，定都洛阳。史称东汉。

30年，刘秀下诏减田租，税收恢复到"三十税一"。先后9次下诏解放奴婢。

48年，匈奴分成南北两部，南部对汉称臣。

49年，大将马援陆续平定南方各地。

68年，蔡愔从天竺求经回到洛阳后，汉明帝建中国第一座佛寺白马寺。

73年，班超恢复西域与中原的交往。

79年，汉章帝举行白虎观会议，讨论儒家经典。

91年，北匈奴被汉军击败，远迁往欧洲。

97年，西域都护班超派甘英出使大秦（古罗马帝国）。

105年，蔡伦改进造纸术，制成价廉、实用的"蔡侯纸"。

121年，许慎撰成我国第一部文字学著作《说文解字》。

132年，张衡创制世界第一台测量地震的仪器"候风地动仪"。

166年，大秦国王遣使节来汉，是欧洲最早的访华使节。

184年，张角领导的黄巾起义爆发。

190年，董卓胁迫汉献帝从洛阳迁都长安。

196年，曹操迎汉献帝迁都许昌，执掌朝政。

200年，曹操于官渡之战中大破袁绍。

207年，刘备三顾茅庐，得诸葛亮辅佐。

208年，刘备、孙权联军于赤壁之战中大败曹操。

217年，名医华佗被曹操所杀。

219年，关羽败走麦城被擒杀。

219年，医学家张仲景去世。被称为"医圣"，著有《伤寒杂病论》。

220年，曹操去世，其子曹丕废汉称帝。东汉亡。

汴渠完工，消除了自西汉平帝以来河汴决坏、汴渠东侵之害。史书记载当时民安其业，户口滋补。光武帝末年，全国载于户籍的人口为 2100 多万，至明帝末年，不到 20 年间激增至 3400 多万。永平十八年（75 年），明帝病死。

邓禹

（公元 2—公元 58 年）东汉大臣。字仲华，南阳新野（今河南新野南）人。13 岁游学长安，与刘秀交往甚密。新莽末年赤眉、绿林起义后，拒绝参加更始政权。至刘秀驻扎河北，他北渡追附刘秀。建议刘秀乘四方分崩离析之时，延揽英雄，"立高祖之业"，颇受刘秀赏识。赤眉军西进关中，刘秀企图乘乱吞并关中，拜邓禹为前将军，分精兵 2 万人命其西征。邓禹击败更始大将樊参、王匡等，平定河东。刘秀称帝，拜为大司徒。次年封为梁侯，率部入关。建武二年（26 年），赤眉军退出长安，邓禹率部进驻。赤眉军回师反攻，邓禹交战不利，败走。次年，与车骑将军邓弘出击赤眉，大败，部众死散，独与 24 骑退至宜阳，引咎辞职，上交大司徒和梁侯印。不久，复拜右将军。光武帝平定天下后，封邓禹为高密侯。汉明帝即位，拜为太傅。永平元年（58 年）卒。明帝时画 28 功臣于云台，邓禹列第一。

马援

（公元前 14—公元 49 年）东汉名将。字文渊，扶风茂陵（今陕西兴平东北）人。出身官宦世家。新莽时，任郡督邮。因私纵重囚，亡命北地。遇赦，留居当地经营牧畜，下属宾客数百家。后为新成大尹（汉中为新成，太守为大尹）。新莽败亡后，投奔割据凉州的隗嚣，颇受敬重，任绥德将军。建武四年（28 年），曾为隗嚣上书洛阳，受到光武帝礼遇。后隗嚣遣长子入东汉王朝作人质，马援随同至洛阳，居久无职，请准率宾客屯田上林苑中。隗嚣公开反叛后，马援为光武帝谋划，并往来游说，离间隗嚣部属。建武八年，光武帝亲征，马援聚米为沙盘，分析形势，指划进军途径，使光武帝得以顺利击溃隗嚣。建武十一年，马援任陇西太守，率军击破先零羌于临洮（今甘肃岷县），又击降武都参狼羌，陇右诸羌平定。建武十六年任虎贲中郎将。次年马援被拜为伏波将军，领兵南下，平定岭南，因功封新息侯。此后，匈奴、乌桓侵扰汉地，马援主动请兵出击。建武二十四年，62 岁的马援领兵远征武陵、五溪蛮夷。次年（49 年），汉军受阻于壶头，士卒多病死，马援亦染病，死于军中。

王景治水

汉武帝以后，黄河决溢的惨剧不绝于史，至西汉末年泛滥成灾，几乎不可收拾。新莽始建国三年（11 年）河决魏郡，从今山东利津入海，终于酿成黄河历史上的第二次改道。从此，河水漫无约束，侵入济水和汴渠淤塞河道，村落淹没，兖州（今河南北部、山东西部一带）和豫州（今河南东南和安徽西北）的百姓深受其害。到了东汉，明帝派王景治河成功，此后黄河竟奇迹般地安流了 800 年。王景学识渊博，擅长水工技术，在受命治河之前，曾和王吴用"坞流法"成功地治理过浚仪渠。永平十二年（69 年），汉明帝召见王景，询问治河得失，王景对答如流。明帝同意他的治河方案，特赐予《山海经》《河渠书》和《禹贡图》等治河文献。当年四月，王景偕王吴督率数十万军卒整治黄河。王景的方略是把黄河和汴渠分流，并在汴渠引黄口每隔 10 里建造一座引水闸门，使河汴各得其所，然后在荥阳至千乘千余里的黄河河道上修筑大堤。虽然工程浩大，而且是汛期施工，但前后只花了一年时间，到十三年四月即告竣工。此后，东汉政府又恢复了西汉的制度，在沿河地区设置了"河堤员吏"，加强对河道的维护和管理。王景治河固定了改道后的河床，解除了原来高悬地上的危象，使河水灾害相应缓解。自东汉至唐朝末年的 800 多年间，经过王景的治理，黄河处于相对安流的状态。从荥阳东至千乘海口这条引洪路线入海距离短，河水流速和输沙率均相应有所提高，这对下游河床的稳定有重要的影响。王景所采取的"十里立一水门"的措施也成为多沙河流取水的一项重要技术发明。

窦宪

（？—公元92年）东汉权臣。字伯度，扶风平陵（今陕西咸阳西北）人。窦融曾孙，章德皇后兄。建初二年（77年），以外戚拜为郎，不久升为虎贲中郎将。和帝即位，太后临朝，窦宪对内掌握机密，对外宣布诏命。其弟窦笃、窦景并居要职。永元元年（89年），窦宪遣刺客杀太后宠臣，被囚于宫内，因惧被杀，自求击北匈奴以赎死。适逢南匈奴单于请兵北伐，乃拜窦宪为车骑将军，以耿秉为副，各领4000骑，合南匈奴、乌桓、羌胡兵3万余出征。窦宪遣精骑万余大破北匈奴于稽落山（今蒙古额布根），北单于逃走。窦宪追击诸部，出塞3000里，登燕然山（今蒙古杭爱山），刻石纪功，令中护军班固作铭。回师后，拜为大将军，位次太傅，在三公之上。二年，窦宪出屯凉州。三年，窦宪又遣左校尉耿夔等出居延塞，大败北匈奴于金微山（今阿尔泰山）。北匈奴从此破散，单于下落不明。窦宪威震朝廷，党羽遍布全国，遂阴图篡位。和帝知其阴谋，与中常侍郑众定计惩治。四年，窦宪还朝，和帝遣兵逮捕其党羽，没收大将军印绶，改封冠军侯，命其到封邑，后迫令其自杀。

蔡文姬

（177—？）东汉女诗人。名琰，字文姬，又作昭姬。陈留圉（今河南杞县西南）人，蔡邕之女。博学善辩，精通音律。初嫁河东卫仲道，夫亡无子，归居家中。董卓作乱时，被掳至长安，后于兴平二年（195年）又为南匈奴掳归左贤王，在匈奴居住12年，生两子。曹操于建安十二年（207年）遣使以金璧赎她回归，嫁于陈留董祀。曾作《悲愤诗》两章。世传《胡笳十八拍》一首。

班勇

东汉名将。字宜僚，扶风安陵（今陕西咸阳东北）人。班超之子，生长于西域。和帝永元十三年（101年），班超遣班勇随安息使者入朝。安帝永初元年（107年），班超遣班勇为军司马，出敦煌，迎都护及西域甲卒而还。延光二年（123年），班勇任西域长史，率兵出击敦煌、楼兰。三年，班勇开导龟兹（今新疆库车一带）、姑墨（今新疆阿克苏一带）等国，使之降附。随后班勇又发兵到车师前部（今新疆吐鲁番一带），击走北匈奴，并屯田柳中（今新疆鄯善西南鲁克沁附近）。四年，班勇大破车师后部，斩其王。顺帝永建元年（126年），班勇发诸国兵出击北匈奴呼衍王，呼衍王远逃，车师前后部由此得到安定。二年，班勇与敦煌太守张朗共讨焉耆，约定同时到达日期，张朗想独自邀功，先期赶到焉耆，焉耆降。班勇以此获罪，被拘下狱，免官，后卒于家。

和熹邓皇后

（公元80—121年）东汉和帝皇后。名绥，谥熹。父邓训为护羌校尉，母阴氏，为光武帝皇后从弟之女。和帝永元七年（95年）入宫，次年为贵人，十四年立为皇后。元兴元年（105年）和帝死，邓后迎立出生方百余日的刘隆为殇帝，被尊为太后，临朝称制。次年安帝即立，她仍临朝政，掌权16年。邓后临政，倚仗宦官，外戚邓氏在政治上也得到重用。邓骘被拜大将军，其兄弟受封为列侯，宾客奸猾，促使东汉王朝统治渐趋衰败。又加上邓后当政时水旱连年，郡国官吏隐瞒灾情，虚报垦田，不顾百姓流亡，致使社会矛盾加深，农民武装反抗斗争此起彼伏。与此同时，以羌族为主的周边各族人民的反抗斗争也日益加剧。邓后采取一系列措施，以皇室苑囿和郡国公田赋予贫民，调发郡国粮食救济贫民，诏三辅、河内、河东等郡国整治水利，发展公私灌溉；屡屡下诏禁奢侈，减撤宫内花费和靡丽之物。但终因积弊太深，已无力挽救政治腐败导致的衰颓。

董卓

（？—192 年）东汉权臣。字仲颖，陇西临洮（今甘肃岷县）人。性粗猛有谋断，早年与羌中豪帅交往，以健侠知名当世。后任州兵马掾，驻守边塞。桓帝末年，累任西域戊己校尉、并州刺史、河东太守。中平元年（184 年）黄巾起义，北地先零羌、湟中义从胡和金城人边章、韩遂起兵响应。董卓奉命镇压，屡屡败北。灵帝病危时拜董卓为并州牧，驻屯河东，他拥兵自重，坐待事变。灵帝死后，大将军何进和司隶校尉袁绍合谋诛杀宦官，私召董卓入京。因泄密，何进兄弟被宦官所杀。袁绍带兵入宫欲诛宦官，张让、段珪等劫持少帝及陈留王外逃。董卓闻讯，引兵驰抵京城，吞并何氏等部众，由此势力大盛，得以据兵擅政，废黜少帝，立陈留王为献帝，独掌大权，进位相国。董卓放纵士兵在洛阳城大肆抢劫财物，淫掠妇女。初平元年（190 年），袁绍、孙坚等人兴兵讨董。董卓挟持献帝西迁长安，焚烧洛阳宫庙、官府和居家，强迫居民数百万口随迁，致使洛阳荒芜凋敝。翌年，董卓授意朝廷封他为太师，地位在诸侯王之上，车服仪饰似天子。他还提拔亲信，广树党羽。后来司徒王允与董卓义子吕布及仆射士孙瑞合谋诛卓。初平三年四月，献帝大会群臣于未央殿，董卓入朝时被吕布所杀。

窦武

（？—168 年）东汉大臣。字游平，扶风平陵（今陕西咸阳西北）人。窦融玄孙。桓帝延熹八年（165 年）长女立为皇后，遂独掌大权。次年，拜城门校尉。窦武任职时，多方辟召名士，所得两宫赏赐，也都捐助给太学诸生。永康元年（167 年），为司隶校尉李膺、太傅杜密遭党锢一事上书，请求贬黜掌权的宦官，李膺、杜密等人得到赦免。同年冬，桓帝死。窦武因拥立灵帝，拜大将军，封闻喜侯。他与太傅陈蕃共秉朝政，又起用李膺、杜密、刘猛等人，并以太后诏诛戮宦官管霸、苏康等人，得到士大夫拥护。建宁元年（168 年）八月，窦武与陈蕃定计剪除诸宦官。事机泄露，掌握禁军兵权的宦官曹节、王甫等劫持灵帝、太后，诏令收捕窦武等。窦武召集北军五校兵士数千人驻屯都亭下，与王甫、张奂率领的虎贲、羽林和五营士对阵。结果兵败自杀，被枭首于洛阳都亭。

袁绍

（？—202 年）东汉军阀。字本初，汝南汝阳（今河南周口西南）人。出身名门望族，自曾祖父起四代有五人位居三公。少年时即闻名当世。灵帝死，与大将军何进合谋诛宦官，事泄，何进被杀，袁绍率军尽诛宦官。董卓专权，与袁绍政见不同，逃奔冀州。初平元年（190 年），关东州郡牧守联合起兵讨伐董卓，袁绍被推为盟主，自号车骑将军。董卓被杀后，关东军内部互相兼并，袁绍夺取冀州地盘，自领冀州牧。此后又夺得青州、并州。初平四年进攻黑山起义军，杀数万人。建安四年（199 年），袁绍灭公孙瓒。至此，袁绍已占据黄河下游的四州之地，领众数十万，成为最大割据势力。同年，袁绍准备进攻曹操，直捣许都，劫夺汉帝。五年，袁绍发布讨曹檄文，率 10 万大军，进军黎阳。同年与曹操决战于官渡。袁绍兵力虽数倍于曹，但被曹操偷袭乌巢（今河南延津东南），火烧全部军粮，主力也被消灭，只与其长子袁谭带 800 多骑败回河北。两年后惭愤病死。

袁术

（？—199 年）东汉军阀。字公路，汝南汝阳（今河南周口西南）人。袁绍从弟。官至虎贲中郎将、后将军。为避董卓之祸，从京师洛阳出奔南阳，割据其地。袁术征敛无度，百姓苦不堪言。他对袁绍充当关东盟主很不服气，遂远交幽州公孙瓒，而袁绍也联络荆州刘表以牵制袁术。初平四年（193 年），袁术进军陈留，与曹操交战，刘表从襄阳进逼其根据地南阳。袁术被曹操击败，向襄邑（今河南睢县西）、宁陵（今河南宁陵东南）退却。至扬州九江郡，赶走刺史陈瑶，自领其州，以寿春为根据地。袁术不顾部下反对，于建安二年（197年）在寿春称帝。其后，先为吕布所破，后被曹操所败。四年，袁术众叛亲离，想前往青州投靠袁绍长子袁谭，又怕曹操追击，忧愤呕血而死。

刘表

（142—208年）东汉军阀。字景升，山阳高平（今山东邹县西南）人。灵帝时任北军中侯。献帝初平元年（190年），任荆州刺史。得到蒯越、蔡瑁等名士、大族的支持，平定长江中游的反抗力量。当时群雄并起，割据南阳的袁术使孙坚进袭刘表，被刘表击败，孙坚中矢而死。初平三年，授刘表为镇南将军、荆州牧，封成武侯。实力雄厚，据地数千里，带兵10余万，在兼并战争中保地自守，中立观望。建安六年（201年），刘备被曹操击败后投奔刘表，此后刘备依托刘表，在荆州数年。荆州20多年政局稳定，战争破坏较少，生产正常进行，关中、兖、豫学士归者以千数。刘表还建立学官，广求儒士，又广求遗书，形成"古典毕集，充于州间"的盛况，起到了保存文化的作用。建安十三年（208年），曹操南征，刘表病死。

豪强地主

占有大量土地，享有政治特权，横行乡里的大地主。他们在汉代随着土地兼并的加剧而发展起来。新莽末年农民起义爆发后，他们中的许多人纠集宗族起兵，开始建立自己的私人武装。东汉建立后，初期曾推行查田与他们做斗争，以后再没有实行大规模的限制和打击。其势力进一步发展，建立起规模很大的田庄。田庄经济自给自足，除种植粮食、蔬菜、林木、桑麻等外，还饲养牲畜，经营织染、酿造等手工业。田庄的生产者是依附于地主的农民，称为宾客、荫户、徒附，身份低下，生活困苦，不能随意离开。田庄修有坞堡，拥有私人武装，称为家兵、部曲。东汉末年的黄巾起义虽给他们以沉重打击，但有些人借机扩充武装，形成地方割据势力。

宦官

宫廷中侍奉皇帝及其家族的官员，由阉割后的男子充任。史书上称为寺人、阉（奄）人、阉宦、宦者、中官、内官、内臣、太监、内监等。大都出身微贱，不过是供皇帝及其家族役使的家奴。秦代开始出现，后人数渐增。秦汉时属少府管辖；隋、唐、宋设内侍省，由宦官主管；明设24衙门，由太监管理；清设总管太监、首领太监，隶属内务府。宦官作为内廷官，是不能干预政事的，但因其上层分子多为皇帝最亲近的奴才，经常能窃取权力。东汉、唐、明都有宦官专权的史实。

党锢之祸

东汉桓帝、灵帝统治时期，官僚士大夫因反对宦官专权而遭禁锢的政治事件。东汉后期，出现了外戚和宦官交替专权的局面。桓帝即位后，借用宦官力量，消灭了长期把持朝政的外戚梁氏。从此，宦官独揽朝政达30年。他们广树党朋，到处安插亲信，搜刮百姓，虐害士民，引起受压抑的一部分官僚和知识分子的不满，这些人联合起来结成反宦官的力量。洛阳的太学是反宦官集团的重要阵地，太学生们以郭秦、贾彪为首，讨论政治，抨击宦官，被称为清议，得到官僚、士人的支持，因此被称为"党人"。166年，正直的官僚李膺因捕杀交结宦官、教子杀人的方士张成，被诬告"诽讪朝廷"。桓帝通令郡国逮捕"党人"，李膺等200余人被捕下狱。次年被赦归乡里，改处禁锢终身，不得做官。事件发生后，党人名声益高，得到广泛同情和支持。灵帝即位后，外戚窦武专政，起用党人，并与太傅陈蕃合谋诛灭宦官，后来事泄被杀，李膺等皆免官遭禁锢。169年，灵帝在宦官侯览、曹节挟持下，收捕李膺、杜密等百余人下狱处死。后来各地受株连被杀死、流放或囚禁的达六七百人。172年，党人和太学生又有千余人被捕下狱。176年，宦官怂恿灵帝下诏，凡党人的门生故吏、父子兄弟以至五服之内的亲属一律免官禁锢。

第二次党锢之祸一直延续了十几年，直到黄巾起义爆发，灵帝才下诏赦免党人。

黄巾起义

东汉末年爆发的农民大起义。东汉中期以后，统治极其腐败，皇帝公开卖官鬻爵，官吏贪污贿赂成风，外戚、宦官轮流当政，政治愈发黑暗。社会上土地兼并严重，加之水旱、风雹、蝗虫等自然灾害连年发生，农民四处流亡。东汉末年，巨鹿（今河北平乡）人张角创立太平道教，自称"大贤良师"，利用阴阳五行说向群众宣传。10余年间，组织群众数十万人，分布在青（今山东淄博东北）、徐（今山东郯城）、幽（今北京西南）、冀（今河北临漳西南）、荆（今湖北襄阳）、扬（今安徽合肥西北）、兖（今山东金乡西北）、豫（今安徽亳州）8州。张角将徒众分为36方，大方万余人，小方六七千人。各方均置渠帅首领，归张角统一指挥。经过长期准备，张角预言"苍天已死，黄天当立，岁在甲子，天下大吉"。以甲子年（184年）三月初五作为各方同时起义的时间。起义前夕，因叛徒告密，张角决定提前起义。起义军皆头束黄巾为标志，故称"黄巾军"。起义爆发后，旬日之间，天下响应，京师震动，起义军活动于冀州、颍川（今河南禹县）、南阳等地，重创前来镇压的官军。后张角病死，其弟张宝、张梁相继牺牲。因黄巾军力量分散，相继被官军所败。分散在各地的起义军坚持斗争长达20余年。黄巾起义是中国历史上第一次利用宗教作掩护，有组织、有准备、有纲领的农民战争。在黄巾起义的猛烈冲击下，东汉政权迅速土崩瓦解。

官渡之战

东汉末年曹操统一北方的战役。董卓之乱后，在各派军阀的角逐中，袁绍势力最大，而曹操的实力发展较慢。袁绍出身"四世三公"的世家大族，门生、故吏遍及天下。他先夺取冀州，又将势力发展到并州、青州。建安四年（199年），灭公孙瓒，占据幽州，控制黄河下游以北的广大地区。继而南下攻许（今河南许昌），欲与曹操决一胜负。曹操因镇压黄巾军而起家，曾参与讨伐董卓的关东联军。初平三年（192年），曹操在济北诱降黄巾军30余万，并编其精锐为"青州兵"，为其日后强大打下基础。曹操控制兖、豫二州后，又击破陶谦，扩地至东海。建安元年（196年），迎献帝至许昌，挟天子以令诸侯，占有政治上的优势。经济上他广募农民，组织士兵，在许昌周围大兴屯田，积聚军粮，使经济、军事实力迅速增强，成为北方唯一能与袁绍抗衡的力量。后袁军南下攻许，曹操引军屯官渡（今河南中牟东北）。其时袁绍虽有优势，但统治不稳，士气不振，内部矛盾重重。曹操虽处劣势，由于打击豪强，大兴屯田，发展生产，统治稳定。并且治军赏罚分明，唯才是举，知人善任，上下齐心。建安四年（199年），袁绍不听谋士劝阻，仓促率兵南下。次年，曹操利用袁绍迟疑不决之机，迅速东征徐州，击败依附袁绍的刘备，解除东顾之忧，随后回兵官渡。袁绍以颜良试攻白马（今河南滑县北），曹军迎战，斩杀颜良。随即进军延津（今河南延津北），再败袁军，诛杀文丑。此时，袁军主力屯据阳武（今河南原阳西），隔河与官渡曹军对峙。袁绍自恃兵多粮足，不听谋士许攸谋略，急于求战。许攸遂投奔曹操，告诉曹操袁军粮草屯于乌巢（今河南延津东南）。曹操即选精骑五百偷袭，焚毁袁军粮草。袁绍得知，未派兵救援，而命张郃、高览偷袭曹军大营。张郃、高览率大军降曹。袁军人心震惧，全线崩溃。曹军乘胜追击，斩杀袁军8万余人，袁军主力丧失殆尽。袁绍逃回河北，忧愤而死。建安十年（205年），曹军攻杀袁绍长子袁谭，平定冀州，旋取并州，袁谭之弟袁尚、袁熙逃奔三郡（辽东、辽西、右北平）、乌桓。建安十二年（207年），曹军大败乌桓于柳城（今辽宁朝阳南），斩杀辽西乌桓单于蹋顿。袁尚、袁熙兄弟再奔辽东，为太守公孙康捕杀。至此，除关中尚有马腾、韩遂外，北方基本统一于曹操麾下。

赤壁之战

东汉建安十三年（208年）曹操与刘备、孙权联军之间的一次重大战役。因交战于赤壁，史称赤壁之战。曹操在基本统一北方后，于建安十三年七月挥师南下，企图一举消灭荆州的刘表和江东的孙权，统一全国。八月，刘表病逝，次子刘琮屯襄阳，刘备屯樊城。九月，曹操至新野，刘琮不战而降。因江陵贮有刘表的大量粮草兵器等，刘备从樊城向江陵撤退，并命关羽率领水军经汉水到江陵会合。曹操亲率轻骑五千，日夜兼程追赶，在当阳长坂（今湖北当阳东北）打败刘备，占领江陵。刘备放弃撤往江陵的计划，折向东南汉水方向撤退，和自汉水东下的关羽水军会合，并与刘表长子、江夏太守刘琦所部1万余人退至夏口（今湖北武汉汉口），图谋联合孙权抗击曹操。曹操南下时，孙权派鲁肃出使荆州，兼说刘备同心御曹，鲁肃与刘备相遇当阳。当时曹操据江陵，将顺流东下，形势紧迫，刘备遣诸葛亮随鲁肃前往东吴。诸葛亮到柴桑（今江西九江西南）时，孙权已接到曹操威胁的书信，要与之在吴地决战。孙权不愿以全吴之地、十万之众受制于曹操，又顾虑孙、刘联军不能与曹操相匹敌，犹豫不决。诸葛亮向他分析敌我双方的利弊，指出曹操劳师远征，士卒疲惫，北人不习水战，和张昭为首的主和派展开了激烈争辩。诸葛亮指出主和派意见的错误，进一步消除了孙权的顾虑。孙权决心联刘抗曹，从鄱阳（今江西波阳东北）召回周瑜。周瑜支持诸葛亮和鲁肃的意见，

增强了孙权联刘抗曹取胜的信心，命周瑜和程普为左右都督，鲁肃为赞军校尉。周瑜率精锐部队3万人，沿江而上至夏口，与刘备军2万多人共同抗曹。孙、刘联军溯江西进，与顺流而下的曹军在赤壁相遇。曹军初战不利，退往长江北岸的乌林（今湖北洪湖东北），双方隔江对峙。曹兵不习惯船上生活，曹操下令用铁索将战船连在一起，减轻风浪颠簸。周瑜部将黄盖建议采用火攻战术以败曹军。曹操骄傲轻敌，相信黄盖的诈降，黄盖带10艘快船，满载薪草膏油，外用帷幕伪装，顺风驶向曹船，因风纵火，焚烧曹军船只，火势延及岸上营垒。曹军人马伤亡无数。周瑜、刘备军队水陆并进追击，曹操沿华容小道（今湖北监利北），向江陵方向狼狈退却，加上瘟疫、饥饿，曹军损失惨重。赤壁战后，曹操退回北方，再无力南下。刘备通过这次战争也占据荆州大部，稍后又夺得刘璋的益州，孙权据有江东，形成了后来魏、蜀、吴三国鼎立的割据局面。

2. 社会经济

度田令

东汉抑制地主豪强的政治经济措施。东汉初年，土地兼并严重。光武帝于建武十五年（39年）命令各州、郡清查人们占用田地数量和户口、年纪。目的有二：一是限制豪强地主兼并土地和奴役人口的数量；二是便于封建国家征收赋税和征发徭役。当时许多大地主拥有武装，号称"大

赤壁大战图

姓、兵长",他们隐瞒田地和依附的人口，反对清查。地方官吏惧怕他们，又贪于贿赂，互相勾结，隐瞒谎报；对农民则不仅丈量田地，还把房舍等作为田地，上报充数。一些"郡国大姓"公开反对度田。光武帝以度田不实的罪名，处死了曾任汝南太守的大司徒欧阳歙、河南尹张伋等 10 余人，使得"郡国大姓及兵长群盗处处并起，攻劫在所，害杀长史，郡县追讨，到则解散，去复屯结"。对此，光武帝发兵威胁，把捕获的大姓兵长迁徙他郡，割断他们与乡土的联系。此后，豪强武装转为隐蔽，割据形势相对缓和。度田与户口制度遂成为东汉定制。

提花织机

一种具有提花设备，能在织物上织出花纹的织机。古代普通织机是利用一片或两片综（提升经线的部件）分别同时提升单数或双数的经线，形成梭口，以便送纬打纬，织成平纹的织物。商和西周的丝织品上已有简单的几何纹。春秋战国时，相当精美的锦和文绮上已出现了复杂多变的鸟兽龙凤花纹。考古发现的汉代提花织物主要是文绮、文锦和文罗。1971 年长沙马王堆汉墓出土的西汉初年的绒圈锦，其总经线数为 8800 ～ 12200 根，组织结构相当复杂，织机的复杂和织造工作的艰巨可以想见。汉时的一种大型提花织机，在机上部专门设有花楼，挽花工在上面按预定的花纹图样控制复杂的综综运动，与坐在机前的织工配合织造。东汉王逸的《机妇赋》中曾生动形象地描写了这一复杂艰巨的劳动。

3. 文化与科技
白虎观会议

东汉章帝时召开的一次讨论儒家经典的学术会议。东汉初年，经学中的今古文学派的门户之见日益加深，各派内部因师承不同，对儒家经典的解说不一。光武帝刘秀于中元元年（56 年）"宣布图谶于天下"，

把谶纬之学正式确立为官方的统治思想。为了巩固儒家思想的统治地位，使儒学与谶纬之学进一步结合起来，章帝建初四年（79 年），仿西汉石渠阁会议的办法，召集各地著名儒生于洛阳白虎观，讨论五经异同，这就是历史上有名的"白虎观会议"。这次会议由章帝亲自主持，参加者有魏应、淳于恭、贾逵、班固、杨终等。会议由五官中郎将魏应秉承皇帝旨意发问，侍中淳于恭代表诸儒作答，章帝亲自裁决。这样持续数月。此后，班固将讨论结果编辑成《白虎通德论》，又称《白虎通义》，作为官方钦定的经典刊布于世。这次会议肯定了"三纲六纪"，并将"君为臣纲"列为"三纲"之首，使封建纲常伦理系统化、绝对化，同时还把当时流行的谶纬迷信与儒家经典糅合为一，使儒家思想进一步神学化。

张仲景与《伤寒杂病论》

张仲景是东汉著名医学家。名机，字仲景，南阳郡（今河南邓州市东北）人。自幼博览群书，精研医学，拜同郡张伯祖为师学医。汉末大乱，疾疫流行，张仲景感伤之余，"乃勤求古训，博采众方"，总结前代医学理论与临床经验，写成巨著《伤寒杂病论》16 卷，对病理、诊断、治疗及用药，都做了详细论说，成为中医学经典。书中按病人的症候定出药方，共 397 法 113 方，其中解热、泻下、利尿、催吐、镇静、兴奋等，均已被现代医学证明无误。张仲景还提出了一整套治疗的理论方法，包括汗、吐、下、和、温、清、补、消所谓八法，奠定了中医治疗学的基础，被后代中医奉为"医圣"。

王充与《论衡》

王充是东汉哲学家、思想家。他历时30 年，写成长达 85 篇 20 余万字的巨著《论衡》。其中，王充对谶纬神学的思想体系进行了全面的批判。他以道家自然之说立论，对自然作了唯物主义的解释。王充反对世俗儒者对孔子的片言只语进行无穷无尽的演

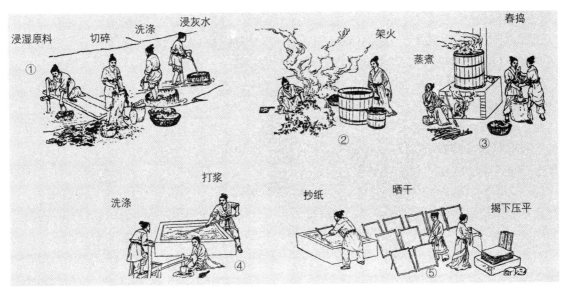

浸湿原料　切碎　洗涤　浸灰水　　　　　架火　蒸煮　舂捣

①　　　　　　　　　　　　②　　　　　③

洗涤　打浆　　　　抄纸　晒干　揭下压平

④　　　　　　　　　⑤

造纸流程示意图

绎，并对孔子反复提问。《论衡》还分别对孟子、墨子、韩非、邹衍等人进行了批判，其中涉及汉朝的政治、文化等。王充很难为世俗所容，一生"贫无供养，志不娱快"，终无力阻止谶纬的泛滥。《论衡》一书对后世思想产生了很大影响。

张衡与地动仪

张衡是东汉科学家、天文学家、哲学家。字平子，南阳西鄂（今河南省南阳北）人。少年游学西京长安和东京洛阳，通五经，贯六艺，才高于世，永初五年（111年）赴京都任郎中、尚书侍郎。自元初二年（115年）至永建初年，两次任太史令。晚年曾任河间相、尚书等职。张衡精通天文、历算，在地震学、机械制造、绘画等方面均有很高造诣。发明了世界上最早的水力转动浑天仪和测定地震的候风地动仪。在天文学理论方面，张衡是"浑天派"的主要代表。对天地之起源，张衡认为天地未分之前，乃是一片混沌；既分之后，轻者上升为天，重者凝聚为地，阴阳相荡，产生万物。张衡还第一次正确解释了月食是由于月球进入地影而产生的。他依据当时的天文学知识，肯定了宇宙的物质性和无限性。张衡把中国古代自然科学和哲学推向了一个新的高度，其著作收集在清严可均编的《全上古三代秦汉三国六朝文》中。

蔡伦与造纸术

纸的发明是中国人对世界文化发展的伟大贡献。中国古代有文字以后，用作书写（包括刻、铸）文字的材料很多，有陶器器壁、龟甲兽骨、青铜器皿以及绢帛、竹木等等。汉代书写使用竹、木比较普遍，称为竹（木）简。西汉时期文化发展，文化传播需要更轻便的书写材料，于是便有了纸的创造。先是丝絮制成的纸，后来便造出了植物纤维纸。西安灞桥汉墓以及新疆罗布泊和居延的汉代烽燧遗址，都发现麻类纤维制成的纸。东汉和帝时，蔡伦改进了造纸方法，采用树皮、麻头、旧布和破鱼网为原料，造出了质量更好的植物纤维纸，非常适于书写。人称"蔡侯纸"。

郑玄

东汉经学家。字康成，北海高密（今山东高密西）人。曾入太学受业，学《易》《公羊春秋》《三统历》《九章算术》《古文尚书》等，又习古文《用官》《礼记》《古氏春秋》等，后从学马融3年。学成后辞归，在乡里讲学，学徒多至数百人。因党锢不能出仕出官，遂专修经学。遍注群经，博采今古经文，以"整百家之不齐"，贯通群经，结束200余年的今古文的争辩。他对经学的训释集汉代经学之大成，为后人解释奠定了基础。

《汉书》

纪传体西汉断代史。共100篇，其中包括纪12篇、表8篇、志70篇。作者班固，字孟坚。其父班彪撰写《后传》65篇，作为《史记》续篇。光武帝建武三十年（54年），班彪去世，班固开始整理《后传》。又在《后传》基础上撰写《汉书》。和帝永元四年（92年）班固卒时，尚有八表和《天文志》没有完成。和帝命其妹班昭续撰。《史记》是一部通史，《汉书》则是断代史，首创断代史的编纂方式。

华佗

（？—208年）东汉临床医学家。一名敷，字元化，沛国谯（今安徽亳州）人。早年游学于徐州一带。他兼通数经，通晓养生术，官府征召入官，坚辞不就。一生主要在今安徽、江苏、山东、河南一带行医。汉丞相曹操患头痛病久治不愈，华佗以针刺法治疗，立见成效。曹操留他做侍医，华佗不从，托词回家不返，被曹操杀害。华佗医术高超，通晓内、外、妇、儿、针灸各科，《三国志》载华佗治疗的20多个病例，包括传染病、寄生虫病、妇产科病、小儿科病、皮肤病、内科病等等。华佗尤长于外科，他创制了"麻沸散"，患者服后麻醉，再施以手术疗治。发明了"五禽戏"，模仿动物动作进行体育锻炼。有著作多种，均亡佚。

五禽戏

五禽戏，因模仿虎、鹿、熊、猿、鸟5种禽兽的动作而得名，为医学家华佗所创。远在战国时期仿生导引术就已盛行，知道仿效鸟兽动作能舒筋活络、健身防病。华佗将前人的理论和实践加以总结，创编了这套保健医疗体操，并提出了预防疾病为主的理论。东汉初，作为帝王的汉光武帝竭力追求长生不老，一时方术大盛。华佗与一般方士不同，他认为运动对人体健康具有重要的作用，体育锻炼才是延年益寿的科学方法。史籍所载，华佗的弟子吴普坚持操练五禽戏，90多岁时仍耳聪目明，牙齿坚固，偶然患病也因坚持操练五禽戏而治愈。华佗所创五禽戏的具体动作早已失传，六朝陶弘景《养生延命录》中所辑《五禽戏诀》可能与原来的动作差距不大。五禽戏的出现，很大程度上推动了后世导引养生术的发展，同时启发了后人创编的象形拳，因而在我国的运动史、气功史上产生了极其深远的影响。

《汉纪》

记载西汉历史的编年体史书。共30卷，东汉荀悦撰。荀悦字仲豫，喜好著述。献帝时官至秘书监、侍中，著有《申鉴》等书。汉献帝认为《汉书》文繁难读，建安三年（198年）命荀悦根据《左传》编年纪事的编纂体例撰写《汉纪》，建安五年书成。全书约18万字，记事起于西汉元年（前206年），止于王莽地皇四年（23年）。因为荀悦撰写该书主要是对《汉书》剪裁删润，去繁就简，所以内容基本不出《汉书》范围，但有少许增补，纪事亦略有不同。

《东观汉记》

记载东汉光武帝至灵帝一段历史的纪传体史书，因官府于东观设馆修史而得名。它经过几代人的修撰才最后成书。汉明帝刘庄命班固、陈宗、尹敏、孟异等共撰《世祖本纪》。班固等人又撰功臣、平林、新市、公孙述事迹，作列传、载记28篇奏上。安帝时，刘珍、李尤、刘騊駼等奉命续撰纪、表、名臣、节士、儒林、外戚等传，起自光武帝建武年间，终于安帝永初时期，书始名《汉纪》。此后伏无忌、黄景等又承命撰诸王、王子、功臣、恩泽侯表和南单于、西羌传，以及地理志。桓帝时，又命边韶、崔寔、朱穆、曹寿撰孝穆、孝崇二皇传和顺烈皇后传，外戚传中增入安思等皇后，儒林传增入崔篆诸人。崔寔又与延笃作百官表和顺帝功臣孙程、郭镇及郑众、蔡伦等传。至此，共撰成114篇，始具规模。灵帝时，马日磾、蔡邕、杨彪、卢植、韩说等又补作纪、志、传数十篇，下限延伸到灵帝。该书与《史记》《汉书》并称"三史"。

《说文解字》

中国第一部系统分析字形和考究字源的字书，简称《说文》。东汉许慎于安帝建光元年（121年）写成，奠定了中国古代字书的基础。原书14篇，叙目1篇。正文以小篆为主，收字9353个，又有古文、籀文等异体字1163字，解说133441字。该书在流传中，屡经窜改，今本为宋徐铉所校定，与原书颇多出入。徐氏将每篇分为上、下两卷，共30卷，收9431字，异体字1279字，解说122690字。该书改变了周、秦至汉代的字书编纂方法，即将所收字编为四言、七言韵语的形式，首创了部首编排法，分为540部。许氏又总结了以前的"六书"理论，开创了系统地解释文字的方法，先解释字义，次剖析形体构造，再说明读音。剖析字形的方法，是以前字书所未有的。

许慎与"六书"构造

许慎对文字学的另一大贡献，就是建立了汉字"六书"构造说。所谓"六书"，是指六种造字的方法，即象形、指事、会意、形声、转注、假借。象形是指摹写实物形状所构造的文字，常称为"象形文字"，例如日、月、山、水、雨、牛、羊、马、鸟等。指事是在象形的基础上，用符号表示抽象概念的一种造字方法，例如牡与牝，分别用符号表示动物的公与母。会意是用两种以上的图画，组成合体图形，表示一种新意义的造字方法。例如一个"武"字即由"戈"与"止"两个画形组成。在甲骨文中，上面一戈，下面画一人脚，表示人持戈矛。形声是通过象形字加上声音符号的一种造字方法。例如"青"这个声音符号，加上"日"的象形就成"晴"字，加上"水"的象形就成"清"字，如此等等。通过转注，可以滋生不少新字。假借是一字多用或一字多义的造字方法。例如"云"字，本作云气、彩云理解，后来借作"说""谓""曰"的意思。许慎的"六书"，并不是造字时预先定下的六种方法，而是从成千上万繁复的字形中总结出来的一些规律。我们掌握了文字构造的规律，就可发明创造更多的新字，以适应社会生活的需要。

《四民月令》

记述东汉大地主田庄诸多内容的书籍。东汉末年崔寔著。崔寔是涿州（今河北涿州市）人，西汉以来世代为官，后迁居洛阳。书中记录了农业、手工业、工业和商业以及各项经济、社会、教育以至军事活动，包括祭祀、学习、社交、种植粮油、蔬菜、竹木、花果，以及蚕桑、纺织、漂染、缝纫、酿造、建筑、农田水利、采集野生植物、配制药剂、修造用具、武器，掌握时机买贱卖贵等士农工商四种人的各项事务。可以看出这种田庄拥有相当数量土地，使用宗族、亲戚、宾客（农民）、雇工、奴婢从事农业、手工业和商业，是由一个家长统率下的自给自足的社会单位。家长领导各种社会活动和生产。记载表明，大地主的田庄里，还拥有一支私家武装。每当青黄不接或寒冻将临时，地主就纠集一部分农民，准备镇压可能出现的农民暴动。

班固

东汉史学家、文学家。字孟坚，扶风安陵（今陕西咸阳东北）人。16岁入洛阳太学，博览群书，三教九流、百家之言，无不穷究。其父班彪曾作《史记后传》。班彪死后，班固继承父业搜集史料，

班固像

从明帝永平元年（58年）起，续写父书。永平五年，班固被人告发私改国史而下狱。弟班超上书，竭力辩白，使他得释。获释后任兰台令史，与陈宗等写成《世祖本纪》。升为郎、典校秘书，受命编撰《汉书》。章帝时任玄武司马。建初四年（79年），曾根据诸儒在白虎观辩论五经同异的结论，整理成《白虎通义》。和帝永元元年（89年），班固随大将军窦宪出击匈奴，任中护军。大破匈奴后，作《燕然山铭》以纪功。窦宪被

诛后，受牵连，下狱而死。著述除《汉书》外，还有《两都赋》《终南山赋》等。

4. 外交

班超

（公元32—102年）东汉外交家、军事家。号定远，扶风安陵（今陕西咸阳东北）人，其父班彪，兄班固，妹班昭均为东汉史学家。他久有效张骞立功异域之志，在东汉受匈奴威胁的情况下，毅然投笔从戎。永平十六年（73年）从窦固出击北匈奴有功，率36人出使西域，灭匈奴派驻鄯善的使者，威震西域。后又攻杀匈奴派驻于阗的使者，废黜亲匈奴的疏勒王，巩固了东汉在西域的统治。章帝初，北匈奴在西域反扑，他在疏勒等地坚守，处境艰难。后得东汉援军，联合当地人民，开始反击。公元87—94年，陆续平定莎车、龟兹、姑墨、温宿、焉耆、危须、尉黎等地贵族叛乱，并击退大月氏入侵。公元91年，任西域都护。后封为定远侯。公元97年，派甘英出使大秦，抵安息（今伊朗、伊拉克一带）西境，未至大秦而还。102年他回洛阳，不久去世。他在西域31年，多次平定叛乱，保护西域安全，加强西域与内地的联系，保证了"丝绸之路"的畅通。

汉代匈奴

匈奴是我国古代北方游牧部族，最早叫荤粥，周代称猃狁，到秦朝才叫匈奴。以畜牧为主，逐水草而迁，社会组织以部落联盟为主，首领称单于。秦汉之际，冒顿单于统一各部，建立起强大的奴隶制军事政权。汉初，匈奴贵族为掠夺财物和奴隶，经常南下骚扰汉朝北部边境。汉朝先对匈奴采取"和亲"安抚政策；汉武帝时，随国势强盛，遂转入对匈奴进行军事反击。元朔二年至元狩四年（前127年—公元前119）经河南、河西、漠北三大战役，匈奴受到很大打击，势力渐衰。汉宣帝甘露三年（前51年）呼韩邪单于降汉，觐见汉宣帝。汉元帝竟宁元年（前33年），元帝以宫女王嫱（昭君）嫁呼韩邪。其后40余年间，汉与匈奴一直维持和平亲睦的关系，至王莽时再度爆发战争。东汉光武帝建武二十四年（48年），匈奴分为两部，南部附汉部分称为南匈奴，留居漠北的称北匈奴。南匈奴屯居五原、云中、定襄、朔方、雁门、上谷、代、北地8郡，东汉末分为5部。北匈奴在汉和帝时被东汉和南匈奴击败，部分西迁。匈奴与两汉通过战争、和亲及其他各种方式的接触，接受了汉朝经济、文化的影响。匈奴在东西方经济、文化交流中起过一定的作用。

西域

历史地理名词，汉朝对玉门关（今甘肃敦煌西北）、阳关（今甘肃敦煌西南）以西地区的总称。其名始见于《汉书·西域传》。狭义的西域专指玉门关、阳关以西、天山南北等地区。广义的西域还包括中亚和西亚、南亚的一部分，以及东欧和北非的个别地区，是中国当时就地理知识所及对"西方"的泛称。汉武帝时曾两次派张骞通西域，汉宣帝神爵二年（前60年），置西域都护府，对该地区进行政治、军事管理，这是西域正式归属中央政权的开始。随着西域道路的畅通，天山南北地区第一次与内地连为一体，在我国历史上具有深远意义。汉以后历朝中，唐在西域设置过安西、北庭两个都护府。亚欧海运开辟前，西域长期是东西方往来的陆路交通要道，便利了东西方经济、文化的交流。19世纪末以来，"西域"一词渐废弃不用。

甘英

东汉使者。公元79年奉西域都护班超之命出使大秦（罗马帝国）。到达条支（今伊拉克境内）的西海（波斯湾），欲渡海西去时，误信安息（今伊朗、伊拉克一带）西界海水广大，航路难行，以致未至大秦而还。这次出使虽未到过大秦，但由此了解到沿途风土人情，加深了当时中国对中亚各国的认识，为以后中西文化的交流提供了条件。

第五章

离析与交融

三国

（220年—280年）

东汉末年，各路军阀割据争雄，东汉统一帝国名存实亡，而最终形成的魏、蜀、吴三大政治势力就此拉开了争霸天下的序幕。

中国历史继秦汉统一之后，再次陷入割据与动乱之中。分裂和动乱是这一时期政治上最突出的表现，鼎足三方各依优势，发展经济，壮大队伍：曹魏大兴军屯、民屯，在西北、两淮等地广积粮草，招募兵力；西蜀据有"沃野千里，天府之土"的成都平原和"帝王之资"的荆州要地，诸葛亮平定南中、屯田汉中，尽掘地力；江东权势者则经营山越，大力开发东南经济。

三国时期，民族冲突和民族融合是历史发展的又一主要内容之一。中原的混乱，中央集权的衰落，为少数民族提供了一片新的历史舞台，而中原人口的锐减，也为内迁各族人民提供了适宜的生存空间。少数民族的内徙与融合成为一种不可逆转的历史潮流。

但诚如小说《三国演义》开篇所言，天下大势，分久必合，最终完成统一大业的是代魏而起的西晋。

魏（220年—265年）

1. 政治

魏武帝曹操

（155—220年）三国时政治家、军事家、文学家。字孟德，小名阿瞒，沛国谯（今安徽亳州）人。20岁时为郎，历任洛阳北都尉、顿丘令等职。黄巾起义时起兵，任骑都尉，与皇甫嵩等镇压颍川黄巾军，后为西园八校尉之一的典军校尉。中平六年（189年）董卓专权，曹操逃离洛阳，至陈留（今河南开封东南），散家财，聚兵5000人，与袁绍为首的关东州郡军一起讨伐董卓。董卓战败西逃，袁绍任命曹操为东郡太守。在镇压黄巾起义中，曹操逐步扩充军力。初平三年（192年），曹操入兖州（今山东金乡东北），迫降青州黄巾军30余万，编成"青州兵"。建安元年（196年），迎汉献帝建都于许（今河南许昌东），挟天子以令诸侯，并在许屯田。次年击破袁术，建安三年擒杀吕布。两年后在官渡（今河南中牟东北）大败袁绍，进而统一北方。建安十二年率军出卢龙塞（在今河北喜峰口附近），在离柳城（今辽宁朝阳南）100余里的地方大败乌桓，杀蹋顿单于，次年任丞相，率军南下，被孙、刘联军用火攻击败于赤壁。后进封魏王。子曹丕废汉称帝后，被追尊为魏武帝。曹操兴屯田，修水利，抑兼并，推广农业生产技术，改革赋税制度，使统治区的社会经济有所恢

魏武帝曹操像

受《三国演义》的影响，在许多人的心目中，曹操是个反面人物。实际上，曹操是一位雄才大略的政治家和军事家，他统一北方，使混乱的社会经济得到恢复，对于结束东汉末年的战乱功不可没。同时，曹操在文学上也卓有建树。

三国大事年表

220 年，曹丕称帝，建魏国，定都洛阳。魏国设立官制"九品中正制"。

221 年，刘备称帝，定都成都，史称蜀汉，简称蜀。同年，张飞被部下所杀。

222 年，吴将陆逊在夷陵之战中大败刘备。

223 年，刘备死，诸葛亮受命辅佐蜀后主刘禅。

225 年，诸葛亮七擒孟获。

228 年，诸葛亮开始六出祁山（228—234）伐魏。

229 年，孙权称帝，建吴国，定都建业（今南京）。

230 年，吴国派将军卫温等率军至夷洲（台湾）。

234 年，诸葛亮病逝于伐魏途中。

235 年，魏国马钧创建指南车。

249 年，司马懿发动政变，消灭曹氏重臣，从此控制魏国朝政。

251 年，司马懿死，其子司马师执掌魏国朝政。

252 年，孙权死，其子孙亮即位。

255 年，司马师死，弟司马昭执掌魏国朝政。

256 年，蜀将姜维败于魏将邓艾。

258 年，蜀国朝政被宦官黄皓把持。

262 年，司马昭杀名士嵇康。

263 年，蜀后主刘禅向魏将邓艾投降，蜀国灭亡。

263 年，数学家刘徽写成名著《九章算术注》。

264 年，司马昭被封为晋王。

265 年，司马昭之子司马炎废魏称帝，建立晋朝。

复和发展。他知人善任，唯才是举，抑制豪强，加强集权。他精兵法，著《孙子略解》《兵书接要》等书。他善诗歌，著有《蒿里行》《观沧海》等篇。散文亦清峻通脱。著作被辑为《魏武帝集》。

魏文帝曹丕

（187—226 年）三国时魏国的建立者，文学家。字子桓，曹操次子，沛国谯（今安徽亳州）人。建安十六年（211 年）为五官中郎将，二十二年（217 年）被立为魏世子。曹操死，袭位为魏王。二十五年（220 年）废汉称帝，即魏文帝。定都洛阳，国号魏。曹丕曾两次征吴，皆无功。又推行九品中正制，确立和巩固士族门阀在政治上的特权。曹丕爱好文学，常与文人宴饮唱和，为当时

文坛领袖。现存曹丕诗歌约 40 首，以男女爱情和游子思妇之作居多，形式上颇受民歌影响，语言通俗，描写也较细腻。其中《燕歌行》是较早的七言诗，对后世有一定影响。其代表作有《杂诗》《善哉行·上山采薇》《寡妇》等。其文《与吴质书》两篇，悼念亡友，凄楚感人。另有《典论》一书，大部已散佚或残缺不全，较完整的只有《自叙》《论文》两篇。后者为文学批评专论，倡言"文章，经国之大业，不朽之盛事"，探讨文学体制、作家才性和具体的文学批评等问题，指出文章一道"本同而末异"，而作家所禀之才性气质不同，"清浊有体，不可力强而致"，故不同作家必有不同的创作个性和作品风格，进而对"贵远贱近""文人相轻"的文坛陋习提出批评。此外，对屈原、贾谊、司马相如等前代作家也有较中肯的评论，于文学理论多有贡献，开创了文学批评的风气。有辑本《魏文帝集》。

九品中正制

魏晋南北朝的选官制度。两汉以来，世家大族的势力不断发展，成为封建统治政权中最强有力的阶层。三国政权都与世家大族的政治势力有千丝万缕的联系，魏国情况更为突出，曹丕废汉建魏后，为适应封建政治发展的需要，建立起一套新的选拔方法，这就是"九品中正制"，又称"九品官人法"。这种方法的主要内容是以中央的官吏兼任他所属郡的中正官，以人才优劣，而非士族高低的原则选拔本郡人才，列为九等，供朝廷选用。虽然在原则上与唯才是举相一致，但实际上是按门第高下进行的，中正官多为世家占有，故后来形成晋代"上品无寒门，下品无士族"的政治格局。

士族制度

魏晋南北朝时期地主阶级内部具有家族性质的等级制。士族一般指世家大族，世代为官的世家地主和豪强本身就在政治上拥有很大特权，经济上拥有很大势力。发展到汉末，权势更强，在国家政治经济生活中稳定

地保持着贵族的社会地位。曹魏初期，在选官制度中实行"九品中正制"，本来是一种要求按才论用的制度，但发展到两晋时期，掌握中正官权力的官僚多是出身于世家大族的地主，不再以才能选拔官吏和人才，而是以门第高低为标榜，终于形成了西晋"上品无寒门，下品无士族"的政治格局，大批出身寒卑的士人无法进入国家政治生活中。这是士族制度形成的一个重要时期。东晋以后，这种等级制度成熟起来，门阀士族成为东晋等许多政权的统治基础。隋唐以后，庶族地主在政治上的作用越来越大，终于在政治舞台上取得主导地位。科举制度的实行，黄巢起义军对门阀地主的打击，这些最后都导致了士族制度的逐步消亡。

庶族

魏晋南北朝时期对不属于世家大族的士人的称呼。又称寒门、寒族。东汉末年，大官僚、大地主依靠政治特权把持政治权力和官吏选拔，逐渐形成一些世家大族，他们被称为高门或士族。他们在魏晋南北朝时期极力排斥出身寒门的士人官僚，甚至在礼仪上也与庶族有所区别。庶族出身的官僚即使位居高官，也不能同士族出身的官僚相比，在社会政治生活中处于卑微的地位。唐代以后，世家大族衰亡，士族与庶族的区别才消失。

高平陵之变

魏正始十年（249年）正月初六，魏帝曹芳往高平陵（今河南洛阳东南）祭扫魏明帝曹叡陵墓，大将军曹爽与其弟中领军曹羲、武卫将军曹训、散骑常侍曹彦随驾前往。临行前，曹爽派心腹李胜借出任荆州刺史辞行之机，试探称病在家的司马懿的虚实。司马懿巧妙伪装，骗过李胜。于是，曹爽不再提防司马父子，安心随帝祭陵。司马懿乘此都城空虚的良机，迅速发动政变，迫使皇太后颁令，关闭洛阳各城门，占据武库，屯兵于洛水浮桥，切断洛阳至高平陵的交通。同时，派司徒高柔、太仆王观分别占据曹爽、曹羲营寨，又迫使皇太后下令免掉曹爽兄弟职务。

曹爽等见大势已去，接受条件回洛阳城，被司马懿软禁。正月初十，司马懿以阴谋反叛罪，将曹爽兄弟及其亲信何晏、丁谧、毕轨、李胜、桓范等下狱，以大逆不道罪斩首。之后，曹魏军政大权实际上全部落入司马氏集团手中。

司马懿

（179—251年）魏国将领。字仲达，河内温县（今河南温县西）人。出身士族，少年好学，博闻多识。汉末大乱，有忧天下之心，被名士赞为"非常之器"。初为曹操看中，后为曹丕所信重，与陈群、吴质、朱铄号曰"四友"。魏文帝时，被封为安国乡侯。黄初二年（221年）任侍中、尚书右仆射。五年（224年）改封向乡侯，录尚书事。魏明帝即位，改封舞阳侯，任骠骑将军。太和四年（230年）任大将军，加大都督。青龙三年（235年）升太尉。曾多次率军出征，与蜀相诸葛亮对抗。正始十年（249年），司马懿发动政变，杀曹爽及其党羽，独揽大权。嘉平三年（251年）病卒。

2. 社会经济

曹魏屯田

曹魏政权利用士兵或招募百姓耕种荒地以保证军粮供应的一种措施。建安元年（196年）曹操迁献帝于许（今河南许昌东），开始在许屯田，当年得谷数百万斛。曹操逐步把屯田制度推广到各州郡。屯田的土地，是国家的公田，曹操以此实行屯田制。全国的屯田，统一由大司农掌管。屯田的基层单位是屯，屯设司马，每屯约有屯田客50人。最早的屯田客是曹

龙骨水车模型　东汉
翻车又称龙骨车，是一种农业灌溉用具。东汉灵帝（168—189）时毕岚发明，三国时马钧予以完善、推广。它由手柄、曲轴、齿轮链板等部件组成，初以人力为动力，后进而利用畜力、水力和风力。由于制作简便，提水效率高，很多地方一直沿用至今。

操收编的黄巾军属。民屯之外还有军屯。屯田客和屯田士兵参加屯田，如同佃户耕种地主的土地。当时规定：持官牛者，官得六分，士得四分；自持私牛者，与官中分。民屯的租额大约也是如此。军屯中的士兵，一面屯田一面防守；屯田兵的家属有补充当兵的义务；民屯中的屯田客，只屯田纳租，不再负担徭役。

3. 文化与科技

建安文学

指汉魏之际建安时期的代表性文学。建安文学中，成就最大的是诗歌。以三曹（曹操、曹丕、曹植）和七子（王粲、陈琳、孔融、阮瑀、刘桢、应玚、徐干）为代表。他们直接继承了汉乐府诗的现实主义精神，以切身经历写出许多优秀的五言诗，体现出建安时代的社会风貌和苍凉刚劲的风格，后世誉为"建安风骨"。曹操不仅是叱咤风云的政治家，也是文坛一员主将。其"老骥伏枥，志在千里，烈士暮年，壮心不已"等名句，苍劲慷慨，气势雄放豪迈。曹操次子曹丕的《燕歌行》，开七言古诗先河。曹丕之弟曹植文才情思卓绝。这一时期，五言诗已进入成熟境界。女诗人蔡文姬也是才华横溢的作家，其所撰《悲愤诗》感伤离乱，亦为建安文学之佳品。

钟繇

（151—230 年）魏国大臣、书法家。字元常，颍川长社（今河南长葛东）人。东汉末为黄门侍郎。曹操执政时，钟繇镇守关中，召集流散农民，使生产逐渐得到恢复。曹丕时期，任廷尉。之后官至丞相、太傅，封定陵侯，世称"钟太傅"。钟繇师法曹喜、蔡邕、刘德升，博采众长，融会贯通；各体兼能，尤精于隶、楷。其书法风格古朴，自然天成，点画多奇趣，飘逸萧疏，形成由隶入楷的第一代新面目。与张芝、王羲之齐名，并称"钟张""钟王"。真迹早佚，所存刻帖《宣示表》《荐季直表》《丙舍帖》《上尊号碑》《受禅表碑》皆为后人摹刻。

曹植

（192—232）魏国诗人。字子建，沛国谯（今安徽亳州）人。曹操子，曾封为陈王，谥"思"，世称"陈思王"。曹植少年即有文才，19 岁作《铜雀台赋》，曹操惊叹其才华，一度欲立为世子。后曹丕、曹叡相继为帝，他备受猜忌。建安十六年（211 年），封平原侯。十九年，徙封临淄侯。二十五年，曹操死，曹丕废汉称帝。黄初二年（221 年），改封鄄城侯；三年，立为鄄城王；四年，徙封雍丘王。太和元年（227 年），曹丕死，曹叡即位；三年，徙封东阿；四年，封为陈王。最终抑郁而死。现存曹植诗约 80 首，辞赋、散文约 40 多篇。其诗歌"骨气奇高、词采华茂"，对五言诗的发展颇有影响。前期多为描写贵族游乐生活和应酬赠答之作，也有一些追求政治理想、向往建功立业的作品，还有少数反映汉末战乱、社会残破的篇章。后期诗歌主要表现其政治上受压抑的遭遇和苦闷心情。曹植善辞赋，《洛神赋》为其名作。

嵇康

（224—263 年）魏文学家、思想家。字叔夜，谯郡铚县（今安徽宿州西南）人。曾任中散大夫，世称"嵇中散"。友人山涛荐嵇康出仕，他笑书拒绝，声言"非汤武而薄周孔"，司马昭怒而恶之。后遭钟会陷害而终。嵇康《与山巨源绝交书》是其书信体文章的代表作，表现了他超世独立、不随波逐流的人格。其文析理缜密，文藻华丽，寄意深远。其诗以四言为胜，思绪清越，别具神韵。以《赠秀才入军诗》和《幽愤诗》为代表。

阮籍

（210—263 年）魏文学家、思想家。字嗣宗，陈留尉氏（今属河南）人。魏丞相掾阮瑀之子。依附司马氏，曾任东平相、步兵校尉等职，世称"阮步兵"。与嵇康齐名，为"竹林七贤"之一。阮籍博览群书，傲然任性，蔑视礼法。常醉酒佯狂，以避祸保身。认为人的形体和精神都禀受自然，故应效法自然，与造物同体，逍遥浮世。认为理想的社会没有刑罚，没有利害冲突，没有是非之争，无君无臣。认为"礼法"有违于自然，"尊贤""竞能""争势""宠贵"，只能使"上下相残"，亡国戮君。并把礼法之士比作破裤裆里的虱子。擅长五言诗，所作《咏作》80 余首，以隐晦的笔调，抒写内心的苦闷，寓意深远。阮籍又善文，著有《通老论》《达庄论》《大人先生传》等，后人编为《阮嗣宗集》。

王肃

（195—256 年）魏国经学家。字子雍，东海郯（今山东郯城）人。王朗之子，生于会稽。18 岁时从宋忠读《太玄经》，能作新解。王肃为司马昭岳父，为曹魏后期儒学宗师，善贾逵、马融之学而反郑玄，作《圣证论》，又为《尚书》《诗》《论语》《三礼》《左传》诸经作注。著文 100 余篇，有集 5 卷，已佚。今存 35 篇。又精于雅乐，有宗庙诗颂 12 篇。

何晏

生卒年不详，魏哲学家。字平叔，为何进之孙，与曹爽等为司马懿所杀。是玄学的创始者。魏晋人对何晏的评议多有贬抑，何晏在政治上是失败者。何晏同其他清谈家一样，多系名不符实、行不及言的人物。著作有《论语集解》10 卷、《道德论》2 卷、《集》11 卷。

王弼

（226—249 年）魏哲学家。字嗣辅，山阳（今河南焦作）人。曾任尚书郎，少年即有盛名，好论儒道，通辩能言。注《易》及《老子》，著有《道略论》。王弼官至尚书郎，卒时年仅 24 岁。王弼和夏侯玄、何晏同为玄学的创始者。认为"道"即"无"，万物皆由无产生。主张"以无为为本"，强调老子哲学的精义为"崇本息末"，"无"为本，"有"为末，但没有"有"不能体现"无"；自然（无）为本，名教（有）为末，名教出于自然。认为圣人也有"五情"，只是能"应物而无累于物"。所注《周易》偏

重哲理的发挥，不同于汉儒的烦琐考证。其《老子注》对后世影响很大。还有《周易略例》《老子指略》《论语释疑》。

马钧与机械

马钧生卒年月不详。字德衡，魏国扶风（今陕西兴平市）人。原为博士，家境较贫，他拙于言谈而富有巧思。旧织绫机既笨且重，织一匹绫要花几十天工夫。马钧简化后大大提高了生产效率和质量。他制造指南车，天下叹服。京都洛阳种菜的园地很多，缺水灌溉。马钧作翻车，令儿童转之，井水源源流出，浇水效率提高 100 倍。魏明帝令其改造百戏木偶。马钧把大木雕刻成车轮形状，平放在地，引水使轮转动，轮既动，上面的木偶也一齐动作，或击鼓吹箫，或唱歌跳舞，或跳丸掷剑，或缘绳倒立，形象栩栩如生，使观者大饱眼福。

裴秀与"制图六体"

（223—271 年），字秀彦。河东闻喜（今属山西）人，出身官僚世家。担任司空，掌管土地、田亩及地图制作等。裴秀创制了《制图六体》，即编制地图所应遵循的六条准则："分率"，即比例尺；"准望"，即方位；"道里"，即距离；"高下"；"方邪"；"迂直"。后三条说明各地由于地势起伏、倾斜缓急、山川走向而产生的问题。此六条是相互关联、相互制约的。此后，直至明代利玛窦的世界地图传到中国前，中国绘制地图的方法基本上依据裴秀规定的"六体"。裴秀编绘了《禹贡地域图》18 篇，重新勘察，绘制当时地图。又改造《天下大图》，以"一分为十里、一寸为百里"的比例进行缩制，使之成为《方丈图》，就是现在所说的小比例尺地图。

刘徽与数学

刘徽是中国古代数学大家，他对数学的贡献主要在于《九章算术注》。其中，《九章重差图》失传。唐人将《九章算术注》内有关数学用于测量的《重差》一卷取出，独成一书。因其中第一个问题系测量海岛，故

名《海岛算经》。该书的主要贡献，一是割圆术，即今圆周率。他求得圆周率近似值为3.14，又用几何方法把它化为157/50。后人即将3.14或157/50叫作"徽率"。二是关于体积计算的"刘徽定理"。他推得：圆台（锥）的体积与其外切正方台（锥）的体积之比为3.14∶4，称之为"刘徽定理"。三是十进小数的应用。同样的方法，外国到14世纪才出现，比刘徽晚了1000余年。四是改进了线性方程组的解法。五是总结发展了重差术。这可以说是中国古代特有的三角法。

蜀（221 年—263 年）

夷陵之战

三国时期吴、蜀间的重要战役，又称猇亭之战。建安二十五年（219 年），孙权俘杀蜀将关羽，出兵攻占荆州。章武元年（221年），蜀汉刘备为夺回荆州并为关羽报仇，亲率大军数十万东下攻吴。孙权派大将陆逊率兵 5 万迎敌。蜀连战连捷，攻入吴境五六百里，自巫峡连营至夷陵（今湖北宜昌东），得到武陵蛮的支持，声势浩大，锐不可当。刘备沿江设置几十个军营，陆逊以逸待劳，坚守不出。次年，蜀军疲惫不堪，士气低落。陆逊于猇亭（今湖北宜都北长江北岸）与蜀军决战。吴军利用火攻，大破蜀军40 余营，刘备尽失舟船器械，狼狈逃回白帝城（今重庆奉节东北）。蜀军主力严重受挫，刘备于次年因忧愤病故。夷陵之战后，蜀军再无力攻吴，吴亦无力西进，三国鼎立局面出现稳定。

蜀汉昭烈帝刘备

（161—223 年）蜀汉政权的建立者，在位 3 年。字玄德，涿郡（今河北涿州）人。刘备系汉宗室，少年孤贫，与母贩鞋织席为生。东汉末起兵，镇压黄巾起义军，旋投公孙瓒，领平原相。不久又从徐州牧陶谦，屯小沛（今江苏沛县）。陶谦死后，领徐州牧，与袁术相攻。后被吕布击败，归曹操，任左将军。建安五年（200 年），为操所败，奔

袁绍。不久曹操在官渡（今河南中牟东北）大破袁绍，改依刘表，屯于新野（今属河南）。此后，长驻荆州达 8 年之久。建安十二年，在隆中（今湖北襄阳西）三顾茅庐，得诸葛亮为谋士，采其策联结孙权，对抗曹操，占领荆州。建安十六年入川，后逐刘璋，夺取益州。建安二十四年进兵汉中，次年杀曹操大将夏侯渊，取得汉中，自称汉中王。是年冬，孙权袭杀关羽，荆州被夺。221 年称帝，定都成都，国号汉，年号章武。次年亲率大军东征攻吴，在猇亭（今湖北宜都北长江北岸）被吴将陆逊击败，退至白帝城（今重庆奉节东北），第二年病死。

诸葛亮

（181—234 年）蜀汉政治家。字孔明，琅琊阳都（今山东沂南）人。东汉末避乱随叔父至荆州，隐居邓县隆中（今湖北襄阳西），躬耕自给，留心世事，自比管仲、乐毅，人称"卧龙"。建安十二年（207 年），刘备因徐庶推荐，三顾茅庐向诸葛亮求教。他建议占据荆（今湖南、湖北）、益（今四川）两州，西和诸戎，南抚夷越，结好孙权，对抗曹操，复兴汉室，即所谓"隆中对"。从此深得刘备信任，成为主要谋士。建安十三年（208 年），曹操率军 20 余万大举南下，他奉命东结孙权，联军 5 万人，在赤壁大败曹操，刘备乘胜占有荆州大部地区。建安十六年从刘备入益州，3 年后破成都，逐刘璋，被任为军师，署左将军府事，镇守成都。刘备称帝后，诸葛亮任丞相。章武三年（223年）受刘备托孤。刘禅即位后，被封为武乡侯，开府治事，后领益州牧，主持全蜀政务。遣使加强吴、蜀联盟。诸葛亮当政期间，励精图治，赏罚严明，务农植谷，推行屯田，发展生产，改善和西南各族关系。建兴三年（225年）平定南中（今云南、贵州和四川南部），促进了西南少数民族社会经济的发展和各族人民的融合。从建兴六年起，率军进驻汉中，出祁山（今甘肃礼县东）攻魏，战败退回汉中。他制木牛流马，便于山地运输，又在渭水边屯田，作久驻计。建兴十二年（234 年），

诸葛亮进据武功五丈原（今陕西眉县），与魏将司马懿相持。因积劳成疾，病卒于北伐军中，葬定军山（今陕西勉县东南）。谥忠武侯。诸葛亮多谋略，精通兵法，治军严明。曾革新连弩，能同时发射10箭。著作有《诸葛亮集》。

关羽

（？—220年）蜀汉著名将领。字云长，河东解（今山西临猗西南）人。早年与张飞一起追随刘备，参加兼并战争，为别部司马。建安五年（200年），刘备为曹操所破，羽战败被俘，极受优待，拜偏将军。官渡之战中，曹操与袁绍交兵，袁绍大将颜良攻白马（今河南滑县东），关羽策马于万众之中斩颜良，解白马之围，作为对曹操的报答，然后奔归刘备。建安十三年，曹操南征，刘备撤离樊城，并令关羽带领水军乘船经汉水到江陵会合，共至夏口，与孙吴联军大战曹军于赤壁。赤壁之战后，关羽拜襄阳太守、荡寇将军。刘备西取益州，又以关羽督荆州事，镇江陵。建安二十四年升前将军，率众围曹操七军，败于禁，斩庞德，威震北方。次年，孙权派吕蒙趁关羽在襄樊作战之机，袭击荆州。关羽后方空虚，江陵守将不战而降，家属均为吴军所得。关羽闻讯从襄阳赶回，将士皆无斗志，不得已西走麦城。十二月，至章乡（今湖北当阳东北），与子关平俱为吴将擒斩。

张飞

（？—221年）蜀汉著名将领。字翼德，涿郡（今河北涿州）人。早年与关羽一起追随刘备，参与兼并战争，为别部司马。刘备从曹操破吕布，张飞因功拜中郎将。随刘备依袁绍，袁绍败后附刘表。建安十三年（208年），曹操南攻荆州，追刘备于当阳长坂（今湖北当阳东北）。刘备败走，张飞领二十余骑殿后，曹将无人敢近。赤壁之战后，任宜都太守、征虏将军。刘备率军入蜀，与刘璋反目后，张飞随诸葛亮由荆州西上支援，俘刘璋将严颜，处理得当，所过皆捷。益州既平，论功颁赐与诸葛亮、法正、关羽相等。

建安二十年，任巴西太守。曹操派大将张郃进攻巴西，与张飞相持五十余日。后张飞率精卒万余人突袭张郃，大破之。刘备称帝后，张飞任车骑将军，进封西乡侯。待下属粗暴，时常鞭笞士兵。章武元年（221年），随刘备东向攻吴，出发前为部下刺杀。

法正

（176—220年）蜀汉著名谋士。字孝直，扶风郿县（今陕西眉县东）人。东汉末，刘璋割据益州，法正任军议校尉，不得志。与益州别驾张松合谋拥戴刘备。建安十六年（211年），张松以讨伐汉中张鲁、抵御曹操进攻为由，说服刘璋派法正去荆州迎接刘备大军。法正至荆州，为刘备出谋划策，劝其西上推翻刘璋统治，夺取益州。刘备从其议，即率步兵数万人由水道入蜀，建安十九年夺取益州。法正被任为蜀郡太守、扬武将军。诸葛亮因此深赞法正功劳巨大。建安二十二年，又乘曹军内部矛盾尖锐之际，献策北上进讨曹操大将夏侯渊，夺取汉中。二十四年，刘备占据汉中，自立为汉中王，以法正为尚书令、护军将军。次年（220年）卒。

三顾茅庐

刘备早期依附于荆州军阀刘表，他得知隐居隆中的诸葛亮有雄才大略，志在经邦安国，便欲请他出山辅佐自己。他先后三次到隆中，最后一次终于见到了诸葛亮。二人在草庐中畅怀谈论，分析天下大势，诸葛亮提出了联合孙权、共同抗曹的建议。这次谈话就是著名的隆中对。谈话后，诸葛亮决定出山。这件事历史上称三顾茅庐。

三顾茅庐图 明 佚名

七擒孟获

赤壁之战后，刘备建立蜀汉政权，建宁（今云南晋宁）豪族雍闿和彝族首领孟获起兵反蜀，并投降了孙权。蜀国丞相诸葛亮率兵平叛，渡过金沙江，采取"攻心为上，攻城为下"策略，先后七次与孟获交战。七次擒获孟获以后，都放他回营，终于在第七次俘获孟获后，收服了他，孟获感叹诸葛亮的度量，佩服他的智慧，决心服从蜀国的统治。南中地区的平定为蜀国的经济和政治发展提供了保障，成为最富庶的大后方基地。

吴（222年—280年）

1. 政治

孙策

（175—200年）吴国奠基者，吴大帝孙权之兄。字伯符，吴郡富春（今浙江富阳）人。早年居江淮间，结交士大夫，颇有声誉。兴平元年（194年）至寿春从袁术，不得志。二年，率其父孙坚所遗1000余兵南渡长江，进攻扬州刺史刘繇、会稽太守王郎诸部。孙策善于用人，军纪严明，沿途无犯，得到周瑜及其他豪族支持，所向皆捷。先后攻占吴（今江苏苏州）、会稽（今浙江绍兴）等郡。建安二年（197年），袁术称帝，孙策与之决裂，接受汉朝参与讨伐袁术的诏令，以明汉将军任会稽太守。三年，任讨逆将军，封吴侯。四年，率军攻庐江太守刘勋，得袁术、刘勋残部2万余人，领庐江郡（今安徽庐江西南），得豫章郡（今江西南昌），统一江南，为孙氏割据江东奠定了基础。正当孙策欲渡江北进，继续扩大势力范围时，被仇家刺死。

孙坚

（155—191年）东汉末著名将领，吴大帝孙权之父。字文台，吴郡富春（今浙江富阳）人。早年任吴郡司马，参与平定会稽地区暴动。中平元年（184年），黄巾起义爆发，孙坚率1000余人，追随右中郎将朱儁至河南镇压，任佐军司马。汝、颍黄巾军

退守宛城（今河南南阳），汉军合围，孙坚率众先登，城被攻破。后升议郎、长沙太守，又镇压当地起义。积军功封乌程侯。董卓专权，孙坚兼并荆州刺史和南阳太守的两支势力，与袁术合军。袁术推荐孙坚任破虏将军，领豫州刺史屯于鲁阳（今河南鲁山）。孙坚率军讨伐董卓，善于用人，多次取胜，为董卓所惧。董卓欲与孙坚和亲，并许任孙坚子弟为刺史、牧守等，孙坚拒绝。初平元年（190年），董卓胁迫汉献帝仓促徙都长安，并焚烧洛阳。次年，孙坚于洛阳城外战败董卓，攻克洛阳，击走吕布，得汉帝的传国玉玺。是年（191）奉袁术命，率军征荆州刘表，被刘表部将黄祖的兵士射死。

吴大帝孙权

（182—252年）吴国建立者，在位23年。字仲谋，吴郡富春（今浙江富阳）人。孙坚子，孙策弟。孙权15岁即任官职。建安五年（200年）孙策亡，代统部众，任讨虏将军、会稽太守，拥有江东六郡。建安十三年（208年）与刘备联军大败曹操于赤壁。十五年派步骘进兵岭南。后在猇亭（今湖北宜都北长江北岸）击破刘备军。黄龙元年（229年），孙权称帝于武昌（今湖北鄂城），国号吴，旋迁都建业（今江苏南京）。次年，遣卫温等至夷洲（今台湾）。赤乌五年（242年）又派聂友等赴珠崖、儋耳（今海南岛）。在位期间，孙权设置农官，大力推行屯田，注意兴修水利。多次出兵进攻山越，迫使其出山定居。因赋役繁重，刑罚严酷，人民经常起义反抗。卒后谥大皇帝。

张昭

（156—236年）吴国大臣。字子布，彭城（今江苏徐州）人。少年习《左传》，博览群书，有声名。汉末大乱，为避难渡江南下。孙策起事于江东，任他为长史、抚军中郎将，文武之事全委其处理，自比管仲。孙策临终时嘱其辅佐弟孙权。孙策死后人心浮动，张昭率群僚竭诚拥立并辅佐孙权，绥抚百姓，大局方定。张昭仍任长史，孙权每

出征，留张昭镇守，领幕府事。因系旧臣，待遇尤重。赤壁战前，张昭畏惧曹操，主张迎降，遭鲁肃、周瑜反对。孙权因此对其不满，称帝后，不以其为相，拜辅吴将军。张昭敢于直言谏争，如辽东割据势力公孙渊向吴称臣，孙权派使臣去辽东拜公孙渊为燕王，张昭疑公孙渊无诚意，力谏，孙权大怒，按刀斥昭。不久，公孙渊杀孙吴使臣，孙权悔之莫及。张昭以辅吴将军、娄侯而终。

周瑜

（175—210年）吴国重要将领。字公瑾，庐江舒县（今安徽庐江西南）人。家世官宦，与孙策同年，从小友善。建安三年（198年），隶属袁术为居巢县长，后投孙策，时年24岁，人称周郎，为建威中郎将。孙策欲取荆州，任为中护军，领江夏太守。从此跟随孙策征战，助其奠定割据江东基础，深得信任。与孙策分娶乔公二女，孙策娶大乔，周瑜娶小乔。建安五年，孙策卒，与长史张昭共掌众事，辅佐孙权。不久，曹操挟新破袁绍之势，要孙权送子为质，群臣犹豫不决，唯独周瑜分析江东有利条件，力主拒绝，且建议占据江南，拥兵观变。建安十三年，曹操率大军由江陵顺流东下，群臣震恐，多主归降，周瑜却同鲁肃力排众议，主张抵抗，为孙权采纳。与程普分任左、右督，率军3万，联合刘备，共同抗曹。周瑜部将黄盖献计火攻，率满装柴草、膏油并饰以帷幕的快船假降曹军，接近曹营顺风放火，曹军战舰与岸上营房俱遭火焚。周瑜率主力擂鼓前进，曹操败北而归。周瑜被拜为偏将军，领南郡太守。后建议攻取益州刘璋、汉中张鲁，再联合凉州势力，共同讨伐曹操，统一北方，被孙权采纳。未及行，病卒。

吕蒙

（178—219年）吴国重要将领。字子明，汝南富波（今安徽阜南东南）人。为孙权别部司马，治军有方，士卒操练娴熟，得到宠任。建安十三年（208年），从孙权征灭刘表将领黄祖，升横野中郎将。是年，又随周瑜、程普大破曹操于赤壁。十九年，与甘宁共破皖城（今安徽潜山），获曹操将朱光及男女数万口，拜庐江太守。翌年，奉命西取长沙、零陵、桂阳三郡，计赚刘备零陵太守郝普。后升左护军、虎威将军。鲁肃卒，代督其军，屯陆口，与关羽为邻。建安二十四年，孙权采纳吕蒙献计令其称病回建业，使陆逊代守陆口，以此麻痹关羽，使其调大军北至樊城进攻曹军。乘其后方空虚之际，吕蒙暗率精兵攻取南郡（今湖北江陵）。入城后军纪严明，抚恤老病，优遇关羽将士家属，使得随关羽回救的将士丧失斗志，从而擒斩关羽，定荆州，为巩固孙吴统治立下功勋。升南郡太守，封孱陵侯。吕蒙经孙权告诫，发愤读书，见解独到，为老儒所不及。鲁肃称赞他："学识英博，非复吴下阿蒙！"

陆逊

（183—245年）吴国丞相。本名议，字伯言，吴郡吴县（今江苏苏州）人。学识渊博，才思敏捷。出身江东大族，是孤儿，由叔父陆康抚养成人。孙权为讨虏将军时，陆逊21岁始做官，任过县官。陆逊劝督农桑，颇有政绩，任定威将军。孙策之女嫁陆逊，陆逊提出征讨山越策略，孙权纳之，命陆逊任帐下右都督。建安二十四年（219年），拜陆逊为偏将军、右都督，代替吕蒙镇守陆口（今湖北嘉鱼西南）。与吕蒙等定计袭杀蜀将关羽，夺取荆州。领宜都太守，拜抚边将军，封华亭侯。旋遣兵夺取房陵、南乡、秭归，斩获甚众，升任右护军、镇西将军，进封娄侯。黄武元年（222年），刘备大举伐吴，孙权任用陆逊为大都督，大破蜀军于猇亭（今湖北宜都北长江北岸）。加拜陆逊为辅国将军，领荆州牧，改封江陵侯。黄龙元年（229年），拜陆逊为上大将军、右都护，镇守武昌。凡国家要事，孙权皆同陆逊商议。赤乌七年（244年），陆逊代顾雍为丞相，并兼州牧都护领武昌事。时孙权欲废太子，陆逊多次上书谏止，不被采纳，反受责难，忧愤而死。卒年63岁。追谥为昭侯。

2. 文化

曹不兴

生卒年不详。吴国著名的画家。以善画而名冠一时，长于人物及衣着。曾在长达 50 尺的大幅绢上画人物，因心灵手快，须臾即成。所绘人物，头面手足，胸臆肩背，不失尺度，衣纹皱褶，别开新样。孙权使曹不兴"画屏风，误落笔点素，因就以作蝇。既进御，权以为生蝇，举手弹之"。足见曹不兴写生之妙，已达到以假乱真的程度。曹不兴擅长画龙。唐人朱景玄《唐朝名画录》记载吴赤乌元年（238 年）冬十月，曹不兴画一赤龙，至刘宋时，为陆探微所见，叹其神妙。由于当时佛教、佛画已传入中国，曹不兴受其影响，亦画佛像，有"佛画之祖"的称号。

韦昭

（201—273 年）吴国学者、文人。字弘嗣，吴郡云阳（今江苏丹阳）人。少年好学能文。孙吴时历任丞相掾、太史令、中书仆射、左图史等职。时宾客蔡颖好博弈，太子孙和以为无益，命韦昭论之，他言辞清妙。孙亮即位（252 年），韦昭任太史令。与华核、薛莹等撰《吴书》。孙休即位（258 年），韦昭任中书郎、博士祭酒。孙皓即位（264 年），韦昭封高陵亭侯，任中书仆射、侍中，领左国史。凤凰二年（273 年），被捕下狱，他在狱中上书，呈进著作，华核亦上疏救之，终不能免。韦昭作为一代学人，著作甚富。存文 5 篇，存诗《吴鼓吹曲》12 首。

陆绩

（187—219 年）东汉末学者。字公纪，吴郡（今江苏苏州）人，其父曾任武陵太守。他博学多识，星历算数无不涉览。历任郡史令、郁林太守偏将军。为政廉洁，任满返乡，由海道乘船，无载船轻，难敌涛浪颠簸，取大石镇舟。返乡后，置石于宅前，后人命曰"廉石"。陆绩在军中不忘著作，曾作《浑天图》，注《周易》，撰《太玄经注》。受命南征，罹疾遇厄，卒年仅 32 岁。另有《注归藏》《周易日月变例》《注京房易传》等。

康僧会

（？—280 年）吴国高僧。世居天竺（今印度），随父经商，移居交趾。10 余岁时，双亲并亡，遂出家。通天文、图谶，尤通经律。赤乌十年（247 年）至建业（今江苏南京），孙权为之建"建初寺"，是为江南佛寺之始。康僧会译有《六度集》《旧杂譬喻》等经。又注《安般守意》《法镜》《道树》等经。

玄学产生

玄学是一个真正的本体论哲学。在汉代基本上只有宇宙论、社会哲学和数术、神学，玄学本体论的出现是中国哲学史上的一件大事。相比之下，宇宙论之前的道家本体论则幼稚得多，是一种半直观、半艺术的哲学，而玄学尽管在发生期受到道家的很大影响，但在发展中演化出独特的概念体系和范式。到了"化"成为主导观念的时候，玄学不再是一种清谈了，而成为一种真正的哲学。玄学的"化"和"自性"与魏晋崇尚自然与个体的精神是一致的。玄学与道家的本体论、孔子的大同世界相比，是更倾向于个体化、更倾向于现实的哲学。正始时代（240—249 年）的何晏、王弼是玄学的创立者。他们将老、庄、易并列为"三玄"，并依傍儒学立宗。他们最引人注目的是以"无"代替"道"，并在体用不二、本末不二的前提下论述了"无"，他们的重点在"无"，但注意在"有"中把握"无"。在生活哲学上，他们的无为论和性情、自然论都是在当时社会政治压迫下的一个变态。他们论述了当时的热门话题：言、象、意的关系，并用它来解释《周易》，要求放弃言、象来达到意，因而这实质上提出了魏晋玄学的意（神韵的形而上学范畴），在有无关系上，他们只是提出问题，未能把有无放到象意的层面上。

3. 对外关系

朱应、康泰出使扶南

黄武五年（226 年），大秦商人秦论从海道经交趾到建业（今江苏南京），谒见孙权，谈及大秦风土民俗，至嘉禾年间（232—

238年）返回本国。约在黄武五年，交州刺史吕岱派中郎将康泰（生卒年不详）和宣化从事朱应（生卒年不详）出使南洋诸国，进行外交活动。他们远至林邑（今越南中南部）、扶南诸国，是古代有历史记载的、最早航海到东南亚、南亚的旅行家。经历的国家有100多个。在扶南遇到中天竺的使臣陈宋，"其问天竺土俗"。回国后，朱应写下了《扶南异物志》一卷，记述出使扶南等国的见闻，今已佚。康泰著《吴时外国传》，已佚。

西晋
（265年—316年）

雄踞中原的曹魏政权以其强大的实力灭掉蜀国，在统一南北的道路上迈出了坚实的一步。但各派势力的倾轧，使自身的生存出现了危机。司马氏家族的一系列表现无疑告诉世人，他们取代曹魏只是一个时间的问题了。265年，司马炎登台祭天，受魏"禅让"，取得帝位，建立了一个新的王朝——晋（史称西晋）。十余年后，晋平吴成功，汉末后的分裂局面就此结束。

西晋政治制度上继承曹魏，也另有创新，有些为东晋南北朝所奉行，深刻地影响了西晋一代及其以后的政治。经济上，西晋统治者实行与民生息的政策，恢复社会经济，安定社会秩序。可是好景不长，291年，爆发了"八王之乱"，司马氏集团内部开始了一场长达16年腥风血雨的大屠杀。大规模的流民起义与少数民族反晋活动交织在一起，匈奴贵族和氐族首领建国独立，匈奴割据政权将洛阳化为废墟。司马邺于316年被迫投降于刘聪，西晋至此灭亡。

西晋始终伴随着前所未有的民族冲突，统一之中存在着分裂的因素和不安定的成分，它的文化很难表现出一种大一统的高昂激越的格调。思想上玄学盛行，佛教也得到相当的发展，但以《老子》《庄子》及《易经》为"神聊"的风气，致使儒家伦理及政

西晋大事年表

265年，司马炎建立晋朝，定都洛阳，史称西晋。

271年，地理学家裴秀逝世。裴秀创"制图六体"，在世界地图史上占有重要地位。

276年，晋大将军羊祜建议攻灭三国时期仅存的吴国。

280年，吴帝孙皓降晋，西晋统一全国。晋颁布占田课田法、户调法。

282年，医学家皇甫谧去世，所著《针灸甲乙经》在国内外享有盛誉。

285年，儒学开始传入日本。

290年，晋惠帝即位。大臣杨骏掌握朝政。

291年，贾皇后杀杨骏。"八王之乱"开始。

301年，张轨割据凉州，都城在今甘肃武威，史称前凉。

301年，氐族李特发动流民起义。其子李雄于306年建立政权，定都成都，史称成汉。

306年，诸侯王司马越迎晋惠帝回都城。"八王之乱"结束。

308年，匈奴首领刘渊建立汉国，自立为帝。

311年，汉国刘曜攻入洛阳，将晋怀帝迁入汉国都城平阳（今山西临汾）。

312年，道教创始人张道陵四世孙迁居江西龙虎山。此后张氏子孙世代继承"张天师"的名号。

313年，汉国刘聪杀晋怀帝。晋愍帝在长安即位。

316年，刘聪攻入长安，晋愍帝投降。西晋灭亡。

治之术丢弃，这对于崇尚清谈、追逐玄虚的为政者来说，无疑自毁家门。

1. 政治
八王之乱

西晋统治集团内部的争权斗争。"八王"指卷入内乱的8位皇室诸侯王：汝南王司马亮、楚王司马玮、赵王司马伦、齐王司马冏、河间王司马颙、成都王司马颖、长沙王司马乂、东海王司马越。太熙元年（290年），晋武帝死，即位的惠帝司马衷是白痴。皇后贾南风于元康元年（291年）密诏楚王司马玮入京，杀死辅政大臣、惠帝外祖父杨骏，继而杀死继杨骏辅政的汝南王司马亮和大臣卫瓘，贾后独揽朝政。六年，赵王司马伦奉召入京，执掌禁军。永康元年（300年），司马伦杀贾后和辅政大臣张华等。次年，废惠帝自立，遂引起齐王司马冏、成都王司马颖、河间王司马

颙联兵声讨。至此，各地诸侯王多卷入火并，又由宫内扩大到宫外，由洛阳波及黄河流域的广大地区。先是司马伦战败自杀，惠帝复位。司马冏率师入据洛阳，控制朝政。接着司马颙与司马乂联兵攻司马冏。司马冏被司马乂杀后，司马颙、司马乂又与司马越反复冲突，另与幽州刺史王浚引乌桓兵、鲜卑兵以及并州都督司马腾参战。永兴二年（305 年），司马越再度起兵。次年，攻入长安。司马颙、司马颖败走后相继被杀。司马越迁惠帝返洛阳。不久，毒死惠帝，另立惠帝之弟司马炽为帝，是为晋怀帝。八王之乱至此结束。八王之乱是西晋统治集团内部争夺最高统治权的斗争。这场大乱持续了 16 年，黄河流域人民蒙受空前浩劫，经济文化遭到严重破坏。西晋各派统治力量也在内乱中消耗殆尽，终被流民起义及各族人民反晋斗争浪潮所湮灭。

张昌、石冰起义

西晋末年席卷长江中下游地区的一次规模较大的农民起义。元康元年（291 年）开始的"八王之乱"加深了社会危机，统治荆州地区的镇南大将军、新野王司马歆"为政严刻，蛮夷并怨"，导致了张昌起义。张昌（？—304 年），义阳（今河南新野）人。出身于汉化了的蛮族，武力过人。好论攻战，年轻时曾为平氏县吏。永宁元年（301 年），在李特起义的鼓舞下，张昌聚合徒党数千人伺机起义。晋王朝为镇压李特起义，在荆州强征"壬午兵"，调发荆州"武勇"开赴益州。荆州百姓本不愿背井离乡远戍益州，加上张昌乘机鼓动，坚决不肯应征。但朝廷规定，凡被征之人在所经郡县内停留 5 日者，郡县长官撤职。这些武勇到处受到驱逐，走投无路，纷纷屯聚反抗。张昌改名李辰，于太安二年（303 年）五月在安陆北面的石岩山起义。各地不愿远征的丁壮和江夏（今湖北云梦）的饥民皆踊跃参加。义军首先攻克江夏郡，又大败司马歆派来镇压的大军，立原山都（今湖北谷城东南）县吏丘沈为天子，更名刘尼，冒充汉朝后代。张昌以相国掌实

权，其兄弟皆领兵。江汉人民纷纷响应，旬月之间，众至 3 万。义军头着绛色巾，上插羽毛，作战非常勇敢。分四路进攻，一路由黄林率 2 万人向豫州进发，继而东下，破武昌（今湖北鄂州），斩太守；一路由张昌亲率大军西攻宛（今河南南阳），败豫州刺史军，并于樊城一战斩司马歆，直逼襄阳；一路由别帅石冰东破江、扬二州。临淮（今江苏盱眙东北）人风云起兵响应，占领徐州；一路由陈贞等南破长沙、湘东、零陵、武陵诸郡（今湖南境内）。至此，义军迅速占领了长江中下游的荆、江、徐、扬、豫五州的大部分地区，多以下层人民担任州郡牧守。司马歆被杀后，朝廷派刘弘代司马歆为镇南将军、都督荆州诸军事，调集大军，由其部将陶侃率领，进攻张昌的根据地江夏。八月，荆豫地区的义军虽顽强战斗，但终因兵力分散、力量悬殊而失败。永兴元年（304 年）秋，张昌被俘牺牲。同年三月，徐扬地区的义军也在周玘、顾秘、贺循等江南豪族武装和广陵度支陈敏等官兵的围攻下失败。张昌、石冰起义不但支援了益州的李特起义，而且与北方少数民族的起义遥相呼应，成为动摇和推翻西晋王朝的主要力量。

秦雍流民起义

西晋时秦、雍二州的流民举行的起义。元康八年（298 年），由于战乱和连年灾荒，秦、雍二州的天水、略阳、扶风、始平、武都、阴平等六郡（今甘肃东南和陕西西部地区）人民数万家，在巴氐豪酋和汉族大姓率领下流入汉中，继而进入益州。其中少数首领曾进行过劫掠，绝大部分流民都分散到各地充当佣工和佃户。流民首领李特，巴西宕渠（今四川渠县东北）人。东汉末迁汉中，曹操克汉中后迁至略阳（今甘肃天水东北）。兄弟五人，长兄李辅留略阳，李特与弟庠、流、骧同时入蜀。李特兄弟救助贫病流民，颇得人心。永康元年（300 年）十一月，益州刺史赵廞为实现割据野心，意图拉拢李特兄弟和六郡大姓，以李庠为威寇将军，使其招募六郡壮勇万余人守卫

北道。永宁元年（301年）正月，赵廞惧李氏兄弟势力太盛，借故杀死李庠及其子侄宗族30余人。于是李特起兵攻破成都，赵廞兵败被杀。朝廷下令流民全部返回原籍，七月上路。并令梓潼太守张演在其所辖境内设立关卡，搜夺流民财物。广汉太守辛冉企图将流民首领全部杀死。散在各地充当佣工和佃户的流民本不愿走，加之庄稼未收，缺乏资粮，众皆愁怨。李特多次向刺史罗尚请求放宽流民遣返期限，流民十分感激。李特还于绵竹（今四川德阳北）结大营以收容流民。李特把辛冉悬赏捉拿李特兄弟的布告改为"能送六郡之豪李、任、阎、赵、杨、上官及氏、叟侯王一首，赏百匹"。于是大姓酋豪迅速靠拢李特，推李特为首领，在绵竹起义，进军成都。李特与蜀民约法三章，施舍赈贷，礼贤拔滞，军政肃然。太安二年（303年）正月，义军占领成都，罗尚据太城固守。蜀中结坞自保的豪强大族纷纷归顺义军。李特因军中缺粮，将流民分散到诸坞堡就食。朝廷派水军3万前来镇压，诸坞堡主动摇，刺史罗尚乘机与之秘密勾结，合兵袭击李营。李特战死，义军损失惨重。义军在李流及李特长子李荡、三子李雄率领下继续战斗。三月，李荡牺牲，官军节节逼近。李流曾准备投降，李雄坚决反对，并大破官军。义军转危为安，李流遂将军权交与李雄。由于蜀中地主坚壁清野，义军军粮再次发生危机。后青城山（今四川灌县境内）大地主、道教首领范长生大量资助，义军再度重振。九月，李流病死，众推李雄为大都督、大将军、益州牧。十二月，李雄率军急攻成都，刺史罗尚潜逃，余军投降，义军占领成都。永兴元年（304年）十月，李雄称成都王。光熙元年（306年）六月，改称帝，国号大成。

晋武帝司马炎

（236—290年）西晋开国皇帝，在位25年。字安世，河内温县（今河南温县）人。三国时魏国大臣司马懿孙，司马昭长子。魏

晋武帝司马炎像

嘉平中，司马炎封北平亭侯，后封新昌乡侯。魏元帝即位后，司马炎专擅朝政。后废元帝，自称皇帝，建立晋朝，改元泰始（265年），定都洛阳，史称西晋。司马炎大封宗室，拱卫皇权，改《景初历》为《泰始历》。咸宁六年（280年）灭吴，全国复归统一。曾下诏罢州郡兵，罢屯田官，令郡县劝课农桑，实行占田、课田、户调法。太康年间经济呈现繁荣景象。司马炎在位时加强了门阀制度，王公贵族享有种种特权，封国可拥有军队，自选文武官员，出现"上品无寒门，下品无士族"的局面。又卖官鬻爵，生活奢侈荒淫，朝政紊乱。遗诏传帝位给司马衷，种下了内乱的祸根。太熙元年（290年），葬峻阳陵（今河南洛阳）。谥武皇帝，庙号世祖。

少数民族内迁中原

魏晋南北朝时期民族大融合的重要史实。主要指北方各少数民族大量迁入内地，并积极参与中原地区权力斗争。一般指匈奴、羯、氐、羌及鲜卑5个主要民族的迁徙，史称"五胡"。加上四川、鄂西等地的賨人，称之为"六夷"。这些民族中的大部分后来

逐渐与中原民族融合，成为中华民族形成中的一个要素。少数民族内徙，对其自身的发展和中国北方的发展都有促进作用。

羊祜

（221—278 年）魏晋间政治家、散文家。字叔子，泰山南城（今山东费县西南）人。蔡邕外孙，景献羊皇后弟。羊祜 9 岁读《诗》《书》，12 岁丧父。博学能文，善谈论。曾任给事中、黄门郎、秘书监。魏末，深受司马昭宠信，与荀勖共掌机密，任中领军。积极参与司马炎代魏。司马炎称帝，羊祜为尚书仆射，处事退让。泰始五年（269 年），出任都督荆州诸军事，以备灭吴。他善抚士卒，与吴人或和或战，重守信义。咸宁二年（276 年），加征南大将军。四年（278 年），羊祜病逝。赠太傅，谥成。他立身清俭，性喜山水。撰《老子注》2 卷、《老子解释》4 卷，佚。有集 2 卷，佚。今存文 7 篇。

王濬

（206—285 年）西晋大将。字士治，弘农湖县（今河南灵宝西）人。初在河东郡任职，后参与征南军事，为羊祜所赏识，任巴郡太守、广汉太守，颇有政绩，任益州刺史。泰始八年（272 年），司马炎谋攻吴国，经羊祜推荐，他任龙骧将军，统领益、梁诸州军事。奉诏修建长 120 步、能容纳 2000 多人的大战舰，训练水师，并力请速伐吴。太康元年（280 年）正月，奉命率军自成都出发，破除吴人在长江险处所置铁锁、铁锥，攻克夏口（今湖北武汉）、武昌（今湖北鄂城），顺流直取建业（今南京），吴帝孙皓投降。王濬收图籍，封府库，严禁军士掳掠。王濬克吴，王浑与之争功，表奏王濬违诏，朝廷下诏责王濬。王濬据理抗辩，但王浑是高门士族，其子王济又娶常山公主为妻，晋武帝只好居间调停，晋升王浑为公爵，授王濬为辅国大将军，封襄阳县侯。王濬自以为功大赏轻，怨忿不平，于是武帝升其为镇军大将军，后任开府仪同三司。太康

六年（285 年）卒。

杜预

（222—284 年）西晋将领、学者。京兆杜陵（今陕西西安东南）人，魏幽州刺史杜恕之子。初任尚书郎，娶司马昭妹为妻。泰始中，为河南尹。后任度支尚书，提出重视农业、设置籍田等主张。羊祜死后，代羊祜任镇南大将军、都督荆州诸军事，以灭吴有功，进爵当阳县侯。因多谋略，朝野人士号为"杜武库"。太康五年（284 年）亡故，谥成。杜预博学多才，明兴废之道，曾参加制定《晋律》，并为之注解。杜预专心致志于儒家经籍，重点研治《春秋左氏传》，自称有"《左传》癖"。撰《春秋左氏经传集解》，将经文及传归附比类，"专取丘明之传，以释孔氏之经"，是注解《左传》流传至今最早的一种。撰《春秋释例》，又作《盟会图》《春秋长历》等书。

刘琨

（271—318 年）西晋大将。字越石，中山魏昌（今河北无极东北）人。青年时与祖逖为友，枕戈待旦，闻鸡起舞，志向高远。永兴二年（305 年），东海王司马越在山东起兵，西向进攻关中。刘琨奉司马越命，率军至长安，迎回因诸王争斗而被迫离开洛阳的惠帝，封广武侯。光熙元年（306 年），刘琨任并州刺史，募得 1000 余人，冒险转战到晋阳（今山西太原西南），翦除荆棘，招募流民，刘渊部落 1 万多人来降。获封大将军、都督并州诸军事。建兴三年（315 年），刘琨都督并、冀等三州诸军事，与代王拓跋猗卢约定共讨刘聪。次年，猗卢为其子所杀，部落星散。刘琨之子刘遵与箕澹等统领猗卢之众 3 万人归附刘琨。石勒进攻乐平（今山西昔阳西南），刘琨不顾箕澹劝阻，悉发其众反击，石勒据险设伏，晋军覆没。他放弃长期坚守的并州，到蓟城投奔幽州刺史鲜卑族段匹磾，段匹磾与他结为兄弟。司马睿在江东即晋王位，刘琨联络段匹磾等 180 人联名上表表示效忠。建武元年（317 年）段匹

年（299年）十二月她诬陷太子为逆，废
为庶人，幽禁于许昌。次年三月矫旨杀害。
四月，赵王司马伦利用宿卫禁兵对太子被
害的愤怨，起兵废贾后，她被囚于金墉城，
旋被杀。贾谧、张华、裴頠等均被诛。永
宁元年（301年）正月，赵王司马伦废惠帝，
迁金墉城，自立为帝。

周玘

（258—313年）西晋江南士族首脑。
字宣佩，义兴阳羡（今江苏宜兴人）。出身
江东士族。太安二年（303年）张昌起义军
将领石冰攻占扬州、江州等地，他联络江东
士族，共推吴兴太守顾秘为都督扬州九郡诸
军事，动员江东大族武装，配合晋广陵度支
陈敏消灭了起义军。永兴二年（305年），
陈敏乘八王内讧，自称扬州刺史起兵，拉拢
江东首望顾荣等40多人。顾荣为将军、郡守，
建立割据政权，陈敏任周玘为安丰太守，加
四品将军。周玘称疾不行，继而联结顾荣、
甘卓，与晋军攻杀陈敏。永嘉四年（310年），
吴兴人钱璯起兵广陵，自称平西大将军、八
州都督，并立孙皓之子孙充为吴王，进犯阳
羡。朝廷遣郭逸、宋典讨之，周玘配合晋军
率领乡里武装讨平钱璯。周玘的"三定江南"，
稳定了江东局面，为东晋政权建立铺平了道
路。被封为建威将军、吴兴太守、乌程县侯。
后司马睿对周玘疑惧，周玘即与戴渊等密谋
发动政变，事泄忧愤而死。

2. 社会经济
占田课田制

西晋经济制度之一。泰始四年（268年），
晋武帝下诏改典农官为郡县官，在全国范围
内实行占田制和课田制，实际是一种租税制
度。规定每户每人应种田若干亩，但不是按
户口实际授予这个数额的田地，而是按规定
的田数向每户每人征收规定的租税。此前司
马昭改屯田官为郡县官，屯田农户成为普通
农民，所耕官田成为私田。耕官田一般是
50亩，屯田制废除后，加收50亩租税，作
为官田变为私田的补偿。这是占田制的根据。

彩绘闻鸡起舞图　民国　魏墉生　瓷板画
本画源自《晋书·祖逖传》："祖逖与司空刘琨俱为司州
主簿，情好绸缪，共被同寝。中夜鸡鸣，蹴琨觉曰：'此
非恶声也。'因起舞"祖逖立志为国效力，与刘琨互相勉励，
半夜鸡啼起床舞剑。后成为有志者及时奋发的典故。

磾推举刘琨为大都督，歃血为盟，传檄各地
共讨石勒，会师襄国。段匹磾堂弟段末波为
石勒收买，从中离间，刘琨为匹磾缢杀。刘
琨有文名，与石崇、欧阳建、陆机、陆云等
号称"金谷二十四友"。

贾后

（257—300年）晋惠帝皇后。名南风，
贾充次女，平阳襄陵（今山西襄汾东北）人。
泰始八年（272年）册封为太子司马衷妃。
永熙元年（290年）司马衷即位，立为皇后。
太傅、大都督杨骏辅政擅权，立谢淑媛所
生广陵王司马遹为皇太子。次年，贾后和
楚王司马玮合谋，诛灭杨氏及其亲党数千
人。惠帝痴愚，受制于贾后。贾后仗母舅
郭彰权势，依靠族兄贾模、内侄贾谧，世
称"贾郭"。同时拉拢名流，起用张华为
司空，王戎为司徒，裴楷为中书令，裴頠
为尚书仆射，专权10年。贾氏亲党怕太子
秉政后贾后被诛戮，劝贾后废立。元康九

屯田官强迫屯田客加种田亩,称为课田制度。占田制规定一户负担 100 亩的租税。朝廷不管农民实际种田多少,均按百亩收租税。屯田农户得私田 50 亩,普通农户得确定开垦地的占有权,百亩租税的负担可承受。课田制改按户加课,新垦田为按丁加课,农户也可接受。占田课田制实行时,额定田数与农户实有田数相差不远,所以占田课田制即租税制,也是农户土地占有制。

品官占田荫客制

西晋经济制度之一。西晋规定,官吏根据官品占田,一品占田 50 顷,依次每品递减 5 顷,到第九品占田 10 顷。同时,还颁布了荫佃客和荫衣食客制。荫佃客制规定:一品、二品官不得过 5000 户,三品 10 户,四品 7 户,五品 5 户,六品 3 户,七品 2 户,八品、九品 1 户。荫衣食客制规定:六品官以上得荫 3 人,七、八品 2 人,九品及不入品的吏士 1 人。自九品中正制实施以来,士族严格区分各级门第,大体按高、中、下三级固定在政治上的地位。一、二品官与三品官所荫佃客户数悬殊,六品官以上与七品以下所荫衣食客人数不同。朝廷另给高级士族荫亲属特权,换取其在荫佃客制上的让步。为此,在荫佃客制的限制下,一部分农民从私属变成编户,归大族支配,向大族交纳租税,成为大族的依附民。受荫庇的亲属,不再交纳户调、田租,免服徭役。

赋税制

赋税有户调、田租。户调——如丁男做户主,每户每年纳绢 3 匹,棉 3 斤。如户主是妇人或次丁男,绢棉减半。有些边郡纳 2/3,远郡纳 1/3,边地非汉族人按住地远近,每户纳(赋)布 1 匹或 1 丈。田租——每亩 8 升,按下列田亩收税:户主占田 70 亩,户主妻 30 亩,一户共纳占田租 100 亩(八斛)。一户内正丁男纳课田租 50 亩,正丁女纳 20 亩。次丁男纳课田租 25 亩,次丁女不课。边地非汉族人不课田,按住地远近每户纳米

三斛或五斗。住地极远纳米不便,改纳钱每人 28 文。

3. 文化

魏晋玄学

魏晋时期的哲学思潮。东汉末年,政权瓦解,儒家思想受到巨大冲击。统治集团为重建政权,否定儒家名教的统治地位,杂用法家、道家思想。曹魏正始年间(240—249 年)何晏、王弼等用《老子》《庄子》思想解释《周易》,主张以"无"为本,是魏晋玄学的开端。以后,司马氏与曹氏争夺政权,肆意杀戮。阮籍、嵇康在司马氏政治压迫下提倡崇尚自然,反对以传统儒家卫护者自居的司马氏。西晋时统治集团内互相倾轧,阮瞻、王澄等继承阮、嵇思想中的颓废成分,放荡不羁,反映了名士的空虚心情。向秀著《庄子注》,郭象又加以发挥,二人是这一时期玄学的代表人物。东晋南朝时期,玄学中渗入佛教教义,和佛学结合到一起。

郭象

(252—312 年)西晋哲学家。字子玄,河南(今河南洛阳)人。喜好老子、庄子,学说与向秀一致。向秀注《百年》,未毕而逝。他又续注,加以发挥,作为己著。他发挥了何晏、王弼的"贵无"思想,力图使儒、道为一。提出"独化"学说,否定"无"生万物的观点,认为万物都是自然生成,孤立存在,忽生忽灭,没有规律可循。这是一种含有无神论因素的不可知论。他认为人的贫富贵贱都是自然产生而不可改变。主张儒家名教即自然,是一体的两个方面。郭象被认为是魏晋时期玄学的代表人物。著有《庄子注》和碑论 12 篇。

竹林七贤

魏晋之际代表一种特殊风格和思想的名士团体。以嵇康、阮籍为骨干,包括山涛、阮咸、向秀、王戎、刘伶。他们以庄子精神为寄托,常寄情于竹林幽泉之乡,以纵酒谈玄著称于世。竹林七贤生活在魏末晋初,正

高逸图　唐　孙位

这是《竹林七贤图》残卷，图中只剩下了四贤：从左到右，分别是惯作青白眼的阮籍、嗜酒的刘伶、善发谈端的王戎、介然不群的山涛。人物重视眼神刻画，线条细劲流畅，似行云流水。

值司马氏集团与曹魏集团斗争激烈的时期。司马氏集团权势日重，大肆诛杀曹魏集团的重要成员，不少名士成了政治斗争的牺牲品。一部分名士对自己的前途丧失信心，对掩饰司马氏集团统治的名教也发生怀疑。于是便纵情酗饮，放浪形骸，企图以此逃避严酷的社会现实。其主要思想趋向是崇尚老庄哲学，高谈玄理。但每个人的政治立场、气质品格以及个人遭遇不尽相同，也表现出不同的政治倾向和思想风貌。从思想品格方面说，嵇康、阮籍相类；山涛、向秀相类；刘伶、阮咸、王戎相类。

裴頠

（267—300年）西晋玄学家。字逸民，河东闻喜（今属山西）人。通博多识，兼明医术。为司马伦所害。曾奏请修国学，刻石写经。厌恶时俗放荡、不尊儒术之风，反对何晏、王弼以"无"为本，认为"夫至无者，无以能生，故始生者自生也"。否定"无能生有"，强调"有"只能自生，即万物的存在以实体之"有"为本体。"自生而必伴有"。他反对虚无，崇尚"有"，是"崇有论"的代表人物。

陈寿

（233—297）西晋时期史学家。字承祚，巴西安汉（今四川南充北）人。自幼好学，师从蜀中大儒谯周。西晋时任著作佐郎，编成《诸葛亮集》，后任著作郎、治书侍御史，深受司空张华赏识。太康元年（280年）晋灭孙吴以后，他搜集魏、蜀、吴三国史料，撰成《三国志》。该书成为史学名著。朝廷遣使者往其家中取所著《三国志》，诏令地方官府抄写保存。

左思

（约250—约305年）西晋诗人。字太冲，临淄（今属山东淄博）人。出身儒学世家。貌丑口讷，不好交游。晋武帝泰始八年（272年）前后，其妹左棻被选入宫，举家移居洛阳。左思入仕为秘书郎，列入当时文人集团"二十四友"。以《三都赋》名动京师，洛阳一时为之纸贵。元康末年，辞官退居故里，病逝于冀州。今存诗14首。《咏史》诗8首，或抒发怀才不遇的悲愤情怀，或表达为国立功的生活志向，或抨击门阀制度以示对士族的蔑视。气势雄健，笔调劲拔，境界高远，直接继承了"建安风骨"，开启后世咏史诗之先河，代表了西晋诗歌创作的最高成就。

佛图澄

（232—348年）西晋末期后赵国高僧。西域人。西晋怀帝永嘉四年（310年）东来洛阳，石勒建立政权后（319年），先后以方术取得石勒、石虎的信任。由于二石的倡导，佛教大为盛行，建寺达893所，大江南北，以至天竺、康居各地的僧侣多来受学。弟子中以道安、法雅、法汰、法和等最有名。

《甲乙经》

西晋时针灸学专著，皇甫谧编撰。皇甫谧（215—282年），字士安，号玄晏先生，安定朝那（今甘肃省灵台县朝那镇）人。出身贫寒，20 岁后始发愤读书，竟成一代名家。他对医学极有兴趣，认为要尽忠孝之心、仁慈之性，不可不通医学，因此对医学深入研究，取得重要成果。《甲乙经》是皇甫谧的代表作。还撰有《寒食散论》，已散佚，主要内容保存于《诸病源候论》中。《甲乙经》记载了多种针灸方法，是对西晋以前针灸经验的系统总结。该书曾作为唐代太医署教材。隋唐时东传日本和朝鲜。7 世纪初，日本政府规定《甲乙经》为教材。现被译成英文在欧洲印行。

《三国志》

记述魏、蜀、吴三国历史的纪传体史书，晋陈寿撰。含魏书 30 卷，蜀书 15 卷，吴书 20 卷，共 65 卷。在古代纪传体正史中，与《史记》《汉书》和《后汉书》并称为"前四史"。该书以曹魏为正统，魏志列在全书之首，称曹操、曹丕、曹叡为帝。吴、蜀君主即位，都记明魏的年号。东吴只有孙权称主，孙亮等都称名。对晋朝皇室的叙述时有曲笔，对于魏晋禅代之际司马氏的所作所为，多有维护。三国时期在政治、经济、军事上有影响的人物，以及在学术思想、文学、艺术、科学技术上有贡献的人，都记录下来，此外，也记载了国内少数民族以及邻国的历史。陈寿对于史料的取舍，比较审慎严谨，文字以简洁见长，前人说其书"裁制有余，文采不足"。

《脉经》

中医诊断学专著，由西晋太医王叔和撰写。王叔和，名熙，高平人，曾任三国魏太医令。《脉经》共 10 卷，98 篇。该书从望、闻、问、切多方面反映了魏晋时期诊断技术的进步，对后世诊断学的发展具有奠基作用。

东晋·十六国
（317 年—420 年）

随着中原局势的进一步恶化，洛阳陷落，中原士族人物纷纷南奔。317 年，晋宗

东晋十六国大事年表

317 年，司马睿即晋王位，后称帝，定都建康（今南京）。史称东晋。

318 年，汉国刘曜迁都长安，改国号为赵，史称前赵。羯族首领石勒称赵王，定都襄国（今河北邢台），史称后赵。

320 年，东晋将领祖逖率兵北伐，多次击败后赵。

337 年，鲜卑族慕容皝称燕王，定都邺（今河北临漳西），史称前燕。

338 年，鲜卑族什翼犍建立代国。

351 年，氐族苻健在长安建大秦，史称前秦。

366 年，开始开凿敦煌石窟。

379 年，书法家王羲之去世，被誉为"书圣"。

383 年，东晋在淝水之战中大败前秦。

384 年，鲜卑族慕容垂称燕王，定都中山（今河北定州），史称后燕。羌族姚苌在长安称王，史称后秦。

385 年，鲜卑族乞伏国仁称王，建立西秦，定都苑川（今甘肃榆中）。

386 年，氐族吕光建立后凉，定都姑臧（今甘肃武威）。

397 年，鲜卑族秃发乌孤建立南凉，定都平城（今山西大同），称为道武帝。

398 年，鲜卑族慕容德建南燕，定都广固（今山东青州）。

399 年，东晋派高僧法显等人去天竺取佛经。

400 年，李暠建西凉，定都酒泉（今属甘肃）。

397 年，匈奴沮渠蒙逊建北凉，定都张掖（今属甘肃）。

407 年，匈奴赫连勃勃建夏国，定都统万城（今陕西横山）。

420 年，刘裕废晋，自立为帝。东晋亡。

室琅琊王司马睿在建业即晋王位。318 年，司马睿正式称帝，建立东晋。从某种意义说，东晋是一个流亡政权，百余家流亡士族成为东晋政权的政治基础，维持着江东的稳定。同时，东晋还争取到江东士族的支持，但这些门阀士族满足于门第的清高、官职的显要，缺乏必要的政治素养与理政能力，很快走向衰败。但到了东晋末年，内有桓玄专权，外有孙恩、卢循起义的打击，东晋政权不可避免地出现了颓势，千疮百孔的躯体已是奄奄一息。出身寒门的刘裕以挽救朝廷危亡起家，安内平外，并最终成为东晋王朝的掘墓人，代晋自立。东晋时期，北伐活动经常出现，虽因门阀政治的掣肘，使这一活动偶有收获又随即丧失。但东晋政权凭借流民武装，打赢了淝水之战，维护了防线，确保

了江南地区相对安定的局面，也保证了汉族传统文化的自然延续与江南社会经济的稳定发展，为东晋以后南北朝对峙局面的形成奠定了基础。

东晋时期，由于北方农民不断渡江南来，补充了南方不足的劳动力，带来了比较先进的生产工具和生产技术，因而使中国的经济重心从此开始南移。南北农民的结合，北方的工具技术同南方水田种植经验的结合，是南方农业发展的重要原因。

1. 政治

乞活军

东晋时活跃于黄河南北的武装流民集团。两晋之际，不少北方流民在其首领如祖逖、苏峻、郗鉴等人率领下，南渡长江，成为东晋统治阶级中各派系所利用的武装力量。光熙元年（306年），并州（今山西）大饥，刺史司马腾率并州诸将及部众2万余户流落冀州，形成号为乞活的流民集团。他们没有南渡，在黄河西岸先后为各地首领如司马越、苟晞、王浚所驱使，主要是抗击素与司马腾为敌的羯胡石氏，起保障东晋政权的作用。永嘉五年（311年），洛阳陷于匈奴之后，黄河以北的广宗（今河北威县东）和河南的陈留（今河南开封东）是乞活流民集团屯聚的两个中心。他们有时迫于形势，暂时与石氏妥协，但陈留的乞活首领陈午临终时告诫部众不要归附胡人。349年后，后赵大将军李农逃奔广宗，成为数万家乞活的首领。原陈午部众冉瞻之子冉闵在李农协助下，于350年灭后赵，建冉魏。乞活和其他流民集团相似，首领多由同宗承袭。

晋元帝司马睿

（276—322年）东晋第一位皇帝。字景文，司马懿曾孙，世袭琅琊王。洛阳人，原籍河内温县（今河南温县）。"八王之乱"中，附东海王司马越，移镇建业（今江苏南京），执掌江南军政。建兴四年（316年）西晋亡。司马睿在以王导为代表的北方渡江士族集团

和以顾、贺二氏为代表的江东士族集团支持下，于建兴五年（317年）即晋王位，改元建武。次年（318年）即帝位，改建业为建康，是为晋元帝。东晋建立，晋元帝只图维持半壁江山，不思进取，对祖逖北伐采取消极态度。他曾经依靠刘隗、刁协，企图削弱王氏势力，加强皇权，但激起王导堂兄王敦拥兵叛乱。在王导和另一些士族支持下，王敦以"清君侧"为名从荆州起兵，永昌元年（322年）兵陷建康，元帝病卒。

苏峻、祖约之乱

东晋时发生的一次大规模叛乱。苏峻（？—328年），长广郡掖县（今山东莱阳南）人。任过主簿。"永嘉之乱"时，他率部数百家泛海南行，至广陵（今江苏扬州）。王敦叛乱前夕，苏峻先后任东晋淮陵内史和兰陵相。祖约（？—330），范阳遒县（今河北涞水）人，祖逖之弟，任成皋令。大兴三年（320年）祖逖死，祖约以侍中出任平西将军、豫州刺史，继统其部。苏峻、祖约既是朝廷命官，又是各自所统流民之帅。苏峻、祖约之乱缘于王敦叛乱中晋明帝引流民帅入卫京师之事。晋琅琊王司马睿进驻建康（今江苏南京）后，对于率众南来的流民帅深怀疑忌，一般都使停留于淮河南北，不使过江。祖逖虽率流民过江至于京口（今江苏镇江），但不得久驻，即北返中原。苏峻率众至广陵，奉命至淮北作战。王敦起兵东下，击溃东晋所倚重的分别自淮阴、合肥入卫的刘隗、戴渊军。晋明帝无兵对付王敦，于太宁二年（324年）接受郗鉴、桓彝等人建议，引江淮流民帅刘遐、苏峻等入卫京师，使其弭平内乱。苏峻以功晋爵加官，为历阳（今安徽和县）太守，屯兵建康上游。祖约所统之众，其时亦自中原渡淮，驱逐王敦所属淮南太守，屯驻寿春。王敦之乱虽平，立功的流民帅却分据要害。成帝即位，苏峻恃功，有轻朝廷之心，朝廷内争中失势王公多与苏峻勾结。咸和二年（327年），执政庾亮诏征苏峻入京为大司农。苏峻不受诏，请求到青州，庾亮不从。祖约在寿春亦恃名望功劳，对朝廷不

满。于是苏峻联结祖约，以诛庾亮为名，举兵反晋。祖约遣侄祖涣（祖逖子）、婿许柳（祖逖妻弟），以兵会苏峻。咸和二年末，苏峻将韩晃、张健等占据姑孰（今安徽当涂）、宣城（今安徽宣城市）。咸和三年正月，苏峻率祖涣、许柳等大军 2 万，自横江（今安徽和县东南）渡过长江，东进至建康附近，连败晋兵，进入台城。苏峻任远在寿春的祖约为侍中、太尉、尚书令，自为骠骑将军、录尚书事。此后数月，战局呈相持态势。苏峻据有自淮水（今江苏秦淮河）上游通向东方的破冈渎交通线，军事上略居优势。七月，祖约在寿春被后赵军攻击，溃败至历阳。九月，晋军烧苏峻军所据破冈渎沿线的积聚，苏峻军乏食。陶侃为救都城之围，急攻石头城，苏峻突阵坠马被杀，部众立苏峻弟苏逸为主。苏逸凭挟帝之势，企图继续死守石头城。咸和四年正月，晋军攻历阳，祖约北奔后赵，后为石勒所杀。二月，晋军收复石头城，斩苏逸，晋成帝脱险。苏峻诸将或死或降，只有张健率军欲入吴兴不得，又与韩晃等西趋故鄣，都被歼灭。

淝水之战

东晋军击败前秦军的战役。前秦苻坚统一北方后，急欲进攻东晋，统一全国。建元十八年（382 年），苻坚与弟苻融率兵 87 万南下攻晋，自以为投鞭于江，足可断流，灭晋易如反掌。东晋以徐、兖二州刺史谢玄等率北府兵 8 万迎战。谢玄派名将刘牢之率精兵五千，偷渡洛涧（今安徽淮南南），败苻坚军前锋，继而挺进淝水，与前秦军对峙。苻坚登寿阳城（今安徽寿县），见晋军齐整，又见八公山（今安徽凤台东南）上草木森然，皆以为晋军，心生疑悸。谢玄派使者要求前秦军后撤，以便晋渡河决战。苻坚欲待晋军半渡反击之，遂下令稍退。前秦军方退即大乱，晋军乘机渡水奋击，大败秦军。苻融战死，苻坚带伤逃归。淝水之战使南方免于战祸，江南经济得以持续发展。战后，北方分裂，南北方进入对峙状态。

门阀政治

即士族政治。东晋是依靠门阀士族的支持建立起来的江东偏安政权，士族代表人物王导及其堂兄王敦分掌文武大权。司马睿即皇帝位时，竟请王导同登御座，接受百官朝拜，虽然王导固辞，但"王与马，共天下"的民谚流传遐迩。这种主弱臣强的状况始终没有改变。门阀士族居于支配地位，军政大权先后由琅琊王氏、颍川庾氏、谯国桓氏、陈郡谢氏等执掌。在门阀政治下，东晋统治集团内部矛盾错综复杂，皇权与士族之间、南北士族之间、北方士族之间、门阀士族与次等士族之间的内争不断发生，勉强维持着皇权与士族、士族与士族之间的平衡。门阀士族比在西晋拥有更加优厚的政治、经济特权，他们凭借门第，自可平步青云，位至公卿。至东晋末年，门阀士族已经人才凋零，终于让位于次等士族刘裕。刘裕代晋建宋，标志着东晋门阀政权的结束和新的皇权政治的重建。

谢安

（320—385 年）东晋大臣。字安石，陈郡阳夏（今河南太康）人，寓居会稽（今浙江绍兴）。早年隐居不仕，才高名著，后被大司马桓温提拔为司马。晋简文帝卒，受命辅佐幼主孝武帝，设法阻止桓温篡位，尽力维护晋室。桓温卒后，他执掌朝政，组建北府兵，加强东晋军事力量。淝水之战中运筹帷幄，大破前秦。又致力北伐，遣谢玄分道伐前秦，连下河南诸县。为了缓和统治集团内部士族之间矛盾，他使桓氏子弟都有所任，稳定了东晋政局，时人比之为王导。晋孝武帝后期重用会稽王司马道子。司马道子专权，他被排挤而出镇广陵（今江苏扬州），太元十年（385 年）病卒。

桓温

（312—373 年）东晋名将。字元子，谯国龙亢（今安徽怀远西）人。明帝婿，穆帝时任荆州刺史，握长江上游重兵，永和三年（347 年）灭成汉，威名大震。先后于永

京口北固山图　明　宋懋晋
东晋征西大将军桓温曾驻守京口，并有"京口酒可饮，箕可使，兵可用"的豪言。

和十年（554年）、太和四年（369年）数次北伐，曾入关中、下洛阳、攻前燕，均因军粮不继而退。太和六年（371年）废海西公，改立简文帝，他任大司马，专制朝政，不久病故。

陶侃

（259—334年）东晋著名将领。字士行，庐江浔阳（今江西九江）人。早年孤贫，为县吏、督邮，后被世族代表人物张华、杨晫看重，参与镇压张昌起义，平定陈敏之叛，累有战功。归附东晋元帝司马睿，任武昌太守，后任交州（治今广州）刺史。王敦之乱平后，转任荆州（治今湖北江陵）刺史。咸和二年（327年）苏峻、祖约之乱，攻陷建康（今江苏南京），他与江州刺史温峤联兵东下。咸和四年（329年）收复建康。受到晋元帝信任，晋升太尉，都督交、广、宁等七州军事。一心恢复北方失土，遣子陶斌与中郎将桓宣伐石勒于樊城（今湖北襄阳北），又遣兄子陶臻与竟陵太守李阳共平襄阳，功绩卓著。咸和九年（334年）卒。

王敦

（266—324年）东晋大臣。字处仲，琅琊临沂（今属山东）人。出身士族，王导堂兄。娶晋武帝之女襄城公主，为附马

都尉。西晋末，支持琅琊王司马睿移镇建康，任扬州刺史、都督征讨诸军。后以镇压杜弢起义，升镇东大将军，都督江、扬、荆、湘、交、广六州诸军事，屯于武昌。东晋建立后，他以拥立之功拜大将军、荆州牧。后因司马睿疏忌王氏，他于永昌元年（322年）起兵攻入建康（今江苏南京），杀刁协、周颛、戴渊等，仍回屯武昌，控据长江上游。明帝即位后，他移镇姑孰（今安徽当涂），为扬州牧。太宁二年（324年）明帝乘其病危，下诏讨伐。他再次起兵攻建康，不胜，遂病死于军中。

祖逖北伐

东晋史上的重要事件。永嘉七年（313年），祖逖率部下北渡长江，实行北伐。渡江后，招军买马，多次取得胜利，在这种情况下，司马睿派人来军中牵制他，内部斗争日趋尖锐。永嘉之变后，东晋政权偏安江南一隅，有志之士不能安于现状，委屈俯就，都力图渡江北上，恢复中原。东晋将领祖逖多次上疏要求北伐，当时东晋的统治者无意北伐，在祖逖的坚持下，给祖逖加奋威将军称号，为豫州刺史。320年祖逖在十分忧愤的情况下病死雍丘（今河南杞县），北伐由此失败。

五胡十六国

东晋时期，先后由5个北方少数民族建立的16个主要割据政权，史称"五胡十六国"。五胡，指这一时期居住在中国北方地区的5个少数民族，即匈奴、鲜卑、羯、氐、羌。西晋末年，这些民族相继内迁中原北部地区。自永安元年（304年）至南朝宋文帝元嘉十五年（439年）的135年间，这5个民族先后建立了16个割据政权，即汉、前赵、后赵、前秦、后秦、西秦、前燕、后燕、南燕、北燕、前凉、后凉、南凉、北凉、西凉和夏，故称"十六国"。另有冉魏、西燕和北魏的前身代国，也都是同时出现的割据政权，但这3国一般不列入16国之内。

前凉（314—376 年）

十六国之一。汉族张轨所建，都姑臧。盛时疆域有今甘肃、新疆及内蒙古、青海各一部分。历 8 主，共 62 年，晋惠帝时，张轨为凉州刺史，治姑臧。延用当地有才干者共同治理凉州，劝农桑、立学校，击入侵的鲜卑部，保境安民，多所建树。自洛阳沦陷（311 年）后，他于姑臧西北置武兴郡，分西平（今青海西宁）郡界置晋兴郡，以安置流民。又铸五铢钱，通行境内。314 年病死，长子张寔继任。晋愍帝司马邺任命寔为都督凉州诸军事、凉州刺史、西平公。自 317 年起，张氏世守凉州，长期使用晋帝的建兴年号，虽名晋臣，实为割据政权，史称前凉。至张骏、张重华父子统治时，前凉发展极盛，境内分置凉、沙、河三州，设西域长史，在今吐鲁番地区设置高昌郡，其疆域"南逾河、湟，东至秦、陇，西包葱岭，北暨居延"。353 年，张重华死后，张氏宗室内乱不绝，凉州大姓也起兵反抗。十年争权夺位的斗争，使国势大衰，到张天锡时已失去今甘肃南部。376 年，前秦苻坚以步骑 13 万大举进攻，张天锡被迫出降，前凉亡。

张轨

（255—314 年）前凉开国皇帝。张寔之父，字士彦，安定乌氏（今甘肃平凉西北）人。少年时受张华器重，在洛阳任散骑常侍。永宁元年（301 年）出任凉州刺史，在州兴办学校，安抚人民，击败入侵的鲜卑族。西晋以来河西荒芜，缣布代替钱币。张轨时经济恢复，又用五铢钱，从此钱币流通。西晋末年，中原大乱，凉州比较安定，流民纷纷来此避难。他效忠西晋，几次派兵到洛阳，保卫京都，匡扶王室。晋愍帝入关后，他又派步骑 2 万到长安。张轨的后裔保据河西 60 余年，所施行的政治、经济、文化措施，给以后河西地方若干以"凉"为名的政权奠定了基础。

汉（304—318 年）

十六国之一，匈奴贵族刘渊所建政权。先后都左国城（今山西离石北）、蒲子（今山西隰县）、平阳（今山西临汾西）。历三主，共 14 年。"八王之乱"中，成都王司马颖结纳刘渊为外援，遣其回并州调兵攻战，拜刘渊为北单于。刘渊至左国城，被推为大单于，建都离石，拥有 5 万之众。刘渊利用西晋统治阶级内部混战的有利形势，起兵反晋。304 年阴历十月，刘渊于左国城即王位，建国号汉。马牧帅汲桑、上郡四部鲜卑陆逐延、氐酋长单徵、东莱人王弥及石勒等归附刘渊，受汉官爵。308 年，刘渊徙都蒲子。十月，刘渊改称皇帝，迁都平阳。此后，石勒在河北各地屡败晋军，部众发展到 10 余万。310 年七月，刘渊病死，太子刘和即位，刘渊第四子刘聪杀刘和自立。十月，刘聪遣刘曜、王弥率大军攻掠河南诸州郡。次年六月，破洛阳，俘晋怀帝司马炽。316 年，刘聪遣刘曜等攻关中，十一月破长安，晋愍帝司马邺被俘，西晋亡。至此，中原广大地区皆纳入汉的版图，是其全盛时期。但石勒的势力形成割据局面，汉政权直接控制的地区只限于山西和陕西各一部分。刘聪在其直接控制的地区实行胡汉分治政策：设左、右司隶，各领户 20 余万，构成统治汉族的组织系统；又设大单于，其下设单于左、右辅，以统治各少数民族。在非直接控制区设州牧、郡守。刘聪穷兵黩武，荒淫残暴，加上遭遇饥荒，国势渐衰。318 年，刘聪病死，太子刘粲即位，旋为匈奴贵族靳准所杀，汉亡。

刘渊

（？—310 年）汉国开国皇帝。字元海，新兴（今山西忻州）匈奴族人。在位 7 年，谥光文皇帝，庙号高祖。刘渊是匈奴族酋长，归附汉朝后，自谓汉朝外孙，故冒姓刘。从小读诗书，尤好《左传》及《孙子兵法》，汉化较深。父卒，他继任左部帅。晋太康十年（289 年）任北部都尉，后为五部大都督。"八王之乱"时，他说动成都王司马颖命他返回并州，调发五部之众协助成都王参加内战，被任为北单于、参丞相军事。后利用北方民族矛盾和阶级矛盾，于左国城（今山西离石北）起兵反晋，称大单于。不久领众5万，建都离石。304年阴历十月称汉王，建国号汉，任刘宣为丞相。刘渊屡次击败晋军进讨，但败于并州刺史刘琨。后依侍中刘殷、王育之谋，命将四出，进据河东，攻克蒲坂（今山西夏县西南）、平阳（今山西临汾西南）。王弥、石勒、汲桑、鲜卑陆逐延相继率部归降，声势大振。308年即皇帝位，建都平阳。两年后病死。

刘聪

（？—318年）汉国皇帝。一名载，字玄明。新兴（今山西忻州）匈奴族人。在位9年，谥昭武皇帝，庙号烈宗。刘渊第四子。少年好学，工书法，能诗文，善武事。官至右积弩将军，参前锋战事。刘渊为北单于，刘聪为右贤王。310年，刘渊病重，刘聪为大司马、大单于、录尚书事，掌握军政大权。刘渊死后，他杀兄刘和夺取皇位，改元光兴。立弟刘乂为皇太弟，领大单于、大司徒。又以子刘粲为河内王、抚军大将军、都督中外诸军事。刘聪遣族弟刘曜、大将王弥率众4万出洛阳，周旋于梁、陈、汝、颍之间，攻占堡壁。西晋永嘉五年（311年）夏，派刘曜、王弥攻克洛阳，俘晋怀帝司马炽，纵兵烧掠，杀王公士民3万余人，史称"永嘉之乱"。316年，又遣刘曜攻破长安，俘晋愍帝司马邺，西晋灭亡，中原地区均归汉统治。刘聪沉湎酒色，游猎无度，广建宫殿，生产荒废，人民逃离，各将领间形成割据势力。318年病卒。

成汉（304—347年）

巴氏贵族李雄所建，都成都。盛时有今四川东部和云南、贵州的一部分。历6主，共44年。西晋末年，秦、雍二州连年荒旱，略阳、天水等六郡氏人和汉人等不得不流徙至梁、益地区。他们入蜀后，由于地方官吏的贪暴和朝廷限期令流民还乡，流民领袖、略阳氏人李特等利用流民的怨怒，于301年在绵竹聚众起义。303年义军攻成都，益州

刺史罗尚联络地方大族，袭杀李特。其弟李流继续领兵作战，不久病死。其子李雄继领部众，于同年攻下成都，逐走罗尚，据有益州。304年李雄称成都王，306年改称皇帝，国号大成，都成都。334年李雄病死，兄子李班即位。同年李雄子李期杀李班自立。338年李特弟李骧之子李寿杀李期自立，改国号为汉，史称成汉。343年李寿死，其子李势即位。347年东晋桓温伐蜀，李势兵败出降，成汉亡。

李雄

（274—334年）成汉开国皇帝，李特第三子。巴西宕渠（今四川渠县东北）人，后迁略阳（今甘肃天水东北）。李特率流民起义，李雄为前将军。303年，李特被益州刺史罗尚击杀。继任者李流亦病故。李雄以大都督名义继续领导流民作战，驱逐罗尚，攻占成都。304年称成都王，建元建兴。306年即皇帝位，国号大成，在位30年。李雄虚己爱人，兴文教，立学官，政治较为清明。在位期间，注意发展生产，赋役较轻，男丁一年交谷三斛，女丁交一斛五斗，疾者减半；户调绢不过数丈，棉不过数两。多次遣使东晋朝贡，遣将开拓疆域。

刘曜

（？—328年）前赵皇帝。字永明，匈奴族，新兴（今山西忻州）人，刘渊族侄。318年自立为皇帝，次年改国号为赵，定都长安。在位11年。刘曜勇武过人，早年深受汉文化影响，喜谈兵书，曾被刘聪誉为刘秀、曹操式的人物。318年，靳准杀刚即位的刘粲，自立为汉天王。刘曜闻变，自长安赴之，遣兵至平阳灭靳氏，自立为皇帝。

匈奴人黄金铠甲

即位后，任用汉人士族，设立太学、小学、关中、陇右各少数民族杂居。刘曜继承刘渊统治胡汉的双重体制，设单于台于渭城（今陕西咸阳），任命其子刘胤为大单于，置左右贤王以下官位以各族酋豪充任。刘曜沉湎酒色，末年尤甚。他统治期间，各族人民多次起义反抗。他在镇压起义后或扣留人质，或大量移民于长安，多时一次达 20 余万。前赵国境西有前凉张氏，南有仇池杨氏和成汉李氏，北、东两面是后赵石氏。刘曜扩张势力，主要东向与石氏激烈争斗，互有胜负。328 年，刘曜攻打洛阳，在大败石虎之后，骄傲轻敌，饮酒沉醉，不能指挥战斗，为石勒所俘虏，不久被杀。

前赵（318—329 年）

十六国之一，匈奴贵族刘曜所建。定都长安，历 1 主，11 年。318 年，刘聪卒，子刘粲继立，为匈奴贵族靳准所杀。镇守长安的刘曜闻变，发兵攻靳准。十月，刘曜自立为皇帝。同时，石勒亦以讨伐靳准为名，率军攻破汉都平阳，占有平阳、洛阳以东之地。319 年，刘曜定都长安，改国号为赵，史称前赵。此后刘曜、石勒常相攻伐。328 年，两军大战于洛阳城西，刘曜饮酒过量，兵败被擒，前赵主力被消灭。石勒乘胜西进，太子刘熙弃长安，逃奔上邽（今甘肃天水）。329 年，石勒军攻占上邽，杀刘熙，前赵亡。

后赵（319—351 年）

十六国之一，羯族石勒所建，定都襄国（今河北邢台），后迁邺。历 7 主，共 32 年。盛时疆域有今河北、山西、陕西、河南、山东及江苏、安徽、甘肃、辽宁的一部分。石勒从 305 年起兵后，辗转归于汉刘渊，为刘渊部将。311 年，石勒军全歼西晋主力，并会同刘曜、王弥之众攻破洛阳。312 年以后，石勒以襄国为基地，发展成为今河北、山东地区的割据势力。318 年，汉内乱，他率兵攻破汉都平阳（今山西临汾西）。319 年，刘曜自立为帝，建前赵，迁都长安。石勒脱离赵，自称大单于、赵王，定都襄国，史称

后赵。石勒攻灭鲜卑段氏后，又进据河南、皖北、鲁北。329 年攻破长安、上邽，灭前赵，占关陇。至此，北方除辽东慕容氏和河西张氏外，皆为石勒所统一。以淮水与东晋为界，初步形成南北对峙局面。330 年石勒改称大赵天王，同年称帝。333 年石勒病死，太子石弘即位，石勒的侄子石虎为丞相、魏王、大单于，总摄朝政。334 年，石虎废石弘，自称居摄赵天王。以后，石虎诛杀石弘及石勒诸子，迁都于邺。337 年改称大赵天王，349 年称帝。不久石虎病死，后赵内乱，诸子争立，互相残杀。350 年，石虎养孙汉人冉闵（即石闵）乘政局混乱，杀石鉴，后赵灭亡。

石勒

（274—333 年）后赵开国皇帝。字世龙，原名匐勒，上党武乡（今山西榆社北）人，羯族。319 年称赵王。石勒青年时期曾从事耕田、沤麻等，又在荒年被并州刺史司马腾枷押山东出卖。主人放免后，因善相马，结识牧马师汲桑。305 年，和汲桑投奔起兵于赵魏的公师藩。公师藩失败，汲桑招降纳叛，自号大将军。汲桑以石勒为前锋，攻下

两赵作战图
两赵大战，前赵溃败。

126

邺城，杀司马腾。307年，石勒率部投汉刘渊。刘渊、刘聪向山东、河北扩张时，主要依靠石勒兵力。312年，石勒依张宾之策，进据襄国（今河北邢台），作为据点，逐步统一黄河以北大部地区。到321年，幽、并、冀三州皆归石氏。323年破曹嶷，取青州。328年在洛阳大败前赵军，俘刘曜，占关陇。中原地区，除辽东慕容氏、河西张氏外，都统一于石氏。330年，改称赵天王，同年又改称皇帝。石勒富于军事才能，政治上也颇有见识，自比刘邦、刘秀，鄙视曹操、司马懿。石勒胸襟开阔，不念旧恶，往往从谏如流。沿袭刘渊胡、汉分治办法，称赵王时又自号大单于，任石虎为单于元辅。称赵天王后，命其子石弘为大单于。石勒禁止胡人侮慢汉人士族。兄死妻嫂是胡族的普遍风习，他在位期间加以禁止，并不许在丧婚娶，以适应汉人习惯。立国后，为节省粮食，一度禁止酿酒。还计划推行钱币，代替布帛交易，但未实现。注意教育，在襄国和地方设立学校。建国前，曾令采择晋代律令要点，作为暂行制度，说明对法律的重视。

慕容廆

（269—333年）辽东鲜卑族首领，昌黎棘城（今辽宁义县西北）鲜卑族人。慕容氏属鲜卑中部，又称白部鲜卑。慕容廆在位约49年。三国时，其曾祖莫护跋率部居于辽西，父时迁居于辽东北。西晋初，慕容廆即位，每年侵扰辽西、昌黎边境，后归顺晋朝，为鲜卑都督。289年迁于徒河（今辽宁锦州），294年迁于大棘城，自称鲜卑大单于。教民农桑，法制与西晋同。晋任命他为镇军将军，昌黎、辽东二国公。西晋末年，中原士庶或南下江东，或西投凉州张氏，一部分则徙居辽东。如河东裴嶷、右北平阳耽、广平游邃、渤海高瞻等士族多率宗族、乡里投慕容廆。慕容廆尽力招徕，立郡收容流民，辽水流域人口激增，疆域开拓，农业发展。东晋时，他任龙骧将军、大单于，建立割据政权，接受东晋车骑将军、平州牧、辽东郡公官爵。于333年卒。

东晋与拜占庭建交

拜占庭是罗马皇帝君士坦丁（306—337）执政期间建成的新都。347年，东晋王朝占领巴蜀以后，通过张氏前凉政权，正式与拜占庭建交。早在西汉时期，中国就同古罗马帝国有所往来。他们称中国为赛里斯国，意思是"丝国"。随着"丝绸之路"的开辟与日趋繁盛，中国与罗马的贸易关系越来越密切。3世纪初，三国曹魏增辟了与罗马交往的新北道，由玉门关转向西北，通过横坑（今库鲁克山），经五船以东转西进入车师前部（哈拉和卓），然后转入天山北麓，穿越乌孙、康居、奄蔡，便可渡黑海或越高加索山脉和罗马帝国相通，最后到达帝国的新都拜占庭。345—361年间，拜占庭使者来到长江流域晋王朝统治地区。363年，晋哀帝司马丕也向拜占庭派出使者，使双方在丝绸贸易上达成协议，保证了通往拜占庭的"丝绸之路"的畅通。东晋与拜占庭的建交，不仅使丝绸交易更加便利，而且相互输送各自的文明，影响了历史的进程。

前燕（337—370年）

十六国之一，鲜卑慕容氏建立的国家。慕容氏原来分布于辽东与辽西，曹魏时期发展了与中原的经济文化联系，到西晋时，已经成为东北塞外一支强大的部族。元康四年（294年），慕容廆将都城迁至大棘（今辽宁义县），部落开始定居并从事农业生产，并吸取了汉族的统治办法，开始向封建制过渡。慕容廆是一个有远见的胡族酋长，他利用西晋瓦解机会，积极发展势力。广泛拉拢汉族地主分子，并唯才是举，北方大族人物都受到他的重用。还大力招徕汉族流民，在辽水流域设立侨郡，使人口增加10倍。他接受汉族地主建议，极力调和胡、汉矛盾。慕容廆死，其子慕容皝于东晋咸康三年（337年）称燕王，迁都龙城（今辽宁朝阳），向中原靠近，打败了石勒20万大军的进攻。他一面大力开疆拓土，先后打败鲜卑段氏，灭鲜卑宇文氏，袭破夫余，从而人口大增，统治稳定。积极发展经济，下令"苑囿悉可罢之，以给百姓无田业者。贫者全无资产，不能自存，各赐牧牛一头"。田租征收则按屯田制分成。这些措施使农业发展很快，并迅速完成了向封建制的过渡。至其子慕容儁时，后赵统治崩溃，前燕迅速向中原发展。慕容儁带领 20 万军队入塞，联合后赵残余势力及氏族酋长苻氏，打败了冉闵。迁都至蓟（今北京市），再迁于邺（今河北临漳西），成为雄踞中原的强大势力。前燕元玺元年（352 年），慕容儁称帝，燕国建立，史称前燕。随着鲜卑慕容氏贵族的封建化，统治集团逐渐趋向腐化，内部斗争激烈，国势日衰，于前燕建熙十一年（370 年）被前秦所灭。

慕容皝

（297—348 年）前燕开国皇帝。字元真，小字万年。慕容廆第三子，昌黎棘城（今辽宁义县西北）鲜卑族人。在位 12 年。333 年即位，统治辽东。讨平鲜卑部族内乱，337 年称燕王。以汉人封奕为国相。击溃后赵石虎的围攻，献捷东晋，获东晋燕王册封。342 年迁都龙城。344 年大破鲜卑宇文部，拓地千里。先后败鲜卑段氏，袭后赵幽、冀之境，将被征服地区的人民迁徙辽河流域。并招徕流民开荒垦殖，按照屯田制分成法，"持官牛田者官得六分，百姓得四分，私牛而官田者与官中分"。取消慕容廆时所设侨郡、县，以渤海人为兴集县，河间人为宁集县，广平、魏郡人为兴平县，东莱、北海人为育黎县，吴人为吴县，直接隶属燕国。其汉化较深，崇尚儒学，设东庠，以大臣子弟为学生，号高门生。并亲临讲授，每月考优劣，学生达千人。能文，著有《太上章》《典诫》。卒于 348 年。

前秦（351—394 年）

十六国之一，氏族苻健所建，建都长安。疆域东至沧海，西抵葱岭，南控越巂，北及大漠，东南以淮、汉与东晋为界。历 6 主，共 44 年。333 年，后赵石虎以氏族酋长苻洪为都督，率氏、汉百姓徙居枋头（今河南汲县东北）。石虎死，苻洪降晋。350 年，苻洪拥众十余万，自称大都督、大将军、大单于、三秦王，欲率众还关中，尚未成行，被人毒死。其子苻健继领其众，称征西大将军，自枋头西入潼关，攻占长安，据有关陇。351 年自称大秦天王、大单于，国号大秦，史称前秦。352 年改称皇帝，都长安。354 年，桓温率军攻秦，苻健坚壁清野，晋军入潼关后因缺粮退兵。355 年苻健死，其子苻生即位。357 年苻生为堂兄苻坚所杀，苻坚自立。后十几年，前秦政权稳定，呈现"小康"气象。随后势力渐强，开始统一黄河流域的征战。370 年灭前燕，371 年灭仇池（今甘肃威县西北）氏族杨氏，373 年攻取东晋梁、益二州，376 年灭前凉，同年灭代。382 年进驻西域。至此，前秦统一了整个北方，与东晋形成南北对峙局面。苻坚自恃强盛，不断对东晋发动进攻，战事主要在徐州、襄阳一带进行。379 年攻占襄阳。382 年提出灭晋，臣僚多不赞成，苻坚执意前往。383 年下诏进攻，阴历八月以苻融为前锋都督，率步骑 25 万先行。九月苻坚亲统步兵 60 余万、骑兵 27 万为后继。益州、凉州、河北等地前秦军也纷纷出动。东晋谢安执政，命谢石为征讨大都督、谢玄为前锋都督，率水陆军 8 万迎敌。十月，两军会战于淝水，秦军大败。苻坚中箭，仓皇逃至淮北，年底回到长安。淝水之战后，前秦四分五裂，丁零、鲜卑、羌等各族乘机起兵反秦，围攻长安，苻坚于 385 年阴历五月留太子苻宏守城，自率数百骑出奔五将（今陕西岐山东北），后为羌人首领姚苌擒杀。六月，苻宏出逃，长安易主。苻坚死后，镇守邺城的苻丕遭慕容垂长期围攻，于八月弃城，退至晋阳（今山西太原西南），自立为帝。386 年阴历十月，苻丕与西燕慕容永军在山西激战，秦军大败，苻丕逃奔河南，为东晋军所杀。其后，关陇氏人拥立苻坚孙苻登称帝于枹罕（今甘肃临夏）。苻登与后秦姚苌连年争战。394 年阴历七月，苻登与姚苌之子姚兴作战，兵败被杀。前秦灭亡。

苻坚

（338—385 年）前秦皇帝。字永固，一名文玉。氐族，在位 29 年。原籍略阳临渭（今甘肃天水东北），生于邺城。祖父苻洪，氐族酋长。伯父苻健，前秦创建者。苻坚博学多才，汉文化修养较深，擅长谋略，初封东海王，357 年在氐、汉贵族支持下，杀苻生自立为大秦天王。即位前他就招纳人才，以图经国济民。即位后任人唯贤，励精图治。对宗室外戚无才能者弃之不用，对有文武之才者授以高官。他支持王猛抑制豪强，整饬军政，强化王权，命地方官荐举人才，进行考核，"得人者赏，非其人者罪之"。于是"内外之官，率皆称职"。苻坚对被征服的民族和地区采取怀柔政策，出类拔萃者任为文官武将。同时，在思想意识上汉化融合各族，提倡儒学，广兴学校，令公卿以下子孙入学，还亲临太学考试学生优劣。在关中，他"劝课农桑、赈恤穷困"，兴修水利，使关陇地区经济发展，国力充实。前秦国势日渐强盛，为统一北方创造了条件。370 年攻灭前燕，翌年灭仇池氐族杨氏，373 年取东晋梁、益两州，376 年灭前凉和代，统一北方。382 年派吕光进军西域。前秦成为"十六国"中最强大的政权，其疆域东至沧海，西并龟兹，南包襄阳，北尽沙漠。新罗、大宛、康居、天竺等 62 国遣使通好，唯东晋不服。苻坚渐骄，急于统一全国，不顾群臣劝阻，倾全秦之力，调集步骑近 90 万，分兵三路南下，力图一举消灭东晋。383 年大败于淝水。此后，前秦分裂，慕容垂和姚苌背叛，分别建立后燕和后秦，西燕主慕容冲攻入长安。苻坚出走为姚苌所俘，被缢杀。

后秦（383—417 年）

十六国之一，羌族姚苌所建，定都长安。极盛时控有今陕西、甘肃、宁夏及山西、河南的一部分，历 3 主，共 34 年。西晋永嘉年间，羌部落的一支由豪酋姚弋仲率领，从赤停（今甘肃陇西西）迁到陇糜（今陕西千阳东）一带居住。石虎任姚弋仲为西羌大都督迁清河滠头（今河北枣强东北）。石虎死后，姚弋仲遣使降晋。352 年弋仲病死，其子姚襄继统部众。姚襄欲还关中，

三男议事图　五胡十六国

357 年与前秦战于三原，兵败被杀。其弟姚苌率众降前秦，为苻坚将领。淝水之战后苻坚回长安不久，鲜卑族慕容泓起兵反秦，姚苌参与讨泓战败，逃奔渭北。得羌人及西州豪族尹详等的支持，也起兵反秦。384 年姚苌自称大将军、大单于、万年秦王，史称后秦。姚苌率军进屯北地（今陕西铜川市耀州区），386 年入据长安称帝，国号大秦。393 年姚苌病死，太子姚兴即位。次年，姚兴打败前秦残余势力苻登，灭前秦，据有关陇。乘西燕败亡，取得河东。随后相继攻占洛阳，收服西秦，攻灭后凉。416 年姚兴病死，太子姚泓即位。后秦宗室骨肉相残，自相削弱。417 年东晋刘裕攻取潼关，继占长安。八月姚泓兵败出降，后秦灭亡。

姚苌

（330—393 年）后秦开国皇帝。字景茂，羌族，姚弋仲第二十四子。在位 10 年。357 年，其兄姚襄在三原兵败被杀，姚苌率众降前秦，为苻坚部将。384 年，据岭北的北地、新平、安定等郡，自称大将军、大单于、万年秦王，建元立国，史称后秦。385 年杀死苻坚，386 年称帝于长安。改称常安，国号大秦。姚苌多谋略却不善征战。386 年苻登自立为前秦王后，与姚苌转战相持，西北自安定（今甘肃泾川北），东南到长安，屡次大败姚苌。391 年，姚苌破苻登军于长安以东，苻登转攻安定。姚苌北行拒守，后秦不断受到苻登的攻击，政权始终未得稳定。393 年姚苌卒。

后燕（384—407 年）

十六国之一，鲜卑慕容垂所建，定都

中山（今河北定县）。极盛时有今河北、山东及辽宁、山西、河南大部，历2主，共26年。前燕慕容暐在位时，慕容垂因宗室内部矛盾投奔前秦，为苻坚将领。淝水之战后，至邺（今河南北临漳西）拜谒先人陵墓。时丁零族翟斌于河南起兵反秦，镇守邺城的苻丕命其及宗室苻飞龙前往镇压。途中慕容垂杀飞龙，与前秦决裂。384年，慕容垂自称大将军、大都督、燕王，建元立国，史称后燕。有众20余万，进围邺城。385年苻丕从邺城撤往晋阳（今山西太原西南），河北之地尽属后燕。386年，慕容垂自立为帝，定都中山（今河北定县）。392年灭西燕，恢复前燕版图。395年慕容垂命太子率军8万进攻北魏，在参合陂（今山西阳高境）败北。396年慕容垂亲率大军往攻，一度取得平城（今山西大同东北）。后慕容垂死，其子慕容宝即位。北魏拓跋珪来攻，夺取晋阳，进围中山。397年慕容宝突围北奔龙城（今辽宁朝阳），后燕被北魏吞并。

慕容垂

（326—396年）后燕开国皇帝。字道明，原名霸，字道业，昌黎棘城（今辽宁义县西北）鲜卑族人，前燕慕容皝第五子。在位13年，在344年击溃鲜卑宇文部、350年攻克后赵蓟城的战争中，曾立大功。354年被封为吴王。先后镇信都（今河北衡水市冀州区）、龙城（今辽宁朝阳）、蠡台（今河南商丘）、鲁阳（今河南鲁山）。两次任司隶校尉。369年，慕容垂追击桓温军至襄邑（今河南睢县），大败晋军，威名大震。太傅慕容评忌妒排挤他，密谋杀害，慕容垂被迫携妻子投奔苻坚，任冠军将军等。383年淝水之战秦军大败后，慕容垂纠集鲜卑、乌桓、丁零等各族兵力，企图复兴燕国。384年自称大将军、大都督、燕王，建元立国，史称后燕。后率大军围攻邺，击退秦晋援军，夺据邺城。386年慕容垂称帝，定都中山。394年，消灭同族慕容泓在河东建立的西燕政权。拓跋珪称魏王（386年）后，燕、魏关系恶化，

魏联合西燕进攻后燕。396年，慕容垂率军攻魏，无功而返，死于途中。

西秦（384—431年）

十六国之一，鲜卑族酋长乞伏国仁所建，都苑川（今甘肃榆中东北）。极盛时包括今甘肃西南部和青海一部分，历4主，共47年。鲜卑乞伏氏在汉魏时自漠北南出大阴山，迁往陇西定居。前秦苻坚在位时，乞伏鲜卑酋长、乞伏国仁父乞伏司繁被命为镇西将军，镇勇士川（今甘肃榆中东北）。乞伏司繁死，乞伏国仁即镇。385年乞伏国仁自称大将军、大单于，领秦、河二州牧，筑勇士城为都，史称西秦。388年阴历六月国仁死，其弟乾归继位，称河南王，迁都金城（今甘肃兰州西北）。394年前秦苻登败亡，乾归尽占陇西之地，改称秦王，400年迁都苑川。同年败于姚兴，降附后秦，为其属国。407年乾归被姚兴留居长安，两年后回到苑川，复称秦王。412年乾归死，其子乞伏炽磐即位，称河南王，迁都枹罕（今甘肃临夏）。414年灭南凉，十月改称秦王。428年六月炽磐死，其子乞伏暮末即位。430年暮末欲东趋上邽（今甘肃天水），归附北魏，途中遭夏主赫连定阻击，退保南安（今甘肃陇西东南）。431年阴历一月夏军围攻南安，暮末出降。西秦灭亡。

乞伏国仁

（？—388年）西秦开国皇帝。鲜卑族，在位4年。前秦苻坚在位时，乞伏鲜卑酋长、国仁父乞伏司繁率部投附苻坚，镇勇士川（今甘肃榆中东北）。司繁死后，国仁代镇其地。385年自称大将军、大单于，领秦、河二州，筑勇士城于勇士川居之，史称西秦。387年，苻登封其为苑川王。388年卒。

代（338—376年）

鲜卑拓跋部什翼犍所建，定都盛乐（今内蒙古和林格尔西北）。极盛时北至大漠，据有今内蒙古和山西、河北北部。历1主，39年。拓跋是一个游牧部落，自酋长拓跋

力微时代起，游牧于云中一带（今内蒙古托克托东北）。305 年，力微少子禄官统部仿照匈奴旧制，将拓跋分为东、西、中三部。禄官自为大酋，居上谷（今河北怀来东南）之北，濡源（今河北滦河之源）之西，为东部；猗卢居定襄的盛乐一带，为西部；猗㐌居代郡参合陂（在今山西阳高境）北，为中部。307 年，猗卢总统三部，拥有骑卒 40 万。并州刺史刘琨为利用拓跋势力对抗刘聪、石勒，于 310 年请东晋朝廷封猗卢为代公，315 年进封为代王。之后，拓跋部在今山西北部、河北西北部和内蒙古中部一带，势力日趋强大。338 年，什翼犍即代王位，设置百官，分掌众职，制定法律，正式建立代国。340 年什翼犍定都盛乐，开始从事定居的农业生产。376 年，前秦苻坚进攻代国，什翼犍被击败，为其子拓跋寔君所杀。代国灭亡。

南凉（397—414 年）

十六国之一，鲜卑族秃发乌孤所建。建都于乐都（今属青海），极盛时控有今甘肃西部和宁夏一部分。历 3 主，共 18 年。秃发即"拓跋"的异译。汉魏之际，拓跋氏的一支由酋长统率，从塞北迁到河西，被称为河西鲜卑。在此居住约两个世纪，部众渐盛，除畜牧业外，兼事农业。至秃发乌孤时期，以廉川堡（今青海民和西北）为中心，

重装甲马作战图
此图表现了北方战争的场面，再现了重装甲马和步兵作战的特征。

势力不断发展。初附后凉吕光，397 年与后凉决裂，自称大将军、大单于、西平王，史称南凉。398 年改称武威王。399 年迁都乐都，阴历八月秃发乌孤死，其弟利鹿孤继立，徙都西平（今青海西宁）。401 年改称河西王。402 年利鹿孤死，其弟傉檀即位，改称凉王，迁回乐都。404 年，因后秦强盛，秃发傉檀向姚兴称臣。408 年，傉檀与姚兴决裂，复称凉王。414 年傉檀铤而走险，率骑西掠吐谷浑乙弗部，西秦乘机袭取乐都。阴历七月，傉檀降于西秦。南凉灭亡。

秃发乌孤

（？—399 年）南凉开国皇帝，在位 3 年。秃发与拓跋部同出一源，是从塞北迁移到河西地方的鲜卑人。乌孤的高祖树机能部众强盛，西晋时雄踞凉州。乌孤的部众从事农桑，以廉川堡（今青海民和西北）为中心，一度属于后凉吕氏。397 年，他与后凉决裂，自称大将军、大单于、西平王，建南凉。后夺得吕氏所属乐都、湟河、浇河诸郡（今青海乐都至同仁一带）。398 年，乌孤称武威王，399 年从西平（今青海西宁）迁都乐都（今属青海）。乌孤准备消灭后凉吕氏势力，然后南向并吞西秦乞伏氏，北向灭北凉段氏，但未果。399 年乌孤死。

秃发傉檀

（365—415 年）南凉王。鲜卑人，秃发乌孤之弟。402 年南凉王秃发利鹿孤死，傉檀即位，自号凉王，定都乐都（今属青海）。在位 13 年。403 年，后秦姚兴灭后凉，据有凉州。404 年，秃发傉檀诈降姚兴。406 年，从后秦接受凉州刺史称号，占领姑臧，同时控制武威以南诸郡。南凉的东南是后秦姚氏和西秦乞伏氏，东北有赫连夏，西北有北凉沮渠氏。后秦进攻傉檀，谋取姑臧，未成功。与南凉紧邻的是北凉和西秦。傉檀屡次败于北凉沮渠蒙逊。414 年率兵向西进攻吐谷浑的乙弗部，获牛、马、羊 40 余万头。他误以为西秦乞伏炽磐"名微众寡"，又是自己的女婿，因而放松了防御。乞伏炽磐乘虚进

攻，10 天攻下乐都，偄檀投降，被炽磐毒死。

北凉（401—439 年）

十六国之一，匈奴卢水胡酋长沮渠蒙逊所建。建都张掖，极盛时占有今甘肃西部及青海、宁夏、新疆各一部分。历 2 主，共 39 年。397 年后凉进攻西秦战败，吕光杀死从征的部下沮渠罗仇兄弟，罗仇侄蒙逊以会葬为名，与诸部结盟起兵反抗吕光，并与兄男成推后凉建康（今甘肃高台西北）太守段业为凉州牧、建康公。399 年段业入据张掖，自称凉王。401 年段业杀男成，蒙逊以此起兵，攻破张掖，杀段业，自称大都督、大将军、凉州牧、张掖公，建北凉。后屡次出兵击败南凉，并几次进围姑臧（今甘肃武威）。410 年南凉秃发偄檀被迫放弃姑臧，退回乐都。412 年阴历十月，沮渠蒙逊迁都姑臧，称河西王。421 年蒙逊灭西凉，取得酒泉、敦煌，据有河西走廊。433 年阴历四月，蒙逊死，其子牧犍（亦作茂虔）即位。439 年北魏大军围攻姑臧，牧犍出降。北凉灭亡。

沮渠蒙逊

（368—433 年）北凉开国皇帝。临松郡（今甘肃张掖南）的匈奴卢水胡人。在位 33 年。沮渠氏的祖先曾任匈奴的左沮渠，以官为氏，在张掖一带世为酋豪。蒙逊涉猎书史，有谋略。397 年率众推举段业为凉州牧，后凉独立。段业任蒙逊为张掖太守。401 年，蒙逊杀段业，自立为凉州牧、张掖公，建北凉。412 年，迁都于姑臧（今甘肃武威），称河西王。421 年，攻下敦煌，灭西凉李氏。422 年占领高昌，版图扩及西域。与东晋结交，输入书籍，继前凉、西凉之后，在河西保存和发扬了汉族封建文化。卒于 433 年。

南燕（398—410 年）

十六国之一，鲜卑族慕容德所建，定都广固（今山东青州）。极盛时有今山东及河南的一部分。历 2 主，共 13 年。后燕慕容宝在位时，叔父慕容德镇守邺城。397 年北魏攻后燕都城中山，慕容宝北奔龙城（今辽宁朝阳）。十月，北魏破中山，后燕被截为两部分。慕容德于 398 年率部南徙滑台（今河南滑县东），自称燕王，史称南燕。399 年滑台为北魏攻占，慕容德用尚书潘聪策，率众向东，攻取青、兖，入据广固。400 年慕容德称皇帝。405 年，慕容德病死，兄子慕容超嗣位。409 年东晋刘裕率师北伐，410 年攻下广固，慕容超被俘斩首，南燕灭亡。

慕容德

（326—405 年）南燕开国皇帝。字玄明，昌黎棘城（今辽宁义县西北）鲜卑族人。慕容晔时封范阳王，为征南将军。369 年，东晋桓温率军攻前燕，慕容德与兄慕容垂一道大败晋军于襄邑。慕容垂投奔苻坚后，慕容德连坐遭免职。前秦灭前燕，他被徙到长安。淝水之战后，慕容垂称王，建后燕，定都中山。慕容宝即位，任慕容德为车骑大将军、冀州牧，镇邺城，总管南境。397 年，魏军攻下中山，后燕被截为两部分。398 年，慕容德率众自邺徙滑台（今河南滑县东），自立为燕王，史称南燕。滑台一度被魏军占领，于是慕容德东进夺取青州，400 年称帝，建都广固。卒于 405 年。

西燕（384—394 年）

鲜卑族慕容泓所建。建都长子（今山西长治），极盛时有今山西、河南各一部分。历 7 主，共 11 年。苻坚灭前燕，徙鲜卑 4 万多户于长安及附近各地。淝水之战后，慕容泓闻慕容垂于河北起兵反秦，乃集关内外

鎏金铜酒盏　五胡十六国

诸部鲜卑，屯兵华阴。384年慕容泓自称大将军、雍州牧、济北王，以兴复燕国为号召，率师进逼长安。不久，慕容泓因"持法苛峻"，被鲜卑贵族杀害，立其弟慕容冲为主。慕容冲率众进围长安，385年于阿房（今陕西西安西）称帝。之后入据长安。386年阴历二月，拥立鲜卑贵族段随为燕王。三月，慕容永等杀段随，立慕容觊为燕王，率众离长安东进。后慕容觊被杀，慕容冲之子慕容瑶被立为帝。慕容瑶旋即被杀，慕容泓的儿子慕容忠被立为帝。六月，慕容忠亦被杀，慕容永被推为大将军、大单于、河东王，率领部众继续东进。前秦苻丕派兵阻其东归，在襄陵（今山西临汾东南）会战，苻丕军大败。386年阴历十月，慕容永自称皇帝，建都长子，改元中兴。他与后燕慕容垂同是前燕的宗室，遂产生法统之争。慕容垂于393年冬大举进攻西燕。次年八月攻克长子，杀慕容永，西燕灭亡。

后凉（386—403年）

十六国之一，氐族吕光所建，定都姑臧（今甘肃武威）。极盛时有今甘肃西部和宁夏、青海、新疆各一部分。历4主，共18年。前秦苻坚于382年命吕光率兵进军西域。吕光攻占焉耆、龟兹，西域30余国陆续归附。吕光于385年率兵载物东归。前秦凉州刺史梁熙以兵5万拒于酒泉，吕光打败梁熙，入据姑臧，自称凉州刺史。386年，自称凉州牧、酒泉公，定都姑臧，史称后凉。389年改称三河王。396年自称天王，国号大凉。399年吕光病卒，太子吕绍即位，庶长子吕纂杀吕绍自立。401年吕光弟吕宝之子吕隆又杀吕纂自立。后南凉、北凉不断侵扰，内外交困，于403年阴历七月降后秦姚兴，后凉灭亡。

吕光

（338—399年）后凉开国皇帝。字世明，略阳郡（今甘肃天水东北）氐族人。在位14年。受王猛知遇，被推荐给苻坚，任步兵校尉、骁骑将军，多次作战，颇有威名。

382年，车师前部王和鄯善王入朝前秦，愿充向导攻打西域诸国。吕光奉命进军西域。383年，吕光越过流沙300余里，焉耆等国皆降，只有龟兹拒守。384年，吕光大破各方援军70余万，攻下龟兹，30余国投降。因贪图龟兹富足，吕光本打算留居，但将士都希望东归，名僧鸠摩罗什也加劝阻，因此于385年满载西域珍宝奇玩，返回姑臧（今甘肃武威），据有凉州。386年，吕光自称凉州牧、酒泉公，建后凉。后又改称三河王。396年自号天王。晚年昏聩，听信谗言。儿子和外甥贪暴，臣下离叛，朝廷腐败混乱。卒于399年。

西凉（400—421年）

十六国之一，汉族李暠所建，定都酒泉。极盛时有今甘肃西部酒泉、敦煌一带，西抵葱岭。历3主，共22年。李暠世为西州大姓。后凉吕光时，段业于397年在张掖自称凉州牧、建康公，以李暠为敦煌太守。400年，李暠据敦煌自称大都督、大将军、凉公，设官建号，发兵攻下玉门以西诸城，控制了西域，建西凉。401年，沮渠蒙逊攻杀段业，建北凉。李暠常对北凉作战。405年李暠迁都酒泉，并徙胡、汉各族于酒泉一带。北凉沮渠蒙逊每年进攻，西凉力不能敌，故与其通和立盟。417年阴历二月李暠病死，其子李歆即位，继续对北凉作战。420年，李歆闻沮渠蒙逊南伐西秦，趁机率军攻北凉都城张掖，途中为蒙逊所败，被杀。同年九月，李歆弟李恂据敦煌称冠军将军、凉州刺史。421年三月，沮渠蒙逊攻破敦煌，李恂自杀，西凉灭亡。

李暠

（351—417年）西凉开国皇帝。字玄盛，小字长生，陇西成纪（今甘肃通渭东北）人。在位18年。自汉代移居狄道，世为西州大姓。397年，段业自称凉州牧时，李暠为敦煌太守。400年，自称凉公，派兵攻下玉门以西，控制了西域，建西凉。405年，迁都酒泉。他乘后凉吕氏灭亡之机，为敦煌土著豪酋所推，"兵无血刃，坐定千里"，建立西凉。在南凉秃发傉檀占有姑臧，北凉沮渠蒙逊雄据张掖，且不断进攻西凉的情况下，李暠被迫与他们通和立盟，安抚境内，劝课农耕，以经史道德勉励子弟，勉强自保。417 年卒。

夏（407—431 年）

十六国之一，匈奴铁弗部赫连勃勃所建，定都统万城（今陕西靖边以北白城子）。极盛时有今陕西北部、内蒙古南部和甘肃一部分。历 3 主，共 25 年。391 年，赫连勃勃之父刘卫辰被北魏攻杀，勃勃投奔后秦。后秦主姚兴以勃勃为安北将军、五原公，镇朔方。407 年勃勃袭杀后秦高平公没奕干。同年自称大夏天王、大单于，国号大夏。夏国初建，不立都城，流动袭击，消灭后秦有生力量。413 年始发民筑统万城为都。417 年东晋大将刘裕北伐灭后秦，留下其子刘义真守长安。次年，勃勃攻下长安，即皇帝位。425 年阴历八月，勃勃死，其子赫连昌即位。426 年北魏攻占长安，次年又攻统万，赫连昌战败逃往上邽（今甘肃天水）。428 年阴历四月北魏攻克上邽，俘赫连昌。昌弟赫连定率余众数万至平凉（今甘肃平凉西南）称帝，继续与北魏作战。431 年赫连定灭西秦，渡河时遭北魏属国吐谷浑袭击，赫连定被俘，夏国灭亡。

赫连勃勃

（？—425 年）夏国开国皇帝。匈奴后裔，刘渊的同族。在位 19 年。北魏明元帝曾改其名为屈孑，意为卑下。原为铁弗部，勃勃称王后，改姓为赫连氏。其父刘卫辰所部属于苻坚，屯驻代来城（今内蒙古杭锦旗东），为北魏所灭。勃勃逃亡到后秦，受到姚兴的宠遇。任安北将军、五原公，镇朔方。407 年，赫连勃勃自称天王、大单于，国号大夏。据有河套之地，南境抵三城（今陕西延安）和高平（今宁夏固原）。勃勃体格魁伟，雄略过人，凶暴好杀，善于用兵，多次向西进攻南凉，向南进攻后秦，俘掠大量人

口牲畜。413 年营建首都。他说自己将要统一天下，君临万邦，因此定城名为统万（今陕西靖边以北白城子）。东晋将领刘裕灭后秦南归后，勃勃乘机南下，418 年攻克长安，作为南都，自称皇帝。卒于 425 年。

北燕（407—436 年）

十六国之一，汉人冯跋所建，定都龙城（今辽宁朝阳）。极盛时有今辽宁西南部和河北东北部。历 2 主，共 28 年。冯跋（？—430），字文起，长乐信都（今河北冀州）人。父冯安，慕容永时任西燕将军。西燕亡，冯跋东徙龙城，为后燕禁卫军将领。407 年阴历四月，冯跋等杀慕容熙，拥立后燕主慕容宝养子慕容云为主。慕容云称天王，任命冯跋为都督中外诸军事、录尚书事，掌军政大权。409 年阴历十月，慕容云被其宠臣离班等所杀，冯跋又杀离班等自称燕天王。仍以燕为国号，定都龙城，史称北燕。430 年，冯跋病死，其弟冯弘杀冯跋诸子自立。435 年，冯弘遣使请高句丽出兵迎接自己。436 年阴历四月，北魏大军又攻龙城。五月，冯弘在高句丽军保护下率龙城百姓东渡辽水，奔高句丽。北魏军入占龙城，北燕灭亡。

2. 文化

葛洪

（约 283—363 年）东晋学者、医学家、道教理论家。字稚川，自号抱朴子。丹阳句容（属今江苏）人。祖系孙吴时学者，位列九卿。葛洪从郑隐处学得炼丹秘术。后又拜南海太守鲍玄为师，刻苦学习，成为江南博学多闻的学者。葛洪著述甚多，除诗、赋、章、表及神仙传记数百卷外，流传至今的有《抱朴子》内外篇。《抱朴子·内篇》20 卷，论神仙黄白、鬼怪变化、养生延年、禳邪却祸之事，属道家；外篇 50 卷，论时政得失、人事臧否，属儒家。他还精通医术，著《玉函方》100 卷，后压缩为《肘后要急方》，多为简易治疗方法和易得之药，便于民间使用，一直为后世所重。在道教理论上，葛洪

首次提出"玄"的概念作为道教思想体系的核心。"玄"即"道"，是创造天地万物之母，他将修炼玄道视为成仙的途径。他主张养心颐神，崇信炼制和服食金丹，同时又将神仙方术与儒家纲常名教相结合，主张神仙养生为内，儒术应世为外。

莫高窟

也叫"千佛洞"，中国著名的石窟。全国重点文物保护单位之一。位于今甘肃敦煌东南25公里，鸣沙山东麓断崖上。相传前秦建元二年（366年）僧乐僔开始凿窟造像。历经隋唐以至元代，均有修建。现尚存壁画和雕塑作品的共492窟，计有壁画4.5万多平方米，彩塑像2400身。壁画的内容包括佛本生、佛传、经变、供养人和建筑彩画图案等。彩塑像有佛、菩萨、弟子、天王、力士等。作品反映了中国5—14世纪的部分社会生活及历代造型艺术的发展情况。清光绪二十六年（1900年）发现藏经洞（今编号为第17窟）后，窟内大批敦煌遗书和文物先后被外国"探险队"捆载而去，壁画和塑像也遭劫夺与破坏。1944年设立敦煌艺术研究所，进行修复、保管和研究工作。莫高窟今属敦煌研究院。

书圣王羲之

（321—379年）东晋书法家、文学家。字逸少，琅琊临沂（今山东临沂）人。后移居会稽山阴（今浙江绍兴）。曾任秘书郎、长史、宁远将军、江州刺史、会稽内史，因任过右军将军，后人称为"王右军"。少年即有美誉，以耿直坚强见称。自幼学习书法，曾师从卫铄，后遍学众家，整日苦练，书艺大进。擅长楷书、行书、草书等书体。在汉魏质朴淳厚书风的基础上，博采众长，创造出雄逸俊雅的新书风，对后世具有深远影响，被誉为"书圣"。作品无真迹传世，今所见之墨迹大都为摹本。其《兰亭序》劲健遒媚；《姨母帖》《初月帖》端庄凝重，笔锋遒劲浑圆；《寒切帖》沉着流动；《平字帖·何如帖·奉橘帖》妩媚多姿；《快雪时晴帖》行笔流畅；《丧乱帖·二谢帖·得示帖》险劲沉着。还有《孔侍中帖》《远宦帖》《上虞帖》等。唐代有集其书法的《圣教序》《兴福寺碑》《集王羲之书金刚经》及《十七帖》等。王羲之亦长于文学，原有文集10卷，已佚。明人辑有《王右军集》2卷。

顾恺之

（约348—409年）东晋画家。字长康，晋陵无锡（今江苏无锡）人。出身士族，曾任散骑常侍等官职。擅长诗赋、书法，尤精绘画，当时有"才绝、画绝、痴绝"之称。在建康（今江苏南京）瓦官寺作《维摩诘》壁画，轰动一时。画人注重点睛，认为"传神写照，正在阿堵（指眼珠）中"。用笔紧劲连绵如春蚕吐丝，着色以浓色微加点缀，不求藻饰。他总结汉魏以来民间绘画和士大夫绘画的经验，推动了传统绘画的发展。其作品真迹无存。流传下来的均为摹本，有《女史箴图》《洛神赋图》《列女仁智图》《斫

女史箴图（唐摹本）

图卷采用一文一图的形式，每图前有楷书"箴"文。人物用游丝描，细劲流畅，不只造型准确，于神情也描绘得颇为生动。画中舍身挡熊的冯媛在众人恐慌避走之时傲然不惧。对镜梳妆的姬妾，典雅秀逸姿态从容，表现出贵族女子的特征。

琴图》等。著有《论画》《魏晋胜流画赞》《画云台山记》。

高僧慧远

（334—416 年）东晋高僧、文人。一作惠远。本姓贾，人称远公，雁门楼烦（今山西宁武一带）人。通六经，尤善老庄。慧远 21 岁时师从道安于太行恒山。后道安游襄阳，又至庐山，居东林寺。慧远在庐山，请伽提婆译《阿毗昙经》及《三法度论》。闻鸠摩罗什至长安，曾通信致意。慧远著《法性论》《沙门不敬王者论》等文，宣扬佛理。后世奉为莲宗初祖。晋安帝义熙十二年（416 年），慧远亡故，年 83 岁。

陶渊明

（365—427 年）东晋南北朝时期诗人、辞赋家、散文家。字元亮，又名潜。浔阳柴桑（今江西九江西南）人，出生于没落官宦家庭。曾祖陶侃为东晋开国元勋，官至大司马，封长沙郡公。祖父做过太守，父亲早死。他的青少年时代生活贫困，但受过良好的家庭教育，博览群书。29 岁出仕，为江州祭酒，后赋闲，继而为荆州刺史桓玄属吏，后因母丧辞职归家，在家乡浔阳开始躬耕。后在刘裕幕下任镇军参军，继而转任江州刺史刘敬宣的参军，再任彭泽令 80 余日，辞官回家。42 岁起，归田躬耕，直至贫病交加去世。他的文学创作丰硕，今存诗歌 125 首，文 12 篇，影响巨大。他的诗作内容丰富：有行旅诗，表达宦海奔波者对家园的想念，透露出时代的污浊与动荡；有抒情言志诗，如《杂诗》《饮酒》《咏贫士》《拟古》《读山海经》《挽歌诗》等，或者表达拒绝统治者的征召，淡然忘世的态度，或者表达身在乡村关注政治，感慨人生而"猛志常在"的心情。田园诗包括中年所作《怀古田舍》《劝农》以及晚年所作《归园田居》《桃花源诗并记》等，诗中描写了乡村风光与田园劳动生活，表达了他的社会理想。《桃花源诗并记》成为千古流传的佳作。他的文章《感士不遇赋》《归去来兮辞》《五柳先生传》和《桃花源记》等都是传世名篇。陶渊明诗文的艺术成就自唐代以来，备受推崇，在唐代山水田园诗人中有着十分重大的影响。

法显取经

东晋求法旅行僧、译经僧。俗姓龚，平阳郡（今山西临汾西南）人。后秦初年居长安，幼年出家，20 岁受比丘大戒。339 年，法显以 60 岁高龄立志西行寻求戒律。他和慧景、道整等从长安出发，沿途会合西行求法的智严等，出敦煌，过今新疆境内的大沙漠，逾葱岭，渡新头河（今印度河），经乌苌（今巴基斯坦印度河上游及斯瓦特河流域）、犍陀卫、竺刹尸罗，至弗楼沙（今巴基斯坦白沙瓦）。北天竺诸国经法皆口传，不见诸文字，法显没得到律藏典籍，还远赴中天竺。同来僧人有的中途死去，有的折回，此时只剩下道整同行。他们取道醯罗城、那竭国、罗夷国、跋那国、毗荼国到摩头罗国（今印度马土腊）。在中天竺，法显到过僧伽施国、沙祇国（今印度勒克瑙）、拘萨罗国都城舍卫城（今印度北方邦境内）、迦维罗卫城（今尼泊尔西南，释迦牟尼诞生地）、拘夷那竭国、毗舍离国、巴连弗邑（今印度马特那），留居 3 年，礼拜了王舍城、菩提伽耶等地的佛迹。同时，学习梵语，抄写戒律，得到数部经论梵本。道整留在佛国不归，法显为使律藏能流行汉地，决意东返。他从巴连弗邑经瞻波（今印度巴加尔普尔）到位于恒河口支流的多摩梨帝（在今塔姆鲁克），居住 2 年，写经画像，后泛海到狮子国（今斯里兰卡）。在获得弥沙塞律、长阿含、杂阿含等经律后，再附商船横渡印度洋，又在耶婆提国（今爪哇、苏门答腊）停留 5 个月，然后航经南海、东海，历尽艰辛，于义熙八年（412 年）返抵青州长广郡牢山（山东青岛崂山）南岸。次年即赴建康，在道场寺与北天竺僧人佛陀跋陀罗合译了带回的《摩诃僧祇律》《大般泥洹经》《杂阿毗昙心论》等 6 部 63 卷经律。法显后到荆州，终年约 86 岁。

南北朝

（420 年—589 年）

东晋以后的 170 年中，江南相继出现了以建康为都城的政权——宋（420—479 年）、齐（479—502 年）、梁（502—557 年）、陈（557—589 年），历史上将这四个政权称为南朝。北魏道武帝拓跋焘于 439 年统一了北方。历史上将北魏与魏末分裂的东魏、西魏，以及继起的北齐、北周合称北朝。南北朝是上承两汉、下启隋唐两个大一统时代中间的一个分裂、战争的时代。

南北朝共存在 170 年。刘裕创宋，奠定了南朝各代政治的基本格局。之后的王朝一直是频繁更迭，到 557 年陈霸先称帝建陈时已呈衰势，难以实现对整个江南地区的统治。鲜卑拓跋氏建立的北魏政权经过长期的战争，统一北方，入主中原，有力地促进了民族之间的大融合，尤其是孝文帝于 494 年迁都洛阳并实施改革，更将融合大势推向高潮。北魏后有过东魏、西魏的并存与北齐、北周的对立，最后北周再次统一北方。581 年，杨坚废黜北周末代皇帝宇文阐，建隋政权。589 年，隋灭陈，南北朝至此结束。

魏晋南北朝时期，是中国历史上一个残酷的时代，是人民苦难最深的一个年代，但也是中国历史最具活力的时代。其间涌现出祖冲之、陶渊明、沈约、贾思勰等永载史册的科学家、文学家，留下了莫高窟、龙门石窟、云冈石窟等精品奇观。因此，就其文化而言，它给世人留下了一个光辉灿烂的篇章。

1. 政治

南朝（420—589 年）

5 世纪初至 6 世纪末，在中国南方与北朝对峙而立的宋、齐、梁、陈 4 个朝代。宋（420—479 年）由刘裕建立，传 8 帝；齐（479—502 年）由萧道成建立，传 7 帝；梁（502—557 年）由萧衍建立，传 4 帝；陈（557—589 年）由陈霸先建立，传 5 帝。南朝 4 国都建都于建康（今南京）。其疆土

以刘宋时最广，黄河以南，淮水以北以及汉水上游大片地区皆属于宋。大明八年（464 年）计有扬、南徐、南兖、南豫、徐、青、冀、兖、豫、东扬、江、郢、荆、湘、雍、梁、南秦、益、宁、广、交 21 州。宋明帝时，淮北的徐、兖、青、冀 4 州和豫州的淮西诸郡被北魏占领，南朝疆土从此缩小到淮水以南。齐对宋的州郡进行了部分调整，计有 23 州。梁设州颇多，最多时达 107 州。陈时，雍州、益州归北周，荆州归后梁，北面与北齐划江为界，疆域最小，初分为 42 州，后来又增设新州。581 年，隋灭北周，589 年，隋灭陈，南北统一。

宋（420—479 年）

南朝之一。晋元熙二年（420 年）刘裕代晋称帝，定都建康（今江苏南京），史称

南北朝大事年表

420 年，刘裕废晋，国号宋，定都建康，史称刘宋。南北朝由此开始。

430 年，刘宋伐北魏，占取河南。

439 年，北魏统一北方（黄河流域）。

462 年，祖冲之创《大明历》，并算出圆周率精确数值。

479 年，萧道成建齐朝，定都建康，史称南齐，刘宋灭亡。

483 年，北魏实行改革。

485 年，北魏实行均田制。

494 年，北魏迁都洛阳。孝文帝推行汉化。将拓跋氏改为汉姓"元"。

502 年，萧衍建梁朝，定都建康，史称萧梁，南齐灭亡。

523 年，北方六镇军民起义。

534 年，北魏分裂。高欢立元善见为帝，定都邺（今河北临漳西），史称"东魏"。宇文泰立元宝炬为帝，定都长安（今陕西西安），史称西魏。

544 年，贾思勰著成农业科学巨著《齐民要术》。

548 年，萧梁发生侯景之乱。侯景攻陷建康，梁武帝萧衍死。

550 年，高洋废东魏，建齐朝，定都邺。史称北齐。

557 年，陈霸先建陈朝，定都建康。萧梁灭亡。

557 年，宇文觉废西魏，建周朝，定都长安。史称北周。

564 年，北齐实行均田制。

574 年，北周武帝禁佛教和道教。

577 年，北周灭北齐统一北方。

581 年，杨坚废北周，建立隋朝。

589 年，隋灭陈，实现南北统一。南北朝结束。

刘宋。初年统治区域东、东南至海；北以今秦岭、黄河（今黄河稍北）与北魏接界；西至四川大雪山；西南至今云南南部和越南北、中部，为南朝时疆域最大的王朝。后来河南、淮北渐为北魏侵夺。刘宋王朝在中央任用寒士布衣掌管机要，地方则多由宗室出任长官，以加强皇权。还采取一系列措施抑制豪强兼并，减轻人民负担，恢复农业生产。永初三年（422年）刘裕死，长子刘义符即位。两年后，大臣徐羡之等杀刘义符，立其三弟刘义隆为帝。刘义隆继续执行刘裕政策，下令减轻或免除人民积欠朝廷的"逋租宿债"，劝农、兴学、招贤，开炉铸钱，人民休养生息，社会生产发展，经济文化渐趋繁荣，史称"元嘉之治"。元嘉二十七年（450年），魏太武帝拓跋焘亲率大军进攻悬瓠（今河南汝南），被宋军击溃。同年冬，拓跋焘率兵号称百万，南下直抵瓜步（今江苏六合东南），准备渡江进攻建康。由于宋军沿江数百里防线坚固，坚壁清野，魏军人马饥乏，只得北撤。元嘉三十年，太子刘劭杀文帝自立。同年，文帝第三子刘骏起兵诛刘劭，即帝位，是为孝武帝。孝武帝加强对地方军政的控制，因此诸王和镇将先后起兵作乱，自相残杀，愈演愈烈。孝武帝在位时，杀叔父刘义宣，并杀4个亲弟。宋明帝刘彧时，又杀武帝诸子，还把尚存的5个亲弟，杀掉4个。被疑忌的文臣武将，或被杀，或投敌，使刘宋王朝疆域再次缩小。元嘉以后，宋王朝对人民的剥削亦日益加重，阶级矛盾十分尖锐，农民起义不断发生。泰豫元年（472年）明帝死，子刘昱（后废帝）即位，内乱更加炽烈。元徽五年（477年）萧道成杀刘昱，立刘昱弟刘准为帝（即顺帝）。昇明三年（479年），萧道成废刘准，称帝建齐朝。刘宋灭亡。历8帝，60年。

宋武帝刘裕

（363—422年）刘宋王朝建立者，字德舆，小名寄奴，彭城（今江苏徐州）人。原为东晋大将，在镇压孙恩、卢循起义的战争中，逐步壮大势力。又击败桓玄，出师关

中，消灭后秦，灭掉南燕，平定谯纵叛乱。被封为宋王，官至相国。他出身寒门，掌权后实行了许多打击世家大族的政策，是魏晋时期庶族地主的代表人物。他为政比较清明，建立宋朝前后，实行的吏治改革和土地政策等对当时社会发展有所促进。

刘裕像
南朝宋开国君主，为政崇尚简约，实行"庚戌土断"，集权中央。

元嘉之治

南北朝时期南朝宋文帝刘义隆在位时年号"元嘉"，江南地区相对稳定，社会经济有所发展，史称"元嘉之治"。刘裕（即宋武帝）称帝前后，把土地分给贫民，限制土地兼并，禁止豪强地主霸占山泽。他还倡导节俭，罢免冗官，修立学校。宋文帝也重视农业生产，屡下令劝课农桑，开垦荒田。每遇灾荒则下令减免租赋，赈济灾民，贷给种粮。他下令开炉铸钱，促进商业经济发展。继续推行"土断"（清查土地），使赋役不致偏压在普通百姓身上。在这期间，刘宋境内百姓安居乐业，丰衣足食，出现了南北朝时期少有的繁荣景象。元嘉二十七年（450年）北魏攻宋，江淮地区遭到巨大破坏，元嘉盛世也随之结束。

齐（479—502年）

南朝第二个王朝。萧道成所建，定都建康（今南京）。疆域北至大巴山脉和淮南，西至四川，西南至云南，南至今越南横山，东南直抵海滨。历7帝，共24年。萧道成出身低级士族，领兵30多年，他利用刘宋末年皇室内部、君臣之间相互残杀的混乱局面，逐渐掌握实权，于昇明三年（479年）代宋称帝，国号齐，史称南齐、萧齐。齐初，鉴于宋末统治阶级内部相互残杀而失去天下的教训，对宋末暴政实施改革，劝课农桑，兴办学校，但人民负担依然很重，纷纷沦为豪强大族的附属。齐时寒士兴起，朝廷以寒

士掌管机要，对皇室和方镇严加控制、监视，门阀士族的实权削弱。齐明帝萧鸾在位5年，皇室间相残甚于宋末，高帝、武帝子孙几乎被萧鸾杀绝。萧鸾死后，即位的萧宝卷（东昏侯）更是专事杀戮的暴君，以致人人自危，众叛亲离，政局混乱达到极点。永元三年（501年），宗室萧衍自襄阳起兵攻占建康，尽杀明帝后裔，次年称帝，建立梁朝，齐灭亡。

齐高帝萧道成

（427—482年）南齐建立者，字绍伯，小字斗将。祖籍兰陵（今山东滕州东南），元康时迁到晋陵武进（今江苏武进西北）。13岁从父萧承之征战，历任左军中军参军、建康令。后晋升齐公，又被封齐王，职任相国。建元元年（479年）夺取皇位，建立齐朝。为人聪明果敢，善谋多断，好读书史，博涉群籍。在位期间禁止世家大族封山占山、营立屯郡，是个比较俭朴的皇帝。

梁（502—557年）

南朝第三个王朝。萧衍所建，定都建康（今南京）。历4帝，共56年。梁初疆域与齐末同。萧衍出身南齐宗室，官至雍州刺史，镇襄阳。501年，萧衍乘南齐王室相互倾轧、自相残杀之机，从襄阳率师南下，攻占京都建康。502年称帝，国号梁，史称萧梁。梁朝北面的北魏日趋衰落，萧衍几次对魏征战。天监四年（505年）北伐，萧衍舍良将韦睿不用，以其六弟萧宏为主帅。五年，军至洛口（今安徽怀远内），一夜风雨骤起，萧宏弃师潜逃。当北魏在各族人民起义打击下摇摇欲坠之时，萧衍把希望寄托在南逃的北魏宗室元颢身上，命陈庆之于大通二年（528年）率7000人送他北归。元颢阴谋叛梁，陈庆之孤立无援全军覆灭。太清元年（547年），东魏大将侯景降梁，萧衍不顾朝臣反对，以侯景为大将军、河南王、都督河南南北诸军事，并派萧渊明率军5万前往支援。结果梁军在寒山堰（今江苏徐州市外）被东魏军击败，萧渊明被俘。不久，

侯景军亦被消灭，仅余800人进据寿春。二年八月，侯景举兵叛梁。十月，叛军在萧衍侄萧正德接应下顺利渡江，占领建康。台城（宫城）被围期间，萧衍的子孙们虽据重镇，拥强兵，均不积极驰援，反而伺机夺取帝位。三年三月，叛军攻占台城，萧衍饿死。四年，侯景立萧纲为帝。大宝二年（551年），侯景杀萧纲，自称汉皇帝。同年，萧绎勾结西魏灭萧纶。三年，萧绎攻灭侯景，在江陵称帝。承圣二年（553年），萧纪举兵东下攻江陵，西魏乘机夺取益州，萧纪亦旋被萧绎消灭。三年，萧詧勾结西魏攻破江陵，杀萧绎。西魏复占有荆州，并将江陵被俘王公以下男女数万口分给将士作奴婢，仅留一座空城让萧詧做傀偏皇帝，史称后梁。至此，梁朝疆土已丧失大半。次年，王僧辩、陈霸先在建康立萧方智（萧绎之子）为梁王。北齐派兵送萧渊明至建康，王僧辩畏齐，立萧渊明为帝。陈霸先袭杀王僧辩，复立萧方智为帝。太平二年（557年），陈霸先称帝，建立陈朝，梁灭亡。

梁武帝萧衍

（464—549年）南朝梁的创立者。字叔达，小字练儿，兰陵中都里（今江苏常州西北）人。与萧道成同族异支，齐东昏侯在位时，他任雍州刺史，广积粮草物资，准备夺取帝位自立。东昏侯荒淫无道，滥杀大臣，萧衍兄萧懿也遭杀害，萧衍遂决意反齐。501年率军自襄阳出发，不久拥立南康王在江陵即帝位，他任大司马、相国，总掌百官事务，封爵为梁公，又进为梁王。天监元年齐和帝被迫退位，他即位建立梁朝。即位后重用世家大族，企图利用士族改变刘宋、南齐以来寒士掌机要的局面，又给诸亲王以很大特权。梁朝末年，任用朱异等人，赏罚不明，政治状况日下。后被侯景囚于净居殿中，不供给食品，在饥困交加中死去。他文思敏捷，下笔成章，在位初期兴儒学、制礼乐、讲五经，又命人撰写600卷的《通史》。后虔信佛教，多次讲经，舍身入寺，再让大臣用大量金钱赎回。著有《大品》《涅槃》《净

名》《三慧议论》等佛论。还崇信巫术，曾写《金策》30 卷。又精于音律，善于书法。

侯景之乱

侯景是羯族人，北魏末年参加六镇起义，后投降北魏尔朱荣。北魏分裂，他投降东魏高欢，拥兵 10 万，镇守河南 13 州。高欢卒，侯景又投降西魏。梁太清元年（547 年）侯景降梁。梁武帝封他为河南王。后侯景被东魏击败，南入梁寿阳（今安徽寿县）。侯景深知梁朝腐朽，怀有野心。太清二年（548 年），当他得知东魏与梁议和后，便公开叛梁，直逼长江北岸。梁武帝慌忙命其子萧纶统兵御敌，又命其侄萧正德为都督京师诸军事。萧正德曾为皇储，后被罢废，深怀怨恨，借机勾引叛军入建康（今江苏南京）。梁朝诸路援军主帅大多是梁武帝之孙，各怀称帝异心，滞留不进。太清三年（549 年）建康城内台城（即宫城）被叛军攻破，梁武帝被囚，饥困而死。侯景纵兵大掠，建康被焚为废墟。侯景代梁自立，国号汉。梁将王僧辩、陈霸先率军顺江东下，击败侯景于建康。侯景乘舟出逃，被部下杀死，乱平。

陈（557—589 年）

南朝最后一个王朝。陈霸先所建，定都建康（今南京）。仅控制江陵以东、长江以南的狭小地区。历 5 帝，共 33 年。陈霸先出身寒门，因平"侯景之乱"有功，官至司空。太平二年（557 年），陈霸先代梁称帝，建元永定，国号陈。在位 3 年死。其侄陈蒨即位，清除萧梁残余势力，削平长江中游割据势力王琳，击退北齐、北周军队。宣帝陈顼时，陈朝政权比较稳固，社会经济有所恢复。太建五年（573 年），陈宣帝命吴明彻为主帅大举北伐，连战皆捷，尽复淮南失地。九年，北周灭北齐，统一北方。陈宣帝欲夺取徐、兖两州，再次出兵北伐。十年，吴明彻率水军猛攻彭城（今江苏徐州），退路被北周大军截断。陈军撤至清口（今江苏淮阴西），被周军击溃，吴明彻及 3 万将士被俘。十四年，宣帝病死，陈叔宝即位。在其统治

下，政治腐败不堪，人民生活极为穷困。此时，北方的北周已为隋朝取代。祯明二年（588 年），隋朝大军 50 余万分 8 路南下。翌年，隋军攻下建康，陈叔宝被俘，陈朝灭亡。

陈武帝陈霸先

（503—559 年）陈朝建立者，字兴国，小字法生，吴兴长城（今浙江长兴东）人。出身贫寒，有大志向，不理家业生产，喜研兵法。为人朗达果断，被时人推重。曾任交州司马、领武平太守，南征交州。侯景攻入梁京，梁帝被杀，他与王僧辩盟约共抗侯景。蔡州之役中大破侯景，任征虏将军。王僧辩立萧渊明为帝，他起兵围攻，杀死王僧辩，立萧方智为帝，不久又平定杜龛等人的叛乱，任丞相、录尚书事、镇卫大将军等，后又封陈国王，打败北齐进攻后不久，代梁自立。他喜欢尊佛，亲到无遮大会礼拜，但生活较俭朴。政治上作为不大，是南朝在位时疆域最小的一个皇帝，即位 3 年后病死。

北朝（439—581 年）

与南朝相峙并存的北方的朝代。以北魏太武帝拓跋焘统一北方（439 年）算起，至杨坚建隋代周（581 年）为止，有北魏、东魏、西魏、北齐、北周 5 个王朝，历时 142 年。北方 5 个王朝的统治者均出自塞北的鲜卑族或与鲜卑族有关系。北魏统治者是鲜卑拓跋部的贵族。东、西魏是直接从北魏皇室中分裂出来的，实际掌权者为高欢、宇文泰，同时又是北齐、北周政权的创始人。北朝时期除统治阶级内部存在错综复杂的矛盾外，还始终存在着程度不同的鲜卑文化与汉文化之间的矛盾与融合。鲜卑文化传统对北朝的政治、军事、经济以及典章制度都有深刻影响，出现了均田制、府兵制和朴素粗犷的民间文学。北朝统治时间最长、疆域最广的是北魏，极盛时疆域西至焉耆，东到沧海，北界六镇与柔然接壤，南临淮、沔，与南齐为邻。东、西魏时，其南、北疆界稍有缩小，除西魏之建、泰、义、南汾 4 州在河东外，大抵以黄河为界划分东、西魏。齐、周时，北朝

的疆界有扩展：北齐南并淮水流域，濒长江与陈对峙；北周占有梁、益，控制江陵，长江上游、汉水流域全归其所有。周武帝建德六年（577年）灭北齐，疆域之大，超过北魏。武帝死，大权旁落，杨坚专政，后建隋代周，渡江灭陈，统一了全国。

北魏（386—534年）

北朝之一，继"十六国"之后在中国北部建立的封建王朝。为鲜卑拓跋珪所建，历14帝，共149年。淝水之战后，拓跋珪于386年重建代国，称王。同年改国号为魏，史称北魏，又称拓跋魏、元魏、后魏。天兴元年（398年），拓跋珪即皇帝位，定都平城（今山西大同东北）。皇始元年（396年），拓跋珪攻占后燕的并州（今山西太原西南）后，始建台省，置百官，封拜公侯将军；尚书郎以下和地方官刺史、太守以下一般都任用儒生。天赐三年（406年）下令诸州置三刺史，郡置三太守，县置三令长，其中一人为拓跋宗室，其余为非宗室的鲜卑人或汉人。拓跋珪劝课农耕，发展生产，经济力量不断增强。天赐六年拓跋珪死，子拓跋嗣即位。明元帝拓跋嗣死后，其子拓跋焘即位。他先后灭夏、北燕、北凉，完成黄河流域的统一，结束了北方十六国分裂割据局面，北朝从此开始。太平真君十年（449年），拓跋焘亲率大军击败柔然，使其北徙。后挥师南下，兵锋直抵瓜步（今江苏六合东南）。北魏建国后，社会跃入封建制，生产力逐步发展。北魏前期的统治，激起各族人民连续不断的反抗斗争，规模最大的是盖吴领导的于杏城（今陕西黄陵西南）爆发的汉、氐、羌等各族人民起义。为缓和阶级矛盾，冯太后和魏孝文帝元宏进行了一系列的改革，诸如整顿吏治，颁行俸禄制，颁布均田令，取代宗主督护制，改革租调制，改革鲜卑旧俗，新定百官秩品等等，以稳固政权，调整融合民族关系。随着生产的发展和鲜卑贵族汉化的加深，北魏统治者日趋腐化，吏治逐步败坏，迫使人民奋起反抗。延昌四年（515年）冀州发生大乘教起义，公开宣称"新佛出世，除去旧魔"。正光四年（523年），爆发六镇起义。武泰元年（528年），胡太后毒死孝明帝，垂帘听政。尔朱荣以给孝明帝报仇为借口，进军洛阳，在河阴将胡太后及大臣2000余人杀死，控制朝政。从此内乱不止。孝武帝永熙三年（534年），北魏分裂成由高欢控制的东魏和宇文泰掌握的西魏。后东魏为北齐所代，西魏为北周所代。

大乘教起义

（515—517年）北魏时以宗教为号召的人民起义，又称法庆起义。北魏佛教盛行，孝文帝即位后，支持某些僧侣讲道说法，又严禁另一些僧侣聚徒传教。部分僧侣颂扬明君有道，另一些僧侣却公然毁寺烧经，举兵造反。延兴三年（473年）沙门慧隐造反。太和五年（481年）僧人法秀于京都平城举事。十四年，僧人司马惠御自称圣王，起兵攻克平原郡。延昌三年（514年），僧人刘僧绍起兵幽州，自称净居国明法王。起义均遭朝廷残酷镇压，因此爆发了更大规模的大乘教起义。延昌四年六月，冀州僧人法庆、惠晖在渤海李归伯的支持下，率乡人起兵于武邑郡阜城。法庆封李归伯为十住菩萨、平魔军司、定汉王，自号大乘。义军攻克阜城，杀县令，于煮枣城（今河北枣强）大败州军，斩乐陵太守崔伯骥。又回师北上，围渤海（今河北南皮北），克郡城。他们传言新佛出世，烧寺院，焚经像，杀僧尼。州军人无斗志，屡被挫败。七月，北魏以元遥率军10万东下冀州，冀州刺史萧宝夤率州军配合镇压起义。九月十四日，义军兵败，法庆、惠晖及头领100余人被捕殉难，义军被屠杀者以万数。

六镇起义

北魏时期的人民起义。六镇是北魏为抵御北方柔然等民族侵扰而设的边镇（自今内蒙古五原起，沿长城线至今河北张北），镇中设镇将，统领各族镇民防卫。镇民主要为鲜卑人，另有一部分是发配罪犯。孝明帝正光四年（523年）柔然军南侵，镇兵要求镇将打开粮仓分发粮草,以便抵抗柔然入侵,遭拒绝,兵民随即哗变。第二年,沃野镇民匈奴人破六韩拔陵率众起事,其他各镇纷纷响应,北魏军队多次进行镇压都遭失败,最后勾结柔然贵族势力才打败破六韩拔陵。六镇起义给北魏统治以沉重打击,加速了北魏的灭亡,也促进了民族间的大融合。

葛荣起义

北魏时期的人民起义。526 年怀朔镇鲜于修礼率众在定州左城起兵,反抗北魏统治,不久被部将元洪业杀死。葛荣也是鲜于修礼的部将,他不满元洪业的作为,又杀死元洪业,成为义军的统帅。528 年带领义军在博野大战中杀死北魏著名大将元融后,自称天子,建国号为齐,此后,吞并了河北杜洛周率领的一支起义军,拥有军兵百万,占据冀、定、沧、殷、瀛等 5 州。同年他率军围攻相州城(今河北临漳西南)时,被北魏悍将尔朱荣击溃,葛荣被俘,后押往洛阳处死。起义沉重打击了北魏政权,客观上促进了民族大融合。

封山占水

南北朝封建地主庄园经济的一个特征。这个时期,地主庄园经济的形成在社会经济生活中占有相当重要的地位。大地主往往拥有数十顷以至百顷土地,在庄园内有山有水,而且都是便于耕垦、灌溉的沃田。这些地主将田地、山林、湖泽封锢起来,不准庄园以外的农民进入樵采渔耕,庄园内的土地由封荫户耕种,向庄园主交租或服劳役,这就是封山占水。

孝文帝改革

南北朝时期,北魏统治者实行的一次社会改革。以孝文帝为首的统治集团先后进行了两次较为彻底的社会改革。第一次改革实际是在冯太后主持下进行的,实行于太和九年(485 年)到太和十年(486 年);第二次是在孝文帝亲自主持下进行的,实行于太和十八年(494 年)。改革的主要

内容有:(1)整顿吏治,实行官员六年任期制度,规定官员的俸禄由国家统一安排;(2)实行均田制,进行土地改革;(3)建立三长督护制,废除落后的部族宗主督护的政治制度;(4)实行户调式的租税制度,废除原来九品混通的税赋制度;(5)移风易俗,改鲜卑族服饰为汉服、鲜卑语为汉语,姓氏改属汉姓,并迁都城至洛阳,加入洛阳籍贯。上述主要内容是在第二次孝文帝主持的改革中实行的。北魏孝文帝的社会改革是中国古代史上的一次重要事件,是北方民族大融合和封建化的一个标志和必然结果,它对发展北方的社会经济和政治、限制门阀士族和民族上层贵族对社会生活的破坏有重要意义。

魏道武帝拓跋珪

(371—409 年)北魏开国皇帝。鲜卑族,在位 24 年。淝水之战后,386 年,拓跋珪为各部首领所推,即代王位,建元立国。同年称魏王,改国号为魏。拓跋珪幼时国破家亡,饱经忧患,几乎被苻坚作为俘虏遣送长安。成人后沉勇有智谋。395 年,后燕太子慕容宝大举进攻,拓跋珪乘夜袭击燕军,在参合陂大胜,北魏获得器甲辎重、军资杂财无数。燕臣有才识者,拓跋珪皆加录用。396 年,拓跋珪率 40 万大军攻伐后燕,夺取并州,仿汉制建立台省,设置朝廷百官和地方官刺史、太守。尚书郎以下皆由儒生担任,汉族士大夫有才能者都加擢拔,为夺取中原作准备。397 年,在巨鹿柏肆坞,慕容宝乘夜进攻,魏军惊散,拓跋珪不及穿戴衣冠,仓促指挥,设奇阵转败为胜。同年,攻占后燕都城中山。398 年取邺城。除山东半岛南燕与东北的北燕外,中原地区几乎都归入北魏版图。是年拓跋珪即皇帝位,制礼乐,定律令。从盛乐迁都平城(今山西大同东北),又徙东方 6 州 22 郡、吏民 2000 家于平城。平城畿内之外,四方四维称为八国或八部,为鲜卑诸部所居。399 年,令郡县大索书籍,悉送平城。拓跋珪缺乏汉文化教养,又有浓厚的民族情绪,对汉

人非常疑忌畏惧。因服"寒食散"，药性使他暴躁不安，喜怒失常，左右动辄得咎，被他手刃而死。拓跋珪于409年被次子清河王拓跋绍谋害而死。

魏太武帝拓跋焘

（408—452年）北魏皇帝。鲜卑族，小字佛狸。在位30年，拓跋珪孙。泰常八年（423年），16岁的拓跋焘即位。自此东征西伐，始光四年（427年）率军进攻赫连夏，占领都城统万，与夏争夺长安。神䴥三年（430年）关中之地全入北魏，夏被消灭。太延三年（437年）攻灭北燕，向东北扩展了疆土。五年，击败北凉沮渠氏，占领河西，统一了北方。与江东的刘宋王朝对峙，形成南北朝的局面。拓跋焘保持游牧民族酋长的习惯，出军多亲自统率。他7次率军进攻柔然。太平真君十年（449年）大败柔然，北方边塞安宁。他注意西域的交通。太延三年（437年）派遣散骑常侍董琬、高明等多携金帛，招抚西域9国。他为人勇健，能征善战。拓跋焘维护鲜卑地位，猜疑各族权臣犯上作乱，动辄杀戮。他又倚重汉人，李顺、崔浩、李孝伯等先后掌握政权。崔浩修国史翔实记载北魏先祖事迹，涉及某些鲜卑习俗和隐私，拓跋焘不惜将三朝功臣司徒崔浩处死，连清河崔氏与浩同宗者以及姻亲范阳卢氏、太原郭氏、河东柳氏都遭灭族。拓跋焘受崔浩、寇谦之影响，奉道排佛。镇压盖吴过程中，在长安佛寺中发现大量兵器，认为佛寺与盖吴通谋，决心废佛，诛杀僧人，焚毁经像，佛教在中国历史上第一次受到沉重打击。宠臣宗爱行为不法，诬陷太子拓跋晃，拓跋晃忧惧而死。拓跋焘哀悼太子，宗爱惧诛，于承平元年（452年）谋杀了拓跋焘。

魏孝文帝元宏

（467—499年）北魏皇帝。原名拓跋宏，鲜卑族，在位29年。皇兴五年（471年），献文帝拓跋弘传位给5岁的太子拓跋宏，国政由其祖母冯太后主持。太和十四年冯太后死，他独揽朝政。其汉文化修养很深，非常

农耕图 北朝

太和九年，北魏孝文帝颁布了均田令，授给平民与奴隶农田耕种，农田不得买卖。均田制以法律形式确认了劳动者对于土地的占有权与使用权。

器重出身江南名门的王肃，认为必须汉化才能巩固政权，统一南北。他改变鲜卑姓氏，改拓跋为元；禁止使用鲜卑语言和服饰；为诸弟聘娶汉族名门之女为妃等等。元宏因为首都平城无漕运之路，不利于控制中原，便向南发展，十八年迁都于洛阳。汉化与迁都遭到鲜卑人的反对，太子元恂反对其政策，导致被废，继而被杀。拓跋氏宗室和旧人益加不满，发动叛乱，被镇压。十九年，元宏以齐明帝萧鸾篡夺政权为借口，亲率大军南伐，东渡淮水进军寿春。他南临长江，但淮南三大重镇寿春、盱眙、淮阴均未攻克，只得临江责骂萧鸾。二十一年西下攻南阳、新野，亲率士兵攻悬瓠（今河南汝南）。二十三年再度南伐，至马圈城（今河南邓州北）因病班师，死于军中。

崔浩

（?—450年）北魏大臣。字伯渊，清河东武城（今山东武城）人。历道武、明元、太武帝三朝，官至司徒。博览经史，工书法，兼通阴阳术数。处理政务主张先修人事，再尽地利，后观天时。明元帝时，为初入中原计，劝阻迁都邺城计划，建议明元帝立长子拓跋焘为副主，至此北魏立太子成为定制。太武帝时，三次力排众议，主张攻灭赫连夏，出击柔然，攻灭北凉沮渠氏。柔然的大败和夏的覆灭，使北魏得以解除政治、军事上的

威胁。北凉沮渠氏的灭亡，使北魏打通西域商道，输入中原文化，有利于社会经济和文化的发展。崔浩信道甚笃，师从寇谦之，对太武帝废佛起了促成作用。他按照汉族世家大族的传统，分别规定氏族的高下，遭到反对。主持编纂国史，直书拓跋氏皇室早期历史，得罪太武帝。太平真君十一年（450 年）被杀。

冯太后

（441—490 年）北魏文成帝皇后，长乐信都（今河北冀州）人。和平六年（465 年）献文帝即位，被尊为皇太后。太后执政，诛杀丞相乙浑。献文帝非太后所生，亲政后诛除太后内宠。皇兴五年（471 年）献文帝禅位于 5 岁的太子拓跋宏，太后仍过问政事。承明元年（476 年），冯太后毒死献文帝，再度临朝掌政 14 年。她聪明果决，好猜忌，长于权术，以重管、重罚驾驭群臣。太和九年采纳李安世建议，实行均田制，使农民附着于土地，劳力得以利用，荒田得以垦辟。还制订了新的租调制。冯太后的一系列改革，为北魏的繁荣打下了基础。

东魏（534—550 年）

北朝之一。高欢所建，历 1 帝，16 年。定都邺（今河北临漳西）。盛时有今河南汝南、江苏徐州以北、河南洛阳以东地区。太昌元年（532 年），原尔朱荣部将高欢在河北大族的支持下，消灭潼关以东的尔朱氏势力，杀节闵帝，立元脩为帝，即孝武帝。北魏政权落入高欢手中。永熙三年（534 年），孝武帝不愿做高欢控制下的傀儡皇帝，逃往长安，投靠宇文泰。高欢随即立元善见为帝，从洛阳迁都于邺，史称东魏。次年宇文泰在长安立元宝炬为西魏文帝，北魏正式分裂为东魏、西魏。高欢以原六镇流民为主，建立强大武装，驻晋阳（今山西太原西南），使其成为东魏政治中心。高欢所控制下的东魏政权，是北魏将领和河北大族相结合的产物。为获得鲜卑贵族的支持，高欢竭力推行鲜卑化政策。为得

到汉族豪强地主的拥护，高欢听任其贪污腐化。高欢屡次发兵进攻西魏，力图吞并。天平四年（537 年），高欢西征，至潼关附近为西魏军击败，大都督窦泰自杀，高欢被迫撤军。此后，在沙苑之战、河桥之战、邙山之战中双方互有胜负。武定四年（546 年），高欢亲率大军 10 余万人围攻西魏据守的玉璧（今山西稷山西南），苦战 50 余天，直至病倒军中被迫退兵，次年初死于晋阳。其子高澄、高洋相继执掌东魏政权。武定八年，高洋废孝静帝，建立北齐。东魏灭亡。

高欢

（496—547 年）东魏建立者。小字贺六浑，渤海蓨县（今河北景县东）人。孝昌元年（525 年），柔玄镇（今内蒙古兴和西北）人杜洛周在上谷（今北京延庆）起义，高欢投其麾下，又转归葛荣义军。永安三年（530 年），高欢取得对葛荣部众的统率权，率其至山东的冀、定、相诸州，形成自己的军事势力和据点。普泰元年（531 年），高欢起兵讨伐尔朱氏，在信都（今河北冀州）拥立元朗为魏帝。永熙元年（532 年）夺取邺城，大败内部不和的尔朱氏联军，进入洛阳，废尔朱氏和所立两个皇帝，另立孝武帝元脩。高欢任大丞相、太师、世袭定州刺史，随即平定并州，在晋阳建立大丞相府。高欢为人深沉，富于机谋；善用人，不问地位高低，唯才是举；治军严明，将士乐为效死。孝武帝想依靠据有关陇的宇文泰消灭高欢，图谋不成，于永熙三年逃奔长安。高欢在洛阳立孝静帝元善见，是为东魏。汾水流域的山胡（稽胡）与东魏毗邻，威胁其大，高欢决意用兵。天平二年（535 年）击灭自称天子的刘蠡升。魏分东西后，彼此抗争，居间的柔然对东、西魏有举足轻重的作用。高欢娶柔然公主，以结交求和。三年，高欢以万骑袭击西魏的夏州（今陕西横山西北白城子），擒刺史，迁其部落 5000 户而回。以后多次向西魏用兵。四年秋，高欢领兵 20 万，进军沙苑（今陕西大荔南），由于轻敌而大败。元象元年（538 年），东魏军与西魏战于洛

阳邙山，转败为胜。高欢令诸州沿河津渡置仓积谷，以供军旅。又在幽、瀛、沧、青4州滨海之地煮盐，供军国之用。兴和四年（542年），高欢击西魏，连营40里，围玉璧（今山西稷山西南），遇大雪，不克而退。武定元年（543年），东魏虎牢守将叛降西魏，西魏进军洛阳。高欢南下渡河，与宇文泰在邙山对阵，东魏军大败而退。四年，高欢悉举山东之众攻西魏，士卒战死病死者7万人，被迫退军。武定五年（547年），高欢死。

西魏（535—556年）

北朝之一。宇文泰所建，历3帝，共22年，定都长安。盛时据有今湖北襄樊以北、河南洛阳以西地区。北魏永熙三年（534年），孝武帝从洛阳逃至长安，投靠鲜卑化的匈奴人宇文泰。次年宇文泰杀孝武帝，立元宝炬为帝，史称西魏。宇文泰于大统元年（535年）颁布24条新制，后又增至36条，称为"中兴永式"。主要内容包括：严禁贪污、裁减官员、置立政长、实行屯田、制定记账（预计次年赋役的概数）和户籍等制度。七年，关中大族出身的苏绰把汉族封建统治的经验总结为6条，内容为：清心，敦教化，尽地利，擢贤良，恤狱讼，均赋役。宇文泰对此非常重视，颁行为"六条诏书"，作为施政纲领。并专门组织中下级官吏学习，规定不通晓这6条及记账的人，不能当官。十六年，又正式建立由八柱国分掌禁军的府兵制。继续推行均田制。最普遍的一种力役为"六丁兵"，即每个丁男在6个月

抚剑武士俑　南北朝
西魏时武士俑的造型、服饰大多相同，或握剑，或按盾，无不形貌威猛，蕴涵着威武和强悍的性格。

内为政府服役1个月，一年内要服役两个月。西魏时期，社会较为安定，国力渐趋强盛。废帝二年（552年）取得南朝梁的蜀地，次年又夺得江陵。557年初，宇文觉废西魏恭帝自立为帝，即孝闵帝，建立北周。西魏灭亡。

宇文泰

（505—556年）西魏创建者。小字黑獭，出身匈奴，自后燕归魏，徙居武川（今内蒙古武川西）。六镇起义中，宇文泰参加鲜于修礼和葛荣的起义军。尔朱荣镇压葛荣后，宇文泰随迁晋阳，为尔朱荣部将贺拔岳麾下。永安三年（530年）宇文泰从贺拔岳平定关陇。尔朱氏失败后，高欢命贺拔岳为关西大行台，宇文泰是其得力辅佐。永熙三年（534年），侯莫陈悦在平凉（今甘肃平凉西南）杀死贺拔岳，宇文泰继统其军，击败侯莫陈悦，向东进据长安。魏孝武帝与高欢不睦，入关投靠宇文泰，宇文泰任命其为大将军、雍州刺史兼尚书令。四年，宇文泰杀孝武帝，立元宝炬为帝，改元大统，是为西魏。大权在握的宇文泰善于谋略和用兵。宇文泰与东魏多次作战，互有胜负。大统三年（537年）春，东魏攻潼关，宇文泰率精锐出潼关左面的小关，攻其不备，大败东魏军。是年秋，东魏10万人进至沙苑，宇文泰以不满万人的弱势兵力，亲自鸣鼓奋战，获得大胜。西魏军曾两次攻占洛阳。大统九年邙山之战，宇文泰率军黑夜登山进击，高欢幸而获免。次日再战，宇文泰退军。宇文泰与柔然妥协，以巩固北疆。对突厥，曾遣使通好。对南朝则采取攻势，先后夺取了益州和荆雍之地。废帝三年（553年），宇文泰派于谨、宇文护率军5万进攻江陵，掠获大量财宝和百姓，立萧詧为梁王，成为西魏政权控制下的傀儡政权，史称后梁。宇文泰注意屯田以资军国之用。大统元年，采纳苏绰建议进行改革，制订公文格式，以朱色、墨色区别财政支出与收入，制订记账、户籍册制度。大统七年，苏绰又制订地方官必须遵守的清心、敦教化、尽地利、擢贤良、恤狱讼、

145

均赋役六条诏书。宇文泰十分重视，并规定不通六条、不能造计账者不得任地方大小长官。建立府兵制，加强中央集权。曾在行台设学，命所属官员日间办公，夜晚学习。尊敬儒士，放免被俘奴婢为民。以后又命令卢辩仿照周礼更改官制，甚至朝廷文告也仿先秦文体。宇文泰卒于556年。

北齐（550—577年）

北朝之一。高洋所建，定都邺城（今河北临漳西），历6帝，共28年。武定五年（547年），实际掌握东魏政权的高欢死后，长子高澄继续掌政。不久高澄遇刺身亡，弟高洋继承。八年，高洋废东魏称帝，国号齐，史称北齐。北齐继承东魏所控制的地盘，占有今黄河下游的河北、河南、山东、山西及苏北、皖北地区。天保三年（552年）以后，高洋北击库莫奚，东北逐契丹，西北破柔然，西平山胡（属匈奴），南取淮南，势力一直扩展到长江边。高洋在位时北齐国力鼎盛，农业、盐铁业、瓷器制造业都相当发达，是当时三个国家中最富庶者。北齐继续推行均田制。京都邺城周围30里内土地，全部作为公田，按级别授给"代迁户"中的各级官吏和将士；30里外100里以内公田，授给相应级别的汉族官吏；100里以外由州郡推行均田制。北齐后期从皇帝至各级官吏，多昏庸残暴。齐后主高纬不理政事，整天弹唱作乐，挥霍浪费，不惜民力。当时政治腐败，贪污成风。高纬甚至把地方官职分赐宠臣，让其出卖。赋敛日重，徭役日繁，造成人力竭尽，府库空虚。阶级矛盾日趋尖锐，小规模农民反抗斗争不断发生。此时，关中的北周政权通过一系列的改革，国力日益强盛。承光元年（577年），北齐被北周所灭。

齐文宣帝高洋

（529—559年）北齐开国皇帝，在位10年。字子进，渤海蓨县（今河北景县东）人，高欢次子。东魏武定七年（549年），高洋继兄执掌朝政。次年，任丞相、都督中外诸军事、录尚书事、大行台。同年五月称

帝，国号齐，史称北齐。高洋统治时期，北齐与北周关系比较平稳，因而得以集中兵力、财力向北方和南方扩张。天保三年（552年）以后连年出塞，伐库莫奚，俘获甚众。四年大败契丹，虏获10余万人。又支持柔然攻突厥。五年击败山胡。五至六年连续大败柔然，自幽州至恒州筑长城900余里。高洋初即帝位时比较谨慎，以法驭下，政治清明，人得尽力。军国大政多独自决断，每临战阵身先士卒。几年以后开始以功业自傲，荒淫酗酒，专横暴虐。以鲜卑族自居，太子高殷好学，便嫌他得"汉家性质""不似我"，想法废掉。汉族士大夫杜弼认为治国当用汉人，称鲜卑为"车马客"，高洋认为讥讽自己，杀之。卒于559年。

胡人俑 北朝

武士身材魁梧，上身穿小袖、大开领服装。大开领便于脱去一侧衣袖，袒出胸臂，这是典型的少数民族风俗。

北周（557—581年）

北朝之一。宇文觉所建，历5帝，共25年。西魏恭帝三年（556年），宇文觉继宇文泰任太冢宰，封周公。次年初，废西魏恭帝自立，国号周，定都长安，史称北周。宇文觉年幼，大权掌握在堂兄宇文护手中。后宇文护杀之，立宇文毓为明帝。武成二年（560年），宇文护又毒死明帝，立宇文邕为帝，是为北周武帝。建德元年（572年），宇文邕杀宇文护，亲掌朝政，进行了兵制、经济等多方面改革。建德三年，周武帝改称府兵制下的"军士"为"侍官"，由皇帝亲自统领。设置统领府兵的机构，削弱过去府兵部落化倾向。同时，将府兵征募范围扩大

到汉人，打破鲜卑人当兵、汉人种地的胡汉分治界限。周武帝修改均田、租调等制度，力图发展经济，增强国力。注意兴修水利，增辟农田。本人注意节俭，停修宫殿，以省民力。建德三年五月，下诏废佛，把关、陇、梁、益、荆、襄等地几百年来僧侣的寺庙、土地、铜像、资产全部没收，使近百万僧侣和僧祇户、佛图户还俗，编入国家户籍，增加朝廷直接控制的劳动力，相应减轻了一般劳动人民的赋役负担。四年，周武帝亲率六军，向北齐用兵，攻下河阴外城后，又围攻金墉城，后因病班师。五年攻下汾北重镇晋州平阳（今山西临汾），齐后主全军溃败。周军乘胜追击，攻破晋阳，再进军破邺城。六年，周军消灭了北齐政权，统一了中国北方。之后，周武帝继续改革。建德六年改被齐掠为奴婢者为平民。还颁布《刑书要制》，严惩腐败，规定全国实行统一的度量衡。宣政元年（578年）武帝死，子宇文赟即位，在位两年，荒淫而死。宇文衍即位，外戚杨坚辅政，宣布恢复奉行佛、道。大定元年（581年）二月，杨坚迫周静帝禅位，自立为帝，北周灭亡。

周孝闵帝宇文觉

（541—557年）北周第一个皇帝。字罗尼，宇文泰第三子，代郡武川（今属内蒙古）人。初承父爵为安定公，大统十五年（549年）为周公，利用父亲过去的威势左右朝政。557年西魏恭帝被迫传位给他，改国号为周，故史又称宇文周，即北周。夺得帝位后不久，大权即为堂兄宇文护夺去。性格刚愎自用，宇文护逼他逊位，并杀害了他，死时年仅16岁，为周孝闵帝。

宇文护

（515?—572年）北周权臣。小字萨保，武川（今内蒙古武川西）人，宇文泰之侄。早年跟随宇文泰征战，在与东魏的征战中屡建战功。西魏恭帝三年（556年）宇文泰死，诸子幼小，遗命宇文护掌管国家大政。宇文护在于谨的支持下统理军国大事。乘宇文泰

的权势和影响尚存时夺取政权，迫使西魏恭帝禅位于周。四年，宇文觉建立北周，宇文护为大司马，封晋国公。在宫廷权势角逐中，宇文护先发制人，杀大将赵贵，令独孤信自杀。宇文觉被废黜而死，宇文护自任宰相，拥立宇文毓为明帝。武成二年（560年）宇文护毒死明帝，立宇文邕为帝，仍掌握实权。宇文邕与弟宇文直策划，于建德元年（572年）杀死宇文护。

周武帝宇文邕

（543—578年）北周皇帝。在位19年，小字祢罗突，武川（今内蒙古武川西）人，宇文泰第四子。武成二年（560年），权臣宇文护毒死明帝宇文毓，立大司空、鲁国公宇文邕为帝，仍掌朝政。建德元年（572年），宇文邕诛杀宇文护，始亲理国务。宇文邕生活俭朴，对宇文护及北齐所修华丽宫殿一律焚毁，对下严酷少恩，然果断明决，耐劳苦，征伐时躬亲行阵，士卒死力效命。四年，决定伐齐并亲自统军，围攻金墉城（今河南洛阳），因病还师。次年又率大军伐齐，几路并进，攻克平阳（今山西临汾）。围晋阳（今山西太原西南），军事失利。其后听从宇文忻建议，攻克晋阳。六年入邺城，灭北齐。建德三年，宇文邕禁佛、道二教，沙门、道士令其还俗，为历史上废佛的号称"三武"的皇帝之一。突厥强盛，宇文邕不得不娶突厥公主为后。灭齐之后，宣政元年（578年），宇文邕准备分五路伐突厥，未出师而身先死。

府兵制

中国古代兵制之一，南北朝后期由部落兵制发展而来的军事组织。西魏大统八年（542年），把持朝政的宇文泰仿周朝六军之制，将关中六镇军人和鲜卑武装十二军编为六军。后渐扩大为八柱国、十二大将军、二十四开府，每开府领一军，故称"府兵"。宇文泰总领八柱国（实则为六柱国），军士由各级将领统率。府兵军士另立户籍，完全脱离生产，也无赋役。为加强主帅和兵士的

关系，命士兵皆以主将的鲜卑姓为姓。又招募汉族豪强从军，将其部曲、家兵也纳入府兵系统。北周武帝时，府兵军士不属柱国，成为皇帝的侍卫。隋置十二卫，分领府兵，户籍始隶属州县，与民同样从事农业生产。唐初形成兵农合一的军事制度，士兵定期守卫京师或戍边。唐贞观十年（636 年），全国各地共设 634 府，兵 68 万，每府由折冲都尉统率，隶属中央十二卫。唐开元二十六年（738 年），玄宗下诏，停止调发府兵征防。唐天宝八载（749 年）府兵制废止。

2. 社会经济

户调

按户征收的赋税。户调与田租相配合，构成对自然经济下男耕女织自耕农的赋税剥削。当时商品货币经济萎缩，自然经济进一步发展，民间以谷帛交易，于是征敛物由货币改为绵绢，按户征收，故称户调。从此它与田租一起成为国家的正式赋税。

均田制

北魏朝廷颁布的土地制度。主要内容包括：15 岁以上的男子受露田（未种树的田）40 亩、桑田 20 亩，妇人受露田 20 亩。田加倍或加两倍授给（倍给的部分称倍田），以备休耕，满 70 年还官府。桑田作为世业，不须还官，但要种上一定数量的桑、榆、枣树。地主可以按其拥有奴婢和耕牛的数量，另外获得土地。奴婢受田办法同普通农民一样。耕牛每头受田 30 亩。土地不足的地方，居民可以向空荒地迁移，随力所及借用封建国家的土地，但不许从赋役重处迁往赋役轻处。由于犯罪流徙或户绝无人守业的，土地归国家所有，作均田授受之用。地方官吏按官职高低授给公田，刺史 15 顷，下至县令、郡丞 6 顷。所授之田不许买卖。北魏王朝还接受了李冲的建议，制订了与均田制相适应的新租调制。由于均田制和新的租调制名义上是以一夫一妇小家庭为受田纳租单位，不再有户等差别，所以废除了九品混通的征收租调办法。

九品混通

朝廷征收户调时的一种原则性规定。九品混通或称九品相通，是作为户调征收的原则。所谓品就是户等，共分为上上、上中、上下、中上、中中、中下、下上、下中、下下九品，按家赀（财产）多少划定。每年政府给地方官规定按户征调的定额，地方官据此召集乡邑三老，计赀、划等、定课，做到富户多纳，贫户少纳或不纳。但州县上交的实物，须达到当地每户平均定额的总和。这种按户计赀定课的户调制到南北朝中期后，逐步改变成为按丁征收。

百工

南北朝时被严格控制在官府手工业作坊中劳动的专业匠户。他们具有专门技能，主要从事金、石、竹、漆、土、木和纺织等行业。从南北朝中期开始，百工长期服役的制度逐步为番役制度所代替。工匠除每年上番时在官府作坊劳动外，还保留了自己劳动的部分时间。按照北周工匠六番的规定，每年上番的时间是两个月。

3. 文化与科技

范晔与《后汉书》

范晔（396—445 年）是中国古代史学家。字蔚宗，顺阳（今湖北光化）人，出身士族大家。官至左卫将军、太子詹事，后因参与刘义庆谋反篡位而被处死。他编写了记载后汉历史的《后汉书》，是继班固《汉书》后的又一部关于汉代历史的重要史书，使汉代历史完整记录下来。本书为纪传体史书，共 120 卷，其中有 90 卷为他亲自撰写。后代认为他在史书的编写上善于汲取司马迁和班固的优点，避免他们的不足，对于史实的选择和史料的甄别有独到之处。

《周书》

叙述北周历史的纪传体史书。唐朝令狐德棻等撰。含本纪 8 卷、列传 42 卷，共

50 卷。令狐德棻（583—666 年），宜州华原（今陕西铜川市耀州区）人。唐初有文名，多次参加官书编写。武德五年（622 年），任秘书丞。贞观十年（636 年）成书。北周诏令文书多仿先秦文体，《周书》如实照录。

刘义庆与《世说新语》

刘义庆（403—444 年）是南北朝时期宋朝文学家。彭城（今江苏徐州）人，宋武帝刘裕之侄。袭封临川王，任侍中、秘书监、度支尚书、中书令、南兖州刺史等职。爱好文学，门下招聚袁淑、陆展、鲍照等才学之士，创作《世说新语》。有人怀疑此书由其门人博采众书与传闻轶事润编而成。它是魏晋南北朝志人小说代表作，分德行、言语、政事、文学等 36 篇，记载汉末到东晋士族的轶事和言谈，全面反映当时士族生活方式与精神面貌。语言精练，含蓄隽永，艺术水平颇高，对后世笔记小说影响极大。

《玉台新咏》

诗集，陈朝徐陵编。梁简文帝萧纲提倡作艳诗（宫体诗），令徐陵搜集汉魏以来涉及妇女的诗篇，成《玉台新咏》10 卷。该书流传很广，因为专咏妇女，构成编诗集的一种新格局。

谢灵运

（385—433 年）南朝刘宋著名诗人。祖籍陈郡阳夏（今河南太康），世居会稽（今浙江绍兴）。出身士族，谢玄之孙。18 岁袭封康乐公，世称"谢康乐"。入宋降公爵为侯爵，因政治欲望不能满足，对刘宋王朝心怀不满。永初三年（422 年）任永嘉（今浙江温州）太守。后任秘书监、临川内史。不理政务，喜爱山水。后因谋反在广州被杀。作品主要是山水诗，取材于永嘉、会稽、彭蠡等地的山水风光。其诗以精工富丽见称。语言雕刻精巧，辞藻华美繁富，开山水诗派诗风。有《谢康乐集》，还有赋十余篇，其中《山居赋》等较有名，但成就远不及诗歌。

祖冲之

（429—500 年）南北朝时杰出数学家、天文学家。字文远，祖籍范阳郡遒县（今河北涞水），因战乱迁居江南。先后在南朝宋、齐任过小官。祖冲之在世界数学史上第一个将圆周率 π 算到第七位小数的准确度，在 3.1415926 与 3.14159267 之间，并确定两个分数形式的 π 值：约率 22/7（≈ 3.14），密率 335/113（≈ 3.1415929）。天文方面，创制称为《大明历》的新历法。《大明历》测定一回归年（太阳自今年冬至点到明年冬至点）的日数为 365.24281481 日，与近代科学所得日数相差约 50 秒。又测定月亮环行一周的日数为 29.21222 日，与近代科学所得日数相差不到 1 秒。在机械方面，祖冲之曾设计制造过水碓磨、指南车、千里船、漏壶等。还精通音律，擅长文学。著作有《易义》《老子义》《庄子义》《释论语》《释孝经》《九章注》等（已失传）。与其子祖暅之合著的《缀术》是"算经十书"之一，被唐代国子监列为算学课本。祖冲之于永元二年（500 年）卒。

祖冲之儿子祖暅之在开立圆术中设计的立体模型

范缜

（约 450—约 515 年）南朝无神论思想家。字子真，舞阴（今河南泌阳西北）人。少年好学，十多岁时拜名儒刘瓛为师。学成后，博通经术，尤精《周礼》《仪礼》《礼记》。性直，好危言高论。任过尚书殿中郎。永明年间，曾出使北魏。有文集十多卷，以问答式文体写成，分 5 段，共 31 条，1900 余字。书中对形神关系的论证，把古代无神论思想提高到新的水平，是中国古代思想发展史上划时代的作品。

陶弘景

（456—536 年）南朝齐、梁时道教思想家、医药学家。字通明，自号华阳隐居。丹阳秣陵（今江苏南京）人。士族出身，幼年家贫，勤奋好学。刘宋末，宰相萧道成聘他为诸王侍读。齐永明十年（492 年），辞官归隐于句容（今属江苏）之句曲山（今茅山），专事著述，修道炼丹，并遍游名山，寻访仙药。又与萧衍早有交往，当得知萧有称帝之意，便派弟子献图谶，奉表劝进。萧衍即位后，对他十分敬重，书信不绝。朝廷每有吉凶征讨大事，都要前往咨询，被人称为"山中宰相"。陶弘景好著述，惜光阴。知识渊博，多才多艺，擅长琴棋书法，曾制造用机械转动的天文仪器浑天象，对阴阳五行、天文历算、山川地理、方图物产、医术本草均有研究。10 岁时得葛洪《神仙传》，昼夜研习，便有养生之志。后拜东阳道士孙游岳为师，受符图、经法，开道教茅山宗，为上清派代表人物。注重吸收儒、佛两家思想，用以改造道教。所著《真诰》《真灵位业图》，成为道教的重要经典。在医学、药物学方面，著《效验方》《肘后百一方》等书。又以《神农本草经》为基础，著《本草集注》，增加新药 365 种，并首创药物分类法，为后世长期沿用。

僧祐

（445—518 年）南朝僧人、佛教史学家。俗姓俞，原籍彭城下邳（今江苏邳州南）。幼时即随父母入建康城内建初寺礼拜，师从僧范。14 岁至城郊钟山定林寺投法达法师。受具足戒后，受业于当时律学名匠法颖，随侍 20 余年，精通律部，戒德高严。曾为齐竟陵文宣王讲律学，辩释入微，听众常达七八百人。入梁后，更受朝廷礼遇。晚年脚疾，梁武帝请他乘舆入内殿为六宫受戒。一生主要传弘律学，对佛教文献著述有突出成就。他修治建初、定林诸寺，在两寺建立中国首部经藏。编制《出三藏记集》15 卷，为中国现存最古的佛教经录。今存《出三藏记集》《释迦谱》和《弘明集》3 种。

萧统

（501—531 年）南朝萧梁文学家。字德施，南兰陵县（今江苏常州西北）人，梁武帝长子。天监元年（502 年）立为皇太子，早卒，谥"昭明"，世称"昭明太子"。萧统天资颖慧，5 岁遍读五经，博览群书。他文思敏锐，多引纳才学之士，商榷古今，间以著述。崇信佛典，所作多宣扬佛学。萧统曾召聚文学之士纂集自先秦至梁各体文学作品，编成《文选》30 卷，为荟萃梁以前文学作品精华的总集。论文主张"丽而不浮，典而不野"，且"有助于风教"。强调严格区分文与非文的界限，如经、史、子以及贤人辩士等的言辞皆不收入《文选》。他的《宴阑思旧诗》悼念旧属，颇有情致。又有从事佛教活动诗多首，皆辞藻精。

顾野王

（519—581 年）南朝梁、陈之间文字训诂学家、作家及画家，字希冯，吴郡吴（今江苏苏州）人。12 岁随父往建安，撰《建安地记》两篇。梁武帝大同四年（538 年）任太学博士。野王为古贤画像，王褒题赞文，时号"二绝"。奉太子萧纲令撰《玉篇》30 卷，搜罗和考证古今文字的形体和训诂。梁大同九年（543 年）写成。共收 16917 字，分 542 部，以义类相从。体例上开后世字典的先河，为古代重要字书之一。太建十三年（581 年）顾野王卒。著有《玉篇》30 卷、《舆地志》30 卷、《符瑞图》10 卷、《顾氏谱传》10 卷、《分野枢要》1 卷、《续洞冥纪》1 卷、《玄象表》1 卷，又撰《通史要略》100 卷、《国史记传》200 卷，未就而卒。

宋云取经

宋云，生卒年不详，北魏时西行求法者，敦煌人。北魏孝明帝神龟元年（518 年）十一月，奉胡太后之命，与惠生（亦作慧生）、法力等出访天竺，礼佛迹，献礼品，求佛经。一行从洛阳出发，入吐谷浑，受后者庇护取道今青海省入西域，经鄯善、左末（今新疆且末）、媲摩、于阗等地入钵和国（今阿富汗瓦汉山谷），至嚈哒国境。宋云等谒见嚈哒王之后，于神龟二年入乌场国（今巴基斯坦印度河上游及斯瓦特河流域）。此后，宋云、惠生在天竺广礼佛迹，访问乾陀罗（今巴基斯坦白沙瓦）等地。正光三年（522年），携大乘经论170部返回洛阳。

菩提达摩

（?—528或536年）中国佛教禅宗始祖，简称"达摩"。相传为南印度人。南朝宋末，菩提达摩航海到广州，又往北魏洛阳（旧说达摩过金陵时，与梁武帝面谈不契，遂渡江北去），后留居嵩山少林寺。达摩初到北魏，自称"南天竺一乘宗"。传说达摩曾在少林寺面壁静坐9年，终日默然，时人称为"壁观婆罗门"。他将原由印度输入的复杂繁难的坐禅方法简化，提出了"二入""四行"的修养方法。二入即"理入"和"行入"，亦称"壁观"或"坐观"，即面壁静坐，以达到"舍伪归真""无自无他"的境界；后者包括"报怨行"（放弃一切反抗心理）、"随缘行"（放弃辨别是非的心理）、"无所求行"（放弃一切要求和愿望）和"称法行"（依照佛教教义去行动），即"入道四行"，认为这样就可达到"直指人心，见性成佛"。他还提出用《楞伽经》作为阐扬禅法的依据。

《南史》

汇合记载南朝历史的《宋书》《南齐书》《梁书》和《陈书》而编成的纪传体史书。唐朝李延寿撰。含宋本纪3卷、齐本纪2卷、梁本纪3卷、陈本纪2卷、列传70卷，共80卷。李延寿，生卒年不详，出于陇西大姓，世居相州（今河南安阳）。李延寿追承父志，记述从刘宋永初元年（420年）到陈祯明三年（589年）的史事，称为《南史》，与所纂从北魏登国元年（386年）到隋义宁二年（618年）的《北史》并行。李延寿还曾参加《晋书》和五代史志（即《隋书》十志）的修撰，死时任符玺郎，并兼修国史。《南史》把南朝各史的纪传汇合起来，删繁就简，以便阅读。

《宋书》

记述南朝刘宋历史的纪传体史书。梁朝沈约撰。有本纪10卷、志30卷、列传60卷，共100卷。沈约（441—513年），字休文。吴兴武康（今浙江德清西）人。出身江南大族，宋、齐、梁三朝为官，曾自称"少好百家之言，身为四代之史"。齐永明五年（487年）时，任太子家令兼著作郎，奉诏撰《宋书》。沈约以文章称世，有文集9卷。《宋书》收录当时的诏令奏议、书札、文章等各种文献，保存了原始史料，有利后代研究。

《南齐书》

记述南朝萧齐历史的纪传体史书。梁朝萧子显撰。全书60卷，今存59卷，含本纪8卷、志11卷、列传40卷。萧子显（约489—537），字景阳，南兰陵县（今江苏常州西北）人，南齐豫章王萧嶷子，齐高帝之孙，官至吏部尚书。该书曾称《齐书》或《齐史》，宋人曾巩等始加南字，称《南齐书》，以有别于李百药所撰《北齐书》。《南齐书》州郡志每州之下除地理建置沿革外，还简略叙述风土人情，史料价值颇高。

刘勰与《文心雕龙》

刘勰（466?—539?年）是南北朝齐、梁时期文艺理论家，字彦和。祖籍东莞莒县

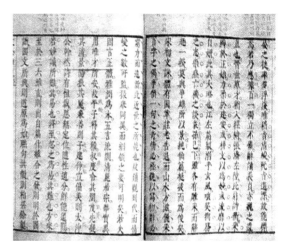

《文心雕龙》书影
《文心雕龙》的版本较多，最早的刻本是元至正本，这个本子是以后各版本的祖本。此外，尚有清人黄叔琳的《文心雕龙辑注》、今人范文澜《文心雕龙注》、杨明照《文心雕龙校注》、周振甫《文心雕龙注释》以及詹锳的《文心雕龙义证》。

（今山东莒县），世居京口（今江苏镇江）。早年丧父，不曾婚娶，年轻时入南京定林寺出家十余年，遍览群书，对儒、佛家学说均有深入研究。40岁左右入仕，历任临川王萧宏记室、太末县令、南康王萧绩记室和东宫通事舍人。晚年，入定林寺出家，法名慧地，不满一年去世。刘勰的专著《文心雕龙》是中国文论史上"体大思精"的巨著。全书10卷50篇，38000多字，分为总论、文体论、创作论、批评论四个部分。最后一篇《序志》自述写作目的和原则。《文心雕龙》从构思、布局、润辞、声律、风格等方面探讨了文学创作的经验，并初步形成系统的理论体系，为中国文学批评理论的发展奠定了坚实的基础。

钟嵘与《诗品》

（466—518年）南北朝时期梁朝诗论家、文学家，字仲伟。颍川长社（今河南长葛）人。齐永明年间，钟嵘入选国子生，得到祭酒王俭的赏识，推荐为本州秀才。永元末年官至司徒行参军。为官耿直，因上书直谏而触怒齐明帝。梁朝灭齐后，先后任衡阳王与晋安王记室，故世称"钟记室"。不久，卒于任上。所著《诗品》是中国古代文学批评史上第一部论诗专著。全书分为序及上、中、下三品，各品之前又有序言。深入探讨了诗歌产生的根源，注意到社会生活对诗人创作的作用。阐述了五言诗的发展过程，对汉、魏至齐、梁的12位诗人的作品进行品评。对后世文学理论和文学批评有很大影响。

《梁书》

记述南朝萧梁一代历史的纪传体史书。唐朝姚思廉撰。有本纪6卷、列传50卷，共56卷。姚思廉（557—637年），本名简，雍州（今陕西西安）人。贞观初年，姚思廉任著作郎、弘文馆学士，后官至散骑常侍。贞观三年（629年），奉诏撰梁、陈二史。他继承父志，根据其父旧稿，参考诸家著述，撰成《梁书》。

《陈书》

记述南朝陈朝时期历史的纪传体史书。唐朝姚思廉撰。有本纪6卷、列传30卷，共36卷，是二十四史中卷帙最少的一部。姚思廉根据其父旧稿，续补成书。

南北朝民歌

南北朝民间文学流传至今仍被传唱的是《木兰诗》与《敕勒歌》。《木兰诗》描写花木兰在战乱频仍的年代，女扮男装，替父从军，表现了中国妇女智勇双全的英雄气概与高尚品格，是古代人民创造的优秀诗篇。《敕勒歌》是一首优美的牧歌，它奔放、雄健、质朴。歌中唱道："敕勒川，阴山下，天似穹庐，笼盖四野。天苍苍，野茫茫，风吹草低见牛羊。"宛如一幅草原放牧的优美图画。

《北齐书》

记述北朝高齐一代历史的纪传体史书，唐朝李百药撰。有本纪8卷、列传42卷，共50卷。李百药（565—648年），字重规，定州安平（今属河北）人。父李德林，北齐时参与修国史，完成纪、传27卷。隋开皇初，奉诏续撰，增为38卷。唐贞观元年（627年），李百药任中书舍人，又受诏撰齐书。根据其父的旧稿，杂采他书，扩充改写为50卷。书中不少记述用当时口语，体例仿《后汉书》，每卷末的史臣论之后，有韵文写成的赞。

《洛阳伽蓝记》

记述北魏首都洛阳佛寺兴废的地方志。东魏阳（或作杨、羊）衒之撰。共5卷。衒之，北平郡（今河北卢龙）人，历任抚军府司马、期城郡太守、秘书临。东魏迁都邺城后，他重到洛阳，看到"城郭崩毁，宫室倾覆，寺观灰烬，庙塔丘墟"，感慨万千，著《洛阳伽蓝记》追忆洛阳昔日盛况。全书依城内及城东、南、西、北的顺序，以40余所著名寺院为纲，兼及所在里巷、方位乃至名胜古迹，并叙述有关史实。书中描述了寺院的规模，谈到施主和许多旧闻轶事，涉及政治、经济、社会、文学、艺术、思想、宗教等许多方面，保存了极为重要的历史资料。

石窟艺术

北朝时随着佛教的传入和传播，一些帝王和贵族花费大量人力、物力和财力，修建了许多佛寺佛塔，开凿了不少石窟。其中以云冈、龙门、敦煌三大石窟最为著名。这些璀璨的佛教艺术，为中国艺术史增添了丰富的内容。

龙门石窟

位于洛阳城南 12 公里处，是北魏孝文帝迁都洛阳后开凿的。这里山川秀丽，风景宜人。龙门山、香山双峰对峙，中间伊水北流，犹如天然门阙，古称"伊阙"。又因伊水在两山下像条矫健的游龙，所以又称龙门。石窟主要分布在西岸的峭壁上，长达 1 公里。现存佛洞 1352 个，造像近 10 万尊。其中北魏所凿的佛洞石龛约占 1/3。龙门石窟还保存了历代造像题记和碑刻 3600 余件，是中国传统的书法艺术珍品。

云冈石窟

位于今山西大同西 16 公里武周山北崖。石窟依山开凿，都是在石壁上雕琢出

如来本尊头像　云冈石窟　南北朝

来的。东西连绵约 1 公里，现存洞窟 53 个，大小佛像 5.1 万余尊。佛像有的容貌庄严，有的体态安详，有的高大魁伟，有的沉思默想。姿态万千，栩栩如生。现存洞窟中，较大的有 20 多个。从佛像雕刻艺术可以看出它既受南亚的影响，又继承和发展了汉代石刻艺术的传统。石窟约从北魏和平元年（460 年）开始建造，到孝明帝正光元年（520 年）始具规模。以后唐、辽、金、明、清仍陆续开凿。

颜之推与《颜氏家训》

颜之推本是梁朝人，宇文泰破江陵，被俘入关中。他不愿俯首称臣，携妻子逃奔至齐。齐亡后入周。他是南北朝时最有思想的学者，经历南北三朝，深知南北政治、俗尚的弊病，洞悉南北学说的短长，并提出自己的见解。《颜氏家训》20 篇，就是这些见解的记录。《颜氏家训》的佳处在于立论平实。平而不流于凡庸，实而多异于世俗，在南方浮华、北方粗野的气氛中，《颜氏家训》保持平实的作风，自成一家，被看作处世良言，广泛流传于士人中。

五岳

中国五大名山的总称，即东岳泰山、南岳衡山、西岳华山、北岳恒山、中岳嵩山。传说为群神所居，历代帝王多往祭祀。魏晋南北朝时期，五岳诸山成了修建佛寺、道观的场所，每"岳"都尊奉一位岳神作为掌管该山的最高神祇，佛教和道教都盛极一时。唐中宗封西岳为金天王，其后唐玄宗、宋真宗封五岳为王、为帝。明太祖尊五岳为神。《尔雅·释山》有两种五岳说，后世对它有不同解释。今人考证，五岳制度始于汉武帝。旧传尧舜时即已有之，乃汉代经学家的附会。汉宣帝确定以今河南的嵩山为中岳，山东的泰山为东岳，安徽的天柱山为南岳，陕西的华山为西岳，河北的恒山（在曲阳西北）为北岳。其后又改今湖南的衡山为南岳，隋以后遂成定制。明代始以今山西浑源的恒山为北岳。

魏碑

北朝时流行的一种汉晋隶书的变体，字体气魄雄厚，结构严谨，其中杰出的书法家为郑道昭。由于北魏时的墓碑多用这一字体，因此后人称此书全体为"魏碑"。

郦道元与《水经注》

郦道元是杰出的地理学家，他经过长期努力，撰写了地理名著《水经注》。郦道元（466—527 年），字善长，北魏范阳涿鹿（今河北涿州市）人。大约在三国时，出现了第一部以全国水道为纲的地理著作《水经》，但内容过于简略。郦道元写作《水经注》，比较全面、系统地反映历史上河道的变迁、地名的更换、城市的兴亡等。《水经》原文 1.5 万字，《水经注》约 30 万字，作了 20 倍的补充和发展。《水经》记述水道 137 条，《水经注》记述水道 1252 条，大至江河，小至溪流，比《水经》增加 8 倍多。《水经注》以水道为纲，详细记述所经地区的山岳、丘陵、关塞亭障、城邑兴废沿革，以及土壤、植被、气候、水文兼及历史事件、人物、风俗民情，甚至古老传说，可称是 6 世纪前中国最全面系统的综合性地理著作。

《水经注》书影

贾思勰与《齐民要术》

贾思勰，北魏时山东益都（今山东寿光）人。曾任北魏高阳太守，于 533—544 年间撰写成农业科学著作《齐民要术》。由序、杂说、正文三大部分组成，共 92 篇，分成 10 卷，内容十分丰富，不仅有农作物的栽培技术，如播种、耕作、土壤、施肥、轮作、种子等，而且有蔬菜作物的栽培，还有果树林木的培育，蚕桑业、畜牧业、兽医、农产品加工和贮藏等。可谓中国古代的农业百科全书，反映了北魏时期黄河流域农业生产的水平，系统总结了从西周至北魏的农业生产和农业科学技术的知识和经验，在中国和世界史上具有重要地位。

《魏书》

记述北魏及东魏历史的纪传体史书，北齐魏收撰。有本纪 12 卷、列传 92 卷、志 20 卷，共 124 卷。魏收（506—572），字伯起，巨鹿下曲阳（今河北晋州西）人，中兴元年（531 年）曾以散骑侍郎修国史，东魏时一直参与修国史，北齐时任中书令兼著作郎。天保二年（551 年）受诏撰魏史，专力于魏史的修撰。

《北史》

汇合记载北朝历史的《魏书》《北齐书》《周书》而编成的纪传体史书。唐朝李延寿撰。有魏本纪 5 卷、齐本纪 3 卷、周本纪 2 卷、隋本纪 2 卷、列传 88 卷，共 100 卷。记述从北魏登国元年（386 年）到隋义宁二年（618 年）的历史。

寇谦之

（365—448 年）南北朝时期北魏道士，字辅真。冯翊万年（今陕西临潼）人。初入华山、嵩山修道 7 年，渐渐出名。北魏初年托言太上老君授以"天师之位"，并赐《云中音诵新科之诫》，令其清整"五斗米教"。始光元年（424 年）向北魏太武帝献道书，太武帝善待之。次年立天师道场，后人称"北天师道"。北魏太延六年（440 年），自称太上老君授予太武帝"太平真君"称号。后太武帝亲自去道坛受箓，封他为国师，北天师道遂盛行。

第六章

流金岁月

隋朝

（581年—618年）

581年，北周大丞相、都督内外诸军事隋王杨坚废掉静帝自立，改国号隋。隋朝在北周统一北方的基础上，于589年击败南方的陈朝，结束了南北朝长期对峙的局面，统一了全国，自西晋"永嘉之乱"后近300年的分裂局面就此结束。隋政权统治的疆域东南至海，西达且末（今属新疆），北抵五原（今内蒙古杭锦后旗西），东西9300里，南北14815里，形成了一个强大的帝国。

为了巩固政权，隋文帝时实行了一系列措施加强中央集权，在中央设置三省六部制，分散宰相之权；在地方精简州县数目，实行州县两级制；制定和颁行《开皇律》，加强中央权力；选官创建科举制，取代"九品中正制"，清理门阀政治的影响；军事上完善府兵制等。经济上，隋朝推行各项经济措施，加之营造东京、开凿大运河，大大促进了大江南北文化交流，为整个社会发展提供了有利条件。同时，还加强了与西域和东南亚邻国的联系。

但是，隋炀帝的暴政造成积累的财富迅速被挥霍掉，政局急剧地动荡起来。隋炀帝好大喜功，穷兵黩武，3次南巡江都，几次出征高丽，致使举国就役，遍地为兵，田亩荒芜，于是全国反隋起义蜂起，统治集团内部分化，隋统治迅速瓦解。

618年，李渊废黜隋恭帝杨侑，称帝建唐，掀开了中国历史最光辉的篇章。

1. 政治

隋文帝杨坚

（541—604）隋朝开国皇帝，在位24年。小名那罗延。弘农华阴（今陕西华阴）人。北周时袭父爵为隋国公，历任朝廷要职。女儿为周宣帝皇后，宣帝死，静帝年幼即位，内史上大夫郑译、御正大夫刘昉假传遗诏，召杨坚入宫辅政，任丞相，总揽军政大权。大定元年（581年），杨坚废北周，建立隋朝，建元开皇。开皇七年（587年），杨坚灭后梁，九年（589年）灭陈，结束南北分裂局面，统一全国。杨坚确立三省六部制，

隋朝大事年表

581年，杨坚建隋朝，史称隋文帝，定都长安（今陕西西安）。建立三省六部制中央政府。

582年，颁布均田令、租调令。

583年，地方政府定为州、县两级。

585年，普查全国户口。

589年，李春开始建造赵州桥，605年完工。

598年，隋文帝伐高丽无功而返。

599年，东突厥归附隋朝。

600年，隋文帝听信谗言，废太子杨勇，立杨广为太子。

603年，隋朝统一突厥各部。

604年，杨广弑父即位，史称隋炀帝。

605年，营建东都洛阳。开凿京杭大运河。

607年，创建科举制度。

608年，降服伊吾和吐谷浑，控制西域商路。

611年，隋末农民大起义爆发。

612年，隋朝三次攻打高丽（612—614）。

617年，李渊起兵占领长安。

618年，隋炀帝被杀，隋朝灭亡。

将地方行政机构由三级简化为两级，地方官由中央任免，废除"九品中正制"，开始采取科举制。改革府兵制，实行兵农合一。制订《开皇律》，废除一些酷法。继续推行均田制，扩大垦田面积，搜查隐漏农户。十分重视仓廪的建置及漕路的开通。他创立的义仓制度是封建国家保障社会生产力的一项措施，一直沿用到清代。统治后期，国家富足强盛。晚年信佛。仁寿四年（604年）卧病，被太子杀死。谥文皇帝，庙号高祖，葬太陵（今陕西咸阳杨陵）。

隋文帝杨坚像

隋文帝杨坚统治期间国势强盛，经济繁荣，但迷信佛教，大建寺塔，建仁寿宫就役死者数万。晚年用法严峻，社会矛盾加剧，为其子杨广所弑。

杨坚废周

577年，北周武帝宇文邕灭掉北齐，统一了北方。正当他准备北平突厥、南定江南，统一全国时，却在北伐突厥的征途上染上重病，于578年去世。即位的皇帝宇文赟（559—580）胸无大志，执法残暴。即位不到一年，让位给7岁的儿子宇文阐，却以天元皇帝的名义继续执掌政权。他不理朝政，大臣有事只有通过宦官上奏。他对大臣的猜忌日益加深，大臣稍有违禁，重则诛杀，轻则施以酷刑。上下恐惧，内外离心，统治阶级内部矛盾越来越尖锐。大象三年（581年），杨坚废周称帝，改国号为隋，定都长安，史称隋文帝。

隋炀帝杨广

（569—618年）杨坚次子，604—618年在位。开皇元年（581年）封晋王。隋举兵伐陈，杨广为行军元帅。灭陈之后，他斩邪佞、封府库，不取资财，天下称贤。少年聪慧，姿仪美，长大后又伪装仁孝俭朴，博得文帝欢心。开皇二十年（600年），文帝废太子杨勇，改立杨广为太子。仁寿四年（604年）七月文帝死，相传为杨广所谋害。即位后，杀其兄杨勇，又镇压其弟汉王杨淳，巩固了帝位。他发展科举制，设置进士科。实行查田、查括户等措施，增加了政府的赋役对象。同年，亲征吐谷浑，安定西北。仗恃国力富强，连年兴役。营建东都，开凿大运河，修筑长城，又年年出巡，沿途营造离宫、滥用民力。大业八至十年，3次出兵高丽。终于造成"天下死于役"而民不聊生的局面，人心思乱。大业七年（611年），王薄揭开隋末农民起义的序幕。隋王朝虽极力用严刑酷法、修城筑堡、迁民众入城等措施遏制反抗力量，但土崩瓦解之势已不可避免，大业十四年（618年）三月，宇文化及等发动兵变，隋炀帝被缢身亡，终年50岁。

高颎

（？—607年）隋朝名相，字昭玄。渤海蓨（今河北景县）人。杨坚总揽北周朝政后，引为迁相府司马。杨坚建立隋朝后，他任尚书左仆射兼纳言，封渤海郡公，总结前朝法典，主持修订隋律，创立输籍之法，规定户等及纳税的标准。开皇九年平陈战役中，杨广为元帅，他出任元帅府长史，一举灭陈，以功封齐国公。他当政近20年，朝野信服。开皇十九年被诬告而免官。仁寿四年（604年），隋炀帝即位，他复官任太常卿。大业三年（607年），因对炀帝追求奢靡、纵情声色及当时政事流露了不满，被人告发，以"谤讪朝政"罪被杀。

杨素

（？—606年）隋朝名臣，字处道。弘农华阴（今陕西华阴）人。南北朝北周武帝时任车骑大将军。隋朝建立后任御史大夫。开皇八年，隋伐陈，他任行军元帅，率水军顺江东下，屡败陈军。因功晋升尚书右仆射，成为朝廷重臣。隋文帝废太子杨勇，立次子杨广为太子，杨素皆参与谋划。文帝死，疑是杨广勾结杨素等人所为。杨素贪财求货，家僮数千，姬妾成群，府宅侈华。他颇有才学，书法、文章俱佳。其子杨玄感，大业年间起兵反隋，兵败被杀。

三省六部制

隋代国家最高政务机构体系。隋文帝废除北周所设六官，仿汉、魏旧制，始设尚书、门下、内史三省辅佐皇帝处置国事。内史省为决策机关，负责草拟有关军国大事的诏敕，长官名内史令。门下省为审议机关，负责审核内史省起草的诏敕，长官名纳言。尚书省为执行机关，负责贯彻各项诏敕和政策，处理全国行政事务，长官名尚书令。尚书省下设吏、礼、兵、度支、都官、工等六部，各部长官称尚书，副职称侍郎。吏部掌官吏的任免、考课、升降、调动等事务；户部掌全国土地、户籍、赋税、财政收支等事务；礼部掌国家典章法度、祭祀、学校科举、礼宾等事务；兵部掌全国武将选用和兵籍、军械、军令等事务；刑部掌国家法律和刑狱等事务；工部掌工程、工匠、屯田、水利、交通等事务。三省六部制的建立，进一步完善了封建专制集权制。六部制从隋唐到明清，基本沿袭未改。三省制至唐以后逐渐有所变化，历朝设置不一。

开皇律

隋朝法典之一。隋文帝杨坚于开皇元年（581年）命高颎等七人修订刑律，废除了前代的鞭刑、宫刑、枭首、辕裂等酷刑，并采北齐之制，置"十恶"之条及"八议制度"。官吏及贵族除"十恶"不赦外，在法律上享有"例减""听赎"和"官当"的优待。开皇三年，又命苏威、牛弘等更定新律，减省刑罚，减去死罪81条，流罪154条，徒、杖等千余条，只留500条。在编纂体例上吸收了魏晋以来的经验，并有新的发展。分为名例、卫禁、职制、户婚、厩库、擅兴、赋盗、斗讼、诈伪、杂律、捕亡、断狱十二篇，刑名有五：死刑、流刑、徒刑、杖刑、笞刑。《开皇律》是中国古代重要的法典之一。

隋末农民起义

推翻隋朝统治的农民大起义。隋朝末年，徭役、兵役极为沉重，民不聊生，终于激起大规模的农民起义。大业七年（611年），隋炀帝为征高丽，征发全国兵、民数百万，造成"天下死于役而家伤于财"的局面。尤其是山东、河北更为严重，加上水旱灾害，农民大起义首先在这里爆发。王薄在山东长白山（今山东章丘东北）率民众起义，自称"知世郎"，作《毋向辽东浪死歌》，号召人民反对辽东之役，贫苦农民纷纷参加义军。大业九年（613年）贵族杨玄感借农民起义之机，起兵反隋，虽很快被镇压，但消耗了统治集团的实力。大业十年，各地义军已达百余支，起义人数达数百万，并逐渐形成了河南的瓦岗军、河北的夏军（窦建德）和江淮的吴军（杜伏威、辅公祏）三大义军。瓦岗军在李密的策划下，联合附近各支义军，大败隋骁将张须陀；攻占洛阳东北的兴洛仓，开仓赈济，队伍迅速发展到几十万人，占有河南大部分郡县，成为北方各支义军的盟主。瓦岗军将20万隋军困于洛阳城，与之展开大战。在起义军的沉重打击下，隋朝统治面临土崩瓦解之势，各地官僚军将、地主豪强乘机割据一方。大业十三年，太原留守李渊起兵，长驱入关中，攻克长安。次年（618年），宇文化及发动兵变杀死隋炀帝，李渊闻之，称帝建立唐朝。瓦岗军在与隋军的拉锯战中，消耗很大，被控制东都的王世充乘虚打败。

窦建德军于唐武德四年（621 年）为唐军所
败。杜伏威于武德二年降唐。波澜壮阔的隋
末农民起义，历时 7 年，遍及全国，摧毁了
隋朝的统治。

窦建德

（573—621 年）隋末河北起义军领袖。
贝州漳南（今河北故城东）人。世代务农，
稍有资产。窦建德仗义疏财，初为里长，因
犯法亡命，后遇赦得归。大业七年（611 年），
建德以"募人"从军，为二百人长。时山东
大水，建德聚集贫困农民和拒绝东征的士兵
几百人，入漳南县东境方圆数百里的高鸡泊，
举兵抗隋。此时，清河郇县（今山东夏津）
人张金称、渤海蓨县（今河北景县）人高士
达在清河一带起义，官府疑建德与义军有交，
遂杀其全家老小。建德闻讯率部投奔高士达。
大业十二年，高士达以窦建德为军司马，袭
杀涿郡通守郭绚，声威大震。同年末，隋军
击破清河义军主力张金称部。金称遇难后，
余众投建德。隋军乘胜入高鸡泊，高士达阵
亡。十三年正月，建德于河间乐寿县（今河
北献县）称长乐王，设置官属，分治郡县。
七月，建德大败隋将薛世雄，攻克河间。唐
武德元年（618 年）十一月，建德定都乐寿，
国号大夏，改元五凤。隋将宇文化及已杀炀
帝，此时引军关中。二年闰二月，建德攻聊
城生擒宇文化及。武德二年，起义军发展迅
速，除原有冀、定、瀛、恒、博、易等州外，
又攻克邢、贝、沧、洺、相、赵、黎、卫 8 州，
拥有黄河以北广大地区。隔河与据有洛阳的
王世充对峙。三年正月，唐将徐世勣勾结黎
阳士豪李商胡暴乱，义军将佐被害者达数百
人。四年三月，唐兵进攻洛阳王世充，建德
亲自统兵 10 余万驰援王世充，和唐军相持
于虎牢（今河南荥阳西北汜水镇）一带。五
月初，李世民袭击义军得手，建德被俘。七
月中，窦建德被杀于长安。

王世充

（？—621 年）隋末割据者之一，字行
满。本姓支，出自西域。世充卷发，利口善

辩，好兵法，且通法律。隋开皇中，为左翊
卫，因军功拜仪同，转兵部员外郎。大业年
间任江都（今江苏扬州）丞，兼领江都宫监。
窥测炀帝颜色，阿谀奉迎，获得宠信。背地
里暗结豪强，收买人心。杨玄感反隋时，朱
燮、管崇于江南起兵响应，世充募江都万余
人破之。齐郡农民义军孟让率 10 万众至盱
眙（今江苏盱眙东北），世充又设计攻破。
大业十二年（616 年）任江都通守，镇压河
北格谦余部及南阳卢明月。次年瓦岗军占领
兴洛仓，进逼东都。炀帝命世充为将军，统
率诸军屯洛口拒敌。十四年，领兵数万渡洛，
被起义军击败，退保河阳（今山西沁阳南）。
隋越王杨侗召他还洛，屯含嘉城。炀帝死后，
与元文都、卢楚等奉杨侗为帝，为吏部尚书，
封郑国公。同年七月，杀元文都、卢楚，掌
握朝政。时李密破宇文化及，损兵折将，世
充乘机进击，李密兵败降唐。世充自为太尉、
尚书令。武德二年（619 年）四月，世充废
杨侗称帝，建元开明，国号郑。三年，李渊
遣李世民攻郑，进逼东都，世充乞援于窦建
德。四年五月，李世民败窦建德军于虎牢（今
河南荥阳西北），世充投降。七月，唐徙世
充及家属于蜀，临行被独孤修德所杀。

李密

（582—619 年）隋末农民起义中瓦岗
军领袖。京兆长安（今陕西西安）人。大业
九年（613 年），杨玄感于黎阳起兵反隋，
召李密出谋划策。后杨玄感败，李密逃亡。
十二年，入瓦岗军，翟让派他游说小股反隋
武装归附，很有成效。同年十月，李密劝翟
让迎击隋将荥阳通守张须陀，大败隋军。李
密立大功，翟让命他分统部分军队。李密军
令严肃，赏赐优厚，士卒乐意为其所用。他
劝翟让要有平定天下的雄心壮志，建议袭取
兴洛仓，开仓赈济，扩充队伍，然后进取东都。
翟让依计而行，大获全胜，起义队伍迅速壮
大。李密长于谋略，归瓦岗军时孑然一身，
经过半年的活动，取得了翟让信任，在瓦岗
军内部形成以其为核心的势力范围。十三年
初，获准建立"蒲山公营"，成为李密的嫡

系武装。其后，李密加紧活动，瓦岗军旧部开始分裂。此时，瓦岗军屡败隋军，据有洛口、黎阳、回洛三个大粮仓，诸郡县相继降附，河南、山东境内起义军也都接受号令，李密确立了盟主地位。瓦岗军领导集团内部矛盾愈演愈烈，同年十一月，终于发生火并。李密置酒请诸首领赴宴，于席间杀翟让、翟弘、翟摩侯、王儒信及从者数百人。徐世勣受伤，单雄信叩头请命，得免于死。十四年（618年）三月，江都发生兵变，推宇文化及为主，杀隋炀帝杨广，率众10余万西归。朝廷遣使任李密为太尉、尚书令、行军元帅、魏国公，命他讨伐宇文化及。李密接受官爵，七月出兵征讨宇文化及。童山激战，宇文化及兵败北走。童山之战后，王世充乘机进击，李密军大败，走投无路，乃于九月渡河至河阳，引王伯当、常何、贾润甫等2万人降唐。到了长安，待遇菲薄，只任光禄卿，封邢国公。十一月，李渊遣李密等到山东招收旧部。十二月，李密至稠桑（今河南灵宝北），接到敕书，要他单身还朝。他感到已被猜疑，遂与贾润甫等谋叛反唐。十二月三十日，李密与王伯当率领骁勇数十人，袭据桃林县（今河南三门峡西南），南入熊耳山。唐将盛彦师邀击，斩李密及王伯当于邢公岘。

翟让

（？—617年）隋末农民起义瓦岗军领袖。东郡韦城县（今河南滑县东南）人。曾任东郡法曹，犯法当斩，狱吏黄君汉知其骁勇，不顾个人安危，私自释放。大业七年（611年），翟让与同郡人徐世勣、单雄信起兵瓦岗，参加起义的有故县吏邴元真、善于占卜的贾雄和翟让兄翟弘等。瓦岗军初期活动于东郡一带，后从徐世勣建议，分兵西上，进入大运河所经的郑州、商丘一带，阻截往来的公私船舶，归附者日众，起义军很快发展到万余人。大业十二年，李密参加瓦岗军。十三年二月，翟让推李密为瓦岗军首领，号魏公。不久，瓦岗军围攻洛阳，大批隋军投降，李密在瓦岗军中地位日显。十一月，翟让被李密用计杀害。

科举考试图

创立科举制

隋文帝废除魏晋以来实行的只重门第的"九品中正制"，实行科举选拔官吏制度。即设不同科目对学有专长的读书人进行考试，考试合格就取得做官的资格。高官子弟可以通过"门荫"做官，而非高官子弟取得做官资格后，仍须再通过吏部考试，合格者方得任官。隋朝的科举制主要是分科。开皇十八年（598年）七月，设立"志行修谨（有德行）""清平干济（有才能）"二科。隋文帝令京官五品以上和地方官总管、刺史为上述二科"举人（推荐人才）"。此为科举制的开始。还设立了比较固定的科目，如秀才、明经、进士三科，为后世所沿用。三者以秀才为尊。科举及第，只获得明经、进士出身，即取得了做官资格。其后还要赴吏部，通过"身、言、书、判"的考试内容，合格者，依据当年各个部门、各个州缺官情况，补任官员。最初只能做县尉、功曹等九品小官。科举制自隋创立，历唐、宋至清末，有1300年之久。

2. 社会经济
租庸调制

隋朝颁行的与均田制相适应的租调徭役制度。开皇二年（582年），隋在继续推行均田制的同时,制订了户籍赋役的新法令。规定男女 3 岁以下为黄,10 岁以下为小,17 岁以下为中,18 岁到 60 岁为丁,60 岁以上为老。丁男一床(夫妇)纳租粟 3 石,调绢 1 匹,棉 3 两(种麻者麻 3 斤)。无妻室的单丁及奴婢缴纳一半租调。力役规定丁男每年服役 1 个月。开皇三年(583 年),隋采纳苏威建议,对赋役、户籍法令作了较大修改。规定成丁年龄由 18 岁改 21 岁,使丁男少服 3 年徭役和兵役。丁男每年服役期限,由 1 月改为 20 日,调绢 1 匹(4 丈)改为 2 丈。开皇十年(590 年),又补充规定"民年五十,免役输庸",即丁男所服劳役部分实行以布帛代替力役的办法,称为"庸"。

大索貌阅与输籍法

大索貌阅是隋唐普查户口的措施。隋初,农民隐漏户口、谎报年龄的现象极为严重,直接影响到国家财政收入和对劳动力的控制。隋开皇五年(585 年),实行大索貌阅,责令州县地方官吏检查隐漏户口,当面与户籍簿核实。"貌阅"即注明人丁的外貌,按外貌确定人丁的性别、年龄等,并记入户籍簿。并规定,如户口不实,里正、党正发配远方;奖励百姓互相检举。通过普查,户籍簿上有 40 万人查实为壮丁,有 160 万人新编入户籍。隋大业五年(609 年)再次大索貌阅,当年进丁 24.3 万人,新附民 64.15 万人。唐代继承隋法,并进一步制度化。

输籍法是隋朝制定户等(户口等级)和纳税标准的办法。开皇五年(585 年),左仆射高颎鉴于兵役、力役、税收、授田等都与户等有关,而当时的户等划分因官吏怠惰,多有不实,于是建议由中央确定划分户等的标准,叫作"输籍定样",颁发到各州县。规定每年正月初五县令出查,百姓 300 家到 500 家为一团,依定样确定户等,写成定簿,称"输籍之法"。利用这一方法,将大量隐漏、逃亡的农民转为国家编户。这一方法不仅增加了国家的赋税收入,也为建立比较完善的户籍制度创造了条件。

开凿大运河

隋为巩固统治,加强对河北、江南等地的控制,也为了将财富源源不断运往洛阳和长安,利用天然河流和旧有渠道,开通了以洛阳为中心,沟通南北的大运河。其工程分为通济渠、山阳渎、江南河和永济渠四段开工。通济渠渠首在汜水县(今河南荥阳西北)东北 35 里的板渚(黄河南岸),黄河遂成为通济渠的水源。通济渠经陈留、雍丘、襄邑、宁陵、宋城、谷熟、永城、临涣、埇桥、虹县至泗州而注入淮河,是南北大运河的关键一段。山阳渎从山阳(今江苏淮安)引淮水至扬子(今江苏仪征)入长江,原为春秋时吴王夫差所开,称邗沟。江南河自京口(今镇江)至余杭全长 400 公里。永济渠南起黄河与沁水的汇合口,沿沁水北上,再循淇水(今白沟)、屯氏河、清河,经今滑县、浚县、馆陶、清河、德州、沧州等地,北至天津,又折向西北,经沽水、桑干河,直达涿郡(今北京),全长 1000 多公里,河道较广,可通龙舟。大运河南起余杭北达涿郡,纵贯冀、豫、皖、苏、浙、鲁 6 省,连接海河、黄河、淮河、长江、钱塘江 5 大水系,全长 2500 公里,是举世闻名的伟大工程。

营建东都

仁寿四年(604 年)隋炀帝下令营建洛阳,以洛阳为中心,便于控制全国。次年,宰相杨素和建筑家宇文恺设计营建洛阳,每月征发丁男 200 万人修建,经过 10 个月修成。新城位于旧城之西,规模宏大,周围 55 里,成为政治、经济、军事和漕运的中心。

置仓积谷

隋为储藏国粮等物资所采取的措施。为便于征集实物的集中和运输,隋沿漕运水道在今陕西、河南境内设置了广通、含嘉、洛口、回洛诸仓。开皇五年(585 年),文帝令诸州以民间传统组织社为单位,劝募成员捐助谷物,设置义仓,以备水旱赈济,由为首的人负责管理。由于这是社办的仓,所以又称为"社仓"。开皇十五年文帝令西北诸州义仓改归州或县管理，劝募的形式也改为按户等定额征税：上户不过一石，中户不过七斗，下户不过四斗。义仓成为朝廷可随意支用的官仓。

李春造安济桥

安济桥（即赵州桥）位于赵州（今河北赵县）洨河上，是隋朝匠人李春所造。该桥是用石材建造的一座单孔大弧拱桥。弧拱跨度长37.47米，背上两端有小拱券各二。此桥建筑技术卓越独创，令人赞叹。720年，唐中书令张嘉贞为安济桥作铭文，称李春造桥"制造奇特，人不知其所以为"。

杨素造船

杨素曾"造大舰，名曰五牙，上起楼五层，高百余尺。左右前后置六拍竿，并高五十尺，容战士八百人"。又为隋炀帝造龙舟，高45尺，长200尺，起楼4层。上层有正殿、内殿、东西朝堂，中层有120个房间，下层住宦官。足见隋朝造船技术之发达。

隋炀帝龙舟出行图　清　佚名

对外贸易

隋朝对外贸易分海、陆两路，西北陆上贸易尤为发达，远及欧洲东部。据文献记载，隋通往西域的大道有三条，即天山北路、天山南路北道、天山南路南道，敦煌是三者必经之地。炀帝派裴矩驻于张掖，专门管理西北陆上贸易，招徕西方商旅。隋时海路可通南洋、日本等地，对日本的贸易尤为密切。文帝、炀帝时，日本曾数次派使臣通好。炀帝于大业四年（608年）也派裴世清回访日本。

统一度量衡和货币

开皇元年，隋统一度量衡。规定一尺等于古尺一尺二寸八分，等于南朝尺一尺二寸；一斗等于古斗三斗，一斤等于古秤三斤。是年，统一货币，新铸五铢钱，重五铢，解决了周齐以来货币名品甚众、轻重不等的问题，便于商品流通。

3. 外交
远征高丽

隋朝时，朝鲜半岛上有高丽、百济、新罗三国，以高丽最强。东晋时，高丽人据辽东，奚、契丹、靺鞨等族受其控制。开皇十八年（598年），高丽王高元联合靺鞨进攻辽西，被隋朝地方军击退。炀帝即位后，要求高元入朝未成，便决心大举东征。612年，四方应征兵士全部到达涿郡。炀帝令左右各12军分为24路，向平壤进发。每军设大将、次将各一人，统率骑兵40队，步兵80队。每军特置受降使者一人，直接听皇帝指挥。全军共1133800人，号称200万，运输粮饷民夫比兵士加倍。二月九日，第一军出发，以后每日发一军，与前军相距40里，连营渐进，经过40日才出发完毕。各军首尾衔接，旌旗相望，鼓角相闻，长960里。御营分6军，最后出发，长80里。隋炀帝严令诸将，凡军事进止，都要奏报等待命令，不得专擅。又令诸将，高丽如请降，必须抚慰，不得纵兵进攻。隋大将来护儿从海路到平壤城下，被高丽守军战败。大将宇文述等9军渡鸭绿江，攻至平壤附近，又被高丽军战败。隋炀帝大怒，率残军回洛阳。九年四月，炀帝再渡辽水，和上次一样攻围辽东城，一个多月久攻未下。六月，杨玄感起兵洛阳，消息传到前线，炀帝有后顾之忧，只好退兵。大业十年二月，隋炀帝第三次东征。三月到涿郡，七月到达怀远镇。高丽因连年战争，所受损失非常严重，所以立即遣使请和，并囚送隋叛将斛斯政。炀帝也因隋末农民起义已成燎原之势，准高丽请和，乘势收兵。

日本遣隋使

隋朝时日本派遣到中国的使节团。当时日本的圣德太子摄政，600 年、607 年、608 年、614 年四次遣使入隋。前两次使节为小野妹子。隋也曾派使臣裴世清赴日。圣德太子的意图是求取佛经，促进佛教的流通和吸取中国的典章制度。使臣之外，有学生和僧人随同前来，他们有的留居中国长达 30 余年。

4. 文化
佛教

为了巩固统治，隋朝在思想文化方面积极推行崇尚佛教的政策。隋文帝以振兴佛教为己任，用各种方式在全国倡导佛教。令旧时僧人重新入寺传教。听任天下人出家，并令出钱营造佛寺、佛像，佛教因此大行天下。隋文帝令京师和大都邑的佛寺写经 13 万卷，修治旧经 400 部。民间流通的佛经，比儒经多数百倍。隋炀帝令修治旧经 2900 余部。佛教在隋、唐两朝达到极盛，隋是开端。

儒教

隋朝时，佛、道、儒三教中以儒教的社会地位最低。开皇初年，隋文帝曾令国子监保荐学生四五百人，考试经义，准备选官。但是，应考诸生所据经学，有南有北，很不统一，博士无法评定高低。此后，隋朝不再举行儒经考试，儒生的出路几乎断绝。仁寿元年（601 年），隋文帝借口学校学生多而不精，下诏废除京师和郡县的大小学校，只保留京师国子学 1 处，学生限在 70 人，从而大大削弱了儒学的地位。

道教

隋大力提倡佛教的同时，对道教也加以利用和支持。文帝杨坚夺周建隋时，曾利用道教制造舆论。杨坚称帝后，以道教之神元始天尊的开皇年号为隋的开国年号。炀帝为晋王时，曾邀请道士徐则、王远知等至扬州镇所"请受道法"。即位后，造道观 24 所，度道士 1100 人。炀帝出游，总有僧、尼、道士、女冠（女道士）随从，称为"四道场"。

绮靡文学

隋朝提倡的文学风格。开皇四年，文帝下诏改革文体，要求应用文去掉华艳藻饰，讲求实用。到隋炀帝时，设进士科，凭文才秀美取士，诗赋成为正式的利禄之路。炀帝醉心于南朝的豪华，"三幸江都"，"好为吴语"。"贵于清绮""宜于咏歌"的南朝文学，正合他的口味。隋炀帝每作诗文，都要南朝名士庚自直评议，修改再三，才发表出来。隋朝名士不过寥寥 10 余人，原因是缺乏创造，重在模拟。诗文无非梁、陈余波，没有什么成就。

"《汉书》学"的兴盛

梁、陈以来，《汉书》地位日显。隋朝时"《汉书》学"走向高潮，成了"国学"。当时，刘臻"精于《两汉书》"，杨汪受业于刘臻，刘臻反而说"吾弗如也"。杨汪后为国子祭酒，炀帝"令百僚就学，与汪讲论"，为一时之盛。"《汉书》学"泰斗，推萧该、包恺二人。"于时《汉书》学者以萧、包二人为宗匠。聚徒教授，著录者数千人。"他们关于《汉书》的著作，"为当时所贵"。

巢元方与《诸病源候论》

巢元方，隋大业年间太医博士。大业六年（610 年）奉诏主持编撰了《诸病源候论》。该书共 50 卷，将内、外、妇、儿、五官、皮肤等科的 1700 余种病症分为 67 门，分别从病因、病理、临床表现、演变过程及预后等方面进行了详细的论述，对后世医学发展产生了深远影响。

展子虔

北周末至隋初画家。渤海（今属山东）人，历北齐、北周两朝，隋任朝散大夫、帐内都督等官职。绘画创作范围较广，擅画人物、山水、鞍马、车舆、宫苑、历史故事。人物描法细致，以色晕染面部。画马立者有走势，卧者有起跃之状。曾在洛阳、西安、扬州及浙江等地寺观中绘制佛教壁画，在中国山水画史上影响很大。所绘《游春图》为最古的卷轴山水画，描绘贵族游春情景，笔致凝练劲挺。对水微波的描绘，颇具特色。被后世誉为"唐画之祖"。

《切韵》

声韵学专著。开皇初年，颜之推、萧该、长孙讷言等和陆词（字法言）讨论音韵学，均认为四方声调分歧很大，"吴、楚则时伤轻浅，燕、赵则多伤重浊，秦、陇则去声为入，梁、益则平声似去"。此前诸家韵书，定韵失标准，各有错误。于是斟酌南北的是非，古今的同异，多数由颜之推、萧该作裁定。陆法言记录诸人议论要旨，制成《切韵》5卷。长孙讷言说，"此制酌古沿今，无以加也"。《切韵》是中国韵学史上一部划时代的重要著作。它在六朝韵书的基础上编纂而成，是对前代韵书的总结。它体例完备，南北兼顾，为"时俗共重，以为典规"。

张子信与《皇极历》

北魏末年，张子信避葛荣兵乱，隐居海岛，用圆仪测天，历30年，始悟日行有盈缩。冬至前后，地距日最近，行最快；夏至前后，地距日最远，行最慢，初步发现了日行快慢的规律。他的重要发现被隋炀帝时任太学博士的刘焯用到历法计算中。刘焯编《皇极历》提出了解决太阳运行不均匀的方法。过去将一年的日数均匀地分成24分，每一分谓之一个平气。发现各平气之间太阳所走的度数不相等后，刘焯提出以太阳在黄道上的位置来区分节气，从冬至点开始，将黄道一周均匀地分为24分，太阳每走到一个分点就交一个节气，各节气之间太阳所走的度数都为定数，所以将这样确定的节气叫作"定气"。

万宝常

（?—约595年）隋代音乐家。江南人。万宝常幼时从祖诞学祖氏家学，即洛阳旧曲，并能演奏多种乐器，曾为宫廷制造玉磬。他听觉异常灵敏，曾于席间论乐，时无乐器，遂以竹筷敲击大小碗盏什物，奏出和谐的曲调，博得"知音"之名。隋初，文帝着手整顿宫廷音乐，准备颁发新的乐律。宝常被召参与讨论，隋文帝同意按照他提出的"水尺律"标准调制乐器。宝常自撰《乐谱》64卷，对后世产生巨大影响。其后数年，宝常贫病交迫，竟至饿死。

王通

（584—618年）隋代思想家，字仲淹。绛州龙门（今山西河津）人，官至蜀郡司户书佐、蜀王侍读。大业时弃官退于河、汾间，以著书讲学为业。撰《十二策》《续六经》等。主张儒、佛、道三教合一，但以儒学为主，以"明王道"为己任，欲重振孔子之学，有"王孔子"之称。王通论文重道义和言理，要求"上明三纲，下达五常"。

宇文恺

（555—612年）隋代建筑家，字安乐，祖先是鲜卑族。宇文恺为武将世家，父兄皆以军功显名，他独好学，擅长工艺，尤善建筑。隋代著名工程，他多参与。开皇二年（582年），文帝下诏营建新都大兴城（今陕西西安），他任营新都副监。开皇三年，新都建成，而仓廪尚虚，需要大量转运关东米粟，渭水多沙，不便漕运。四年，朝廷下诏兴建漕渠，令宇文恺率领水工凿渠，引渭水通黄河，自大兴城东至潼关300余里，名叫广通渠。其后，受其兄宇文忻被杀事件牵连，一度罢官居家。开皇十三年，隋文帝要在岐州（今陕西凤翔）建仁寿宫，任宇文恺为检校将作大匠，拜为仁寿宫监。隋炀帝即位，要营建洛阳，他任营东都副监，后升将作大匠。

宇文恺以建筑东都之功升为工部尚书。他曾建造大帐，帐下可容纳数千人。又造观风行殿，可容纳侍卫数百人，行殿下装轮轴，可以迅速拆卸和拼合。大业八年（612 年）卒。

唐朝

（618 年—907 年）

618 年，隋大都督内外诸军事、大丞相、相国、唐王李渊逼隋恭帝退位，在长安即皇帝位，国号唐，年号武德，是为唐高祖。唐朝是中国历史上贡献最大、国力最强、历时最长的王朝之一，疆域在极盛时东北到达日本海，西北达里海，北界包括贝加尔湖和叶尼塞河上游，南至日南（今越南广治一带）。

唐朝取鉴了隋朝行之有效的制度，加强中央集权制，进一步完善科举制，建立起良好有序的政府管理机制。在经济上，推行均田制，实现租庸调法，奖励垦荒，劝课农桑，使农业手工业和商业都得到了前所未有的发展。军事上继续实行府兵制，实现中央高度集权。文化和科学事业也得到了空前的繁荣，尤其是诗歌发展到了中国古典诗歌的顶峰。外交上坚决抵抗突厥贵族的军事骚扰，与周围邻国都保持着密切的联系，进行过经济文化的频繁交流。"贞观之治"和"开元盛世"是唐朝繁荣的典型标志。

唐朝历时 290 年，明显地表现为由兴而盛、极盛而衰、衰而至亡的运行轨迹。755 年爆发的长达 8 年之久的"安史之乱"使唐朝元气大伤，虽有宪宗中兴，但颓波难挽；875 年爆发的黄巢起义给唐朝以致命的打击，由此进入名存实亡的军阀混战时期。至 907 年，唐朝江山拱手让给朱温，中国历史翻开了新的一页。

1. 政治

唐高祖李渊

（566—635 年）唐朝的建立者。陇西成纪（今甘肃秦安）人。年少时即袭父爵为唐国公。隋文帝时被任命为谯、陇二州刺史，大业十三年（617 年）任太原留守。当时各地相继爆发农民起义，隋统治面临绝境，他起兵反隋，并一举攻取长安。为笼络人心，他废隋暴政，立隋西都留守杨侑为帝，自己则为丞相掌实权，为唐王。大业十四年李渊得知隋炀帝在江都被杀，便逼杨侑退位，自立为帝，国号唐，改元武德，建都长安。此后镇压农民起义军，平定割据势力，统一了全国。李渊依据隋制，重建中央及地方行政制度，颁布了均田制和租庸调法，修定律令，重建府兵制，为唐王朝奠定了基础。李渊次子李世民在反隋及统一全国的过程中功勋卓著，与太子李建成发生不可调和的矛盾。李渊原想传位于太子李建成，又苦于次子李世民功高望重，羽翼已丰。唐武德九年（626 年）六月，李世民发动"玄武门之变"，杀太子李建成及齐王李元吉，夺得太子地位并控制了朝政。同年八月，李渊让位于李世民，被尊为太上皇。贞观九年（635 年）九月李渊病死，时年 70 岁，葬于献陵。

唐太宗李世民

唐朝第二位皇帝，唐高祖李渊次子。隋末，爆发农民起义，统治集团四分五裂。太原留守李渊在次子李世民等策动下，在晋阳起兵，长驱攻克长安。大业十四年隋炀帝被杀后，李渊即帝位，建国号唐，以世民为尚书令，不久又封为秦王。在唐朝统一全国的过程中，世民建功颇多，引起太子建成猜忌，双方争夺日趋激烈。武德九年（626 年）六月四日，李世民发动"玄武门之变"，杀建成和弟元吉，被李渊立为太子，李渊旋即退位，世民即位，次年改元贞观。李世民吸取隋亡的历史教训，轻徭薄赋，减缓刑罚，缓和社会矛盾，调整和完善均田制、租庸调制和府兵制，兴修水利，设义仓备荒，对唐前期经济的恢复和大发展起了积极作用。政治上继续完善三省六部制，大兴科举，扩大统治基础，网罗知识分子。他能虚怀纳谏，选贤任能，注意协调各集团的利益，故上下一致，政局稳定。房玄龄、杜如晦、魏征等名相，均为其所发现和选用。他气魄恢宏，包容并蓄，推行开明、开放的民族政策，又致力于边疆的巩固与开拓。贞观十五年（641年）以文成公主和亲于吐蕃首领松赞干布，传为历史上的佳话。统治期间，社会安定，政治清明，经济繁荣，被誉为"贞观之治"。晚年连年用兵，加重征敛，猜忌大臣，未能始终如一。贞观二十三年（649年）去世，终年52岁。

玄武门之变

唐初李世民与太子李建成争夺皇位继承权的宫廷政变。李世民在唐王朝建立过程中，从首倡起义到驰骋战场，功高望重，羽翼丰满。唐高祖称帝后，按照立嫡以长的原则，立长子李建成为太子，建成对世民的防范、妒忌之心不断膨胀。武德九年（626年），双方的明争暗斗已成水火不容之势。六月四日，世民在与府僚房玄龄、杜如晦、长孙无忌等密谋策划之后，先发制人，率长孙无忌、尉迟敬德等伏兵玄武门（即长安宫城北门，是中央禁军屯守之处，地位至为重要），世民射杀建成，尉迟敬德射死支持建成的齐王李元吉（世民弟），并抗击和瓦解了东宫和齐王府的卫队。高祖遂被迫立世民为太子，不久逊位。李世民的胜利对唐初的社会发展起了积极作用。

贞观之治

唐太宗李世民在位期间，出现的太平盛世，因年号为"贞观"（627—649年），故称贞观之治。太宗即位初始，以隋亡为鉴，推行轻徭薄赋、兴修水利、鼓励垦荒、增殖人口、广设义仓等措施，使因隋末战乱一度凋敝的社会生产又呈现生机。从谏如流、选贤任能为贞观之治的明显特点。太宗本着舍短取长、兼明优劣的用人方针，充分发挥贤者能人的德才之长，亲君子、远小人，士庶并举、新故同进、汉夷并用。房玄龄、杜如晦、魏征、虞世南、马周、秦叔宝，或以善谋，或以忠直，或以文才，或以武勇，各尽所用，效力于太宗。人才济济，文武荟萃，成为贞观之治实现的重要因素。太宗极为重视吏治，执法务求宽简，提倡节俭，抑制旧士族势力；并大兴学校，盛开科举，笼络知识分子，为庶民地主广开参政之门。太宗致力于巩固边防，安抚边疆各旗降众，广设羁縻州府，缓和了西北和北边的边患，民族间的交往得到加强。

唐朝大事年表

618年，李渊建立唐朝，定都长安（今陕西西安）。

622年，消灭各地割据势力，统一中国。

624年，颁行均田令、租庸调法。

626年，李世民发动"玄武门之变"，被立为太子。

627年，李世民即唐太宗的贞观元年，他在位期间政通人和，史称"贞观之治"。

629年，佛僧玄奘启程去天竺等国取经。

630年，唐灭东突厥。

640年，唐灭高昌，在西域置安西都护府。

641年，文成公主入藏与吐蕃首领松赞干布结婚。

646年，西域诸部纷纷归附唐朝，尊唐太宗为"天可汗"。

657年，唐灭西突厥。

660年，唐高宗李治任由皇后武则天执掌朝政。

668年，唐灭高丽，置安东都护府。

690年，武则天称帝，改国号为周，史称武周。

701年，诗人李白诞生。

705年，唐中宗李显复位，复唐朝国号。

712年，玄宗李隆基即位。执政前期政绩卓著，史称"开元盛世"。

712年，诗人杜甫诞生。

738年，西南地区南诏国归附唐朝。

750年，造纸术传入中亚。

755年，安禄山、史思明发动安史之乱（755—763）。唐玄宗逃亡奔蜀。

756年，唐肃宗李亨即位，任用宦官掌握军权。

780年，废除租庸调制度，实行"两税法"。

823年，唐与吐蕃举行会盟。

830年，"牛李党争"兴起。

835年，"甘露之变"发生，宦官专权未得到遏制。

845年，唐武宗李炎禁佛教，毁佛寺，解散僧众。武宗年号为会昌，因此佛教称之为"会昌法难"。

875年，黄巢起义爆发。各地军阀乘机占地为王。

907年，梁王朱温废唐，建立后梁。唐亡。

文成公主入藏壁画 吐蕃

因此，北方各族尊太宗为"天可汗"，并开辟"参天可汗"道，以加强羁縻州府同中央的联系。太宗在兼容并蓄、开明开放的民族思想指导下推行和亲、团结、德化政策，为统一的多民族国家做出了卓越贡献。文成公主入藏和亲，在汉藏友好史上意义深远。贞观年间一系列的政治、经济、军事措施，效果显著，"贞观之治"所造就的盛世升平景象，经常被史家与汉代的"文景之治"相媲美。贞观后期，太宗屡兴土木，日趋骄逸；又连年用兵，亲征高丽，加重了人民的负担；在纳谏、用人、执法等方面不如前期，表现了历史和个人的局限性。

唐律

唐朝法律制度。武德七年（624年）始颁行《武德律》，以隋《开皇律》为蓝本。贞观元年（627年），颁行《贞观律》。高宗永徽元年（650年），颁行《永徽律》。《永徽律》共12篇，律条502，篇目分别为：（1）名例；（2）卫禁；（3）职制；（4）户婚；（5）厩库；（6）擅兴；（7）贼盗；（8）斗讼；（9）诈伪；（10）杂律；（11）捕亡；（12）断狱。名例律为全篇宗旨，阐明立法原则与论罪标准，其他各篇则各有范围，官、民、军、卫戍、司法、经济、交通、医疗、贸易、兵防、工程、

礼制无所不包。其刑名则有笞刑、杖刑、徒刑、流刑、死刑，量刑定罪方面比隋律有所减轻。永徽三年，高宗又令长孙无忌撰写《律疏》，阐明律文内容，逐字逐句进行疏证诠释，于永徽四年颁行。《律疏》与《律》合为一体，统称为《永徽律疏》。律、疏具有同等法律效力，对后世封建社会各朝及当时的亚洲各国产生了重大影响。

魏征

（580—643年）唐朝贞观年间名臣，字玄成。先世为巨鹿下曲阳（今河北晋州西）人。年少孤贫，为人豁达而怀大志。大业十三年（617年），参加瓦岗军，为李密所重。武德元年（618年），随李密降唐。李建成闻其名，特封为太子洗马。他屡劝建成防范秦王李世民，先发制人。李世民即位后，不计前嫌，重其才干，升为谏议大夫，推诚相待，屡引魏征入卧房内，议谈治国方略，后相继任给事中、尚书右丞，封爵至郑国公。魏征性情刚直，敢于犯颜进谏。所谏主要内容为：以隋亡为鉴、居安思危，去奢恭俭、轻徭薄赋，虚怀纳谏、选贤任能，取信于民、怀柔远夷，戒任情乱法，少兴役劳民。其"兼听则明，偏信则暗"，"水能载舟、亦能覆舟"等名言对当时及后世均有深远影响。"贞观之治"局面的形成，以魏征为代表的谏臣们起了不可低估的作用。贞观十七年（643年）魏征病卒于家，终年64岁。传世有《魏郑公谏录》及《魏郑公集》等。

长孙无忌

（？—659年）唐太宗和高宗时大臣。字辅机，河南洛阳人。其先祖为鲜卑拓跋氏贵族。父长孙晟为隋右骁卫将军，妹为唐太宗皇后。自幼好学，博涉文史。与李世民友善。常随世民征讨，受世民信任。唐武德九年（626年），参与策划、组织玄"武门之变"。太宗即位，他任左武侯大将军。贞观元年（627年），转吏部尚书，进封齐国公。贞观中，历任吏部尚书、尚书右仆射、司空，封赵国公，与房玄龄等同为宰相。贞观十七年，支

持太宗立晋王李治为太子，加授太子太师、同中书门下三品。与褚遂良同受遗诏辅政。高宗李治即位，长孙无忌进拜太尉，执掌朝政。永徽六年（655年）他竭力反对立武则天为皇后。显庆四年（659年），许敬宗揣武后之意，授意他人诬告长孙无忌谋反。他被流放到黔州（今四川彭水），不久被迫自缢而亡。

房玄龄

（579—648年）唐朝贞观年间名臣，字乔（一说名乔，字玄龄）。齐州临淄（今山东淄博东北）人。自幼聪敏，博览经史，工书善文。18岁中进士，投奔秦王李世民，先后担任秦王府记室等，封临淄侯，又以本职兼陕东道大行台考功郎中，加文学馆学士。太宗出征，玄龄皆从，典掌书记，参与谋划。每次打完胜仗，他都要先为李世民网罗人才，与杜如晦等并为世民亲信幕僚。太宗即位，他任中书令，进爵邢国公，贞观三年（629年），摄太子詹事，兼礼部尚书。四年，进尚书左仆射，改封魏国公，监修国史。十一年，封梁国公。十三年，加太子少师。十六年，进封司空。太宗征高丽时，玄龄留守京师。贞观二十二年（648年）病逝，终年70岁。房玄龄治家颇有法度，恐诸子骄侈，乃集古今家训书为屏风以为鉴。与杜如晦同为贞观良相，并称"房杜"。

李靖

（570—649年）唐初名将。字药师，京兆三原（今陕西三原北）人。李靖姿貌丰伟，有文武才略。李渊引兵入关中，李靖被李世民召入幕府，武德三年（620年）从李世民讨王世充，以功授开府。又奉诏招抚岭南，得96州、四十余万户，以功授岭南道抚慰大使、检校桂州总管。太宗即位，李靖历任刑部尚书、兵部尚书、检校中书令。贞观四年，率骁骑夜袭定襄（今内蒙古和林格尔北），击走东突厥颉利可汗。与分道出击的李勣会师后，乘胜出击，擒颉利，东突厥亡，北方安定。以功进封代国公，不

久迁尚书右仆射。九年，不顾足疾，自请讨击入侵的吐谷浑，平定还朝后，闭门养病。十一年，改封卫国公。二十三年（649年）病卒。李靖善于用兵，能临机应变，著有《六军镜》3卷。

唐高宗李治

（628—683年）唐朝第三位皇帝，太宗第九子。贞观十七年在母舅长孙无忌的支持下夺得太子地位。贞观二十三年即皇帝位，次年，年号永徽。高宗软弱无主见。顾命大臣长孙无忌、褚遂良等人遵守贞观遗规，执掌朝政，悉心治国，君臣一体。太宗时入宫为才人的武则天于太宗死后入感业寺削发为尼。王皇后欲以武则天离间萧淑妃之宠，劝高宗纳之后宫。武则天巧慧，多权术，入宫后不久便宠冠后宫。永徽六年（655年），高宗不顾长孙无忌、褚遂良等元老重臣的强烈反对，废王皇后，立武则天为皇后，并对原先反对立武则天为后的元老重臣或贬或杀。显庆五年（660年)唐高宗因患病，朝政都委托武则天处理，朝中文武百官把高宗和武则天并称为"二圣"。高宗在位期间，前有元老重臣执政掌权，后有刚毅果断的武则天处理朝政、驾驭群臣，因此国家的统一和强盛仍得到了切实的巩固。

武则天

（624—705年）唐高宗皇后，后为周则天皇帝，中国历史上唯一的女皇帝。名曌，并州文水（今山西文水东）人，14岁入宫，封为才人。太宗死，她入感业寺为尼。高宗即位，复召她入宫，靠谋略与才华博得高宗欢心。永徽六年（655年），高宗力排众议，废王氏而立则天为后，高宗多病，则天乘机专权用事。上元元年（674年），高宗为"天皇"，则天称"天后"，合称"二圣"。弘道元年（683年），唐高宗去世，唐中宗即位，则天临朝称制。次年，废中宗立睿宗。天授元年（690年），正式称帝，国号周，以自造字"曌"为己名，取日月当空之意。

武则天掌权及在位期间，以武氏为重臣，抑制旧门阀及李唐皇族，提高庶族地主的地位，大力发展科举制，不拘一格选拔人才。社会经济在这一时期明显发展，人口由永徽三年（652年）的380万户猛增至神龙元年（705年）的615万户。对边防的巩固与疆土的开拓亦颇有贡献，如设置北庭都护府和恢复安西四镇等。武则天的弊政后人多有抨击。她任用酷吏滥杀无辜，宠信小人。大兴土木，耗费民力，晚年尤甚。神龙元年（705年）正月，则天患重病，大臣张柬之等乘机发动政变，逼其退位，还政中宗，复国号为唐。同年十一月，则天去世。

狄仁杰

（630—700年）武则天时期名臣。字怀英，并州太原（今山西太原西南）人。唐高宗时他官至侍御史、度支郎中。出任宁州（今甘肃宁县）刺史，颇得人心。后入朝任冬官（工部）侍郎，充江南巡抚使。武则天称帝之初，出任豫州（今河南汝南）刺史，上奏武则天将因谋反罪受牵连定为死罪的数千人改为免死流放。天授二年（691年），任地官（户部）侍郎，同凤阁鸾台平章事（即宰相）。圣历元年（698年），统兵迎击攻掠河北的突厥，并安抚被突厥胁迫的百姓返归故里，赈济民众。他敢于上书劝武则天止恶从善，平生替百姓平反不少冤案，人称"狄青天"。

来俊臣

（651—697年）武则天时酷吏。唐雍州万年（今陕西西安）人，生性残忍。武则天时因上书告密得官。武则天为挟制群臣、剪除异己，故纵其惨虐。来俊臣与党羽合编《告密罗织经》1卷，作为告密诬陷的范本。每次拷问囚徒，不论轻重，皆施以酷刑，或以醋灌鼻，囚入地牢中，或盛之瓮中，以火环烧之，并绝其食物。囚徒往往屈打成招，冤狱屡兴。则天以重赏酬之，于是告密之徒大行其道。后因得罪武氏诸王及太平公主被诛。

韦后之乱

唐中宗复位后皇后韦氏干预朝政而导致的混乱局面。韦氏，京兆万年（今陕西西安）人，唐中宗为太子时立其为妃。高宗死，中宗即位，韦氏为皇后，皇太后武则天废中宗为庐陵王。韦后随往房州（今湖北房县），"累年同艰危，情意甚笃"。神龙元年（705年）武则天病重，宰相张柬之率文武群臣入宫杀内宠张易之、张昌宗等，拥戴中宗复位。中宗每临朝，韦后必施帷幔坐殿上。中宗昏庸懦弱，纵容韦后为所欲为。韦后用其兄韦温等执掌大权，与武则天之侄武三思等勾结，形成韦、武二家外戚势力相结合的势力。景龙四年（710年）韦后淫乱，干预朝政，其女安乐公主等图危宗社的行为激起朝内外官员的强烈不满。韦后及其党羽惧怕中宗追究罪行，合谋毒死中宗。中宗死后，韦后秘不发丧，把持朝政，引用韦氏子弟，分据要司；又惧怕相王（武则天第四子）和太平公主（武则天之女），密谋除之。相王之子李隆基暗中招聚才勇之士，联络禁军将领，并与太平公主等谋划，发动宫廷政变，杀韦后、安乐公主等，将韦、武党羽一网打尽。韦后之乱遂被平定。

唐玄宗李隆基

（685—762年）即唐明皇，唐睿宗第三子。通音律，善骑射，多才多艺。687年封为楚王。693年改封临淄郡王，景云元年（710年）与其姑母太平公主合谋发动宫廷政变，杀韦后及其党羽，拥其父相王李旦即位，即唐睿宗。李隆基被立为太子，延和元年（712年）受禅即位，改年号先天。次年改元开元。开元时期（713—741）玄宗励精图治，颇有作为，任用贤相姚崇、宋璟等人，在政治、财政、军事等方面采取一系列改革措施。大力革除武周后期弊政，提倡节俭，精简机构；完善科举，选贤任能；普查户口，重视农桑。由于君臣合力同心，出现社会稳定、经济繁荣、国力强盛的局面。天宝年间（742—755年），政局开始紊乱。玄宗宠爱杨贵妃，信任奸佞李林甫、杨国忠等人，整日纵情声色，奢侈无度，不理朝政。他好大喜功，对吐蕃、南诏、契丹不断发动战争，加重了人民负担，恶化了民族关系。与此同时，边将重兵在握，内地兵力空虚，形成尾大不掉之势。玄宗只知醉生梦死，对各种社会矛盾的加剧、形势的严峻不闻不问，任其发展。天宝十四载（755年）蓄谋已久的"安史之乱"爆发。玄宗在安史乱军进围长安之际，仓皇出逃至四川。行至马嵬驿（今陕西兴平西），随行禁军哗变，杀杨国忠，迫使玄宗赐杨贵妃自缢。太子李亨（唐肃宗）在群臣拥戴下即位于灵武，遥尊玄宗为太上皇。肃宗至德二年（757年）末玄宗回长安，之后在郁闷中度日，死后葬于泰陵。

开元之治

唐玄宗在位前期，年号开元（713—741年），出现政治安定、经济繁荣、文化昌盛，国力强大的盛世。玄宗即位前，政局动荡，8年之间即发生7次政变，皇帝更换4人。玄宗一即位，果断地铲除武、韦余党，不许皇亲国戚干预朝政，稳定了政局。他任用姚崇、宋璟襄理朝政。姚崇曾针对时弊，提出10项建议，大部分被玄宗采纳实行。玄宗在裁汰冗员、罢员外官、试官、检校官等额外官职数千人的同时，正式规定官吏员额，实行定编。对地方官吏人选也非常重视。开元四年（716年），玄宗曾亲自召见新授县令，并于殿廷面试，将不合格者斥退，并贬逐主持选官的吏部侍郎。还定制：朝官有才

宫中行乐图　唐　佚名

能者，出为都督、刺史；地方大吏有政绩者，得入为朝官。改变过去"重京官、轻外任"风气，有利于地方行政力量的加强。他还减汰僧尼，禁止奢侈。上述种种措施的施行，使唐玄宗即位后的20多年时间内政局安定，社会生产蒸蒸日上，人口、户数急剧增加，国家繁荣昌盛。"耕者益力，四海之内，高山绝壑，末耜亦满"。"道路列肆具酒食以待行人，店有驿驴，行千里不持尺兵"。史称这一时期为"开元盛世"或"开元之治"。

安史之乱

唐玄宗末年安禄山和史思明发动的叛乱。安禄山是营州柳城（今辽宁锦州）胡人，因功得到重用，一身兼领范阳（今北京）、平卢（今辽宁朝阳）、河东（今山西太原西南）三镇节度使，集军、政、财大权于一身，实力与野心逐渐膨胀。玄宗天宝十四载（755年）因与权相杨国忠有隙，遂以讨杨为名起兵，横扫河北，南渡黄河，进逼洛阳。唐大将封常清募兵拒敌，旋即溃败，洛阳失陷。天宝十五载正月，安禄山在洛阳称帝，国号燕。潼关失守后，玄宗匆忙逃往成都，行至马嵬驿（今陕西兴平西），从行军士哗变，杀死杨国忠并迫使玄宗缢杀杨贵妃。太子李亨从马嵬驿回军北上，同年七月即位于灵武（今宁夏灵武西南），改元至德，即唐肃宗，遥尊玄宗为太上皇。肃宗用李光弼、郭子仪为将，会集西北各军，又得到西域各族和回纥的援助，转入反击。至德二年（757年），安禄山被其子安庆绪杀死，同年唐军收复长安和洛阳，安庆绪退至邺（今河北临漳西）。乾元元年（758年），唐九节度使联兵围邺。次年三月，安禄山旧部史思明率军救邺，数十万唐军溃败。九月，史思明攻陷洛阳。上元二年（761年），史思明为其子史朝义所杀。宝应元年（762年），唐代宗即位，借用回纥兵再度收复洛阳，叛军将领见大势已去，纷纷降唐。史朝义途穷自杀，安史之乱至此平定。安史之乱是唐朝由盛而衰的转折点，社会经

济遭到极大破坏，吐蕃乘机东侵。节度使权力日重，逐渐形成"藩镇割据"的局面。

节度使

唐朝设置在边镇及内地的最高官职。唐初，在重要地区设都督，总揽数州军事。唐中叶，为适应边防军事的需要，边镇军事力量不断扩大。唐睿宗景云二年（711 年），始在幽州、凉州等边镇设节度使，由当地都督兼任，但地方州郡仍由朝廷委任的各道按察使监督。至玄宗天宝（742—756）初年，所设节度使增至 9 个，分处安西、北庭、河西、朔方、范阳、平卢、陇右、剑南等地。其权力也在扩张，往往兼领数镇，长期掌兵，并集地方军、政、财大权于一身，发展成割据一方的强大力量。"安史之乱"即由身兼三镇节度使的安禄山发起。此乱之后，唐朝对内地掌兵的刺史也多加节度使称号，他们各拥强兵，不受朝命，其职位也多父死子承或部下拥立，朝廷只能追认，史称藩镇。它削弱了中央集权，给广大人民带来沉重灾难。五代时各地添设节度使更多。北宋初，朝廷收回兵权，节度使只作宗室及将相勋戚的荣衔，赴任或不赴任者均无实权。辽、金仍沿唐制，元朝始废除。

安禄山

（703—757 年）唐代"安史之乱"的发动者。营州柳城（今辽宁朝阳）人。母亲是突厥人，后改嫁安延偃，他因此改名为安禄山。曾任平卢兵马使、营州都督、平卢军事。他处处设法显示对朝廷的忠诚，逐渐受到玄宗信任。天宝三载（744 年），升为范阳节度使、河北采访使。自请为杨贵妃养子，受宠日深。十年，兼平卢、范阳、河东三节度使，贮兵器、积粮谷、握重兵近 20 万。权臣杨国忠屡向玄宗言安禄山要反，十四载，禄山以讨杨国忠为名，起兵反于范阳（今北京）。迅速率兵占领河北，又攻陷洛阳，次年正月在洛阳称帝，国号燕，改元圣武。同年，遣军攻破潼关，西取长安，玄宗被迫弃都奔蜀。从此，北

方陷入战乱之中。至德二年（757 年），为其子安庆绪所杀。

史思明

（703—761 年）唐代"安史之乱"的元凶之一。突厥族人，与安禄山同岁同乡，因骁勇善战有功，官至知平卢（今辽宁朝阳）军事、大将军、北平太守。唐玄宗赐名思明，天宝十一载（752 年），安禄山推荐他任平卢兵马使。十四载，安禄山起兵反唐，命他攻略河北。十五载，攻陷常山（今河北正定），连陷十三郡，禄山授予范阳节度使，至德二年（757 年），率兵 10 万围李光弼于太原。安禄山为其子安庆绪所杀，安庆绪令史思明撤归范阳。因与安庆绪矛盾加剧，他降唐，受封为归义王、范阳节度使。半年后又反叛。乾元二年（759 年），率军从范阳南下援救安庆绪，大败唐九节度使之军，杀安庆绪，还军范阳，并称帝，改元顺天。又南下攻陷汴州（今河南开封）、洛阳及附近州县。上元二年（761 年），为其子史朝义与部将谋杀。

杨贵妃

（719—756 年）唐玄宗贵妃。小字玉环，号太真。蒲州永乐（今山西永济东南）人。初为玄宗子寿王妃，后入宫得宠于玄宗。通

贵妃出浴图 清 康涛
杨贵妃与唐明皇的爱情故事成为后来文学艺术中的重要题材之一，许多文学家、艺术家，从不同的角度解读他们的爱情，抒发自己的感想，也为后人留下了大量文学艺术精品。

晓音律，能歌善舞。天宝四载（745年），受封为贵妃，家人由此显贵。堂兄杨国忠官至宰相，败坏朝政。天宝十四载（755年），安禄山以诛杨国忠为名，发动叛乱。次年攻陷潼关，玄宗携她出逃，至马嵬驿时，随行将士发动兵变，杀杨国忠，又迫使玄宗将她缢死。

杨国忠

（？—756年）唐玄宗时权臣。本名钊，蒲州永乐（今山西永济南）人。杨贵妃堂兄，玄宗为其改名国忠。少嗜酒赌博，不学无行。天宝初年，因杨氏姊妹得宠，被引见于玄宗，官至监察御史。与宰相李林甫勾结，制造冤狱，欲危害太子。因善于逢迎玄宗，权势转盛，与林甫争权交恶。李林甫死，国忠为相，兼吏部尚书，独断专行，紊乱纲纪。天宝十载及十三载，两次发兵进攻南诏，皆全军覆没，丧师20万。节度使安禄山与杨国忠有怨隙，天宝十四载（755年）以讨杨国忠为名自范阳起兵反唐。次年六月，国忠因猜忌守潼关（今陕西潼关东北）的大将哥舒翰，劝玄宗令其出关迎敌，致使潼关失守。他又劝玄宗入蜀，随驾行至马嵬驿（今陕西兴平西），禁军兵变，将他及杨贵妃杀死。

高力士

（684—762年）唐玄宗时当权宦官。潘州（今广东高州）人，本姓冯。武则天圣历元年（698年）岭南讨击使李千里献其入宫中，武则天留侍左右。后被逐，宦官高延福收为养子，故冒姓高。与武三思交结，遂复入宫，性谨密，善传诏令，授宫闱丞。唐玄宗为藩王时，他倾心奉结，参与宫廷政变。玄宗即位，高力士成为玄宗身边宠臣，李林甫、杨国忠、安禄山、高仙芝、宇文融、王琠皆附结他而取将相位。太子李亨呼为二兄，诸王、公主皆呼阿翁，驸马辈呼为爷。官至骠骑大将军，封渤海郡公，资产富过王侯。平素谨慎，善揣时势，在助玄宗定太子、预测安禄山拥兵必反等事上，均有一定见解。

"安史之乱"时，随玄宗奔蜀。回京后，为赞辅肃宗即位的当权宦官李辅国所恶，流放巫州（今湖南黔阳西南）。宝应元年（762年）赦还，途中闻玄宗死讯，呕血恸哭而卒。

李林甫

（？—753年）唐玄宗时权臣。厚结嫔妃宦官，伺知玄宗动静，逢迎玄宗旨意，极受宠遇。为人阴刻，凡受到玄宗恩顾而不拜其门者，必设法诬陷。张九龄、裴耀卿、李适之等均被其诬害而罢相。自张九龄罢相后，在相位19年，独掌朝政。为排斥文官出将入相，主张以蕃将为节度使，酿成"安史之乱"祸因。天宝十二载（753年）病卒。死后因杨国忠诬其谋反，被追削官爵，籍没家产，子婿流配。

哥舒翰

（？—757年）唐玄宗时名将，安西（新疆库车）人。能读《左传》《汉书》。为节度使王忠嗣提拔，在抵御吐蕃的战争中屡立战功，名盖军中。天宝六载（747年），升为陇右节度副使。后为陇右节度使。天宝八载，率军10万攻拔吐蕃据险而守的石堡城。十二载，兼河西节度使、封西平郡王。后因贪图酒色，病还长安休养。天宝十四载，安禄山反，玄宗拜哥舒翰为太子先锋兵马元帅，统兵20万守潼关（今陕西潼关东北）。宰相杨国忠怀疑他别有图谋，力劝玄宗迫令他出关迎敌，战败被俘，降于安禄山，不久被杀。

郭子仪

（697—781年）唐朝中期名将，华州郑县（今陕西华县）人。体貌秀伟，官至天德军使，兼九原太守、朔方节度使右兵马使。天宝十四载安禄山反，郭率军东讨。保举朔方将领李光弼进军河北。二军会合，败史思明，收复河北10余郡。唐肃宗至德二载（757年），为天下兵马副元帅，随广平王李豫（即唐代宗）率蕃汉军15万连战皆捷，相继收复两京。乾元元年（758年），与九节度使围安庆绪于邺（今河北临漳西），被前来救援的史思明击溃，退守洛阳。上元三年（762 年），进封汾阳王。"安史之乱"后，吐蕃乘机攻陷河陇，回纥兵连年入侵，他被唐代宗起用为关内、河东副元帅，说降回纥，共击吐蕃。其后久驻河中、邠州，防御吐蕃。大历十四年（779 年）唐德宗李适即位，他奉召还朝，赐号尚父，进位太尉、中书令。

藩镇割据

唐朝后期政治上的重大弊端之一。唐睿宗景云二年（711 年），为加强边境军事力量，始派节度使领兵屯边。节度使及其军队，时称藩镇或方镇。军士边屯田边生产，家属也迁至边镇。节度使负责辖区内的军事、民政、财政大权，很快发展为独霸一方的军阀势力。唐玄宗统治后期，军事上已形成里轻外重的局面，终于在 755 年爆发了"安史之乱"。乱后唐朝中央力量大为削弱，朝廷被迫分授安、史旧将为河朔三镇节度使。他们在辖区内扩充军队，委派官吏，征收赋税，形成藩镇割据的形势。节度使的官职，或父子相传，或由部将拥立，中央政权竟无力干预。各藩镇之间，常兵戎相见，有时还联合攻打朝廷。建中四年（783 年），唐德宗居然被藩镇叛军赶出都城长安。唐宪宗李纯统治的元和时期（806—820），藩镇之间由于连年混战，力量略有削弱，唐政府重新部署力量镇压叛乱，使藩镇割据局面暂时缓和，河朔各州暂时表示服从中央，但不久又恢复故态。藩镇割据持续了 150 多年，唐朝灭亡后导致了五代十国的分裂局面，人民遭受连年战祸的痛苦，社会生产受到极大破坏。直到北宋初期，这种局面才真正结束。

甘露之变

唐后期宦官控制禁卫军，掌握机要大权，肆意干预朝政，甚至操纵皇帝的废立生杀。唐文宗即位后，对专权宦官仇士良等深恶痛绝，决心翦除其势力。大和五年（831

年），文宗与宰相宋申锡谋划诛除权宦之事，结果事败，宋申锡被贬死开州。大和九年文宗再次谋划，交由宰相李训办理。李训与凤翔节度使郑注等密谋内外协助，铲除宦官集团。十一月，他们经文宗允许密伏甲士，派人谎报左金吾卫石榴树天降甘露，文宗命大宦官仇士良等前去观看。仇发现预伏甲士，知是谋诛众宦官，便劫持文宗回宫，率禁卫军捕杀李训等，回到凤翔的郑注也被监军宦官所杀。被牵连遭诛杀的官员达千余人。史称"甘露之变"。

唐德宗李适

（742—805 年）唐代宗长子。代宗时为兵马元帅，讨伐史朝义，平定河北。在位期间改租庸调为"两税法"，并征收间架税、茶税等，以增加财政收入。对藩镇势力采取裁抑政策，以图加强中央集权，但成效甚微。建中四年（783 年）泾原兵变，长安被占，他一度逃入奉天（今陕西乾县）。自此对藩镇姑息迁就，并用宦官统率禁军，导致宦官权势急剧膨胀。

杨炎

（727—781 年）唐德宗时大臣，创制"两税法"。字公南，凤翔天兴（今陕西凤翔）人。唐代宗时，官至中书舍人。大历九年（774 年）迁吏部侍郎。与当权宰相元载交谊颇深。十二年，元载获罪被诛，杨炎受牵连被贬为道州司马。唐德宗即位后，杨炎又被重用，官至同中书门下平章事（职同宰相）。建中元年（780 年）提议废除租庸调制，创立并推行"两税法"，为后代沿用。建中二年他被另一权相卢杞诬陷，贬为崖州司马。途中赐死。

唐宪宗李纯

（778—820 年）唐顺宗长子。在位期间重点整顿江淮税赋，增加财政收入。利用藩镇间的矛盾，先后平定了刘辟、李韦、吴元济诸藩镇的叛乱；其余藩镇也表示归附。元和十五年（820 年）为宦官所杀。

牛李党争

唐朝后期朝廷大臣之间的派系斗争，一派以牛僧孺、李宗闵为首，一派以李德裕为首。历时约半个世纪，是唐后期的重大政治事件。唐宪宗元和年间（809—820），牛僧孺、李宗闵等人在科举考试前应对时，痛抨击时政，当朝宰相李吉甫（德裕父）极为不满，向宪宗陈诉，贬主考官，不予重用牛僧孺等，埋下党争前因。面对藩镇割据的局面，李派主张武力平叛，牛派主张安抚为先，遂形成对立派系。唐穆宗至文宗时期，党争循序，两派交替进退。后来公怨私仇交加，争斗更为剧烈。唐武宗时期，牛党失势，李德裕自淮南节度使入相，牛党领袖牛僧孺、李宗闵被贬职流放，李党独掌朝政。唐宣宗时期，牛党重新得势，纷纷被召还朝，李德裕被贬到崖州（今海南琼山东南），后死于贬所。党争遂以牛党获胜结束。

李克用

（856—908年）唐末将领，地方割据首领，沙陀族人。唐懿宗咸通十年（869年），随其父朱邪赤心镇压庞勋起义军，其父以功被赐姓李氏，任振武节度使。黄巢起义军攻克长安，他被召为代州刺史，率沙陀兵击败起义军于梁田陂（今陕西华县西南）。中和四年（884年），又引军渡河，败黄巢起义军。后长期割据河东，跋扈一方。病死后，其子李存勖灭后梁，建立后唐，尊李克用为武皇帝。

唐末农民起义

9世纪中后期反对唐王朝的农民起义。唐朝后期，统治腐朽，土地兼并严重，自然灾害频繁。农民无法生存，被迫揭竿而起。875年，王仙芝在长垣起义，人马很快发展到万人。不久，黄巢在冤句（今山东菏泽北）起兵响应，两处合兵，声势壮大，在中原地区屡败官军。唐朝统治者见镇压无效，乃采用招降方法。王仙芝有些动摇，但黄巢坚决反对，招降遂告破产。878年，王仙芝牺牲，黄巢率军继续奋战。为避实就虚，采取运动

战术，南渡长江，连克杭州、福州、广州等地，很快控制五岭以南广大地区。879年，起义军沿湘江北上，进攻两湖，在荆门一带遭沙陀兵伏击，损失惨重。失利后，起义军顺长江东下，经过休整和补充，元气大增，北渡淮河，挥师西向。于880年先后攻破洛阳和长安。唐朝统治者逃往四川。次年初，黄巢在长安称帝，改号大齐。起义军由于流动作战，没有足够的给养，也没有乘胜追击唐朝统治者，881年，唐军开始反扑，双方几经反复，883年，黄巢率军离开长安。起义军又在黄河流域与官军厮杀。884年，黄巢战死于山东莱芜的狼虎谷，起义失败。

大齐政权

唐末农民战争中黄巢建立的农民政权。881年，农民军攻占长安，黄巢称帝，国号大齐，年号金统。建衙门，设太尉兼中书令、侍中、同平章事、左右仆射等官职。规定唐朝原三品以上官全部停任，四品以下官员可继任；军政大权主要掌握在起义军领导人手中。镇压了大批官僚贵族和唐朝宗室；同时禁止滥杀，以分化敌人，安定社会。没收官僚富豪财产及地主土地，多方救济贫民。此外还派专使到各地招降，扩大势力和影响。但由于未建稳固的根据地，不久长安被攻破，起义军撤出。金统四年（884年），被围于山东瑕丘（今山东兖州西），黄巢率军死战，终于寡不敌众，撤至泰山狼虎谷（今山东莱芜祥沟村），自刎而死。政权历时4年。

王仙芝

（？—878年）唐末农民起义领袖。濮州（今山东鄄城和河南范县一带）人，以贩私盐为业。875年，率数千人在长垣（今河南长垣）起义，号称"天补平均大将军海内诸豪都统"，很快克濮州、曹州，并与黄巢汇合。转战鲁、豫、皖之间，发展很快。876年，攻蕲州（今湖北蕲春）时，蕲州刺史裴偓欲招抚王仙芝，并为之上表请官。唐政府授其左神策军押衙兼监察御史，拟接

受，遭黄巢与部下反对，遂罢。但从此与黄巢分兵，转战湖北、江西，其间又多次动摇。878 年，在黄梅败于唐军，被杀。

黄巢

（？—884 年）唐末农民起义领袖，曹州冤句（今山东菏泽北）人，盐贩出身。875 年，王仙芝起义，他随后在冤句起义响应，并与仙芝军会师曹州。后率军避开唐军主力，连克河南、湖北要地。876 年，攻蕲州时，王仙芝欲受唐政府招安，遂与之决裂，分兵折回鲁、豫。878 年，王仙芝战败被杀，他成为农民起义军统帅，称冲天大将军，重立政权，建元王霸，设立各种官职。880 年攻克东都洛阳。再西破潼关，年底入长安，在含元殿称帝，国号大齐，改元金统，封农民军将领任各官职。第二年，唐军向长安反扑，连续包围达两年时间，因长期被困，粮草补给发生困难，乃下令撤出长安。883 年，从长安东进，克蔡州、围陈州，但与唐军交战时屡战屡败。884 年 6 月退至泰山附近的狼虎谷，寡不敌众，自杀。

唐都长安

唐代京城。遗址位于今陕西西安城内 1 米多深的地下，是唐朝政治、经济、文化中心，人口最多时达 100 万左右，也是当时世界上最繁荣最大的城市之一。全城周长 70 多里，南北宽 15 里，东西宽 18 里。城内建筑分宫城、皇城和外郭城 3 大部分。皇城为皇帝和皇族居住、办公之地；宫城为中央各官署衙门所在；外郭城以 11 条南北大街与 14 条东西大街，交叉划分成 100 多个排列整齐的坊市，为市民住宅区和商业区。长安是世界性的国际经济、文化交流中心。城内设有鸿胪寺接待各国使节外宾，设置商馆招待外商，在太学里接收大量外国留学生。城市布局设有中轴线，东西对称，城市整齐，引水入城并设置风景区等，都是我国城市建筑史上的新创造。不仅为历代兴建都城所效仿，且对日本、新罗等国城市建设也有巨大影响。唐末长安城屡遭破坏，其中毁坏程度最大的有

4 次；一是 763 年吐蕃兵入长安，焚掠一空；二是 883 年黄巢退出长安前，焚宫、寺；三是 896 年军阀李茂贞入长安，焚烧俱尽；至 904 年，朱温强迫唐昭宗迁都洛阳，将长安彻底废毁。

2. 周边少数民族

安西都护府

唐朝设在西域天山南路的最高行政机构。唐初，西域处于西突厥控制之下，阻挠着唐朝与高昌、焉耆等西域国家的往来。唐灭东突厥后，始与西突厥展开争夺西域的斗争。贞观十一年（637 年）唐派兵降伏吐谷浑，打通向西域用兵的道路。贞观十四年（640 年）唐军攻取高昌，以其地为西州，设置安西都护府于交河城（吐鲁番西雅尔和卓）。642—648 年，唐军又接连打败西突厥，攻取焉耆、龟兹等地。天山南路各小国纷纷摆脱西突厥控制归附唐朝。贞观二十二年（648 年），迁安西都护府于龟兹，统领龟兹、焉耆、于阗、疏勒四镇。唐高宗显庆二年（657 年），唐军击溃阿史那贺鲁的叛唐军队，灭西突厥汗国，控制了西域广大地区。在中亚碎叶以东置昆陵都护府，以西置濛池都护府，皆属安西都护府。其辖境自今阿尔泰山，西至咸海所有游牧部族和葱岭。后北部地区分出，划与新设的北庭都护府。都护府之设置维护了唐王朝的中央集权，保障了西域地区的安定，并促进了西域与内地的经济文化交流。

骑兵铜像　唐

北庭都护府

唐朝设在西域地区天山北路的最高行政机构。显庆二年（657年）唐军灭西突厥汗国，控制了整个西域地区。中亚诸国纷纷归附唐朝，唐在这些地区划置都督府和州，称为羁縻州。长安二年（702年），唐朝从安西都护府划出天山北路的府州与新归附地区合并，另建北庭都护府，府治设于庭州（今新疆吉木萨尔北破城子），辖境东起今阿尔泰山、巴里坤湖，西达今咸海西突厥部族地区。"安史之乱"后，唐朝军事力量削弱，其辖地遂为回纥葛逻禄占据。贞元六年（790年），府治被吐蕃攻占。都护府的设置对维护中央集权，保障西域地区的安定和促进西域与内地的经济交流都起过重要作用。

靺鞨

我国古代民族，满族的祖先。主要分布在长白山、松花江、牡丹江和黑龙江中下游流域。先秦时称肃慎，两汉魏晋时称挹娄，南北朝时称黎勿吉，隋唐时始称靺鞨。隋唐之际，发展成粟末、白山、伯咄、安东骨、拂涅、号室、黑水等7大部。其中居于南部的粟末和居于北部的黑水势力最强。7世纪中叶，其他各部相继并于粟末和黑水。开元十年（722年）黑水靺鞨酋长入贡唐朝，唐玄宗任命其为勃利州刺史。开元十三年（725年），唐在黑水靺鞨部地设置黑水军，次年在其最大部落设黑水都督府，以其首领为都督、刺史等官。粟末靺鞨曾受高丽役属，唐灭高丽后，大祚荣统一各部落，建震国。唐中宗神龙元年（705年），归附唐朝。玄宗开元元年（713年）任命大祚荣为忽汗州都督，加封渤海郡王。从此粟末去靺鞨称号，臣属唐朝。五代时，契丹兴起，粟末和黑水先后被契丹所灭。

渤海都督府

唐朝在粟末靺鞨地区设置的行政机构。698年，粟末靺鞨首领大祚荣兼并周围各部，建震国，称王。705年归附唐朝。开元元年（713年），唐在渤海设都督府，任命大祚荣为都督，加封渤海郡王，以其地为忽汗州，大祚荣为忽汗州都督。此后震国去靺鞨号，称渤海。势力最盛时，南至朝鲜半岛北部，东抵今俄罗斯滨海地区，辖有5京、15府、62州。使用汉文，制度多仿唐制。渤海王世代臣属唐朝，入贡长安，一直与唐朝保持密切的联系。926年被辽所灭，改称东丹。

黑水都督府

唐朝设在黑水靺鞨的行政机构。黑水靺鞨族分布在黑龙江中下游至东海岸地区。725年，唐朝开始在黑水靺鞨地区建立黑水军。726年，在其最大部落中设置黑水都督府，其他各部为都督府属州。各州分别以本地首领为都督、刺史。唐朝派遣内地官员担任长史，对各部实行监领。728年，唐玄宗赐黑水府都督李姓，名献诚，并授云麾将军兼黑水经略使。黑水府一直与唐朝保持密切联系，常派人到长安朝贡。五代时为契丹所灭，成为附属，其后演变成女真各部。

南诏

古国名，唐代以乌蛮为主体，包括白蛮等族建立的奴隶制政权，位于我国今云南地区。其部族是今白族和彝族的祖先。唐初，乌蛮征服白蛮，建立六诏（诏即王的意思）。蒙舍诏地居最南，故称南诏。贞观二十三年（649年），细奴逻（亦名龙独逻）建立大蒙政权，定都魏山（今云南巍山）。开元二十六年（738年），首领皮罗阁得到唐朝支持统一六诏，受封为云南王，迁都太和城（今云南大理太和）。此后又征服周围各部，扩大疆域，最盛时，辖有今云南全部、四川南部和贵州西部等地。其社会经济发展不平衡，使用奴隶劳动。统治者通用汉文，政权形式多采用唐制，经济上采用均田制，较多吸收汉族先进生产技术。唐后期开始向封建社会过渡。传13王，其中10王受唐册封。唐昭宗天复二年（902年），执政大臣郑买嗣夺取蒙氏政权，改国号大长和，南诏遂灭。

皮罗阁

（？—748 年）唐初南诏国王。唐初，以乌蛮（今彝族祖先）为主，包括白蛮（今白族祖先）等民族，在云南建立了奴隶制国家，并在洱海地区先后建立六诏（当地少数民族称王为诏）。其中最强盛的是蒙舍诏（今大理白族自治州巍山附近），因位于最南部，故称南诏。他是南诏一个较有作为的国王。唐玄宗开元年间，他兵取太和（今大理南），又袭大理，玄宗赐其名为归义。当时五诏常依吐蕃，为削弱吐蕃势力，唐朝帮助他统一六诏，封为云南王。

突厥

中国古代族名。原为匈奴别支，最早居住在阿尔泰山一带。逐水草迁徙，以畜牧狩猎为生，会炼铁。6 世纪初，其族以金山命名，始称突厥。546—552 年，势力强盛，始建突厥汗国。当时已始创突厥文字，制定了官制、刑法、税法等。西魏、北周时都曾与之通婚，经济、文化交流较多。隋时突厥进攻中原，被隋击败。582 年分裂成东、西突厥。西突厥控制今新疆和中亚大部地区。唐初，对唐朝与印度、东罗马、伊朗等国的经济文化交流起了沟通作用。唐高宗时，进扰中原，657 年被唐灭亡，于其地置府州。东突厥控制东起兴安岭、西至阿尔泰山的广大地区。隋末势力强盛，唐初不断进扰关中，唐太宗率军征伐，其内部溃乱，630 年，颉利可汗被俘，东突厥灭亡。682 年中兴。745 年被回纥所灭。

回纥

中国古代族名，今维吾尔族祖先。先秦称丁零，南北朝称高车，隋称韦纥。隋大业元年（605 年），其族各部联合起兵反抗突厥，其族分九部，号称九姓回纥。唐天宝三载（744 年），回纥协助唐朝击败东突厥，于鄂尔浑河流域建立政权。怀仁可汗时灭突厥。贞观二十一年（647 年），唐在其地设都督府七州；天宝三载（744 年）封其首领骨力裴罗为怀仁可汗。此后每任可汗皆由唐朝册封。唐先后三次将宁国公主、咸安公主和太和公主分别赐嫁回纥可汗。回纥曾多次出兵助唐平定安史之乱。经济上互相通商，多方面吸收唐朝农业技术和建筑技术。8 世纪初进入封建社会，贞元四年（788 年）改称回鹘，840 年被黠戛斯所灭。后部众分为三支西迁：一支迁吐鲁番盆地，一支迁葱岭西楚河一带，一支迁河西走廊，各支都与当地人民融合，有的再建政权。居住在新疆地区的回纥族，至元朝时改称维吾尔。

骨力裴罗

（？—747 年）唐朝回纥可汗。唐太宗统治时期，北方各族互相争斗，回纥族进入黄河流域，其首领自称可汗，并要求隶属唐朝。唐太宗委任回纥可汗为怀化大将军，并兼瀚海府都督。后回纥被突厥欺压，受其奴役。741 年，骨力裴罗继任瀚海府都督。次年联合另外两部，攻杀突厥可汗。后又与唐朝朔方节度使王忠嗣配合，击败突厥残部，并遣使到唐都说明情况，玄宗封其为怀仁可汗。从此，回纥与唐保持了很长一段和平共处的关系，并成为东起兴安岭，西到阿尔泰山，占地广阔的大汗国，成为唐朝北方的屏障。

吐蕃

7—9 世纪中国古代藏族政权名，位于青藏高原，由雅隆（西藏山南地区）农业部落为首的部落联盟发展而成。最早建立吐蕃王朝的是牦牛部首领弃聂弃，当时处于原始社会向奴隶制社会过渡阶段。松赞

步辇图 唐 阎立本
此图描绘了唐太宗会见吐蕃赞普派来迎娶文成公主的使者禄东赞的情景。

干布时始统一各部，定都逻些（今拉萨），建立起以赞普为中心的奴隶主贵族统治。8世纪后期最强盛，与唐朝政治、经济、文化联系密切，唐蕃通史频繁，赞普松赞干布和尺带丹珠先后与唐朝文成公主、金城公主联姻。经济以农牧业为主，手工业有冶炼、毛织业等，吸收了许多汉族工艺技术。原信本教，后信佛教。821年与唐朝会盟，关系更为密切。9世纪中期，统治集团出现分裂，奴隶发动起义，政权瓦解。传位9代，历时200余年。保存有大量碑刻、文书、历算、医术、佛经等文化遗产。宋、元、明初仍称其地部族为吐蕃。明初后改称乌斯藏，清代改称西藏。

松赞干布

（605—650年）唐朝前期吐蕃首领。松赞是本名，干布是死后的追谥。13岁时，父亲雅陇部落首领朗日论赞在内讧中被毒弑。松赞干布即位，依靠重臣，运用计谋，讨伐叛乱，统一西藏地区，成为吐蕃的赞普（意为君王）。加强了奴隶主国家机器，立官制、法律和军制，还制订了土地和度量衡制度。首创30个字母的吐蕃文字，后发展为今天的藏语。贞观八年（634年）派使到长安，向唐太宗表示了友好的愿望。641年，向唐提出求婚，唐太宗以宗室女文成公主嫁之。他专程迎至柏海，在逻些（今拉萨）专为文成公主修建一座华丽宫殿。今天的布达拉宫，就是在这座宫殿旧址上修建的。吐蕃与唐朝联姻，加强了汉、藏两族的经济文化联系。649年，受唐封为附马都尉，西海郡王。

文成公主

（？—680年）唐朝皇室之女。641年，吐蕃赞普（君王）松赞干布派人到唐都长安求婚，唐太宗遂将她嫁给松赞干布，并派礼部尚书江夏王李道宗护送入藏。在柏海（今青海扎陵湖一带）见到专程来迎的松赞干布，并在其陪同下到达逻些（今拉萨）。她带去了谷物和蔬菜的种子，还有药材、茶叶、各种书籍以及工匠等。她向吐蕃人民传授先进

的农业和手工业技术，教人营造房屋、改穿绸缎。还督促松赞干布创造吐蕃文，使用唐朝历法，对吐蕃文化有重大贡献，至今深受西藏人民的怀念和尊敬。

尺带丹珠

（698—755年）又称赤德祖丹或称弃隶缩赞、弃佚祖赞。唐朝时吐蕃赞普，嗣位时年仅7岁。705年，其祖母遣使来唐求婚，与唐结第一次和盟。710年，唐中宗将宗室女金城公主嫁之。714年，唐蕃二次结盟。在位期间，多有改革，国势日强。不久，吐蕃攻临洮，唐军大败吐蕃。尺带丹珠上书表示愿意再次结盟，唐玄宗不许。与唐朝战争持续不断。730年，遣使带厚礼和书信到唐朝，以外甥身份表示要同为一家，乃订第三次和盟。后吐蕃与唐仍互有攻伐。755年，被手下大臣杀害，其子赤松德赞（金城公主生）即赞普位。

金城公主

（？—741年）唐中宗养女，父为雍王。中宗时，吐蕃王尺带丹珠遣使到长安求婚。710年，中宗将她嫁之。入藏时，带去大量丝织品和工匠，唐中宗亲送至始平，并改始平为金城（今陕西咸阳西北）。路过唐古拉山时，吐蕃专门为其开道。唐玄宗时，与吐蕃多次交战，她上书请求唐蕃会盟。她在吐蕃30余年，始终致力于唐蕃和好。

唐蕃会盟

7世纪初，居住在西藏高原雅鲁藏布江一带的吐蕃实现了统一。吐蕃赞普松赞干布认识到与唐朝建立友好关系的重要性，于贞观八年（634年）遣使到长安建立唐蕃友好关系。贞观十五年（641年）松赞干布派宰相禄东赞到长安，献上大量珍宝，代他求婚。唐太宗应允婚事，以宗室女文成公主许之。这对加强汉、藏关系，促进吐蕃经济文化发展起了重大作用。景云元年（710年），唐中宗又以亲王女金城公主嫁吐蕃赞普尺带丹珠，进一步加强了唐蕃关系。以后100余年，

唐蕃之间时和时打，亦曾多次会盟。长庆元年（821 年），吐蕃与唐再次会盟，相约唐蕃之间"患难相恤，暴掠不作"。会盟碑至今仍屹立在拉萨大昭寺前，是汉、藏两族世代友好的象征和见证。

3. 经济

租庸调制

唐代向受田人丁摊派赋役的制度。武德二年（619 年），唐高祖李渊提出此项制度。624 年，与均田制一并推行。租指田税，规定每丁每年交租二石；调指绢税，规定每年每丁交调绢 2 丈或调布 2 丈 5 尺，另加棉或麻若干；庸指以绢或布代役，唐朝规定每丁每年要服徭役 20 天，如不能服役，则按日计算，每天交绢 3 尺或布 3.75 尺，代替徭役，这叫输庸代役。输庸代役减轻了农民的负担，他们可不必苦干各种徭役，有更多时间在自己的土地上劳动，以自己的劳动成果代替徭役。这样，提高了农民的劳动积极性，促进了经济的发展。同时，也使唐朝经济收入有了一定的保障。但是，由于各级官吏和皇亲国戚具有免税特权，当时又普遍授田不足，因此农民要交出更多的田税。到唐朝中期，租庸调制已不再适用了。随着均田制的瓦解，这个制度也被取消。取而代之的是两税法。

均田制

北魏至唐中叶推行的计口分田的土地制度。北魏太和九年（485 年），孝文帝下诏按人口分配空荒土地，以发展农业生产。规定丁男 15 岁以上授露田 40 亩，女 20 亩，奴婢同样授田，田地不准买卖，死后交官。初分田男子加给桑田 20 亩，终生不还，可传给子孙，但也不得买卖。其后北齐、北周、隋等朝代均沿袭此制。唐武德七年（624 年），唐高祖下诏继续实行均田制，唐朝均田制规定：男丁 18 岁以上授田百亩，其中 20 亩为永业田，80 亩为口分田；老男残废授田 40 亩；寡妇授田 30 亩，户主加 20 亩；女子除寡妇之外，一般不授田。受田人身死，永业田可继承，口分田归官。贵族、五品以上官员及有战功者，可多授田。均田制并未触动大地主土地所有制。无地少地的农民可分到土地，取得安定的生活环境，有利于农业生产的恢复和发展。唐朝中期，因土地兼并严重，赋税名目繁多，加之丁口增长，官无闲田，均田制已名存实亡。780 年，唐德宗下诏实行"两税法"，代替了在中国历史上实行近 300 年的均田制。

曲辕犁

又称江东犁。唐代一种较先进的生产工具。晚唐人陆龟蒙所著《耒耜经》有详细记载。唐以前的步犁用直辕，犁架庞大笨重，唐代农民将它改革成为曲辕犁，操作时利用犁评可调整犁铧入土的深浅；装置犁壁可以自由碎土、松土和起垄作亩，还能将翻起的土堆推往一边；减少犁的阻力，提高耕地速度。操作灵巧轻便，尤适合于江南水田耕作。它的发明和使用，是汉代犁耕之后的又一次革新，是唐代农业生产力发展的标志。

庄田

东晋以来，地主占有的田地一般称为田园，或称田业。地主村居之所称为庄、墅。庄、墅往往带有田园。在均田制下，庄田是在口分田、永业田以外的私田。庄田之称见于北朝后期，作为地主田业的通称是在唐玄宗以后。

庄园生活图　唐　敦煌石窟

公廨田

隋唐时期靠收租以供公用的官田，由各级官府经营管理。唐初，在京诸司、州县及其他政府机构都给有数量不等的公廨田。唐朝官府经营公廨田的方式与职田相同，采用租佃制。地租主要征收粟、麦、草、丝等实物，也征收一部分货币。租额按规定每亩不得超过六斗。农民租种廨田、职田，是强制搭配而非自愿。

公廨钱

唐时供官府各种公用和官吏俸钱而设置的、用于官府经营商业和高利贷的本钱，又称公廨本钱，源于隋初，在京师和诸州官署都设有公廨钱，出贷经商，收利以供公用。唐承隋制，武德元年（618 年）即设置了公廨本钱，以诸司令史掌管，每司 9 人，号捉钱令史，其中以品子（六品以下官员子孙）充当的，称"捉钱品子"。每人领掌 50 贯以下，40 贯以上；每年纳利 5 万文，作为京官俸钱。当时京师共有 70 余司，有捉钱令史 600 余人。诸司公廨本钱总数在 2.4 万贯至 3 万贯之间。地方州县和折冲府也设置公廨本钱，以典史主管，以供佐史以下吏员的常食费用和各官员的俸薪。

寺院经济

唐时佛教、道教、摩尼教等寺院的花费，其来源除官私布施外，地产与高利贷是寺院经济的两大支柱。两晋十六国是寺院经济的初生时期，唐代是役使奴婢的寺院经济体制由盛而衰的转折时期。武德九年（626 年），律宗大师道宣撰《四分律删繁补行事钞》，是对寺院经济制度的总结。它将寺内财产分为"佛物"（供养佛的寺属财产）、"僧物"（供养众僧的僧团共有财产）和"法物"（经像等财产）。寺院经济的经济部门中，邸店、店铺、碾硙、油坊、车坊的经营日益受到重视。会昌时，富裕的寺院有邸店多处。太宗时，三阶教的化度寺、福先寺每年四月初四由天下仕女施财，所施钱绢以车载。玄宗时终于禁绝三阶教并没收三阶院。

手实

唐时在基层官吏监督下居民自报户内人口、田亩以及本户赋役承担情况的登记表册。它是制订记账与户籍的主要依据，每年填报一次。内容大体分为三大部分：一是根据现状填写户主姓名及户内所有人口，注明年龄、性别、身份，并根据貌阅结果注上残疾、废疾、笃疾等情况。二是在均田制下填写本户"合受田"总数及已受、未受亩数。已受田则分段记载其亩数，所在方位，所属渠名，及各段田地的边界，并区分口分、永业、园宅地。三是户主的保证辞。

貌阅

唐时地方官亲自检查百姓年貌形状，以便核实户籍的制度。隋大业五年（609 年），民部侍郎裴蕴因当时"户口多漏"，又诈伪老小以避赋役的现象严重，直接影响国家收入，故建议推行"大索貌阅"。"大索"的目的在于搜查隐匿人口，"貌阅"目的则在于责令官员亲自当面检查年貌形状，以便查出那些已达成丁之岁，而用诈老、诈小的办法逃避赋役之人。唐承隋法，把貌阅制度化。作为县令的职责之一，即要"过貌形状"，"亲自注定"。唐代貌阅首先是通过貌阅百姓形状，以定其所报的黄、小、中、丁、老是否属实。貌阅的另一内容，则是要貌定百姓的"三疾"状况。"三疾"按病残程度区分：部分丧失劳动力者为残疾；全部丧失劳动力者为废疾；不仅全部丧失劳动力而且丧失生活自理能力者为笃疾。据此，免除或部分免除赋役负担，或享受给"侍丁"待遇。

计账

官府为征发赋役及掌握财政收支而制作的一种核算账簿。唐代法令规定，每年一造记账，三年一造户籍。大体上每乡每年根据各地所造的手实，总汇成"乡账"。一县总汇所属各乡乡账，造一县之计账，再由州造一州之计账，最后由尚书省户部司汇总成为全国计账，以供度支司作财政预算。造账费用由居民负担，每户出一钱。

度牒

唐朝官府发给佛教僧尼的证件，亦称"祠部牒"。汉魏时，中原地区出家者不多，两晋南北朝后，佛教徒逐渐增多。僧尼出家，由高僧主持剃度仪式，但由于南北政权对峙，没有制订全国统一发给凭证的制度。唐朝设试经度僧制度，经过考试合格的僧尼，由国家管理机构祠部发给度牒，作为合法出家者的证书。僧尼以度牒为身份凭证，可免徭役。后代遂沿为制度。

差科簿

唐代地方机构为征发徭役而制订的簿册，由县令亲自制定，作为向管区范围内百姓差派徭役的依据。内容是以乡为单位，首先总计当乡破除（包括死亡、逃走、没落、废疾、单身）的人数与现在的人数。然后在现在人数中按户登记该户所有丁男、中男的姓名、年龄、身份，并在人名下注明其现在情况，如正在做官、服兵役、服色役、上番或已纳资课、正在服丧、做侍丁及身患病等，则应该免役或缓役；其余不注明的人，应当是下次徭役的承担者。其目的是为避免差科不平，所以还要区分户等。

杂徭

唐代正役以外的一种劳役。《唐律疏议》指出"丁谓正役，夫谓杂徭"，即服正役的称丁，服杂徭的则称夫。正役由丁男（21—59 岁）承担，杂徭则除丁男外还征发中男（16—20 岁）。这种劳役由地方官（或中央指令）在有事时临时征发，由府、州的户曹或司户参军事，县的司户佐实际主管。杂徭具有地方性和临时性，不仅各州各县的服役项目不尽相同，一州一县每年也不尽相同，均由地方随事支配。大致如修筑城池，维修河道、堤堰、驿路、廨舍等应是较普遍的杂徭征发。杂徭没有固定的期限，但一般不超过 39 天，超过便折免其他赋役。

色役

唐代把各种有名目（即色）的职役和徭役称为色役。担任某种色役的人可以免除课役或免除正役、兵役及杂徭，因此投充色役在某种程度上逐渐成为逃避正役、兵役及杂徭的一种手段。唐代服色役的一般是良民及具有资荫的人，大致可以分为三类：一是由具有资荫的五品以上官子孙及品子、勋官所承担的色役，如三卫、亲王执杖、执乘、亲事、帐内等。二是由白丁充任的色役，这是最大量的一类。三是由特殊身份的人或贱民充任的色役。

资课

唐代散官、勋官、品子及各种色役所纳的代役金。四品以下、九品以上文武散官、勋官、三卫等所纳代役金称为资，品子及课户白丁服色役所纳代役金称为课。到开元年间统称为资课。资课按照色役者的身份和色役的种类定其数额。开元时散官四品、五品每年纳资 600 文，六品以下的纳资 1000 文。品子充任的亲事、帐内纳课 1500 文。由一般白丁充当的防阁、庶仆、白直、士力等则纳课 2500 文。中男充当的执衣每年纳课不超过 1000 文，中男及残废充当的门夫则需纳课 850—1000 文。资课一般纳钱，也有折交实物的。

地税

唐代按田亩数量征收的税目。规定按亩交纳一定数量的谷物。贞观二年（628 年），唐太宗采纳尚书右丞戴胄和户部尚书韩仲良的建议，自王公至一般百姓，按所种田地，每亩纳粟（或麦或粳或稻）二升，作为义仓粮，存贮州县，以备荒年救灾。永徽二年（651 年），改变义仓据地取税的办法，按九等户出粟，上上户五石，以下各等户递减。到开元二十五年（737 年），朝廷把贞观和永徽时的办法综合起来，从王公至一般百姓，每年每户据所种苗亩造青苗簿：每亩纳粟（或当地所产其他谷物）二升，为义仓粮。商贾户或其他无田或少田户，按九等税粮，上上户税五石，上中户以下递减一石，中中户一石五斗，中下户一石，下上户七斗，下中户五斗。下下户和全户逃走的以及少数民族户都不征收。地税在政府财政收入中所占不断上升。玄宗天宝年间，一年的地税收粮大约为1240余万石，丁租收粮则为1260万石。地税和丁租成为朝廷重要税收。

户税

唐代按户等（户口等级）征收的重要税目。征收对象上自王公，下至百姓，是朝廷财政收入的重要来源之一。特点之一是按户等收税。唐高祖武德六年（623年）三月下令，天下户按资产（不包括土地）分为上、中、下三等。到唐太宗贞观九年（635年），又分天下户为上上、上中、上下、中上、中中、中下、下上、下中、下下九等（岭南户分五等）。唐代290年中，户税税率多次改变。纳钱是户税制另一特点，大多数地区如此。但少数地区不同，如天宝初年的交河郡，户税既纳钱又纳柴。

两税法

唐代中期以后实行的税收制度。唐中期，由于土地兼并加剧，均田制逐渐瓦解，租庸调法日渐荒废，朝廷财政收入因而锐减，只得加征地税和户税，以缓解财政危机。建中元年（780年），唐德宗采纳宰相杨炎建议，始行“两税法”。即取消租庸调及杂税、杂徭，一律改为征收地租、户税。以大历十四年（779年）全国的各种赋役、杂徭总税额为基数，分摊到各地。各地官府则根据分配的数额，按本地耕地面积摊征地税，按户等高下摊征户税。地税征收谷物，户税纳钱。每年分夏、秋两季征收，夏税于六月前征收，秋税于十一月前征收。两税法由此得名。不论主户、客户，一律在现居地入户籍纳税。无固定居处的商贾，由所到地官府按其收入征收1/30的商税。两税法适应了地主庄田经济发展的趋势，整顿并解决了朝廷财政收入问题；按资产和土地征税，相对减轻了无地或少地农民的负担。两税法只看资产，不问人丁，减弱了农民对封建国家的依附关系。客户亦可脱离主户自立户头，

使客户身份有所提高，利于发挥农民生产积极性。两税法的实施，有利于增加朝廷财政收入。

唐钱币

唐朝时国家法定的通货。武德四年（621年），唐高祖废隋五铢钱，铸“开元通宝”，钱径八分，重二铢四丝，每十文重一两，千文重六斤四两。字为欧阳询所书。自此以后，“钱”成为“两”以下一级的重量单位。中国钱币由此改称通宝、元宝或重宝，不再以重量为名称，钱文也由篆书改为楷书为主。“开元通宝”轻重大小比较适中，便于流通。高宗乾封元年（666年），铸“乾封通宝”，径一寸，重二铢六分，每文当“开元通宝”十文。这是以年号名钱的开始，行用不到一年即废。高宗到玄宗开元年间，私铸盛行，恶钱泛滥。由于钱币数量不能满足流通的需要，政府严禁私铸和用好钱收买恶钱。天宝时，政府增加铸钱量，全国共设99座铸钱炉，每年用铜200万斤，铸钱32.7万缗。肃宗乾元元年（758年），国家经费不足，铸“乾元重宝”，钱径一寸，每缗重十斤，以一当“开元通宝”五十。又令绛州铸重轮“乾元通宝”，以一当开元通宝五十，与“开元通宝”钱并行。代宗即位后，乾元钱和重轮钱皆以一当一。此后，铜贵钱贱，民间熔钱铸为铜器的越来越多，钱币越来越少，不能满足流通的需要。自德宗贞元以后，通货紧缩，货轻钱重，物价下跌。唐武宗时灭佛，没收寺院铜像及钟磬，许各地政府铸钱。淮南节度使李绅铸新“开元通宝”，背有“昌”字以表明为会昌年间所铸，其后各地则以郡名为背文，统称“会昌开元”。晚唐到五代十国，各地自行铸造货币，先后铸造的钱币多达30余种。

丁中

古代为征派赋役而将编户人口按照年龄进行划分的制度。“丁”又称正丁、丁男，一般指主要承担赋役的适龄男子（有时也包括女子，称丁女）；“中”又叫半

丁、次丁、中男（或中女），一般指年龄低于丁的青年，经常部分地承担赋役。丁、中用来与老、小相区别，丁、中的年龄标准历代有所不同。丁中制也是裁定判刑轻重的法律依据之一。

4. 对外交往

市舶司

唐朝专门掌管对外贸易的机构。当时广州成为唐朝与南亚、西亚以及东非各国进行经济文化交流的重要港口和国际贸易中心。阿拉伯、波斯、南洋、印度等国的商船在这里停泊，许多外国商人在此居住从事商业贸易。为此，唐朝在这里设置市舶使，专门掌管对外商务。在此管理下，外国商船源源输入香料、药品、象牙、犀角、珍宝等货物，又从中国贩走瓷器、丝绸等物品，对外贸易空前繁荣。宋代除广州外，又在泉州、明州（今浙江宁波）、杭州、密州（今山东胶州）等地设提举市舶司。元、明沿袭，清代始废除。

遣唐使

唐朝时日本派往中国的使者。中国隋唐时期，日本正处在奴隶制瓦解、封建制确立和巩固的阶段。出于学习借鉴唐文化的目的，日本朝廷曾多次派遣使团前来。贞观五年（631 年）日本派出了由留学生和学问僧组成的第一次"遣唐使"。唐初，遣唐使团人数一般不超过 200 人，从唐中叶起，人数骤增。开元五年（717 年）、开元二十一年（733 年）、开成三年（838 年）这三次派出的遣唐使人数均在 500 人以上。遣唐使全面学习中国的文化，包括典章制度、文学、科学、技艺、佛学、医学等，致使日本在政治、经济、文化上深受唐朝影响。日本留学生高向玄理曾协助孝德天皇完成"大化革新"，当时颁行的班田制、租庸调制、《大宝律令》等，均受唐朝影响。日本都城平安京亦模仿唐都长安而建。日本学问僧空海归国后，仿中国草书而制定平假名；留学生吉备真备回日本后，则择取汉字偏旁制定片假名。

此二举大大推动了日本文化的发展。日本留学生还将《史记》《汉书》《文选》《孙子兵法》等汉文书籍带回日本，广泛流传。唐人文集和诗歌，尤其是白居易的作品深为日本人民珍爱。日本遣唐使为中日文化沟通和日本的发展做出了不可磨灭的贡献。

玄奘

（600 或 602 —664 年）唐初高僧，佛经翻译家。俗姓陈，名祎，洛州缑氏（今河南偃师）人，13 岁出家，玄奘为其法号。苦心研习佛家经典，四处访师求学。在游历及研读各派理论过程中，他发现疑难甚多，佛经译本缺乏，屡见舛错，遂决心西行佛教圣地——天竺（今印度）求法解惑。于贞观三年（629 年）从长安出发，过玉门关，穿越战乱不已的边境，经中亚，进入北印度，跋涉高山雪岭，荒漠流沙，历尽艰辛。贞观十六年（642 年）在曲女城（今印度卡诺吉城）举行的佛学辩证大会上，他为论主，获誉甚高。贞观十九年回到长安，历时 10 余年，行程 5 万里。回国后，在唐太宗的支持下，先后主持弘福寺和大慈恩寺的译场，并修大雁塔，以保存佛经。主持译经 75 部、1335 卷。授业弟子数千人，成为中国佛教法相宗的创始人。《大唐西域记》一书是他回国后，口述旅行中的丰富见闻，由弟子笔录而成，是重要的历史文献。

鉴真

（688 —763 年）唐代高僧。俗姓淳于，扬州人。14 岁在扬州大云寺出家，曾游学长安、洛阳，研究律宗及天台宗。此后便在扬州大明寺讲律传戒。江淮间人尊其为授戒大师。当时佛教兴盛，日本僧人入唐学佛的甚多。日本学问僧荣睿、普照师从鉴真，并邀请大师东渡日本。为弘扬佛法，他率弟子六次东渡，历尽艰险，虽双目失明仍矢志不渝，终于在天宝十三载（754 年）安全抵达日本，时已年近七旬。日本称其为"过海大师""唐大和尚"。他把律宗传到日本，在日本建立戒台院，举行传戒仪式，传布戒律。东大寺因此而成为日本佛教中心。他还把佛寺建筑、雕塑、绘画等艺术传授给日本。日本的唐招提寺，即他与弟子创建。他精通医药，将许多医方药品带至日本，对日本医药学发展做出重要贡献。唐代宗广德元年（763年）逝于日本。其弟子思托等人为其所塑髹漆坐像，至今被日本人民珍视。

鸿胪寺礼宾壁画　唐

大食

唐朝对古阿拉伯帝国的称谓。651年，遣使与唐通好。此后148年中，先后遣使来唐36次。阿拉伯商人到中国经商的很多，不少人在中国定居落户，有的还参加唐朝科举考试，在朝供职。中国瓷器、丝制品及造纸、丝织、金银制作等手工业技术也传入阿拉伯，又由阿拉伯传入非洲和欧洲。909年，阿拉伯帝国一分为三：阿拔斯朝称为东大食或黑衣大食；伍麦叶朝称为西大食或白衣大食；法蒂玛朝称为南大食或绿衣大食。各朝仍与中国有友好往来。

波斯

唐朝对古伊朗的称谓。455年波斯萨珊王朝曾遣使来华，直至隋唐，与中国关系密切。两国间贸易往来也较频繁。在唐长安、洛阳、扬州、广州等地，有波斯胡店（商店），经营宝石、珊瑚、玛瑙、香料、药品等。萨珊朝的银币在吐鲁番、西宁、西安、太原及广东等地都有流通。中国丝绸、瓷器、纸张等物品也远销该国，并转输西方他国。7世纪中叶，波斯被大食所灭，国王卑路斯及其子泥涅斯先后定居长安。国亡后，西部部众犹存，仍与唐保持密切关系，并多次来唐通好。还有许多人流亡到中国落户，从事贸易。

高丽

朝鲜古国名。相传公元前37年由朱蒙所建。4—5世纪时，屡次南进，打败百济、新罗以及倭国侵略势力，领土扩大到朝鲜半岛中部。唐初，遣使与唐往来。唐朝以高丽与百济进攻亲唐的新罗为借口，多次出军伐之。668年，唐军攻下平壤，灭高丽。在其地设安东都护府，各地设都督府、州、县等行政机构。675年，新罗利用百济、高丽人民反唐起义，收复高丽旧地，唐朝势力退出朝鲜。高丽与唐朝有较密切联系，并成为中国文化传入日本的重要桥梁。

天竺

唐朝对印度、巴基斯坦和孟加拉的总称。唐初，天竺分东、西、南、北、中5部。唐太宗时，中天竺戒日王征服其他各部，两国来往始密切。唐先后遣使李义表等赴印，输往绢、丝、瓷器、铜钱等物品。天竺输入中国的有宝石、珍珠、棉布、胡椒等。此外，其天文、历法、医学、音韵学、音乐、舞蹈、绘画、建筑也陆续传入唐朝。唐朝的纸和造纸术也传入该国。唐僧玄奘和义净曾往求学，带回大量梵文佛经。不少天竺高僧也携经来唐助译，为中印文化交流做出了贡献。

真腊

7—15世纪印度支那吉蔑族所建王国名。唐代或以其当时的都城名之，称邑心国、伊赏那补罗国；或以其民族名称吉蔑、阁蔑名之。宋代亦作占腊。该国原为扶南的北方属国，位于湄公河中下游，今柬埔寨北部和老挝南部。6世纪中崛起，7世纪中期取代扶南而为印度支那半岛南部的大国。其领土包括今柬埔寨以及老挝南部、越南南部，最盛时西与缅甸邻接。唐代神龙（705—707年）后，分为陆真腊（又称文单，今泰国、老挝、柬埔寨接壤一带）和水真腊（今柬埔寨和越南西南部）二部，9世纪时复统一。自616年至15世纪50年代（明景泰年间），与中国来往频繁。唐武德六年（623年），真腊与唐廷建立联系，此后从628年起至813年不断遣使来华。唐玄宗在位时，陆真腊王子曾率属下26人来唐，被授予果毅都尉。

骠国

7—9世纪缅甸骠人所建国家。8世纪时，其疆域北抵南诏区（今云南德宏和缅甸交界地区），东接陆真腊（今泰国、老挝、柬埔寨接壤一带），西接东天竺（今印度东部阿萨姆邦等地），据有整个伊洛瓦底江流域。有9个城镇、18个属国、298个部落。唐大和六年（832年），骠国为南诏所败，自此渐趋衰落，后为缅人所建的蒲甘王国所取代。该国向以佛教音乐著称于世，794年南诏归服唐朝，骠国王雍羌也想内附于唐，曾几度遣使来华献乐。801年，骠国王由南诏王异牟寻引荐，遣子舒难陀率乐队和舞蹈家抵长安表演。唐德宗授其国王以太常卿、舒难陀以太仆卿之号。诗人白居易专作《骠国乐》记其事。《新唐书·骠国传》对其歌舞艺术有详尽记载。

萨珊

萨珊是波斯（今伊朗）的一个王朝（226—651年）。唐朝龙朔元年（661年），萨珊王卑路斯求援于唐，唐册封其为波斯都督府都督。7世纪70年代，卑路斯亲自入朝，唐高宗授以右武卫将军，后客死长安。长安醴泉坊之波斯胡寺，即卑路斯请立，为波斯人集会之会馆。卑路斯之子泥涅师志图复国，唐调露元年（679年），唐命吏部侍郎裴行俭平定西突厥阿史那都支的叛乱，遣送波斯王子回国。萨珊朝波斯人来中国最多的当属商人。景教——摩尼教也在唐代先后由萨珊朝波斯传入中国。其艺术也对唐代有很大影响。唐代织锦图案（联珠纹、对鸟对兽纹）、金银器的形制（如八棱带柄杯、高脚杯、带柄壶、多瓣椭圆形盘）、纹饰（翼兽、宝相花、狩猎纹、忍冬花纹等）就是具体的反映。

勃律

克什米尔北境印度河流域的中世纪国名。武则天万岁通天二年（697年）到玄宗开元（713—741）初年，大勃律王三次遣使入唐。唐王朝先后册立其君弗舍利支离泥、苏麟陀逸之为王。同时，小勃律王没谨忙于唐开元初亲自来朝，唐册封其地为绥远军。

《大唐西域记》

唐代有关西域的历史地理著作。玄奘、辩机撰。共12卷。唐贞观三年（629年），玄奘为了探研佛学，从长安出发，经中亚到达印度。在印度游学十多年后，于贞观十九年返抵长安。回国后，玄奘遵照太宗意旨，口述旅途所经各地情况，由协助译经的辩机笔录，次年，完成这部10万多字的著作。该书记载了玄奘亲身经历和传闻得知的138个国家和地区、城邦，包括今中亚地区、阿富汗、伊朗、巴基斯坦、印度、尼泊尔、孟加拉、斯里兰卡等地情况，该书对研究古代中亚及南亚的历史，有非常重要的参考价值。

玄奘取经会意图

王玄策

唐朝使节，三次出使印度。曾任融州黄水县令、右卫率府长史。贞观十五年（641年），印度摩揭陀国国王曷利失尸罗迭多（即戒日王）继玄奘访问该国之后致书唐廷，唐命云骑尉梁怀璥回报，尸罗迭多遣使随之来中国。贞观十七年三月，唐派行卫尉寺丞李义表为正使、王玄策为副使，伴随印度使节报聘，贞观十九年正月到达摩揭陀国的王舍城（今印度比哈尔邦西南拉杰吉尔），次年回国。贞观二十一年王玄策又作为正使，与副使蒋师仁出使印度。未至，尸罗迭多死，帝那伏帝（今印度比哈尔邦北部蒂鲁特）王阿罗那顺即位，发兵拒唐使入境。王玄策从骑30人全部被擒，他本人奔吐蕃西境求援。吐蕃赞普松赞干布发兵1200人，俘阿罗那顺而归。高宗显庆三年（658年）王玄策第三次出使印度，次年到达婆栗阇国（今印度达班加北部），五年访问摩诃菩提寺，礼佛而归。王玄策几度出使印度，带回了佛教文物，著有《中天竺国行记》10卷，图3卷，今仅存片断文字。

义净

（635—713年）唐代僧人。俗姓张，字文明，齐州（今山东济南）人。幼时出家，遍访名师，专研戒律。他敬慕法显、玄奘业绩，立志西游。咸亨二年（671年），只身自今广东番禺乘波斯船赴印度，四年二月在恒河口之多摩梨帝（今印度西孟加拉邦米德纳浦尔县塔姆鲁克）登岸。在印度13年，游历三十余国。先后得梵本经、律、论近400部。垂拱元年（685年）离开那烂陀，仍循海路归国，又在南海滞留近10年，证圣元年（695年）到达洛阳。归国后，备受唐廷优礼，武则天赐予"三藏"之号，安置在洛阳受记寺，使之专心译经。久视元年（700年）以后，在东、西两京先后译出佛典56部，230卷，另有未定稿78卷。先天二年（713年）卒。

圆仁

（793—864年）日本入唐求法的天台宗僧人。俗姓壬生，下野国（今日本栃木县）人。9岁出家，师从广智，15岁师从最澄。838年随遣唐使到中国，847年携带大批经典和佛像、佛具等自登州（今山东蓬莱）乘船归国。在京都历延寺任第三世天台座主，兼传密教，著《金刚顶经疏》《苏悉地经略疏》，为日本天台密教奠立了基础。圆寂后，朝廷赐号慈觉大师，为日本大师称号之始。圆仁留唐近10年期间，广泛寻师求法，曾到五台山巡礼，足迹遍及今江苏、安徽、山东、河北、山西、陕西、河南诸省，并留居长安近5年。他用汉文写的日记《入唐求法巡礼行记》，是研究唐代历史的宝贵资料。

5. 文学
唐诗

唐代是我国诗歌史上的黄金时代。这一时期，名家辈出，流派蜂起，作品繁多，出现了百花争妍、异彩纷呈的局面。中国古代诗歌的各种体裁如古诗、乐府、律诗等都在这一时期得到了高度发展。诗人们在诗歌的内容、风格、境界、语言及表现技巧等诸方面进行了前所未有的开拓，把我国古代诗歌推向了辉煌的高峰。

（1）唐诗繁荣的原因：唐代经济的繁荣、国家的统一为文学的发展提供了有利条件。统治者取消了魏晋以来压抑人才的"九品中正制"，实行了科举制度，在政治思想领域采取了较为宽松的政策，激发了知识分子的热情。中外文化的交流开阔了人们的视野，前代诗歌的发展为作者提供了有益的借鉴。这些都是造成唐诗繁荣的原因。

（2）发展：唐诗的发展经历了初、盛、中、晚四个阶段。初唐诗歌受齐、梁及隋代诗风影响，多绮靡空洞的宫廷作品。沈佺期、宋之问完成了律诗形式的定型。王勃、杨炯、卢照邻、骆宾王等"初唐四杰"则努力摆脱齐、梁诗风的影响，推动诗歌"由宫廷走向市井"，"从台阁移至江山与塞漠"。此后，陈子昂进一步提倡"汉魏风骨"，创作了不少内容充实、风格沉雄的作品，从理论和实践上推动了唐代的诗歌革新。盛唐时期，唐诗出现了全面繁荣的局面。以王维、孟浩然为代表的山水田园诗派把晋、宋以来的山水田园诗提高到一个新水平。以高适、岑参为代表的边塞诗派大力描写边塞风光，抒发报国豪情，突出反映了唐代社会生活和文人精神面貌的特点。李白、杜甫这两颗中国诗歌史上的巨星也出现在这一时期。他们的诗歌深刻反映了"安史之乱"前后的社会风貌和个人的精神追求，在艺术上继往开来，多所建树，分别达到了古代浪漫主义和现实主义诗歌的高峰。中唐以后，由于社会危机的加深和革新运动的兴起，诗歌创作又呈现出新的面貌。白居易、元稹、张籍等诗人倡导"新乐府运动"，创作了不少揭露现实、批评时弊的讽喻诗。以韩愈、孟郊、李贺、贾岛为代表的另一派诗人，则努力标新立异，追求诗歌的奇崛险怪、孤峭幽深。这两派诗人对晚唐诗歌都有不小影响。晚唐诗歌随着唐王朝衰微而出现新的变化。杜牧、李商隐、温庭筠是此期最著名的诗人，杜诗俊爽，李诗深婉，温诗妍丽，但全都带有感伤色彩。此外，聂夷中、杜荀鹤、皮日休等诗人创作了一些反映社会矛盾的作品，韦庄、司空图写了不少山水田园诗，也分别从不同方面表现了这一时期人们思想、生活的特点。

（3）诗集与著作：唐诗的总集、选集及研究著作很多。清代编纂的《全唐诗》收入唐诗 48900 余首，包括作者 2200 多人，是最为完备的一部唐诗总集。明代高棅的《唐诗品汇》、清代王士禛的《唐贤三昧集》、沈德潜的《唐诗别裁集》、孙洙的《唐诗三百首》以及今人马茂元、余冠英的两种《唐诗选》都是较有影响的唐诗选本。适于初学者的研究著作，则有闻一多的《唐诗杂记》、王士菁的《唐代诗歌》、刘开扬的《唐诗通论》可资参考。

王勃

（650—676 年）初唐诗人。字子安，绛州龙门（今山西河津）人。少年时文思敏捷，14 岁应举及第，授朝散郎。曾为沛王府修撰，因写一篇游戏文章，触怒唐高宗，被斥逐出府。后任虢州（今属河南）参军，又因事废官，父亲也受连累贬官。王勃擅长诗文。他与杨炯、卢照邻、骆宾王齐名，人称"初唐四杰"，他在 4 人中文学成就最高。他的诗题材比较广阔，力求摆脱齐、梁诗风的影响，其中别友怀乡、登山临水的抒情写景诗，独具一格。其五言律诗，格律相当完整，已逐渐趋于成熟。王勃的诗文今存《王子安集》。

王勃像

杨炯

（650—692 年）初唐诗人，陕西华阴人。11 岁时被荐举为神童，授校书郎。高宗永隆二年（681 年）为崇文馆学士。后因讥讽当时朝臣的矫饰作风，被权贵忌恨。又因与徐敬业反武后事有牵连，被贬为梓州司法参军，转盈川令，卒于任内。作品有《盈川集》。杨炯是初唐"四杰之一"，自言"吾愧在卢（照邻）前，耻居王（勃）后"。其作品文比诗好。诗多为律体，在四杰中成就较低。但所写几首边塞诗，却雄壮激昂，较有特色。

贺知章

（659—744 年）唐代诗人。字季真，唐朝越州永兴（今浙江萧山）人。早年就以文才知名。武则天证圣元年（695 年）中进士，后授太常博士。开元中，官至秘书监。唐玄宗天宝三载（744 年），辞官回乡归隐。他性格旷达豪放，不拘礼节，晚年尤为突出，自号"四明狂客"。他善诗，工文辞。《全唐诗》存其诗一卷，仅 19 首。诗歌语言清新通俗，多有新意。

王之涣

（688—742 年）唐代诗人，字季陵。原籍晋阳（今山西太原），后徙绛州（今山西新绛）。曾任冀州衡水主簿，被人诬谤，拂衣去官，家居 15 年。晚年出任河北文安（今属河北）县尉，以清白著称。天宝元年卒于官舍。性格豪放，为人慷慨倜傥。善诗，常击剑悲歌。曾与高适、王昌龄相唱和，诗名很大。擅长边塞诗，工于绝句。今存诗 6 首。《登鹳雀楼》《凉州词》二首写边塞风光，最为著名。

孟浩然

（689—约 740 年）唐代诗人。襄州襄阳（今属湖北）人。早年隐居鹿门山读书，曾历游长江上下游。40 岁入长安考进士未中，漫游吴越后还乡归隐。诗与王维齐名，为盛唐山水田园派的代表，世称"王孟"。山水与隐逸是其诗歌主要题材，常在山水描写中融入游子漂泊之感。代表作《望洞庭湖赠张丞相》，描写洞庭湖水的磅礴气势，格调雄浑。也有的淡雅秀美，描摹细致，诗画相融，清远旷达，如《宿建德江》等。描写田园的诗，如《过故人庄》等，清新秀丽，简朴可爱，充满生活气息。《春晓》一类小诗，则生动传神，情味盎然。诗作多为五律。现存诗 260 多首，传世有《孟浩然集》。

王昌龄

（约 698—约 757 年）唐朝诗人。字少伯，京兆长安（今陕西西安）人。开元十五载（727 年）中进士，授秘书监校书郎。不久考中博学宏词科，任汜水尉、江宁丞。天宝七载贬为龙标尉，故世称"王江宁"或"王龙标"。"安史之乱"发生后，他返归故乡，被刺史闾丘晓杀害。王昌龄擅长七绝，被称为"七绝圣手"。他的诗歌内容丰富，有反映边塞生活的，有表现宫女怨情的，还有各种题材的抒情小诗；风格雄浑自然、凝练含蓄。《全唐诗》录其诗 180 余首，其中绝句约占一半。

高适

（约 702—765 年）唐代诗人。渤海蓚县（今河北景县）人。少年贫困，流寓宋中（今河南商丘）。20 岁曾西游长安，北游燕赵。天宝三载（744 年）秋，与李白、杜甫漫游梁宋，怀古赋诗。八载（749 年），经宋州刺史张九皋推荐，任封丘县尉。十二载弃官赴河西哥舒翰幕府。安史乱起，佐哥舒翰守潼关。后以讨伐永王李璘有功，得唐肃宗赏识，官至散骑常侍，封渤海县侯，时称"高常侍"。诗与岑参齐名，同为盛唐边塞诗派的代表，并称"高岑"。诗歌内容分三类：一类反映个人早年的坎坷遭遇，如《宋中十首》《蓟中作》等。二类反映人民疾苦。三类是边塞诗，反映征人思妇的感情，代表作《燕歌行》是盛唐边塞诗中最优秀的篇章之一。通过边疆战地艰苦的实际情况描写，歌颂将士英勇杀敌的精神，抒发他们的思乡心情，揭露主帅的荒淫无能。内容丰富，豪放悲壮。韵脚整齐，多用偶句。《金城北楼》《塞上听吹笛》等诗则写出了边塞风光的苍凉雄壮。他的诗以古体诗数量最多，以七言歌行最著名。宋人辑有《高常侍集》。

王维

（701—761 年）唐代诗人，画家，字摩诘。原籍祁（今山西祁县），其父迁于蒲州（今山西永济），遂为蒲籍。他官至尚书右丞，世称"王右丞"。有《王右丞集》。王维青少年时即富文学才华。20 岁中进士，任太乐丞，因伶人舞黄狮子事，被贬为济州司库参军。后张九龄执政，得提拔，任右拾遗，升至给事中。曾一度奉使出塞。随着张九龄被罢官，唐朝政治由较开明趋于黑暗，王维开始消沉并过起半官半隐的生活。"安史之乱"时，他曾被迫接受叛军之职。叛乱平息后，他因作怀念唐室的诗《凝碧池》为唐肃宗嘉许，而未获罪仅受降官处分。后复官至尚书右丞，上元二年（761 年）病逝。王维诗现存约 400 首。前期诗作有昂扬的情调、奔放的气势。后期虽有些愤世嫉俗之作，但更多的是寄情于山水的田园诗和宣传禅理的诗。王维兼通音乐，精于绘画，在创作中常融诗、画和音乐之理于一炉。苏轼曾说："味摩诘之诗，诗中有画，观摩诘之画，画中有诗。"他的山水田园诗成就最高,善于捕捉多种多样动静相生的自然景物,构成清静闲远、富有禅趣的美好意境。语言凝练,色彩明丽,构思精巧,音律和谐。他是盛唐山水田园诗派的代表人物,在中国诗歌史上占有重要地位。王维擅长以各种诗体创作,尤其五言、七言绝句的运用,代表了盛唐绝句的最高成就。

李白

（701—762 年）唐代诗人,字太白。号青莲居士,祖籍陇西成纪（今甘肃秦安东）。自幼受儒家教育并博览诸子百家,好剑术,善作诗赋。20 岁以后,漫游蜀中,曾登峨眉、青城诸名山。25 岁出蜀,远游长江、黄河中下游各地。天宝元年（742 年）,由道士吴筠推荐,被唐玄宗召至长安,供奉翰林。后在洛阳与杜甫相识,结下深厚友谊。天宝十四载,请求出宫,浮游四方。天宝三载春,"安史之乱"爆发,次年冬,应召参加永王李璘幕府。后李璘因争夺帝位,为唐肃宗部下所败,李白受牵连被流放夜郎（今贵州桐梓一带）,途中遇赦,时已 59 岁。61 岁时仍请缨杀敌,中途因病返回。宝应元年（762 年）卒于当涂（今属安徽省）。李白集儒、道、侠精神于一身,既有儒家"达则兼济天下"、入世以建功立业的壮志,又有道家愤世嫉俗、返于自然的思想,同时,慷慨悲歌、豪迈放浪的游侠精神也为他所倾慕。于是,"功成身退"成为支配他一生的主导思想;蔑视权贵,追求自由,傲岸不羁,成为他的基本性格。他的诗歌充满爱国热情和积极浪漫主义精神,是屈原之后中国古代最杰出的浪漫主义诗人。今有诗作 900 余首,内容丰富。有的揭露政治腐败,希望为国立功;有的对封建专制和豪门权贵表示强烈不满,抒发自己难以实现理想的痛苦和愤懑;有的表现对人民生活的关心和同情,对穷兵黩武、不义战争的强烈谴责;还有不少赞颂祖国的大好河山,描写爱情和友情。《蜀道难》《行路难》《梦游天姥吟留别》《静夜思》《早发白帝城》《将进酒》等,都是流芳千古的名篇。《古风》中有不少批判现实的好作品。另有词若干篇,文 60 余篇。李白与杜甫并称"李杜"。"李杜文章在,光焰万丈长"（韩愈《调张籍》）,正确地指出了二人在中国古典诗歌史上泰山北斗的地位。现存《李太白集》。

杜甫

（712—770 年）唐代诗人。字子美,祖籍襄阳（今属湖北）。自幼好学,7 岁时开始学诗。20 岁后,先后漫游吴、越、齐、赵等地 10 年。天宝三载（744 年）,在洛阳与李白结下深厚友谊。天宝十四载,出任右卫率府胄曹参军。同年,安禄山叛乱,他流亡颠沛,在赴灵武途中,为叛军俘获。至德二年（757 年）,脱身至凤翔,唐肃宗任他为左拾遗,不久又贬为华州司功参军。乾元二年（759 年）,弃官西行,最后到四川,筑草堂于成都,安家定居于浣花溪畔。两年后,入西川节度使严武幕府,任参谋、检校工部员外郎,故世称"杜工部"。永泰元年（765 年）,离蜀东去,途中留滞夔州二年。代宗大历三年（768 年）,携家出峡,经今湖北入湖南。五年（770 年）,贫病交加,死于湘江舟中。杜甫怀着满腔政治热情关心国家的命运,长期流离失所使他接近人民,体会到人民的情绪和愿望,所以忧国忧民始终是杜甫的基本思想,也是他诗歌中现实主义精神的思想基础。他的诗作多达 1000 余首,真实地反映了唐代由盛而衰的社会生活和历史面貌,后世誉之为"诗史"。他

太白醉酒图

的诗具有高度的人民性，充分表现出对人民的无限同情，对祖国的无比热爱，对统治阶级祸国殃民罪行的强烈憎恨，如《兵车行》《前出塞》《丽人行》《自京赴奉先县咏怀五百字》《春望》《羌村》《北征》《三吏》《三别》《茅屋为秋风所破歌》《闻官军收河南河北》等，皆为古今传诵的名篇。他的咏物、写景诗，渗透着对人民的思想感情和对祖国山川风物的热爱，如《春夜喜雨》《月夜》《望岳》等。杜甫的诗歌继承和发展了从《诗经》以来中国文学的现实主义优秀传统，充满强烈的现实主义生活气息，笔调客观严谨，思想深沉凝重。无论是五言、七言、古体、近体，莫不精工锤炼，卓然成章。与李白齐名，并称"李杜"。他的诗标志着我国古典诗歌现实主义的最高峰，对后世产生了巨大的影响。传世有《杜工部集》。

崔颢

（704—754年）唐代诗人。字号不详，汴州（今河南开封）人。唐玄宗开元年间中进士。后从军边塞，曾任太仆寺卿、司勋员外郎等职。崔颢少年时即能作诗，但内容轻佻。从军边塞后，诗风发生变化。他的边塞诗描写了边地风光，表现了戍边者报国赴难的昂扬感情。他的七律《黄鹤楼》最为后人称道。现有《崔颢诗集》1卷，共存诗40多首。

岑参

（715—769年）唐代诗人。祖籍南阳，荆州江陵（今湖北江陵）人。少年孤贫，隐居嵩阳读书，天宝三载（744年）中进士，授右内率府兵曹参军。八载（749年）赴安西，任节度使高芝幕中掌书记。十载归长安。十三载（754年）又随封常清出任安西北庭节度判官，多数边塞诗作于此时。唐代宗时又一度任关西节度判官，出任嘉州刺史，世称"岑嘉州"。后罢官，卒于成都客舍。他对边塞生活十分熟悉，与高适同为盛唐边塞诗派代表，并称"高岑"。诗作有的抒发立功边塞的壮志和功名未立的惆怅，有的表现

边塞雄奇壮丽的景物和独特风情，有的描写边塞艰苦卓绝的战斗，抒发胜利的豪情，也有少数揭露军中苦乐不均的现象，对统治者穷兵黩武表示不满。还有一些真切朴素的思乡怀友之作。代表作有《白雪歌送武判官归京》《走马川行奉送出师西征》《轮台歌》等。他的诗充满热情和浪漫基调，有生活实感，想象丰富，气势磅礴，造语奇警，形成奇峭瑰丽的风格，以七言歌行见长。传世有《岑嘉州集》。

张志和

唐代词人，生卒年不详。初名龟龄，字子同，婺州（今浙江金华）人。16岁就熟读经史，向唐肃宗上书陈策，受赏识，命待诏翰林，后授左金吾卫录事参军，赐名"志和"。后因事获罪被贬南浦尉。遇赦，但决心不复官，而浪迹江湖，自号烟波钓徒，又自号玄真子。著《玄真子》12卷，3万言，已佚。现存《渔歌子》词5首，为早期文人词作。张志和能书善画，长于音乐。他的《渔歌子》词，写江南景色、渔父生活，写景如画，形象鲜明，极富生活乐趣，为历代文人传唱。苏轼曾几次把"西塞山前白鹭飞"一阕的成句用入他的词中。其词后传入日本，为日本天皇和贵族们喜爱和仿作。

韩愈

（768—824年）唐代文学家、哲学家。字退之，河南河阳（今孟州市）人。祖籍昌黎，世称"韩昌黎"。谥号"文"，又称韩文公。唐德宗贞元八年（792年）中进士，几度任节度使下属官，后官至监察御史。因关中天旱人饥，上书请宽民徭，被贬为山阳令，宪宗时赦还，官至太子右庶子。元和十四年，因谏阻宪宗奉迎佛骨，贬潮州刺史。唐穆宗时，官至吏部侍郎。一生直言敢谏，才识兼备。政治上反对藩镇割据、宦官专权；思想上大力提倡儒学，坚决反对佛教和道教；文学上继承先秦两汉散文传统，主张文道合一，务去陈言，形式要服从内容；力反六朝以来的骈偶文风，提倡散体，与柳宗元同为"古

文运动"的倡导者。所作赋、诗、论、说、传、记、状、表、书、序、碑志、杂文等，体裁广泛，均有佳作。为文大笔淋漓，气势雄伟，语言新奇，说理透辟，被列为"唐宋八大家"之首，对后世影响很大。其诗境界雄奇，风格独特，向来亦称大家。传世有《昌黎先生集》。

刘禹锡

（772—842年）唐代文学家。字梦得，洛阳（今属河南）人，世称"刘宾客"。唐德宗贞元九年（793年）与柳宗元同榜中进士。永贞元年（805年）与柳宗元一起参加王叔文政治集团的改革。王叔文被贬，他被谪为朗州（今湖南常德）司马。后任夔州、和州刺史、礼部郎中兼集贤殿学士等职，晚年任太子宾客。早年与柳宗元交谊最深，并称"刘柳"。晚年在洛阳与白居易为诗友相唱和，并称"刘白"。诗歌崇尚精练含蓄，"片言可以明意""境生于象外"，继承讽刺传统，采用寓言托物手法写政治讽刺诗，形象逼真。模仿民歌创作的《竹枝词》《采菱行》《插田歌》等，通俗清新，生活气息浓郁。晚年寄托身世和咏怀古迹的诗昂扬乐观，充满激情，历来为人称道。诗风雄浑爽朗，感情深厚又乐观向上，白居易称之"诗豪"。他是唐代"古文运动"的积极参与者。代表作《西塞山怀古》精警含蓄，发人深省。论说文成就最大，专题论文征引丰富，气势雄健；短小精悍的杂文因事立题，有感而发，具有现实针对性。传世有《刘宾客集》，存诗800多首。

白居易

（772—846年）唐朝诗人。字乐天，号香山居士。祖籍太原（今属山西），后迁居下邽。唐德宗贞元十六年（800年）中进士，授秘书省校书郎。唐宪宗元和年间，任翰林学士、左拾遗及左赞善大夫等职。文宗时，曾任太子少傅。武宗初任刑部尚书。晚年退居洛阳香山。与元稹同为"新乐府运动"的倡导者，并称"元白"。强调文学的社会作

白居易《琵琶行》诗意图

用和教育作用，提倡用诗歌"补察时政"，"汇导人情"。反对"嘲风雪，弄花草"。表现方法上，主张词句质朴，直书其事，内容真实，文字流畅。如有名的《秦中吟》10首、《新乐府》50首等。对统治阶级的"荒乐"及其弊政进行揭露，对宦官、藩镇相互勾结、危害人民的罪行进行谴责，对人民的疾苦表示深切同情，具有强烈的人民性和现实主义精神。著名的作品有：《观刈麦》《杜陵叟》《卖炭翁》《轻肥》《重赋》《买花》《红线毯》《新丰折臂翁》《上阳白发人》等。长篇叙事诗《长恨歌》表现唐玄宗李隆基和杨贵妃的爱情悲剧，歌颂和同情中暗含讽喻，寄意幽深。《琵琶行》表现"同是天涯沦落人，相逢何必曾相识"的主题，音律宛转，真切动人。一些小诗，如《赋得古原草送别》《钱塘湖春行》等，清新优美，脍炙人口。其诗平易通俗，流传极广。现存诗3000多首，传世有《白氏长庆集》。

柳宗元

（773—819年）唐代文学家。字子厚，河东（今山西永济）人，世称"柳河东"。唐德宗贞元九年（793年）与刘禹锡同榜中进士。任过秘书省校书郎、监察御史。永贞元年（805年）参与王叔文政治集团的革新运动，失败后被贬为永州司马，十年后改为

柳州刺史，死于柳州。在文学上，文的成就大于诗，与韩愈同为"古文运动"的领袖。主张"文以明道"，强调文章的内容及现实作用；反对片面追求形式华美，同时反对忽视艺术形式的倾向；推崇先秦两汉古文。散文创作取得多方面成就。《三戒》等寓言小品，善用寄寓，讽刺腐败现象，造意奇特。论说文逻辑严密，长于分析，《封建论》被誉为千古绝作，《捕蛇者说》最为成功。山水游记脍炙人口，文笔清新秀美，"永州八记"是这方面的代表。古文成就与韩愈齐名，时称"韩柳"。诗歌继承"比兴"传统，现存的140多首诗多为贬谪后作，大多抒发个人忧伤悲凉、怀友思乡情怀，风格慷慨悲健，语言朴素。一些山水诗用语精巧，韵致悠远，有《江雪》等佳作。另有讽刺时政、反映现实的诗，如《田家三首》等。为"唐宋八大家"之一。传世有《柳河东集》，存诗文600多篇。

李贺

（790—816年）唐代诗人。字长吉，河南福昌（今河南宜阳）人。没落宗室后裔，家境困窘。元和六年（811年）任小官奉礼郎，3年后辞职。一生体弱多病，心情抑郁不展，27岁去世。诗名早负，7岁就名动京华。创作态度勤奋刻苦，流传有"骑驴寻诗"的佳话。《天上谣》《梦天》等作品，后人称为"长吉体"的代表作。诗作多为诉说怀才不遇的悲愤，感慨人生的短促，带有幽冷凄婉的色彩。描写人民疾苦、揭露统治者残暴荒淫的诗，直陈时事，借古讽今，凝练清峭。另有《李凭箜篌引》《苏小小墓》《金铜仙人辞汉歌》《将进酒》等名篇。最具特色的是描写神仙鬼魅的诗，想象诡异，形象新奇，语言力避平淡而追求峭奇，富有浓重色彩。他在艺术上继承屈原、李白的浪漫主义传统，又受古乐府、宫体诗及韩愈、孟郊的影响，以奇崛不羁、冷艳凄恻的诗歌个性在中国古代文学史上留下独特的一笔，对后世影响很大。传世有《李贺诗歌编》，存诗241首。

杜牧

（803—852年）唐代后期文学家。字牧之，京兆万年（今西安）人。诗与李商隐齐名，并称"小李杜"。宰相杜佑之孙。26岁中进士后，在江西等任幕僚，后在黄州、池州等地任刺史，官至中书舍人。文学上推崇李、杜、韩、柳，主张"以意为主，气为辅，以辞采章句为之兵卫"。今有《樊川文集》20卷，诗文合为450篇。杜牧具有经邦济世的抱负和忧国忧民的情怀，这方面的内容其诗多有反映。杜牧的咏史诗，能抓住历史事件中的重要一环，破旧立新，独抒己见，被后人称作"二十八字史论"。《赤壁》《乌江亭》《题商山四皓庙》是其代表作。其他如《过华清宫三绝句》批判唐玄宗荒淫误国，出语警拔，讽刺委婉，耐人寻味。杜牧的一些写景抒情小诗也很出色，如《江南春》《泊秦淮》《山行》《长安早望》等，自有一种风流俊爽之气蕴含其中。其古诗豪健醇厚，七绝清新俊逸，七律抒情感慨，在绮靡华丽、颓废感伤的晚唐诗坛上独树一帜，深得后人赞誉。传世有《樊川集》。

温庭筠

（812—870年）唐代后期文学家。本名岐，字飞卿。太原祁（今山西祁县）人，祖父做过宰相。自幼聪颖，每试作赋，八韵一篇，叉手而成，时称"温八叉"。但无人荐引，故屡考进士不中。又因其生活放浪，恃才傲物，讥嘲权贵而长期遭排斥，只做过方城尉和国子监助教等小官。他精通音律，能诗善词，诗与李商隐齐名，号曰"温李"。温庭筠是晚唐第一个大力写词的词人。其词多写妓女生活，但不只限于此，如《定西蕃》《遐方远》写思妇念征夫，《荷叶杯》《河传》写采莲女生活和爱情，《菩萨蛮》14首，也非妓女生活所能包括。温词善于捕捉富有特征的景物构成艺术境界，表现人的情思。描写细腻，蕴藉含蓄，有"香而软"的特点，在晚唐词人乃至中国词史上有着特殊地位。其词数量多，艺术技巧高，对词的发展有一定推动作用。但其香而软媚的艺术风格也给后世词人带来不良影响，形成一个以他为鼻祖的"花间词派"。传世有《温庭筠诗集》《金奁集》。

李商隐

（813—858 年）唐代后期文学家。字义山，号玉溪生，又号樊南生。怀州河内（今河南沁阳）人。25 岁中进士，入李党王茂元幕府，娶其女为妻。因牛李党争影响，他长期遭排挤，只在各地做幕僚。存诗约 600 首，其中政治诗约占六分之一。《有感》《重有感》抨击宦官擅权，表现出不寻常的识见和胆略；《寿安公主出降》反对藩镇割据，联系朝政得失作批判性考察；《行次西郊作一百韵》进一步从历史与现实的全局来考察唐代政治，是杜甫《北征》之后难得的"诗史"。咏史诗是他一种特殊形式的政治诗，常以历代帝王甚至当朝皇帝的荒淫误国为题材，或讽求仙，或嘲好色，或贬奢逸。无题诗则是他独具一格的创造，多以男女相思为题材，表现各种复杂的思想情绪，意境缥缈。善于言情，是其根本特征。他较少直抒胸臆，或借环境景物的描绘，烘托情思，或将实化虚（《夜雨寄北》），或造成朦胧意境（《锦瑟》），但有时会使诗晦涩难懂。其诗对后来的"西昆体"诗人影响极大，对词也有一定影响。他与杜牧齐名，并称"小李杜"，又在词采华美上与温庭筠相近，并称"温李"。传世有《樊南文集》。

6. 文化与科技

李思训

（651—约 716 年）唐代画家，字建。出身唐朝王室，唐高宗时任江都令，中宗时出任宗正卿，玄宗时官为左武卫大将。善画山水、楼阁、佛道、花木、鸟兽，尤擅画山水树石，笔力遒劲，格调细密。师承隋代画家展子虔的青绿山水画风，山石、树叶常以金色勾画，形成具有装饰味的金碧山水画风格，对后来中国山水画的发展产生影响。后世山水画中的青绿山水就是对他这一派画风

的延续。明代莫是龙和董其昌等人提出绘画上的南北宗论，将他列为"北宗"之祖。

阎立本

（?—673 年）唐代画家，雍州万年（今陕西西安）人。其父、兄俱擅绘画、工艺和建筑。他精于书法，擅画人物、车马、台阁，当时有"丹青神化""冠绝古今"之誉。尤其擅长肖像，长于刻画性格。曾作唐太宗画像及《秦府十八学士图》《凌烟阁功臣人图》《永徽朝臣图》。所绘《步辇图》是现存的重要作品。相传，阎立本的作品还有《古帝王图》（藏美国波士顿美术馆）、《职贡图》（藏台北"故宫博物院"）等。其作品显示的铁线描，技法富有表现力，设色沉着而有变化，人物刻画细致入微，在绘画史上具有重要地位。

韩滉

（723—787 年）唐代画家。字太冲，长安（今陕西西安）人。贞元初年封晋国公，曾参加平定藩镇叛乱。好书画，学张旭草书。善画人物，尤喜画农村风俗景物和牛、马、羊、驴等。尤其画牛"曲尽其妙"，以神气生动著称。所绘《五牛图》，用笔厚拙粗辣，形态各别。作品有《五牛图》《文苑图》等。

吴道子

（约 686—760 年前后）唐代画家，阳翟（今河南禹州）人。少年孤贫，曾当小吏，不久辞官。浪迹洛阳时，唐玄宗李隆基闻其名，任以内教博士，改名道玄。擅画道教、佛教人物，亦善画鸟兽、草木、台阁。在长安、洛阳两京寺观所作壁画达 300 余堵。壁画名作《地狱变相图》名噪一时。早年行笔较细，风格稠密，中年雄放遒劲，用状如兰叶或菁菜条的笔法来表现衣褶，有飘举之势，人称"吴带当风"。后人将他和张僧繇并称"疏体"，以区别于东晋顾恺之、南朝宋陆探微劲紧连绵的"密体"。被后世尊为"画圣"，被民间工匠尊为祖师，对后世人物画和白描

古诗四帖 唐 张旭

张旭擅长草书，有"草圣"之誉。宋代黄伯思《东观馀论》评他的书法"纵心而不迁规矩，妄行而不迁大方"，指他的狂逸草书实有着严密的法度。此件书法气势奔放纵逸，笔画连绵不断，且字形变化丰富。前人多有赞誉，如明代丰道生云："行笔如从空掷下，俊逸流畅焕乎天光，若非人力所写。"

画影响极大。作品多失传，现存《送子天王图》可能为宋人摹本，其他摹本有《宝积宾伽罗佛像》《道子墨宝》等。

周昉

唐代画家。字景玄，又字仲朗，京兆（今陕西西安）人。出身显贵家庭，先后任越州、宣州长史。精于仕女画，用笔匀细秀润，衣褶劲简，色彩柔丽，容貌丰肥，有"画仕女，为古今冠绝"之誉，为当时宫廷、士大夫所重。擅作佛像画，首创有华丽特色的"水月观音"，成为雕塑者的仿照样式，称为"周家样"。画肖像，有"兼得神气情性"之誉。传世作品有《纨扇仕女图》卷，描绘宫廷妇女生活，运笔线条挺直略带方劲。《簪花仕女图》《调琴啜茗图》（藏美国纳尔逊美术馆），相传皆为其所绘。

欧阳询

（557—641年）唐初书法家。字信本，潭州临湘（今湖南长沙）人。官至太子率更令。书法学二王（羲之、献之），楷书劲险瘦硬，于平正中见险绝，自成面目，世称"欧体"。与虞世南、褚遂良、薛稷并称"初唐四大家"，代表初唐书风，对后世影响很大。存世书迹有碑刻正书《化度寺碑》《九成宫碑》《虞恭公温彦博碑》《皇甫诞碑》等以及墨迹《张翰帖》《卜商帖》《梦奠帖》等。

编有《艺文类聚》100卷。

虞世南

（558—638年）唐初书法家。字伯施，越州余姚（今属浙江）人。官至秘书监，人称"虞永兴"。善正、行、草书。师从智永，妙得王氏家法。外柔内刚，笔致圆融遒丽。与欧阳询齐名，并称"欧虞"。"初唐四大家"之一。传世碑刻有《孔子庙堂碑》等，编有《北堂书钞》160卷。

张旭

唐代书法家。字伯高，吴郡（今江苏苏州）人。官任左率府长史，因称"张长史"。精楷书，尤擅草书，逸势奇状，连绵回绕，独具风貌。又因时常醉后作狂草，故有"张颠"之称。颜真卿曾向他请教笔法，怀素继承和发展了他的草法。其草书与李白诗歌、斐旻剑舞时称"三绝"。后人论书法，于欧、虞、褚、陆诸家皆有争议，唯对于张旭一致赞许。传世正书有碑刻《郎官石记》，草书散见历代集帖中，墨迹有《草书古诗四帖》。

褚遂良

（596—658或659年）唐代书法家。字登善，钱塘（今浙江杭州）人。官至吏部尚书，封河南郡公，世称"褚河南"。正书丰艳流畅，变化多姿，对后代书风影响甚大。

后人将他与欧阳询、虞世南、薛稷并称为"初唐四大家"。碑刻有《伊阙佛龛碑》《孟法师碑》《房玄龄碑》《雁塔圣教序》等，墨迹有《摹兰亭序》《倪宽赞》等。

薛稷

（649—713年）唐代书法家。字嗣通，蒲州汾阴（今山西万荣西）人。官至太子少保、礼部尚书，人称"薛少保"。其书法近似褚遂良，故时称"买褚得薛，不失其节"。后人将他与欧阳询、虞世南、褚遂良并称"初唐四大书家"。兼善绘画，尤其绘鹤，时称一绝，李白、杜甫都曾有诗赞美。碑刻有《升仙太子碑》碑阴题名及《信行禅师碑》。

孙过庭

唐代书法家、书学理论家。吴郡（今江苏苏州）人。善正、行、草书，尤为草书著名。传世主要书迹有垂拱三年（687年）《书谱》真迹，阐述正、草二体书法，有精辟见解，文、书并茂，为后世所重。

颜真卿

（709—785年）唐代书法家，字清臣，琅琊临沂（今属山东）人。开元年间中进士，官至吏部尚书、太子太师，封鲁郡公，世称颜鲁公。相传少年家贫，用用笔蘸黄土水在墙上习字。初学褚遂良，后从张旭得笔法。正楷端庄雄伟，气势开张；行书遒劲，古法为之一变。晚期风格厚重雄劲，大气磅礴，世称"颜体"。后世书家多以为可以与羲、献旧体抗衡，其行书《祭侄文稿》被誉为"天下第二行书"。传世碑刻有《多宝塔碑》《麻姑仙坛记》《颜勤礼碑》等，书迹有《自书告身》及《祭侄文稿》等，后人辑有《颜鲁公文集》。

怀素

（725—785年）唐代书法家。僧人，俗姓钱，字藏真。长沙（今属湖南）人。幼时出家，为玄奘门人，以善狂草知名。相传广植芭蕉，以蕉叶代纸练字。每遇寺壁、衣裳、器皿无不书之。好饮酒，时人谓之"醉僧"。乘兴运笔，圆转飞动，如骤雨旋风。虽多变化，而法度具备。晚年趋于平淡。前人评其狂草继承张旭，而有所发展，谓"以狂继颠"，并称"颠张醉素"，对后来影响很大。存世书迹有《自叙帖》《苦笋帖》等。

柳公权

（778—865年）唐代书法家。字诚悬，京兆华原（今陕西铜川市耀州区）人。元和年间中进士，官至太子少师。善正书、行书，正楷尤其知名。初学王羲之，得力于颜真卿、欧阳询。骨力遒健，结构劲紧，自成一家，人称"柳体"。与颜真卿并称"颜柳""颜筋柳骨"，对后世影响很大。书碑很多，以《玄秘塔碑》《金刚经》《神策军碑》最著名。书迹有《送梨帖题跋》。

杜佑

（735—812年）唐朝史学家、经济学家。字君卿，京兆万年（今陕西西安）人。官宦世家，以世袭入仕。唐德宗时，历任户部侍郎判度支，岭南、淮南节度使等职，贞元十九年（803年）入朝拜相。顺宗、宪宗两朝精于吏治，宽和待人，以富国安民为己任，主张精兵简政，并整肃纲纪，政绩显著。好学不倦，博涉古今，集36年精力，广征资料，考溯源流，撰成《通典》200卷，成为中国第一部专门论述历代典章制度的史书，它所确立的"政书"体裁，对后世影响深远。

刘知几

（661—721年）唐代史学家。字子玄，徐州彭城（今江苏铜山县）人。20岁中进士，任获嘉县主簿。武则天圣历二年（699年）后历任著作佐郎、左史等职，兼修国史，撰起居注，供职史官达20多年。同人合修《则天皇后实录》《姓族系录》《唐书》《高宗实录》《中宗实录》《刘子玄集》。他撰写的《史通》为其代表作，是中国第一部关于史学评论的专著。历述古代史官的建置与变迁，列举历代官修私撰的各种史书，广论其体例、编纂方法、史料来源及利弊。把唐以前的史著分为正史与杂史、编年体与纪传体。提出"史才三长"论，认为史学家应具备史才、史学和史识三个条件，对后世影响很大。

僧一行

（683—727年）俗名张遂。唐代高僧，天文学家，魏州昌乐（今河南南乐）人。自幼聪颖好学，对天文、数学深有造诣。武则天时，武三思请他当官，拒聘。到嵩山出家，法号一行。开元年间，唐玄宗重视学术，应聘出山，当了唐玄宗的历法顾问。他首先制成观测天象的浑天仪和黄道游仪；重新测定了150余颗恒星的位置，并首先发现了恒星移动的现象。制定了当时比较先进的《大衍历》，记述了关于节气、日月运行规律、日食、月食、行星运动等推算方法。还带人进行了地球子午线的测量，确定1度长度为123.7公里，这是世界第一次子午线测量。

大衍历

唐代天文学家僧一行创修的历法。唐玄宗开元九年（721年），僧一行受命编制新历。开元十五年（727年）新历法草稿完成，定名《大衍历》。此历法较符合太阳运动规律，将一年24节气分成四段，秋分至冬至和冬至到春分为88.89天，春分至夏至和夏至到秋分为93.73天，这样更接近实际观测，为当时较先进的历法，是僧一行对古代天文学的巨大贡献。从唐至明，历朝修订历法多采用其结构。直到明末西历传入，编历才有所变化。

孙思邈

（581—682年）唐代道士，医学家、药物学家，京兆华原人。不愿做官，终生为医。博采众长，提出综合治疗的方法。精通药理，熟稔针灸，首创阿是穴（即痛点）。认为妇女有许多独特的病症，因此创设妇科。对药物学进行研究，遍访名山，积累了丰富的采药制药经验。652年，从病理、药性等方面的基础理论出发，结合内、外、儿、妇、针灸等科，总结出《备急千金要方》，共分30卷，232门，5200多个方。682年，又将此书修改为《千金翼方》，对原作进行增订。书中还介绍233种药品的采集季节和常用的683种药物，为后世留下丰富的药物学遗产，由此被尊称为"药王"。

《千金方》

唐代医学家孙思邈的医学著作，共60卷。其中《备急千金要方》为前30卷，主要论述妇、儿、内、外各科疾病的诊断，预防及主治方药、食物营养和针灸等。《千金翼方》为后30卷，主要辑录药物，详论其性味、主治等，也对前书作了增补。全书总结了唐以前历代医家的医学理论和治病经验，以脏腑、寒热、虚实分类，共有232门，精选药方5300多个。其中首创复方，注重药物配伍和辨证施治，及以一方治数病和以数方治一病，均为我国医学史上的重大革新。书中收载了800余种药物，对其中200多种药物的采集和制作进行了专门记述。是研究我国古代医学的重要著作，也是世界医学史上的宝贵遗产。

《千金方》书影

雕版印刷

我国古代发明的印刷术，始于唐初。其方法是在尺寸相等的木板上，刻凸出反写文字或图案。唐太宗时，已有长孙皇后写的《女则》雕版书和玄奘的雕印佛像问世。至9世纪广泛流行，遍及长江中下游及洛阳、成都等地，用以印刷字书、日历、佛经、诗文集和占卜书等等。它的发明和推广，促进了中国与世界文化的传播和发展。唐时，传入朝鲜和日本，12世纪逐步传往埃及和欧洲。现存世界上发现最早的雕版印刷品是敦煌莫高窟出土的《金刚经》，刻于唐懿宗咸通九年（868年），由7张纸粘成一卷，长约533厘米。此件已被盗存于英国伦敦。国内现存的最早雕版印刷品是1944年四川成都出土的唐僖宗中和二年（882年）印制的《陀罗尼经》。

唐三彩

一种铅釉陶器，为唐代陶瓷工艺中驰名中外的艺术珍品。汉代已出现，唐高宗（650—683年）前期进一步发展，中唐时有飞跃进步。制法是先以白色黏土制成陶胚放入窑内素烧。烧成后再涂上铅和石英配成的透明釉进行釉烧。工匠在同一器物上，以黄、绿、白或黄、绿、蓝、赭等基本色调为基础，可配出浅黄、赭黄、翠绿、深绿、天蓝、褐红、茄紫等色彩，从而烧制成一彩、二彩、三彩甚至多彩的瓷器。它不但在釉色、旋釉工艺方面，而且在造型、装饰上均开创了烧瓷史的新时期。考古发掘的唐三彩人像、马、骆驼等，色彩艳丽，形态生动，造型逼真，具有较高的艺术价值。唐时主要为贵族赏玩物，多做随葬品。外国商人也较为欣赏，远销海外。

筒车

唐代发明的一种汲水灌溉工具。东汉三国时出现了翻车，唐代进行改革，制成一种大型提水灌溉的水利工具。其形状像纺车，车上绑着竹筒或木筒。一般安装在河水湍急之处，利用水流冲激力量，使其自行转动。筒随车旋转，将在河中汲入之水带到高处泻入水槽，再分流至田地。它能将水提高10多丈，功效远大于翻车。另一种称为木桶筒车，水车上装有木槽，由许多木桶相连，用人力脚踏或手挽，或用畜力和水力带动，使水车转动，将河水汲往高处。它的出现标志着唐代生产力的提高。

敦煌莫高窟

俗称千佛洞，至唐时大兴建造，已有1000多个洞窟。由于这里石质松脆，不适宜雕刻，古代艺匠采用了壁画和泥塑的形式进行创造。现存洞窟492个，其中隋修95个，唐修213个。壁画45000多平方米，彩塑佛像2400多身。壁画内容包括佛经故事、供养人和建筑彩画、藻井图以及各种生活和劳动场面；彩色塑像有佛、菩萨、弟子、天王、力士等，它们既保留了我国优秀的民族艺术传统，又吸收了外来艺术的有益成分。洞窟里还有著名的藏经洞，藏有自晋到宋各朝的大量佛经、各种文字的古书、古画、户籍、契约、小说、词曲以及丝织品等3万多件珍贵文物，为稀世罕见的文物珍品，又是研究我国古代政治、经济和文化等方面的宝贵资料，具有较高的艺术价值和历史价值。

战争壁画
敦煌莫高窟第十二窟唐代的战争壁画。从双方隔河相峙、筑城而战的紧张场面，可看到"城"之于"战"的重要。

《新唐书》

记载唐朝历史的纪传体史书。共225卷，有帝纪10卷、志50卷、表15卷、列传150卷。宋代宋祁、欧阳修等撰。全书所载史事比《旧唐书》多，特别是晚唐时的史事，比《旧唐书》大为充实。有不少删节失实之处。

《大唐创业起居注》

记载隋末李渊自起兵反隋直到攻克长安、废除隋帝、正式称唐帝为止共357日史事的史书，3 卷，唐代温大雅撰。该书所记史事与《新唐书》《旧唐书》《资治通鉴》略有出入。

《唐律疏议》

唐朝刑律及其疏注的合编，是中国现存最古、最完整的封建刑事法典，30 卷。《唐律疏议》总结以往各王朝的立法经验及其司法实践，权衡利弊，使之系统化和周密化，故其立法审慎，内容周详，条目比较简明，解释比较确当。反映了唐代社会各阶级、阶层的法律地位及其相互之间的关系，以及某些政治经济制度，是研究唐代历史的重要文献。

《贞观政要》

记载唐太宗李世民政绩及君臣论政的史书，吴兢编纂。该书"随事载录"而成，共 10 卷，40 篇，约 8 万字。它以君道、政体、任贤、纳谏、君臣鉴戒等篇目，分别采摘唐朝贞观年间太宗李世民同大臣魏征、王珪、房玄龄、杜如晦等 45 人的政论、奏疏以及重大政治措施。主要内容包括治国方针、选贤任能、精简机构、申明法制、崇尚儒术、评论历史得失等，同时强调统治者的自身修养，如敬贤纳谏、谦逊谨慎、防止奢惰等。全书简明扼要，具有独创性。《贞观政要》约在 9 世纪传入朝鲜、日本等国，受到重视，也被列为皇家、幕府的政治教本。

《唐六典》

唐代官修政书，记载唐前期的职官建置及权限。共 30 卷，近 30 万字。开元十年（722 年）李隆基召起居舍人陆坚修《六典》，并亲自制订理、教、礼、政、刑、事六条为编写纲目，由丽正书院（后更名集贤院）总其事。由张说、萧嵩、张九龄等人先后主持，徐坚、韦述、刘郑兰、卢善经等十余人参与修撰。正文记叙唐朝中央、地方各级官府的组织规模、官员编制（定员与品级）及其职权范围。约占全书三分之一的注文，或记职官沿革，或作细则说明，或附录有关诏敕文

书。正文所叙诸官的权限，多直接取自当时颁行的令、式，均属第一手资料。注文所叙职官的沿革，多取自先代典籍。

《通典》

记述唐代天宝以前历代经济、政治、礼法、兵刑等典章制度及地志、民族的专书。唐代杜佑撰。共 200 卷，内分 9 门，子目 1500 余条，约 190 万字。全书综论有关历代政治制度、经济措施、州郡建置以及边防政令等，略于远古，详于当世，时间截止到天宝年间，部分内容至中晚唐。《通典》在宋、元、明、清各代有多种刻本，以清朝乾隆殿刻"九通本"最为流行。国外有朝鲜活字刊本。今存最古版本为北宋刻本，现藏于日本。

《唐大诏令集》

唐代以皇帝名义颁布的一部分命令的汇编，共 130 卷。北宋宋敏求编。宋仁宗时，敏求父宋绶为知制诰兼史馆修撰，曾将唐代诏令加以汇集。宋绶死后，宋敏求将其父所辑唐代诏令区分为 13 类，编成该书。

《元和郡县图志》

唐代地理名著，是中国现存最早又比较完整的地理总志。李吉甫撰。原本 40 卷，另有目录 2 卷，共 42 卷。该书以贞观时划分的十道为纲，配以宪宗时的 47 镇，每镇有图，冠于叙事之前。然后分别记述各镇所属州县的等级、地理沿革、边界、贡赋、古迹、山川形势、盐铁、垦田和军事设置。

《唐会要》

记载唐代典章制度的专书，共 100 卷。北宋王溥撰。会要体裁和《通典》的主要区别在于，《通典》是历代典章制度沿革的综合叙述；会要则是有关典章制度原始资料的摘录。共分 514 目，另在不少条目下有"杂录"，将与该条有关联又不便另立条目的史事列入。书中所记史事有不少为新旧《唐书》和《通典》所无，是研究唐代典章制度的重

要资料。

《史通》

中国古代第一部史学理论著作，刘知几撰。20 卷，分为内篇 10 卷 36 篇，外篇 10 卷 13 篇。该书是刘知几不满史馆积弊，感愤而作，于中宗景龙四年（710 年）写成。书中内篇对此前历代史籍作了全面总结。对史学源流、编年、纪传的体例，对史料的搜集、鉴定和整理、撰述以及写作的方法等，都做了详尽的论述和探讨。书中提出许多独到的见解。主张史学不应同于文学，记载方法应因时因事加以变革，记载的内容应贵今轻古、详近略远。外篇多为读史札记，同时系统记述历代史官的建置和史书编撰情况。既评论了以往历史著作的优劣得失，更总结提出对后世史家的任务和要求。多数史家认为刘知几的《史通》当为我国古代史论专著之杰作。

《全唐文》

清代官修的唐朝及五代的文章总集，共 1000 卷。嘉庆十三至十九年（1808—1814 年）由董诰领衔，阮元、徐松等 100 余人参加编纂。共收文章 18488 篇，作者 3042 人，每一位作者都附有小传。编次以唐及五代诸帝居首，其次是后妃、诸王、公主，还有各朝作者、释道、闺秀、宦官、四裔等。它汇集了唐朝及五代的文章，为学者查阅使用提供了方便。但该书在编纂、考订上还有不少缺点，包括文章漏收、误收、重收，作者弄错，题目和正文的讹脱，小传记事不确，采用的书不注出处等等。

《全唐诗》

清初官修的唐至五代诗歌总集，共 900 卷。康熙四十四至四十五年（1705—1706）在曹寅主持下，由彭定求等 10 人编纂成书。共收诗 48900 余首，作者 2200 余人，每一位作者都附有小传。它在前人所编同类书的基础上，比较完备地汇集了唐、五代的诗作（包括残篇零句），既便于学者查阅，也有

利于这些作品的保存和流传。全书编次以帝王后妃居首；其次是郊庙乐章、乐府；再次是各朝诗人作品，以时代先后为序。它在编纂、考订方面有不少缺点，包括作品误收、漏收，作品、作者重复和弄错人名，小传、附注中事实错误等等。

敦煌文书

甘肃省敦煌莫高窟所发现的 5—11 世纪的多种文字的经卷。1900 年，道士王圆箓发现于莫高窟 17 窟藏经洞。1944 年在莫高窟土地祠塑像中、1965 年在莫高窟 122 窟前又续有发现。遗书总数超过 4 万件，其中汉字写本在 3 万件以上，另有少量刻印本。多为卷轴式。北朝写本书法均带隶意，南朝及隋、唐、五代、宋写本则为楷书或草书。8 世纪末，有木笔、苇笔写的卷子。9 世纪以后，出现经折装、册子本和木刻印本。

吐鲁番文书

从新疆维吾尔自治区吐鲁番古墓葬区以及一些古城、洞窟遗址出土的纸质手写的文稿、书卷。主要是汉文，其次是古粟特、突厥、回鹘、吐蕃文等。大致属于东晋十六国到元代（4—14 世纪）这一历史时期。

五代十国
（907 年—960 年）

唐末的民众暴动被镇压下去后，朝廷对藩镇也完全失控，他们彼此攻伐，中原地区相继出现五个朝代，割据西蜀、江南、河东 10 个政权，合称五代十国。五代是后梁、后唐、后晋、后汉、后周。十国是前蜀、吴、闽、吴越、楚、南汉、南平、后蜀、南唐和北汉。继魏晋南北朝之后中国再度陷入分裂混乱的局面。

分裂割据给各地人民带来了诸多的灾难，禁令繁多，商税苛重，加上契丹贵族的掠夺，人民颠沛流离，生活失去了保障。到了五代后朝，统一的趋势已日益明显。960

五代十国大事年表

907 年，朱温称帝，国号大梁，定都开封，史称后梁。

907 年，王建称帝，定都成都，史称前蜀。

907 年，湖南马殷被后梁封为楚王，建立楚国。

916 年，契丹首领耶律阿保机称帝，国号契丹，后又改国号为辽。

917 年，岭南刘䶮称帝，国号汉，定都广州，史称南汉。

919 年，淮南杨隆演称吴王，国号吴，定都广陵（今江苏扬州）。

923 年，李存勖称帝，国号大唐，定都洛阳，史称后唐。

924 年，高季兴被封为南平王，建南平国，定都荆州（今湖北江陵），史称荆南或南平。

926 年，钱镠称王，国号吴越，定都杭州。

934 年，孟知祥在蜀称帝，建立后蜀，定都成都。

936 年，石敬瑭割让燕云十六州给契丹，借契丹之助灭后唐，建立后晋。

937 年，李昪称帝，建立南唐，定都金陵（今南京）。

947 年，刘知远建立后汉，定都开封。

951 年，后汉亡。郭威称帝，国号周，定都开封，史称后周。

960 年，赵匡胤灭后周，建宋朝。

年，赵匡胤发动了陈桥兵变，夺取了后周政权，建立了北宋。此后，经过一系列的战争，实现了再度统一国家的宏愿。

五代十国时期，北方战乱频繁，政局动荡，南方则相对稳定，全国的经济重心从黄河流域转移到了长江流域，农业、手工业、商业比较发达，海上贸易也相当繁荣。文化走上兴盛阶段，继"唐诗"的盛况之后，又萌芽了"宋词"的雏形，书法、绘画也绽出奇葩，为后世留下了珍贵的文化遗产。

1. 政治

后梁

五代之一。朱温所建，定都开封。极盛时疆域约为今河南、山东两省，陕西、湖北的大部以及河北、安徽、江苏、山西、甘肃、宁夏、辽宁的一部分。历 3 主，共 17 年。天祐元年（904 年），朱温挟持唐昭宗迁至洛阳，随即杀昭宗，立其子为唐哀帝。天祐四年（907 年），代唐称帝，改名朱晃，年号开平，国号梁，史称后梁。升汴州（今河南开封）为开封府，称东都；以洛阳为西都。开平三年（909 年），由开封迁都洛阳。乾化三年（913 年），还都开封。朱温称帝前后，改革唐朝积弊，奖励农耕，减轻租赋，统一黄河中下游地区，与河东（今山西太原西南）的晋、南方的吴、吴越、楚、闽、南汉、剑南的前蜀、凤翔的岐、幽州的燕等政权并立。在位时，皇位继承人未定。乾化二年（912 年），朱温亲统大军与晋争河北，得病返洛阳。六月，次子朱友珪发动政变杀朱温，自立为帝。次年正月，改元凤历。二月，朱温第三子朱友贞发动洛阳禁军兵变，朱友珪自杀。朱友贞在开封即帝位，复年号为乾化三年，是为末帝。末帝猜忌方镇大臣，内部分裂，国力进一步削弱。龙德三年（923年）十月，李存勖攻入开封，末帝自杀，后梁灭亡。

后梁太祖朱温

（852—912 年）后梁开国皇帝，在位 5 年。宋州砀山（今属安徽）人。雄武凶悍，不事产业。唐乾符四年（877 年），参加黄巢起义军。中和二年（882 年），任同州防御使。很快又叛变，降唐河中节度使王重荣，任河中行营副招讨使，被赐名全忠。次年改宣武军节度使，加东北面都招讨使。与李克用等联兵镇压黄巢起义军，并先后并吞、击败秦宗权、朱瑄、李茂贞、朱瑾等藩镇，挟持唐昭宗。光化三年（900 年），进爵梁王，大杀宦官，尽揽重权。天祐元年（904 年），迫昭宗迁洛阳。不久杀之，立李柷为唐哀帝。后拥有宣武等 21 道领土，初步统一黄河流域。四年（907 年），废哀帝自立，定都汴州，国号梁，史称后梁。改名朱晃，年号开平，开启五代历史。建后梁后，令诸州灭蝗，以利农桑。又令两税外不得加赋，禁州县酷吏广敛贪求，对唐朝积弊有所改革。又诛戮功臣，防范节度使，但藩镇交兵战争依然不断。曾与李克用父子连年征战。晚年淫乱，因立嗣不决，乾化二年（912 年）为其子朱友珪所杀。庙号太祖，葬宣陵（在今河南洛阳）。

后唐

五代之一。李存勖所建，定都洛阳。极盛时疆域约为今河南、山东、山西三省，河北、陕西的大部分及甘肃、安徽、宁夏、湖北、江苏一部分，短期占有四川。历4帝，约14年。李存勖本沙陀人，李克用长子。后梁开平二年（908年）李克用死，李存勖继晋王位。乾化元年（911年），晋王在柏乡（今属河北）决战中，大败后梁兵，继而攻占幽（今北京）、魏（今河北大名北）等州，占有河北。龙德三年（923年）四月，李存勖称帝于魏州，改元同光，国号唐，史称后唐。同年十月，灭后梁。十二月，迁都洛阳。割据凤翔的岐王李茂贞与吴越、楚、闽、南平都称臣于后唐。同光三年（925年），李存勖令郭崇韬等攻灭前蜀，进一步统一北方，并扩展到长江上游。南方诸国中，仅南汉、吴与后唐抗衡。李存勖骄淫乱政，任用孔谦重敛急征，百姓怨愤；重用伶官、宦官、诛杀功臣；抢掠魏州军营妇女入宫，激起魏州兵变。四年三月，李克用养子蕃汉总管李嗣源借兵变力量，夺取汴州（今河南开封）。四月，李存勖在洛阳被乱兵所杀，李嗣源入洛阳称帝，改名李亶，改元天成，是为明宗。明宗即位后，改革弊政，杀宦官，废苛法，均田税，政局小安。长兴四年（933年）十一月，明宗病，子从荣疑其已死，领兵入宫，事败被杀。明宗死，子李从厚即位，是为闵帝。应顺元年（934年）四月，李嗣源养子李从珂起兵杀李从厚，自立为帝。清泰三年（936年）闰十一月二十六日，李嗣源女婿石敬瑭勾结契丹攻入洛阳，李从珂自杀，后唐灭亡。

后唐太祖李克用

（856—908年）沙陀族首领。一目盲，时称独眼龙。父朱邪赤心，因镇压庞勋起义有功，唐懿宗赐姓名李国昌。李克用随父冲锋陷阵，后据云州反唐，败而逃入鞑靼之地。中和元年（881年），奉诏镇压黄巢起义军。三年，为河东节度使，从此

割据一方，染指中原。四年，追击黄巢军，过汴州，与朱温交恶。光启元年（885年）与王重荣击败朱玫、李昌符，进犯长安，纵火大掠，唐僖宗出逃。大顺元年（890年），败朱温，乘胜大掠晋、绛，致河中赤地千里。后李茂贞、王行瑜、韩建谋反，李克用杀王行瑜，被封晋王。所部被称为晋军，是后梁的主要敌手。天复二年（902年），被朱温联合魏博军战败，势衰。

后晋

五代之一。石敬瑭所建，定都开封。极盛时疆域约为今山东、河南两省，山西、陕西的大部及河北、宁夏、甘肃、湖北、江苏、安徽的一部分。历2帝，约11年。石敬瑭是沙陀人，后唐明宗女婿。后唐长兴三年（932年），任北京（太原）留守、河东节度使。明宗去世前后，屡次发生争夺皇位的乱事。石敬瑭看到后梁、后唐皆自藩镇得国，早就觊觎帝位。清泰三年（936年）夏，石敬瑭与桑维翰勾结契丹，认契丹主耶律德光为父，并将燕云十六州拱手献给契丹，另加岁贡帛30万匹。十一月，契丹主在太原册立石敬瑭为大晋皇帝，改元天福，国号晋，史称后晋。天福元年（937年）闰十一月二十六日，石敬瑭攻入洛阳，后唐末帝李从珂自焚而死。次年，石敬瑭迁都汴州，三年改为东京开封府。天福七年，石敬瑭在内忧外患中忧郁而死。侄石重贵即位，史称少帝或出帝。大臣景延广掌权。契丹主驱兵南下，晋军士兵英勇作战，两次击退契丹军。开运三年十月，石重贵任其姑父杜威为元帅，率军抵御契丹。杜威与契丹暗中勾结，契丹主答应立杜威为中原皇帝。杜威信以为真，遂引契丹军南下，十二月十七日入开封，俘石重贵北迁，后晋灭亡。

后晋高祖石敬瑭

（892—942年）后晋开国皇帝，在位7年，沙陀部人。为人沉厚寡言，勇猛善骑射，随后唐庄宗、明宗征战，屡建大功。明宗以永宁公主妻之，因助明宗即帝位有功，拜陕

州保义军节度使兼六军诸卫副使。后又拜河东节度使。闵帝立，他徙成德，复镇太原。清泰三年（936年）受末帝猜忌，被命移镇天平，遂举兵反，乞援契丹。契丹主出兵助他灭后唐，立他为帝，改元天福，国号晋，史称后晋。他称帝后割让燕云十六州给契丹，从此河北平原无险可守。每年献帛30万匹，称契丹主为"父皇帝"，自称"儿皇帝"。迁都于汴州，改为东京，置开封府，改洛阳为西京。曾命文臣纂集《大晋政统》，司天监造《调元历》，停明经、童子、拔萃、明算、道举、百篇等科举。在位期间大肆搜刮诸州民财，年年重贡契丹，又因其部将与之争夺帝位而征战不息，人民苦不堪言。石重荣反对父事契丹，被杀。吐谷浑部不愿降契丹，附于河东。契丹主责问，石敬瑭忧郁成疾而死。葬显陵，庙号高祖。

石敬瑭像

燕云十六州

五代时期石敬瑭割让给契丹的燕、云等地总称。石敬瑭原是后唐派往河东驻防的大将，任务是防御契丹入侵。当时后唐朝政混乱，统治集团内部矛盾尖锐，石敬瑭认为有机可乘，便拥兵自重，图谋夺权。后唐清泰三年（936年）石敬瑭与部将刘知远、桑维翰等人正商筹谋反之时，后唐末帝派兵讨伐，围攻晋阳。石敬瑭遣使契丹请求援助，表示愿俯首称臣，"以父礼事之"，并许事成之后，"割卢龙一道及雁门关以北诸州与之"。契丹主耶律德光立允其请，发5万骑兵，配合石敬瑭，大破后唐军。十一月，耶律德光亲自册封石敬瑭为帝，国号为晋，史称后晋。石敬瑭称帝后，正式奉表履约，割让下列十六州地给契丹：幽州（今北京市）；蓟州（今天津蓟县）；瀛州（今河北河间）；

莫州（今河北任丘）；涿州（今河北涿州）；檀州（今北京密云）；顺州（今北京顺义）；新州（今河北涿鹿）；妫州（今河北怀来）；儒州（今北京延庆）；武州（今河北宣化）；云州（今山西大同）；应州（今山西应县）；寰州（今山西朔州境内）；朔州（今山西朔州境内）；蔚州（今河北蔚县）。十六州的范围东至河北遵化，北迄长城，西界山西神池，南至天津，河北河间、保定及山西繁峙、宁武一线以北地区。由于石敬瑭割让了燕云十六州，使北方地区自后晋乃至宋代均无险可守，给契丹、女真、蒙古等少数民族军队进攻中原提供了有利条件。

冯道

（882—954年）五代时期后唐、后晋、后汉、后周和辽的大臣。字可道，瀛州景城（今河北献县东北）人。唐末为藩镇刘守光属下。刘守光败后，归附李克用。后唐时历任集贤殿弘文馆大学士、司空等职。后晋时任司徒。后晋废枢密使，权归中书，他任中书令。后汉时任太师。后周时又任太师，大权在握。历五朝八姓十一君，均居将、相高位。在相位二十余年，晚年自号"长乐老"。自云一生憾事是"不能为君致一统，定八方"，但又曾极力谏阻后周世宗柴荣亲征北汉，统一天下。后世对他多加非议。后唐长兴三年（932），在他倡议下校定《九经》，镂版印行，是官府刻印书籍之始，后世称为"五代监本"。

后汉

五代之一。刘知远所建，定都开封。极盛时疆域约为今山东、河南两省，山西、陕西的大部及河北、宁夏、湖北、安徽、江苏的一部分。历2帝，约4年。刘知远是沙陀部人，天福六年（941年）七月，任太原留守、河东节度使。刘知远亦曾向契丹纳贡，对契丹南下采取观望态度。947年正月，契丹主耶律德光称帝于开封，国号辽。二月，刘知远亦在太原称帝。他下诏禁止为辽搜刮钱帛，并诏慰抗击之民众，人心归附。三月，辽兵撤。五月，刘知远出兵占领洛阳、开封，收复后晋未失陷的河南、河北诸州。六月，改国号大汉，史称后汉。改开运四年（947年）为天福十二年，次年建元乾祐。乾祐元年（948年）正月，刘知远死，次子承祐即位，是为隐帝。承祐初立，大臣史弘肇、杨邠、苏逢吉、郭威等专权，但4人之间有矛盾。史弘肇为侍卫亲军马步军都指挥使，掌握禁军，酷虐滥杀；杨邠为枢密使，权势最重。承祐疑惧，于乾祐三年十一月杀杨邠、史弘肇及三司使王章，又密令杀邺都留守、枢密使郭威。事泄，郭威起兵攻入开封，十一月二十一日承祐被杀，后汉灭亡。

后汉高祖刘知远

（895—948年）后汉开国皇帝。沙陀部人，后唐时为石敬瑭属下。石敬瑭密谋称帝，以称儿、称臣、割地、岁输金帛为条件，求契丹主出兵后唐。刘知远进谏，认为称臣则可，以父事之太过，只用金帛可以使契丹发兵，不必割地，否则恐日后为中原大患，但石敬瑭不从。天福元年（936年），石敬瑭即位，先后以刘知远为陕州、许州、宋州、河东节度使，邺都、北京（太原）留守，加侍中。七年，石敬瑭死，侄石重贵嗣位，封刘知远为北平王。时吐谷浑部归附河东，知远杀其首领白承福等，收其精骑，得其财畜。开运年间，契丹军南下中原，知远不出一兵支援朝廷。开运三年（946年）冬契丹陷开封，灭后晋，出帝北迁。知远派王峻至开封上表奉贺，契丹主耶律德光赐诏，称"知远儿"。次年正月，耶律德光称帝，国号辽。二月，知远见辽帝贪残不能统治中原，于是在太原即位，仍称天福十二年，意在争取后晋旧臣归附。三月，辽帝被迫北返。知远乘虚入洛阳，又入开封，改国号为汉，史称后汉。次年正月改元乾祐，更名刘暠，是月卒。

后周

五代之一。郭威所建，定都开封。极盛时疆域包括今山东、河南两省，陕西、安徽、江苏的大部，河北南部、湖北北部及内蒙古、宁夏、甘肃、山西一部分。历10年，共3帝。后汉乾祐三年（950年）四月，郭威以枢密使出为邺都留守。十一月，起兵攻入开封，十一月后汉隐帝被杀。次年正月，郭威即帝位，是为太祖。改国号周，史称后周。改元广顺，仍定都开封。郭威针对前朝弊政，实行改革，刑罚有所减轻，部分苛税被废止，一些官田散给佃户，一定程度上减轻了对人民的压迫剥削。显德元年（954年）正月，郭威病逝，养子柴荣即位，是为世宗。柴荣继续推行改革，整顿吏治，严明军纪，士卒精强。世宗有雄才大略，致力于全国统一，显德元年亲率大军在高平（今属山西）与北汉、辽国的联军决战，大败北汉军，迫辽军退走，初步巩固了北部边防。二年，发兵击败后蜀，收复秦（今甘肃秦安北）、阶（今甘肃武都东）、成（今甘肃礼县）、凤（今陕西凤县东）4州。此后，3次亲征南唐。李璟被迫献淮南、江北14州60县，与后周划江为界。六年，世宗又亲自统军北征，很快收复莫（今河北任丘北）、瀛（今河北河间）、易（今河北易州）3州和瓦桥（在今河北雄县）、益津（今河北霸州）、淤口（今河北霸州东信安镇）3关，计17县。此时，柴荣病重，遂回师开封。六月，世宗病逝，子柴宗训即位，是为恭帝。显德七年正月，赵匡胤发动陈桥兵变，废恭帝，建立北宋王朝，后周灭亡。

后周太祖郭威

（904—954年）后周开国皇帝，在位3年。字文仲，邢州尧山（今河北隆尧西）人。少年孤贫，好武勇，略知兵法。初投潞州为卒，后隶刘知远部，升为侍卫亲军都虞候。刘知远称帝，他任枢密副使。隐帝嗣位后，被拜枢密使。乾祐三年（950年），为邺都留守。后遭隐帝猜忌，亲属被杀，遂带兵入朝。隐帝遇害，迎立刘赟。复领兵北征契丹，至澶州，被军士拥立而还。次年即位，改元广顺，国号周，史称后周。建都于汴，杀刘赟。在位3年，改革弊政。搜罗人才，重用文士，废止后晋、后汉酷刑。开盐、酒、皮革之禁，废除牛租。废京城内无名额的僧尼寺院等。放免差税。罢营田，分给现佃户。无主荒地，任农民耕垦。倡导节俭，严惩贪官，严禁军队扰民，使北方社会逐渐安定。重视官吏政绩，但对朝内骄横大臣多有迁就。显德元年病死，庙号太祖，葬嵩陵（在今河南开封）。

后周世宗柴荣

（921—959年）后周皇帝，在位5年。邢州龙冈（今河北邢台）人，郭威养子，皇后柴氏之侄。曾贩茶，知民生疾苦。器貌雄伟，善骑射，略通书史，性宽厚谨顺，明敏强干。得太祖郭威喜爱，收为养子，更名郭荣。太祖即位，任澶州（今河南濮阳）刺史，为政清廉。后封晋王。太祖病死，柴荣即位。励精图治，整顿军事、政治、经济，严明军纪，赏有功，斩临阵退却者，检阅禁军，汰老弱，留精锐，募天下壮士。诏群臣直言，撰《平边策》，禁官吏贪污。停废大批寺院，收购民间铜器佛像铸钱。颁《均田图》，均定河南等地60州田赋，减免租税，招抚流散，兴修水利，发展经济。扩建京城，恢复漕运，修订刑律，改订历法，考正雅乐，纠正科举弊端，搜求遗书、雕印古籍等。曾出兵伐后蜀，收秦（今甘肃秦安西北）、凤（今陕西凤县东北）、成（今甘肃礼县南）、阶（今甘肃武都东）4州。3次亲征南唐，尽取江淮14州。后北伐契丹，收复瓦桥（在今河北雄县西南）、益津（在今河北霸州）、淤口（在今霸州东）3关，欲乘胜进取幽州（今北京），因病中止，还汴京，于显德六年（959年）病逝。庙号世宗，谥曰睿武孝文皇帝，葬庆陵（在今河南郑州）。

后周世宗柴荣像

前蜀

十国之一。王建所建，定都成都。极盛时疆域约为今四川大部、甘肃东南部、陕西南部、湖北西部。历2主，共35年。王建大顺二年（891年）攻占成都，据西川。乾宁四年（897年），占有东川梓（今四川三台）、渝（今重庆）诸州，遂有全蜀之地。天复二年（902年）取山南西道（今陕西汉中）。三年，唐封王建为蜀王。开平元年（907年），王建又取秦（今甘肃秦安北）、凤（今陕西凤县东）、成（今甘肃成县）、阶（今甘肃武都东）4州，扩境至大散关。天汉元年（917年），王建改国号为汉。翌年，复号为蜀。唐末大乱，不少士族、文人投奔前蜀，王建多加录用。永平三年，太子元膺在宫廷内乱中被杀。光天元年（918年），王建死，其子王衍即位。前蜀少有大规模战争，社会基本稳定，经济正常发展，但王建统治时赋税繁重。王衍奢侈荒淫，营建宫殿，巡游诸郡，耗费大量财力，加重了人民负担。太后、太妃卖官鬻爵，臣僚贿赂成风，政治十分腐朽。同光三年（925年），李存勖发兵攻蜀，王衍投降，后被杀于押送洛阳途中。前蜀灭亡。

前蜀高祖王建

（847—918年）前蜀开国皇帝。字光图，陈州项城（今河南沈丘）人。少年时以屠牛、盗驴、贩私盐为生，后投忠武军。黄巢义军攻长安时，监军杨复光分忠武军为八都，王建为一都头。中和四年（884年），王建等五都头率兵入蜀，归宦官田令孜指挥，田令孜认王建等为养子。后王建等分掌神策军。光启二年（886年）藩镇作乱，僖宗又奔兴元，王建任清道斩斫使。宦官杨复恭执掌禁军，疑王建，让他出任壁州刺史。王建组织了8000人的队伍，逐步扩大地盘。光启三年，弃阆州（今四川阆中）西赴成都，攻西川（今四川成都）节度使陈敬瑄，占领成都西南诸州。大顺二年（891年），攻占成都，囚陈敬瑄与田令孜。乾宁四年（897年），破梓州（东川节度使治所），占据东西两川之地。天复二年（902年）取山南西道（今陕西汉中）。三年，为蜀王。开平元年（907年），在成都称帝，国号蜀，史称前蜀。武成二年（909年），颁《永昌历》。永平五年（915

年）取秦、凤、成、阶 4 州，扩境至大散关。天汉元年（917 年），改国号为汉。光天元年（918 年），复国号为蜀。是年王建卒。

南唐

十国之一。李昪所建，定都金陵（今江苏南京），称江宁府。极盛时疆域为今江西全省及安徽、江苏、福建、湖北等省一部分，有 35 州。历 3 主，共 39 年。吴天祚三年（937 年），徐知诰废吴帝杨溥，自称皇帝，国号大齐，次年，改姓名为李昪，改国号为唐，史称南唐。李昪在位时保境安民，不轻易用兵，社会生产有所发展，对外贸易兴起，商人以茶、丝与中原交换羊、马，又经海上与契丹贸易。943 年李昪死，子李璟（初名景通）即位。大保三年（945 年），南唐乘闽内乱，出兵灭闽，俘王延政。时吴越出兵与南唐争地，南唐得建（今福建建瓯）、汀（今福建长汀）、漳（今属福建）3 州。大保九年，南唐乘楚内乱，派兵灭楚。不久，楚国故地为周行逢所据，南唐未能巩固所占楚地。大保十三年至交泰元年，后周连续进攻南唐，李璟献长江以北、淮河以南 14 州，对后周称臣。后迁都洪州（今属江西），从此国势衰微。建隆二年（961 年）李璟死，子李煜即位，复都金陵。开宝八年（976 年）十一月，宋军攻占金陵，李煜被俘，南唐灭亡。

南唐元宗李璟

（916—961 年）在位 18 年。初名景通，改名瑶，又改璟，避后周讳又改景，字伯玉，徐州（今属江苏）人，南唐李昪长子。15 岁为兵部尚书参知政事。后任司徒同平章事，知中外左右诸军事，留江都辅政。3 年后，自江都还金陵。天祚二年（936 年），为太尉副元帅。李昪受禅后，李璟为诸道副元帅，封吴王。次年，封齐王。三年，为诸道兵马大元帅。943 年七月二日，李昪卒，他即位为南唐皇帝。执政前期，西灭楚，东灭闽，雄踞一方，为十国中最强盛者。后期，后周实力强大，后周世宗柴荣两度南征，占有南唐扬、泰等 10 州土地，李璟又被迫再献庐、

舒等 4 州。显德五年（958 年），向后周世宗称臣，迁都南昌。建隆二年（961 年）病死，庙号元宗，谥明道崇德文宣孝皇帝，葬顺陵（在今江苏南京）。李璟性懦而多才艺，工诗词。其词仅存 4 首。与后主李煜齐名，世称"南唐二主"。

韩熙载

（902—970 年）南唐官吏。字叔言，潍州北海（今山东潍坊）人。少隐嵩山，后唐同光四年进入仕途。天成元年，因其父为明宗所杀，南奔归吴，任校书郎。出任滁、和、常 3 州从事。元宗嗣位，任虞部员外郎、史馆修撰，兼太常博士等。因建铁钱之议，拜户部侍郎，任铸钱使。后主即位，改吏部侍郎，徙秘书监，拜兵部尚书，任勤政殿学士承旨。目睹南唐国势日蹙，广蓄女乐，彻夜宴饮，以排遣忧愤。后主欲用之为相，因其纵情声色而罢。复为兵部尚书，官至光政殿学士承旨。开宝三年卒。韩熙载才高博学，精音律，书画冠绝当时。为文长于碑碣，所作制诰典雅，人称"有元和之风"。

后蜀

十国之一。孟知祥所建，定都成都。极盛时疆域为今四川大部、甘肃东南部、陕西南部、湖北西部。历 2 主，共 40 年。同光三年（925 年）后唐灭前蜀，以孟知祥为西川节度使。次年正月，孟知祥入成都，整顿吏治，减免苛税，境内渐安。长兴三年（932 年），孟知祥杀东川节度使董璋，据东川地。四年，封蜀王。应顺元年（934 年）称帝，年号明德，国号蜀，史称后蜀。同年，孟知祥死，子孟昶即位，沿用明德年号，明德五年（938 年）改元广政。契丹灭后晋时，秦（今甘肃秦安北）、成（今甘肃成县）、阶（今甘肃武都东）3 州附后蜀。后蜀又攻取凤州（今陕西凤县东），疆域与前蜀相似。广政十八年（955 年），秦、阶、成、凤 4 州又为后周攻占。乾德三年（965 年）北宋发兵攻蜀，孟昶投降，同年卒。后蜀灭亡。

吴

十国之一。杨行密所建,定都广陵(今江苏扬州),称江都府。极盛时疆域为今江西全省及江苏、安徽、湖北一部分。历4主,共46年。杨行密,庐州合肥(今属安徽)人,出身农家。应募为州兵,后归淮南节度使高骈,为庐州刺史。在江南军阀混战中,杨行密逐渐扩大自己的势力,先据有宣歙(今安徽东南及浙江西北部),后占领扬州和江南的润(今江苏镇江)、昇(今江苏南京)、常(今属江苏)、苏(今属江苏)诸州。景福元年(892年),为淮南节度使。杨行密以其地为根据地,北与后梁朱温、东南与吴越钱镠相抗,又向江西和湖北地区发展,形成割据政权。时江淮地区经过军阀长期混战,人口死亡流散,土地荒芜。杨行密采用绥靖政策,如召集流民,奖励农桑,社会经济有所恢复。天复二年(902年)为吴王,建都广陵。天祐二年(905年),行密死。子杨渥继位,政权落入大将张颢、徐温手中。开平二年(908年),张颢、徐温杀杨渥,立杨隆演为帝。后徐温又杀张颢,独掌大权。贞明五年(919年)杨隆演称吴国王,年号武义。武义二年(920年),杨隆演死,其弟杨溥即位,次年改元顺义。顺义七年(927年)杨溥称吴皇帝。天祚三年(937年)徐温养子徐知诰废杨溥自立,国号大齐,吴灭亡。

吴越

十国之一。钱镠所建,定都杭州(今属浙江)。极盛时疆域为今浙江全省、江苏西南部、福建东北部,有13州,历5主,共86年。唐光启三年(887年)唐以钱镠为杭州刺史,从此独据一方。景福二年(893年),升任镇海军节度使,驻杭州。乾宁三年(896年),钱镠灭董昌,得越州。任镇海、镇东两镇节度使,治杭州。天复二年(902年),封越王。开平元年(907年)后梁又封钱镠为吴越王,占地13州。后唐长兴三年(932年)钱镠卒,子元瓘继位。天福五年(940年),闽中大乱,元瓘遣大军入闽。六年,元瓘卒,子钱弘佐(一作钱佐)即位。开运三年(946年),吴越再次遣兵入闽,得福州。次年,弘佐卒,弟弘倧即位,同年十二月,将校废弘倧,立其弟弘俶(即位后,单名俶)。开宝八年(975年),宋灭南唐,吴越面临危机,宋太宗太平兴国元年(976年),钱俶入朝。三年,再次入朝,尽献所据土地,全家迁汴京,吴越灭亡。

吴越王钱镠

(852—932年)吴越开国皇帝,在位25年。字具美,小字婆留。杭州临安(今浙江临安北)人。少年时贩盐为生。乾符二年(875年),钱镠投董昌充偏将。六年,黄巢义军南下临安,他领兵截击。受淮南节度使高骈赞赏,推荐其为都知兵马使。光启二年(886年),钱镠建议董昌全军渡江进击,消灭了刘汉宏之众,占领越州(今浙江绍兴),平定浙东。三年,钱镠为杭州刺史。大顺二年(891年),钱镠在军阀割据中占领了苏州。景福二年(893年),钱镠为镇海军(今江苏镇江)节度使。乾宁二年(895年),董昌自称罗平国皇帝,改元顺天。钱镠发兵进攻,次年攻占越州,杀董昌。钱镠为镇海、镇东两镇节度使,兼有浙东、浙西之地。其子孙又占福州(今属福建),置秀州(今浙江嘉兴),天复二年(902年)唐封钱镠为越王。天祐元年(904年)又封他为吴王。开平元年(907年)后梁封钱镠为吴越国王。后梁贞明四年(918年),吴取虔州(今江西赣州),钱镠改由海路入贡汴、洛。晚年礼敬文士,境内文化有所发展。在位期间,筑捍海石塘,置龙山、浙江

吴越国官吏俑 五代
五代时,官吏的制度、服饰、礼仪大多沿袭唐制,只是帽冠稍有变动,所着衣裳仍为唐朝的宽衣博带式。此俑为江南地区吴越国的官吏俑,脸部丰腴,面含笑容,为典型的五代文官形象。

两闸，以遏潮水内灌。在太湖流域修水利，并建立水网圩区的维修制度。开拓杭州城郭，大兴土木，悉起台榭，有"地上天宫"之称。长兴三年卒。

南汉

十国之一，曾称大越国，刘隐、刘龚兄弟所建，定都广州番禺（今广东广州），称兴王府。极盛时疆域为今广东、广西两省及云南一部分，有 60 州，历 4 主，共 54 年。刘隐原籍上蔡（今属河南），后迁居泉州。乾宁元年（894 年）其父封州刺史刘谦卒，刘隐继任。天祐二年（905 年），唐任刘隐为清海军（岭南东道）节度使。开平元年（907 年）朱温封刘隐为大彭郡王；三年，改封南平王；四年，又进封南海王。刘隐收用士人为辅佐。遣其弟刘龚率兵平定岭南东西两道诸侯割据势力，控制了岭南；西与楚争占容、邕之地。乾化元年（911 年）刘隐卒，刘龚即位。贞明三年（917 年），刘龚称帝于番禺，国号大越，次年改为汉，史称南汉。大有十五年（942 年）刘龚卒，其子刘玢嗣位，年号光天。次年，弟刘晟杀刘玢自立。乾和六年（948 年）刘晟乘楚国内乱，派兵攻楚，至九年，得楚 10 余州。十六年（958 年）刘晟卒，其子刘铱嗣位，年号大宝。刘龚在位依靠士人治政，尽任士人为诸州刺史，还通过科举每年录用进士、明经 10 余人为官，避免了武官据地称雄之患。但刘龚及其继任者均为荒淫残暴之君，广聚珠宝珍玩，大兴土木。后来宦官垄断大权，朝政更加腐败。开宝四年（971 年），宋兵攻占广州，刘铱投降。南汉灭亡。

闽

十国之一，王潮、王审知兄弟所建，定都神州（今属福建），称长乐府。极盛时疆域为今福建全省。历 7 主，共 53 年。王潮先为县佐，后与其弟审邽、审知加入王绪部转战江西、福建。同年八月，在南安（今福建南安东）发动兵变，囚王绪自立。次年攻占了泉州。景福二年（893 年）攻占福州，又逼降汀（今福建长汀）、建（今福建建瓯）、漳（今属福建）3 州，镇压境内二十余股武装，据有闽 5 州之地。唐朝封王潮为福建观察使、威武军节度使。乾宁四年（897 年）王潮卒，王审知即位。天祐元年（904 年）唐封王审知为琅琊王。开平三年（909 年）后梁封王审知为闽王。王审知保境安民，纳贡于中原朝廷，交好邻国；内则勤修政事，致力于发展经济文化。他体恤民众疾苦，提倡节俭，省刑惜费，轻徭薄赋，与民休息。充分利用泉州、福州等天然良港，鼓励海上贸易。注意起用唐末流亡入闽士人创办学校。在位 30 年，境内安宁，经济文化发展。同光三年（925 年）卒，长子延翰即位。王延翰于天成元年（926 年）十月建闽国称王，仍称臣于后唐。同年十二月，其弟延钧杀延翰自立，长兴四年（933 年）称帝，更名为鏻，国号闽，建元龙启。从此开始，即位者均为昏君庸主，朝政腐败，国力疲敝，争权夺利愈演愈烈，延钧为其子继鹏（后改名昶）所杀，继鹏又为其叔延曦（后改名曦）所代。永隆五年（943 年），延曦之弟延政称帝于建州，国号殷，建元天德，形成分裂局面。次年，延曦为部将所杀。天德三年（945 年）正月，王延政又得福州，复国号闽，仍定都建州。八月，南唐兵攻破建州，俘延政；闽将李仁达据福州。九月，汀、泉、漳 3 州降南唐，闽灭亡。

楚

十国之一。马殷所建，定都潭州（今湖南长沙），称长沙府。极盛时疆域为今湖南全省、广西东北部、贵州东部及广东西北角，有二十余州，历 6 主，共 56 年。马殷，字霸图，许州鄢陵（今属河南）人。初从孙儒、刘建锋攻杨行密。景福元年（892 年）孙儒败死，刘建锋以马殷为先锋，率余众转入江西，于唐昭宗乾宁元年（894 年）入湖南，攻陷潭州。三年五月，刘建锋为部下陈瞻所杀，众推马殷为留后，不久，唐任他为武安军节度使。马殷四出攻占诸州，又征服境内诸溪洞少数民族，拥有二十余州之地。开平元年（907年）后梁封马殷为楚王。天成二年（927年）后唐亦封其为楚国王。楚东受吴威胁，马殷向中原朝廷称臣进贡，以钳制吴国；同时获准在襄（今湖北襄樊、襄阳）、唐（今河南唐河）诸州置邸店，以茶与中原贸易，换回丝织品和战马。楚不向客商征税，四方商贾云集。马殷注意发展生产，鼓励种桑养蚕，社会经济发展。长兴元年（930年）马殷卒，子希声、希范相继嗣位。马希范奢侈无度，赋役苛重，政刑紊乱。广顺元年（951年），南唐率军攻入长沙，楚灭亡。

南平

十国之一，又称荆南。高季兴所建，定都荆州（今湖北江陵），称江陵府。疆域为今湖北省巴东县至湖南省岳阳市间长江两侧的狭长地带。历5主，共57年。高季兴字贻孙，陕州峡石（今河南三门峡东南）人，为富人家僮，后随朱温为部将。开平元年（907年），朱温即帝位后，派高季兴任荆南节度使。到镇时，高季兴仅得江陵一城。他召集流散军民，收用文武官为辅佐，暗中准备割据。乾化四年（914年），后梁封高季兴为渤海王。同光元年（923年），李存勖灭后梁，高季兴入朝洛阳。次年，受封南平王。后唐灭前蜀后，高季兴得到归、峡二州，还一度控制了夔（今重庆奉节东）、忠（今重庆忠县）、万（今重庆万州市）3州，然而很快被后唐夺回，故南平在十国中势力最为弱小，生产不能自给，靠通商获得财物。国主奉中原朝廷年号，同时对南北称帝各国称臣，借以获得赏赐及维持商贸往来。其子高从诲常截扣南方诸国进献中原朝廷的贡使、贡物，被各国称为"高无赖"。后唐天成三年（928年），高季兴卒，高从诲即位。从此，高氏父死子嗣、兄终弟及成为定制。建隆四年（963年），宋出兵湖南，途经江陵，南平末帝高继冲纳地归降，南平灭亡。

北汉

十国之一。刘崇所建，定都晋阳（今山西太原南），称太原府。极盛时疆域为今山西省中部和北部。历4主，共29年。刘崇先世为沙陀部人，后汉高祖刘知远弟。后汉隐帝时，刘崇官至河东节度使、太原尹。刘崇见后汉政权不稳，便图谋篡权。乾祐三年（950年）十一月，郭威于邺都起兵，次年隐帝兵败被杀。广顺元年（951年）正月，郭威称帝，改国号为周，史称后周。刘崇即据河东12州称帝，改名刘旻，用后汉乾祐年号，国号汉，史称北汉或东汉。北汉是十国时唯一地处北方之国。刘崇结辽为援，奉辽帝为叔皇帝。曾两度联合辽兵，进攻后周，但兵败反被后周进围太原达月余。后周兵退，刘崇卒，其子承钧即位，奉辽帝为父皇帝。此后，后周、北宋频频向北汉进攻。太平兴国四年（979年），宋太宗赵炅率军亲征北汉。先击溃辽援军，后猛攻太原，北汉末帝刘继元被迫出降，北汉灭亡。

2. 文化、科技

宫廷画院

五代时设立于宫中的画院。始于五代时西蜀和南唐。后蜀孟昶和南唐李璟在宫中设立了"翰林图画院"。蜀中著名画家黄筌，被孟昶任命为翰林待诏，主持画院事务。后梁的荆浩和关仝是著名山水画家。荆浩的画皴染并用，浓淡分明；关仝的画石体坚凝、杂木丰茂。南唐的董源，善于绘秋岚远景，画多写江南真山，不为奇峭之笔。花鸟画，五代时以西蜀的黄筌和南唐的徐熙最著名。黄筌对山水竹石、人物画无所不能，花鸟虫草最负盛名。徐熙的画多状江湖水鸟渊鱼，被尊为神品。人物画以南唐的周文矩和顾闳中最著名。顾闳中的名作《韩熙载夜宴图》，流传后世。周文矩的仕女画，形神毕肖，别具风格。宫廷画院的建立推动了绘画艺术的发展。

雕版印经

雕版印刷是五代十国时科技上的一大

成就。后唐长兴三年（932 年），冯道请求根据唐朝石刻的"九经"（唐以"三礼""三传"、《易》《书》《诗》合称"九经"）印经书；后蜀宰相毋昭裔亦请刻印"九经"。从此，板印书籍发展起来。沈括说："板印书籍，唐人尚未盛为之，自冯瀛王（冯道）始印五经，以后典籍皆为板本。"这一重大变革，促进了文化发展。

花间词派

五代词坛的一个重要流派，得名于后蜀赵崇祚编《花间集》。收录了晚唐至后蜀 18 位作家的词 500 首。词发轫于唐中期，兴盛于五代。花间派用词华丽，多写闺阁情思、樽前花下的生活，色彩浓而艳、香而软，内容缺乏积极性，但在艺术上颇具特色。以温庭筠、韦庄为代表。南唐中主李璟和冯延巳的词，在五代词苑占有重要地位。李璟善文词，其词传世有 4 首，语言明快，意境阔大。即帝位后，特别看重词人，冯延巳就因词作佳而官至宰相。冯延巳的词多写男女间的离情别恨，表现了士大夫的生活情趣，语言清丽，善于以景见情。南唐后主李煜是历史上杰出的词人之一。前期主要写宫廷生活，或写嬉笑欢乐、密约私情，有脂粉气。后期从皇帝宝座跌入囚徒深渊，词作主要是南唐亡国之作，抒发国破家亡的愁苦悲愤，对景物描写使人身临其境，对人物心理描摹刻画丝丝入扣。他突破了曲子词和花间派的框框，使词增添了表现生活和抒发感情的能力，扩大了词的境界，提高了词的格调，对词的发展做出了贡献。

猛火油（石油）出现

猛火油即石油。五代时已将猛火油用于军事，吴越与南唐交战，曾用猛火油为武器。吴越使者于 917 年到契丹，送猛火油给辽主耶律阿保机，教其用法。

董源

（?—约 962 年）五代时期南唐画家。一作董元，字叔达，钟陵（今江西进贤）人。曾官任北苑副使，世称"董北苑"。多画山水、牛、虎、人物，最擅山水画。运用披麻皴和点苔法表现江南一带山川景色，用笔圆曲柔浑，用墨清润淡雅，多画平远山势，有苍莽之气。北宋郭若虚称"类王维"，米芾赞为"唐无此品"。元代赵孟頫称其山水景物富丽，有李思训风格。董源与巨然并称"董巨"，成为南方山水画派之祖；与李成、范宽并称"北宋三大家"；又与荆浩、巨然、关仝并称为五代北宋间四大山水画家。画人多用青红，小而神情逼真。传世作品有《潇湘图》《夏山图》《夏景山口待渡图》《龙宿郊民图》《洞天山堂》。

巨然

五代宋初画家。江宁（今江苏南京）人，为开封开元寺僧。擅画山水，师承董源，专写江南风貌。用长披麻皴画山，以破笔焦墨点苔，常于水边点缀风蒲，林麓间布置松柏卵石，较之董源山水显苍郁清润。北宋沈括称"江南董源僧巨然，淡黑轻岚为一体"。与董源并称"董巨"，为南方山水画派之祖。与荆浩、董源、关仝并称为五代北宋间四大山水画家。传世作品为《秋山问道图》《层崖丛树图》《万壑松风图》《山居图》等。

荆浩

五代时期后梁画家。字浩然，沁水（今山西沁水）人。通经史，能诗文，书法学柳公权。唐末为避战乱，隐居太行山洪谷，号洪谷子。擅长画山水树石和佛像。画法皴染兼备，标志着中国山水画艺术的一次突破。全景式山水画构图完整，境界雄阔，景物逼真，推动山水画走向全盛期。表现山形特点"云中山顶，四面峻厚"的风格，对北宋前期山水画的发展产生了影响。著有《笔法记》，提出气、韵、思、景、笔、墨"六要"作为山水画创作原则，提出神、妙、奇、巧作为品评艺术水平高低的标准，以及用笔有筋、肉、骨、气的"四势"。指出艺术形象"真"与"似"之分，强调神形兼备。传世作品《匡庐图》相传为其所绘。

黄筌

（903—965 年）五代时期后蜀画家。字要叔，成都（今属四川）人。曾长期做官。善花鸟、山水、人物。鸟雀画效法唐代、五代初画家刁光胤，山水画效法五代前蜀画家李昇，松石、墨竹、龙山画效法唐代画家孙位，皆能曲尽其妙，且能自出新意。画鸟羽毛丰满，画花善于着色，勾勒精细，几乎不见笔迹，以轻色染成，谓之"写生"。因作品多描绘宫中异卉珍禽，宋时被称为黄家富贵。与江南徐熙并称"黄徐"，有"黄家富贵，徐熙野逸"之称，形成五代、宋初花鸟画两大流派。因与其子居寀等人的作品适应宫廷需要，成为宋初翰林图画院取舍作品的依据，后称"院体"。

顾闳中

五代时期南唐画家，江南人。精于人物画，擅长描绘神态。传世代表作为《韩熙载夜宴图》，绢本，工笔重彩。南唐后主李煜欲了解韩熙载家宴活动具体情况，顾闳中于是趁夜潜入韩府窥视，目识心记，以连环画形式绘成五段既互相联系又相对独立的情节。其造型生动，用笔简练，勾勒线条劲健优美，色彩丰富和谐，通过具体的生活场面描写人物的思想情绪。各段之间，或用屏风隔开，或自成段落。此图为历史人物画的传世珍品。

杨凝式

（873—954 年）五代时期书法家。字景度，号虚白、癸巳人等。华阴（今属陕西省）人，久居洛阳。官至太子少师，人称"杨少师"。因佯疯，绰号"杨疯子"。善行书、草书，效法颜真卿，加以纵逸，成为名家。前人说其用笔有破方为圆、削繁为简之妙。他是唐宋之际继往开来的大家，存世主要书

南唐文会图　北宋　佚名
这幅图描绘了南唐后主李煜和三位文士在庭院聚会的情形。院前有荷塘，院后有芭蕉，左右有丛竹老树，环境清幽，富有自然的意趣。李煜振笔疾书，其他三人静静围观，奴婢则直立以待。

迹有《韭花帖》《神仙起居法》《夏热帖》《卢鸿草堂十志图题跋》等，刻本有《步虚词》等。

李煜

（937—978 年）字重光，号钟隐，五代时南唐最后一个君主，史称李后主。他继位（961 年）时，南唐已对宋称臣，处于属国地位。975 年，宋灭南唐，李煜被俘到宋都汴京（今开封），封违命侯。李煜无力治国，却有多方面的文艺才能，通音律，善书画，尤长于词。初期词多写宫廷豪华生活，降宋后所写词大多抒发家国之恨，感慨极深。如《虞美人·春花秋月何时了》《浪淘沙·帘外雨潺潺》等。艺术上以白描取胜，语言明净，意境优美，以鲜明生动的形象言怀述志，抒写特定的生活感受，一变花间派词人镂金刻翠的词风，在词的发展史上具有重要地位。

第七章

积贫积弱

北宋

（960 年—1127 年）

960 年，宋太祖赵匡胤代后周，建立宋朝，定都开封。经过十多年的统一战争，于 979 年结束了五代十国的封建割据，基本将中原地区和南方统一于自己的管辖之下。宋以 1127 年金人俘徽、钦二帝及宗室妃嫔北去为界，分为前后两个时期，此前为北宋时期，此后为南宋时期。

北宋王朝重建中央集权统治，吸取了唐末藩镇割据、节度使拥兵的教训，采取一系列措施，把军权、政权、财权和司法权都最大限度地集中在皇帝手中，使社会经济取得了显著的进步，农业、手工业、纺织、冶金、煤炭、陶瓷业都有很大的发展。国内外贸易也很发达。

北宋文化极盛，由于"理学"的诞生使儒学真正哲学化。文学及戏剧说唱艺术发展迅速。科技进步明显，印刷术、火药、指南针三大发明的完成是其显著标志。

北宋后期，王安石变法图强未竟，引起党争之祸，统治阶级内部矛盾也已无法调和，导致了国力的迅速下降。1127 年，"靖康之耻"使宋在灭亡的道路上一步步滑落。

1. 政治

陈桥兵变

后周禁军统领赵匡胤等人发动的政变。显德六年（959 年），后周世宗柴荣（又名郭荣）亲统大军北伐契丹，欲收复燕云十六州，不料身染重病，只得退兵返回都城开封。柴荣病危之际，为防止皇族内部争权夺利导致政变，令归德军节度使赵匡胤接替太祖之婿张永德，任殿前都点检，掌握禁军，辅佐幼子柴宗训。不久柴荣病故，年仅 7 岁的柴宗训即位，是为周恭帝。次年正月，趁"主幼国疑"之机，赵匡胤以镇州（今河北正定）、定州（今属河北）名义，诈称契丹与北汉勾结，大举南侵，请求朝廷派兵迎敌。宰相范质、王溥不辨真伪，急令赵匡胤率军北上。赵匡胤领兵出城，日暮，驻军于距开封城东北 40 里处的陈桥驿（今河南封丘东南陈桥

宋太祖赵匡胤像

镇），将军中诸事悉交其弟赵匡义和亲信、谋士赵普代为处理后，即入帐内饮酒，全然不问军中事，直至醉卧榻上。次日清晨，赵匡胤尚未起床，诸将领便聚集其寝帐之外。赵匡义入帐请出其兄。赵匡胤走出帐外，众人拔刀抽剑，列队于庭院之中，齐声请求他称帝。不等赵匡胤答话，赵普等人便拿出事先已准备好的为皇帝登基时穿的黄袍，披戴在他的身上。赵匡胤无可奈何，对众人说："你们贪图富贵，立我为天子，能从我命则可；不然，我就不干。"众人异口同声："唯命是听。"赵匡胤随即要求众人秋毫无犯，之后立即派人赴开封，与守将石守信、王审琦等人联络。赵匡胤率军自陈桥回师开封。入城后，命兵士返回军营，自己亦回到原来的官署。不多时，众将领簇拥范质等朝廷要员来到赵匡胤官署，屈身于阶下。赵匡胤于堂上召集文武百官，依据每人功劳高下定入朝列班次序。此时翰林承旨陶谷自袖中取出已写好的禅位诏书，当众宣读，称柴宗训退位，由赵匡胤即皇帝位。随后赵匡胤出官署，入宫中进崇元殿，正式即位称帝，大赦天下，改元建隆，仍定都开封。因其曾于宋州（今河南商丘）出任过归德节度使，遂以"宋"为国号，史称北宋。

宋太祖赵匡胤

（927—976年）北宋开国皇帝。涿郡（今河北涿州）人。初为北周太祖属下，后周时任殿前都点检，统率禁军。恭帝即位后，兼领宋州归德军节度使。960年阴历正月，陈桥兵变夺取后周政权，建国号宋，建都开封，改元建隆。即位次年便"杯酒释兵权"，解除了朝中大将的兵权，又以"先南后北"的方略实施统一大业。先后灭荆南、后蜀、南汉和南唐。至开宝八年，除吴越、北汉和漳、泉两州外，五代十国时的各个割据政权全被消灭。同时，进行军制改革，取消禁军最高统帅殿前都点检、副都点检职位，由殿前都指挥司、侍卫马军都指挥使司、侍卫步军都指挥使司分别统领禁军，各不相属，皆听命于皇帝。还把约一半禁军部署在京城，另一半屯驻外地，使内外互相制约。调换军队将领，实行更戍法；设置参知政事、枢密使、三司，以分解宰相权力。为避免藩镇割据，取消节度使兼管附近数州制度，由朝廷派遣文臣任知州、知府。沿袭隋、唐科举制度，选拔合格官吏。乾德三年，下令各州赋税收入除留小部分作必要开支外，其余全部上缴朝廷。注意兴修水利，奖励农桑，制定法律，惩治贪官，其"守内虚外"、重文轻武的政策，对形成宋朝积弱局面有所影响。卒于开宝九年，葬于永昌陵（今河南巩义市西南）。

北宋大事年表
960年，赵匡胤发动"陈桥兵变"登基称帝，定都汴梁（今河南开封），史称北宋。
961年，赵匡胤"杯酒释兵权"，解除手下大将的权力。
963年，宋开始平定各地割据势力。
979年，宋太宗率兵灭北汉，至此结束五代十国分裂局面。宋军攻辽，在高梁河战役中大败。
980年，辽军攻宋，宋将杨业在雁门关大败辽军。
986年，宋军派大军伐辽，最后兵败，史称"雍熙之役"。
993年，王小波、李顺起义。
997年，将全国分成15个行政区，称为"路"，路之下再设府、州、县。
1004年，辽太后亲率大军伐宋，宋真宗赴前线督战。宋、辽议和，订立"澶渊之盟"。
1037年，大文豪苏轼诞生。
1038年，党项族李元昊称帝，建立西夏。
1043年，范仲淹推行改革，史称"庆历新政"。
1044年，宋军连年征讨西夏均遭败绩。与西夏订立和议。
11世纪中叶，毕昇发明活字印刷术。
1069年，宋神宗任用王安石推行变法。
1084年，司马光所编的《资治通鉴》完成。
1086年，元祐年间废除王安石变法。
1093年，宋哲宗恢复宋神宗时各项变法。
1115年，女真族首领完颜阿骨打建立金国。
1119年，宋江起义。
1120年，方腊起义。
1125年，金国灭辽。
1126年，金军攻宋，李纲组织东京（开封）保卫战。
1127年，金军攻陷开封，掳走宋徽宗、宋钦宗，史称"靖康之变"。北宋灭亡。

杯酒释兵权

宋太祖即位后，接受赵普建议，解除武将兵权，以免重蹈晚唐灭亡覆辙。建隆二年（961 年），太祖召侍卫军都指挥石守信、殿前都指挥王审琦等宿将饮酒，劝谕他们放弃兵权，多买良田美宅、歌儿舞女，终其天年。于是石守信、王审琦、高怀德、张令铎等大将皆罢中央军职，而以资浅、才庸的张琼等掌禁兵。这是消除禁军将领发动兵变夺取政权而采取的重要步骤。开宝二年（969 年），太祖又宴请节度使王彦超、武行德、郭从义、白重赞、杨廷璋，劝他们罢镇改官，以消除藩镇割据的隐患。

中央集权制度

北宋官制基本沿袭唐代，设政事堂与枢密院分掌文武大权，号称"二府"，财政大权归三司统领，三者由此将原宰相之权一分为三。又将各地节度使过去掌管的兵权、财权、司法权全都收归中央。任命文臣为地方军事行政长官，称知州。从此，节度使成为有职无权的空衔。地方的行政长官除知州外，又设通判，与知州权力相等，互相牵制。设转运使，专管地方财政。宋的行政区划还有路、府、州、军、监，监一般设在矿业、牧业、盐业地区，军则设于要塞，二者常与府、州同级，也有与县同级的。府多设于较大的州内，路则在府、州之上。设安抚使司（帅司）、转运使司（漕司）、提点刑狱使司（宪司），总称监司，分掌地方兵马、财政和刑狱，直接对皇帝负责。这套系统强化了皇权，但后来也造成积弱局面。在军制方面，将禁军分归于殿前司和侍卫统领，只负责训练；调遣军队的权力则由枢密院掌管，枢密院长官由文人担任。统兵的将帅即便身在战场，也要听从皇帝的调度，甚至要按照皇帝颁发的阵图作战。这些做法便于皇帝对军队的控制，但削弱了军队的战斗力。上述制度和政策虽然加强了中央集权的皇权统治，但也造成了冗兵、冗员、冗费等严重的社会问题。宋仁宗庆历年间范仲淹曾主持新政，以期解决这些问题（史称"庆历新政"），但很快失败。宋神宗时王安石实行变法，虽推行了一段时间，取得了较好的效果，终因触犯了官僚大地主的利益而遭失败，此后北宋的政治更加黑暗和腐败。

北宋平定南方

北宋开国之初，南方有南唐、后蜀、吴越、南汉以及湖南、荆南、漳泉等割据政权，北方有地跨长城南北、占有燕云地区的辽朝以及辽朝庇护下的北汉。宋太祖为了统一天下，制定了先南后北的统一战略。建隆四年（963 年）正月，宋太祖派遣慕容延钊、李处耘带兵出征湖南，当年三月即平定湖南，并一举占领荆湖，从而在军事上割断了后蜀、南唐、南汉之间的联系。乾德二年（964 年）十一月，太祖遣兵 5 万伐蜀，前后仅用 16 天，后蜀孟昶上表请降。开宝三年（970 年）九月，太祖派遣潘美、尹崇珂等率军讨伐割据岭南的南汉政权。次年二月，平定南汉。岭南平定以后，南方只剩 3 个割据势力。其中，两浙地区的吴越国王和漳州、泉州地区的平海军节度使陈洪进早已听命于宋朝。开宝七年（974 年）十一月，曹彬率军攻破金陵，南唐后主降，南方大体平定。

宋太宗赵炅

（939—997 年）北宋皇帝，在位 21 年。赵匡胤同母弟，初名匡义，太祖时改名光义，称帝后又改名炅。即位后使用政治压力，迫使吴越王钱俶和割据漳、泉二州的陈洪进于太平兴国三年（978 年）纳土归附。次年亲征太原，灭北汉，结束了五代十国的分裂割据局面。为进一步加强中央集权，太平兴国二年下令取消所有节度使所领支郡，各州直属朝廷；继续将各地节度使调至开封，解除兵权。扩充科举取士名额，录用新人换旧臣。太平兴国四年和雍熙三年，两次攻辽，力图收复燕云十六州，失败后对辽采取守势。曾用政治和军事手段企图消灭夏州党项拓跋部势力，未获成功。他镇压了王小波、李顺领导的农民起义。卒于至道三年。

赵普

（922—992 年）北宋大臣。字则平，洛阳人。后周时在滁州（今安徽滁县）为塾师，曾设计助赵匡胤攻取滁州，后成为赵匡胤幕僚。周世宗死后，策划陈桥兵变，助赵匡胤夺得帝位。后随太祖讨平昭义节度使李筠的反抗，迁兵部侍郎、枢密副使，旋任枢密使。建隆二年（961 年）与太祖定策，在宴会上解除禁军宿将兵权。累任枢密使、宰相。赵普认为节镇权力太重，削夺其权则天下自安。太祖采纳其建议，选拔各地精兵充禁军，削弱地方武力；实行更戍法，派禁军轮流出外戍守，使"兵不知将，将不知兵"等，加强了中央集权。但对契丹等则力主妥协，反对出兵收复燕云。太宗时又两次为相。雍

雪夜访赵普图　明　刘俊
此画描绘的是宋太祖雪夜私访宰相赵普，商议统一大计的故事。

熙三年（986 年），太宗举兵攻契丹，赵普上疏反对。淳化三年（992 年）因老病辞官，旋卒。赠尚书令，追封真定王，谥忠献。拜太师，封魏国公。

雁门关大捷

太平兴国五年（980 年）三月，辽为雪满城之耻，命西京大同府节度使、驸马、侍中萧咄李率兵 10 万杀奔雁门关，又一次大举攻宋。宋将杨业率数百精骑绕过辽军，在敌后迂回，出其不意由雁门关北口南向袭击辽军。辽军攻关受挫，"后院起火"，顿时溃乱。雁门关守军趁势开关掩杀过来，前后夹击，辽军大败溃逃。雁门关大捷的指挥者杨业，原名刘继业，北汉勇将，号称"无敌"。太平兴国四年五月，宋伐北汉，北汉国主刘继元投降后，刘继业还继续据城苦战。宋太宗爱其忠勇双全，想收归己用，于是命刘继元招抚刘继业。刘继业为保全城中百姓，开城受降，迎接宋军。宋太宗授其为右领军卫大将军，复姓杨氏，名业。后又任命杨业为郑州防御使。十一月，宋太宗委以知代州兼三交驻泊兵马部署的要职。

王小波、李顺起义

北宋初年发生在四川地区的农民起义。自唐中叶以后，四川地区未受战乱冲击，社会贫富差距悬殊。后蜀灭亡后，北宋欲将后蜀府库所藏财物全部转运到京城开封，宋廷又在成都设置博买务，实行布帛、茶叶专卖。淳化四年（993 年），青城（今属四川都江堰市）茶农王小波率众揭竿而起，提出："吾疾贫富不均，今为汝均之。"仅 10 天时间，起义军便发展至万余人。在王小波率领下，义军一举攻占青城县。又乘胜转战邛州（今四川邛崃）、蜀州（今重庆）、眉州（今四川眉山）等地，并攻占彭山（今属四川），处置了"求之无厌"却被宋廷标榜为"清白强干"的县令齐元振，将其搜刮聚敛之财全部分给贫苦百姓。此举引起极大反响，附近各县农民纷纷投奔起义军，队伍不断壮大。十二月，王小

波率众自彭山北上，攻打战略重镇江原（今四川崇州市东南）。与驻守在此的四川都巡检使张玘展开激战。王小波率军英勇杀敌，额部不幸中箭牺牲。起义军众将士又推举其妻弟李顺任义军首领。队伍很快发展到数十万人，控制了北抵剑门（今四川剑阁东北）、南至巫峡的广大地区。朝廷为之震惊。宋太宗急令河州团练使王继恩为剑南四川招安使，统军自剑门入川，镇压起义军。随后又派兵增援。成都之战中，宋军从坍塌的城墙突入城中，城池陷落，起义军将士阵亡 3 万余人。李顺等重要首领被俘，被宋军押往开封途中，于凤翔（今属陕西）遇害。成都陷落后，起义军余部在吴蕴、张余率领下，分别在眉州一带和川东地区继续坚持斗争。他们打击宋军，处置官僚富豪。张余还一度连克嘉州（今四川乐山）、戎州（今四川宜宾）、泸州（今属四川）、渝州（今重庆）、涪州（今重庆涪陵）、忠州（今重庆忠县）、万州（今重庆万州）、开州（今重庆开州）8 州，声威大震。宋廷再度增加兵力，严酷镇压和围剿起义军。十一月，吴蕴一部遭宋军包围，不敌失利，吴蕴阵亡。十二月，张余一部遭宋军重创，张余被俘。至道元年（995 年），张余在嘉州遇害，起义终告失败。

北宋与辽、西夏、金的战争

宋建国之初，契丹政权就已存在，后来西北地区又建立西夏政权，北宋无力吞并它们，只能与之长期对峙。辽、夏在宋初不断侵扰宋，掠夺人口和财物。宋与辽有过 3 次较大的战争。第 1 次为宋太宗欲夺回被契丹侵占的燕云十六州，太平兴国四年（979 年）发兵进攻契丹的南京（今北京），但在高梁河之战中失败。第 2 次为雍熙三年（986 年），宋太宗派三路大军攻打辽，先胜而后败，史称"雍熙北伐"。第 3 次是宋真宗景德元年（1004 年），辽萧太后与圣宗率兵南侵攻宋，在澶州城下迫使宋订立屈辱的和约，史称"澶渊之盟"。西夏建立之初，宋欲铲平之，但西夏军在

三川口、好水川、定川寨三次战役中屡败宋军，宋被迫承认西夏政权。金灭辽后，不断入侵北宋，宋无力抵御。靖康二年（1127 年），金掳北宋徽、钦二帝及宗室、官员等 3000 余人北还，北宋灭亡。

岁币

宋朝每年向辽、西夏、金交纳的财物。宋朝统治者与辽、西夏、金等少数民族政权多次交战，经常失败，被迫签订了许多屈辱性和议。在这些和议里，规定宋政权每年要向对方交纳一定数量的银两、绢帛和其他物资。如宋真宗时签订的"澶渊之盟"，规定宋每年向辽交纳银 10 万两，绢 20 万匹；南宋高宗时签订的"绍兴和议"，规定南宋每年向金交纳银 25 万两，绢 25 万匹。这些贡纳的财物，当时称"岁币"。

宋真宗赵恒

北宋皇帝，太宗第三子，在位 25 年。历任检校太尉、同中书门下平章事、开封尹等职，先后受封韩王、襄王、寿王。至道元年（995 年）立为皇太子，三年即位。前期勤于政事，政治制度日趋完备，社会经济也有发展。分全国为 15 路，注重劝课农桑、考察官吏，并裁汰诸路冗官。景德元年（1004 年），辽军攻宋，真宗在宰相寇准推动下勉强北上，至前线重镇澶州（今河南濮阳附近），与辽订立"澶渊之盟"，向辽纳贡求苟安。大中祥符元年（1008 年）伪造"天书"下降，东封泰山，西祀汾阴，建玉清昭应宫等。后期迷信道教，广建宫殿道观，劳民伤财，国库空虚，社会矛盾日趋尖锐。乾兴元年卒，葬永定陵（今河南巩义市）。

澶渊之盟

北宋与辽订立的盟约。北宋从高梁河之役和"雍熙北伐"两度失利后，宋廷内部恐辽情绪蔓延滋长，继而又爆发四川青城地区王小波、李顺起义。面对内忧外患，宋廷确定了"守内虚外"的基本国策。在调兵镇压农民起义的同时，改对辽的攻势

为守势，放弃收复燕云的打算，而在河北平原中部西起沉远泊（今河北保定北），东至泥沽海口（今天津塘沽南），再从沉远泊以西至太行山，沿宋、辽边境，利用河渠湖塘，筑堤蓄水，筑起一道蜿蜒900余里的防线，作为防御辽军侵扰的屏障。又沿防线设置26寨、125军铺，驻兵3000人戍守。辽廷深知宋意，更加紧对宋朝边境的入侵和挑衅。景德元年（1004年）闰九月，辽帝耶律隆绪及母萧太后亲统辽军，大举南下。辽军采取避实就虚的战术，绕开有宋军重兵驻守的城池，一路挺进，包围定州（今属河北）。在辽军迅猛的攻势下，宋军措手不及，北方州县纷纷告急，宋廷上下为之大震。宋真宗一面表示要统兵抗辽，一面又心虚胆怯，犹豫不决。臣僚多劝真宗迁都南下，唯有宰相寇准力排众议，主张真宗亲征北上。经朝廷中主战派的力争，真宗被迫同意北上。为了防止发生意外，寇准等人又调兵遣将，作了一系列周密的部署和安排，真宗才终于踏上北巡征程。此时号称20万的辽军，在辽帝和萧太后的统领下，继续南下，又先后攻陷宋德清军（今河南清丰）、通利军（今河南浚县西北）等重镇，直抵黄河北岸的澶州（今河南濮阳）城北。辽军兵临澶州城下，对宋都开封构成极大威胁。宋军守城官兵坚守城池，并于城外设伏弩射杀辽兵。辽南京统军萧挞览于攻城时，中伏弩身亡，辽军士气受挫。真宗自开封北上，行进十分迟缓，在寇准再三催促下，才于十一月到达澶州南城。当时澶州城分南、北二城，中间为黄河所隔。河上用船相连架成一座浮桥，连接二城。真宗到南城后，即表示不愿过河去北城。寇准又与禁军将领高琼反复劝说，方将真宗请到北城。当真宗登上北城城楼时，宋军一片欢腾，士气为之大振。其时宋军前来增援的数十万人马亦集结在澶渊一带，与辽军形成对峙的局面。辽军见此局势，深感孤军深入，难相持长久，急欲和谈。这正合真宗之意，遂派遣使臣，向辽乞和。十二月，宋、辽经过几番交涉，商定和议

的内容，并交换了"誓书"，订立盟约。双方约定：仍维持原定疆界；两国约为兄弟之国，辽帝称宋帝为兄，宋帝称辽帝为弟，称萧太后为叔母；宋朝每年给辽朝纳银10万两，绢20万匹，称为"岁币"；双方沿边驻军各守本方疆界，相互遣送对方逃亡入境者，不能新增城堡、开挖或改移河道；辽军北撤时，宋军不得在途中攻击。澶州又称澶渊，故此盟约称为"澶渊之盟"。

宋夏三川口之战

宝元二年（1039年），西夏景宗李元昊派遣官员出使宋朝，通告西夏建立，希望宋朝承认这一既成事实。宋朝大多数官员主张立刻兴师问罪，仁宗就在当年六月下诏削去元昊官爵，并悬赏捉拿。然而宋、夏开战

北宋用以观察敌情的巢车模型

后，宋军却连吃败仗。元昊自从进攻金明寨（今陕西安塞南）得手后，立即派人致书宋延州（今陕西延安）知州范雍，表示同意与宋和谈，以麻痹范雍。范雍信以为真，即上书朝廷，并松懈了延州的防御。康定元年（1040年）正月，元昊派大军包围了延州城。宋将刘平、石元孙奉命前往增援。当刘、石大军到达三川口（今陕西延安市西北）时，遭到了西夏军队的包围，刘、石等人拼死苦战，宋、夏双方伤亡惨重。刘平下令退守三川口附近山坡。元昊多次派人劝降刘平，但刘平宁死不屈。于是西夏军队向宋军驻守山坡发动攻击，宋军寡不敌众，刘平、石元孙被俘。后因宋将许怀德偷袭元昊得手，西夏军被迫撤离延州，延州之围得以缓解。

杨业

（?—986年）北宋名将。麟州（今陕西神木北）人，一名继业，本名重贵。原为北汉刘崇大将，北汉亡，投归北宋。镇守边境，曾大败契丹军，很受器重。雍熙三年（986年）奉命征辽，率军攻下云、应、寰、朔四州。后因全局战事失利，护送四州百姓内迁，途中遇上大批辽军，重伤被捕，绝食而死。他有勇有谋，和士兵同甘共苦，很受人们受戴。他的事迹后来演变成为"杨家将"的故事。

寇准

（961—1023年）北宋宰相。字平仲，华州下邽（今陕西渭南）人。19岁中进士，授大理评事，升尚书虞部郎中、枢密院直学士。天禧三年（1019）至次年任同平章事、右仆射、集贤殿大学士，封莱国公。为人豪放正派，敢于犯颜直谏，太宗视为唐之魏征。在政治上，荐贤嫉恶，善断大事。曾经与毕士安合谋力排众议，护驾亲征，指挥若定，重挫辽军。宋真宗许以岁币百万遣使与辽议和，寇准不得不从。王钦若、丁谓忌寇准功绩，设计使真宗对寇准疏远，降为刑部尚书，出任陕西知州。丁谓掌权后，寇准又被贬为道

州司马。1023年，徙衡州司马，卒于贬所雷州。谥忠愍。

宋仁宗赵祯

（1010—1063年）北宋第四位皇帝，1022—1063年在位，宋真宗赵恒之子。即位之初，因年幼由真宗刘皇后（号章献皇太后）听政，明道二年（1033年）始亲政。在位期间，北宋统治逐渐走向衰落，土地兼并日趋严重，社会矛盾尖锐化，农民起义、兵变蜂起。军队数目达到北宋时期的高峰，官员数目超过真宗时约一倍，加上大修道观，形成冗兵、冗官、冗费的局面。对西夏作战又遭惨败，订立了以每年交纳岁币求苟安的和议；对辽，亦增纳岁币。为解决统治危机，仁宗曾于庆历年间任用范仲淹等人进行改革，因触及大官僚地主的利益，受到抵制，很快即罢废。

庆历新政

北宋仁宗庆历年间（1041—1048年），由范仲淹主持的社会改革。宋仁宗时期，面临严重的危机，集中表现为冗兵、冗员、冗费等社会问题，阶级矛盾十分尖锐，各地农民纷纷起义。外部又有辽和西夏的威胁。这些问题已使统治集团认识到必须立即采取措施变法、实行新政。庆历三年（1043年），仁宗任范仲淹为参知政事（职同宰相），富弼、韩琦为枢密副使，以整顿吏治为中心推行新政。其主要内容有：（1）改变过去文官3年、武官5年一考核的旧例。根据政绩，可以破格提前晋级，也可延期或停职，以求改变"人人因循，不复奋励"的状况。（2）改变官员子弟靠朝廷恩典而入仕的恩荫之制，防止恩荫过滥现象再度出现。同时，改变科举制度，避免凭词赋取士，而注重对品德与办事才能的考核。（3）均公田。具体方法是："外官职田有不均者均之；有未给者给之，使其衣食得足。"公田即职田。主要目的在使官吏廉洁奉公，同时抑制官僚大地主的兼并之势。（4）劝农桑，修水利，减轻徭役，奖励从事农业

生产。（5）扩大宣传，使百姓感受到皇帝恩泽，取信于民。范仲淹的庆历新政执行范围有限，措施也不很系统，但仍受到反对派猛烈攻击，大地主阶级以结朋党为名排挤他。一年后，新政彻底被废止，范仲淹被排挤出朝，支持者也纷纷遭到贬斥。但庆历新政作为改革旧制、实施新政的一种尝试，成为王安石变法的先导。

范仲淹

（989—1052年）北宋大臣，文学家。字希文，苏州吴县（今属江苏）人。大中祥符八年（1015年）进士及第。历任右司谏、权知开封府，知民间利病，敢直言极谏，故多次得罪朝中权臣。宝元三年（1040年）西夏攻延州，他与韩琦同为陕西经略副使，曾分延州兵为6将，每将3000人，分部训练，"熙宁将兵法"即以此为本。镇陕数年，边防得以巩固。庆历三年（1043年）入朝为参知政事，提出改革措施，受到宋仁宗的支持，得以推行，史称"庆历新政"。新政触犯了官僚贵族的利益，遭到强烈反对，不久废罢。范仲淹等人被诬为朋党，庆历五年（1045年），被罢去朝廷职务。范仲淹的诗文功力极深，有《范文正公集》传世。

包拯

（999—1062年）北宋大臣。字希仁，庐州合肥（今安徽合肥）人。宋仁宗天圣年间中进士，任州县长官，有政绩，官至监察御史。政治上要求改革，主张严格吏治、练兵选将、轻徭薄赋等。历任知谏院、权知开封府、御史中丞、三司使。嘉祐六年（1061年）为枢密副使，卒于任职。包拯为官以断讼明察、刚直不阿、清正廉洁著称，是后世"清官"的典型。著有《包孝肃奏议》10卷传世。

宋神宗赵顼

（1048—1085年）宋英宗赵曙之子，不到20岁即位。即位后，向元老重臣富弼征询治国盛强之道，试图有所作为。遇到王安石后，君臣之间在富国强兵上取得了一致认识。神宗支持王安石变法革新，熙宁年间取得效果，诸如国家财政好转，统治力量加强，社会经济发展等等。但在变法的关键时刻，神宗与王安石暴露出分歧，神宗经不住豪强兼并势力威吓，对变法表现出犹豫动摇，王安石当面批评他"刚健不足"，称他的作为不能压制豪强兼并势力的嚣张气焰。随着分歧的扩大，王安石两次被罢相。神宗亲自主持变法，用土珪之流趋奉左右，将变法引到单纯增加财政收入和强化专制统治的道路上。元丰四年（1081年），神宗凭借几年来积蓄的力量，对西夏发动攻势。是年八月，击败西夏。由于"五路并进，而无大帅"，步调既不一致，各路又互不协同等，以致溃败逃散，以失败告终。神宗元丰五年（1082年）八月下令修筑永乐城（今陕西米脂西北），城寨距银川25里，"地形险固，三面阻崖，表里山河，气象雄壮"，赐名银川寨。西夏以倾国之师来争。主持永乐城修筑和防御任务的徐禧，陷于西夏军重重包围之中。城陷，徐禧、李舜举和李稷等数万军民全部死难。噩耗传来，神宗彻夜难眠，次日对辅臣痛哭失声。从此，郁闷于怀，元丰八年春病卒。

王安石变法

北宋神宗时期进行的政治改革，又称"熙宁新法"。"庆历新政"失败后，要求"改辙更张"的主张日益强烈。嘉祐三年（1058年），王安石上万言书（《上仁宗皇帝言事

王安石像

书》），提出"变更天下之弊法"的变法主张，未被采用。治平四年（1067 年），赵顼即位，是为神宗。

熙宁元年（1068 年），王安石再上《本朝百年无事札子》，重申改革主张。二年（1069 年），神宗任用王安石为参知政事，主持变法。设"制置三司条例司"，议定新法。又于各路设提举常平官，督促州县执行新法。

次年，王安石升任同中书门下平章事，变法进入高潮。变法从理财、整军和对科举、学校制度的改革入手。理财新法为：均输法，规定东南六路（淮南、江南东西、荆湖南北路）发运使总掌各路财富及茶、盐、酒、矾等税收。青苗法（亦称常平新法），规定每年正月、五月，各地官府以粮或钱作本，听民户自愿请贷，依户等定请贷数额，自一等户不过 15 贯至五等户及客户一贯半不等。春贷夏还，秋贷冬还，半年取息二分，以"抑兼并，济困乏"。农田水利法，规定凡各地与农业相关的水利设施，凡需修建或疏浚，均由政府计其工料费用，由"受利人户"按户等高下出资或出工。若工程浩大或劳力不足，也可向官府借贷钱粮。免役法（也称募役法），即将原按户等轮流充任州县官府差役，改由官府募人应役。所需费用由原差役户按户等高下分担。原享有免役特权者，出"助役钱"，为免役钱之半。市易法，于都城开封设市易务，控制市场，平抑物价。

此外，还有方田均税法，规定每年九月，由各县官主持清查丈量管内土地，将亩数、土质及田主登记在册，名为"方田"。各县将所承担的赋税总额，按在册土地分摊，名为"均税"。

整军新法为：保甲法，规定凡农村民户每 10 家编为一保，5 保为一大保，10 大保为一都保。凡家有 2 丁以上，出 1 人为保丁。保长、大保长、都保正，择家境富实且有才能者充任，负责维护治安，觉察奸伪。保马法（又称保甲养马法），初试行于开封府，后推行于京东、京西、河北、河东、陕西五路。凡义勇、保田愿养马者，每户 1 匹，富户可养 2 匹，由官府给马或给钱自行购买。养马户可免征部分赋税。军器监，为管理武器制造的机构，设于开封，下辖京城军器坊及各州都作院。将兵法（又称置将法），择武艺高强、有作战经验的武官任正将，负责训练本将（军队编制单位）兵士。

科举和学校制度的改革，有"贡举新制"，规定进士科停试诗赋、贴经、墨义，改试经义、论、时务策。增设明法新科，考律令大义和断案。王安石对《诗》《书》《周礼》重新注释，编成《三经通义》，颁行全国，作为太学及州县学教材，亦为科举考试的答题标准。又严格各级学校的管理和考选制度，制定"太学三舍法"，将太学生分为外舍、内舍、上舍三级，经月考、年考，成绩合格，又未违反校规者，可升入上一级。上舍生考试成绩上等者，可免科举考试，直接授官。

新法推行十几年，收到富国强兵的效果，农业生产发展，朝廷收入增加，军事实力增强，开始扭转对辽、西夏的被动局面。

新法限制了高级官员的部分特权，减轻了农户的赋役负担，缓和了社会矛盾，部分地改变了积贫积弱的局面。但新法也触及了大地主、大官僚的既得利益，在保守派的反对和阻挠下，变法的推行尤为艰难。熙宁七年（1074 年），王安石一度被罢相，八年，复相。九年，王安石再次被罢相，退居江宁（今江苏南京）。此后，在神宗主持下，新法基本得以推行。元丰八年（1085 年），神宗死，其子赵煦即位，英宗皇后以太皇太后身份听政，起用司马光为相，新法被废止。

元丰改制

宋神宗赵顼元丰年间对职官制度的一次重要改革。宋初以来职官制度存在许多问题，一是机构重叠，既无定员、无专职，又有许多徒有其名的冗闲机构和官员；二是莅其官而不任其职，官职名实之间悖离、混乱。宋神宗元丰三年在蔡确、王珪的协助下，对职官制度作了改革。宰辅制度恢复了唐三代省制规模，以尚书左、右仆射为宰相，左仆射兼门下侍郎，行侍中之职，右仆射兼中书侍郎，行中书令之职，借以发挥中书省创议、门下省审复、尚书省承行的职能，实际权力归中书。同时，参知政事改称中书侍郎、门下侍郎和尚书左、右丞。同年八月下令，凡省、台、寺、监领空名者一律罢去，使各机构有定编、定员和固定的职责；许多机构或省或并，如三司归户部和工部，审官院并于吏部，审刑院划归刑部。过去"官"仅用以定禄秩、序名位，此次改革，一律"以阶易官"，共为 25 阶（宋徽宗时共 37 阶），官吏升迁、俸禄等都按新定《元丰寄禄格》办理。

狄青

（1008—1057 年）北宋名将。字汉臣，汾州西河（今山西汾阳）人。行伍出身，善骑射。曾随大军出征西夏，临阵披发，戴铜面具，所向披靡。勇猛有谋，4 年中大小 25 战皆捷。为韩琦、范仲淹擢用。经范仲淹指点转而刻苦攻读，精通兵法而愈加知名，累迁马军副都指挥使。被仁宗用为刺史、团练使、都总管、节度使及殿前都虞候副都指挥使等。曾率军出征大南国，夜袭昆仑关，决战归仁铺而大获全胜，将国王侬智高逐出广西。升任枢密使同平章事，旋被排挤去职。

司马光

（1019—1086 年）北宋政治家、史学家。字君实，号迂叟。陕州夏县（今山西夏县）人，出身仕门。宝元二年（1039 年）举进士甲科，历仁宗、英宗、神宗三朝，以正直敢言闻名朝野。嘉祐年间，与王安石、吕公著、韩维相友善，时谓"嘉祐四友"。因反对王安石变法，乃求外出任职。10 余年间与刘攽、刘恕、范祖禹等潜心治史，撰《资治通鉴》。元丰七年（1084 年）书成，迁资政殿学士。哲宗即位（1085 年）始拜为门下侍郎，次年升任左仆射，主持朝政，尽废王安石新法，史称"元祐更化"。

不久病逝，谥文正，封温国公。其文多史著及章奏书状。巨著《资治通鉴》不仅于史料"网罗宏富"，且构思精密，语言洗练，既对历史作客观记载，亦不乏文学情采。其诗质朴流畅，代表作有《道傍田家》《又和夜雨村舍》等。

司马光像

元祐更化

以司马光为首的反变法派在元祐年间废止王安石变法的事件。元丰八年（1085 年）春，神宗赵顼病死，其子赵煦（宋哲宗）即位，年仅 10 岁。宣仁太后执政，起用司马光、文彦博等，聚积反变法力量，反对新法。司马光把变法的责任推给王安石，攻击王安石"不达政体，专用私见，变乱旧章，误先帝任使"；接着全盘否定新法，诬蔑新法"舍是取非，兴害除利"，"名为爱民，其实病民，名为益国，其实伤国"。于是新法大部废除，许多旧法一一恢复。与此同时，还不遗余力地打击变法派。章惇曾对司马光恢复差役法的主张一一进行批驳，反变法派动员全部力量，对章惇屡加攻击，直至其被迫赋闲。列为王安石等人亲党的变法派成员，全被贬黜。变法派人人自危，惶惶不安，吕惠卿不敢喝一口冷水，唯恐因此得病而被反对派抓住把柄。对西夏，则继承了熙宁以前的妥协政策，把已收复的安疆、葭芦、浮图、米脂四寨割让给西夏，以偷安一时。这些倒行逆施，激起广泛不满。哲宗亲政后，斥责反对派全不懂君臣之义。宣仁太后死，复辟旧制的反变法派随之垮台，受到加倍打击。

宋哲宗赵煦

（1076—1100 年）北宋皇帝。神宗第六子，在位 15 年。即位前历任检校太尉、天平军节度使、开府仪同三司、彰武军节度使等；初封均国公，进封延安郡王。元丰八年（1085 年）立为太子，同年神宗卒，即位。因年幼，由宣仁太后高氏听政。高氏反对新法，王安石等变法人物皆被罢黜。元祐元年（1086 年），司马光拜相，新法被废止，起用熙宁以前旧制。元祐八年（1093 年），高太后死，哲宗亲政，起用新党，章惇为宰相，新法逐步恢复，但有名无实。当时宋与西夏关系紧张，内忧外患，北宋统治面临危机。

宋徽宗赵佶

（1082—1135 年）北宋皇帝。神宗第十一子，哲宗弟，在位 25 年。即位前历任镇宁军节度使，平江、镇江军节度使等职，先后封宁国公、遂宁郡王、端王。元符三年（1100 年）哲宗卒，被召入即帝位。执政初，起用蔡京、童贯、高俅等主持国政，横征暴敛。托名"绍述"，禁锢元祐党人，变乱新法，蠹国害民。定司马光等人为"奸党"。在位期间，穷奢极欲，纵情享乐，下令在苏州设应奉局，负责搜刮江南奇花异石，船运开封，供其观赏，称为"花石纲"。崇信道教，自号"教主道君皇帝"。大修道教宫观，置道官使其与官吏同领俸禄。宣和年间，相继爆发了方腊等领导的农民起义。宣和二年（1120 年），遣使约金攻辽。七年（1125 年）金兵攻宋，他传位太子赵桓（钦宗），自称教主道君太上皇帝。靖康二年（1127 年），徽宗与钦宗等被金兵掳去，金封其为昏德公。南宋绍兴五年（1135 年），死于五国城（今黑龙江依兰）。赵佶书法、绘画颇有造诣，书法自成一家，称"瘦金体"，兼及狂草。绘画重写生，尤长花鸟画。存世有《芙蓉锦鸡》《池塘秋晚》。并能诗词，著有《宣和宫词》3 卷，已佚。

宋封大理国王

政和六年（1116 年），大理遣使臣李紫琮、副使李伯祥至宋朝贡。宋徽宗诏令广州观察使黄甶、广东转运副使徐惕陪同赴京。大理使臣由广州北上，到鼎州（今湖南常德），参观当地的学校，瞻拜孔子像，会见学校学生。政和七年二月，到达京城开封，献马 380 匹，以及麝香、牛黄、细毡等贡物。宋徽宗在紫宸殿接见大理使臣，封大理国主段和誉为金紫光禄大夫、检校司空、云南节度使、上柱国、大理国王。

宋江起义

宣和元年（1119 年），宋江在河北起义。宋江初起义时只有 36 人，专门打击惩罚贪官污吏。宣和元年十二月，宋王朝曾下诏对宋江起义军招安，但起义军没有投降，继续战斗。后来东南爆发了方腊起义，宋王朝暂时无暇对付宋江起义军，起义军发展到数百人，他们转战于京东各地，出没于青（今山东益都）、济（今山东济南）、郓（今山东东平）一带，各地官府闻之丧胆。中国古典四大名著之一的《水浒传》就是根据这一事件演绎而成的。

方腊起义

北宋末年发生的农民起义。宋徽宗统治时期，蔡京、童贯、朱勔等人当政，结党营私，无恶不作；皇帝与官僚贵族的生活奢侈无度。北宋政府在苏杭设置造作局，制造各种奢侈品，在苏州设立供奉局，大肆搜刮民间财物，江南人民遭受的剥削特别严重。宣和二年（1120 年）十月，方腊杀了大地主方有常一家，在睦州青溪（今浙江淳安县）帮源峒率千余人起义。十一月，方腊自称"圣公"建立农民政权，年号"永乐"。起义军扩大到 10 万人，三个月内，攻占 6 州 52 县。江浙各地人民纷纷响应，诛杀土豪、官吏，开仓散粮，使这次起义的总人数猛增到近百万人，震动了整个东南。宣和三年（1121 年）正月，北宋派童贯率 15 万大军前往镇压，农民军力量分散，遭到损失。20 万人撤回青溪帮源峒，与宋军奋战。四月，方腊及其妻子、将领 30 多人被俘。八月，方腊等人在开封英勇就义，分散在各地的方腊余部继续战斗近一年，至宣和四年（1122 年）最后失败。

东京保卫战

宋、金战争中的一次战役。宣和七年（1125年）金兵分两路进攻北宋，包围了宋朝京城开封。宋徽宗毫无抵抗准备，在金兵包围前，让位给儿子宋钦宗，自己先逃。大将李纲率领宋军，联合城内外群众进行抵抗，打退了金兵的多次进攻。但宋钦宗不愿抵抗，派使臣向金求和，并罢免了李纲。金朝欲索取500万两黄金、5000万两白银、牛马万匹、衣缎100万匹，要求宋朝割让太原、中山、河间三镇之地，提出以亲王和宰相做人质才允许和谈。宋朝准备全盘接受，派张邦昌等前去议和。金兵孤军深入，粮草不济，未等宋朝完全答应条件，就匆匆撤走。

靖康之变

金灭亡北宋的事件。靖康元年（1126年）金兵在完颜宗翰的率领下，再度围攻宋的都城汴京（今河南开封），以宋钦宗为首的宋朝政府不作抵抗，指望用道士作法退敌，致使金兵很快攻进汴京，宋钦宗投降。进入城内的金兵俘虏了徽、钦二帝，并在宫内、城内大肆掠劫，掳去宋朝天下图籍、工艺匠人、倡优、内侍、礼器法物，以及国库积蓄，然后退兵北去。此次事变后，北宋王朝灭亡。

宋代武士复原图

李纲

（1083—1140年）北宋末、南宋初名臣。字伯纪，号梁溪，邵武（今福建邵武）人，唐宗室后裔。政和二年（1112年）进士，授承务郎。五年任监察御史兼权殿中侍御史。因议论朝政过失被罢官。宣和元年（1119年），上疏要求朝廷注意内忧外患问题被谪。宣和七年七月，被召回朝，任太常少卿。是年冬，金军直逼开封。他建议徽宗传位给太子赵桓，以号召军民抗金。宋钦宗即位，他负责开封防御。亲自登城督战，击退金兵。因坚决反对向金割地求和，被罢官，后被逐出朝。旋又加上"专主战议、丧师费财"的罪名，谪夔州（今重庆奉节白帝城）。北宋亡后，康王赵构在南京应天府（今河南商丘）即位。李纲赶到南京，为高宗筹划重整朝纲。主张坚决抗金，为投降派不容，任宰相仅75天，又被驱逐出朝，流放海南岛万安军（今海南省儋州东南）。直到建炎三年（1129年）底才获自由。虽被排斥在外，但一直关心国事，一直上疏陈述政见，继续反对屈辱投降，支持岳飞抗金斗争。后卒于福州。善诗文，如《病牛》形象生动，意境高远。词作多抒其忠愤不平之气。

宋钦宗赵桓

北宋末代皇帝。徽宗长子。初名亶，崇宁元年（1102年）改名桓。在位2年。先后受封韩国公、京兆郡王、定王。政和五年（1115年）被立为皇太子。宣和七年（1125年）底，金兵大举南侵，徽宗下"罪己诏"，传位于赵桓以稳定人心。即位后，年号"靖康"。执政初，贬诛蔡京、童贯等6人。靖康元年（1126年）初，金兵攻汴京（今开封），被迫起用主战派李纲等抗击金兵，又遣使与金议降，许割地纳贡，并两次亲往金营求和。当时数十万"勤王"军已至开封，他却依赖主和派，罢黜李纲，涣散军心。不久，金兵大举南下，破汴京。靖康二年（1127年）二月，与太上皇徽宗同被金废为庶人，掳入金营，金封其为重昏侯，北宋灭亡。南宋绍兴三十一年（1161年），卒于五国城（今黑龙江依兰）。

科举制度

开宝八年（975 年），中国科举制度形成了解试、省试、殿试一整套程序，科举制作为中国封建社会长期选拔官吏的一种制度，始于隋唐，到宋初基本完善。开宝三年（970 年）三月，赵匡胤诏令实行特奏名制度。特奏名，就是那些解试合格而省试或殿试落第的举人，累积到一定的人数和年龄，不经省试，由礼部特别奏名，直接参加殿试，分别等第，并赐给出身或官衔的一种科举制度。因为是皇帝特别推恩，也叫作恩科。开宝六年（973 年）三月，赵匡胤为收揽文权，使读书人感激皇恩，在讲武殿亲自复试举人。从此，皇帝亲自复试的殿试制度成为一种基本制度。到了开宝八年（975 年），科举制度有了省试、殿试的分工。特奏名、殿试的实行，标志着科举制度在宋初已基本完善。

2. 社会经济

市舶司

咸平二年（999 年）九月，宋真宗诏示在杭州（今浙江杭州）、明州（今浙江宁波）设置市舶司，让外来客商经营得到方便。宋代封建经济获得一定的发展，各种商品交换活跃起来，对外贸易也随之发达。为了加强对外贸易的管理，北宋朝廷在杭州和明州两个沿海港口设立市舶司。市舶司又称市舶使司、提举市舶司，其官员有市舶使、市舶判官等，初期由知州或各路转运使兼职，最后因事务渐多而成为专职。掌管的主要事务有：收购海外舶来的货物，以资专卖或上缴；接待各国贡使，招徕外商，并对外商经营进行管理和监督；管理本国商船及海外贸易征税等。后随着海外贸易的不断发展，北宋朝廷不断在沿海口岸设置新的市舶司，至北宋末年已经增至 6 个。

榷场

宋与辽、西夏、金、元等接境地区的互贸市场。榷场设官监督贸易和收税。商人在场内贸易，须缴纳商税和牙钱。榷场贸易的违禁物品有多种，设置榷场的地点也经常变换，没有固定。

花石纲

宋代专门运送玩赏花石的船队。宋徽宗时期，奸臣当道，生活奢靡。崇宁元年（1102 年），命宦官童贯设立苏杭造作局，驱役工匠数千人，掠取民间财物，制作宫廷器用。崇宁四年（1105 年），又命朱勔建苏杭应奉局，专门寻求民间奇花异石，以船运至开封，建造园林，以供游乐。运送花石的船队每 10 艘编为一"纲"，往返于江浙、开封之间，号称"花石纲"。东南地区及运河沿岸人民深受其害，终于爆发了农民起义。方腊起义时，花石运送暂停。起义平息后，又继续运载。宣和七年（1125 年），金兵南下，宋徽宗退位，花石纲才告中止。

两税

宋朝实行的土地税。宋承唐制，两税按纳税时间分为夏税和秋税。夏税主要有丝、棉、丝织品、大小麦、钱币等，秋税征收稻、粟、豆类、草等。南方和北方农作物品种不同，也造成了税物品种的不同。在南方，夏税以税钱折纳税物较为普遍，北方一般没有夏税钱。

沿纳

宋朝两税附加税名。源自唐末五代，是在两税以外临时加派的各项税目钱物，有农具钱、桥道钱、盐钱（绸绢、棉、米）、军需钱、牛皮钱、甲料丝、鞋钱、公用钱米等等。宋朝统一后，废去一些，绝大多数沿袭下来，统称沿纳，又称沿征或杂变。

支移

宋朝赋税输纳方式之一，实际上是赋税与劳役相结合的又一种两税加税名目。赋税输纳有固定的地点、仓库；又以有余补不足，则移此输彼，移近输远，称之为支移。

身丁钱

宋朝赋税名。人户每岁按丁输纳钱米或绢，总称身丁钱。在四川以外的南方各路征收，不分主户、客户，均须负担。税额各不相同。

主户

又称税户、编户。秦汉以后，人民常因天灾人祸逃亡他乡，各地居民遂有土著和客户的区别，唐代户籍中正式设立主户、客户名目。宋代主户专指向国家交纳赋税、担负徭役的民户，分为 5 等：一般一、二、三等称乡村上户，其中第三等又称乡村中户，四、五等称乡村下户。一、二等户是地主，三等户有地主，也有自耕农和富裕农民，四、五等户是无地少地的贫苦农民。上户中还有官户等。从财产上看，虽然同为主户，但等级不同，贫富悬殊。官府按户等高下摊派某些税役，或免除乡村下户的某些税役，灾荒时也常优先减免下户赋税，或优先赈贷下户。但事实上，乡村上户以各种方式，将赋役负担转嫁于下户或客户。有的官户也常常依仗权势，不向政府纳税服役。

客户

即佃户，指无田产而耕种地主土地的农民。他们主要租佃乡村上户、官户等的田地、耕牛，受地租和高利贷剥削。因为没有土地，可不向国家交纳赋税，但要交人丁税并承担徭役，身份上不同于东汉以来的部曲、徒附，不再依附于地主名下，有独立的户籍。宋朝把客户列入户籍，是为了扩大人丁税和徭役的来源。客户租佃土地，契约期满，可以另择田主。客户的相对自由和身份的变化，反映了当时人身依附关系的松弛。但他们每年要向地主交纳沉重的地租，一般为收获量的5成。许多地区的人身依附关系还相当严重，地主鞭打役使客户，视为奴仆。一些乡村上户、官户则采用种种方法，将税役转移到客户身上。宋代客户约占全国总户数的 4/10，主户约占 6/10。

折变

宋朝赋税输纳方法之一，实际上是一种加税名目。征课赋税有固定物品，官府根据一时所需，变而取之，称之为折变。按照规定，折变并用平估，使其值轻重相当，且以纳月上旬时估中价准折，实际上却往往增取其值，亏损人户。

职役

宋朝役法之一，也称吏役。按照户等高下，轮流征调乡村主户担任州县公吏和乡村基层组织某些职务，称差役。这些职务如由官府出钱雇人担任，则称"雇役"。差役、雇役、保役及义役都是实行职役的方法。

夫役

宋朝役法之一，又称工役。按照坊郭、乡村民户丁口多寡或户等高低，征调丁夫，从事劳役。宋初规定男子 20—59 岁为丁，凡城乡有一丁以上的民户都须承担夫役，但官户享有免役特权。正在担任职役的暂免夫役。客户作为国家的编民，也要按丁应役。夫役是封建国家强迫广大农民负担的无偿劳役。

交子

宋朝钱币，也是世界上最早的纸币。北宋初年发行于成都，随即发展成为两宋川蜀地区通用的法定货币。最初的交子是一种初具货币流通职能的活期存款单，由商人私营的"交子铺"发行。交子的面值，按收入现钱贯数，临时书填。交子兑现时，每贯扣下 30 文，作为利钱。交子户获利甚丰，"收买蓄积，广置邸店、屋室、园田、宝货"。交子发行无定时定额，不免多发空券，膨胀贬值。真宗大中祥符末年，因无法兑现及诈伪问题，"争讼数起"，"以至聚众争闹"，于是转运使薛田请官置交子务，收归官营。天圣元年（1023 年）年设置"益州交子务"。从此，交子成为宋朝川陕四路的法定货币。

关子

宋朝的票据和货币，"关"有支付之义。北宋有"金带关子"。这种关子作为提取金带的凭证，到北宋末年已成为可买卖转让的票据。南宋初年，出于军事上的需要，宋廷印行一种"见钱关子"。作为支付手段，这种关子比"金带关子"更进一步，近似现代的汇票。景定五年（1264 年），又发行一种见钱关子，也称"铜钱关子""金钱见钱关子""银关"。这种关子与绍兴年间的见钱关子不同，而与会子无异，实际是一种新币。

义役

宋朝役法之一。南宋乡村民户为了减轻上户轮差保正、保长的重役，自行结合，割田出粮，帮助当役户，称为"义役"。原来役轻或无役的中下户，在上户勒索敲诈之下，负担增重，以致倾家荡产，义役遂成为"不义之役"。

3. 文化

唐宋八大家

唐、宋时期，我国文学领域里掀起一次改革，即古文运动，出现了众多的散文作家。其中，以唐代韩愈、柳宗元，宋代欧阳修、王安石、苏洵、苏轼、苏辙、曾巩最为著名。明代中叶，有人选录他们的文章，编为《唐宋八大家文钞》。其书流传颇广，于是文学史上有了"唐宋八大家"的名称。他们反对魏晋南北朝以后绮靡华艳的文风，反对那种只重声韵和谐、对偶整齐，不重内容的骈体文，大力提倡古文，即"古代散文"，主张学习先秦、两汉时用散文形式写文章。他们都身体力行，以大批的优秀作品参加并领导了"古文运动"。

宋词

词是一种文体，由于宋代特别盛行，所以习惯上称宋词。唐中期以后，一些民间诗人把近体诗的整齐句子加以改变，依照流行曲调的节拍和韵律而裁定字句，就成为词。一首词的句子长短不一，所以又叫长短句。到晚唐五代，词的艺术水平有了发展，出现温庭筠、李煜这样一些词人。词至宋代，达

到鼎盛时期。宋初沿袭五代词风，风格典雅，措辞华美，但内容单调，形式上多短调小令。宋词到柳永为之一变。柳永是宋词婉约派的代表人物，他所作的词内容主要反映都会里的下层人物，形式上常用长调慢词，音律婉转，便于歌唱。到了苏轼，又重开风气。他是宋词豪放派的创始人，词风豪放，提高了词的意境，解放了词在内容和形式上的束缚。宋词到南宋发展到高峰，许多作者出于反对金兵侵略的义愤，写出了反映时代精神的优秀词章。其中突出的代表人物是辛弃疾，他的词发扬了豪放风格，反映了广阔的社会生活，形式解放，达到诗、词、散文合流的境界。现存宋词，搜集得最完备的是唐圭璋编的《全宋词》。

柳永

（约 987—约 1053 年）北宋词人，字耆卿。初名三变，字景庄。福建崇安（今武夷山市）人。因排行第七，故又称柳七。为人落拓不羁，常出入于秦楼楚馆，为妓女、乐工们填词。因他在《鹤冲天》词中有"忍把浮名，换了浅斟低唱"等句，宋仁宗说："此人风前月下，好去浅斟低唱，何要浮名？且去填词！"他因此屡试不中，抑郁不得志，自称"奉旨填词柳三变"。后改名永，才在景祐元年（1034 年）考中进士，做过睦州推官、定海晓峰盐场盐官、余杭县令、屯田员外郎等小官，世称"柳屯田"。死后很凄凉，由歌女们聚资营葬。词集名《乐章词》，主要内容描写歌妓舞女的生活和思想，抒发自己的不平和牢骚以及羁旅行役之苦、离别怀人之情。都市的风物之美、社会的富庶在词中也得到突出的表现。艺术成就最高的是羁旅行役之作。《雨霖铃》《八声甘州》是这方面的代表作，融情入景，有点有染，感人至深；同时，赋予身世之叹和浓重的伤感情调，为人们千古传诵。柳永是北宋第一个专力写词的作家，在词的发展史上有着突出的贡献。他运用铺叙、渲染等手法，扩大了词的容量；并且以俚语、俗语入词，呈现口语化的特色。由于在题

材和艺术上都有创新，所以流传很广，甚至连西夏也"凡有井水饮处，即能歌柳词"。有《乐章集》传世。

欧阳修

（1007—1072年）北宋文学家、史学家。吉州庐陵（今江西吉安）人，字永叔，号醉翁，晚年又号六一居士。幼年丧父，家境贫困，读书刻苦。宋仁宗天圣八年（1030年）中进士。"庆历新政"失败后，上疏为范仲淹、韩琦等人分辩，被贬滁州，后又知扬州、颍州，再回朝廷任翰林学士、史馆修撰。他是宋代诗文革新运动的主将，继承和发展了唐代古文运动的传统，确立了新古文运动的方向。在散文、诗、词、史传等方面均有较高成就，尤以散文对后世影响最大，为"唐宋八大家"之一。曾奉诏与宋祁等修《新唐书》，自撰《新五代史》，集金石遗文为《集古录》，还有《欧阳文忠公集》《六一词》等。

《欧阳文忠公文集》书影

王安石

（1021—1086年）北宋政治家、思想家、文学家。字介甫，号半山，临川（今江西抚州市）人，宋仁宗庆历年间中进士。曾做过几任地方官，皆有政绩。嘉祐三年（1058年）向仁宗上万言书，主张培养人才，变法革新，未被采纳。神宗即位，又上书列举各项弊端，力主改革，与神宗意合。熙宁二年（1069年）升为参知政事，推行新法，以富国强兵为宗旨，史称"王安石变法"。次年，升任宰相。新法遭到保守派反对，他曾两次被迫罢相，后退居江宁（今江苏南京），封荆国公。他擅长诗文，文风古朴，笔力险峭奇拔，是"唐宋八大家"之一。他是进步的思想家，认为"天变不足畏，祖宗不足法，人言不足恤"，

强调"新故相除"的辩证思想，反对因循守旧。有《临川集》流传。

苏轼

（1037—1101年）北宋著名文学家。字子瞻，号东坡，眉州眉山（今四川眉山）人。嘉祐二年（1057年）中进士，曾任主簿、签事，宋英宗时在国史馆任职。曾提出革新弊政的要求，但对王安石新法却不赞同，宋神宗时被贬为黄州（今湖北黄冈）团练副使。变法失败后，被召回汴京（今河南开封），任翰林学士，出任杭州通判，密州、徐州、湖州等地知州，官至礼部尚书。后来变法派再度上台，他又被贬于惠州（今广东惠阳）、儋州（今海南岛）。元符三年（1100年）遇赦北归，次年病死于常州。与父苏洵、弟苏辙合称"三苏"，是"唐宋八大家"之一。保存至今的诗有4000多首，诗风清新雄健；词约350首，首创豪放一派；散文清新活泼，平易自然。又长于书画，书迹有《前赤壁赋》等，画迹有《枯木怪石图》等。有《东坡七集》《东坡乐府》等传世。

理学

又称道学，中国封建社会后期占统治地位的哲学思想，是一种以儒学为核心，儒、道、佛互相渗透的唯心主义思想体系。理学家认为宇宙的本体是"理"，它先天地而存在；主张即物而穷理，所以称为理学。创始人是北宋的周敦颐、程颢、程颐等人。到南宋时，由朱熹集其大成，建立成一个较为完备的哲学思想体系，成为此后历代封建统治者维护其统治的理论工具。程朱理学为理学的正宗，另有陆九渊、王阳明的心学，也属于理学范畴。直到清代汉学兴起，理学才逐渐衰落。

邵雍

（1011—1077年）北宋学者，理学象数学派创始人。字尧夫，谥康节，共城（今河南辉县）人，又称百源先生。与周敦颐、张载、程颢、程颐并称"北宋五子"，同为

理学创始人。根据《周易》太极、动静、阴阳和八卦之义，结合道教宇宙生成图式和孟子"万物皆备于我"的思想，建立了繁杂、庞大的先天象数学体系。作《先天图》，认为"生天地之始者，太极也"，"太极一也，不动。生二、二则神也。神生数，数生象，象生器"。并依太极生两仪，两仪生四象，四象生八卦，"八卦相错，然后万物生"的模式，把"一分为二"无限推衍，"愈细愈繁"，"衍之斯为万"，即"合一衍万"，人为安排了一个象数系列。又以"道"和"心"规定太极，把宇宙万物视为"心"的表象。提出"元会运世"的宇宙循环论和"皇帝王霸"的历史退化论。著作有《皇极经世》《伊川击壤集》《渔樵问答》等。

周敦颐

（1017—1073年）北宋学者，理学开创者之一，濂溪学派创始人。原名敦实，字茂叔，道州营道（今湖南道县）人。历任州县地方官吏，在世时影响不大。南宋朱熹作《伊洛渊源录》，列其为首位，称其"得孔孟不传之正统"。继承《易传》和《中庸》思想，糅合佛、道观点，作《太极图说》，以太极为本体建立了一个宇宙生成模式。认为万物由阴阳之气交感而化生，但阴阳之气又由太极的动静产生，而太极则"本无极"，是一个客观的精神实体，人也在这一模式中由阴阳交感而生。人类社会的结构与秩序，人们行为的道德原则与规范，都是太极这一虚静本体运动过程中的规定。他的理论体系提出了理学的一些基本范畴和本末一原、体用一贯的思维方法，开创了宋明理学的理论基础。著作有《太极图说》和《通书》等，后人编为《周子全书》。

程颐

（1033—1107年）北宋哲学家、教育家。理学创始人之一。字正叔，洛阳（今属河南）人，世称伊川先生。官至国子监教授之职，反对王安石变法，从事讲学著述三十余年。与兄程颢并称"二程"，同拜师于周敦颐。提出"天理"作为宇宙万物的本体，"天下只有一个理""万物皆只是一个天理"。认为万物的本体、本原之理是唯一的，而万物各自具有这一"理"。"理"是超越于具体事物的精神性实体，"理无形也，故假象以显文"。这个"理"实即封建伦理原则的本体抽象，"礼者，理也"，"为君尽君道，为臣尽臣道，过此则无理"。吸收张载气论的思想，认为万物都由气化生成，但反对太虚本体为气的观点，认为万物不以"气"为本，而以"理"为本。认识论上提倡格物致知，尽性穷理。承认矛盾的普遍性，认为天下之物莫不有对，"有上则有下，有此则有彼，有质则有文，一不独立，二则为文"。以理善欲恶，主张消灭人欲，复返其天理，提出了"饿死事极小，失节事极大"的禁欲主义道德学说。与其兄程颢及南宋朱熹的学说并称为"程朱学派"，又称理本论。与兄程颢的著作合为《二程全书》。

程颢

（1032—1085年）北宋哲学家。理学的创始人之一。字伯淳，洛阳（今属河南）人。人称明道先生，与弟程颐并称"二程"，同拜师于周敦颐。其学派称洛学。哲学上与程颐提出"天理"作为宇宙万物的本体，理通过气而产生天地万物。但程颐以理为绝对，融主观于客观，程颢则重视主体的作用，强调"有我"，"万物皆备于我，不独人尔，物皆然。理为主体与客体共同的本质，"吾心之理即天地万物之理"，以心理同一，为宇宙万物之理。主张"心是理，理是心"，以心理同一，为宇宙万物之本。主张通过诚、敬的途径达到穷理尽性的境界。后人将其著作与程颐的著作合编为《二程全书》。

张载

（1020—1077年）北宋学者。字子厚，凤翔郿县（今陕西眉县）横渠镇人，世称横渠先生。理学创始人之一，与周敦颐、邵雍、程颢、程颐并称"北宋五子"。因其讲学关中，故其创立的学派称为"关学"。批判佛、道唯心主义理论，反对道家无能生有之说，建立了元气本体论唯物主义哲学体系。认为世界是客观的物质存在，"凡可状，皆有也；凡有，皆象也；凡象，皆气也"。认为"气"为宇宙万物统一的物质基础，规定"气"是能为人们感知的、具有矛盾运动的宇宙间一切存在与现象。物质不能从虚无中产生，也不能消灭为无。认识论上坚持人的感觉来源于客观事物，"人谓己有知，由耳目有受也；人之有爱，由内外之合也"。把认识划分为"见闻之知"和"德性之知"，认为见闻之知不足以认识事物的本质，"德性所知，不萌于见闻"。承认先验知识的存在，提出"一物两体"的辩证法思想。认为"气"包含着矛盾对立，"二端故有感，本一故能合"，一与两不可分离。倡导"民胞物与"的泛爱主义学说。传世有《张载集》。

张择端与《清明上河图》

张择端是北宋画家，东武（今山东诸城）人。幼好读书，早年游学汴京，后习绘画。宋徽宗时供职翰林图画院，擅长画舟车、市桥、街道、城郭。传世作品为《清明上河图》，描绘清明时节北宋都城及汴河两岸风光，展示当时各阶层人物的生活和动态，包括经济状况、民情风俗、城乡关系，是一部写实性很强的画卷。作品用墨骨淡彩手法，采用传统手卷形式，经不断移动视点的办法，即"散点透视法"来摄取所需要的景象。画面和谐、统一，繁而不乱，长而不冗，段落分明，结构紧凑。画中人物神气各异，回味无穷。作品朴实无华，成为绘画史上的名作。

李公麟

（1049—1106年）北宋画家。字伯时，舒州（今属安徽）人。为官30年，后告老归乡，居住龙眠山，号龙眠居士。好古博学，与苏轼、黄庭坚、米芾等人交往，受到王安石推举。擅画人物、佛像，且精于临摹。吸取历代流派之长，注重写生，敢于独创。画人多用白描，笔法如行云流水，以单纯洗练、朴素自然的线条来表现形态情貌。所画人物气质鲜明，性格突出。创作主张"立意为先，布置缘饰为次"。画鞍马，常观察群马生活，下笔形神兼备。画佛道人物，出奇立异，使佛教、道教的人物画进一步向观赏性绘画转变。现存作品有《五马图》，人物和马匹各具风采神韵。另有《免胄图》《临韦偃牧放图》《维摩诘图》等。

米芾

（1051—1107年）北宋书画家、鉴赏家。字元章，号鹿门居士等。祖籍太原（今属山西），迁襄阳（今湖北襄樊），世称"米襄阳"，后定居润州（今江苏镇江）。曾官至礼部员外郎，人称"米南宫"。因举止"颠狂"，世称"米颠"。能诗文，擅书画，精鉴别，好收藏名迹。行书、草书博取前人所长，体势展拓。擅临摹古人书法，壮年有"集石字"之称，晚年始自成一家。对古人书法，多有讥贬。与蔡襄、苏轼、黄庭坚合称"宋四家"。画山水师法董源，天真发露，不求工细，多用水墨画之，时出新意，信笔作之。此种横点积叠画法，突破勾廓添皴之传统，开创了"落茄点"风格。有时用纸筋、蔗滓、莲房代笔，其画水墨淋漓，气韵生动。传世书迹有《苕溪诗》《罗素帖》等，画作《春山瑞松图》相传为其所作，还著有《书史》《画史》等。

蔡襄

（1012—1067年）北宋书法家。字君谟，兴化仙游（今属福建）人。官至端明殿学士。学虞世南、颜真卿，并效法晋人。擅正、行、草、隶书，又能参用飞白法，谓之"散草"或"飞草"，为"宋四家"之一。世人评其书法以为行书第一、小楷第二、草书第三。传世碑刻有《万安桥记》，书迹有《谢赐御书诗》和书札、诗稿等。后人辑有《蔡忠惠集》。

黄庭坚

（1045—1105年）北宋书法家。字鲁直，号山谷道人、涪翁，分宁（今江西修水）人。治平年间中进士，官至中书舍人。与张耒、晁补之、秦观同为苏轼门生，号"苏门四学士"。

与苏轼齐名，人称"苏黄"。善正、行、草书。正书学《瘗鹤铭》，遒健而不俗；行草用笔纵横奇崛，以倒险取势，自成一格。存世书迹主要有《华严疏》《松风阁诗》《诸上座帖》《王长者墓志稿》等。碑刻有《狄梁公碑》《伯夷叔齐庙碑》《七祖山诗刻》等。

米友仁

（1074—1153 年）字元晖，晚号嫩拙老人。祖籍太原（今属山西），迁襄阳（今湖北襄樊），定居润州（今江苏镇江）。米芾长子，人称"小米"。因画与其父齐名，世称"二米"。所作山水画被称为米氏云山或米家山。宋徽宗时他在朝廷做过官，曾为宋高宗赵构鉴定书画名迹，并题跋于后。擅山水画和书法。画山水多用纸本，用水墨横点，连点成片表现"烟云变灭，林泉幽壑，生意无穷"的江面景色。强调"借物写心"，崇尚"平淡天真"，运笔草草，自称"墨戏"。他与文同、苏轼、米芾等人奠定了文人画的基础。传世作品有《潇湘奇观图》《云山得意图》等。

《资治通鉴》

编年体通史巨著。北宋司马光主持编修，参加编撰的有刘恕、刘攽、范祖禹等人。司马光认为历代史籍浩繁，后人难以遍览，遂决定取诸史籍精要内容，编撰一部编年体史书。历时 19 年完成。全书 294 卷，记载了上起战国周威烈王二十三年（前 403 年），下讫后周世宗显德六年（959 年），共 1362 年的历史。取材广博，参阅的书籍除 17 部正史外，还有多达 332 种杂史诸书。每种史料均经过严格的审定、鉴别，考证极为详密。编撰过程分为丛目、长编、广本、删定几个阶段。体例采用编年体，按照年、四时、月、日的次序记事。以朝代为纪，共有 16 纪。引用史料中，遇有记载矛盾处，均注明斟酌取舍之由。书中还引用一些前人的史论，同时又亲撰史论 118 篇，以"臣光曰"的形式编入书中。元丰七年（1084 年）书成，呈送宋神宗阅。神宗阅后认为"鉴于往事，有资于治道"，遂赐书名"资治通鉴"。

《三朝北盟会编》

宋代史学名著。250 卷，北宋徐梦莘（1126—1207 年）著。该书汇集了三朝（宋徽宗、宋钦宗、宋高宗）有关宋、金和战的多方面史料，按年月日标出事目，加以编排，故称为"北盟会编"。

《宋大诏令集》

北宋 9 朝重要诏令汇编。辑录北宋 9 朝诏令 3800 余篇，始于宋太祖建隆元年（960年），终于宋徽宗宣和七年（1125 年），分门别类，按年月编次。现存帝统、太皇太后、皇太后、皇太妃、皇后、妃嫔、皇太子、皇子、亲王、皇女、宗室、宰相、将帅、军职、武臣、典礼、政事共 17 门。

《太平广记》

"北宋四大书"之一。小说类书，李昉、扈蒙、李穆等奉宋太宗赵炅之命编纂。全书 500 卷，目录 10 卷。取材于汉代至宋初的野史、小说等，引书约 400 余种。该书按题材分 92 类，又分 150 余细目。神怪故事所占比重最大，卷数多的如神仙 55 卷、女仙 15 卷、报应 33 卷、神 25 卷、鬼 40 卷。实际上是一部分类编纂的古代小说总集，与同时编纂的《太平御览》《文苑英华》《册府元龟》合称"北宋四大书"。

《太平寰宇记》

地理总志。200 卷，北宋乐史撰。该书记载了各地自前代至宋初的州县沿革、山川形势、人情风俗、交通、人物姓氏、土特产等。

《文苑英华》

"北宋四大书"之一。文学类书，宋太宗赵炅命李昉、徐铉、宋白及苏易简等 20 余人共同编纂。全书 1000 卷，上继《文选》，起自萧梁，下讫晚唐五代，选录作家 2000 余人，作品近 2 万篇，按文体分赋、诗、歌行、杂文、中书制诰、翰林制诰等 39 类。每类之中按题材分若干子目，如赋类下分天象、岁时、地、水、京都等42小类。约1/10是南北朝作品，9/10是唐人作品。

《册府元龟》

"北宋四大书"之一。史学类书，宋真宗赵恒命王钦若、杨亿等18人共同编修历代君臣事迹。用编年体和列传体相结合，共分1104门。分为帝王、闰位、僭伪、列国君、储宫、宗室、外戚、宰辅、将帅、台省、邦计、宪官、谏净、词臣、国史、掌礼、学校、刑法、卿监、环卫、铨选、贡举、奉使、内臣、牧守、令长、宫臣、幕府、陪臣、总录、外臣等31部。总计1000卷。诏题名《册府元龟》。"册府"是帝王藏书的地方；"元龟"是大龟，古代用以占卜国家大事，意即作为后世帝王治国理政的借鉴。

《东京梦华录》

追述北宋都城东京开封府城市风貌的著作。宋代孟元老撰。该书分别记载东京城池、河道、宫阙、衙署、寺观、桥巷、瓦市、勾栏，以及朝廷典礼、岁时节令、风土习俗、物产时好、诸街夜市，反映出当时都城官私手工业作坊、商业、文化、交通的发达情况和东京的风貌。

《太平御览》

"北宋四大书"之一。初名《太平总类》，百科全书性质的类书。翰林学士李昉奉诏主纂，扈蒙、王克贞、宋白等13人参与修撰。全书1000卷，分55部，5363类，共478.4万字，引用古书及各种体裁文章共2579种。

4. 科技

沈括与《梦溪笔谈》

沈括（1031—1095年）是北宋科学家，字存中，杭州钱塘人。嘉祐八年（1063年）进士及第，任昭文阁校勘。神宗即位后，历任检正中书刑房公事、提举司天监，制造浑仪、景表、浮漏等天文仪器，并主持编定《奉元历》。熙宁年间，参与王安石变法，曾赴

《梦溪笔谈》书影

淮南、两浙等地察访，推行青苗、农田水利等法。熙宁七年（1074年），出任河北西路察访使，提出加强边备，改革旧政数十事。八年，奉命出使辽国，斥责辽廷强索黄嵬（今山西）的无理要求。后又改任翰林学士、权三司使。熙宁末，因主张免除下户役钱，遭弹劾，降为知州。元丰五年，因陕北重镇永乐（今陕西米脂西北）为西夏攻陷，主官沈括被贬为均州团练副使，安置于秀州（今浙江嘉兴）。后移居润州（今江苏镇江）梦溪园，直至病逝。他博学多闻，知识涉及天文、历法、地理、数学、典制、医药、音乐等。晚年著成《梦溪笔谈》30卷。全书分为故事、辩证、乐律、象数、人事、官政、权智、艺文、书画、技艺、器用、神奇、异事、谬误、讥谑、杂志、药议17门，约600条。记录了许多珍贵的历史与自然科学资料，其中包括天文学的日食、月食原理，黄、赤道的论述，及改革历法的主张；数学的隙积术（即二阶等差级数求和）、会圆术（即从已知圆直径及弓形高，求弧长及弦）；物理学的凹面镜成像、小孔成像原理，指南针的实际应用，且比欧洲科学家早400余年发现了地磁偏角；地理、矿产学关于石油的记载，并提出太行山区过去曾是海滨的论断；以及医药学、生物学等方面的成就，及毕昇发明活字印刷术的情况。

四大发明

指中国古代劳动人民发明的造纸术、印刷术、指南针和火药。四大发明相继传入世界各地，是中国对世界文明的伟大贡献。

火药

火药原意是会起火的药。唐代发明，

在北宋得到进一步研究和大规模的生产。北宋开宝二年（969 年）冯继升等首次发明火药箭，经试验效果良好。咸平三年（1000 年），唐福、石普又先后献火箭、火球、火蒺藜等新式火器。当时火药的配方已很复杂，火药武器种类主要有 3 种：一种是蒺藜火球，在火药包中装有许多尖刺的铁蒺藜，这是阻止敌人骑兵冲杀的重要武器；一种是在火药包里装上砒霜等毒药的毒药烟球；一种称霹雳炮，用纸或铁皮包裹火药，爆炸力较强。南宋出现了管状火枪，到元朝时，管形火器发展成金属制造的筒形大炮，火药武器又进了一步。我国是世界上最早发明和应用火药的国家。13 世纪中叶，我国发明的火药和火器传到阿拉伯，以后再由阿拉伯人传入欧洲。14 世纪，欧洲才开始制造火药和火器。

指南针

我国古代利用磁铁的南北指极性制作的指向仪器。战国时期就有以天然磁铁琢磨成的指南针，名为司南，由一把光滑的磁勺和一个刻有方位的铜盘配合而成。使用时，用手转动勺子，当勺子停下的时候，勺柄所指的方向就是南方。在长期实践中，又发现了用人工磁铁制造指南针的方法，指南针的类型也日趋多样。我国是世界上最早应用指南针于航海事业的国家，当时海船所用的指南针，已发展到类似后世罗盘的形状。由于中国海船的来往，阿拉伯人也学会使用指南针，12 世纪末又传入欧洲。指南针的发明为以后各国航海家开辟新航路、发现新大陆和完成环球航行提供了保证。

活字印刷术

用活字排版印刷的技术。北宋沈括在《梦溪笔谈》卷十八《技艺》中记载了毕昇发明活字印刷术的情况。毕昇出身平民，生活在当时雕版印刷业中心之一的杭州。他用黏土做成小方块，每块刻一字，用火烧硬，成为陶字，再排版印书。每印完一版后，还可拆下陶字另排一版，故称活字版。陶字印刷的原理和现在铅字印刷相同，它开辟了印

毕昇雕像

刷史的新纪元。毕昇的泥活字传到朝鲜，当地人民推陈出新，在 12 世纪时铸成了铜活字。15 世纪初铸成了铁活字，日本在 14 世纪又从朝鲜传入活字印刷术。我国的活字印刷术又经新疆传到波斯和埃及，再传入欧洲。欧洲到 15 世纪中叶才有了活字版，比毕昇的发明晚了 400 年。我国活字印刷术的发明，对人类文化的发展做出了重要贡献。

中国创造火箭

火箭起源于中国，是中国古代重大发明之一，是一种依靠自身向后喷射火药燃气的反作用力飞向目标的兵器。宋代火箭广泛应用于军事，被称为"军中利器"。"火箭"一词，最早见于《三国志·魏明帝纪》注引《魏略》，魏明帝太和二年（228 年），诸葛亮出兵攻打陈仓（今陕西宝鸡市东），魏守将郝昭"以火箭逆射其云梯，梯燃，梯上人皆烧死"。但那时的火箭，只是在箭杆靠近箭头处绑缚浸满油脂的麻布等易燃物，点燃后用弓弩发射出去，用来纵火。火药发明后，上述易燃物由燃烧性能更好的火药所取代，出现了火药箭。北宋时期已大量生产火药，并用来制造火器，主要有弓火药箭、霹雳炮。北宋后期，民间流行的能高飞的"流星"（或称起火）属于用来玩赏的火箭，南宋时期，产生了最早的军用火箭。当时的火箭是在普通的箭杆上绑一个火药筒，发射时用引线点燃火药，火药燃气从尾部喷出，产生反作用力推动火箭前进，它以火药筒作发动机，以箭杆作箭身，用翎和箭尾上的配重铁块稳定飞行方向。宋代火箭技术的发展，不仅为中国古代战争提供了先进武器，而且具有重大的科学价值，是中国对世界文明的一项特殊贡献。

宋瓷

宋代瓷器的产量、制造技术都比前代有很大提高，不仅满足了贵族的需要，而且生产出大批日用器皿，为民众广泛使用。宋瓷的烧制遍布全国，形成了许多有特色的瓷窑。北方定州的白瓷、汝州的青釉瓷均充当贡品，汝州瓷丝片细致，宋徽宗时专为王室烧造。颍昌府阳翟（今河南禹州）出产的瓷器，色彩绚烂，后世称为"钧瓷"。南方饶州（今江西波阳）景德镇生产的瓷器号称"饶玉"，远销各地。北宋开封、南宋临安府的官窑出产的瓷器，亦为瓷中上品。宋瓷还是对外输出的重要商品，广南东路和福建的瓷器即以外销为主。

南宋

（1127 年—1279 年）

北宋灭亡之后一个月，赵构在南京（今河南商丘）即皇帝位，南宋由此开始。此后几年，宋廷在金军压力下几度南撤，至1132年返回临安府（今杭州），才得以建立稳定的统治。

南宋始终处于金的军事压力之下，其最高统治者一味妥协苟安，一直在战战兢兢中过着屈辱的日子。虽有李纲、宗泽、韩世忠、岳飞等为首的一批将领进行了英勇的抗金斗争，取得了一些胜利，但投降势力把持朝政，南宋于1141年与金签订了妥协的"绍兴和议"，向金称臣奉表，割地纳贡，形成了相对稳定的对峙局面。南宋统治者苟安于江南半壁江山，昏庸无道，不思进取，过着花天酒地、纸醉金迷的腐朽生活。南宋晚期，奸臣相继专权，朝政一片黑暗。失去大片国土和屡次屈辱的议和引起人民强烈的不满，尖锐的民族矛盾和阶级矛盾激起此伏彼起的人民起义。而此时北方的蒙古国迅速强大起来，灭夏扫金。

1271年，忽必烈改蒙古国号为"大元"，其后发动大规模的对宋战争。南宋军队节节败退，皇帝一再南逃。1279年，败走无路的

陆秀夫背着幼帝投海自尽而宣告南宋灭亡。

南宋在政治、社会诸方面沿袭了北宋许多特点，军事对峙下的南方经济得到发展，造船业异常发达，制瓷、造纸、印刷业等也超过前期。在文学方面，"宋词"与"唐诗"一样，登上了中国文化的又一高峰。

1. 政治

宋高宗赵构

（1107—1187 年）南宋第一位皇帝，1127—1162 年在位。宋徽宗赵佶第九子，宋钦宗赵桓之弟。初封康王，北宋末金兵大

南宋大事年表
1127年，宋徽宗第九子康王赵构即位，后迁都临安（今杭州），史称"南宋"。
1130年，爆发钟相、杨幺起义。
1130年，韩世忠在黄天荡大败金军。
1134年，岳飞北伐，收复襄阳等地。
1138年，秦桧任宰相，专管与金议和。
1140年，岳飞取得郾城大捷。宋军相继取得顺昌大捷、颍昌大捷。
1141年，岳飞等抗金将领被削夺兵权。宋、金订立"绍兴和议"。
1142年，岳飞被宋高宗和秦桧以"莫须有"罪名杀害。
1161年，金军伐宋，在采石矶被宋军击败。
1164年，宋军北伐失败，与金订立"隆兴和议"。
1206年，铁木真建立大蒙古国，被尊称为成吉思汗。
1208年，宋军"开禧北伐"失败后，与金订立"嘉定和议"。
1219年，成吉思汗西征（1219—1224）。
1227年，蒙古灭西夏。
1234年，宋和蒙古联合灭金。宋、蒙战争开始。
1247年，蒙古灭吐蕃。
1253年，蒙古灭大理。
1260年，忽必烈继任蒙古国大汗。
1267年，蒙古军进攻襄阳，宋军坚守6年，至1273年襄阳陷落。
1271年，忽必烈改国号为元，定都燕京（今北京），元朝开始。
1274年，元军南下大举伐宋。
1276年，元军占领南宋都城临安。
1279年，宋、元交战于崖山（今广东新会南），宋军大败。陆秀夫背南宋幼帝投海而死。南宋灭亡。

举南侵，为河北兵马大元帅，畏缩避敌。其父兄被虏北上后，他即位，改元建炎，迁都临安（今杭州），建立了南宋的小朝廷，偏安江南。任用投降派秦桧，打击主战派岳飞、韩世忠等，以"莫须有"的罪名杀害岳飞，与金订立绍兴和议，向金称臣纳贡以求苟安。对治内人民则尽其搜掠之能事。绍兴三十二年（1162 年），传位孝宗，自称太上皇至死。

钟相、杨幺起义

南宋初在洞庭湖地区发生的农民起义。靖康二年（1127 年）初，钟相组织民兵 300 人，命长子钟子昂率领北上"勤王"，被刚即位的宋高宗赵构命令遣返。钟相以此为基础，策划起义。建炎四年（1130 年）二月，钟相在金人屠潭州（今湖南长沙）后率众起义。建国号楚，年号为天载，自称楚王，立钟子昂为太子，设立官属。起义军"焚官府、城市、寺观、神庙及豪右之家，杀官吏、儒生、僧道、巫医、卜祝及有仇隙之人"。并把杀官吏等称为"行法"，把平分财产称为"均平"。又用所获官军舟车和工匠大造车船，杨幺水军更加强大。绍兴五年春，宋高宗调岳飞前往镇压起义军，又派宰相张浚亲临督战。同时，大力开展诱降活动。黄佐、杨钦叛变投敌，起义军内部分化瓦解，杨幺力战不屈，被俘牺牲。起义随之失败。

南宋与金的战争

南宋建国之初，金军不断南侵，在北方人民抗金斗争的支持下，南宋与金进行过几次大战，形成宋、金对峙的局势。建炎三年（1129 年），金扶植伪齐政权统治旧黄河以南及陕西地区。建炎四年，宋将韩世忠在黄天荡（今江苏南京东北）大败金将兀术的军队，阻止了金军南下，史称"黄天荡之战"。同年，宋将张浚又在富平（今属陕西）击败金军，史称"富平之战"。绍兴元年（1131 年），金军进犯四川地区，宋将吴玠、吴璘机智迎敌，在和尚原（今陕西宝鸡西南）大败金军。绍兴四年，岳飞率岳家军击败伪齐和金的联军，收复襄阳等 6 州。同年，岳家

军与金军主力在郾城（今属河南）北展开大战，击溃金兀术的精锐部队，史称"郾城之战"。岳飞在华北军民支持下进兵到朱仙镇，并准备攻打开封，但被宋高宗召回。宋高宗赵构与秦桧设置冤狱，于绍兴十二年底（1142 年）将岳飞父子杀害。同年，南宋与金订立屈辱的"绍兴和议"。绍兴三十一年（1161 年），金海陵王完颜亮亲率大军分 4 路南侵，欲灭亡南宋，中书舍人虞允文组织军队奋力抗击，终于击败金军，史称"采石之战"。此后金军再也无力南下。隆兴元年（1163 年），宋孝宗派将北伐，无功而返，次年宋与金订立"隆兴和议"。开禧二年（1206 年），蒙古军进攻金朝，南宋欲借金朝无力南顾之机，在韩侂胄主持下进行北伐，但因准备不足而告失败，南宋与金订立"嘉定和议"。此后宋、金间的大战暂告一段落。

宗泽

（1060—1128 年）北宋、南宋之际抗金名臣。字汝霖，婺州义乌（今属浙江）人。宋哲宗元祐年间进士出身，历任州县地方官。靖康元年（1126 年），金兵再次南侵时，任河北义兵都总管，主动出兵挫败金军，并阻止康王赵构求和。金兵再围开封，他不顾赵构等人反对，率兵力战，打击了金兵气焰。南宋建立后，他留守开封，修武备，联义军，屡败金兵。先后上奏书 24 份，恳请宋高宗还都开封，以求北渡黄河恢复中原。壮志未酬，忧愤成疾，连呼三声"过河"而逝。谥忠简。著有《宗忠简公集》传世。

韩世忠

（1089—1151 年）南宋抗金名将。绥德（今属陕西）人，字良臣。出身贫苦，年十八从军，在宋、夏战争中屡立战功。宋金开战，率部转战，以少胜多。建炎年间，平定苗、刘之变有功，授武胜军节度使，驻守镇江。金将兀术南侵后北归，韩世忠率 8000 名水兵阻击金兵 10 万，双方相持于黄天荡（今江苏南京附近）40 日，给金兵以巨大打击。绍兴四年（1134 年），在大仪镇（今

江苏扬州西北）击败金军。此后扼守淮河，使金军望而却步。绍兴十年，与岳飞等合力北伐。次年，被召还朝，解除兵权。他反对秦桧专权误国，独为岳飞伸张。宋孝宗时追封蕲王，谥忠武。

黄天荡之战

南宋初年对金战争的重要战役。建炎三年（1129年）冬，金兀术率大军自马家渡（江苏南京西南）渡江，已逃到越州（今浙江绍兴）的宋高宗，又向明州（今宁波）逃跑。金军占领杭州后，宋高宗已乘船逃向温州沿海。建炎四年，金军占领明州后，追宋高宗不及，便退回明州。二月初，当金军从杭州北撤时，在镇江遇到韩世忠所部8000名宋军。三月在长江激战，韩部击退金军。后又将10万金军逼进了建康（今南京）东北的黄天荡。金军在黄天荡中多次企图突围，皆失败，被困达40天。后挖开黄天荡通向长江的老鹳河故道，才得逃脱。经过数次激战，金军退回江北。

岳飞

（1103—1142年）南宋抗金名将。字鹏举，相州汤阴（今属河南）人。出身农家，20岁从军。建炎元年（1127年），上书反对高宗南迁，请求恢复旧地，被削夺军职。后追随张所、王彦、宗泽等人，抗击金军，屡立战功。金兀术南侵，岳飞率部辗转江淮，打击金兵。所部纪律严明、作战勇敢，人称"岳家军"。绍兴四年（1134年），北上讨伐金与伪齐联军。连克数州，升节度使。次年，镇压钟相、杨么起义。六年，出师北上，深入陕西、河南境内，不久因粮饷不足撤回。七年，升任宣抚使，计划统领刘光世等军，大举北伐，但因遭高宗猜忌，北伐计划取消。绍兴十年，金军南侵。岳飞按"联结河朔"

岳飞像

的战略，挥师北上，连复失地，大败金军主力。由于以高宗赵构、宰相秦桧为首的投降派的阻挠，被迫班师。次年，受招入临安（今浙江杭州），被解除兵权。不久，被秦桧以"莫须有"的罪名杀害。宋孝宗时追谥武穆，宁宗时追封鄂王，理宗时改谥忠武。传世有《岳忠武王文集》。

郾城之战

南宋与金战争中的著名战役。绍兴十年（1140年）五月，金兀术率大军分兵四路南侵，很快占领了中原和陕西等地，威胁淮河以南地区。岳飞率岳家军数万人移师河南后，屡败金军，占领战略要地颍昌府（今河南许昌）、淮宁府（今河南淮阳），并收复了郑州等地。金兀术率其精锐部队直扑郾城（今属河南），企图消灭岳家军。七月初，岳家军与金军在郾城北展开大战，大败金军的"铁浮图"和"拐子马"。两天后，金军1000余骑兵再次进犯郾城，岳飞亲率所部冲入敌阵，杀死金将阿李朵勃堇。十三日，杨再兴率300骑兵巡逻郾城北，忽遇大队金兵，300人血战到底，全部牺牲，杀死金兵2000余人。次日，张宪所部再次击败金军。郾城之战是宋、金双方精锐部队的一次决战，岳家军以少胜多，沉重打击了金军。

秦桧

（1090—1155年）南宋奸臣。字会之，江宁（今江苏南京）人。宋徽宗政和年间中进士。曾任谏官，反对割地求和，主张抗金。金兵占开封，他因反对立张邦昌为帝被掳北去，降敌，为金将完颜昌（挞懒）所信用。建炎四年（1130年）回南宋，取得高宗信任，官至宰相，在金朝支持下，独居相位18年，丧权辱国，谋害忠良，无所不为。收岳飞、韩世忠、张浚三大将兵权，并以"莫须有"的罪名杀害岳飞；向金叩首称臣，订立"绍兴和议"；打击异己；推行经界法，暗增民税，致使贫民家破人亡。死后赠申王，谥忠献。宋宁宗开禧二年（1206年）被削夺王爵，改谥谬丑。

绍兴和议

南宋初年与金订立的和约。绍兴十年（1140 年），宋军在抗金斗争中取得了顺昌（今安徽阜阳）、郾城（今属河南）、颍昌（今河南许昌）等大捷后，以宋高宗赵构和宰相秦桧为首的投降派，却害怕岳飞等将领的势力发展对他们的统治不利，下令各路宋军从河南、淮北等地撤回。绍兴十一年十一月，南宋对金签订了屈辱的和约，内容有：宋称臣于金，金册封宋主为皇帝；宋每年向金贡银 25 万两、绢 25 万匹；划定疆界，东以淮河中流为界，西以大散关（陕西宝鸡西南）为界；宋割邓州（今河南邓州市）和唐州（今河南唐河），以及商州（今陕西商县）、秦州（今甘肃天水）大半给金；金主生辰及元旦之时，宋遣使向金致贺。而南宋所得的仅是高宗之父徽宗的遗骨和生母韦后。绍兴和议确定了宋、金间政治上的不平等关系。

隆兴和议

南宋孝宗时宋、金之间订立的和约。绍兴三十二年（1162 年），宋孝宗即位，改元隆兴，采纳抗战派大臣张浚的建议，力图收复失地。隆兴元年（1163 年），孝宗遣宋军北伐，在符离（今安徽宿州东北）大败。朝内的投降派大肆活动，金军乘机渡淮南下，宋孝宗被迫同金议和。隆兴二年冬，达成和议。宋对金不再称臣，金、宋二帝以叔侄相称；将南宋给金的"岁贡"改为"岁币"，银、绢各减 5 万，分别为 20 万两、匹；南宋将商州（今陕西商县）、秦州（今甘肃天水）割给金。隆兴和议虽使宋、金间的不平等关系稍有改善，但对南宋仍是屈辱的和约。

庆元党禁

淳熙十六年（1189 年），宋孝宗传位给宋光宗，自己做太上皇。光宗即位后，皇后李氏逐渐把持朝政，光宗与孝宗之间的关系日益紧张。绍熙五年（1194 年），宋孝宗死，宋光宗借口有病不肯主丧，以致丧礼无法进行。宗室赵汝愚和外戚韩侂胄策划，由太皇太后（高宗皇后）下诏，迫光宗退位，立赵扩为帝，即宋宁宗。赵汝愚因此升任宰相，而韩仅任枢密都承旨，赵韩矛盾日渐严重。庆元元年（1195 年），韩侂胄使谏官奏赵汝愚以宗室居相位，不利社稷，赵汝愚因此去位。朱熹、彭龟年等人上章论韩侂胄事，也遭贬逐。宋廷宣布程朱理学为"伪学"，毁禁理学家的书籍。庆元三年，将赵汝愚、朱熹及其同情者都定为"逆党"，"伪学逆党"共列名 59 人。这些人受到不同程度的惩罚，凡与他们亲近者，也不许任官，不许参加科举考试。史称"庆元党禁"。至嘉泰二年（1202 年），废止党禁，已死的赵汝愚和朱熹得到"追复"，其他列名党籍而在世者也先后复官。

韩侂胄

（1152—1207 年）南宋大臣。字节夫，相州安阳（今属河南）人。因拥立宋宁宗有功，任枢密都承旨，加开府仪同三司，权位在左右丞相之上。后加封平原郡王，任平章军国事，执政达 13 年之久。他排斥赵汝愚，斥理学为"伪学"，贬彭龟年、朱熹及其门生故友，发起"庆元党禁"。嘉泰年中，他见金势已衰，遂力主收复中原。请宁宗追封岳飞为鄂王，并削夺秦桧王爵，改谥"谬丑"。开禧二年（1206 年）请宁宗下诏出兵攻金，出家财 20 万以助军用。初战获胜，后以措置失当而败。后遭礼部侍郎史弥远与杨皇后谋害而死。

宋理宗赵昀

（1205—1264 年）南宋第五位皇帝，1224—1264 年在位，宋太祖十世孙。宋理宗为权相史弥远所拥立，其统治的前 10 年，由史弥远专权。理宗亲政后，与蒙古联兵灭金，绍定六年（1233 年），史弥远死后，蒙古军南下侵宋，而理宗沉湎于声色，任用后妃、权臣、宦官，以至政治腐败，财政濒于崩溃。晚年朝政又为贾贵妃之弟贾似道把持，国家倾覆之势已成。

钓鱼城之战

又称合州之战，南宋与蒙古汗国战争

的重要战役。淳祐二年（1242 年）余玠任四川主官，他依靠当地人民的力量，加强四川的防务，特别在合州（今重庆合川）的钓鱼山筑钓鱼城，并在南充县的青居山、金堂县的云顶等十余处依山筑城，使四川成为抵御蒙古军队进攻的牢固阵地。宝祐六年（1258 年），蒙古首领蒙哥亲率大军入川。开庆元年（1259 年），蒙军围攻钓鱼山上的钓鱼城，遭到南宋军民的坚决抵抗。面对蒙军的不断进攻，合州军民共同参加城防战斗。蒙哥亲自攻城，被炮石击中，死于军中，蒙军乃解围退去。

襄樊之战

宋、元战争的重要战役之一。宋度宗咸淳四年（1268 年），元世祖忽必烈采用南宋降将刘整的计策，将主攻方向从四川转移到襄阳和樊城（今湖北襄樊），并训练了强大的水军，计划先取襄阳，然后从汉水入长江，顺江东下，直取临安。蒙古军包围襄阳和樊城后，多次击败前来救援的宋军，并切断二城与外界的联系。但城内军民仍顽强奋战，毫不动摇。咸淳八年，张顺、张贵兄弟率领民兵 3000 人，从汉水上游乘舟顺流而下，突破元军的重重包围，将盐和布匹送入襄阳城，而张顺、张贵先后战死。九年（1273 年），元军截断连接襄阳、樊城的浮桥，使二城不能互相支援，并用大炮攻樊城。樊城失陷后，元军又用大炮攻襄阳，守将吕文焕降元。襄阳和樊城的失守，加速了南宋的灭亡。

宋代攀城垣用的云梯模型
这是攻城时用以跨越城墙的设施。

崖山之战

元灭南宋的最后一战。祥兴二年（1279 年），张世杰、陆秀夫等拥立 8 岁的卫王赵昺做皇帝，迁居到小岛崖山（今广东新会南），此处地势险要，利于固守。元派蒙古军和汉

军分路进兵，张弘范率水师攻打漳、潮、惠三州，李恒用步骑袭击广州，阿里海牙统蒙古军进击琼州。后张弘范袭崖山，张世杰用大绳将船连结成阵固守。元军切断宋军的水源，张弘范又乘海潮攻击宋船，宋军大败，陆秀夫背赵昺投海死，军民从死者甚众。张世杰率部突围到海陵山（今广东阳江市南海陵岛）时，遇飓风，舟覆溺死。南宋灭亡。

文天祥

（1236—1283 年）南宋末年著名抗元人士，文学家。字履善，一字宋端，号文山，庐陵（今江西吉安）人。宝祐四年（1256 年）中状元，历任刑部郎官、瑞州知州、赣州知州等职。德祐元年（1275 年），元军南侵，临安（今浙江杭州）告急，他变卖家产，组织义军，保卫临安。德祐二年（1276 年），元丞相伯颜率军逼近临安东郊，南宋派他以右丞相身份前往谈判。他不顾威胁利诱，拒不屈从，遭元军扣留。押解途中，他乘元兵不备，在京口（今江苏镇江）逃跑，几经曲折，最后到福建与张世杰、陆秀夫等人会合，担任新立的小皇帝宋端宗的右丞相，重新组织力量抗元。景炎二年（1277 年）率军收复江西一些州县。后败于元军，退入广东。次年因叛徒引元军袭击，被俘。他拒绝元将逼诱，写诗《过零丁洋》以明志，诗中有"人生自古谁无死，留取丹青照汗青"的名句。1279 年被送至大都（今北京），元帝百般劝降，始终坚贞不屈。1283 年 1 月 9 日，在大都从容就义，时年 47 岁。在狱中作《正气歌》，广为传诵。遗著有《指南录》及《文山先生全集》。

2. 经济

南宋的经济比北宋发达，南方逐渐成为主要的经济发达地区。襄阳、汉中、两浙和江东地区渐成为粮食生产基地，作物的栽培技术比以前有进步。在农业生产方面出现了人工踏犁、竹龙等先进工具，水利灌溉系统也更为发达。手工业方面，养蚕织锦、丝织业、棉织业有较大发展。雕版印刷与活字印刷业

非常发达，印制了大量书籍，造纸业也随之发达，促进了文化事业的发展。瓷器制造业发展迅速，著名的带有碎纹（称"百圾碎"）的青瓷——哥窑瓷就是南宋浙江龙泉县烧造的，运销海外的瓷器也比过去增加。南宋造船业十分发达。城市工商业繁荣，各种市场遍布城中，出售的商品门类繁多。在商业中首创使用纸币——会子。政府鼓励海外贸易，当时与东南亚、大食（今阿拉伯地区）、朝鲜乃至东非诸国都有贸易往来。

榷场

宋、金、西夏政权各在交界地点设置的互市市场。榷场贸易因各地区经济交流的需要而产生。对各政权统治者来说，它有控制边境贸易，提供经济利益，以及安边绥远的作用。榷场贸易中，中原及江南地区向北方输出的主要是农产品及手工业制品，如粮食、茶叶、布帛、瓷器、漆器，以及海外香药之类。金、西夏地区输往南方的大宗商品则有牲畜、皮货、药材、珠玉、青白盐等。榷场贸易受官方严格控制，官府有贸易优先权。

会子

南宋的一种纸币，当时会子有支付手段的职能。杭州成为当时最发达的都会，繁荣的商业贸易使铜钱已不能适应市场的需要，于是便出现了便于支用的"便钱会子"，即可兑换铜钱的文券。会子是市场自发产生的。"便钱"即汇兑，"便钱会子"当是汇票、支票之类的票据。在绍兴二十年（1150年）前后，会子才发展成兼有流通手段职能的铜钱兑换券。

3. 文化与科技

李清照

（1084—约1155年）宋代女词人，号易安居士，济南章丘（今属山东济南）人；父李格非为当时著名学者。宋徽宗建中靖国元年（1101年），18岁的李清照与吏部侍郎赵挺之之子太学生赵明诚结婚，夫妻志同道合，感情甚笃。喜好收藏金石碑帖，"靖康之难"使李清照面对国破家亡的处境，只身漂泊杭州、越州、金华一带，文物书籍丧失殆尽，境况极其悲惨，最后在孤寂、抑郁之中了却残年。她的诗、词、文俱佳，以词的成就最高，并有《词论》传世。词集名《漱玉词》，不少词篇描写刻画大自然的美，表现对美好事物和自由生活的热爱。后期词作多抒写在遭到国破、家亡后的伤感。她是第一位专门致力于抒情的女词人，在词的发展史上有突出的地位。

千秋绝艳图之李清照像　明　佚名
南宋初年，李清照为婉约派词人的代表。

陆游

（1125—1210年）南宋诗人。字务观，号放翁，越州山阴（今浙江绍兴）人。绍兴二十四年（1154年），应礼部试，名列第一。宋孝宗时，任枢密院编修官，赐进士出身。由于张浚北伐失利，他以"鼓唱是非，力说张浚用兵"罪名，被贬逐。乾道六年（1170年），被起用重新做官。淳熙五年（1178年）后，做了两任提举常平茶盐公事，因发粟赈民，以"擅权"罪被罢官。陆游一生自称"六十年间万首诗"，实际存诗9300多首。诗歌涉及南宋前期社会生活的各个方面。著名的《书愤》千百年来为人们广为传诵。许多作品谴责了南宋统治集团苟安误国的罪行，如《关山月》等。"公卿有党排宗泽，帷幄无人用岳飞"是他对投降派的控诉和批判。到临死前的《示儿》诗，恢复中原、统一祖国构成了陆游诗歌的基本主题。词作存 130 多首，著名的如《钗头凤》《卜算子·咏梅》等。传世有《陆放翁全集》。

辛弃疾

（1140—1207 年）南宋词人。字幼安，号稼轩居士，山东历城（今济南）人。出生时，家乡沦陷于金已十余年。绍兴三十一年（1161 年）金主完颜亮大举南侵，济南农民耿京起义抗金。22 岁的辛弃疾聚众 2000 人，加入义军。次年，奉命朝见宋高宗，被授承务郎。北归途中获悉叛徒张安国杀害耿京，投降金朝，他立即率 50 名轻骑驰入金营，生擒张安国，率众投奔朝廷，此举使南宋朝野震惊。开禧三年秋，朝廷再次对金用兵，请辛弃疾出山，诏命到达之日，他病已沉重，不久去世。辛弃疾第一次把金戈铁马的战斗生活写到词里来，如《鹧鸪天·壮岁旌旗拥万夫》《破阵子·为陈同甫赋壮词以寄》等。《水龙吟·登建康赏心亭》《永遇乐·京口北固亭怀古》《摸鱼儿·更能消几番风雨》《青玉案·元夕》等亦是传世佳作。农村题材词描绘了优美如画的农村风光，表现恬静闲适的情趣，如《丑奴儿近·效李易安体》《清平乐·村居》等。《稼轩长短句》在中国词的发展史上是一座高峰，对后代词的发展影响深远。现传辛弃疾词为 629 首。

朱熹

（1130—1200 年）南宋著名理学家。字元晦，号晦庵，祖籍徽州婺源（今属江西），生于福建尤溪，后徙居福建建阳。绍兴十八年（1148 年）中进士，任过一些地方官职，后又至中央任秘阁修撰、焕章阁待制等。早年知识兴趣广泛，对佛学研究较多，后受业于李侗，得程颢、程颐之传，兼采周敦颐、张载等人的学说，建立了一个客观唯心主义思想体系，是中国封建社会后期影响最大的思想家。他的学派被称为"闽学"，是宋代理学四大流派（濂、洛、关、闽）中影响最大的学派，曾被当时的宰相韩侂胄视为"伪学"，加以禁止，后来成为封建社会的精神

支柱和统治理论。他认为宇宙的本体是"理"，万物有万理，万理均来源于天理；"三纲五常"是天理的体现，人们必须"存天理，灭人欲"，遵从一整套封建伦理道德。他毕生从事著述和讲学，对经学、史学、文学都有贡献。主要著作有《周易本义》《四书章句集注》《晦庵先生文集》《朱子语类》等。

陆九渊

（1139—1193 年）南宋理学家，陆、王心学的开创者。字子静，号存斋，抚州金溪（今属江西）人。曾于江西贵溪象山聚徒讲学，人称象山先生。幼好思辨，4 岁曾问"天地何所穷际"，宋孝宗乾道八年（1172 年）中进士，任过一些地方军政官职。其学说上宗孟子，近接程颢，不同意朱熹以"理"为抽象的客观精神本体，而坚持"心即理"，以心为宇宙万物的本体。认为"宇宙便是吾心，吾心即是宇宙"，强调人心的本体意义，认为它既是每一个主体的主观意识，又是超越时空和个人的永恒存在。在认识论上提倡自存本心，"先立乎其大者"，认为万物之理先验地存在于我的心中，认识不是去观察客观事物，而是"发明本心"。轻视读书，注重道德修养，提倡主体自觉。为学提倡"尊德性"，自称为"易简工夫"，讥讽朱熹的学问是"支离"，并在"鹅湖之会"与朱熹开展激烈的辩论。明代王守仁继承发挥了陆九渊的思想。著作有《陆九渊集》。

马远

南宋画家。字遥父，号钦山，祖籍河中（今山西永济），出生于钱塘（今浙江杭州）。曾祖、祖、父、伯、兄均在画院任职。他擅画山水，初承家学，后学李唐，自出新意，以峭拔简括见长。画山石以大斧劈皴带水墨画出，方硬严整，山势奇峭，笔墨简练遒劲，设色清润；画树"瘦硬如屈铁"，多折枝；画楼阁大都运用界尺，而加衬染；构图多作"一角"之景，远景简略清淡，近景凝重精整，人称"马一角"。还精于人物、花鸟。传世作品有《踏歌图》《雪屐探梅图》《水图》。

宋慈

（1186—1249 年）南宋法医学家。字惠父，建阳（今福建建阳）人。宋宁宗嘉定十年（1217 年）中进士。历任主簿、县令、通判兼摄郡事、提刑、安抚使等职。居官清廉刚正，决事果断，办案注重实地检验。总结宋代和以前法医方面经验，结合自己的实践，于淳祐七年（1247 年）编成《洗冤录》。该书为中国历史上第一部司法医学检验方面的专著，对中国和世界法医学的发展均有很大影响。

《统天历》

一种阴历。施行于南宋庆元五年（1199 年），由杨忠辅创制。不用上元积年，以 29.530594 日为一月，365.2425 日为一年，只比地球公转周期差 26 秒，精度与公历相当，这比西方早采用 380 多年。首先提出回归年长度有变化，古大今小。

《文献通考》

从上古到宋宁宗时的典章制度通史。简称《通考》，共 384 卷。南宋马端临著。该书分为田赋、钱币、户口、职役、征榷、市籴、土贡、国用、选举、学校、职官、郊社、宗庙、王礼、乐、兵、刑、经籍、帝系、封建、象纬、物异、舆地、四裔 24 门，各门再分子目。其中经籍、帝系、封建、象纬、物异 5 门，是作者的新创。《通考》取材极为广泛，除了各朝正史、历代会要、《资治通鉴》等史书外，还采用了私家著述的史书、传记等有关典章制度的记载。这些史籍记载就是"文"，"文"的意思是典籍。此外，在叙事中还引用了很多当时臣僚的奏疏和学士名流的议论，这些奏疏、议论就是所谓"献"。"献"的意思是"贤者"，故取名《文献通考》。

《通志》

以人物为中心的纪传体通史。北宋郑樵著。全书 200 卷，有帝纪 18 卷、皇后列传 2 卷、年谱 4 卷、略 51 卷、列传 125 卷。

《都城纪胜》

介绍南宋都城临安城市风貌的著作。1 卷，耐得翁撰。书内分市井、诸行、酒肆、食店、茶坊、四司六局、瓦舍众伎、社会、园苑、舟船、铺席、坊院、闲人、三教外地，共 14 门，记载临安的街、店铺、塌坊、学校、寺观、名园、教坊、杂戏等。

官窑

两宋官府所设立的以"官窑"命名的瓷窑。南宋修内司官窑在杭州凤凰山万松岭下，但其所在地今已不能确定。郊坛下官窑是继修内司之后在临安设立的又一官窑，在今杭州乌龟山。其产品有粗、细两类；胎有灰、黑和米黄色多种；釉有厚釉和薄釉两种；纹片大、小均有；釉色有粉青、米黄、深米黄等。官窑器物为紫口铁足，但仅限于黑胎的一类。

定窑

著名古瓷窑之一。在今河北曲阳县涧磁村及东西燕山村，宋属定州，因此称定窑。创烧于唐，极盛于北宋，以白瓷为主，兼烧酱釉、黑釉和绿釉。白瓷装饰有刻、划花、印花与剔花多种。其所烧白瓷为宋代之冠。至元代停烧。

汝窑

宋代瓷窑之一。属官窑性质，故又称汝官窑，在宋汝州境内。北宋晚期，宫廷以定窑覆烧器口部无釉，毛口，不便使用，命汝州烧造供御用的青瓷，因此成为宋代五大名窑之一的汝窑。

景德镇陶瓷

北宋景德年间的瓷窑，以年号得名，即今江西景德镇市。历为浮梁县属，富瓷土、瓷石等资源，有"世界瓷都"之称。北宋设景德镇监务，并遣官烧瓷充贡品，"景德镇窑"由此闻名全国。瓷器南宋时远销欧洲和非洲。

龙泉窑

宋代著名瓷窑之一，在今浙江龙泉，

是受越窑、婺州窑和瓯窑的影响，北宋时兴起的专烧青瓷的瓷窑。产品有白胎、黑胎两种，釉有厚、薄两类。早期产品以透明薄釉、刻花装饰为典型。南宋中期，烧出代表龙泉特色的粉青釉；晚期，梅子青釉烧成。器物除日用品外，还有各种文具及仿青铜器、仿玉器的制品。黑胎瓷釉有粉青、深粉青、米黄、深月白等色，开大小纹片。其大部分器物与郊坛下官窑器无法区别，应属龙泉仿官窑器。

耀州窑

宋代著名瓷窑之一。窑址在今陕西铜川市黄堡镇附近，宋代属耀州。1959年发掘。唐代开始烧造白瓷、黑瓷和青瓷。北宋后主要烧造青瓷，北宋末为兴盛时期。器形以碗、盘、碟、罐、盒、炉等为主，胎质灰白而薄，釉色匀净。装饰技法多刻花、印花，花纹有牡丹、菊花、莲花等花卉及鸭、龙、凤等纹。是青瓷的主要产地之一，对邻近瓷窑有较大影响。

哥窑

宋代著名瓷窑之一。相传南宋时有章姓兄弟两人在龙泉烧造瓷器，兄名生一，所烧者称哥窑；弟名生二，所烧者称弟窑。所谓龙泉窑一般皆指弟窑。传世的所谓"宋哥窑"，胎薄，色黑如铁，通称"铁骨"；釉面多有疏密不同的纹片，称为"百圾碎"；口沿施釉淡薄，显出胎色，圈足底亦露，故有"紫口铁足"之称。传世"宋哥窑"经过化验分析，胎釉组成接近江西，而在龙泉窑尚未发现。在大窑和溪口两地，发现一种黑胎青瓷，釉作碧翠色，造型与龙泉窑相近，和南宋官窑类似。有人认为它可能就是传说的哥窑。

火药武器

中国古代发明之一。唐末天祐年间，在战争中开始出现火药箭，还出现"发机飞火"的记载，即用抛石机投掷火药包，作燃烧性兵器。宋朝东京开封府（今河南开封）有专门生产火药的部门。宋神宗时，边防军中已大量配备火药弓箭、火药火炮等兵器。南宋时，水军也配备了霹雳炮、火炮、火箭等兵器，在建康府（今江苏南京）、江陵府（今湖北江陵）等城市都设有火药兵器制造业。南宋中期以后，火药兵器在兵器中的比重显著增大。其后，在宋、金之间的战争中，火药的使用愈益频繁。

《岭外代答》

宋朝地理名著。周去非撰，共10卷。该书共录存294条，用以答客问，故名代答。分地理、边帅、外国、风土、法制、财计等共20门。记载宋代岭南地区（今两广一带）的社会经济、少数民族的生活风俗，以及物产资源、山川、古迹等情况。其中外国门、香门、宝货门兼及南洋诸国，并涉及大秦、大食、木兰皮诸国，反映当时岭南地区与海外诸国的交通、贸易等。

《诸蕃志》

宋朝海外地理名著。赵汝适撰，分上、下卷。上卷记述海外诸国的风土人情，下卷记述海外诸国物产资源。记载了东自日本，西至东非索马里、北非摩洛哥及地中海东岸中世纪诸国的风土物产，并记有自中国沿海至海外各国的里程及所需日月等。

赵汝适

中国南宋地理学家。宋太祖八世孙，生卒年不详。宋宁宗庆元二年（1196年）中进士，后历任通判、福建路市舶司提举（驻泉州）。因职务之便，采访中外商人，阅读诸蕃地图，了解各国国名、山泽、风土、物产等资料，撰著《诸蕃志》。《诸蕃志》是中国古代一部重要的边疆和域外地理著作。原书已佚，现存者为出自《永乐大典》的辑录本。

第八章
马上治天下

辽朝
（916年—1125年）

辽朝是契丹族在中国北方地区建立的一个政权，其势力得到发展的标志是迭剌部耶律氏的迅速崛起。916年，耶律阿保机称帝建国，称契丹国（947年，改国号为辽）。它第一次使北部中国大部分地区得到统一，为中华多民族走向融合做出了重大的贡献。

辽境内民族众多，生活风俗和社会生产状况差异大，由此，辽统治者制订了蕃、汉两种政策法律予以分别治理，治契丹任用契丹贵族，治汉人沿袭唐制。经此改革，到辽圣宗时期，已使蕃律和汉律逐渐趋于一致，也导致了中期的政治和经济得到极大的

辽朝大事年表

辽朝大事年表
916年，契丹族首领耶律阿保机建契丹国，定都临潢（今内蒙古巴林左旗南）。
920年，创立契丹文字。
921年，契丹大举南侵中原。
936年，后唐大将石敬瑭将燕云十六州献给契丹，在契丹帮助下建立后晋政权。
947年，契丹改国号为"辽"。
979年，宋太宗攻辽失败。
982年，辽萧太后临朝摄政。
1004年，辽萧太后率军南下大举攻宋。宋辽、订立"澶渊之盟"。
1005年，辽置榷场与宋、西夏进行贸易往来。
1044年，辽攻西夏，大败。与西夏议和。
1120年，金朝伐辽。
1125年，辽天祚帝被金兵俘获。辽朝灭亡。

发展。982—1031年耶律隆绪在位期间，发展到顶峰，号称辽的盛世。

但辽末，贵族阶级腐朽衰落，对女真族政治上的压迫和经济上的剥削都极为残酷，激起了女真人的强烈怨恨和不满。1125年宋、金联兵大举进攻辽朝，俘虏了辽末代皇帝天祚帝，至此辽国宣布灭亡。后来，耶律大石虽然建立了西辽政权，但很快又被蒙古汗国所灭。

1. 政治
辽太祖耶律阿保机

（872—926年）辽王朝的建立者，庙号太祖。9世纪初，统一契丹八部，并进入汉族地区，任用汉人韩延徽改革契丹旧制，建立城郭，创制文字，发展农业生产，促进了契丹族的封建化，后取代契丹族遥辇氏成为契丹各部共主。916年建立契丹国，称帝，开始向外扩张。乘中原军阀混战，把疆土扩张到阿尔泰山、克伦河流域，南及今天河北地区。天赞五年（925年）征服渤海国后，率军回撤途中病死。他建立的契丹政权对统一和发展我国北方文明起到了推动作用，是我国古代优秀的少数民族领袖之一。

辽朝政治制度

辽设有南北面官制。北面官主治契丹事务，南面官主治汉地，仿唐、五代制度设三省六部，以适应汉地政治心理的需要。兵制有禁军、部族军等，契丹人15岁以上、50岁以下均入选兵籍。法制设蕃、汉二律，"凡四姓（契丹、奚、渤海、汉）相犯，皆

用汉法，本类自相犯者，用本国法"。

契丹

中国古代少数民族，自晋以来就生活在我国辽宁老哈河、拉木伦河流域。五代时契丹族进入奴隶社会，迭剌部的首领耶律阿保机取代遥辇氏为首领，并建立了契丹国，开始向封建制社会转变。契丹族善于冶炼镔铁，契丹一词即为镔铁或刀剑之意。在此时期，契丹族创制了大、小契丹文字，建立了城郭和政权组织、法律制度，与中原地区的交往也十分频繁。在军事和政治上与北宋对峙。契丹国的西疆至阿尔泰山，在中国古代的中西交流史上有重大影响。

石敬瑭献燕云十六州

天显十一年（936年）十月，辽太宗耶律德光在晋安行帐召见后唐大将石敬瑭说："我三千里举兵而来，一战而胜，这是天意吧！我看你器宇不凡，应该领受南边的土地，世世做我的藩臣。"十一月，太宗与石敬瑭约为父子，册封石敬瑭为"大晋皇帝"。天显十二年（937年），石敬瑭派遣使臣去契丹，愿以幽、蓟、瀛、莫、涿、檀、顺、妫、儒、新、武、云、应、朔、寰、蔚等十六州"奉献"给契丹。会同元年（938年），后晋皇帝石敬瑭派遣使臣给契丹送去十六州的图籍。从此，燕云十六州归入契丹版图，幽州改称南京。

察割政变

耶律安端之子察割向辽世宗揭露其父安端，世宗贬安端，察割在朝深得世宗的宠信。949年，耶律屋质表奏察割谋反，世宗不听。951年，耶律屋质再次向世宗揭露察割，世宗则说："察割舍父事我，可保无他。"9月，北汉向辽求援。世宗亲率大军南下，到达归化州祥古山，与太后萧氏（世宗生母）祭辽太宗，和群臣宴饮大醉。察割勾结耶律盆都乘机闯入营帐，杀死世宗皇帝和太后，自称皇帝。太宗长子寿安王耶律璟随行在军，和耶律屋质整兵出战，讨伐察割。

察割知道必败，就把许多将领的家属捆绑起来说："先把你们都杀死。"耶律敌烈对察割说："没有你废掉皇帝，寿安王怎么能够得势？以此为理由，或许可以免罪。"察割命敌烈和罨撒葛去向寿安王说情。敌烈按照寿安王的计谋，把察割骗出帐外，世宗弟娄国亲手杀死察割。平乱后，寿安王耶律璟即位，即辽穆宗，改年号为应历。

东丹国

耶律阿保机灭渤海后所建封国。926年春，他灭渤海国，以其地封予皇太子耶律倍，因在契丹东，故名东丹国，建都天福城（今黑龙江宁安境），建元甘露，置左大相、右大相、左次相、右次相，有权除授百官，行汉法。930年，耶律倍越海奔后唐，东丹国名存实亡。947年，辽世宗复建东丹国，封耶律安端为明王，主东丹国事。952年，耶律安端死，东丹国名实俱亡。

辽太宗耶律德光

（902—947年）字德谨，契丹名尧骨，辽太祖次子。922年冬，任天下兵马大元帅，引兵攻蓟北。923年春，破平州（今河北卢龙），俘获刺史赵思温等。回师镇压聚众反辽的奚人胡逊，擒杀胡逊及部众300人。924年，从太祖西征。925年冬和926年春，从征渤海国。辽太祖死，述律皇后摄政。927年冬，其长兄耶律倍率群臣请立耶律德光为帝，史称辽太宗，仍以天显为年号。太宗对耶律倍的疑忌日增，930年，耶律倍被迫奔后唐。936年，太原军阀石敬瑭为后唐所攻，遣使乞援于契丹，相约称儿皇帝，把幽、涿、蓟等16州（今河北北部、北京和山西北部）割让给契丹，并每年送帛30万匹。太宗亲率辽军长驱入援，败后唐兵，封石敬瑭为后晋皇帝。至此契丹的势力扩展到华北平原。938年改革官制，官分北面、南面，北面官以契丹旧制治契丹人，南面官以汉制治汉人。同时厘定赋税。940年，太宗把北部乌古地区肥美而近便的土地作为农田，教民播种、纺织。944年和945年，太宗两次兴师伐后晋，一再受挫。947 年阴历正月，辽灭后晋，太宗入汴京（今河南开封），改国号契丹为辽，改元大同。在汴京留驻不足三月，因中原人民奋起反抗、辽军厌战等原因，被迫仓促北返。途中病死。

述律皇后

（879—953 年）辽太祖皇后，名月理朵，汉名平，契丹人。辽太祖即帝位号称"天皇帝"，述律后号称"地皇后"。916 年，太祖西征，后方空虚，室韦部乘机来袭。她整军迎敌，大获全胜，名闻西北各部。太祖死后，926 年 7 月至次年 11 月，她以皇后身份摄军国事，以殉葬为借口，处死若干臣僚，自己也断右腕以殉。次子太宗即位，她宠信少子耶律李胡，对太宗连年南征不满。947 年，太宗南征归途病死，群臣拥立太祖长子耶律倍之子耶律阮为帝，班师北归。她命耶律李胡率兵阻击，兵败，她亲自领兵阻击于黄河。因贵族大臣强烈反对而罢兵，后被贬黜，953 年卒。

辽圣宗耶律隆绪

（971—1031 年）在位 49 年。字文殊奴，辽景宗长子。982 年即位为皇帝，改元统和。时年 12 岁，母承天皇太后奉遗诏摄政。任用汉人士大夫，积极整顿吏治，改革法度。983 年，下诏三京左、右相及诸道节度使以下官吏秉公执政，严禁非理征求，扰害于民。988 年，把靠贸易得来的贡品貂鼠皮、青鼠皮改为只进牛、马，以减轻属部的负担。990 年，检查民田，991 年检查户口，994 年均定税法。史称"统和之政"，"务在息民薄赋"。1009 年，承天皇太后死，圣宗主政。向高丽及西北诸部发动战争，以后连年遣军侵掠。1017 年，辽军远征喀什噶尔，声威远播中亚。圣宗在位时，辽朝国力达到全盛并出现引人注目的变化。一是刑法和科举等方面进行重大变革。刑法方面，原契丹人与汉人相殴致死，判罪轻重不同，改为同等科罚，一依汉律论处。科举方面，选吏实行贡举制度，录用名额

日益增大。二是削弱奴隶制，加强封建制。封建化因素的增强与汉化的加深，说明封建制的统治在逐渐确立。圣宗精射法，晓音律，好绘画，崇信佛教和道教。他推崇诗人白居易，以契丹文翻译《白居易讽谏集》。所作曲达百余首，这说明他的汉文化修养颇高。

承天皇太后

（953—1009 年）辽景宗皇后，辽圣宗生母。姓萧，名燕燕，汉名绰。景宗即位，她被册封为皇后。982 年，景宗死，圣宗立，奉遗诏摄政，号承天皇太后。圣宗年幼，前途可虑。她任用韩德让和耶律斜轸参决政事于内，耶律休哥总领南面军务于外，并加强对宗室的约束和对吏民的管理，使政局渐趋稳定。注意改善契丹与汉族的关系，倚重契丹贵族，也任用许多汉族官员。兴吏制，明法度，契丹人和汉人获罪，依汉律论断，同罪同罚。摄政期间，辽、宋交战多次，她常与圣宗亲征，史称"习知军政，澶渊之役亲御戎车，指麾三军，赏罚信明，将士用命"。1009 年 12 月病死。

西辽德宗耶律大石

（1087—1143 年）西辽创建者。字重德，契丹人，辽太祖八世孙。通契丹文、汉文，善骑射。曾为翰林承旨，历任刺史、节度使。女真族完颜阿骨打起兵灭辽，天祚帝自鸳鸯泺败走夹山。其子耶律淳留守南京析津府（今北京），耶律大石与宰相李处温等在燕京拥立耶律淳为帝，号天锡皇帝。耶律淳称帝 3 个月病死，妻萧德妃主持朝政。不久，金兵攻陷南京（今北京市郊），萧德妃西奔天祚帝，被杀。耶律大石在居庸关抗金被俘，1123 年 9 月逃依天祚帝。1124 年 7 月，天祚帝自夹山率师东伐，耶律大石谏阻不从，乃自立为王，率二百骑遁走，过黑水，驰至辽西北重镇镇州，召集边境内威武等 7 州和大黄、室韦、乌古、敌烈、达密里、阻卜、密儿纪等 18 族部众，组成新军，设官置吏，建立新政权，策划复兴辽朝，从此向西北发展。1130

年，他再度向西发展。主力西经伊犁入哈剌汗所辖八剌沙衮境。他乘机夺取哈剌汗王位，自称天祐皇帝，改元延庆，史称"西辽"。1134年，遣大军东征金朝，至喀什噶尔、和阗后，被迫还师。此后一心经营中亚地区，疆域东起哈密，西至咸海，北达叶尼塞河上游，南抵阿姆河，成为中亚强大帝国。西辽至1218年被成吉思汗所灭。

出行图　契丹

图中人物为典型契丹男子形象，留髡发，带耳环，身着各色长袍，腰系革带，有拿笔砚的，有握短刀的，也有双手捧黑色皮帽的，表现等待出发的情形。

耶律休哥

（？—998年）辽朝名将。字逊宁，辽皇族。979年，宋太宗征辽，破北院大王耶律奚底、南京统军使萧讨古等所部，围南京（今北京）。耶律休哥率军驰援，与耶律斜轸所率军分进合击，大败宋军于高梁河。980年，升北院大王，总领南面戍兵，败宋军于瓦桥关（今河北雄县旧南关）。983年，改任南京留守，兼南面行营总管，总领南面军务。实行均戍兵，立更休法，劝农桑，修武备，成效颇著。986年，大破宋军主力曹彬、米信等部于岐沟关（今河北涞水东），受封宋国王。又从承天皇太后南征，充先锋，于君子馆（今河北河间北）大败宋将刘廷让军。戍守南边时，他省赋役，恤孤寡，戒戍兵，无事不得犯宋境，以便军民休息。998年卒。

耶律斜轸

（？—999年）辽朝名将。字韩隐，契丹族，耶律曷鲁之孙。969年，由北府宰相萧思温荐于辽景宗，授西南面招讨使。976年，升南院大王。979年，宋太宗统军攻北汉都城太原，他奉命与南府宰相耶律沙等援北汉，在白马岭战败。宋军乘胜灭北汉，进围辽南京（今北京）。辽军迎战于高梁河（今北京西直门外），他与耶律休哥分兵左右夹击，大败宋军。983年，为枢密副使、守司徒。承天皇太后执政后，任北院枢密使。985年，任都统，与驸马都尉萧恳德领兵征女真族。986年，宋军兵分三路攻燕云。他任山西路兵马都统，随承天皇太后救燕，取蔚州（今河北蔚县）、寰州（今山西朔州境内）、朔州（今山西朔州境内）等地，后封魏王。999年，随承天皇太后南下攻宋，死于军中。

韩德让

（941—1011年）辽朝大臣。辽景宗时开始做官。979年，因守南京（今北京）击宋军有功，授辽兴军节度使。后入朝为南院枢密使。982年，承天皇后摄政，他极受宠信。985年，作为重臣辅政。986年，宋军北伐，他随承天皇太后南征，败曹彬、米信之师，封楚国公，复进封楚王。994年为北府宰相兼领枢密使，后兼北院枢密使。1000年，拜大丞相，进封齐王，总理南北两院枢密院事。1004年，随皇太后南征，"澶渊之盟"后，徙封晋王，赐国姓耶律，位在亲王之上。他是辽臣中辅政最久、集权最多、宠遇最厚、影响最大者。1011年卒。

萧韩家奴

（976—1047年）辽朝文臣，字休坚，契丹人。潜心典籍，通契丹文、汉文。1010年，任右通进，掌南京栗园。1035年，授天成军节度使，后改任彰愍宫使。撰《四时逸乐赋》受辽兴宗赏识。他上疏提出轻徭省役，收缩西北防区。升为翰林都林牙，兼修国史。1044年，奉诏编纂遥辇氏诸可汗事迹及辽诸帝《实录》，集为20卷。两年后，又奉诏撰成《礼书》3 卷。曾改授归德军节度使，不久召还，仍监修国史。著有《六义集》12 卷，曾以契丹文译《通历》《贞观政要》《五代史》。

2. 经济与文化
二税户

辽朝户籍名称之一，既依附于领主，又从属于国家。在缴纳赋税时，既"输租于官，且纳课给其主"，故称"二税户"。辽朝皇帝、贵族迷信佛教，常把民户或所属人户作为施舍，赐送寺院。此类民户应纳赋税，一半交寺，一半交官，同称二税户或寺院二税户。两种二税户的负担各不相同。

独乐寺

中国现存著名的古建筑之一，在天津市蓟县城内。相传创建于唐，辽统和二年（984 年）重建。主要建筑有山门和观音阁。观音阁是一座三层的木构楼阁，其中第二层是暗层，面阔五间，进深四间，歇山顶。阁中央是一直通三层的空井，置有高 16 米的观音像，造型精美。

契丹字

契丹人使用的文字，包括契丹大字和契丹小字。契丹参照汉字先后创造了两种文字，用以记录契丹语。920 年由耶律鲁不古、耶律突吕不所创制的契丹大字，共 3000 余字。后来耶律迭剌创制的已发展到拼音文字初步阶段的一种文字，称契丹小字，现代学者称之为原字，共 378 个。两种文字在辽代与汉字并行。金灭辽后，契丹字又与女真字和汉字并行于金朝境内。1191 年，金章宗完颜璟明令废除契丹文字，契丹字在金朝境内不再使用。

《辽史》

记载辽朝史事的纪传体史书。元朝脱脱等编修。全书 186 卷，包括纪 30 卷、表 8 卷、列传 45 卷。记载辽代（907—1125 年）和建国以前的契丹及西辽的历史。

《契丹国志》

记载辽朝历史的纪传体史书。共 27 卷，旧题叶隆礼撰。该书为南宋人编修，所取皆南朝所存有关北朝的资料，与元朝所编《辽史》主要根据辽朝《实录》有所不同。虽不免传闻失实之辞，亦存直书不隐之论，足资参考。

西夏
（1038 年—1227 年）

西夏乃党项族拓跋氏所建，传 10 帝，历 190 年。前期同辽、北宋鼎立，后期与金、南宋并存。不是向北宋和辽称臣，便是依附于金朝和蒙古汗国。但从客观实际上看，西夏是当时中国西部地区的一个军事强国，完全能够同北宋和辽朝抗衡，甚至强于北宋。纵贯西夏 190 年历程的重大线索，则是"三皇"盛世和"两后"专权。即景宗元昊、崇宗乾顺、仁宗仁孝的建设与治理，没藏氏和梁氏后党专权误国。景宗元昊于 1038 年（夏大庆三年）10 月 11 日即皇帝

西夏大事年表

1038 年，党项族首领李元昊建"大夏"国，史称西夏。定都兴庆（今宁夏银川）。

1039 年，北宋斥李元昊为"反贼"。

1040 年，在三川口战役中胜宋军。

1041 年，在好水川战役中胜宋军。

1043 年，与宋议和，向宋称臣。

1045 年，与辽议和，向辽进贡。

1046 年，与辽、宋进行贸易往来。

1061 年，西夏毅宗采用汉人礼制。

1081 年，与宋大战，宋军败，西夏亦元气大伤。

1101 年，设立国学（党项学）培养人才。

1105 年，辽朝公主嫁给西夏崇宗。

1122 年，出兵援辽抗金，被金军击败。

1124 年，向金朝称臣。

1205 年，蒙古军攻西夏，抢掠而归。

1226 年，蒙古成吉思汗率大军攻西夏。

1227 年，西夏末帝被蒙古所杀，西夏灭亡。

位，国号大夏，改为天授礼法延祚元年，定都兴庆府（今宁夏银川），定官制、定礼仪、造文字、建蕃学、设左右厢 12 监军司，先后在三川口、好水川、定川及贺兰山等战役中，战胜宋、辽，形成了同北宋和辽朝相鼎立的局势。1061 年，毅宗擒杀了没藏讹庞父子及皇后没藏氏，另立梁氏为后，结束了没藏氏专权的局面。下令去蕃礼，从汉礼。1063 年，恢复对宋互市榷场。1067 年闰三月，向宋神宗谢罪请和。十二月卒，后党梁氏长达 32 年的专权开始，西夏进入黑暗时期，此后西夏进入"和平之君"崇宗乾顺统治下的和平发展时期，人民安居乐业，社会经济得到恢复和发展。乾顺死，仁宗仁孝即位，使西夏进入经济、社会、文化繁荣发展的大好时期。其子纯祐即皇帝位后，西夏走向衰落直至灭亡。

1. 政治
党项

党项族是古代羌族的一支，位于中国西北地区，据青海、河西走廊一带。8 世纪初叶，其首领率各部被迫迁至今甘肃和陕西北部，唐末曾帮助唐击溃黄巢军队，进入长安，唐赐姓李氏，遂拥有银、夏、绥、静、宥等五州土地。宋初西北边官曾残酷对待党项人，设有质院押扣其人做人质，强制实行汉制，党项人进行了顽强的反抗。宋太宗曾派出大兵侵夺其夏、银、绥、宥等四州土地，又强迫其首领李继迁入汴京，李继迁被迫率部人避于夏州的地斤泽自立抗宋。自此，宋与党项的战事不断，党项因势弱，终于采取了依附辽的策略以对抗宋的屠戮残害。辽封李继迁为夏国王。后渐失去对党项的优势地位，只得予以封号和赐姓。同时，党项族内部开始了各部落的统一战争，及对吐蕃、回鹘的战争。辽兴宗景福元年（1031 年），李元昊（即夏景宗）率领党项人反抗宋的骚扰侵袭，又征服吐蕃部落和回鹘，设立制度，完善军队，拓展土地，建立都城，西夏天授礼法延祚元年（1038 年）正式建立政权。中原称为西夏，党项自称夏、大夏、上白国。

西夏的政治制度

西夏实行两轨制，职官有党项官和仿宋制建立的汉官职，分别管理党项人和汉人。军队有擒生军、侍卫军和地方屯军。擒生军约有 10 万，是夏军的主力和精锐，拥有泼喜迭（炮手军）。侍卫军由豪族善骑射的人组成，约有 5000 人。地方屯军由部落军构成。建国后元昊令野利仁创制了西夏文字，与各民族交往一律使用西夏文，还确立了夏的礼仪和冠服之制，摒弃唐、宋文化的侵蚀，设立蕃学（党项学）培养人才。

西夏与周边各族

西夏建国后曾与宋进行过三川口、定川寨等数次大的决战，都取得了胜利；在贺兰山之战中战胜了契丹入侵军。这些最终导致了西夏、宋、契丹鼎立的格局。西夏曾长期与契丹联盟以抗击宋，后又与金联盟抗宋。西夏的朝政长期处于内乱之中，政敌和宗党间的斗争激烈。蒙古汗国成立后，几次征讨西夏，经过长期的抗争，西夏灭亡，享国 190 年。

西夏景宗李元昊

（1003—1048 年）西夏开国皇帝。小字嵬理，后更名曩霄，李德明长子。通汉文。26 岁奉父命领兵攻破甘州回鹘，被立为皇太子。1031 年，父死即位，宋授为定难军节度使、夏银绥宥静等州观察处置押蕃落使、西平王。辽封其为夏国王。1032 年，他废弃旧姓，改姓嵬名，自称兀卒。1034 年，建年号开运，下秃发令，违者处死；升兴州（今宁夏银川）为兴庆府，扩建宫城，修殿宇；更新官制，分立文武两班，由蕃人、汉人分任，另设"专授蕃职"，限党项人充任。定服制、朝仪。下令废除唐、宋繁琐礼制，改九拜为三拜，革五音为一音。亲自主持创制西夏文。1037 年，设立夏、汉字院，建立"蕃学"（党项学），以夏字翻译《孝经》《尔雅》《四言杂字》等汉文书籍作为教材；选拔蕃汉官僚子弟入学学习。1035 年，领兵攻打居湟水流域的吐蕃，镇压散居酒泉、安西、敦煌 3 州的回鹘。回师占领兰州，筑城戍守，隔断吐蕃和宋朝的交通。实行征兵制，扩充兵员，把全国分为左、右两厢，创设各地监军司，军队沿用部落组织形式，各有固定驻地，形成以首都为中心、列兵四向的兵力配置。1038 年 10 月，他更名曩霄，建国号大夏，自称皇帝。后来与宋朝发生战争，1040 年、1041 年、1042 年连续向宋朝发动进攻，取得三川口（今陕西延安西北）、好水川（今宁夏隆德东）及定川寨（今甘肃固原西北）等战役的胜利。1044 年，双方重新媾和，西夏进表称臣。同时，夏、辽矛盾激化。1044 年，辽兴宗亲率大军西征，为西夏所败。从此，西夏、宋、辽三足鼎立。西夏内部矛盾加深，他实行"峻诛杀"政策，大肆镇压。他夺太子妻为"新皇后"，又在天都山兴庆府及贺兰山等处修宫苑，纵情声色。1048 年阴历正月十五，在宫中遇刺受伤而卒。

西夏毅宗李谅祚

（1047—1067 年）周岁即位，母没藏氏以太后摄政。1056 年，太后死，太后兄没藏讹庞及妻把持政权。毅宗 12 岁亲政，讹庞借故诛杀其亲信高怀昌、毛惟正。毅宗与讹庞儿媳梁氏有私。讹庞父子密谋欲杀毅宗，梁氏告密，毅宗杀讹庞及其家族，又杀妻没藏后，另立梁氏为后。以妻弟梁乙埋为国相，任用汉族士人景询等。废行蕃礼，改从汉仪。调整监军司，加强军备，控制军权，使文武互相制约。增设汉、蕃官职，充实行政机构。不断发兵侵扰宋边。1067 年，诱杀保安军（今陕西志丹）宋将。又率兵攻青唐城（今青海西宁）。收降吐蕃首领禹藏花麻及木征等，巩固了西夏南疆。他亲依辽朝，向辽进贡回鹘僧、金佛和《梵觉经》。1067 年 12 月卒。

西夏崇宗李乾顺

（1083—1139 年）3 岁继惠宗位。母梁氏与弟乙逋擅政，连年进侵宋边。乙逋骄横跋扈，被大首领嵬名阿吴、仁多保忠等所杀。

梁太后携崇宗率大军 50 万攻宋，破金明寨（今陕西安塞北），献宋俘于辽。宋军沿边筑寨，步步逼攻，西夏兵败退。西夏卑词求和，宋朝罢兵。1099 年，梁太后死，崇宗亲政，又向辽乞婚，辽以公主许嫁。宋童贯总领陕西 6 路大兵攻夏，双方互有胜败。金灭辽前夕，他曾出兵援辽，后臣附于金。他爱好汉族文化，创办"国学"以传授汉学，培养官员。制定按照资格任官的法律，对文学优长者特加奖擢。曾撰《灵芝歌》，与大臣唱和，歌词刻石置于学校。在位期间，确定君主集权制，颁布等级制官阶封号，分为七品。1139 年卒。

西夏仁宗李仁孝

（1124—1193 年）16 岁即位。重视文化教育，在州县普设学校，在宫廷建立皇家小学，还亲自参加训导。在都城（今宁夏银川）设置太学，各地修建孔庙，尊孔子为文宣帝。1147 年，立"唱名法"，创西夏科举制。成立"内学"，选名儒讲学。设立翰林学士院，编撰国史实录。提倡佛教，收集佛典，请高僧译经说法，并大量刻印佛经。1193 年卒。

没藏太后

（？—1056 年）西夏毅宗生母。原系外戚大臣野利遇乞之妻，李元昊诛杀遇乞，纳入宫中，随后被皇后野利氏黜居戒坛院为尼。1047 年，她随李元昊出猎，在行帐生子谅祚，养于其兄没藏讹庞家。1048 年，李元昊遭太子刺伤，临终遗嘱传位给其弟威噶尔宁。没藏讹庞与大将诺移赏都等拥立年方周岁的谅祚即帝位，尊没藏氏为太后，兄妹共专朝政。她崇奉佛教，在兴庆府西修建承天寺，规模宏大。寺内贮藏有大藏经，并请高僧讲经说法，她经常带谅祚听讲。性好游猎，先后私通大臣李守贵及保乞多己。1056 年 10 月，偕保乞多己出猎贺兰山，夜归途中被李守贵遣人狙杀。

梁太后

（？—1085 年）西夏惠宗生母。惠宗 7 岁即位，梁太后摄政，任弟梁乙埋为国相。

1076 年，惠宗亲政。汉人李清建议联宋以削弱梁氏势力。她定计杀李清，囚禁惠宗于西皇陵水寨。宋神宗乘机发兵攻西夏，梁氏家族等领兵抵御，尽皆溃败。梁太后改行坚壁清野、引敌深入的战术，击退宋军。翌年，西夏出兵攻陷宋朝永乐城（今陕西米脂西），宋朝损失惨重。西夏也因连年征战，兵疲国穷，统治集团内部日益不和。梁太后令惠帝复帝位，她仍掌朝政。1085 年病卒。

永乐城大战

元丰五年（1082 年）九月，北宋与西夏爆发永乐城大战，宋军大败。元丰四年（1081 年）宋将种谔攻取西夏银（今陕西米脂西北）、夏（今内蒙古乌审旗南白城子）、宥（今内蒙古鄂托克旗东南）3 州，欲进而夺取整个横山地区，进逼西夏都城兴庆府（今宁夏银川），但所攻取这些地方未留兵防守。徐禧建议，在银州东南 25 里险要之地构筑永乐城，宋神宗立即表示同意。西夏军队屡次袭扰宋军筑城，均被击退。筑城成功的消息传入京城，宋神宗十分高兴，赐永乐城名为银川寨。因为永乐城处于十分重要的战略地位，因而西夏无论如何也要夺回永乐城。西夏由大将叶悖麻负责指挥，集中 30 万军队围攻永乐城，等到西夏军队布阵以后，徐禧才发动攻击。永乐城中缺水断粮，兵无斗志，西夏将士全力攻城，城终于被攻破。

平夏城之战

西夏在边境的骚扰自宋哲宗即位后从未停止过。绍圣三年（1096 年），宋廷对西夏采取强硬政策，停止与之分割地界，次

西夏王陵

年在好水川北筑平夏城。西夏以 50 万之众分三路入扰鄜延路，攻占金明寨（今陕西安塞南），向辽朝献宋俘。元符元年（1098 年）二月，西夏以 40 万之众包围平夏城（今宁夏固原北），猛攻十余日，不克而退。宋军反击，获胜。元符二年（1099 年）二月，西夏遣使向宋谢罪，宋不受，又在神堆（今陕西米脂西）大败西夏兵。支援西夏的辽朝从中斡旋，宋廷终于同意与西夏约和。

野利仁荣

（？—1042 年）西夏大臣。学识渊博，熟悉历史，西夏的典章制度，多参与谋划。1036 年，受命创造西夏文，成 12 卷，字形方整，笔画繁复，被确定为国字。立国后，官为没宁令，主持政务。1039 年建蕃学，译《孝经》《尔雅》《四言杂字》为蕃语，以西夏文书写。1042 年卒。

2. 经济与文化

西夏在经济上农牧并重，农业较发达，河西走廊一带的农业是主要经济命脉。资源也很丰富，盛产玉石、甘草、羱羚角等物品，毛皮及毛织品业富有活力，是主要的手工业产品。炼盐业极发达，所产盐略带青绿色，称青盐，品高质优。西夏又居中原与西域各国及中亚地区商业流通的必经之路，因此从中获利颇厚。修有通贯全国的驿路，可直通契丹境内。

西夏货币

西夏使用的钱币，有夏字钱和汉字钱两类。夏字钱有毅宗时的"福圣宝钱"、惠宗时的"大安宝钱"、崇宗时的"贞观宝钱"、仁宗时的"乾祐宝钱"和桓宗时的"天庆宝钱"5 种。汉字钱，有崇宗时的"元德通宝""元德重宝"和"大德元宝"，仁宗时的"天盛元宝"和"乾祐元宝"，桓宗时的"天庆元宝"，襄宗时的"皇建元宝"，神宗时的"光定元宝"8 种。用料又有铜、铁之分。铁钱较少，迄今能见到的有两种："天盛元宝"和"乾祐元宝"。

西夏曾铸造大钱，如汉字钱"元德通宝"和夏字钱"大安宝钱"。

西夏文

记录西夏党项族语言的文字，属表意文字，1036年李元昊命大臣野利仁荣创制。1038年始成，共5000余字。形体方整，笔画繁复，称蕃书或蕃文。结构仿汉字，又有其特点。用点、横、竖、撇、捺、拐、拐钩等组字，斜笔较多，没有竖钩。单纯字较少，合成字占绝大多数。两字合成一字居多，三字或四字合成一字者少。合成时一般只用一个字的部分。如上部、下部、左部、右部、中部、大部，有时也用一个字的全部。会意合成字和音意合成字分别类似汉字的会意字和形声字，约占总数的80%。部分译音字由其反切上下字的各一部分合成，类似拼音字。有的字以另一字的左右或上下两部分互换构成，两字多为同义字。象形字和指示字极少。书体有楷、行、草、篆，楷书多用于刻印，篆书散见于金石，行草常用于手写。

《西夏文大藏经》

用西夏文翻译书写的经书，又称蕃（音弥）大藏经。西夏统治者礼佛，提倡佛教。1038年开始把佛经译成西夏文。至1090年，译出佛经830部3579卷，主要译自汉藏，以北宋初年刻印的"开宝藏"为底本，一部分译自藏文。

《文海》

西夏文字书，1909年在今内蒙古额济纳旗出土。原书有平声、上声、杂类三部分。出土为残刻本，蝴蝶装。上声部分全佚，平声、杂类有部分残缺，计有109页、3000多字。每页版口分别标有西夏字"文海平""文海杂类"以及页数。每面各有七竖格，被注释字占满格，注释字较小，双行占一格。平声97韵，每韵中所属字以声母和介音的差别为序。同音字集为一组，各组间以小圆圈相间隔。无同音字者为独字。

《天盛年改定新律》

西夏法典。全书原为20章，今存19章，1460条。1909年，沙俄军官科兹洛夫自今内蒙古额济纳旗掠去，现藏俄罗斯科学院东方学研究所，全文至今尚未披露。

《蕃汉合时掌中珠》

西夏文和汉文双解通俗语汇辞书。党项人骨勒茂才编。1909年在今内蒙古额济纳旗出土。木刻本，蝴蝶装，共37页。序言有西夏文和汉文两种，内容相同。书中每一词都并列四项，中间两项分别是西夏文和汉译文，右边靠西夏文的汉字为西夏文注音，左边靠汉译文的西夏文为汉字注音。词语编排分为九类。最后一类约占全书一半，包括亲属称谓、佛事活动、房屋建筑、日用器皿、衣物首饰、农事耕具、政府机构、诉讼程序、弹奏乐器、食馔、马具、婚姻等。

金朝

（1115年—1234年）

1115年，女真族完颜部首领阿骨打在居地按出虎水（今黑龙江阿什河流域）地区建国称帝，建立起奴隶制的金朝。他仿辽汉创制女真文字，实行勃极烈制度，改革军事制度，使全国迅速强大起来。1120年与宋缔结"海上之盟"，使之在北方统治的道路上扫清了最大的障碍。辽灭，金就将目标对准宋廷。1127年，金将战火引向南方，迫使南宋于1141年签订了屈辱的"绍兴和议"，由此金夺得了在中原的统治权力，疆域扩至极大。1161年，金世宗即位，政治上，广泛吸收汉族官员参与军政，增损官制，注重守令之选，严密监察之责；经济上，重农桑之种，广开榷场，规定商税法，铸铜钱，取消部分赋税，形成了多民族的统治核心，为金朝建立以来的鼎盛繁荣阶段。

但连年对宋用兵，也使金朝付出了极大的代价，其掠夺和压迫激起了人民的强烈

金朝大事年表

1115 年，女真族首领完颜阿骨打称帝，国号为"金"，定都会宁（今黑龙江阿城南）。
1119 年，颁行女真文字。
1120 年，完颜阿骨打领兵伐辽。
1125 年，金军俘辽朝天祚帝，灭辽。
1126 年，金军攻宋都开封。
1127 年，金军攻陷开封，俘虏宋徽宗、宋钦宗，北宋天亡。
1140 年，岳飞抗金取得郾城大捷。
1141 年，金与南宋订立"绍兴和议"。
1141 年，金熙宗祭拜孔子。
1153 年，金海陵王迁都到燕京（今北京）。
1161 年，金军伐宋，在采石之战中大败而归。
1164 年，金与南宋订立"隆兴和议"。
1208 年，金与南宋订立"嘉定和议"。
1214 年，金宣宗将都城迁到南京（今开封）。
1232 年，金军主力在钧州三峰山（今河南禹州）被蒙古军队击败。
1234 年，蒙古与南宋联合攻金，金朝末帝被杀，金亡。

反抗，各地起义不断，极大地动摇了金朝统治。1234 年，蒙古大军攻金，金亡。

1. 政治

女真

中国古代的少数民族，为今天满族的前身。女真人长期居住在长白山、黑龙江流域间的广大地区内，是有悠久历史的古老民族之一。女真族在隋唐时期称为靺鞨，唐曾在黑水靺鞨居地设立黑水都督府。辽代，女真族接受辽的统治，辽人依女真人居住地域分其为北女真、东北女真、南女真及长白女真等。11 世纪女真人在完颜部首领阿骨打的领导下建立金王朝，与宋政权长期对峙。在这个时期内，女真族社会由奴隶制开始走向封建制，同时，大批女真人进入到中原地区。元朝时，这些进入中原的女真族被同化于当地的民族，统称汉人。留居于原居地松花江、黑龙江及乌苏里江流域的女真人仍沿用旧称。明代女真族分为建州女真、野人女真和海西女真，后在建州女真族首领努尔哈赤的领导下建

立起后金政权，清太宗皇太极改女真族名为满洲族。辛亥革命后简称满族，现散居于全国各地。

金太祖完颜阿骨打

（1068—1123 年）金代开国皇帝，史称金太祖。姓完颜，名阿骨打，汉名完颜旻。金世祖劾里钵第二子，母为翼简皇后拏懒氏。辽天庆三年（1113 年），阿骨打继任为都勃极烈，即完颜部首领。他主张发展农牧业促进生产，统一女真各部后发动了抗辽战争。天庆四年在宁江州（今吉林松原市境内）和出河店（今黑龙江肇源）大败辽军。接着，又攻下了宾（今吉林农安）、咸（今辽宁开原）等州，占领辽的东北边境地区。改革女真部落的猛安谋克组织，重新规定 300 户为 1 谋克，10 谋克为 1 猛安，其首领称为百夫长、千夫长。天庆五年（1115 年），阿骨打称帝，建立金国，年号收国。建国后，为金朝初步确立各项制度，注意经济和文化的发展，仿汉字和契丹字制作女真字。继续对辽战争，收国元年（1115 年）九月，攻占辽黄龙府（今吉林农安），击溃辽天祚帝亲征军。次年占据辽阳等地。天辅四年（1120 年）又取辽上京临潢府。同年与北宋缔约联兵攻辽，取得了中京大定府、西京大同府，辽天祚帝逃往夹山。最后攻克了燕京。天辅七年（1123 年），金军西逐辽天祚帝，阿骨打病死于返回上京（今内蒙巴林左旗）的途中。

出河店之役

女真建国前与契丹进行的一次决战。辽天庆四年（1114 年）女真人攻下宁江州（今吉林松原市境内），取得空前胜利，震动了契丹朝廷，天祚帝立即中止了巡狩的计划，签发契丹、奚军 3000 人及中京禁军、豪部 2000 人，又从诸路拣选武勇 2000 人组成征讨军，以契丹大将萧嗣先和萧挞不也为统领，屯扎在出河店（今黑龙江肇源）。女真与契丹隔鸭子河对垒。女真主动出击，乘夜抢渡鸭子河，至北岸的女真军仅 1200

余人，双方在出河店遭遇，进行了激战，天突起大风，尘土蔽天，女真人勇猛冲击，萧嗣先所部契丹军首先溃退，很快就全军崩溃，女真军一直追杀至斡论泺（今吉林洮南），俘获大批战俘和车马珍玩等战利品。出河店之役后，女真军的战斗力大增。

猛安谋克

女真族的社会和军事组织。猛安又记作萌眼，谋克又记作毛毛可、毛克。猛安、谋克又为官名，猛安为千夫长，谋克为百夫长。猛安谋克本是女真的原始社会组织，金太祖时定制以300户为一谋克，以10谋克为一猛安，正式成为一种社会兼军事性质的编制单位。金初，契丹、渤海和汉人也曾被编入猛安谋克。进入中原后，金将原居地的女真猛安谋克迁入汉地，居落在中原村落间，不属州县，垦种农田。金海陵王时期猛安谋克迁入内地的很多，金世宗时期迁徙入内地的也相当多，广泛分布在中都（今北京城西南）附近及河北、山东等处。猛安谋克人户平时从事农业，战时则披挂上阵，自置鞍马器械，是金军的主要战斗力来源。金末，猛安谋克已衰落。猛安勃极烈和谋克勃极烈（勃极烈意为首领）也常简称为猛安、谋克。猛安职掌军务和训练丁壮，兼掌农桑，还有防御盗贼的职责。谋克兼部分县令职事。

金的政治制度

金建国初曾实行双轨制的统治系统，沿袭契丹的南北面官制，勃极烈制度是女真的传统制度。后来几经调整，至金世宗时，金放弃了国制传统，基本采用汉制，但对其进行了重要的改动，重用尚书省、尚书令，为后代开了先河，所设的行尚书省是后代实行行省的最初样板。作为女真基本社会和军事组织构成单位的猛安谋克制，逐渐蜕变成单纯的社会组织。金兴起之初，猛安谋克兵是金军的主要构成成分，进入黄河地区后，他们以屯田、驻戍等方式分散到各处，渐与州县等混同。

金九公封建

金都南迁后在河北地区对9个地方武装首领的封授事件。1214年金在蒙古军打击下被迫南迁，河北、山东等地相继失陷。1218年，蒙古军攻占山西太原、平阳等地。1219年正月，金宣宗召集百官商议对策，议定招募分封地方豪强抵御蒙古军。1220年2月，金宣宗分封河北、山东、河东的地方官吏与地方武装首领王福等9人为"公"，皆兼任宣抚使，赐号"宣力功臣"，总率本路兵马，抵抗蒙古军，收复失地，史称"九公封建"。

完颜宗弼

（？—1148年）金朝大将，女真名兀术。曾参与灭辽，金太宗时参与攻宋。1129年，金军分路南下侵宋，兀术在和州（今安徽和县）败宋军，渡江至建康（今江苏南京），经湖州（今浙江吴兴）攻下临安府（今浙江杭州），追击宋高宗至海边。1130年，自临安回师，取秀州（今浙江嘉兴）、平江府（今江苏苏州）。在镇江府败于宋将韩世忠。由镇江溯流而西，被宋军堵截于黄天荡（今江苏南京东北），他凿通老鹳河故道，由秦淮河逃往建康。韩世忠军追至建康，两军战于江中，兀术以火攻败韩世忠军。宋岳飞军光复建康府，兀术败还江北。是年，金集结重兵攻川陕，他与完颜宗辅、完颜娄室等自陕西合兵攻宋。与宋军战于富平（今属陕西），败宋五路军马，占领陕西大部。1131年10月，率军经和尚原（今陕西宝鸡附近）取四川，兵败，兀术身中流矢。1133年，率军夺取和尚原。1134年，率军攻仙人关（今甘肃徽县南），兵败，退凤翔府（今陕西凤翔）。1137年为右副元帅，封沈王。1139年，为都元帅，封越国王。1140年，为太保，领行台尚书省，发动侵宋战争，出兵攻占河南、陕西等地，至顺昌府（今安徽阜阳）兵败退汴京（今河南开封）。又与岳飞军战于郾城（今属河南），大败；转攻颍昌府（今河南许昌东），又大败，退还汴京。1141年春，攻淮南后与宋高宗、秦桧订立和约，迫使南宋向金称臣，交纳岁币。1142年还朝，屡任要职，独掌军政大权。1148年病卒。

金蒙议和

金将完颜宗弼（兀术）率 8 万神臂弓弩手征讨蒙古，历经数年，终不能胜。金兀术见战事不利，便想议和，于皇统六年（1146年）八月遣汴京行台尚书省事萧博硕诺与蒙古议和，但蒙古不允。双方又打打停停，直到皇统七年三月，经过多次交涉，金、蒙才开始和议。和议规定，金国割让西平河北二十七团寨（今内蒙古额尔古纳河上游）给蒙古，每年金向蒙古进贡大量的牛、羊、米、豆、棉、绢之类货物。其后，金、蒙双方暂时休战，出现军事对峙局面。金已无力征讨蒙古，只能加强防守己方边境的要害地区。

天眷新制

金灭辽和北宋后，占领地区大为扩展。为了巩固金朝的统治，金熙宗时，对政治制度一再作重大改革。在朝廷中枢，废除传统的体制，依辽、宋制度设太师、太傅、太保，称"三师"，朝中设尚书、中书、门下三省，由领三省事综理政务，下设左、右丞（副相）。天会十五年金熙宗又废除属邦齐国，在汴京（今河南开封）设行台尚书省。天眷元年（1138年），又改燕京枢密院为行台尚书省。两行台尚书省负责对华北地区的统治。同时，又进一步改定官制，史称"天眷新制"。新制实际上是全面实行汉族官制。女真官员予以"换官"，即将原来的女真官职换授为相应的汉称的新职。

金海陵王完颜亮

（1122—1161 年）在位 13 年，女真族，字元功，女真名迪古乃。1149 年，与左丞相秉德、驸马唐括辩等合谋刺杀金熙宗，即帝位，改元天德。他严厉镇压反抗的宗室官员，先后诛杀大臣及金太宗子孙 70 余人、完颜宗翰子孙 30 余人。在诛杀宗室贵族的同时，大批起用契丹人、汉人，以巩固其统治。1151 年，扩建燕京城（今北京），兴修宫室，下诏迁都。1153 年改燕京为中都，为金朝都城，并将诸宗室亲族及其所属诸猛安尽数迁至中都及山东等地，以防止叛乱。1150 年罢

行台尚书省，改都元帅府为枢密院，作为最高军事机关。1151 年，仿中原王朝制度，对科举进行改革，专以词赋取士。1154 年复钞引法，印制交钞，与铜钱并行。1156 年颁行"正隆官制，"罢中书、门下，只设尚书省，自省而下，官司有院、台、府、司、寺、监、局、署、所，各统其属，职有定位，员有常数。1158 年，又命左丞相张浩等营建南京（今开封）宫室，征调各路军兵，征发军资器械，修造海船，准备南侵灭宋，统一中国。1161 年 2 月，海陵王从中都出发南巡，6 月抵南京。是时，契丹诸部以及内地人民纷起反金。海陵王亲督大军渡淮河，出庐州（今安徽合肥）。10 月，曹国公完颜雍（乌禄）发动叛变，称帝于辽阳。11 月，完颜亮所率大军在采石矶企图渡过长江，为宋将虞允文所败。他率兵还和州（今安徽和县），趋扬州，计划从瓜洲（今江苏扬州南）渡江。军中发生叛变，海陵王被部将完颜元宜等所杀。

车船复原图
南宋水军曾使用这种车船，在采石矶击败金主完颜亮。

完颜宗翰

（1080—1137 年）金朝名将。女真族，女真名粘没喝。勇猛有谋，参与拥立完颜阿骨打称帝，备受宠信。1121 年，建言西征灭辽，被任为副都统，与都统完颜杲率军攻辽。1122 年，攻克辽中京（今辽宁宁城西大名城），又率部攻北安州（今河北承德西），大败辽奚王霞末。领精兵 6000 人出瓢岭，追袭辽天祚帝。参与攻取辽西京大同府、南京析津府等战役。1123 年，镇守西京大同府，为左副元帅，率西路军攻宋。1126 年攻占太原、隆德府（今山西长治）、泽州（今山西晋城）等地，与东路军会师于宋东京开封

府。1127 年，俘宋朝徽、钦二帝。1128 年，取西京河南府（今河南洛阳东）。迁河南府、襄阳府等十余州之民于河北。其后，奉命继续南下攻宋，取东平府（今山东东平）、徐州，派兵追宋高宗于扬州。1132 年，还朝，任国论右勃极烈，兼都元帅。金熙宗即位，免都元帅，拜太保、尚书令，领三省事，封晋国王。1137 年熙宗杀尚书左丞高庆裔等，他于同年 7 月忧愤而卒。

金世宗完颜雍

（1123—1189 年）在位 28 年。女真族，本名乌禄，即位后更名雍。金熙宗朝封葛王，任兵部尚书。海陵王时，改封曹国公。1161 年，受命率兵镇压撒八领导的起义。10 月，被拥立称帝，即金世宗，改元大定。世宗有较高的汉文化修养，崇尚儒学，有志于儒家的仁政王道。政治上仍沿用海陵王改革后的成制，继续任用文武官员，并极力争取女真贵族的支持。1162 年，平定契丹人移剌窝斡起义。又一再挫败宋军，迫使宋朝于 1164 年冬重订和议。南宋对金称侄皇帝而不再称臣，每年向金贡纳银、绢；双方各守旧疆。其后 30 年，金、宋之间大致相安无事。采取措施，减轻农民负担，保护和奖励发展农业生产。既增加税入，又使人民负担相对合理均平。诏令放免二税户和部分奴婢为平民，取消金银矿税，听民开采。金朝一度财政充足，仓廪有余，政局稳定。1189 年正月病卒。

纥石烈志宁

（？—1172 年）金朝大将。女真族，女真名撒曷辇。海陵王时，官至兵部尚书。1161 年，受命镇压移剌窝斡起义。同年，世宗在辽阳称帝，遣使相招，他和白彦敬杀使者以拒。海陵王死后他才归降世宗。1162 年，任临海节度使，都统右翼军继续追剿移剌窝斡起义军，因功封定国公，后入朝为左副元帅。1163 年，宋军北伐，取虹县（今安徽泗县）、灵璧，进据宿州。他率金军反攻，大败宋军，并率军渡淮。1164 年，攻占楚州、盱眙、濠（今安徽凤阳）、庐（今安徽合肥）、和（今安

徽和县）、滁等州，宋被迫遣使求和。1165 年，入朝任平章政事、枢密使等职。1169 年，任右丞相。1171 年，获封金源郡王。1172 年病卒。

金章宗完颜璟

（1168—1208 年）在位 19 年。女真族，女真名麻达葛。1178 年被封金源郡王。从小学习女真语言、女真小字及汉字经书。1185 年，以嫡孙成为皇位继承人，任尚书右丞相等职，参与朝政。1186 年，被立为皇太孙。1189 年，继世宗即帝位。他进封诸皇叔、诸弟王爵，又减轻百姓赋税。在亲王府设王傅、府尉官，限制诸王。大兴郡学，提倡儒术。在位期间，北方蒙古、塔塔儿等游牧部族不断南下侵扰，他先后派兵征讨，大败塔塔儿部。对南方，曾击退宋朝韩侂胄等的北伐。黄河 3 次决口，章宗为解脱困境，大量发行交钞，同时采用通检推排、括田等办法，增加赋税。他是汉文化修养很高的一位皇帝，诗词创作颇多，爱好书法、绘画。1208 年病卒。

完颜希尹

（？—1140 年）金朝大臣。女真文字创制者，女真名谷神。随金太祖兴兵，参与攻辽、建国等重大事件。受命创制女真字，依据契丹字、汉字制造新字，拼写女真语言。1119 年制成，被定为金国官方通用的文字，后称"女真大字"。1121 年，随金军大举灭辽。1122 年，以副都统于北安州大败辽奚王霞末。其后，在古北口大破辽军，追击辽天祚帝。攻占辽西京（今山西大同），任权西南、西北两路都统。1125 年，任元帅右监军，与宗翰等率军攻宋。金熙宗时，任尚书左丞相兼侍中，加开府仪同三司，封陈王。为相期间，倡导学习汉文化，协助熙宗改定礼仪、制度等。1139 年，与完颜宗翰捕杀太师等大臣。1140 年，以"奸状已萌，心在无君"的罪名被处死。

金宣宗南迁

金宣宗迁都开封的事件，又称"贞祐南迁"。1211 年，蒙古军攻掠金朝西京大同

府（今山西大同），1212年破金东京辽阳府（今辽宁辽阳），1213年进围中都大兴府（今北京）。金朝既临外患，又生内忧。是年8月，驻守中都城北的金右副元帅纥石烈执中弑卫绍王，自彰德迎接世宗孙完颜珣入中都，即帝位（即金宣宗）。1214年3月，金宣宗遣使向蒙古军求和，成吉思汗退驻鱼儿泊（今内蒙古克什克腾旗达来诺尔）。金朝完颜弼、耿端义等建议迁都南京（今开封），宣宗以中都缺粮，不能应变为由，决意迁都。是年5月11日，宣宗下诏南迁。17日，发车载珠宝、文书先行。翌日，宣宗离中都南迁。

韩企先

（1082—1146年）金朝汉人宰相。金北京人，辽乾统年间中进士。辽亡，入仕金朝，为枢密院副都承旨、转运使、西京留守等职。1128年，任同中书门下平章事、知枢密院事。1129年，任尚书左仆射兼侍中，封楚国公。1134年，为尚书右丞相。金熙宗时，继任右丞相。1141年封濮王。金世宗曾称"汉人宰相唯韩企先最贤"，"本朝典章制度，多出斯人之手"。

钧州三峰山之战

蒙古灭金的决定性大战。1229年，蒙古窝阔台汗率军南侵金朝。1231年，蒙古军兵分三路：大汗窝阔台居中，从山西攻河中，渡黄河；斡陈那颜居左，攻济南；拖雷统右军从陕西取道南宋，绕至金南京开封府西南，拖雷和速不台率领右军4万，经宝鸡，破大散关（今陕西宝鸡西南），入宋境，逾饶峰关（今陕西石泉西北），渡汉江，入金邓州（今河南邓州市）境。金急忙征调布防在潼关以东的枢密副使完颜合达、移剌蒲阿

蒙金大战图

率军移驻邓州，企图阻止蒙古军北上。蒙古军在禹山（今河南邓州西南）受阻后，留军一部牵制金军，主力分道趋汴京。1232年正月，完颜合达、移剌蒲阿急率步骑15万赴南京，沿途不断遭到蒙古军的袭击。由拖雷率领的蒙古军与一部分由窝阔台派遣的接应队伍会合，采取避实就虚、灵活多变的战术，金军出击，蒙古军不战而退，却遣小股军队扰袭，使金军不得休息。进至钧州三峰山（今河南禹州西南），适遇大雪，金军披甲胄僵立雪中。蒙古军则利用时机，全线进击，金军被蒙古军包围在三峰山，损失惨重。蒙古军让开一条通往钧州之路，纵金军出走，乘势夹击，金军主力全军覆没。

2. 经济与文化

女真的最初经济形式属渔猎经济，建国后疆域拓展，占有了广大的农业区，农业变成主要经济内容。冶铁在建国后迅速发达起来，手工业维持了较高的水平，瓷器制造业得到发展。金中期以后城市经济发达。女真文化在建国后也得到迅速发展，有女真文的创制和使用，有元好问等一批文学家、学问家出现。金时已开始盛行杂剧，这是戏曲艺术发展中的一个重要时期。此外，在雕塑、建筑、医学等方面，金代的成就也很突出。

刘完素

（约1110—1200年）医学家。"金元医学四大家"之一。字守真，号通元处士，河间（今属河北）人。他在医学上大力提倡运气说，著有《图解素问要旨》8卷，以运气说研究《素问》；又著《素问元机原病式》1卷，详细论述五运六气盛衰胜负之理。他认为六气都从火化，故行医好用凉剂，以降心火、益肾水为主。刘完素生于北方，他根据北方人的性格、饮食特点，以寒凉药剂治病，疗效显著，其学说称"寒凉派"。

赵秉文

（1159—1232年）金朝文学家。字周臣，号闲闲老人，磁州滏阳（今河北磁县）人。

大定二十五年（1185 年）中进士，任过邯郸、唐山令。明昌元年（1190 年），充南京路转运司都判官。六年，由王庭筠荐举入朝应奉翰林文字、同知制诰。承安元年（1196 年），出任同知岢岚军州事。五年，转北京转运司度支判官。泰和二年（1202 年），为户部主事，迁翰林修撰。大安元年（1209 年），出任宁边州刺史。金宣宗时，官至礼部尚书。赵秉文仕五朝，官六卿，史称"金士巨擘，其文墨论议以及政事皆有足传"。前后主文坛 40 年之久，成为金朝末期文士领袖。主张为文应当"明王道，辅教化"，注重社会功用，反对言之无物、以辞胜意的浮艳文风；其创作以刚劲的笔力、豪放的气势，破除浮艳文风的轻浮软媚。其文基于义理之学，长于辨析，极所欲言而止，不以绳墨自拘。其词效仿苏东坡，如《大江东·秋光一片》，人称与东坡原作"信在伯仲间"。晚年逢金朝衰乱，以禅学求慰藉。正大九年病死。

卢沟桥

即今北京市西南郊卢沟桥。金大定二十九年（1189 年）在京师西南的交通要道卢沟河渡口建石桥。明昌三年（1192 年）建成，名广利桥。元时改今名。

土地占有与租税

女真实行受田制，田地为国家所有。奴隶主依据人口和占有奴隶、牲畜的多少，领受田地。凡占有民 25 口，牛 3 头（称为 1 具），受田 4 顷。后规定占田不得超过 40 具，即 160 余顷。金太宗时，始下诏征收租税。耕牛 1 具，纳粟 5 斗，称为牛头税。

货币

金初只用辽、宋旧钱。金海陵王时，正式印造称为"交钞"的纸币。大钞分为一贯至十贯 5 种，小钞分为一百文至七百文 5 种。交钞限用 10 年，倒换新钞。

女真文字

金代女真人的文字，有大字、小字两种。大字是金太祖完颜旻命完颜希尹和叶鲁创制的，于 1119 年颁行。小字于 1138 年颁布，1145 年开始使用。现在发现的女真文字只有一种，是大字还是小字，学术界尚无一致看法。女真文字资料有文献、金石、墨迹三种。金代用女真文写的著作和译作，早已失传。

《松漠纪闻》

出使金朝的见闻杂记。共 3 卷，南宋洪皓撰。该书为洪皓留金时所记见闻杂事，归宋后，曾焚毁书稿。被贬谪后，又追忆成书。书中有关金朝的政治及女真风土民情等，是研究金史的重要资料。

元好问

（1190—1257 年）金朝诗人。字裕之，号遗山，太原秀容（今山西忻州）人。14 岁拜师郝天挺，20 岁出游京师，诗名大噪。1221 年中进士。历任左司都事、行尚书省左司员外郎等职。1233 年，蒙古军围金开封府，他也被围城中。崔立叛金降蒙古，他被迫为其写功德碑。他上书耶律楚材，推荐冯叔献、王鹗、杨奂等 50 余人。蒙古军据开封，他与其他降蒙的金朝大臣被拘管于聊城。其后，他游历山东、河北、山西各地，成为北方文坛领袖。1252 年与张德辉赴漠北，觐见蒙古藩王忽必烈，奉忽必烈为儒教大宗师，希望利用他振兴儒学。1257 年病卒。其五言诗风格高古沉郁，七言乐府不用古题，特出新意，歌谣、长短句慷慨激昂。对诗词创作理论也有独特贡献，著有《杜诗学》1 卷、《东坡诗雅》3 卷、《诗文自警》10 卷。晚年编纂金史，著录 100 万字，取名《野史》。又辑金朝 250 余人的诗作，名《中州集》。有《元遗山先生全集》传世。

《大金国志》

记载金代史事的纪传体史书。共 40 卷，南宋宇文懋昭撰。全书共有纪 26 卷，开国功臣 1 卷，文学翰苑 2 卷，楚国张邦昌录和齐国刘豫录各 1 卷，册文等 1 卷，天文、地理、制度、风俗等 7 卷。

元朝

（1206 年—1368 年）

1206 年春，铁木真建立了大蒙古国，被尊称为成吉思汗。成吉思汗及其继承者黩武征战，不断向外进行军事征服，势力范围延伸至中亚和欧洲部分的广大地区。

1271 年，忽必烈改国号为元，次年迁都大都，并南下攻灭南宋，结束了从五代以来多政权并立的分裂局面，统一了全国。忽必烈曾受命主持中原的政事，逐渐理解、接受了汉族的传统文化，并以此作为治理国家的准则，即所谓的"以汉法治汉民"。其后，忽必烈仿效前朝之规，略加变更，定官制、修都城、兴礼乐，制定了一套典章制度，终元之世，为此后诸帝所遵守，未再有重大改动。元朝在水陆要道修建驿站得到重点开发，农业与手工业逐渐得到恢复，某些边疆地区注意兴修水利，科学文化继续发展，海外贸易与中外文化交流有所扩大。

元朝的历史中，皇位的激烈争夺占有十分重要的位置；实行民族歧视政策，推行不平等的蒙古人、色目人、汉人、南人等级制度，使阶段矛盾与民族矛盾非常尖锐。红巾军起义严重动摇了政权统治，取而代之的是 1368 年建立的明王朝。

1. 政治

元太祖成吉思汗

（1162—1227 年）蒙古汗国开国君主。名铁木真，姓孛儿只斤。蒙古族，生于蒙古贵族世家。1162 年，受金朝支持的塔塔儿人与蒙古人发生激战，其父也速该俘获塔塔儿首领铁木真，正值成吉思汗出生，便用俘虏的名字为婴儿命名，纪念胜利。后其父被塔塔儿人毒死，所领部众纷纷离去，其母月伦领着铁木真和几个弟弟度过数年艰难生活。铁木真曾被咸补海汗后裔泰赤乌贵族掳去被囚禁，逃回后投靠蒙古高原最强大的克烈部部主脱里汗。不久，铁木真的妻子孛儿台又被蔑里乞人掳去，他求脱里汗约其附庸

札答阑部主札木合共同出兵，打败了蔑里乞人，夺回妻子。少年时的艰险经历，培养了铁木真坚毅勇敢的性格。稍长，铁木真投靠札木合，随其游牧。其时，铁木真笼络人心，招徕人马，脱离札木合，自立为汗。札木合率十三部来攻，铁木真分兵十三翼迎战，因实力不敌败北，史称"十三翼之战"。1196 年，金兵征塔塔儿部，铁木真出兵助金，打败塔塔儿人，金授其为察兀忽鲁（部长）。1202 年，铁木真消灭了四部塔塔儿，占领了呼伦贝尔高原，实力大增。1206 年，铁木真在斡难河（今蒙古鄂嫩河）召开忽里台大会，即蒙古大汗位，号成吉思汗。初期他把蒙古牧民划分为 95 千户，下设百户、十户。又把部分千户作为属民分给诸弟诸子，形成左右诸

元朝大事年表
1206 年，铁木真建立大蒙古汗国，被拥戴为成吉思汗，后被尊为元太祖。
1271 年，蒙古大汗忽必烈定国号为"元"，定都燕京（今北京）。
1275 年，意大利旅行家马可·波罗到中国，受到忽必烈的厚待。
1279 年，元军在崖山战役中彻底击败宋军，南宋灭亡。
1280 年，颁行郭守敬制订的《授时历》。
1282 年，南宋丞相文天祥拒不降元，在北京被杀。
1286 年，颁行《农桑辑要》。
1288 年，设宣政院管理西藏政务。
1293 年，京杭大运河全面开通。
1296 年，黄道婆从崖州（今海南）回到家乡松江府（今属上海），传播纺织技术。
13—14 世纪，火药、指南针、印刷术等经阿拉伯传到欧洲。
1307 年，元武宗加封孔子为"大成至圣文宣王"。
1313 年，王祯著成《农书》。
1323 年，颁行法典《大元通制》。
14 世纪中后期，"元曲四大家"之一关汉卿著《窦娥冤》。
1351 年，刘福通等发动红巾军起义，元末农民大起义爆发。
1356 年，朱元璋所部起义军攻占南京。陈友谅、张士诚、方国珍等起义军各自为政。元军主力被逐步消灭。
1363 年，朱元璋与陈友谅决战于鄱阳湖，陈友谅身亡兵败。
1367 年，朱元璋攻破张士诚与方国珍部，派兵北伐中原。
1368 年，朱元璋大军攻进北京，元顺帝逃走。元朝灭亡。

成吉思汗像

王。又以木华黎、博尔术为左右万户那颜，即两个最大的军事长官。勃兴的成吉思汗雄踞一方，邻近的吉利吉思、畏兀儿、哈剌鲁等纷纷归附。他得陇望蜀，于 1205 年、1207 年、1209 年又大举入侵西夏，西夏纳女请和。他原本向金朝纳贡，势力强大后，断绝了与金朝的臣属关系。1211 年，率领大军南下攻金，在浍河堡决战中，全歼金军主力。1213 年，缙山一战，金军精锐消耗殆尽。1214 年，领兵三路横扫华北平原，金朝被迫献岐国公主，并赠给大批金银珠宝。1215 年，占领中都，华北、东北的地主武装纷纷投降。1217 年，成吉思汗封木华黎为太师国王。1218 年，灭西辽。1219 年，亲率 20 万大军西征花剌子模。1220 年，攻下不花剌、花剌子模新都城撒麻耳干（今乌兹别克斯坦撒马尔罕）等城。1221 年，占领呼罗珊全境。1222 年，在占领区置达鲁花赤监治。1223 年，还撒麻耳干驻冬，次年起程回国。1226 年，又出征西夏。1227 年西夏灭亡，是年病卒。成吉思汗统一蒙古各部，在历史上起到进步作用。攻金灭夏，为元朝的建立奠定了基础。成吉思汗军事才能卓越，战略上重视联远攻近，力避树敌过多。用兵注意详知敌情，采用分割包围、远程突袭、佯诱敌军等战法，史称"深沉有大略，用兵如神"。

蒙古族

中国境内历史悠久的少数民族之一。唐代称蒙兀，是室韦族的一个部落，居住在内蒙古额尔古纳河一带，后逐步西迁至斡难河等河流的源头和肯特山的东部地区（在今蒙古国境内），以游牧为生。辽、金时期处于原始社会末期，受辽、金统治。至 12 世纪，社会生产有很大发展，出现阶级分化。13 世纪初，铁木真（成吉思汗）统一蒙古各部，建立奴隶制蒙古汗国。此后对外发动战争，在西方攻占中亚各国及俄罗斯，在南方先后灭西辽、夏、金和南宋。忽必烈时建立元朝，并完成了蒙古族的封建化。

领户分封制

成吉思汗统一蒙古各部后建立的社会行政组织。这种制度打破原来蒙古各部的氏族组织，将管辖的人民不分牧民或奴隶，都按十户、百户、千户、万户为单位划分编制，设立十户长、百户长、千户长、万户长进行统治，职务为世袭，万户长和千户长按其等级高低，领有一定范围的封地及封地内的封户，成为大大小小的封建领主。享受领户分封的有宗亲和异姓功臣，宗亲（成吉思汗的亲属）分得封地最多。封地内的封户，作为领主的"食邑"，人民平时从事畜牧业生产，向领主纳税服役。战时自备鞍马、武器和粮食，跟随领主出征打仗。不得领主允许，不能随意迁徙。在领主的统治下，人民成为封建牧奴，封建制度开始在蒙古社会中形成。

行省制

元代设立行政机构和地方区划的制度。元朝在中央设中书省，为全国的最高行政机构；在地方设行中书省，为领导地方的行政机构，简称行省。金朝时，都城远离中原，不便控制，为此一度在开封等地设行台省。元在统一过程中，沿用金的行省制，每占一地设一行省。当时的行省是军事行动需要的临时机构，代中央行使职权。至元二十三年（1286 年），元世祖忽必烈把中书省作为地方一级行政机构。除把现在河北、山西、山东、内蒙古的部分地区划归中书省直接管辖，称为"腹里"外，全国分设岭北、辽阳、河南、陕西、四川、甘肃、云南、江浙、江西、湖广、征东等 11 个行省。每个行省设平章政事一人，掌管省内军政大事，另设左右丞、参知政事等。行省下设路、府、州、县。元朝行省制的确立，巩固了国家统一，加强了中央集权。这是秦代郡县制的发展，也是我国政治制度史的一大变革。元的行省划分，为明、清所承袭。

宣政院

元代掌管全国宗教事务和西藏地区军政的机构。至元元年（1264年）设置，原名总制院。至元二十五年（1288年）根据唐代在宣政殿接待吐蕃使臣的先例，改为宣政院。最高长官为宣政使，由西藏宗教首领担任，西藏喇嘛教萨迦派法王八思巴被元世祖封为国师，是第一任长官。宣政使管辖藏族地区各宣慰司、招讨司、万户府等地方行政机构。宣政使下各级职官，包括藏族地区各级官吏，都是僧俗并用，兼管军民两政。

澎湖巡检司

官署名，元代地方机构。元世祖至元年间设立，负责管理台湾和澎湖列岛的行政并征收盐税，归属福建省晋江县管辖。这个机构的设立，进一步加强了大陆和台湾之间的联系。

四等级制

元朝政府实行的民族歧视政策。将治下的各族人民分为四等，在选官及量刑上有所区别。地位最高的是蒙古人；第二等是色目人，包括西域各族和西夏人；第三等是汉人，包括原来金朝统治地区的汉族和女真、契丹、渤海、高丽等族，以及宋、金对峙中四川的汉族；地位最低下的是南人，即原南宋统治区域的各族人民，因为江南各族人民对元朝的归附最晚。四等级的划分，制造了民族隔阂，激化了民族矛盾。

驱口

又称驱户，金军、元军在战争中俘获的汉族人口。这些人多为贵族占有，被迫为主人耕田、服役、纳贡，还要向国家缴税当差，地位类似农奴。有的成为贵族的家内奴隶，甚至被随意出卖。在元代，驱口被视如牛马，社会地位最低，通常不得与良人（自由民）通婚。

元太宗窝阔台

（1186—1241年）成吉思汗第三子，在位12年。早年随父伐金西征，后受封于今额尔齐斯河上游和巴尔喀什湖以东地区。成吉思汗死，其幼子拖雷监国。1229年，拖雷召诸王和大臣推举窝阔台为大汗。他颁法令，立朝仪。任用耶律楚材，采用"汉法"；始立中书省。印行交钞，遍设驿站。1230—1234年间发动灭金战争，统一中国北方。又遣诸王大臣及皇子贵由等分兵进攻钦察、俄罗斯及高丽、南宋等地。1241年病卒。

元宪宗蒙哥

（1209—1259年）拖雷长子，蒙古汗国第四位大汗，在位9年。"蒙哥"的蒙古语意为"长生"。1235年，奉窝阔台命，与拔都、贵由等西征不里阿耳、钦察、俄罗斯诸地。1237年春，攻破钦察部，进伐俄罗斯，1240年奉旨东还。1251年夏，蒙哥即大汗位。委其弟忽必烈领漠南汉地军政事宜，又颁行政令，拘收前朝及诸王所滥发之牌印、诏旨、宣命，限制诸王所征用的马匹数量，禁诸王擅招民户和以朝觐为名滥征人民财货，放免修筑和林城的工匠。1252年，命忽必烈征大理、诸王远征高丽。1253年，遣弟旭烈兀西征塔塔儿，带撒里等征欣都思（印度）及怯失迷儿（克什米尔）等国。1256年诸王会议决定大举攻伐南宋，蒙哥自率主力入川。1257年冬，渡漠南，次年渡嘉陵江至白水江，克长宁（今四川广元西南），顺流东下，至大获山（今四川苍溪东），宋将杨大渊率众降。1259年，蒙哥率全军渡鸡爪滩，至石子山，猛攻钓鱼山（今重庆合川东），因宋将王坚恃险坚守，屡攻不克。蒙哥受伤后逝于军中。

元世祖忽必烈

（1215—1294年）元朝开国皇帝，在位35年，拖雷次子。为藩王时，就想"大有为于天下", 热心于学习汉文化。召僧海云、僧子聪(刘秉忠)、王鹗、元好问等，问儒学治道。1251年，长兄蒙哥即大汗位，他任总理漠南汉地军国庶事，管理中原事务。1253年，受京兆(今陕西西安)封地，任诸儒臣兴立屯田，兴复吏治，恢复农业，建立学校。1252年，受命远征云南，灭大理国。1256年，命僧子聪于龙岗建开平城，修筑宫室。其采行汉法的行为招致蒙哥不满。1257年，蒙哥尽罢其所设置的行部、安抚、经略、宣抚、都漕诸司。1259年率师抵淮河，传蒙哥在合州前线病逝，仍挥师渡长江，围鄂州(今湖北武昌)。得悉留守漠北的幼弟阿里不哥图谋汗位，立即采纳汉人儒士郝经献计，与宋约和，轻骑北返燕京。1260年，即汗位于开平，建元中统。1262年春镇压李璮叛乱。1264年，改元至元。1271年，建国号为大元。1272年，确定以大都(今北京)为首都。忽必烈统治下的元朝总体上取法中原王朝的体制，也保留了不少蒙古的落后旧制。重视恢复和发展社会生产，采取有利于农业和手工业生产的措施，立司农司，垦荒屯田，兴修水利，限制抑良为奴等，统治秩序基本稳定。1274年，命伯颜大举伐宋。1276年，攻下临安，1279年消灭了南宋残余势力，完成了全国的大统一。他接连遣军远征日本、安南、占城、缅甸与爪哇，均遭失败。1282年，察必皇后去世，继娶其妹南必为皇后。晚年体弱多病，大臣常不得入见，往往通过南必奏事，因此南必皇后常干预国政。1294年病卒。元朝是中国历史上第一个由少数民族统治全国的王朝，它初步

元代名铳
铳上有"射穿百札，声动九天""神飞"等铭文，这种火器在攻城时更显其威力。

奠定了中国疆域的规模，发展了国内各民族的经济文化交流。

耶律楚材

(1190—1244年)蒙古汗国大臣。字晋卿，契丹人。居住在金中都(今北京)，自幼好学，博览群书，通晓天文、地理、律历、术数及儒道、医卜之学。金朝时历任开州同知、左右司员外郎。1215年，蒙古军攻占中都，他应召随从成吉思汗多年。窝阔台时期，日益受到重用。他在中原设立十路课税所，征收大量的财富，而又阻止了蒙古贵族的屠城暴行和以牧代农的企图。他建议改奴隶、农奴、驱口为国家编户，反对高利贷及扑买课税。他的这些政策在汉地施行，使中原经济得到复苏。政治上，他建议施行君臣之礼、军民分治等制度，反对蒙古诸王功臣"裂土分民"，限制汉族武装地主的地方军、政、司法、经济等权，加强中央集权制度的推行。文化方面，他推行保护、优待、任用儒士的政策，奉行以汉人治理汉地的政策，十路课税正副使皆由儒士担任。1238年，他又奏请在中原诸路举行儒士考试，选取儒士4000余人，其中有许多人成为元世祖忽必烈的名臣。窝阔台晚年及去世以后，耶律楚材渐被排挤，不久抑郁而死。传世有诗文著作《湛然居士集》《西游录》及《庚午元历》等书。

伯颜

(1237—1295年)元朝军事家，蒙古族。1264年，深得元世祖赏识，留为侍臣。1265年，拜中书左丞相。1271年，任同知枢密院事。1274年，复任左丞相，总领襄阳兵大举攻南宋。后分兵攻取湖南、广西等地。1275年下建康(今江苏南京)，以行中书省驻建康。1277年，受命率军北上，平定只儿瓦台叛乱。击败昔里台于斡耳寒河(今蒙古鄂尔浑河)。1281年，随皇太子真金戍守漠北。1285年，代诸王阿只吉总领西北军。1287年，奉命移军驻守哈剌和林，阻止海都与乃颜军队会合。1289年，任知枢密院事。1292年，讨伐依附

海都的明里帖木儿。1293 年，元世祖忽必烈病危，召其入侍。1295 年初病卒。

八思巴

（1235—1280 年）西藏喇嘛教萨迦派（花教）法王，元代第一代帝师（即元代皇帝从吐蕃请来喇嘛充当的一种最高神职），学者。本名罗古罗思坚藏，尊称八思巴（意为圣者）。吐蕃萨斯迦（今西藏萨迦）人，生于贵族之家。1251 年继为萨迦教派法王。1253 年，谒忽必烈于六盘山驻地，备受崇敬。1258 年，忽必烈集僧道辩论《老子化胡经》真伪，八思巴参与辩论，使道士词穷。1260 年，封国师，赐玉印，统领释教。1264 年领总制院（后改宣政院），统辖释教僧及吐蕃僧俗政务。1269 年，完成以藏文字为基础的蒙古新字（后人称为八思巴字）的创制。字母表主要由藏文字母组成，也有少数梵文字母及新造字母。字母多呈方形，最初为 41 个，后陆续增加，包括各种变体有 57 个，元朝灭亡后被废弃。1270 年被封为帝师、大宝法王。1274 年，返回萨斯迦。著作有《彰所知论》等。

马可·波罗

（约 1254—1324 年）欧洲旅行家，意大利威尼斯人。其父尼古拉·波罗及叔父玛赛·波罗均为威尼斯商人，曾随蒙古伊利汗国使臣赴上都（今内蒙古正蓝旗东）。元世祖忽必烈命他们出使罗马教廷，请派传教士来华。1271 年，马可·波罗随其父、叔赴元廷回复世祖。经古“丝绸之路”，于 1275 年抵达上都，其后侨居中国长达 17 年。多次奉元世祖之命出使各地，到过陕西、四川、云南、江浙、江南、河北等行省。他自称曾任扬州总管 3 年。后获准回国。1291 年随伊利汗阿鲁浑的请婚使者护送伯岳吾氏女阔阔真去波斯。回国后因参加威尼斯对热那亚的战争而被俘。在热那亚的狱中，向同狱的庇隆人、作家鲁思梯切诺讲述其游历东方诸国见闻。鲁思梯切诺遂笔录成书，名为《东方见闻录》，又名《马可·波罗游记》。该书流传甚广，被译成多种文字，抄本、刊本达一百多种。书中记述了元朝重大的政治事件、典章制度及各地风俗。

刘秉忠

（1216—1274 年）元朝政治家。字仲晦，邢州（今河北邢台）人。17 岁时为邢台节度使府令史。1238 年，辞去吏职，先入全真道，后出家为僧，法名子聪，号藏春散人。1242 年，受到北方禅宗临济宗领袖海云的赏识，被推荐入忽必烈幕府。博学多能，善谋略，深受重视。1250 年，上万言策，提出“以马上取天下，不可以马上治”。主张改革弊政，建立制度。如定百官爵禄，减赋税差役，劝农桑，兴学校等。1253 年，随忽必烈出征云南。1259 年，又从征鄂州（今湖北武昌）。1260 年，忽必烈称帝，命他制定各项制度。1264 年，命其还俗，复刘氏姓，赐名秉忠，授光禄大夫、太保、参领中书省事、同知枢密院事。1270 年，订立朝仪。1271 年，以大元为国号，也系其建言。还主持了元朝大都和陪都的营建。1274 年 8 月卒。长于诗词，在元代文学中别具一格。有《藏春集》6 卷传世。

白莲教

又称白莲社，民间秘密宗教组织。起源于宋代，到元代逐渐流行。元武宗至大元年（1308 年）下令禁止，但参加者仍不断增加。其教义混合佛教、明教、弥勒教等内容，崇尚光明，认为光明定能战胜黑暗。元、明、清三代，常为农民群众所利用，作为组织斗争的工具，以“明王出世”，“弥勒降生”相号召，发动起义。泰定二年（1325 年），息州（今河南息县）有赵丑厮、郭菩萨倡言“弥勒佛当有天下”，至元三年（1337 年），信阳有棒胡利用白莲教组织起义。元末随着阶级矛盾尖锐化，终于爆发红巾军大起义，这次大起义也是韩山童和刘福通利用白莲教进行组织和发动的。明、清两代规模较大的白莲教起义有明代天启二年（1622 年）山东的徐鸿儒起义，清代嘉庆年间的川、楚白莲教大起义。

红巾军大起义

元末农民大起义。元朝末年，阶级矛盾和民族矛盾都已相当尖锐。至正十一年（1351 年）五月，刘福通利用白莲教在颍州（今安徽阜阳）起义，起义军头裹红巾，称红巾军，因他们大多信教烧香，又称香军。其后，邳州人芝麻李、赵均用等攻占徐州，定远人郭子兴攻占濠州（今安徽凤阳县），都接受刘福通领导，属于北方红巾军。这年八月，彭莹玉、徐寿辉在南方起义，并在蕲水（今湖北浠水）建立了"天完"政权，南方各地纷纷响应起义，接受彭、徐领导，属于南方红巾军。此外，方国珍起兵于台州黄岩（今浙江黄岩），张士诚起兵于泰州（今江苏泰州），不属于红巾军系统。1352 年，彭莹玉牺牲，徐寿辉也于1360 年被部将陈友谅杀害，南方红巾军失败。1355 年刘福通在亳州（今安徽亳州）建立北方红巾军政权，建号宋，立韩林儿为帝，又号"小明王"。此后，刘福通组织三路北伐，均失败。1363 年，投降元朝的张士诚突然围攻安丰，刘福通力战牺牲，北方红巾军失败。另一支义军在首领郭子兴死后，朱元璋成为这支义军的首领，他按照朱升"高筑墙，广积粮，缓称王"的建议，稳扎稳打，先后消灭了陈友谅、张士诚等，收降了方国珍，最后挥师北伐大都，推翻元朝统治，于 1368 年建立了明朝。

刘福通

（？—1363 年）元末红巾军首领。原为颍州白莲教首领。至正十一年（1351 年），与韩山童准备在河北永年起义，遭元地方政府镇压，韩山童牺牲。他逃往颍州，和杜遵道等组织起义，迅即占领颍州等地，发展到 10 余万人，以红巾包头和红旗为号，称红巾军。1355 年，拥韩山童之子韩林儿为小明王，自任丞相，实为中原红巾军领袖。建都亳州（今安徽亳州），建国号为宋，建元龙凤。1357 年，分遣 3 路大军北伐，深入西北、东北地区，打击蒙古贵族势力。本人则亲率一军攻克汴梁，定为国都。后因力量分散，逐渐为地主武装及元军击败。1359 年秋，汴梁失守，退居安丰（今安徽寿县）。1363 年春，张士诚的部将吕珍攻陷安丰，他被俘牺牲。

韩山童

（？—1351 年）元末农民起义领袖，白莲教北方教首。原籍栾城（今河北石家庄东南），祖父因传授白莲教，被谪徙永平（今河北永年）白鹿庄。他继续传教，并准备利用元军逼迫农民重开黄河故道的时机发动反元起义。他派教徒在治河民工中活动，宣传"弥勒佛下凡，明王出世"，天下将要大乱，光明就在眼前。他暗地里凿了一个独眼石人，预先埋在黄陵岗（今河南兰考东北）附近的黄河故道上，然后到处散布童谣说："石人一只眼，挑动黄河天下反。"待民工挖出独眼石人后，他得以取信于群众。他自称是宋徽宗八世孙，当为国主。至正十一年（1351 年）在家乡与刘福通等筹备起义，事泄，被捕牺牲。

小明王

（？—1366 年）即韩林儿，韩山童之子，元末红巾军领袖。至正十一年（1351 年）父亲牺牲，随母逃往武安（今河北涉县）山中。至正十五年（1355 年）春，被刘福通迎至亳州（今安徽亳州），拥立为王，称为小明王。国号宋，年号龙凤。同年底，受元军围攻，退驻安丰（今安徽寿县）。至正十八年（1358 年），红巾军攻克开封，定为都城，次年兵败，又退至安丰。至正二十三年（1363 年）张士诚部将吕珍攻城，被朱元璋派军救至滁州（今安徽滁州），至正二十六年（1366 年）在瓜洲溺死。

张士诚

（1321—1367 年）元末起义军首领。小名九四，盐贩出身，泰州白驹（今属江苏大丰）人。至正十三年（1353 年）与弟士德、士信率盐民起义，攻克泰州、高邮等地。次年称诚王，国号为周。又攻占常熟、湖州、松江、常州等地。至正十六年（1356年）攻克平江（今苏州），定都于此。次年被朱元璋击败，他投降元朝，被封为太尉。其后继续扩充地盘，割据范围北至山东济宁，南至浙江绍兴，东到海，西到安徽北部。至正二十三年（1363年）攻克安丰，杀刘福通，自称吴王。至正二十七年（1367年）朱元璋攻破平江，他被俘至金陵（今南京），自缢死。

陈友谅

（1320—1363年）元末红巾军将领。沔阳（今湖北仙桃）人。初为县吏，至正十一年（1351年）随倪文俊起义，担任簿掾（文书官），后加入徐寿辉领导的红巾军，因功升至元帅。至正十七年（1357年），发现丞相倪文俊阴谋杀害徐寿辉，篡夺领导权，便先下手除掉倪文俊，自任丞相。至正十九年（1359年）冬迎徐寿辉至江州（今江西九江），自称汉王。次年夏杀徐寿辉，称帝，建都江州，国号汉。至正二十一年（1361年），江州被朱元璋攻占，他迁都武昌。至正二十三年（1363年）与朱元璋作战，大败于鄱阳湖，在九江口中箭身亡。

脱脱

（1314—1355年）元朝大臣。字大用，蒙古族。1334年，任同知宣政院事，迁中政使，再迁同知枢密院事。1338年，升御史大夫。1340年，受命将中书右丞相伯颜逐出京师。1341年，任中书右丞相。改旧制，复科举，开马禁，减盐额，免旧欠赋税，号称"更化"。1343年，主修《辽史》《金史》《宋史》，任都总裁官。1348年，为太傅，综理东宫事。1349年，复为中书右丞相。1351年，变更钞法，铸通宝钱，印造交钞，令民间通用，造成钞法混乱。同年，因黄河决堤，用贾鲁治河，发黄河南北兵民17万沿河筑堤，时紧工迫，官吏舞弊，促使农民起义爆发。1352年，率兵剿徐州芝麻李红巾军，屠城，以功封太师，仍为右丞相。1353年，领大司农事，屯田京畿，兴水利。

1354年，讨伐高邮（今属江苏）张士诚起义军。高邮未下，被削职，元军大乱，被义军击败。1355年春，流放云南，被毒死。

元军东征日本

至元十一年（1274年）和至元十八年（1281年），忽必烈两次发兵东征日本，均失败而归。至元十一年（1274年）三月，忽必烈因为日本拒绝通使，决定发动战争，用武力去征服，派屯驻在高丽的忻都率领蒙古、汉、高丽混编的军队2.5万人东征日本。至元十八年（1281年），忽必烈再次命令东征日本。元军兵分两路向日本进发。两支元军在日本壹岛会师后，遇到罕见的飓风，大多数船只破损，除了一部分高级将领争先逃回外，10多万军士被遗弃。元军第二次东征日本几乎遭受全军覆没的损失。但忽必烈还是不死心，至元二十年（1283年），忽必烈试图再征日本，在江南大造海船，抽调兵马。由于人民纷纷起来反抗，他被迫放弃了征伐日本的计划。

蒙古军作战图　伊朗　志费尼

元顺帝妥懽帖睦尔

（1320—1370年）元朝末代皇帝，元明宗长子。明宗被害暴亡后，其弟元文宗复夺帝位，将妥懽帖睦尔徙居静江（今广西桂林）。文宗去世，遗诏让位于明宗之子。明宗次子即位，是为元宁宗，在位53日而卒。1333年4月，妥懽帖睦尔即位，即元顺帝。任用拥戴有功之臣伯颜为中书右丞相。伯颜打击异己，独揽大权，排斥儒生，废除科举，造成国家混乱，激发各地人民起义。

至元六年（1340 年），元顺帝支持脱脱逐走伯颜，又任用脱脱为中书右丞相，复行科举，开马禁，减盐额，修辽、金、宋三史，颁《至正条格》，企图以此挽救社会危机。至正四年（1344 年），黄河泛滥后，灾荒不断，国库空虚。元顺帝被迫改变钞法，导致物价上涨，社会矛盾激化，元末农民大起义爆发。他对农民义军进行镇压。听信谗言临阵罢贬脱脱，使百万元军在高邮大败。其后宫廷内又分为两派，一派拥护元顺帝，一派欲拥立皇太子爱猷识理达腊。两派各以拥有兵权的孛罗帖木儿和扩廓帖木儿为外援，致使两派军队相互征伐。与此同时，各地的元军将领及地方武装也纷纷为争夺地盘而发生冲突和攻伐，于是北方陷于军阀混战的局面，元顺帝的号令已失去了作用。至正二十七年十月，朱元璋开始北伐。洪武元年（1368 年）七月，明兵逼近大都（今北京），元顺帝率后妃、太子奔往上都。八月，明将徐达入大都，元朝灭亡。洪武二年六月，明将常遇春、李文忠攻上都，元顺帝出奔应昌（今内蒙古克什克腾旗西北），次年病死于应昌，庙号惠宗，明太祖朱元璋加其号为顺帝。

2. 社会经济

科差

元朝赋税名目之一。包括三项内容：一是丝料，二是包银，三是俸钞。负担科差的主要是民户，还有医户、猎户等，军、站、僧、道、儒等户均免征。民户中根据交纳科差种类、数量的区别和隶属关系的不同，又有各种不同的名目。在各类户中，包银、丝料按各户贫富不等、户等高低而分别摊派不同的数额。

匠户

元代的工匠制度。元政府在各地设立许多官营匠局，把灭金、宋后所捕获的工匠集中在那里做工。这些工匠另编户籍，称匠户。他们世代相袭，不能改业，也不能脱离匠局。

海运

元朝官府组织的将南方粮食由海路输往北方的调运。元朝大都和北方部分地区的粮食供应主要取自南方，南方的粮食经海道运至直沽（今天津），再经河道运达大都。1282 年，元廷命罗璧、朱清和张瑄载粮 4 万余石由海道北上。1283 年，立二万户府管理海运。数年后，运数增至五十余万石，于是粮食运输逐步以海运为主，传统的内河运输退居次要地位。海上航道有三次变更：第一次航道从 1282 年沿用到 1291 年，主要是傍海岸航行，常遇沙搁浅，艰难曲折，航期长达两月余。第二次是 1292 年，朱清聘请长兴（今属浙江）人李福开辟新航道，部分取远洋航行，路线较为径直，航期半月至月余。第三次是 1293 年，海运千户殷明略又开新航路，自刘家港（今江苏太仓市济河镇）至崇明三沙（今上海崇明西北），东行入黑水洋（今江苏北部以东一带海面）至成山（今山东荣成县成山角），然后往西北航行入直沽。该线主要取远洋航行，顺风 10 日即可驶达。有时粮船也从山东半岛或直沽口外分道驶往辽东。此外，福建至浙江、江苏之间也常有粮船往返。

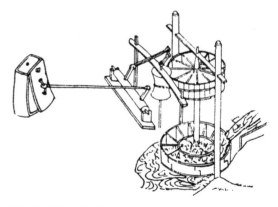

王祯《农书》中的水排
王祯《农书》首次对 2000 多年来的农田水利和水利机械做了总结性的记载。这是书中记载的水排，是一种利用水力推动的冶铁装置。

元朝税粮

元朝主要赋税项目之一，以征收粮食为主，故得此名。其征收办法南北不同。北方的税粮分为丁税、地税，因户而异，有以下几种：一是工匠、僧道、也里可温、答失蛮、儒人等户，都是"验地"（按占有地亩数）缴税，每亩三升；二是军户、站户占有土地四顷以内可以免税，四顷以上要按亩纳地税；三是民户、官吏、商贾等"验丁"纳丁税。南方的税粮分为夏、秋两税。秋税按亩征粮，税额无统一标准，各地区差别很大，同一地区内也因土地好坏分很多等，有的低至一两升，有的高达两三斗。夏税征收办法各地不一，有的地方征收粮食和丝、棉、布等实物，有的地区则征收货币（钞）。征收税粮，无论南北，都要加收鼠耗、分例。按规定，每石税粮加征七升。

元代大运河

元朝灭南宋后，仍依靠旧运河进行水陆运输，其路线由长江辗转入淮河，逆黄河而上达滦旱站（今河南封丘西南、黄河北岸），陆运 180 里至淇门（今河南浚县西南），入御河（今卫河），再运至大都，这条隋唐以来的运河旧道，因历经变迁，久不通畅，漕运诸多不便，所以元朝政府着手陆续修凿大运河。元代修凿的运河，北起大都、南达杭州，沟通海河、黄河、淮河、长江和钱塘江五大水系。全长 3000里，依次为：通惠河、通州运粮河、御河、会通河、济州河、扬州运河、江南运河。

元大都建成

元代国都大都城，是唐以来中国规模最大的一座新建城市，明、清北京城就是在元大都的基础上改建和扩建而成的。1214年，在蒙古军逼迫下，金朝将都城从中都（今北京市）南迁到开封。次年，成吉思汗恢复中都旧名——燕京。忽必烈称帝后，又将燕京改为中都，并于 1267 年开始在中都东北部修建新都，称作大都。大都城平面呈长方形，周长 28600 米，南城墙在今北京市的东西长安街稍南，北城墙即现在的城北"土城"，东西城墙与明、清北京城东西城墙重合。全城 11 门，其中的和义门、平则门即后来的西直门、阜成门；崇文门、齐化门即后来的东直门、朝阳门；其他如安贞门、光熙门等名沿用至今。后城在大都城内南部的中央，包括宫城及太液池（今北海、中海和南海）、万岁山（北海琼岛）。后城正南门叫丽正，在今天安门的位置。大都城的布局是依《周礼·考工记》所定原则设计的，城门及宫殿名称也多出自《周礼》。大都城街道布局规整，皆正东西南北走向，若干小巷名曰"胡同"，这种名称流传至今。元大都的建成，是城市建设史上的里程碑。它是我国封建社会最后一座按照整体规划平地兴建的都城，也是 13—14世纪世界上最宏伟壮丽的城市之一。

3. 文化
蒙古文字

蒙古汗国、元朝时期先后使用两种蒙古文字。一是蒙古畏兀字，一是八思巴蒙古字。蒙古畏兀字创制于成吉思汗时期。蒙古原无文字，习用刻木记事。成吉思汗建汗国时，以畏兀字母书写蒙古语，称为蒙古畏兀字。畏兀字即古回鹘字，源于粟特字，是一种拼音文字，创始于 8 世纪。原为自右向左横写，后改为自左向右竖写。共有字母 20个左右。蒙古畏兀字以畏兀字母拼写蒙古语言，亦自左向右竖写。1206 年后，逐渐在蒙古族中使用。八思巴蒙古字创制于元世祖忽必烈时期。元世祖 1260 年即位后，封八思巴为国师，命他制作蒙古字。1269 年正式颁行，称为蒙古新字，次年又改称蒙古国字。是依据藏文字母改制而成。藏文字母来源于梵文字母，横行拼写。八思巴制蒙古字，改为方体，自上而下直写，自右向左行。共有字母 40 多个，用以拼写蒙语，也拼写汉语。字母基本通用，但有些字母在拼写蒙古语和汉语时，代表的音值不同。

全真道

道教新宗派，创始于金朝中期，极盛于金、元之交。创始人王喆，字知明，号重阳。青年时曾应科考，后充任金朝官吏。不得志，出家为道士，并创全真道。追随王重阳并为创建和发展全真道做出贡献的有七大弟子：

马钰，号丹阳；谭处端，号长真；丘处机，号长春；刘处玄，号长生；王处一，号玉阳；郝大通，号广宁；孙不二，号清静散人。后世合称为"七真"。王重阳以道教改革派的面目出现，宣扬道、儒、释"三教合一"，力图集三教之优，创立影响力更大的学说。他认为"禅僧达性而不明命，儒人谈命而不言性"，他"兼而修之，故号全真"。全真又是"屏去妄幻，独全其真"之意。其学说强调"性命双修"，摒弃"飞升炼化之术"。全真道士的修炼方式主要是居静室，隔绝世事，澄心静虑，除却人间情欲，以达返本还真、得道成仙的目的。达到这一精神境界的关键则在于"除情去欲，忍耻含垢"，"以无心为体，忘言为用，以柔弱为本，以清静为基"。

丘处机

（1148—1227 年）全真道领袖。字通密，号长春子，山东栖霞人。幼亡父母，由亲族抚养成人。19 岁入山学道，次年遇王重阳，以其为师，与马钰、谭处端、刘处玄、王处一、郝大通、孙不二等为其弟子，称"七真"。1169 年入关，隐居于磻溪（今陕西宝鸡东南）和陇州（今陕西陇县），以苦行惊世骇俗，以文字交结士人，声名渐著。1184 年，被金世宗召至中都，颇受优遇。1214 年，金将镇压山东杨安儿起义，曾请丘处机给予协助。1219 年冬，成吉思汗在西征途中遣使诏请。1221 年春，率弟子西行，备历艰险，于 1222 年 4 月在大雪（阿富汗兴都库什山）晋见成吉思汗。问他治世之方，对以"敬天爱民为本"；问养生之道，则告以"清心寡欲为要"。成吉思汗称他为"神仙"。1223 年东归后，成吉思汗命其掌管天下道门。1227 年秋病卒。有《磻溪集》《鸣道集》等著作传世。

元曲

杂剧和散曲的合称，元代文学艺术的代表。杂剧始于两宋，盛于元代，是在宋杂剧、金院本和诸宫调的基础上，融歌舞艺术和说唱伎乐发展而成的一种新的戏曲形式。它将歌曲、宾白、舞蹈结合在一起，是一种综合艺术。见于史籍、文献记载的元杂剧名目约有 600 余种，现存 200 种；杂剧作家 200 人左右。前期杂剧作家主要活动在大都（今北京），著名剧作家及代表作品主要有关汉卿的《窦娥冤》、王实甫的《西厢记》、马致远的《汉宫秋》、白朴的《墙头马上》等。后期杂剧作家的活动中心在杭州，著名作家有郑光祖、乔吉、宫天挺、秦简夫等，主要作品有郑光祖的《倩女离魂》等。关汉卿、马致远、郑光祖、白朴被誉为"元曲四大家"。杂剧的题材十分广泛，有反对封建官府、追求爱情婚姻自由的内容，也有历史故事，还反映了少数民族的生活。散曲源于民间小曲和少数民族音乐。分小令、带过曲和套曲三种基本形式。前期散曲家有关汉卿、马致远、卢挚等。后期有张养浩、刘致、张可久、乔吉等。

青花西厢记人物故事图瓶　元代

关汉卿

（约 1220—约 1300 年）元代戏曲家。号已斋，又作一斋，元大都（今北京）人。著有杂剧 67 部，现仅存 18 部：《调风月》《哭存孝》《蝴蝶梦》《单刀会》《救风尘》《拜月亭》《金线池》《西蜀梦》《望江亭》《玉镜台》《绯衣梦》《窦娥冤》《单鞭夺槊》《谢天香》《裴度还带》《陈母教子》《五侯宴》《鲁斋郎》。大致可分为三类：社会剧，如《窦娥冤》《蝴蝶梦》和《鲁斋郎》等；爱情婚姻剧；历史剧，如《单刀会》《哭存孝》等。在社会剧中，《窦娥冤》以它对社会的深刻批判，对人物的精湛刻画，以它强烈的反抗精神及全部艺术力量，成为一代悲剧杰作，是关汉卿杂剧的代表作之一。

《蝴蝶梦》描绘了以"权豪势要"、皇亲国戚为代表的封建统治阶级对人民群众进行压迫和剥削的血淋淋的现实生活，表现了封建统治阶级凶横残暴的特征。爱情婚姻剧着重表现他对普通人民的颂扬和尊崇，塑造了赵盼儿、谭记儿和王瑞兰等性格鲜明的妇女形象，反映了元代的社会习俗、婚姻制度和社会矛盾。尤其是对下层妇女在爱情婚姻上的不幸遭遇，寄予深切的同情，并且把她们描写成有崇高灵魂的人物。以历史上英雄人物的故事传说为题材的作品，有《单刀会》《西蜀梦》和《哭存孝》等，其中成就最高、流传最广的是《单刀会》。关汉卿是一位伟大的戏曲作家，在中国戏曲史上占有重要的地位，正如王国维评价的："关汉卿一空倚傍，自铸伟词，而其言曲尽人情，字字本色，故当为元人第一。"今世有《关汉卿戏曲集》。

王实甫

（约1250—1337年）又名德信，元代戏曲家，元大都（今北京）人。生平不详。创作时代大致在元成宗元贞、大德年间（1295—1307），有杂剧作品13种，今只存《西厢记》《丽春堂》《破窑记》。其代表作为《西厢记》，全名《崔莺莺待月西厢记》，描写书生张珙普救寺巧遇崔莺莺，两人相爱的故事，对封建礼教进行了鞭挞。他的剧作多以青年女性反抗封建礼教为题材，人物性格鲜明、典型，对后世许多剧作有很大的影响。

马致远

元代戏曲、散曲作家。生平不详，卒于至治元年（1321年）到泰定元年（1324年）之间。号东篱，元大都（今北京）人。所作杂剧，现存《汉宫秋》《荐福碑》《岳阳楼》《任风子》《陈抟高卧》《青衫泪》《黄粱梦》（与人合作）7种。散曲有辑本《东篱乐府》，计收小令104首，套曲17套。《汉宫秋》是马致远的代表作，敷演王昭君出塞和亲故事。《青衫泪》以唐代诗人白居易长诗《琵琶行》为因，描写白居易与妓女的爱情故事，穿插由于商人干预而造成的纠葛。马致远杂剧的思想内容比较复杂，然而却有较大的艺术感染力，他擅长悲剧性抒情，情调凄凉、悲愤，曲词典雅清丽，脍炙人口，对元、明两代文人创作很有影响，被列入元曲四大家之一。

白朴

（1226—1310年以后）元代戏曲家。字太素，号兰谷，初名恒，字仁甫，隩州（今山西河曲附近）人。父白华，金枢密院判官。金哀宗天兴二年（1233年）蒙古军队攻破金都城开封，劫掠妇女，白朴与母亲在兵乱中失散，由诗人元好问带到山东聊城。后数年，与父白华重会，不久移居真定（河北正定）。自失母后即不吃荤腥，并立志不做元朝官吏。经常游山玩水，饮酒赋诗，一度居于南京，晚年北返。白朴作有杂剧16种，现存《墙头马上》和《梧桐雨》2种。散曲存有小令37支，套曲4套，内容多为叹世、写景和歌唱男女恋情。《墙头马上》是元代四大爱情剧之一，通过一对青年男女由互相爱恋而结合的故事，宣扬了爱情婚姻自由结合的合理性，表现了一种要求婚姻自主的民主思想倾向。剧中塑造了大胆追求爱情的少女李千金形象，裴少俊和裴尚书的性格也都比较鲜明。剧本富于喜剧性，通过戏剧冲突展示人物性格的手法较成功。《梧桐雨》取材于白居易的叙事长诗《长恨歌》，写唐明皇宠爱杨贵妃的故事。白朴是元曲四大家之一，他现存的两部作品，都是元杂剧中的优秀之作。

《马可·波罗游记》

马可·波罗为中世纪意大利著名旅行家。马可·波罗深得忽必烈的喜爱，作为元朝官员多次奉命出使各地。因此他游历了中国的大部分地区，见闻广博。1289年启程回国，1295年抵威尼斯。次年在威尼斯与热那亚海战中被俘，他在狱中讲述了游历东方的见闻，由同狱作家比萨人鲁思梯切诺笔录成书，即《马可·波罗游记》，

1298 年完成。这一年威尼斯与热那亚议和，马可获释，此时他已因游历东方而声名大震，并成为大富翁。

《马可·波罗游记》中，记述他东行时沿途一些国家和地区的风土人情，元朝初年的政事、战争，以及朝廷礼仪和典章制度。书中对于中国各地社会面貌、婚丧礼俗等都有详尽的记述，而且还介绍了中国近邻国家日本、缅甸、越南、老挝、暹罗（今泰国）、爪哇、苏门答腊和印度等地的情况。详细讲述了成吉思汗以后蒙古诸汗国之间的战争。该书给欧洲人开辟了一个新天地，使欧洲人了解了东方的富有，激励了哥伦布冒险航行寻找东方国家的决心。此书原稿是用中古时期法意混合语写成的，原稿已失，现有各种传抄本 140 种，中文译本现有 4 种。

《世界征服者史》

有关成吉思汗及其子孙远征国外的历史著作，波斯史学家志费尼撰。该书第一卷 41 章，主要记述成吉思汗及其子孙窝阔台、贵由、术赤、拔都、察合台等的事迹。其中 5 ～ 7 章为畏兀儿史，8 ～ 10 章为哈剌契丹末期史。第二卷共 32 章，1 ～ 25 章为花剌子模王朝史（其中第 10 章为哈剌契丹史），26 ～ 31 章记 1229—1256 年初统治波斯地区的蒙古长官（成帖木儿、阔里吉思、阿儿浑等）历史，后 9 章记亦思马因派王朝史。

赵孟頫

（1254—1322 年）元代书画家、文学家。字子昂，号松雪道人，湖州（今属浙江）人，宋朝宗室贵族。元朝时做过官，还被封为魏国公。博才多学，精于鉴赏。著有《尚书注》《琴原》《乐原》，诗文风格和婉。擅画山水、人物、鞍马、花鸟、兰竹各科，画山水效法董源、李成，脱精勾密皴之习，自创新路，多画南方水乡，笔墨清润苍秀。画墨竹、花鸟，常以书法用笔写竹。画花鸟，清疏淡雅。主张"书画同法"，继承五代、北宋法度，开创元代新画风。他在书法上承晋、唐传统，集古人之长，兼融并包，发展变化，擅长篆、隶、行、草各体，尤精行、楷，笔画圆转遒丽，世称"赵体"，与当时的鲜于枢并称"鲜赵"。所作篆刻，以"圆朱文"著称。传世画作有《重江叠嶂图》《鹊华秋色图》《秋郊饮马图》等。书迹有《洛神赋》《道德经》《胆巴碑》《玄妙观重修三门记》《兰亭十三跋》《四体千字文》等。

黄公望

（1269—1354 年）元代画家。本姓陆，名坚，字子久，号一峰、大痴道人，晚号

浴马图　元　赵孟頫

井西道人。平江常熟（今属江苏）人。曾做过官，被诬入狱。后入"全真教"，往来杭州、松江等地卖卜为生。学书法，通音律，善歌曲，最擅山水画。效法董源、巨然，受赵孟頫画风影响，晚年成为名家。作品大都表现江南景色，有水墨和浅绛两种风格，其水墨山水，皴擦极少，苍茫简远；浅绛山水，山头多矾石，笔势雄伟。与吴镇、倪瓒、王蒙合称"元四家"，对明、清山水画影响很大。晚年画迹《富春山居图》，描绘富春江两岸初秋景象，峰峦坡石，云树苍苍，其山或浓或淡，皆以干枯笔勾皴，是其水墨山水画的杰作。传世作品《天池石壁图》，绘重峰叠岭，高松层崖，结构繁复，笔法简练，气势雄浑，兼施淡色，是其浅绛山水画的代表作。著有《写山水诀》。

王冕

（1287—1359年）元代画家、诗人。字元章，号煮石山农、饭牛翁，诸暨（今属浙江）人。农家之子，屡试科举不中。曾游大都（今北京），后隐居家乡九里山，以种田卖画为生。擅画墨梅，学宋代扬无咎，用笔精练，墨淡色清，勾花点蕊，清润皎然。独创画红梅之法，并善画竹。长于篆刻，最先以花乳石(青田石一类)作印材。作诗多描写隐逸生活。传世作品有《为良佐写墨梅图》《南枝春早图》《墨花图》，著有《梅谱》。

杨维桢

（1296—1370年）元代诗人、书法家。字廉夫，号铁崖、东维子、铁笛道人、抱遗老人，诸暨（今属浙江）人。泰定四年（1327年）中进士。曾为天台县尹，官至建德路总管府推官。值元末兵乱，避居松江，张士诚闻其名召之，他屡谢不就。他长于行书、草书，能文工诗。其诗多以史事、神话为题材，宣扬封建道德伦理，但文字受李贺影响颇深，过于藻饰，追求新奇，陷入怪诞晦涩，号称"铁崖体"。其乐府诗及竹枝词中，有关心人民疾苦、反映现实之作，

以《海乡竹枝词》《西湖竹枝词》《玉镜台》《买妾心》等较好。尤其一些小诗，语言通俗清新，寓意深远，富有民歌风味。有《东维子集》《铁崖先生古乐府》《复古诗集》《春秋合题著说》等传世。

倪瓒

（1306—1374年）元代书画家、诗人。字元镇，号云林子等，无锡（今属江苏）人。起初信奉佛教禅宗，后入道教。元朝末年，为逃避官租和义军，散去家财，浪迹太湖、泖湖一带，寄居田庄佛寺。因性情孤僻，爱洁成癖，世人称其"倪迂"。他擅长画山水、枯木、竹石。山水画效法董源，参照荆浩、关仝技法，用笔方折，创"折带皴"绘山石。画树木兼学李成。崇尚疏简画法，以天真幽淡为趣，脱出古法。所作多取材于太湖一带景色，多绘疏林坡岸，浅水秀岭。章法极简，简中寓繁，用笔轻而松，墨色简淡，却无纤细浮薄之感，似嫩而实苍。风格萧然超逸，对明、清文人山水画影响很大。主张作画不在形似，而在表现画家"胸中逸气"，与黄公望、吴镇、王蒙并称"元四家"。他还精于书法和诗文，崇尚清新。传世作品有《渔庄秋霁图》《幽涧寒松图》《水竹居图》《江岸望山图》等，著有《倪云林诗集》。

4. 科技

张从正

（约1156—1228年）医学家，"金元医学四大家"之一。字子和，金睢州考城（今河南兰考东）人。他在学说上推崇刘完素，用药也多寒凉。又在钻研古医书"汗下吐法"的基础上，创"张子和汗下吐法"，主张治病须驱邪，邪去则正安，不可畏攻而养病。其学说称"攻下法"。著有《儒门事亲》14卷。

李杲

（约1180—1251年）医学家，"金元医学四大家"之一。字明之，号东垣先生，镇州（今河北正定）人。幼好医药，不惜

千金从名医张元素学医，尽得其传。张元素治病主张不用古方，认为"运气不齐，古今异轨，古方新病不相能也"，创古今异轨之说，用药方法为之一变。李杲师承其说，极论寒凉之害，主张以脾土为主，认为土为万物之母，创补中益气、升阳益胃之说，用药与张元素相同，称"补土派"。以治疗伤寒、痈疽、眼目为专长。著有《伤寒会要》《脾胃论》等。

李治

（1192—1279 年）金、元时期数学家。字仁卿，号敬斋，真定府栾城县（今河北栾城）人，生于大兴城（今北京）。"自幼喜算术"，曾到钧州（今河南禹州）做官两年。因战乱而放弃功名，元世祖忽必烈多次召见，他均辞官不受。40 岁后便潜心从事数学研究。他的得意之作《测圆海镜》及《益古演段》作为重要的数学遗产流传到今。他在临终时曾说：《测圆海镜》，虽九九小数，吾常精思致力焉，后世必有知者。《测圆海镜》系统讲述"天元术"，发展了高次方程的建立和表示方法，开创了中国的符号代数学，无论在内容上或方法上对传统数学都有较大的扩充与发展。1259 年，他在前人蒋周的《益古集》的数学成果基础上，写成了《益古演段》3 卷，普及"天元术"，内容大多涉及平面图形间的面积关系，用天元术和等积变换求解，相当于现代的代数和方程解法。

郭守敬

（1231—1316 年）天文学家、水利学家。字若思，顺德邢台（今属河北）人。幼从刘秉忠学天文、地理。1262 年，由张文谦荐于忽必烈，面陈水利之事，任提举诸路河渠。1264 年，随张文谦行省西夏，修复古渠。1265 年，任都水少监。1276 年，任都水监。与王恂、许衡等编制《授时历》。注重实践，善于从实践中总结经验，创造和改进简仪、仰仪、高表、候极仪、景符等十余件观测天象的仪器，以及玲珑仪、

简仪 元代

水运浑仪等表演天象的仪器。又在各地设立 27 个观测台、站，进行规模巨大的大地测量工作，重新观测二十八宿及其他一些恒星的位置，测定黄赤交角，达到较高精确度。晚年主持修凿通惠河。有《推步》《立成》等著作，俱佚。

阿尼哥

（1244—1306 年）元朝工艺家，尼婆罗国（今尼泊尔王国）人，出身王族。擅长绘画、塑像、铸造工艺及建筑。1260 年，元世祖忽必烈令国师八思巴在乌思藏营造金塔，征工匠于尼婆罗，阿尼哥 17 岁应募领队。1261 年，塔成。八思巴劝其削发出家，收为弟子，携至大都，入觐世祖。世祖命修葺针灸铜人像，像成，关鬲脉络齐备，工匠皆叹服，由此受到重用。1273 年，任诸色人匠总管府总管。1276 年，世祖遣使往尼婆罗迎其妻。1278 年还俗，先后领建大寺庙 9 座、塔 3 座、祠 2 座、道宫 1 座；大都、上都各大寺、祠、观塑像多出其手；大都圣寿万安寺（今北京白塔寺）白塔仿自尼婆罗塔式，最有名。精于造像术、泥塑和铜铸，皆称绝艺。其所制天文仪器、织造图像及其他工艺品，无不精妙。

任仁发

（1254—1327 年）元朝水利家、画家。字子明，号月山，松江青龙镇（今属上海青浦）人。早年在家乡应科举。元朝建立后，先为宣慰司史，后为海道副千户、正千户，海船上千户，从事海道运输。1303 年起，

历任都水监丞、都水少监、都水庸田司副使等职，主持修治吴淞江、通惠河、会通河、黄河、练湖等水利工程。著有《水利议答录》。擅长鞍马画，与赵孟頫齐名。人物画、花鸟画也有较高水平，传世作品有《二骏图》《五马图》《张果见明皇图》《春水凫鹥图》等。

朱思本

（1273—？年）地理学家。字本初，号贞一，临川（今江西抚州）人。自幼熟读经史，入龙虎山为道士。后至大都，师从玄教大宗师张留孙，后助玄教大宗师吴全节管理江南道教。1311—1320 年间，利用奉命代天子祀五岳四渎等名山大川的机会，周游南北，足迹遍及今河北、山西、山东、河南、江苏、安徽、浙江、江西、湖北、湖南等地，实地考察，访问录求故迹遗址，考察郡邑沿革，核实山河名称，验证《要迹图》《樵川混一六合郡邑图》等古地图。历 10 年，著《舆地图》2 卷。采用裴秀、贾耽"计里画方"法，先制成各地区分图，再合而为长宽各七尺的大图。精确程度超过前人，是中国制图史上的杰出创造。1321 年，主持江西玉隆万寿宫。后又至大都助吴全节管理道教事务。善诗文，与文坛名士虞集、柳贯、袁桷、许有壬等交往甚密。著有《贞一斋诗文稿》2 卷。

朱震亨

（1281—1358 年）医学家，与金朝刘完素、张从正、李杲合称"金元医学四大家"。字彦修。婺州义乌（今浙江义乌）人。初习科举学业，后弃儒习医。拜罗知悌为师，知悌授以刘完素、张从正、李杲诸书。他研究三家学说，推衍其义，主张"因病以制方"，反对拘泥于"局方"，创"阳常有余，阴常不足"之说，主张重在滋阴，故称"养阴派"。朱震亨是南方人，南方人身体较弱，好食者多，所以用清滋之品，颇能见效。著有《格致余论》《局方发挥》《伤寒辨题》《本草衍义补遗》《外科精要》等。

黄道婆

元朝纺织家。生卒年不详。松江乌泥泾镇（今上海松江华泾镇）人。传说幼为童养媳，不堪夫家虐待，流落崖州（今海南省三亚市崖县）30 多年，后自崖州返回家乡。时乌泥泾已种植木棉，但纺织技术落后，工效极低。她尽力传布海南黎族纺织技术，制造捍、弹、纺、织全套工具，传授错纱、配色、综线、挈花等法，所织被、褥、带、帨（手巾），上有折枝、团凤、棋局、字样，色彩鲜艳，如同绘写。人们竞相学习，从事织布者不下千余家，"乌泥泾被"名闻天下。她改进和制造纺织工具，对中国古代纺织业的发展做出了重大贡献。

《农桑辑要》

元政府司农司编纂，成书于至元十年（1273 年）。参加编写或修订补充的有孟祺、畅师文、苗好谦等。内容大多辑自《氾胜之书》《四民月令》《齐民要术》，以及宋末元初的多种农书。全书 7 卷，分别论述各种作物的栽培及家畜、家禽、鱼、蚕、蜂的饲养。其中栽桑、养蚕各一卷，约占全书 1/3。对棉花和苎麻尤其提倡，认为应积极创造条件栽培，不受风土说限制。

《农书》

元代总结农业生产经验的农学著作，王祯撰。王祯字伯善，山东东平人。元贞、大德年间曾任旌德、永丰等地县尹，办学、修桥、施药、劝农，颇有政绩，且熟悉农耕，积累了丰富的农业知识，1313 年撰成《农书》。分《农桑通诀》《百谷谱》《农器图谱》三大部分。22 卷《农桑通诀》系关于农业的总论，包括农业史、授时、地利、耕垦、耙劳、播种、锄治、粪壤、灌溉、收获等，其中贯穿着"人定胜天"的思想。《百谷谱》专门叙述各种农作物、菜蔬、瓜果、竹木等的种植法。《农器图谱》共有 306 幅 74 种农具、农业机械、灌溉工具、运输工具、纺织机械图，每幅图后附有文字说明，详细介绍其结构、使用法。

5. 外交
卢布鲁克

（约 1215—1270 年）法国使者。法国国王路易九世的亲信，1248—1250 年，曾伴随路易九世参加第 7 次十字军东侵。1253 年，奉路易九世之命前往蒙古汗国传教，并了解有无可能拉拢蒙古统治者，作为西欧各国发动的十字军东侵的同盟者参战。他从地中海东岸阿克拉城（今以色列海法北）出发，渡过黑海，同年秋到达伏尔加河畔，谒见拔都汗。拔都让他去见蒙哥。1254 年 1 月，觐见蒙哥。7 月，带着蒙哥致路易九世的国书西归。1255 年回到地中海东岸。一年后，他用拉丁文写成了给路易九世的出使报告，即《东方行记》。

也里可温

元朝人对基督教徒和教士的通称。蒙古几次西征中，大批西亚、东欧的基督教徒被裹胁或俘掠东来，充任官吏、军将、工匠或奴隶，分散居住在全国各地。元朝对于各大宗教的基本政策是广蓄兼容。基督教和佛教、道教等一样，可以自由传教，为皇帝祷告祝寿。

木速蛮

又作谋速鲁蛮、没速鲁蛮、铺速满。元朝境内的木速蛮，大部分是蒙古西征以来从中亚、波斯各地所俘的工匠和其他平民，先后迁调来的军队，入仕于元朝的官员和学者，以及来中国经商因而留居的商人。小部分是唐、宋时期寓居中国的大食、波斯人的后裔。木速蛮商人素以善于经商闻名，早在蒙古兴起以前，他们就经常来往于蒙古高原和西域、中原各地，操纵了游牧民与农业地区间的贸易。1218 年，成吉思汗命诸王、大臣各派部属二三人组成了一支 450 人的大商队，赴花剌子模贸易，成员全是木速蛮。许多木速蛮上层人物成为蒙古汗国和元朝的高官显宦。木速蛮商人在元朝的国内外贸易势力尤大，他们的活动地域遍及全国各地，且深入至极北的

吉利吉思、八剌忽（在今贝加尔湖地区）等部落。从中亚、波斯各地迁来的大批木速蛮工匠，被编入元朝官府或诸王贵族所属的工局，从事纺织、建筑、武器、造纸、金玉器皿、酿酒等各种行业的劳作。元代是中国多民族文化交汇融合的重要时期，入居的木速蛮对元朝文化的发展做出了很大贡献。一方面，他们带来了中亚、西亚地区的天文学、医学、地理学、建筑术、文史、音乐等多方面的科学文化成就，更加丰富了中华文化。另一方面，木速蛮人久居中国，学习汉族文化，出现了许多杰出的学者、文学家和艺术家，如瞻思、萨都剌、高克恭、丁鹤年等，他们的作品是中国文化遗产中的瑰宝之一。

列班·扫马

（？—1294 年）元朝旅行家。大都（今北京）人，出身于信奉基督教聂思脱里派的突厥族富家。自幼受宗教教育，20 多岁弃家修行，成为著名教士。东胜州（今内蒙古托克托）人马忽思从他学习。约 1275 年，两人决意赴耶路撒冷朝圣，从大都出发，随商队西行。沿途经东胜、宁夏（今宁夏银川）、斡端（今新疆和田）、可失哈耳（今新疆喀什）、答剌速河、徒思（今伊朗马什哈德附近）等地，抵伊利汗国蔑剌哈城（今伊朗马腊格），谒见了聂思脱里派教长马儿·腆合。随后历访波斯西部、亚美尼亚、谷儿只（今格鲁吉亚）等地，参观基督教遗迹。因当时叙利亚北部常有战乱，去耶路撒冷朝圣未能实现。马儿·腆合召两人至报达（今伊拉克巴格达），任命马忽思为大都和汪古部主教，改其名为雅八·阿罗诃；任扫马为教会巡视总监，遣返东方。因阿姆河一带发生战争，道路不通，返居寓所。1281 年，马忽思被选为新教长，称雅八·阿罗诃三世。1287 年，遣扫马出使罗马教廷及英、法等国。扫马使团经君士坦丁堡至罗马，恰遇教皇虚位，于是继续西行抵巴黎，向法国国王腓力四世呈交了阿鲁浑汗的信件和礼品，受到隆重接待。

在巴黎逗留月余，又到法国西南部的波尔多城会见英国国王爱德华一世。法、英两王都同意与伊利汗国建立联盟。1288年，扫马回国途中，获悉新教皇尼古拉斯四世已即位，再至罗马呈交国书。扫马圆满完成出使任务，受到阿鲁浑汗的嘉奖，特许在都城桃里寺（今伊朗）宫门旁兴建教学一所，命他管领。后移居蔑剌哈，又建一宏伟教堂。1293年辅佐雅八·阿罗诃三世管理教务，直到去世。

普兰诺·卡尔平尼

（约1182—1252年）天主教方济各会的创建人和领导人之一，最早来到蒙古高原的罗马教皇使节。历任德国、西班牙、萨克森等教区的大主教。1241年，蒙古军队攻入孛烈儿（波兰）、马札儿（匈牙利），欧洲震惊。1245年，罗马教皇英诺森四世在法国里昂召集宗教大会，商讨对策，并派遣教士出使蒙古，劝说他们停止杀掠和侵犯基督教国家，并了解蒙古汗国的政治、军事、经济、宗教等情况。当年4月，普兰诺·卡尔平尼携教皇致蒙古大汗的书信，从里昂出发，取道孛烈儿、俄罗斯，于1246年4月，抵达也的里河（今伏尔加河）畔，谒见拔都汗。拔都命他前往觐见蒙古大汗。7月，到达和林附近的昔剌斡耳朵。8月，参加了蒙古诸王大将推举贵由为蒙古大汗的盛典。11月，他带着贵由汗致教皇的诏书仍由陆路西归。1247年秋，回到里昂，向教皇复命，并呈上贵由的诏书，以及他用拉丁文写的出使报告《蒙古史》。他根据耳闻目睹，在该书中生动具体地记述了13世纪蒙古汗国的社会经济、风俗习惯、宗教、政治和蒙古军队组织、武器、作战策略等情况及其旅行历程。

伊本·拔图塔

（1304—1377年）非洲著名旅行家。摩洛哥丹吉尔城人，出身于法官世家。1332年，由麦加出发，经埃及、叙利亚、小亚细亚，渡黑海，至速答黑（今克里木半岛南部），入钦察汗国境。同年，随从钦察汗之妃、东罗马帝国公主省亲，至君士坦丁堡。返回钦察汗国都城撒莱（今俄罗斯伏尔加格勒附近）后，继续东行赴印度，穿过里海北的钦察草原，经过察合台汗国的不花剌（布哈拉）、撒麻耳干（撒马尔罕）等城，于1333年秋抵印度河，至德里。在德里留居8年。1342年，元顺帝遣使臣至德里通好，他率领使团随同元朝使臣回访元廷。使团途中遇风漂没，他未及登舟，得免于难。两三年后始从朋加剌（孟加拉）乘商船至苏木都剌，航海抵泉州。他在泉州幸遇先已回国的元朝使臣，由使臣转介于泉州地方官，奏报朝廷。候旨期间，他曾到广州游历，回泉州后，即奉旨北上大都（今北京）觐见。他到过杭州，后折回泉州，乘船西还。

孟特戈维诺

（1247—1328年）罗马教廷派驻元朝的第一任大主教，生于意大利南部萨勒诺省孟特戈维诺村。1280年前后，在亚美尼亚和波斯传教，1289年返教廷，报告伊利汗阿鲁浑优待基督教的情况。教皇尼古拉斯四世遣其为使臣，携带致蒙古诸汗信件，前往东方传教。先至伊利汗国都城桃里寺（今伊朗大不里士），1291年赴印度，1294年抵元大都（今北京），直到去世。

《岛夷志略》

元代记述海外诸国见闻的著作，原名《岛夷志》。著者汪大渊，字焕章，江西南昌人，生卒年不详。书中记1330年曾泊舟大佛山下（在今斯里兰卡西南海岸），当是他第一次出航时的事。据此推断，他约生于1310年或1313年。汪大渊两次随商船游历东西洋多国，所到地方，皆记其山川、习俗、风景、物产以及贸易等情况。1349年路过泉州，泉州路主官命吴鉴修《清源续志》（清源，泉州旧郡名）。泉州为市舶司所在，系海外各国人物聚集之地，对各国风土人情应有记录，遂请汪大渊著《岛夷志》，附于《清源续志》之后。全书共分 100 条，除末条"异闻类聚"系抄外，其余每条大抵记述一个国家或地区，有些条还附带提到邻近的若干地方。全书所记述达 220 多个国名和地名，其中有不少是首次见于中国文献；涉及的地理范围，东至今菲律宾群岛，西至非洲。汪大渊自谓其记述"皆身所游览，耳目所亲见"。

《真腊风土记》

元朝有关柬埔寨情况的著作。撰者周达观，自号草庭逸民，温州永嘉人。1295 年奉命随使赴真腊，次年至该国，居住一年许。该书即其返国后根据亲身见闻写成。

真腊即今柬埔寨。该书所记有城郭、宫室、服饰、官属、三教、人物、产妇、室女、奴婢、语言、野人、文字、正朔时序、争讼、病癞、死亡、耕种、山川、出产、贸易、欲得唐货、草木、飞鸟、走兽、蔬菜、鱼龙、酝酿、盐醋酱面、蚕桑、器用、车轿、舟楫、属郡、村落、取胆、异事、澡浴、流寓、军马、国主出入共 40 条。该书是反映柬埔寨历史上文明极盛之吴哥时代最重要的文献，其所记吴哥城及当时柬埔寨人民的经济活动、日常生活各方面情况，是现存的同时人所写的唯一记载，为研究柬埔寨历史的学者所重视。

第九章

重塑辉煌

明朝

（1368 年—1644 年）

从洪武元年（1368 年）正月，朱元璋在应天府（今南京）正式建国称帝起，到 1644 年崇祯帝自缢，共 276 年，明先后经历了 16 个皇帝。明太祖即位后，又经过 20 年征战，统一了全国。疆域东北达日本海，西达哈密，北达乌第河。他在政治、军事等方面废除丞相制，集军政大权于一身，加强了中央集权。在经济上以恢复和发展社会经济为主要措施，为明代社会经济的繁荣奠定了良好的基础。明成祖年间，明帝国达到了全盛时期，疆域最为广大。自正统朝开始，宦官当权，吏治腐败，土地兼并加剧，内忧外患使明朝一落千丈，虽然有张居正等能臣的支撑，但已是杯水车薪。崇祯十七年（1644 年），李自成领导的起义军攻占北京，宣告了明朝的彻底灭亡。总的来看，此时我国的科技已落后于西方。经济上的典型特点是，我国在东南沿海地区零星出现了资本主义萌芽。航海上的主要业绩是 15 世纪初郑和的七次下西洋，成为中国乃至世界航海史上的壮举。

1. 政治

明太祖朱元璋

（1328—1398 年）明朝开国皇帝。字国瑞，濠州钟离（今安徽凤阳）人，出身佃农。17 岁时，濠州荒旱，在皇觉寺出家为僧。后赴外地化缘乞食。元至正十二年（1352 年），于濠州参加郭子兴领导的红巾军，以

“度量豁达，有智略”，才能出众，被郭子兴视为心腹，并嫁以养女马氏。郭子兴死后，他便成为这支农民军首领，控制了元军势力薄弱的皖南、浙东一部分地区。他重视对地主阶级知识分子的任用，吸收了李善长、冯国用、刘伯温、宋濂、叶琛、章溢等人参政，采纳老儒朱升“高筑墙、广积粮、缓称王”的建议，设都水营田司，实行屯田。至正二十二年，朱元璋被义军首领韩林儿封为吴国公。此后，西灭以武昌为据点的陈友谅，东败以平江为据点的张士诚。至正二十六年，于瓜洲谋杀韩林儿。二十七年，占有东南半壁后，即派大将徐达北上伐元。洪武元年（1368 年），朱元璋在应天（今南京）称帝，国号大明，建元洪武，史称明太祖。同年，北伐军攻占元大都（今北京），结束了元朝的统治。又用近 20 年的时间，实现了全国的最后统一。他沿长城一线遍立卫所，发军把守，修城屯田，并分封诸子为王，以亲王守边，专决军务。下令农民归耕，奖励垦荒；大搞移民屯田和军屯；兴修水利；徙富民，抑豪强；下令解放奴隶；减免赋役；严惩贪污；在全国丈量土地，清查户口等。经过努力，明初社会生产得到恢复和发展。他对政治制度进

明太祖朱元璋像

行改革，极力加强封建中央集权。在地方，改行中书省为承宣布政使司，设左右布政使各一人，掌管财政和民政；设提刑按察使司及按察使，掌管司法和监狱；设都指挥使司及都指挥使，掌军政。三司互不统属，直接听命于朝廷。在中央，于洪武十四年（1381年）借"胡惟庸案"，废除了中书省及丞相制，将中书省及丞相权力归属吏、户、礼、兵、刑、工六部，提高六部的职权和地位，由六部尚书直接对皇帝负责。改元代御史台

明朝大事年表

1368 年，朱元璋建立明朝，定都南京。

1380 年"胡惟庸案"发生，朱元璋借机大杀开国功臣。

1382 年，设立"锦衣卫"，以后又设东厂、西厂，成为皇帝控制臣民的特务机构。

1399 年，燕王朱棣发动"靖难之役"。

1403 年，朱棣推翻建文帝，自立为帝（明成祖）。

1403 年，《永乐大典》开始编修，1408 年书成。

1405 年，郑和开始远洋航行，史称七次下西洋。

1421 年，明成祖朱棣迁都北京。

1447 年，江西叶宗留领导矿工起义。

1449 年，"土木堡之变"发生，蒙古瓦剌部俘获明英宗。于谦组织北京保卫战击退瓦剌军。

1473 年，开始大规模修筑长城，称为"明长城"。

1511 年，刘六、刘七领导农民起义。

1557 年，葡萄牙人侵占澳门。

1564 年，戚继光等陆续平定江南倭寇。

1578 年，李时珍完成医药学巨著《本草纲目》。

1581 年，内阁首辅张居正实行改革，推行"一条鞭法"。

1583 年，女真族首领努尔哈赤统一东北女真各部。

1593 年，明朝派兵援助朝鲜，击败日本侵略军。

1601 年，意大利传教士利玛窦到北京。

1611 年，东林党人开始反宦官运动。

1619 年，后金在萨尔浒之战中大败明军。

1622 年，荷兰殖民者侵占台湾。

1628 年，明末农民大起义爆发。

1633 年，徐光启去世。著有农学巨著《农政全书》。

1636 年，后金皇太极称帝，改国号为"清"。

1637 年，宋应星著成科技巨著《天工开物》。

1644 年，李自成率起义军攻进北京。崇祯帝自缢，明朝灭亡。

为都察院，另设大理寺，加之刑部，合称"三法司"，使司法部门互相牵制。洪武十五年特设"锦衣卫"，刺探臣僚私下言行；改革军事机构，控制军权。采取荐举、学校和科举等途径选用官吏，注重培养驯服忠顺的官僚。在朱元璋统治时期，极大加强了封建中央集权统治。

鄱阳湖决战

元朝末年朱元璋与陈友谅之间的决战。元顺帝至正二十三年（1363 年）四月，陈友谅乘朱元璋出兵安丰之际大举进攻南昌，由于城中坚守，陈友谅攻 85 日不下。七月朱元璋亲率大军由松门入鄱阳，两军遇于康郎山。混战之中陈友谅中流矢而死，边将张定边乘黑夜载陈友谅尸体及其儿子陈理还奔武昌。此次决战历时 36 天，陈友谅军几乎全军覆没，朱元璋军队亦伤亡惨重。

胡惟庸案

洪武年间，明太祖朱元璋杀戮开国功臣的案件。明建立后，一批与朱元璋长期征战的功臣，因追随朱元璋建国有功，多被封赏。当明王朝基业奠定、外敌无力与明抗衡时，朱元璋始对王侯将相权势感到威胁。为加强皇权，削夺相权，于洪武十三年（1380 年）制造"胡惟庸案"。胡惟庸早年投奔朱元璋，因亲戚李善长推荐，洪武三年任中书省参知政事，又升右丞相，再升左丞相。任相七年，权势显赫，遇事多专断独行，或擅权不报，君权与相权矛盾日益突出。朱元璋以"擅权植党"罪名诛杀胡惟庸。二十三年，又兴大狱，借机将明朝开国"勋臣第一"、韩国公李善长赐死，杀其家属 70 余人。因同案株连前后被杀者达 3 万余人。朱元璋又作《昭示奸党录》，布告天下。除掉胡惟庸后，朱元璋乘势下诏取消中书省，罢废丞相一职，加强了专制集权。

蓝玉案

明初重大政治案件。蓝玉为定远（今

属安徽）人，常遇春之妻弟，多立军功，总领大军，因此骄傲跋扈，引起朱元璋猜忌。洪武二十六年（1393年），锦衣卫告蓝玉谋反，连及武将曹震、张翼、朱寿及吏部尚书、户部侍郎等1.5万余人被杀。

明成祖朱棣

（1360—1424年）明朝第三位皇帝。明太祖朱元璋第四子。洪武三年（1370年）受封燕王，十三年到北平（今北京）。筑城兴屯，训练兵丁，防御蒙古势力的南扰。三十一年朱元璋死，皇太孙朱允炆即位，年号建文。为削弱地方藩王势力，建文帝与大臣齐泰、黄子澄等密议削藩。先撤周、代、湘诸王，后欲治势力较强的燕王。建文元年（1399年），朱棣在谋士姚广孝的策划下，起兵造反，发起"靖难之役"。建文四年，朱棣夺取政权，次年于南京称帝，年号永乐。即位后，在政治军事方面继续执行削藩政策。在中央正式设立内阁，协助皇帝办理政事。永乐十八年（1420年），设立从事侦缉、搜捕臣民的特务机构——东厂。为宣扬国威于各国，派遣太监郑和下西洋。从永乐八年至二十二年，曾5次率兵出击搔扰北部边境的鞑靼、瓦剌。改北平为北京，派人营建北京城和紫禁城宫殿。永乐十九年，明廷正式迁都北京。他重视社会生产，将一些地区丁多田少及无田之家，分其丁口移民到北京屯种。将农具、耕牛发放给山东受兵灾地区，赈济灾民。兴修苏淞等地水利，疏浚大运河。在位期间，确立了程朱理学在思想上的统治地位。同时，编成22937卷的《永乐大典》。永乐二十二年（1424年），朱棣率兵出塞，病死于榆木川（今内蒙古乌珠穆沁东南），葬于长陵。

靖难之役

明朝建文年间，燕王朱棣发动的夺取皇位的战争。明初，太祖朱元璋在加强皇权同时，将23个儿子和一个侄孙分封各地为藩王，以"夹辅王室"。洪武三十一年（1398年）明太祖死，皇太孙朱允炆即位，年号建文。朱允炆恐诸王势力太大，便与亲信大臣齐泰、黄子澄密议，决定削藩。先后废去周、齐、湘、代、岷五王，并部署兵力，准备袭燕王。燕王朱棣在诸王中势力最强。建文元年（1399年）七月，燕王先发制人，智擒北平左布政使、都指挥使，控制北平。他援引《祖训》，声称此举为"靖难"。建文三年，燕军大举南下。四年，灵璧一战，燕军告捷。六月初三日，燕军渡江，十三日进抵南京金川门，守卫金川门的李景隆等开门迎降。城破之时，建文帝去向不明。经过4年战争，朱棣夺得了皇位，史称明成祖。

永乐迁都

明成祖朱棣迁都北京的历史事件。明初朱元璋定都于南京，朱棣初为燕王，属地在北平。发动"靖难之役"夺取帝位后，立即宣布北平为北京，并在北京设立掌理朝政的行在六部。北京是朱棣的发祥地，辽、金、元的故都，便于控制全国。为迁都北京，明成祖朱棣下令修浚京杭大运河，使之通畅。迁江浙直隶富户4000户、山西民户2万充实北京城。永乐四年（1406年），诏建北京宫殿，并重新改造北京城。次年，集中全国工匠，征调20—30万民工和军士，在北京大兴土木，建造皇宫。至永乐十八年，北京城及皇宫告竣。自永乐七年起，朱棣多次北巡，长期住在北京，北京已成为实际的政治中心。永乐十九年（1421年）正月，明廷正式迁都北京。

营建北京

明太祖朱元璋为了抵御蒙古的侵扰，以藩王守边，给北方诸王以很大的军事权力，终于在他死后引发了"靖难之变"。燕王朱棣以武力夺权，自不敢把边防重任再委托给藩王，遂决定以天子守边，把首都迁到自己的龙兴之地北京，北京大规模的营建工程随之开始。新营建的北京城基本沿袭元大都规模，只有南城垣稍向外扩张，城内结构也基本保持元大都设计。内城是营建的主要工程之一。元代皇城已在洪武时拆毁，朱棣在原址上重建宫殿，规模仿南京宫殿样式，更为壮丽辉煌。为方便漕运，又重新疏通大运河通惠河一段，至永乐十八年（1420 年）营建工作基本完成。北京的营建奠定了其现代的规模，后虽经清代修整，原貌基本保持下来。

分封藩国

明初朱元璋分封子孙为王的事件。明建立后，朱元璋为保持朱氏王朝的长治久安及同元朝残余势力做斗争，于洪武二年（1369 年）颁定分封诸王制。三年，分封秦、晋、燕、吴、楚等九王。十一年和二十四年又两次封王，共封 23 子和一个侄孙驻全国各个战略要地为王。当时边防重点是北方蒙古势力，在东北到西北漫长边防线上，择其险要地区分封九国。洪武三十一年，朱元璋死，皇太孙朱允炆即位。朱允炆恐藩王成尾大不掉之势，与亲信大臣齐泰、黄子澄密议削藩。除掉周、齐、湘、代、岷诸王后，即部署兵力，准备袭击燕王朱棣。朱棣遂发动"靖难之役"，自立为帝。朱棣即帝位后也采取削弱藩王兵权措施，将当时掌握兵权的大部分亲王，或削其护卫，或废为庶人，基本上实现削藩目的。明宣德年间，宣宗平定朱高煦叛乱，又先后削除楚、蜀及赵王等王府的护卫，规定王府不再设护卫。至此，藩王势力大衰，政治上已不具备左右政局的作用。

中央集权制度

为加强皇权，朱元璋废除宰相制，吏、户、礼、兵、刑、工六部长官直接对皇帝负责。地方设承宣布政使司、提刑按察使司和都指挥使司分掌行政、司法和军事事务。军事上，设五军都督府，与兵部分掌卫所官兵的调遣和使用。又设特务机构东厂、西厂、锦衣卫及内行厂，刺探臣民隐事和活动。经济上，编制黄册以加强人口户籍控制；编绘"鱼鳞图册"，加强对土地的控制；建粮长制度以保障税、租的征取；建里甲关津制度，强化农民对土地的依附程度。在思想、教育方面，科举以八股取士，用"四书五经"命题。兴文字狱，监督、限制士儒思想言论。建国初期捕杀功臣，以防功臣老将专横跋扈。"靖难之役"后，明成祖创内阁雏形，宣宗正式创立内阁制度，给入阁大臣以殿阁大学士名目，使集权体制稍有变化，但加强集权的意图未变。同时，重用宦官，致使明中期以后阉党势力恶性发展，一度把持朝政，扰乱朝纲，成为政治生活中的棘手问题。

朱升

（1299—1370 年）字允升，休宁（今属安徽）人。元末为池州（今安徽贵池）学正。朱元璋占领徽州（今安徽歙县）时，朱升提出著名的"高筑墙，广积粮，缓称王"的战略，被授为侍讲学士。洪武初升翰林学士，受到朱元璋的重用。

宋濂

（1310—1381 年）明初大臣、文学家。浙江金华人。元至正九年（1349 年），拒聘国史院编修，潜隐山林，著书立说。至正二十年，因李文忠、李善长推荐，被朱元璋请至应天（今南京），任江南等处儒学提举。又任朱元璋长子朱标的儒学教师，同时，给朱元璋讲解治理天下之道。后又任记录朱元璋日常言行的起居注官。随着明王朝建立，文案事务日益繁多，宋濂历任《元史》总裁、儒讲学士、翰林院学士、知制诰兼赞善大夫等官。宋濂崇尚理学，提出"宗经"说。在文学理论上，他主张"文以载道"，指出文章的作用在于明道、立教、化民。他的散文与诗，多有佳作。洪武九年（1376 年），宋濂以身体倦怠为

宋濂像

由恳请辞官，次年归乡。回乡后仍致书朱元璋："敬则治，怠则否；勤则治，荒则否；亲君子则治，近小人则否。"洪武十三年，"胡惟庸案"发，宋濂受胡案牵连，被押解京城。因马皇后、皇太子营救，朱元璋下令免死罪，流放茂州（今四川茂汶）。洪武十四年，死于流放途中。著有《宋学士全集》。

刘伯温

（1311—1375 年）明初名臣。名基，字伯温，浙江青田人。元末中进士，授江西高安县丞、江浙儒学副提举，后弃官隐居。朱元璋攻下金华（今属浙江）后，他成为朱元璋的军师，参谋军事。拜御史中丞兼太史令，封诚意伯。洪武四年（1371 年）辞官。博通经史，尤精象数之学。著有《郁离子》《覆瓿集》等。

徐达

（1332—1385 年）明初名将。字天德，濠州钟离（今安徽凤阳）人。死后追封中山王。少年时家境贫寒，后从军入朱元璋麾下。因攻打和州（今安徽和县）立功，升镇抚。至正十六年，率军攻下镇江，升统军元帅。至正二十年，在池州大败陈友谅军。至正二十六年，以大将军衔率兵进攻江南，破平江，擒张士诚。后任征虏大将军，与常遇春率 25 万大军北取中原。下山东，入河南，破潼关，乘势直捣元大都（今北京）。元顺帝弃城北逃，元朝灭亡。随后又平定山右，出师秦陇，降元将李思齐，斩张良臣。明洪武三年（1370 年），又受命为征虏大将军，出师沙漠，扫荡侵扰北方的元朝残余势力。班师回朝后，进光禄大夫、左柱国、太傅、中书右丞相参军国事，封魏国公。徐达长期在北平、山西一带练兵备边，镇守北平十余年。洪武十八年（1385 年）病死，赐葬钟山，名列功臣第一。

文字狱

明太祖朱元璋猜忌儒生，常于文字中挑剔，编造罪名，迫害儒士。如浙江府学教授林元亮"作则垂宪"被诛，北平府学训导赵伯宁因"垂子孙而作则"被诛，福州府学训导林伯璟因"仪则天下"被诛，皆因"则"与"贼"音近，朱元璋怀疑影射自己为"贼"。又如许元"体乾法坤，藻饰太平"被诛，因"藻饰太平"有"早失太平"之嫌。诸如此类，不胜枚举，被乱定罪名妄加杀戮者甚多。

大明律

明代法典。共 30 卷，460 条。包括《名例律》1 卷；《吏律》分职制、公式 2 卷；《户律》分户役、田宅、婚姻、仓库、课程、钱债、市廛 7 卷；《礼律》分祭祀、仪制 2 卷；《兵律》分军政、关津、厩牧、宫卫、邮驿 5 卷；《刑律》分盗贼、人命、斗殴、骂詈、诉讼、受赃、诈伪、犯奸、杂犯、捕亡、断狱 11 卷；《工律》分营造、河防 2 卷。

大学士

明代参与内阁事务、拥有大学士和殿阁称号官员的统称。明太祖为加强皇权，废置中书省和宰相，以六部分掌各类事务，向皇帝直接负责，这就加重了皇帝的日常工作，于是选用一些有大学士称号的人担负秘书和顾问。明成祖即位后，选亲信大臣入值文渊阁，参与机要，组成内阁。宣宗即位后为阁臣加华盖殿、谨身殿大学士等称号，并升为尚书等职，大学士衔成为惯例。明代殿阁有中极殿、建极殿、谨身殿、华盖殿、文华殿、武英殿和东阁、文渊阁。殿阁大学士实际具有宰相之权。

三使司

明朝设立的地方行政机构，为承宣布政使司、提刑按察使司和都指挥使司的合称，分掌地方行政、司法和军事三方面事务。明初废除元代行中书省，设 13 布政使司，俗称为省。布政使司设左、右布政使各一人，左、右参政等若干人，分掌县、州、府各级行政事务和财政，隶属吏部和户部。提刑按察使司设按察使一人、副使、佥事等若干人，职掌司法和监察官民、提举兴革等事，官员答杖以下的处罚由它执行处理，徒、流以上的处罚则由它报三法司处理，隶属都察院和刑部。都指挥使司设指挥使等官，简称都司，一个都司统辖若干卫所，全国共 17 个都司，负责所辖军户的控制和生活安排，隶属五军都督府和兵部，根据皇帝的命令接受都督府的征调和兵部指挥。三使司的建立是加强封建专制统治的措施，它们互相依靠，又互相牵制，便于专制政令的施行。

锦衣卫

明代特务、理刑机构，掌侍卫、缉捕、刑狱之事。初置拱卫司，后改为拱卫指挥使司、都尉司、亲军都尉府等。洪武十五年（1382年），改亲军都尉府仪鸾司为锦衣卫，主官为从三品，下属御椅 7 员，正六品。十七年，改锦衣卫指挥使为正三品。二十年，罢锦衣卫。明成祖复置，且增设北镇抚司，专治诏狱（皇帝下令审理的案件）；旧所设为南镇抚司，专理军匠（从事军工生产的工匠）。

厂卫

明代东厂、西厂与锦衣卫的合称，是明朝皇帝特设的特务机关。为刺探臣僚的私下言行，洪武十五年（1382年），太祖朱元璋置锦衣亲军指挥使司，简称锦衣卫。最初掌理卤簿仪仗。其他各卫皆统军事，锦衣卫则统将军、校尉、力士，皇帝临座或乘车时在两旁侍卫。明成祖朱棣即位后，锦衣卫权力渐重。锦衣卫有监狱和法庭，从事侦查、逮捕、审讯、判刑等活动，因犯多为朝廷官员，称为"诏狱"。东厂和西厂则是由宦官掌理的御用特务机构。东厂于永乐十八年（1420年）设立，职掌缉访谋逆、妖言、大奸恶事。设提督太监一员，下设掌班、领班、司房等。明宪宗成化十三年（1477 年），在东厂之外另设西厂，用太监汪直提督。西厂势力远超东厂和锦衣卫。其逮捕朝臣，有先下狱而后奏闻者，甚至有随意逮捕而不奏闻者。其活动范围自京师遍及各地。后因遭到反对，一度被迫撤销。明武宗时，宦官刘瑾专权，又恢复，称西内厂。刘瑾被杀后废止。

奴儿干都司

全称奴儿干都指挥使司。明政府设在东北的政府机构，管辖北至兴安岭，南临日本海，西起鄂嫩河，东至库页岛的广大地区，共 184 个卫所。始设于明永乐元年（1403年），1409 年改为都指挥使司，元帅府下设各级衙署，派驻护印军队。1413 年又派太监亦失哈率军巡视，以皇帝名义修建永宁寺。1433 年寺前又立重建永宁寺记碑文，记述了奴儿干都司设立的经过和当地的历史渊源，用女真文、汉文和蒙古文刻成。

五军都督府

明朝军事管理机构，与兵部分掌兵权。1380 年废除中书省后始设。五军为前、后、左、右、中，各府长官为左、右都督各一人。五军都督分理全国五个地区的军务。左军都督府领属浙江、辽东、山东等都司卫所；右军领属云南、贵州、四川、陕西、广西等地都司和卫所及行都司卫所；中军领属中都留守司及河南都司卫所；前军领属湖广、福建、江西、广东等地；后军领属北平、山西都司、行都司或三护卫卫所。该府仅负责军务管理，不统率军队，军队的调遣征发由兵部负责。二者互相依靠，难以独揽兵权，这是加强封建专制、避免军权旁落的重要措施。

仁宣之治

明朝仁宗、宣宗时期，吏治清明，经济发展，史称"仁宣之治"。在仁宗和宣宗两朝（1425—1435 年），明王朝达到鼎盛时期，国家政策由洪武、永乐时的严急趋向平稳，仁宗朱高炽和宣宗朱瞻基，从各方面来求得社会的安定与发展。在政治上，确立了内阁制度。阁臣"三杨"（杨士奇、杨荣、杨溥）均为贤臣，深受仁宗和宣宗信任，另有蹇义、夏原吉等名臣都尽心辅佑皇帝。对不称职的大臣则予裁汰，对宦官控驭严厉。在经济方面，实行有利于生产发展的措施。停止朝廷不必要的工程劳役，减免一些地方的赋税；重申栽种桑枣旧令、改革科举取士制度，加强扩大统治基础。此时周边形势也比较安定。在王朝内部，平定了朱高煦叛乱。仁宣时期因此呈现出升平盛世景象。

土木堡之变

明英宗朱祁镇在土木堡（今河北怀来）被瓦剌军俘虏的事件。正统年间（1436—1449年），明朝北部的蒙古族瓦剌部崛起，统一蒙古各部，时常南下攻掠。正统十四年（1449年），瓦剌部首领也先借端挑衅，统率各部，分四路大举向内地侵扰。也先亲率中路攻陷大同。消息传到北京，明英宗在宦官王振的怂恿和挟持下决定亲征。王振调动官军50万，于七月十六日仓促出征。明军八月抵大同，士气不振，军心不稳，将士疑惧。王振冒险轻进，后闻前方惨败，则惊慌撤退。王振是蔚州人，想让皇帝在班师路上临幸他的府第。大军行进40余里，他又怕军队损坏他的田园庄稼，便改令折回宣府。瓦剌军紧追不舍。八月十三日，英宗和王振率军退到距怀来城20里的土木堡驻扎，当夜被瓦剌军包围。土木堡地高无水，将士饥渴疲劳。十五日瓦剌军诈退，派使讲和。王振中计，下令军队移营近水，瓦剌军乘机杀入，明军死伤过半，随军大臣、将领死数百人。英宗与亲兵乘车突围未出，被俘。王振被护卫将军樊忠击杀。次年英宗被释。

北京保卫战

明朝军队抗击蒙古瓦剌军进攻北京的战役。正统十四年（1449年）发生"土木堡之变"，明英宗被瓦剌俘获，明王朝面临严重危机。瓦剌入犯京师在即，京城达官富户纷纷南逃，朝中大臣也有主张南迁者。兵部侍郎于谦、吏部尚书王直、内阁学士陈循极力主战。受命监国的郕王朱祁钰和皇太后始下抗战决心，命于谦为兵部尚书，领兵战守北京城。朱祁钰于九月六日即帝位，是为明景帝。于谦受命后，整顿军队，积极备战。瓦剌首领也先率数万人于正统十四年十月大举进犯北京，于谦则分遣诸将率兵22万列阵于京师九门外，悉闭诸城门，以示背城死战之决心。十三日，于谦、石亨率军与瓦剌军战于德胜门外，瓦剌军大败，也先弟被明军火炮击毙。瓦剌军随又转至西直门寻战，亦被明军击退。瓦剌军又在彰义门组织进攻，明军失利，瓦剌军追至土城，遇居民阻遏，不得推进。经过五天激战，瓦剌军未能破城，士气低落，加之天寒地冻，又恐明朝援军断其归路，遂于十五日夜拔营北撤。其时，也先拥明英宗先退，于谦命石亨等举火炮轰瓦剌军营，瓦剌军死者万余人。至十一月初八日，瓦剌军退出塞外，京师解危。

于谦

（1398—1457年）明代名臣。字廷益，号节庵，浙江钱塘（今属杭州）人。24岁中进士，任山西道监察御史，后又调四川、贵州等处。宣德五年（1430年），明宣宗特任于谦为兵部右侍郎兼都御史，巡抚山西、河南。任内豁免农民欠租，减轻商贩税率，设"平准仓""惠民药局"，修路凿井，修筑河堤，安置流民。正统十一年（1446年），宦官王振诬劾于谦，判其死刑。晋豫百姓到京请愿，周王、晋王上书替于谦申冤。于谦获释，恢复原职。正统十三年，改任兵部左侍郎。次年，"土木堡之变"中英宗被俘，朝廷无主，军队溃败，城防空虚。于谦极力反对迁都南京，誓死守卫京师。皇太后与郕王朱祁钰授权于谦主持战事，擢任兵部尚书。他与一批朝臣拥立郕王为帝，即明景帝。十月，于谦领导军民取得击退蒙古瓦剌、保卫京城的胜利。景泰元年（1450年），瓦剌军放还英宗。于谦致力于京营军制改革，加强了明朝的军事力量。景泰八年，景帝病重，总兵官石亨、副

于谦像

都御史徐有贞、太监曹吉祥等密谋拥立英宗复辟，发动"夺门之变"。于谦被诬谋反，遭杀害。抄没家产时，"家无余资，萧然仅书籍耳"。宪宗时于谦被平反加封，至明神宗时被谥忠肃。传世有《于忠肃集》。

瓦剌

明代对西部蒙古各部的总称，元代称斡亦剌。原居叶尼塞河上游地区，后迁徙到阿尔泰山以西，准噶尔盆地和匝盆河流域，主要从事农牧业。15 世纪初，势力逐渐强盛。明政府早年曾利用蒙古各部间的矛盾控制蒙古部落。永乐十四年（1416 年）瓦剌部首领顺宁王马哈木去世，其子脱欢用武力统一瓦剌四部，进一步征服了东部蒙古。脱欢死后，其子也先自称淮王，东破兀良哈三部，成为蒙古草原上最大的一股势力，自称大元天盛可汗，寻找重建元朝的机会，不断南侵，骚扰明朝北疆。曾在明正统年间制造"土木堡事变"，俘获英宗，进攻北京失败后撤走。进入清朝以后，被称为卫特拉四部，为杜尔伯特、准噶尔、土尔扈特、和硕特，后土尔扈特西迁，辉特列为四部之一。

鞑靼

元朝灭亡后，蒙古残余势力分为兀良哈、瓦剌、鞑靼三部，鞑靼部依然保有蒙古汗位，主要居住在拉木伦河、鄂嫩河流域。该部和瓦剌部在明成祖时先后 5 次与明军交锋，内部也发生多次斗争。宣宗时瓦剌部首领脱欢统一蒙古三部，"土木堡之变"后，蒙古内部各势力再次争斗，瓦剌部势力渐衰，鞑靼部乘机兴起，明英宗时入河套地区，在削平瓦剌诸部和兀良哈诸部后，建立了达延蒙古汗国。达延汗封其幼子于漠北，号喀尔喀部，即后来的外蒙古或漠北蒙古，为清朝征服。封其长子于察哈尔，次子于河套地区，两部又据鄂尔多斯与土默特，即后来的内蒙古或漠南蒙古。漠南蒙古的首领俺答曾长期骚扰明的北疆，万历以后才逐步安定下来，后为清朝征服。

明世宗朱厚熜

（1507—1566 年）明朝第十一位皇帝。正德十六年（1521 年）武宗死，无嗣，15 岁的朱厚熜即位，年号嘉靖，是为世宗。即位初期，锐意改革，革除前朝弊政，诛杀佞臣钱宁、江彬等，严格防止宦官专宠。减贡赋，注意救荒，整顿吏治。通过大礼仪斗争，加强了皇权。中后期刚愎自用，不求进取，国势渐弱，夷狄渐强。明世宗崇道教，爱方术，幻想长生不死。懈怠政事，重用佞臣，严嵩、张璁窃据内阁大权。严嵩任首辅 14 年，朝政败坏，边防废弛。东南沿海有倭寇侵扰，北方有鞑靼可汗俺答率部连年攻袭。从嘉靖中期起，国家财政十分困窘，而财政危机最终要转嫁到百姓身上。晚年的世宗更加迷信道教，日夜在西苑讲道修玄，炼丹服药，最后因长期服用仙丹中毒，于嘉靖四十五年（1566 年）病死。葬于永陵。

海瑞

（1514—1587 年）明代官员。字汝贤，广东琼山（今海南琼山）人，谥忠介。嘉靖年间中举人，上疏谏明世宗绝弃道教、勤朝政。明穆宗时巡抚应天，推行一条鞭法，受张居正、高拱排挤。至明神宗时任南京吏部右侍郎，力主严惩贪污。海瑞一生清正廉明，刚直不阿，尽力平反冤狱，民间称他为"海青天"。传世有《海瑞集》。

严嵩

（1480—1567 年）明代大臣。字惟中，一字介溪，江西分宜人。弘治年间进士。明世宗嘉靖七年（1528 年），任礼部左侍郎，迎合世宗旨意，悉心筹划礼仪，博得恩宠。嘉靖二十一年，以礼部尚书兼武英殿大学士入阁参与政务，两年后出任首辅。二十四年，夏言从严嵩手中取得首辅职位。二十七年，夏言受严嵩等诬陷，被处死，严嵩二度任首辅，一任 14 年。严嵩"无他才略，唯一意媚上，窃权罔利"。世宗深居西苑，不理朝政，严嵩为表示勤恳和随时窥伺世宗意向，日夜守候在西苑板房，颇得世宗信任。

严嵩与其子严世蕃、死党赵文华等操纵国事，排斥异己，罢免弹劾他们的谢榆、叶经、童汉臣、赵锦等，处死揭发他们罪行的沈錬、杨继盛等。严嵩父子窃权乱政，破坏边防，使当时"南倭北虏"的侵扰更加严重。严嵩父子还大肆贪污受贿，聚敛财富。嘉靖四十一年，他被令辞官，严世蕃被逮充军。嘉靖四十四年，严世蕃被处死，抄家得黄金3万余两，白银200余万两，其他珍奇异宝价值数百万。两年后，严嵩老病而死。

倭寇

14～16世纪劫掠我国和朝鲜沿海地区的日本海盗集团。14世纪，日本进入南北朝时期，倭患始兴。当时明朝的防卫体系比较健全，尚能应付。永乐十七年（1419年）的望海涡（今辽宁大连东北）之役使入侵倭寇受到沉重打击，自此长时间不敢贸然深入。嘉靖年间，由于明朝的衰落，加之明朝禁止海外贸易，倭寇便勾结土豪、奸商、海盗进行走私劫掠，到16世纪中叶达到高潮。倭寇深入东南内地，江、浙、闽、鲁、粤等地皆受到不同程度的侵扰，沿海人民奋勇抵抗。嘉靖末年海防得到加强，抗倭名将戚继光、谭纶、俞大猷等转战东南多年，屡次打败倭寇。到16世纪60年代，倭患终于平定。

戚继光

（1528—1587年）明代名将。字元敬，蓬莱（今山东蓬莱）人。嘉靖中期初任登州卫指挥佥事，后调浙江参将，以抗倭为己任。编练"戚家军"，获台州（1561年）、横屿（1562年）大捷，升任总兵官，平定倭患。隆庆初年因张居正荐，调防蓟州16年，后改镇广东。

戚继光的《练兵实纪》

著《纪效新书》《练兵实纪》等。

明神宗朱翊钧

（1563—1620年）明朝第十三位皇帝。明穆宗第三子，6岁被立为皇太子，10岁即帝位，年号万历。即位之初，东宫讲官张居正为内阁首辅，力行政治改革，实施一系列缓和社会危机的措施。下令清丈全国土地，清查溢额、脱漏，使国家掌握的征税田额比前朝增200多万顷。又采纳张居正改革赋役的建议，在全国推行"一条鞭法"。派员治理黄河，整饬吏治，加强边防。神宗成年亲政后，纵情声色，怠于朝政。为扩建陵墓，征用民工数万，历时六年，费银800余万两。为搜刮财富，派遣大批宦官到地方任矿监税使，激起多次民变。朝臣分党立派，东林党、浙党、楚党、齐党等纷争不已，党争涉及的问题多与神宗有关。万历中期，值国富民强，神宗曾发起援朝战争，战败日本侵略军。而后不问边防之事，女真族乘机崛起于东北，建立后金政权，与明对立。万历四十八年，神宗病死，葬于定陵。

张居正

（1525—1582年）明代大臣。字叔大，号太岳，湖北江陵人。隆庆元年（1567年）任吏部左侍郎，兼东阁大学士。起初，首辅高拱与张居正合作密切，但不久发生矛盾。太监冯保专权，与高拱交恶，张居正便与冯保联手，于隆庆六年驱逐高拱，由张居正代之为首辅。张居正主持朝政历10年，在首辅任内，从政治、经济、军事等方面推行一系列改革。他有鲜明的变革思想，认为"天下之事，极则必变"。他讲求实效，"凡事务实"。加强中央集权，整顿吏治，督促公务，考核官吏。严格规定各级衙门的权限，规定文武高官由中央任免。整饬学政，加强对生员的控制，裁冗员十之二三。他还竭力整饬边防。在经济方面，推行"一条鞭法"，力役摊入田亩，计亩征银，使农民的赋税及徭役负担有所减轻。为维护政权，他镇压农民起义。万历十年，张居正病死，明神宗朱翊钧亲政，一些在张居正当权时受到冷遇的官僚纷纷上疏攻击张居正。次年，张居正官爵被削夺，家人被迫害致死十余人，支持张居正改革的官僚被罢斥，新政亦告废除。

税监

明朝后期专门搜刮城市民众的税务制度。1596年明神宗派大批宦官到各地任矿监税使，主要刮取各种矿税和商业税等。矿监税使肆虐无道，不受各级官吏辖制，动辄以皇帝门生自诩。除收苛税外，还任皇帝耳目，随意弹劾官员。税使在交通要道设关立卡，层层收税，激起商民强烈反对，史称"城市民变"，最著名的是葛贤领导的苏州反税监斗争。

葛贤

苏州织工，原名葛诚，后改称葛贤。明万历时期，多用宦官任矿监税使，欺官压民，引起许多反抗事件。1601年明神宗派孙隆到苏州任税使，在苏州层层设卡收税，使一座繁华的苏州，商贾日少，十分萧条。孙隆又强收机户高额织机税，迫许多机户关门，织工失去生路。葛贤率众反抗，杀死税监参随，逼孙隆跳墙逃走。事变中，他被捕杀，后被苏州人民葬在虎丘山下。

邓子龙

（约1528—1598年）明代将领，丰城（今江西豫章）人。早年应募当兵，积功至广东把总。万历初为参将，镇压麻阳、铜鼓等地苗族反抗斗争。万历十一年（1583年），率部与缅甸军作战，升为副总兵。1598年随陈璘援朝作战，与朝鲜将领李舜臣率水军数千，乘三艘巨型战舰在金山海面截击日本侵略军，时年逾七十，勇猛杀敌，与李舜臣双双战死。

万历三大征

明神宗万历年间三次军事行动。其一是平定孛拜的叛乱。孛拜是蒙古鞑靼人，归附明朝后任都指挥使，后加授副总兵。万历二十年（1592年）三月，孛拜以粮饷欠发为由，煽动军队反叛，杀掉巡抚党馨，攻城略地，全陕大震。又欲与河套地区鞑靼部相联，挑起蒙汉对立。明廷总督魏学曾率兵进剿，失陷诸地次第收复，唯宁夏镇城久攻不下。明军决黄河大坝以水灌城。至八月，叛军内讧而败，孛拜自缢。其二是平定杨应龙的反叛。杨应龙为贵州之播州土司，从万历十七年以来，附叛无常。万历二十八年（1600年）六月，明军平定杨应龙的叛乱，在当地实行改土归流，即将当地由世袭土司治理，改为由朝廷派遣的流动的官员来治理。其三是抗日援朝战争，万历二十年（1592年），日本发动侵朝战争，并进而侵略中国。日军由釜山登陆，迅速攻陷王京，占领平壤，朝鲜八道几乎尽陷。朝鲜国王遂向明朝告急求援。明神宗认为，唇亡齿寒，遂派兵援救。万历二十一年，明军收复平壤、开城，日军退居釜山。万历二十五年（1597年），日军再度大举入侵，明军再度出兵，重创日军。次年二月，日军统帅丰臣秀吉死。明军大举反攻，在朝鲜南海面与日军决战，日军几乎被全歼。至此，抗日援朝战争取得彻底胜利。

明末三案

明末宫廷内发生的"梃击案""红丸案"与"移宫案"。万历年间，明神宗专宠郑贵妃。万历二十九年（1601年），在慈圣太后等压力下，神宗封皇长子朱常洛为皇太子，封郑贵妃所生朱常洵为福王，引起郑贵妃不满。万历四十三年（1615年）五月初四，一个叫张差的男子，手持木棍，直闯朱常洛所居住的慈庆宫，逢人便打。张差被拘后，供出主使者是郑贵妃内侍庞保、刘成。于是朝野哗然，以为郑贵妃欲加害太子，一些大臣上疏请求追查。神宗无意深究，下令处死张差，了结"梃击案"。万历四十八年（1620年），神宗逝，太子朱常洛即位，是为明光宗。郑贵妃深恐光宗对她记恨，巴结最受光宗宠爱的李选侍，请求立她为皇后。李选侍则以请立郑贵妃为皇太后作为报答。光宗只好以神宗皇帝遗命为名，命礼部举行封皇太后礼，但因大臣们反对，事未成。不久，光宗患病，鸿胪寺卿李可灼所说的病情根源及治疗方法甚投光宗之意，遂进其药。光宗服下一红药丸后，感到舒服许多，思进饮食。下午又服一丸。不料第二天凌晨，光宗便驾崩了。众大臣对光宗之死疑窦丛生，但因无据可查，也无可奈何，只将李可灼发配戍边。此为"红丸案"。光宗死后，皇长子朱由校即被李选侍控制。光宗崩于乾清宫，朝臣入宫请见皇长子，李选侍将皇长子阻于暖阁，不准大臣入见。内阁大学士刘一燝等齐呼要见新天子，太子东宫伴读老太监王安对李选侍说，只让皇长子出去与众臣见面后即返。朱由校被扶出乾清宫，立即被众臣拥至文华殿，又送往慈庆宫，准备择日登极。此时李选侍仍住乾清宫内。乾清宫本是正宫，是皇帝、皇后所居之处，李选侍居之，使朝臣深感不安，因而合疏请求将李选侍移至宫妃养老之处——哕鸾宫。李选侍拒绝移宫，御史左光斗又慨然上疏，指斥李选侍借抚养之名，行专制之实。朱由校遂颁布特旨，命李选侍移居仁寿宫，改日再徙哕鸾宫。李选侍移出乾清宫之后，皇长子朱由校即皇帝位，年号天启，是为明熹宗。此为"移宫案"。

东林党

明末由江南中下级官员、中小地主和知识分子组成的政治力量。这些人在政治上受到朝廷依附太监的集团即"阉党"的排斥，针对当时的政治腐败，倡导改革弊政。万历二十二年（1594年），吏部郎中顾宪成因与明神宗意见相左，被革职，回到家乡江苏无锡，和高攀龙、钱一本、史孟麟等讲学于无锡东林书院。他们议论朝政，抨击失职官僚和作恶成性的太监，得到对现实不满的人士的拥护，也得到朝中正直官员的支持。他们互通声气，志同道合，使东林书院成为一个社会舆论的中心。东林党即由东林书院而得名。东林党主张减轻人民负担，反对横征暴敛，反对太监为非作歹。明熹宗天启初年，东林党人叶向高、邹元标、杨涟、赵南星等人执政，对政治进行改良。太监魏忠贤则纠集己方党派中的一些大官僚，对东林党人进行迫害，编制东林《同志录》《点将录》等，将要打击的东林党人编入册内。天启四年（1624年），阉党奏劾并罢免了高攀龙、赵南星、杨涟、左光斗、周宗建、李应升等，杨涟、左光斗、袁化中、魏大中、周朝瑞五人受酷刑而死，株连家室亲朋。高攀龙投池自杀。凡是东林党人或与其关系密切的人都被免官、放逐或杀戮。天启七年，熹宗死，崇祯帝即位，除掉魏忠贤，为东林党官员恢复名誉。但东林党与阉党的斗争，一直继续到明朝灭亡。

魏忠贤

（1568—1627年）明代万历至天启年间宦官。河间肃宁（今属河北）人。少年无赖，因赌博输钱，遭债主逼迫，气急之下自己净身入宫，改名李进忠。与皇长孙朱由校乳母客氏相勾结，得皇长孙喜欢。朱由校即位，是为明熹宗，升魏忠贤为司礼秉笔太监，并令其复魏姓，赐名忠贤。天启三年（1623年），又兼掌东厂。其时，朝臣中党争激烈，反对东林党的官僚纷纷投其门下，形成阉党。"内外大权，一归忠贤"。内廷有王体乾、李永贞等30余人为其羽翼，外朝则有文臣崔呈秀等"五虎"、武臣田尔耕等"五彪"，此外还有十狗、十孩儿、四十孙等爪牙。自中央内阁、六部至地方总督、巡抚，遍置死党。诬杀东林党人杨涟、高攀龙、左光斗等人，流放数十人。他自称"九千岁"，所到之处，朝臣皆拜伏呼"九千岁"，其党羽又争请为其建立生祠。宦官专政已是登峰造极。崇祯帝即位，魏忠贤被贬居凤阳（今属安徽），后

魏忠贤像

被逮捕治罪，他在途中畏罪自缢。

崇祯帝朱由检

（1610—1644 年）明光宗第五子，天启二年（1622 年）被封为信王。七年，熹宗病危，召他入宫中受命，之后即帝位，年号崇祯。即位后，首先剪除客氏和魏忠贤，清除阉党，削弱宦官势力。勤于政事，重用人才，崇尚节俭。不久，又重用宦官。刚愎自用，对属下多存疑虑。农民起义的发展和清军不断进攻，使军费开支增大，赋税重到极点。崇祯十七年（1644 年），京城为李自成起义军攻克，他于煤山（今北京景山）自缢。

资本主义萌芽

我国封建社会晚期的资本主义生产关系萌芽，主要出现在明、清。在明初发展经济的各种措施刺激下，社会生产力得到很大发展，主要表现在大片荒地被开垦，农业产量提高，各种手工业技术提高，经营规模扩大，商品经济繁荣，银钱使用日益流广。同时，封建人身依附关系也逐渐松弛，劳动力市场出现。在此背景下，嘉靖到万历间，江南苏松地区的丝织业、棉织业及商业中开始出现了资本主义性质的经营方式和经济现象，其中以丝织业最典型。出现许多有大批织机的织户，最多可达 30 ~ 40 张，这些织机使用雇佣工人操作，使织户具有了资本主义作坊的形式，织工脱离土地，以纺织为生，在劳动力市场上出售劳力。织成的产品多数出售为商品。资本主义萌芽的产生，标志着新生产方式已经在腐朽的封建社会中出现，旧的生产关系行将就木。但由于它处在微弱的发展中，对旧生产关系的冲击还不足以改变整个社会的面貌。它的发展和存在在很大程度上受到封建生产关系的制约，在其他行业中还未得到体现。

袁崇焕

（1584—1630 年）明代将领。字元素，广东东莞人。万历四十七年（1619 年）中进士。初为邵武知县。天启二年（1622 年）任兵部职方主事，在后金军攻陷广宁时，单骑出山海关考察形势，任宁前兵备金事，监关外军，筑宁远（今辽宁兴城）等城。天启六年，努尔哈赤率后金军围攻宁远，袁崇焕亲自督战，击退后金军，努尔哈赤为炮火所伤，退回沈阳。天启七年，又取得锦州、宁远大捷，败后金皇太极。因不为魏忠贤所容而去职。崇祯帝即位后，起用他为兵部尚书，兼右副都御史，督师蓟辽，兼督登莱天津军务，镇宁远。他制订了长期防御计划，加强锦宁防线，并争取收复萨尔浒战役中的明朝失地。崇祯二年（1629 年），杀皮岛守将毛文龙。是年底，皇太极知袁崇焕守宁远甚坚，乃躲开锦宁防线，绕道由长城喜峰口入关，破遵化等城，直抵北京城下。袁崇焕急引兵入护京师，崇祯帝中后金反间计，以为他与后金有密约，遂将他下狱。次年被以谋逆罪处死。

萨尔浒之战

明与后金之间的一场大战。万历四十四年（1616 年），努尔哈赤建后金，攻克抚顺等地，次年明将杨镐集兵 8.8 万，分四路进攻后金。后金以 6 万八旗兵在萨尔浒（今辽宁抚顺东北）击破明军杜松部。之后明军指挥不力，马林、李如柏皆溃败，损失 4 万余人。此役为明与后金之间的重要战役，从此后金势力得以壮大。

后金

明万历四十四年（1616 年）建州女真族领袖、明朝敕封都督金事努尔哈赤在赫图阿拉（今辽宁新宾）称汗（君王之意），建元天命，国号金，史称后金。继而征服辽东，迁都沈阳。明天启六年（后金天命十一年，1626）努尔哈赤病故，皇太极即汗位，改元天聪。明崇祯九年（后金天聪十年，1636 年）皇太极改国号为大清，改元崇德，即皇帝位，追尊其父努尔哈赤庙号为太祖。崇祯十六年皇太极死，幼子福临即位，改元顺治，追尊皇太极庙号为太宗。翌年（1644 年），清兵在摄政王多尔衮统率下入关，定都北京。

史可法

（1601—1645 年）明末抗清名将。字宪之，一字道邻，河南祥符（今开封）人。谥忠靖，清乾隆时追谥忠正。崇祯元年（1628 年）中进士。少年时受东林党人左光斗的影响，以国事为己任。初任西安府推官，因镇压农民起义，升为右佥都御史，在安庆、池州等地堵截农民军，升任南京兵部尚书。崇祯十七年，李自成农民军进攻北京，他誓师勤王，率部渡江至浦口，得知北京城破，即在南京拥立福王（弘光帝）即位，成立南明小朝廷。加大学士，称史阁部。为马士英等排挤，外出督师扬州。他拒绝清多尔衮的诱降，重新部署军力，加强战备。而南明朝廷多方掣肘，不发粮饷；将领间迭起纠纷，史可法收复中原的计划遭到破坏。弘光元年（1645 年），清军大举围攻扬州，他致书母、妻，决心死战报国。他率领扬州军民死守城池，终因实力悬殊，四月二十五日扬州城破。城破之时，史可法自刎未死，被清军俘获，从容就义。清军屠城 10 日。扬州人民在城外梅花岭筑衣冠冢纪念他。传世有《史忠正公集》。

郑成功

（1624—1662 年）民族英雄。本名森，字俨，号大木，祖籍福建泉州府南安县（今福建南安东）。天启四年（1624 年），在日本平户（今长崎县松浦郡）出生，7 岁返国，崇祯十七年（1644 年），在南京国子监读书。后回到福建。顺治五年（1648 年）四月率军攻克同安县。七年，计杀盘踞厦门的郑联，以厦门为抗清基地。八年，率兵南下广东，清兵乘虚偷袭厦门。他星夜赶回，复据厦门。十年五月，清军攻海澄，他率军死守，击退清军。十一年，清廷两次遣使劝降。十五年七月，遭清将梁化凤突然袭击而大败。当时荷兰殖民者已侵占我国领土台湾二十多年，他决定收复台湾。顺治十八年（1661 年）三月，率领 2.5 万官兵，大小战船数百艘，从福建金门料罗湾出发，经澎湖，到达台湾西南沿海。郑军击沉荷兰

郑成功军用过的大刀

主要舰只"赫克托号"，陆战中又击毙荷兰侵略军头目汤玛斯·贝德尔和 110 余名官兵。随后率师围攻赤嵌城，以断水逼迫荷军守将于五月四日率军出降。荷兰殖民者得知郑成功在台登陆消息后，派遣 12 艘战船和 725 名士兵，于九月驶靠台湾城。在郑军坚决反击下，荷军进攻失败。在围困台湾城 8 个多月后，用火炮轰击台湾城东的乌特利支堡，占领该堡后，逼攻台湾城。顺治十八年十二月十三日，荷兰殖民者献城投降。收复台湾 4 个多月后，于康熙元年（1662 年）五月初八病逝。

明末农民起义

明末政治腐败，满族势力不断骚扰，内地农民和士兵不断哗变举事。陕北本来土地荒瘠，天启七年（1627 年）澄县知县张光耀征收杂捐，农民无力支付，在白水王二率领下冲进县衙，杀死知县，揭开陕北农民起义序幕。队伍迅速扩大，许多哗变士兵也加入进来。高迎祥、王嘉胤、王左挂、王大梁、张献忠等人也随之而起。这些义军各自为战，计有 36 营，20 余万人。王嘉胤、王自用、高迎祥等先后任盟主。1633 年，明军在河北包围义军，张献忠、高迎祥等率军渡黄河入河南，转移到蜀、豫、鄂等地作战。1635 年，义军首领在河南荥阳集会，制定了打破明军围剿的分兵突进、联合作战的方针，形成一个高潮。后义军各路为明军击破，或降或被消灭，张献忠在谷城假降，李自成避入商洛山。这两股力量后来壮大起来，成为推翻明朝的主力。

张献忠

（1606—1646 年）字秉吾，号敬轩，延安卫柳树涧（今陕西定边东）人。曾在延安府充任捕快。崇祯三年（1630 年），

率米脂 18 寨农民响应王嘉胤起义，自号八大王，与老回回马守应等攻襄阳，又联合罗汝才、刘国能等东下，与贺一龙、贺锦合营，率军出川入楚，攻占襄阳，杀明襄王朱翊铭，十六年五月取武昌，十六年末，他决计入川建立基业，率军打进四川。八月克成都，以成都为西京，建立政权，国号大西，改元大顺，以崇祯十七年（1644 年）为大顺元年。清顺治二年（1645 年），清军入川招降，张献忠严加拒绝。三年八月，清兵逾剑阁入阆中。他率军迎击，因疏于防备，未及战斗，被清兵射杀，起义军大败。

李自成

（1606—1645 年）原名鸿基，陕西米脂人。因家贫，为人牧羊，略识文字。农民起义爆发时他投奔西川张存孟部。张存孟败降，他自为一军。不久，投闯王高迎祥，为八队闯将，转战陕、晋、畿南、豫楚等地。七年，高迎祥被围困于汉中峡谷中，战败被俘牺牲。李自成承袭闯王名号，转战陕南、四川东北部地区。十一年，起义军败于梓潼，被迫出川北上。自剑州（今四川剑阁）入甘肃，又走避宁羌（今陕西宁强），六月至汉中。是年冬，总督洪承畴、陕西巡抚孙传庭设伏潼关原，起义军损失过重，他潜伏陕南山区。十四年初下洛阳，杀明福王朱常洵，开仓济贫，声势迅速扩大。十六年九月，起义军与孙传庭兵战于河南郏县，大败孙传庭，杀伤明军 4 万多人。十七年正月，攻克西安，乘胜取宁夏、兰州、西宁、永昌、庄浪等地。李自成在西安正式定国号为大顺，改元永昌，以崇祯十七年（1644 年）为永昌元年。同

李自成雕像

年二月，分两路进攻北京。三月十八日围困京师，次日攻入城内。崇祯帝朱由检自缢于煤山（今景山），明朝灭亡。

2. 社会经济

勋贵庄田

明朝因授爵而拨赐的庄田，也称"给爵地"。勋贵指勋臣（武将功臣）和贵戚（皇亲国戚），即所谓异姓贵族。明代除李善长和刘伯温因奠定明王朝有特殊建树而分别被封公、伯外，其他文臣即使功勋再大也不封爵。贵戚中，皇后的父亲一般封侯，兄弟一般封伯，凡有封爵的勋贵都享有皇帝赐给的田土和佃种人户，但其爵位低于王爵，而且是异姓，故其庄田数量少于王府庄田。勋贵庄田的来源，除皇帝拨赐外，也有奏讨的庄田、占夺的民田、霸佃的官田等。

皇庄

明朝皇室直接经营的庄田。皇庄的分布，主要集中在北直隶的顺天等 8 府，尤以顺天、保定、河间等府最多。此外，还有皇太后及皇太子庄田。皇帝的庄田是由皇帝委派太监经营的"自行管业"的土地。收入的皇庄籽粒或皇庄籽粒银，都由管庄太监直接掌管，由宫廷自行支配。皇太后的庄田又名宫庄，所占土地数量相当多。皇太子庄田即东宫庄田。其土地来源主要有原属国家官田的牧马草厂地、夺还勋戚的庄田、侵占的民田、"奸民"向管庄太监投献的部分官民田地，以及未就藩的王府辞还地等。

王府庄田

明朝各亲王王府的庄田。按明朝祖制，皇帝嫡长子例封皇太子，继承皇位；其余诸子享有禄米岁万石（初为五万石）。又给予护卫和牧马草场，使其布列各地，尤其是北方及西南的少数民族地区，以屏藩皇室，故俗称藩王。王府亲王的嫡长子即位为王，其他诸子则封郡王。洪武五年（1372年）规定，郡王诸子年及十五，每人赐田

60 顷。二十八年拨赐的土地减为 16 顷。郡王之下的镇国将军也有赐田。明代，皇子受封为王的有 62 人。

烧造

专供官府和宫廷之用的砖瓦和陶瓷器皿的制造。明代官营烧造事务，砖瓦隶工部营缮司，陶瓷隶工部虞衡司。洪武二十六年（1393 年）规定，凡南京营造需用砖瓦，每年于聚宝山置官窑烧造。永乐初，营建北京，工部设临清砖厂、琉璃厂（今北京和平门外）、黑窑厂（今北京左安门外）等官窑，分别烧造城砖、琉璃瓦和一般砖瓦。临清厂每年派造白城砖 100 万块、斧刃砖 40 万块。此外，河南、山东以及北直隶河间诸府均于运河沿岸建窑烧砖。工部派管造官常驻临清、直隶、山东、河南军卫州县有窑座处统辖。明中期以后，宫殿营建最繁。近京及南直隶苏州等处皆建有砖厂。陶瓷方面，著名窑场——定、磁、钧、龙泉和景德镇等窑仍继续烧造。宣德和嘉靖年间，河南钧、磁二州，北直隶真定府曲阳县每年烧造供光禄寺使用的瓷缸瓷坛多达 5 万余件；仪真、瓜洲二厂也负有年造酒缸 10 万个的派造任务。明代龙泉青瓷称处瓷，明初与景德镇几乎处于同等重要的地位。南北各地官窑中，以景德镇御窑最负盛名。

明长城

明王朝利用北魏、北齐、秦、隋长城的旧建筑，先后加修多次而形成的军事防御工程，明时称边墙，是中国历史上规模最大的长城，也是保存最完整、最坚固、最雄伟的长城遗迹。西起嘉峪关，东达鸭绿江，横贯甘肃、宁夏、陕西、山西、内蒙古、河北、北京、天津、辽宁等省、市、自治区，全长 6350 多公里，又称为明长城。明长城不仅工程浩大，在工程材料和修筑技术上也有很多的改进。明代修筑长城主要是为了防御北方游牧民族的骚扰，同时对明王朝新建政权的巩固、北部地区畜牧业生产的稳定和国家的安全都起了积极的作用。

花机

手工提花织机的简称，又名花楼机。明代提花织机的结构更为完善，全长一丈六尺，中间装有调整经线开口位置的部件，即衢盘。其下垂吊衢脚，是使经线回复原位的部件。衢脚以加水磨滑的竹棍制成，共 1800 根，今称纹针。机上有花楼高高突起，是提花机上用人力按花纹样稿控制经线起落的部件。龙袍织机花楼高达一丈五。织机的尾部用经轴卷丝，中部垂直置放的两根叠助木，是用来绷紧经线的压木。此外，还有楼门、涩木、老鸦翅、铁铃、眠木牛、称庄等多种部件，十分复杂。花机适于织造复杂的大花纹织物。使用花机需两人合作，一人司织，一人"坐立花楼架木上"负责提花。

潞绸

明朝丝织品中的名贵品种，因产于山西潞安府而得名。其络丝、练线、染色、抛梭等工序都很精细。织作纯丽，质地优良，可与苏、杭绸缎媲美。潞安府从事织造潞绸的机户很多。长治、高平、潞州卫三处，就曾有绸机 1.3 万多张。因本地产丝不多，潞绸所用之丝，大部分来自外地。有的来自四川保宁府的阆中等县，有的则采用浙江、湖州的湖丝。

湖丝

指浙江湖州府出产的蚕丝。明代湖州盛产蚕丝，质地良好，全国闻名，时人称"丝绵之多精甲天下"。其中又以产于乡村市镇七里的蚕丝质量最佳，被称为七里丝。湖丝远销日本、南洋等地。

松江布

泛指松江及其附近地区出产的棉布。松江府地处长江下游三角洲，在今上海市境内。元代元贞年间（1295—1297 年），松江乌泥泾人黄道婆由崖州（今海南崖县）带回的先进纺织工具和技术，推动了松江地区棉纺织业的发展。经元、明两代，棉纺织业普及南北，而松江织造技术尤精，产品行销全国，且远销日本和朝鲜，有"衣被天下"之称。

芜湖浆染

明朝南直隶芜湖县浆染纺织品的行业。各地棉布纺织最佳者是松江布，浆染最佳者是芜湖。明末，松江布经芜湖出长江口，再经楚、蜀，而散于闽、粤、秦、晋、滇、黔诸地。芜湖因之布商麇集，舟车负载，商业异常繁荣。贩经芜湖的棉布多在此地浆染加工。芜湖浆染业技术精良，历史悠久。曾浆染过一种发青光的棉布，为国内外所珍爱。入明以后，又染出一种毛青布，红焰之色隐然，亦成为佳品。

改机

明朝福州的缎机。原为五层，弘治年间，织工林洪改为四层，故名改机。织四层经线的织物，时称改机缎。明代，像改机缎这样的四层经线织物大量出现。残存于明代佛经封面上的织物、故宫明藏妆花胡桃锦，以及定陵出土的白地蓝色落花流水上衣等，都属于四层经线二层纬线的双层平纹提花织物。

遵化冶铁

北直隶蓟州境内遵化县（今属河北）有明代官营冶铁中规模最大、投产时间最长的铁厂。永乐迁都后，铁的需求量增加，遵化冶铁得到长足发展。宣德时工部造军器，即命取遵化铁20万斤。正统年间"略足供工部之用"。成化十九年（1483年）起，岁运北京30万斤。正德四年（1509年），炼钢铁共计70余万斤。嘉靖八年（1529年）以后，每年炼生熟铁40余万斤。其铁炉深一丈二尺，日出铁4次，产品除生熟铁，还有钢铁。

佛山冶铁

广州南海县佛山镇（今佛山市）有明代铁器冶炼业。成化、弘治年间，佛山居民大都以冶铁为业。广东各地采炼之生铁，

多顺江而下，贩运至佛山镇铸成熟铁锭和其他铁制品。佛山镇冶铁业均属民营，冶铁户称炉户，受炉户雇募者为工匠。各炉户因铸铁器制品种类的不同而形成若干行业，有铸锅、铸铁灶、炒炼熟铁打造军器、打拔铁线、打造铁锁、打造农具杂器和铁钉等。佛山铁器远销海内外。

鱼鳞图册

为征派赋役而编制的土地登记簿册。以所绘田亩状如鱼鳞而得名，简称鱼鳞册。洪武元年春，朱元璋针对两浙富民隐瞒田产、逃避赋税之弊，派遣周铸等164人往浙西核实田亩，并在松江编制鱼鳞图册。二年，又派国子生武淳等分别巡行州县，全面清丈土地，查实田亩，编造土地清册，即鱼鳞图册。具体办法为：根据各县税粮多少，将一县分为若干区，每区又按土地的自然形态分为若干地段，由粮长率里长、甲首进行丈量，以田地为主，编排字号，详列土地面积地形、土质优劣及上中下等税则。有的图册还有"分庄"一栏，以备土地买卖时粮差过户或父子兄弟析产之用。各州、县、都、里将所辖境内的田地图编在一起，栉比排列，制成鱼鳞总图册。各州县年终统一造册解府汇编成一府总册。图册一式4份，分存于县、府、布政使司、户部。

景泰蓝

始于明代的特种工艺品，为珐琅器的一种，又名铜胎掐丝珐琅、烧青。因景泰年间广泛流行，制品以蓝釉最为出色，故名景泰蓝。景泰年间内府制造者有"景泰年制""大明景泰年制"等款。明代制品

掐丝珐琅菊花螭耳熏炉　明代

多银饰鸟兽，仿古而雅，也有造型雄伟奇特者。其纹饰以云龙、花卉、吉祥图案为主，釉色除深蓝外，又有天蓝、淡绿、珊瑚、纯黄等色，五彩缤纷，富有玻璃感。

明代织造

明代官府经营的丝织染业。督管此业的职官亦称织造。明政府又直接以内官监督官局织造，称织造太监。明代织造可分朝廷官局和地方官局。朝廷官局包括：设在南京的内织染局，又名南局，隶工部；设在北京的外织染局，即工部织染所；另在南京设有神帛堂和留京供应机房。地方官局为分设在浙江、南直隶等八省各府州的 22 处织染局。织造主要建立在各地染织手工业者无偿劳动的基础之上，一般采取局织形式，集中生产。

龙江船厂

明朝官营船厂之一，洪武初年建于南京龙江关（今南京北郊）。隶工部，都水司郎中总管其事，主事驻厂管理。厂区规模宏大，分南北两处，南称前厂，北称后厂，各有溪口通向龙江。船厂初为打造战舰而设，后兼造巡逻船以及其他海湖船舶。

黄册制度

明朝用以管理户口、征调赋役的制度，因用黄纸为面，故名。洪武十四年（1381 年），朱元璋在全国推行里甲制度的基础上，诏令编制赋役黄册。规定每里（110 户）编为一册，册首为图，记载税粮户口之数；鳏寡孤独不任役者则带管于 110 户之外，列在图后，名曰畸零。一式四册，一本进户部，所在司、府、县各存一本。二十四年，又颁行编制黄册的格式。以户为单位，按各户人丁事产多寡，分为上、中、下三等，排年应役。俱用黄纸为面，故又名民籍黄册。黄册编定之后，写明该户所纳粮签数额，据此纳粮当差。此外，还有军籍黄册，用以管理军户承袭军职、防止脱免等。也是一式四份，即兵部与所在省、府、县各一份。

金花银

明朝税粮折收的银两。明初征收赋税主要是实物，夏税秋粮折收金银唯在陕西、浙江偶尔实行。永乐迁都后，京师官员需持俸帖往南京支领俸米，道远费多，于民于官均不利。为解决这一问题，宣德时准折纳金花银，每两当米四石，解京充俸。正统元年（1436 年），朝廷决定将南直隶、浙江、江西、湖广、福建、广东、广西之夏税秋粮 400 余万石折银征收。米麦每石折银二钱五分，共折银百万余两，于北京内承运库缴纳，每季分进 25 万余两。其后成为定制，在全国实行。税粮折银，既减轻了农民运送税粮的痛苦，也推动了商品经济的发展。

一条鞭法

明朝赋役的重要改革。初名条编，又名类编法、明编法、总编法等，后"编"又作"鞭"，间或用"边"。主要是将赋和役分别合并，折算成银两，最后将役银与赋银合并征收。"一条鞭法"改革主要是役法改革，也涉及田赋。粮之多寡取决于地亩，因而徭役之中也包含有一部分地亩税。国家从保证赋役出发，遂逐渐把编征徭役的重心由户丁转向田亩。实行"一条鞭法"后，役银由户丁负担的部分缩小，摊派于田亩的部分增大，国家增派的差徭主要落在土地所有者身上，已初步具有摊丁入地的性质。它具体反映了两个过渡：一是现物税和现役制向货币税过渡；一是户丁税向土地税过渡。"一条鞭法"较能适应社会经济的发展，对商品生产的发展具有一定促进作用。赋役的货币化，使较多的农业产品投入市场，促使自然经济瓦解，为工商业的进一步发展创造了条件。

匠班银

明朝定期当班工匠缴纳的代役银。洪武十九年（1386 年）颁布法令：工匠以三年为班，轮流到京师服役三个月，如期交代，名曰轮班。二十六年，改定为一年至五年五种轮班法。景泰五年（1454 年），实行全国轮班匠划一为四年一班。服役地点，洪武年间集中在南京，永乐迁都后以北京为重点。成化二十一年（1485 年）规定轮班匠可以银代役，凡愿出银者，每月每名南匠出银九钱，北匠出银六钱，不愿者仍旧当班。弘治十八年（1505 年），规定每班征银一两八钱，遇闰征银二两四钱。八年后令南直隶等处远者纳价，北直隶等处近者当班，各从民便。

三饷

明末加派的辽饷、剿饷和练饷三项赋税的合称。辽饷也称新饷，始征于万历四十六年（1618 年），主要用于辽东的军事需要。剿饷为镇压农民起义的费用，总数 280 万两，主要也征自田土。练饷名义上是训练“边兵”，实际上为了对付农民起义，共征银 730 余万两。

三办

明朝物料征调方式的合称，有岁办、额办、采办。明代皇室的日用消费品，按“任土作贡”原则，每年由产区进贡物料，以供皇室，称岁办。许多物料设有定额，按定额征解、造办，称额办。当进贡的物料不能满足需求时，由官府出钱购买，送京供用，称采办。

税饷

明朝对出海贸易船货收取税课以充兵饷的银两。嘉靖年间，北部边防吃紧，屡屡增兵增饷。开始只于北方征收，后又对东南沿海各地的私人海上贸易活动征税。隆庆元年（1567 年），明廷开海禁，正式设港通商，开征贸易税。万历初年，将税钱充兵饷，是为税饷。

钞关

明朝内地征税的关卡，因规定以钞纳税，故名。宣德四年（1429 年）创设，隶户部，税收多用于支付军事抚赏费用，前后设有 13 所。设置钞关旨在征收船税，临清、杭州两关也兼收货税，由各差御史及户部主事监收。船税以载运商货之船户为征课对象。初期按运送路程之远近和船舶大小长宽不同分等称船料，估料定税。宣德四年规定，南京至淮安、淮安至徐州、徐州至济宁、济宁至临清、临清至通州各段均每 100 料纳钞 100 贯；自北京与南京间的全程，每 100 料纳钞 500 贯。

马市

明朝与边疆贸易的固定场所，因以交换或收买马匹为主，故名。马市由来已久。汉在边境设关市，贸易项目即有牛、马。唐、宋、元等朝皆与边疆少数民族进行马市交易。明承此制，多设马市，其中重要者有设于辽东的辽东马市，设于宣府、大同的宣大马市。

皇店

明朝皇帝私人开设的店铺。皇店主要设在北方商业发达、交通便利的城市和地区，如北京的九门、鸣玉、积庆二坊、卢沟桥和运河沿岸之张家湾、河西务、临清以及北方的军事重镇宣府、大同、山海关、广宁等地。店房或来自查抄的权贵店铺，或来自官店，或为强拆民房后所建。经营管理者由皇帝直接委派。开设皇店目的是为营利，有花酒铺，有茶酒店，有货栈，有的则用来征收商税。

官店

明朝官府开设的店铺。吴元年（1367 年）四月，朱元璋下令改在京官店为宣课司，府州县官店为通课司，作为明朝官府征收商税的机构。主管官店者多为皇帝的亲信太监，收入一般归官府支配。官店大都设于商业比较发达与交通便利的地区，如南京、北京、宣府、运河沿岸之通州张家湾、天津、山海关外之八里铺，以及山西的蒲州、江西的东乡等地。有些地方则设有多处。官店的作用因时而异。洪武时主要用于刺探军情和征收商税；景泰时逐渐变成停贮客商货物的货栈，借以征收商税；其后或出赁收租，或充当店铺并兼收商税。

茶马

明朝以官茶换取青海、甘肃、四川、西藏等地少数民族马匹的政策和贸易制度。洪武四年（1371年），户部确定以陕西、四川茶叶易番马，在各产茶地设置茶课司，定有课额。又特设茶马司于秦州（今甘肃天水）、洮州（今甘肃临潭）、河州（今甘肃临夏）、雅州（今四川雅安）等地，专门管理茶马贸易事宜。以茶易马，在满足国家军事需求的同时，还以此作为巩固边防、安定少数民族地区的统治策略。随着内地与边疆少数民族地区经济交流的发展，至成化时，民间茶马贸易日趋频繁。茶马贸易，既促进了内地与青海、甘肃、四川、西藏等少数民族地区的经济文化交流，也对少数民族地区的经济发展产生了积极作用。

西商

明朝商人集团，与徽商并雄，为当时两大主要商业资本集团之一，因居于陕西、山西一带，故名。西商所经营的行业与山西、陕西特殊的地理位置密切相关。陕西是中国西部交通的中心，又是古代著名的丝绸和瓷器贸易的必经之路。明代西部、北部边防需要的许多重要物资如布匹、粮食等，大部分经陕西、山西运给。加上推行中盐法和茶马贸易，山、陕商人就以布匹、粮食、茶、马、食盐等贸易为主。活动范围大致是输粟到边塞，贩盐于淮扬河东，贩布于吴越，运茶于川蜀，从而以陕西、山西为大本营，往来于边塞、江淮、川蜀之间，有的还到达湖广、河南、河北、山东及辽东等地。所经营的行业多为供应军需，相当部分是供官府的财政所需，与封建政府有密切关系，因此其所积累的商业资本大多不能转化为产业资本，而走上官僚资本的道路。

会馆

明朝都市中由同乡或同业组成的团体。会馆几乎遍及通都大邑，府、州、县城甚至某些乡镇也有设置。大体可分为三种：一种主要为同乡官僚、缙绅和科举之士居停聚会之处，又称"试馆"；二是以工商业者、行帮为主体的同乡会馆；三是客民建立的同乡移民会馆。早期会馆是一种同乡组织，与工商业者关系不大。明中叶以后，会馆开始从单纯的同乡组织向工商业组织发展。会馆的出现，对于保护工商业者自身的利益，起了某些作用。如许多会馆条规都有资金互助、救死扶伤、赈济贫困的条文；同乡同业者也通过会馆的力量来抵抗地痞流氓的勒索；有的还利用会馆组织霸田抗租。

徽商

明朝商人集团，与西商并雄，成为当时主要的商业资本集团之一，因居于徽州（今安徽歙县、黟县及江西婺源一带）而得名。徽商的主要活动范围在长江流域，沿江各地区有"无徽不成镇"之说。还到达山东、河南、陕西、河北、辽东、广东、福建等地，以及一些边疆海岛和少数民族地区，有的甚至营商海外。徽商经营行业十分广泛，尤以盐业为最。江淮和浙海食盐的贩卖，为徽商所垄断，粮食、茶叶、木材、典当、棉布、丝织品、陶瓷、书籍、墨砚以及仓库旅馆业和海外贸易等，徽商亦插足其间。有的还兼营行商、坐贾、牙

织机　明代

明中叶以后，民间机户迅速成长，纺织业高度发展，南京、苏州、杭州这些地方出现了具有资本主义性质的手工场，其形式是"机户出资，机工出力"，共同进行生产。

行，一人兼营数种行业。徽商也兼营金融业务，接受存款。不少徽商富比王侯，资产以百万甚至千万计。

布号

明朝商人为购销棉花和布匹、组织棉纺织生产而设立的行业。明代前期，江南一带植棉业和棉纺织业最为发达，当时所生产的棉布、棉纱有相当部分作为商品投向市场，促使棉花和棉纺织品的贸易活动也随之发展，许多地区出现了从事棉花、棉纱、棉布购销活动的市场和商人。这些商人大多在距农家较近的乡村市镇上设立棉花布号，松江的枫泾、朱泾等市镇，棉花布号多达数百家。明代中叶江南布号所经营的业务，已不限于棉布的收购，还逐渐地起着组织生产的作用。一些布号从事包买活动，他们付出棉花等原料，组织农民个体小生产者进行纺织生产，产品由其收购，从而直接控制了棉纺织品的生产者。有些布号已开始经营收购棉花、组织漂布、染布以至发卖运销等一系列业务，拥有相当数量的雇佣劳动者从事棉布的加工生产。

海禁

明朝禁阻私人出洋从事海外贸易的政策，亦称"洋禁"。洪武年间朱元璋屡申"通番禁令"，规定"滨海居民不许与外洋番人贸易"，颁布"将人口军器出境及下海者，绞"等严刑峻法。又在山东至广东的沿海地区修筑海防工事，建立严密的"巡检"制度。永乐以后，仍重申"严私通番国之禁"。当时从事海上贸易获利甚巨，官僚地主多与商人勾结，串通官府，逃避禁令，招诱破产贫民出海。有的既是走私，又是海盗。有些豪门世家、奸商舶主利欲熏心，不仅与葡萄牙殖民者进行非法贸易，而且勾结倭寇在东南沿海一带掳掠杀害中国人民，构成"倭寇之患"。"官市不开，私市不止"，参加对外贸易的人越来越多，朝廷无法禁绝。至隆庆初，才开放海禁，"准贩东、西二洋"，以征收商税，增加财政收入。海外贸易的发展，促进了东南沿海地区商品性农业和手工业的繁荣，为资本主义萌芽的成长提供了有利条件。

贡舶

又名市舶。本指海外诸国贡使所乘的船舶，引申为官府的对外贸易。明朝外国贡使来中国，除携带贡品外，准许附带商品进行贸易，禁止非朝贡国家的船舶来华互市。贡舶到达港口后，先由市舶司检验"勘合"，相符者方许入京朝贡。贡舶带来的商品，可由贡使带入京师，在会同馆

南都繁华图　明代
经过明朝初期几十年的休养生息，到了明宣宗时，社会经济开始繁荣起来。当时，农业产品品种增加，手工业品极大丰富，商品交换十分频繁。此图描绘了当时南京城繁荣兴旺的景象。

开市三日或五日，中国商人及军民人等可将非禁货物运入馆内，在礼部派员监督下"两平交易"。也可以在市舶司所在地互市，由市舶司主持，官设牙行，与民交易。

开中

明朝鼓励商人运粮到边塞，给予其贩盐专利的制度，又称"开中法"。洪武四年（1371年）制定中盐例，根据里程远近，一至五石粮食可向政府换取一小引（200斤）盐引。"开中法"大致分为报中、守支、市易三步。报中是盐商按照官府的要求，把粮食运到指定的边防地区粮仓，向政府换取盐引；守支是盐商换取盐引后，凭盐引到指定盐场守候支盐；市易是盐商把得到的盐运到指定的地区销售。

粮长制

明朝在各州县设置的由粮长负责征收税粮的制度。每州县按征收粮额分为若干粮区，区设粮长。先行于南直隶和浙江、江西，有漕各省曰漕运粮长，其他各省曰赋役粮长，苏、松等府兼征白粮的州县专设白粮粮长。十月初粮长先在粮区内纳粮最多之大户中公推，后为官府指派。其目的在于杜绝官吏和豪绅舞弊，便于民户就地交纳，以保证税收。

明朝制钱

明朝由官炉所铸的铜钱。朱元璋称帝前七年，于应天（今江苏南京）设宝源局，铸"大中通宝"钱，与历代旧钱兼行。洪武元年（1368年）在各行省设宝泉局，与宝源局并铸"洪武通宝"钱，严禁私铸。"洪武通宝"钱分当十、当五、当三、当二、当一共五等。"当十"钱重一两，"当五"钱重五钱，余递减。洪武四年改铸"大中通宝"和"洪武通宝"为小钱，重一钱，形状亦为圆形，方孔小平钱背面孔右有"一钱"两字；当十钱背面除"一两"两个字，孔上还有一"十"字，表示"当十"之意，各行省所铸钱，背面还刻有重量和局名。

3. 文化

皇史宬

明、清时期的档案库，位于今北京南池子大街。嘉靖十三年（1534年）七月始建，两年建成，初建时定名神御阁，拟藏"列圣御容、训录"，建成后更名皇史宬。总面积2000多平方米。门额系明世宗手书，原物已不存。今悬门额系清代改题，满汉合书。正殿内东西宽40.5米，南北进深8.98米。梁柱、斗拱、窗等，为砖石砌成，利于防火、防潮。东西两庑为砖木结构配殿。东配殿之北有一碑亭，亦砖木结构，清嘉庆十二年（1807年）重修皇史宬时增建，内有《重修皇史宬记》石碑。正殿室内有石台，石台上排列着铁皮鎏金雕龙木柜，即所谓"金匮"。专放明、清两代实录、宝训及圣训。金匮数量，明时为19具，清雍正前有31具，同治时增至141具，清末达152具。除实录、圣训外，收藏过明、清两代各朝的玉牒、《永乐大典》副本、《大清会典》及各将军印信等。

天一阁

中国现存最古老的藏书楼。位于浙江省宁波市西，建于嘉靖四十年（1561年），四十五年落成。该阁背北朝南，为两层砖木瓦建筑，全部木结构封于山墙内，以备火患。楼上取"天一生水"句"天一"之意，为一大间，以书橱间隔；楼下取"地六成之"句"地六"之意，分作6间。周围无其他建筑相连，阁南又凿有水池，均含防火之意。阁北有假山古树，环境幽静。蓄书最多时达7万卷。其中宋、元刻本，明弘治、嘉靖年间编修的地方志，及明代登科录尤为珍贵。

汲古阁

明朝私人藏书楼和印书工场。位于江苏常熟隐湖之南七里桥，明末毛晋（1599—1659）创办。毛晋初名凤苞，字子晋，江苏常熟人。早年屡试不第，遂隐居故里，变卖田产，于七里桥构筑汲古阁，另在问渔庄和曹溪口构筑两阁，以收藏和传刻古书。毛晋延请海内名士30多人校勘儒家经典，校成后即付刻印。汲古阁分上、中、下三楹。中藏四库书及释道两藏，皆南北宋内府藏书。汲古阁后有楼9间，楼上储放书版；楼下两廊及前后为刻字匠与印匠居住和工作之处。雇用工匠最多时达数百人。汲古阁刻印的书籍有十三经、十七史及唐、宋、元人别集、道藏、词曲等，书版在毛晋时即有10万块之多，所刻书籍校勘详明，雕印精良，称毛刻本，行销全国各地。

四书五经

儒学经典著作。"四书"即《大学》《中庸》《论语》《孟子》；"五经"即《诗》《书》《易》《礼》《春秋》。"四书"中的《大学》《中庸》为《礼记》中篇文。本为先秦古籍，四书在宋代朱熹《四书章句集注》后定名。五经在汉武帝建元五年（前136年）初置"五经"博士后定名。明代规定科举考试题目要出自"四书五经"，答题要依据朱熹《四书章句集注》为准。"五经"中的《诗》是最早一部诗歌总集，《书》《春秋》《礼》是史书，也是著名的文学作品，其中保存了关于商周情况的最基本史料，《易》是古代的占卜著作，其中包含丰富的哲理。《论语》《孟子》分别是孔子、孟子的语录集。

八股文

明、清科举考试的答文格式。分8个

殿试图

部分：破题、承题、起讲、入手、起股、中股、后股、束股。又称"八比"。考生据此格式答题、写作。破题要求用两句话点题，承题是承破题内容加以阐发，起讲是对问题开始议论，以后各股逐步展开，最后四股，要求用排比对偶的文字，中股是议论的中心。形式古板僵硬，内容空洞无物，千篇一律，是封建社会加强思想控制的一种手段。明初八股文写作还不十分严格，明代成化年间以后才严格固定下来。1898年被正式废除。

沈周

（1427—1509年）明代画家。字启南，号石田，晚号白石翁。长州（今属江苏苏州）人。不应试科举，长期从事绘画和诗文创作，与文徵明、唐寅、仇英合称"明四家"。传世作品有《庐山高图》《秋林话旧图》《沧州趣图》。著有《石田集》《客座新闻》等。

唐寅

（1470—1523年）明代画家。字伯虎，一字子畏，号六如居士，吴县（今属江苏）人。弘治十二年赴京会试，因牵涉科场舞弊案受到连累而被革除功名。从此不求仕途，致力于绘画。他自称"江南第一风流才子"，诗文流畅通俗，与祝允明、文徵明、徐祯卿并称"吴中四才子"。擅画山水，与沈周、文徵明、仇英合称"明四家"。兼善书法。传世作品有《王蜀宫妓图》《秋风纨扇图》《簪花仕女图》《山路秋声图》等。

王廷相

（1474—1544年）明代诗人、哲学家。字子衡，号浚川，兰封（今河南兰考）人。弘治年间中进士，初为翰林院庶吉士，因事贬亳州。后又召为监察御史，巡按陕西。最后因处理郭勋事不力，革职为民。善诗文，推崇李梦阳，为倡行复古的"前七子"之一。主要创作五言、七言古诗，能面对现实，但不善剪裁，后人讥为粗硬。传世有《王氏家藏集》。

文徵明

（1470—1559 年）明代书画家。名璧，字徵明，号衡山居士，长州（今属江苏苏州）人。少年时学文于吴宽，学书法于李应祯，学画于沈周。与沈周一同奠定了吴门派基础。效法郭熙、李唐、赵孟頫、王蒙，早年画风工细，多用偏锋，世称"细文"。与沈周、唐寅、仇英合称"明四家"。传世书迹有《前后赤壁赋》等，绘画作品有《烟江叠嶂图》《湘君湘夫人图》《南窗寄傲图》《真赏斋图》《江南春图》。

王阳明

（1472—1528 年）明代哲学家、教育家。字伯安，浙江余姚人，名守仁，世称"阳明"。最重要的哲学著作是《传习录》《大学问》。他在哲学上继承和发展了南宋陆九渊的理论，后人并称为"陆王心学"。王阳明的主观唯心主义思想在明代中期以后有很大影响，还流传到日本。

方以智

（1611—1671 年）明、清之际哲学家、科学家。字密之，号曼公，安徽桐城人。明崇祯年间中进士，曾任翰林院编修。明亡后削发为僧，以示抗清。在哲学上，他认为天地间只存在气，虚空与实形均是气的表现形式，气是永恒的不灭的存在。认为阳气为火，气火同质，火即是气，以火为宇宙万物之本原。提出一而二、二而一的思想，说明事物的矛盾对立统一。出家为僧后其理论受佛教思想影响。主要著作有《通雅》《物理小识》《东西均》《药地炮庄》《浮山文集》《青原志略》《易余》《愚者智禅师语录》《一贯问答》等。

张岱

（1597—1679 年）明末文学家。字宗子，又字石公，号陶庵，山阴（今浙江绍兴）人。一生未曾做官，过着落拓不羁、游山玩水的生活，对戏剧、音乐、品茶等，均有所好。著名的篇章有《西湖七月半》《湖心亭看雪》《柳敬亭说书》等。著有《琅嬛文集》《陶庵梦忆》《西湖寻梦》《石匮书》《石匮书后集》等。

归有光

（1507—1571 年）明代散文家。字熙甫，号项脊生，昆山（今属江苏）人，人称震川先生。嘉靖年间中进士，官至南京太仆寺丞。当时文坛上以王世贞为代表的"后七子"声势很大，他们极力主张"文必秦汉，诗必盛唐"。归有光则与王慎中、唐顺之、茅坤等推尊韩柳欧曾王苏古文的既成传统，自觉地提倡唐宋古文，被称为唐宋派。归有光是唐宋派的领袖，所作散文朴素简洁，善于叙事，很受当时人推重。王世贞晚年也赞扬他的文章"不事雕饰而有风味"。著名作品有《先妣事略》《寒花葬志》《项脊轩志》等。有《震川先生集》传世。

陈洪绶

（1598—1652 年）明代画家。号老莲、悔迟，诸暨（今属浙江）人。幼年即喜爱绘画，一度为宫廷作画，后南返。擅画人物、山水、花鸟、竹石、鱼虫，初学蓝瑛，后学李公麟、赵孟頫。绘有《水浒叶子》《博古叶子》《九歌》和《西厢记》等绣像插图。传世作品有《拳石山茶图》《笼鹅图》《升庵簪花图》《摘梅高士图》。著有《宝论堂集》等。

董其昌

（1555—1637 年）明代书画家、鉴赏家。字玄宰，号思白、香光居士，华亭（今上海松江）人。官至礼部尚书。才华俊逸，善鉴别书画。书法初学颜真卿，后改学虞世南，转学魏、晋、宋诸名家，长于楷、行、草书，自然秀雅，列"明末四大书家"。传世书迹较多，画作有《云山小隐图》《烟江叠嶂图》《潇湘白云图》《遥山泼翠图》等。著作有《容台集》《容台别集》《画禅室随笔》《画旨》《画眼》等。

徐渭

（1521—1593年）明代文学家、书画家。初字文清，改字文长，号天池山人、青藤道人等，山阴（今浙江绍兴）人。一生屡试科举不中，中年在浙闽总督胡宗宪府任幕僚。晚年生活贫苦，靠卖书画度日。善诗文，不落陈套，通戏曲。善书法，出自米芾，而更加放纵，不拘成法，人称书中"散圣"。擅画山水、人物、花鸟、走兽、鱼虫，尤善画水墨花鸟。清代郑板桥极推崇他，自称"青藤走狗"。他的传世作品有《牡丹蕉石图》《荷蟹图》《梧桐芭蕉图》《墨葡萄图》等。还有戏曲论著《南词叙录》、杂剧《四声猿》，诗文《徐文长全集》《徐文长佚传》等。

汤显祖

（1550—1616年）明代戏曲作家、文学家。字义仍，号海若，临川（今属江西）人。早年有文名。隆庆四年（1570年）中举人，拒绝首辅张居正招揽，万历十一年（1583年）中进士。历任南京太常寺博士，万历二十六年弃官归家，从此即在自建的"玉茗堂"内专心创作戏曲。佛学大师达观和他交谊颇深。罢官后曾与李贽相会，达观和李贽对汤显祖影响较大。与袁宏道、屠隆、徐渭、沈懋学、梅鼎祚等人相友善。在创作上，汤显祖重视思想内容，反对音律束缚，提倡神情合至，描绘理想境界。作有传奇《紫钗记》《牡丹亭》《南柯记》和《邯郸记》，合称《临川四梦》或《玉茗堂四梦》。诗文和尺牍有《红泉逸草》《玉茗堂集》等。《牡丹亭》是汤显祖的代表作，对当时和后世的戏曲创作都产生了重大的影响。

冯梦龙

（1574—1646年）明末通俗文学家。字犹龙，长州（今江苏苏州）人。少年即有才气，但怀才不遇，57岁才补了一名贡生。曾任江苏丹徒县训导、福建寿宁知县等小官。清兵南下时，参与抗清。顺治三年（1646年）死于故乡。文学上，崇尚自然，提倡文学表现人性，打破了以封建道统来衡量文学作品的标准。一生致力于通俗文学的搜集、整理和写作。曾刊印《山歌》等民歌集，创作《双雄记》等传奇剧本。编辑了《喻世明言》《警世通言》和《醒世恒言》三部短篇小说集（简称《三言》），影响最大，至今仍畅销不衰。

《明实录》

明朝官修的编年体史书。记录从朱元璋到朱由校共15位皇帝的史实。其中建文朝实录附于《太祖实录》中，景泰朝实录附于《英宗实录》中。全书共13部，2909卷。纂修此书，系以朝廷诸司、部、院所呈缴的章奏、批件等为本，又以遣往各省的官员辑的先朝事迹做补充，逐年记录各个皇帝的诏敕、律令，以及政治、经济、文化等大事。

《皇明祖训》

朱元璋主持编撰的明朝典籍，内容是为巩固朱明皇权而对其后世子孙的训诫，初名《祖训录》。始纂于洪武二年（1369年），六年书成，朱元璋为之作序，命礼部刊印成书。九年又加修订。二十八年重定，更名为《皇明祖训》，并将首章的《箴戒》改称《祖训首章》。

《大明会典》

明朝官修的记载典章制度的史书。又名《明会典》。共180卷。嘉靖时经两次增补，万历时又加修订，撰成重修本228卷。

《寰宇通志》

明朝官修地理总志。共119卷，以景泰五年（1454年）政区建制为依据。包括两京、13布政使司所辖府151、直隶州37、属州181、县1093；两京都督府的16个都指挥使司（除13布政使司各设一都司外，又设大宁、万全、辽东都司）、4个行都指挥使司（福建、四川、山西、陕西）、中都留守司所属卫374，千户所238，以及设于四川、云南、贵州的宣慰、宣抚、安抚、招讨、长官等。最后为"外夷"各国。

《大明一统志》

明代官修地理总志，90卷，李贤、彭时等纂修。明英宗亲自作序，赐名《大明一统志》。以两京与13布政使司以及所属149府为纲，以城池、坛庙、山陵、苑囿以及建置沿革、郡名、形胜、风俗、山川、土产、公署、学校、书院、宫室、关津、寺观、祠庙、陵墓、古迹、名宦、流寓、人物、列女、仙释为目，作简略说明。书末记述相邻近国家或地区的地理形势。

《永乐大典》

明朝官修的大型综合性类书。始纂于永乐元年（1403年），永乐五年完成。初名《文献大成》，后经增订重修，命名为《永乐大典》。计22937卷，3.7亿字。解缙、姚广孝等主编。建文四年（1402年），朱棣发动"靖难之役"夺取皇位之后，深感臣民对其夺位有不平之气，难以力服，故欲以修典笼络朝野儒士，使之乐为其用，以巩固和加强其统治。永乐元年七月，朱棣以天下古今事物浩如烟海，散载诸书籍，查找不易，命翰林学士解缙等将"凡书契以来，经、史、子、集、百家之书，至于天文、地志、阴阳、医、卜、僧、道、技艺之言"，备辑为一书。解缙等奉诏编纂，依韵编次，于次年十一月奏呈朱棣，朱棣赐名为《文献大成》。但他不满该书的急就速成，认为采摘不广，记载太略，又于三年正月，敕谕解缙等重修。并增派太子少师姚广孝和礼部尚书郑赐为监修。参加编纂的官员前后多达3000余人。永乐五年十一月编成，朱棣赐书名为《永乐大典》，亲撰序言。该书正文为22877卷，凡例目录60卷，装订为11095册。封面左上首签题"永乐大典"四字。其篇幅之大，搜罗之广，缮写之工整，装潢之精湛，为当时世界所罕见。

《怀陵流寇始终录》

记述明末农民起义事迹的史书，又名《寇事编年》《流寇长编》《流寇编年》等，清初戴笠撰。该书长期只有抄本流传，各抄本的卷数、内容、序跋和附录多有不同。

通行本《怀陵流寇始终录》有正文18卷，后有《甲申剩事》1卷、《将亡妖孽》1卷。卷末附清嘉兴谭吉璁撰《延绥镇志·李自成传》1卷，卷首有潘耒撰《寇事编年序》等。全书记事起于天启七年（1627年）八月崇祯帝朱由检即位，止于清康熙三年（1664年）夔东13家失败，叙述了明末农民起义的全过程。

《天下郡国利病书》

明朝地方志的辑录，顾炎武编撰。全书首为舆地山川总论，次以明代两京与13布政使司分区，对各地建置、赋役、屯田、水利、军事、边防、关隘等，均有较详细的论述，并及西域、南北少数民族地区情况。

《明史》

清朝官修的记述明代历史的纪传体史书。始纂于康熙十八年（1679年），乾隆四年（1739年）由保和殿大学士张廷玉等撰成。全书共332卷，包括本纪24卷、志75卷、表13卷、列传220卷，另有目录4卷。该书取材于《明实录》《大明会典》、档册、邸报，以及文集、奏议、稗史、方志、传记等有关著述和材料。体例严谨，叙事清晰，编排得当，文字简明，具有较高史料价值。

《明书》

记载明朝史事的纪传体史书，傅维鳞撰。共173卷，起于元朝天历元年（1328年），讫明朝崇祯十七年（1644年）。包括本纪19卷、世家33卷、宫闱纪2卷、表12卷、志22卷、记5卷、列传26卷、叙传2卷、目录2卷。

《金瓶梅》

又名《金瓶梅词话》，明代长篇小说。成书约在隆庆至万历年间，作者署名兰陵笑笑生。《金瓶梅》共100回，是中国文学史上第一部由文人独立创作的长篇小说。它借《水浒传》中武松杀嫂一段故事为引子，通过对集官僚、恶霸、富商三种身份于一身的西门庆及其家庭罪恶生活的描述，暴露出明代中叶社会的黑暗和腐败，具有较深刻的认识价值。

《金瓶梅》故事图　清代

此是清初人依据《金瓶梅词话》第六十三回所绘的图画。画面中央艺人正在表现海盐腔，右下方的伴奏乐队有提琴、三弦、笙、笛、云锣等乐器，两旁是饮酒看戏的宾客，左上方是掀帘看戏的女眷。

《拍案惊奇》

拟话本小说集《初刻拍案惊奇》和《二刻拍案惊奇》的合称，作者凌濛初。刊于明代崇祯年间，每集40篇，共80篇，内有1篇重复，1篇杂剧，故实有拟话本78篇。作品多取材于古往今来的一些新鲜有趣的轶事，敷演成文，以迎合市民的需要，同时也寓有劝惩之意。部分作品反映了明中后期商品经济的活跃和市民意识的发展。它是继"三言"之后最有影响的古代白话小说集，但在思想内容、艺术水平方面不及"三言"。

《明经世文编》

明人文集选编。陈子龙、徐孚远、宋徵璧等选编。504卷，又有补遗4卷。编者从松江以及全国各地搜集文集千种以上，然后从420余人的文集和奏议中选编而成。该书以人物为纲，以年代先后为次。在同一人物的文集中，又以代言、奏疏、尺牍、杂文为序排列先后。其内容十分广泛，包括时政、礼仪、宗庙等。

《三才图会》

明人编撰的百科式图录，又名《三才图说》。王圻、王思义撰。共106卷。内容上自天文，下至地理，中及人物，分天文、地理、人物、时令、宫室、器用、身体、衣服、人事、仪制、珍宝、文史、鸟兽、草木等14门。

吴承恩与《西游记》

吴承恩(约1500—1582)是明代小说家，字汝忠，号射阳山人，山阳（今江苏淮安）人。自幼喜爱神话故事，在科举中屡遭挫折，嘉靖中补贡生。嘉靖末隆庆初任浙江长兴县丞。晚年弃仕途，专意著述，其诗文表现出对当时社会现实的不满。有《射阳先生存稿》。他在前人作品和民间传说基础上，进行再创作，写出了富有浪漫主义色彩的著名长篇小说《西游记》。又撰有《禹鼎志》，已散佚。

施耐庵与《水浒传》

施耐庵是元末明初小说家，《水浒传》作者。高儒《百川书志》说："《忠义水浒传》100卷，钱塘施耐庵的本，罗贯中的编次。"郎瑛《七修类稿》所记略同。他是钱塘（今浙江杭州）人，其生平事迹旧籍记载绝少，传说亦多参差。明人王道生撰《施耐庵墓志》，说他原籍苏州，后迁淮安，元朝进士，卒于明朝洪武初年，终年75岁。

罗贯中与《三国演义》

罗贯中（约1330—1400年）是元末明初小说家。名本，号湖海散人，山西太原人。撰有长篇小说《三国志通俗演义》《隋唐志传》《三遂平妖传》《残唐五代史演传》和杂剧剧本《风云会》等。今所传诸小说皆经后人增删，除《三国志通俗演义》和《三遂平妖传》尚保留原作基本面貌外，其他已非原本面目。

《喻世明言》

话本小说集。原名《古今小说》，又称《全像威信小说》。40卷40篇，明末冯梦龙编纂。后改为《喻世明言》，与冯氏的另两种话本小说集《警世通言》《醒世恒言》合称"三言"，大约刊于泰昌、天启之际（1621年左右）。《喻世明言》40篇作品产生的年代包括宋、元、明三代，无论宋元话本或明拟话本，都以取材于现实生活、描写市井民众的作品最为吸引人，也最有价值。

《警世通言》

话本集，明末冯梦龙纂辑。"三言"之一，40篇，刊于天启四年（1624年）。有些是宋、元旧作，也有明人拟作，文字可能经过纂辑者的加工。书中优秀之作，描写了当时的市民生活，反映了封建势力和封建礼教对人们的迫害。其中《白娘子永镇雷峰塔》《杜十娘怒沉百宝箱》等篇较有名。

《醒世恒言》

话本集，明末冯梦龙纂辑。"三言"之一，40篇，刊于天启七年（1627年）。除少数宋、元旧作外，绝大部分是明人作品，部分疑是冯氏拟作。其中如《灌园叟晚逢仙女》《十五贯戏言成巧祸》《乔太守乱点鸳鸯谱》等篇，或批判黑暗现实，或讥讽封建礼教，都较有名。

顾炎武

（1613—1682年）明、清之际史学家、思想家。原名绛，字忠清。明亡后改为炎武，字宁人。江苏昆山人。与黄宗羲、王夫之并称"明末清初三大思想家"。少时加入复社，阅读邸报，留心经世之务。27岁时秋试被黜，退而读书，遍阅各地郡县志书及章奏文册资料，研究疆域、形势、水利、兵防、物产、赋税等社会实际问题。明亡后，他与归庄等人以匡复故明为志，在南明政权下两次参加武装抗清斗争。失败后，离乡北游，往来于鲁、燕、晋、陕、豫诸省。遍历关塞，实地考察，搜集资料，访求问友。康熙时举博学鸿儒，荐修《明史》，均不就。后居陕西华阴，康熙二十二年（1682年）病卒。强调学以经世，认为一身以至天下国家之事，都应探究原委，反对空谈心性的空疏学风，提出"天下兴亡，匹夫有责"的名言。治学方法主张博瞻贯通，"每一事必详其始末，参以佐证"，辨别源流，审核名实，注重实证。研究经学、文字音韵学、历史地理学，为清代乾、嘉汉学开启先河。著书撰文贵独创，反对因袭、盲从和依傍。著有《日知录》《音学五书》《天下郡国利病书》《肇域志》《顾亭林诗文集》等。

黄宗羲

（1610—1695年）明末清初史学家、思想家。字太冲，号南雷，浙江余姚人。与顾炎武、王夫之并称"明末清初三大思想家"。其父因东林党狱被阉党迫害致死。崇祯帝即位，他赴京为父鸣冤，被许为"忠臣孤子"。顺治二年（1645年），他募乡民在余姚举兵抗清，时称"世忠营"。兵败返回故里，课徒授业，著述以终，至死不仕清廷。其为学领域极广，成就宏富，史学造诣尤深。他身历明清更迭，认为"国可灭，史不可灭"。论史注重史法，强调诚实可信。所著《明儒学案》，是中国第一部系统的学术思想史专著。在哲学上，他认为气为本，无气则无理，理为气之理，但又认为"心即气"，"盈天地皆心也"。在政治上，他深刻批判封建君主专制，提出君为天下之大害，不如无君，主张废除君主"一家之法"，建立万民的"天下之法"。他精于历法、地理、律历、数学、诗文，著作多至50余种，近千卷。

王夫之

（1619—1692年）明末清初思想家、文学家。字而农，号姜斋、夕堂，别号梼杌外史、一壶道人，更名壶。湖南衡阳人。与顾炎武、黄宗羲并称"明末清初三大思想家"。崇祯十五年（1642年）中举人。明亡时，曾在衡山举兵抗清。兵败后退居肇庆，任南明桂王朝官员。后隐遁，辗转于湖南、广东一带，终居衡阳之石船山，从事著述，人称"船山先生"。其学兼经、史、子、诗、文、词。文兼骚、赋、骈、散。哲学思想自成体系，批判庄子"万法唯心""有生于无"以及程朱"理在气先""心外无物"的观点，提出"虚空皆气""理在气中"，肯定"天下唯器而已"，"无其器则无道"，具有朴素唯物主义思想。著作有 100 多种，诗文有《姜斋文集》《姜斋诗集》，论著有《周易外传》《老子衍》《庄子通》《读通鉴论》等。

4. 科技

陈瑄

（1365—1433 年）明初武将，治水专家。字彦纯，安徽合肥人。洪武年间以战功升至四川行都司都指挥同知，后官至世袭指挥使。永乐元年（1403 年），总督海运。后奉命治理江、淮之间诸河，凿渠浚河，使漕运通畅。他治水 30 年，逝于任上，死后追封为侯。

李时珍和《本草纲目》

李时珍（1518—1593 年）是明代著名医药学家。字东璧，号濒湖，蕲州（今湖北蕲春）人，其父李言闻系当地名医。李时珍曾考科举，后弃儒从医，继承家学。他注重研究药物，重视实践，广泛参阅历代医药文献及其他有关文献 800 余种，并亲自上山采药，向渔人、药农、农夫、樵夫、车夫、猎人、工人等请教。他重视药物的临床作用，经过亲身服药、临床观察及有关实践，对药物进行研究、比较、分析，纠正了古代本草书籍中不少关于药物产地、

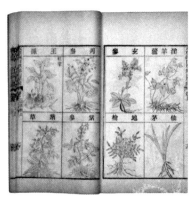

《本草纲目》书影

品种、药名及治疗方面的错误。经过 27 年的艰苦实践，著成《本草纲目》。他认为药物的性能可以用人力加以改造，使之符合人们的需要；对服食炼丹等迷信邪术给予坚决抨击。在生物学、化学、矿物学、地质学等方面，李时珍均有一定成就，尤其在生物分类学方面具有进化论思想，较为突出。还有《濒湖脉学》《奇经八脉考》等著作流传于世。

徐光启

（1562—1633 年）中国古代农学家，水利、历法专家。字子先，号玄扈，上海人。曾任明翰林院纂修、河南道监察御史、礼部左侍郎、礼部尚书等职。他继承发扬祖国科学技术的优秀传统，介绍和吸收当时欧洲近代科学知识，是中国近代科学的先驱者，有天文、历法、几何、水利、农学等多方面译著。所著《农政全书》着力阐发"以农为本"的思想，对农业生产技术作了较详的记叙，被称为"中国古代的农业百科全书"，曾在国内外广泛流传。

《农政全书》

是中国第一部农业科学巨著。徐光启生前未及定稿，死后由陈子龙等整理，崇祯十二年（1639 年）刊行。全书共 60 卷，50 多万字，分农本、田制、农事、水利、农器、树艺、蚕桑、蚕桑广类、种植、牧养、制造、荒政等 12 门。其中水利和荒政所占篇幅较多。该书收集了历代农业科学资料，对元、明以来农业生产经验进行分析总结，并以亲身的试验结论加以补充，具有较高的科学价值，对我国农业科学的发展有很大影响。

李之藻

（1565—1630 年）明代科学家。字振之，又字我存，号凉庵居士，浙江仁和（今杭州）人。万历二十六年（1598 年）中进士，授南京工部员外郎。二十九年从利玛窦学习天文、数学、地理等科学。三十一年任福建学政，三十六年任开州（今河南濮阳）知州。兴水

利，治州城，用西洋算法查核隐匿钱谷之弊，政绩斐然。三十八年入天主教，四十一年改任南京太仆寺少卿，上疏请译西洋历法。四十三年迁高邮制使，治南河，成绩显著。天启元年（1621年）后金陷辽沈，他任光禄寺少卿，上疏力主仿制西洋铳炮，以固防务。三年二月遭劾，以太仆寺少卿调任南京，后罢官回籍，从事译述。崇祯二年（1629年）新设历局以修正历法。次年六月到局视事，病卒于任所。他学识渊博，娴于历算，"晓畅兵法，精于泰西之学"，与徐光启齐名。万历四十一年与利玛窦合作编译的《同文算指》，是编译中国数学的最早著作，所译《名理探》一书是名学的最早译本。他还协助徐光启修订《大统历》，并编撰《崇祯历法》。著作有《浑盖通宪图说》《圜容较义》等。

《天工开物》

中国第一部化学工业百科全书，宋应星著，共3卷18篇。初刊于崇祯十年（1637年）。该书全面系统记述中国古代农业、手工业生产的技术和经验。上卷包括谷物、豆麻的种植与收割加工；植桑、养蚕技术；染料之生产；纺织与染色、制盐、榨糖技术等。中卷包括砖瓦、陶瓷、铜铁器具、舟车之制造；石灰、硫黄、矾石之烧制；采煤、造纸、榨油技术等。下卷包括金属矿物之开采与冶炼，兵器制作，珍宝加工技术等。较详细地叙述各项生产过程、所需工具、原料产地、生产技术、工艺装备等，并附插图123幅加以说明。为我国图文并茂的科技名著。

宋应星

（1587—？年）明末科学家。字长庚，奉新（今江西奉新）人。万历四十三年（1615年）中举人，崇祯七年（1634年）任江西分宜教谕，十一年为福建汀州推官，十四年为安徽亳州知州。明亡后弃官归里，终老于乡。他在江西分宜教谕任内著成《天工开物》一书。他经过详细观察、研究，从科学技术和生产实践出发，总结了工农业生产方面长期积累的经验和知识。全书共3卷18篇，

书中对每一部门的原料开采和生产操作过程均有详细说明，并附有123幅工艺流程插图。另有著作《野议》《论气》《谈天》《思怜诗》，可与《天工开物》互为参证。还著有《画音归正》《卮言十种》等。

徐霞客

（1587—1641年）明代地理学家、旅行家。名弘祖，字振之，号霞客，江阴（今江苏江阴）人。自幼好学，博览群书，欲"问奇于名山大川"。21岁开始专心旅行，30多年间历尽艰险，足迹南至云、贵、两广，北到燕、晋，遍及现在的19个省区。其考察所得，按日记载，死后由季会明等整理成《徐霞客游记》。这是一部以日记体裁为主的古代地理名著，也具有很高的文学价值。徐霞客的重要地理学贡献有：对喀斯特地貌的详细考察、记述和探索，居世界先进水平；纠正了古代文献有关中国水道源流记载的一些错误，如否定"岷山导江"旧说，肯定金沙江乃长江上源的事实；观察记述了不少植物品类及其分布的若干规律；对火山、地热及各种人文地理现象的细致考察与记录。

《郑和航海图》

明朝航海图籍。原名《自宝船厂开船从龙江关出水直抵外国诸番图》，简称为《郑和航海图》。原图为自右而左展开的手卷式，制作于郑和第6次下西洋之后，全体下洋官兵守备南京期间。由郑和船队历次下西洋航程综合整理，绘制成整幅下西洋全图。该图以南京为起点，最远至非洲东岸的慢八撒（今肯尼亚蒙巴萨）。图中标明了航线所经亚非各国的方位，航道远近、深度等。对何处有礁石或浅滩，一一注明。图中列举自太仓至忽鲁谟斯（今伊朗阿巴丹附近）的针路（以指南针标明方向的航线）共56线，由忽鲁谟斯回太仓的针路共53线。往返针路全不相同，表明船队在远航中已灵活地采用多种针路。图中郑和船队所经之地，均有命名。约500个地名中，外国地名约300个。

《瀛涯胜览》

明朝记述 15 世纪中外交通的史籍，马欢著，郭崇礼协助编撰。马欢字宗道，浙江会稽（今绍兴）人。永乐十一年（1413 年）至宣德六年（1431 年）参加了郑和下西洋第 4 次、第 6 次和第 7 次出访活动，以亲身经历各国的见闻，撰成该书。书中记载占城（今越南南部）、爪哇、锡兰山（今斯里兰卡）等 20 个国家的情况。每一个国家都单独成篇，对其位置、沿革、重要都会港口、山川地理形势、社会制度、政教刑法、人民生活状况、社会风俗、宗教信仰，以及生产状况、商业贸易、气候、物产、动植物等，作了翔实而生动的叙述。书中对郑和使团访问各国时的情况，也作了真实的记录。

《星槎胜览》

明朝记述 15 世纪中外交通的史籍。著者费信，字公晓，曾以通事（翻译）之职，于永乐七年（1409 年）至宣德六年（1431 年）4 次随郑和出使海外诸国。该书分前后集。前集记占城国、暹罗国（今泰国）、爪哇国等 22 个其亲历的国家和地区；后集记真腊国（今柬埔寨）、东西竺（今马来西亚的奥尔岛）、淡洋、龙牙门、天方国（今沙特阿拉伯的麦加）等 23 个国家和地区。对各国的位置、沿革、重要都会、港口、山川地理形势、社会制度、政教刑法、人民生活状况、社会风俗、宗教信仰，以及生产状况、商业贸易、气候、物产、动植物等，都做了扼要的叙述。

《东西洋考》

记述明朝海上贸易的史书，张燮（1574—1640 年）撰。张燮字绍和，漳州府龙溪县（今福建漳州）人。全书共 12 卷，计《西洋列国考》4 卷、《东洋列国考》1 卷、《外纪考》1 卷、《饷税考》1 卷、《税珰考》1 卷、《舟师考》1 卷、《艺文考》2 卷、《逸事考》1 卷。其中《西洋列国考》所列国名和地区有交趾、占城、暹罗、下港、柬埔寨共 15 个。《东洋列国考》所列国名和地区共 6 个，除文莱外，均在菲律宾境内。书中详细记

载了东西洋（泛指今东南亚地区）诸国和地区的历史沿革、形势、物产和贸易状况，特别记述了西班牙殖民主义者奴役和掠夺该地区的史实，以及华侨和当地人民反抗西方殖民主义者的斗争。

利玛窦

（1552—1610 年）明万历年间旅居中国的耶稣会传教士、学者。意大利人，取汉文名，号西泰，又号清泰、西江。生于意大利中部的马塞拉塔城。曾学法律，1571 年在罗马加入耶稣会，在耶稣会主办的罗马学院学习哲学和神学，并从师著名数学家克拉维乌斯学习天算。1577 年参加耶稣会派往印度传教的教团。4 年后被派到中国传教，于万历十年（1582 年）七月抵澳门，次年获准入居广东肇庆。十七年移居韶州，二十六年经由南京到达北京，两月后返抵南京。二十八年十二月再到北京，进呈自鸣钟、《万国图志》等物，得明神宗信任，敕居北京。三十八年（1610 年）在北京病卒。他在中国度过后半生，是第一位阅读中国文字、对中国典籍进行钻研的西方学者。他传播宗教教义，广交中国官员和社会名流，传播西方天文、数学、地理等科学技术知识。士大夫沈一贯、叶向高、徐光启、李之藻、杨廷筠等与之交游，名噪一时。他又向欧洲介绍中国，为中西文化交流做出了贡献。其数学著作，有与徐光启合著的《几何原本》；地理学有世界地图《坤舆万国全图》；语言学有《西字奇迹》（今改名《明末罗马字注音文章》）等。

5. 少数民族

宗喀巴

（1357—1419 年）西藏喇嘛教格鲁派（黄教）创始人。青海湟中人，本名罗桑扎巴，因藏族称湟中为"宗喀"，故称其为宗喀巴。幼年即出家为僧，长大入藏，遍学喇嘛教各派显密教法，以噶丹派教义为立说之本。针对当时喇嘛教的腐败进行了改革，提倡僧人严守戒律，规定学经次第，严密寺院

组织。永乐七年（1409年）曾在阐化王扎巴坚参等人资助下，在拉萨创办并主持召开大祈愿会（即传召大会），兴建甘丹寺，创立格鲁派。格鲁派后来在西藏逐渐成为执政教派，并在藏蒙等地区广泛流传。著有《菩提道次第广论》《密宗道次第广论》等。

达延汗

（约1474—1517年）明朝蒙古可汗。本名巴图蒙克，孛尔只斤氏，成吉思汗十五世孙。成化十六年（1480年）即汗位，明人因其年幼而称为小王子。在其妻满都海哈屯的辅佐下，与瓦剌争战，击败瓦剌。至正德初年，翦除以亦思马因、火筛、亦卜剌等为首的割据势力，统一了漠南蒙古各部。他将蒙古分为左右两翼，每翼设三个万户，分封诸子为领主，从而结束了明代以来北方地区动乱的局面，建立了比较稳固的统治。与明朝通贡互市。贡物有马、驼、毛皮产品等。他对蒙古的统一，形成比较安定的生产环境，做出了很大贡献。

6. 外交

郑和七下西洋

明朝前期大规模的远洋航海活动，船队由郑和率领。郑和（约1371—约1433年）本姓马，名和，小字三保，昆阳（今云南晋宁）人，回族。洪武十五年（1382年），入京师为太监，后转入燕王府侍奉。建文三年（1401年），从燕王朱棣起兵靖难，于郑村坝（今北京东南）一战中立功，被赐郑姓。后入内宫，称"三保太监"。明初国力雄厚，为"宣扬国威"，加强中外经济文化的交流，招抚海岛流民，维护海上交通安全，永乐三年（1405年）朱棣命郑和为正使、王景弘为副使，出使西洋各国。受命后，于南京建造大型龙船，并研究船队所经海岛形势、水文气象，组织庞大使团。六月，郑和率2.78万余名将士，分乘62艘宝船及140余艘其他船只，满载织锦绸缎、纡丝布匹、陶瓷器皿、金银铜器等，从南京龙江船厂出发，远航西洋。船队先后抵达越南中南部、爪哇、苏门答腊、印度尼西亚、锡兰山（今斯里兰卡）、古里（今印度科泽科德）等国。永乐五年九月，郑和率船队二下西洋。先后抵达泰国、爪哇、今马六甲、印度卡亚帕塔纳姆、印度柯钦等国。永乐七年（1409年），郑和率船队三下西洋。先后抵达苏门答腊、南渤里等国。永乐九年（1411年）六月还朝，有19国使臣随船到中国。永乐十一年（1413年）十一月，郑和率船队四下西洋，先后抵达马来西亚、伊朗阿巴丹附近、马尔代夫、印度尼西亚爪哇东等国，并向所到国国王赠送礼物。永乐十三年（1415年）夏还朝。十四年十二月，郑和率船队为护送各国来华使臣回国，采办各种珍奇物产及动物而五下西洋。船队经过祖法儿（今阿曼佐法尔）、不剌哇（今索马里希腊瓦）、麻林（今肯尼亚马林迪），于永乐十七年（1419年）七月还朝。同船来华的有17国派遣的使臣。永乐十九年（1421年）正月，郑和率船队护送16国使臣回国，六下西洋。船队最远到达阿拉伯半岛和非洲东海岸，途中还曾驶抵榜葛剌（今孟加拉）。二十年八月还朝。宣德五年（1430年）闰十二月，郑和又率船队七下西洋。船队沿以前路线到达忽鲁谟斯后，北上天方（今沙特阿拉伯麦加），在此参加了朝圣活动。宣德八年（1433年），在返回途经古里时，郑和病逝。船队在王景弘率领下，于是年七月返抵南京。郑和七下西洋，前后历时28年，先后抵达30余国，行程10万余里，沟通和密切了中国与东南亚、南亚、阿拉伯半岛及非洲东海岸各国的联系和交往。

荷兰侵占台湾

17世纪初荷兰殖民者对中国大陆东南沿海和台湾的侵略。明万历三十二年（1604年）八月，荷将韦麻郎率军舰两艘偷袭澎湖，伐木作舍，拟长久占领。明朝总兵施德政令都司沈有容率兵面责，荷方理屈，于十一月退出澎湖。天启二年（1622年）五月，荷兰舰队再次侵占澎湖。四年二月，巡抚南居益派总兵俞咨皋、守备王梦熊等收复澎湖，擒荷将高文律。同年八月，荷转而侵占中国台湾岛西南部，先在大员建台湾城（荷人称热兰遮城），后又在赤嵌地区建赤嵌城（荷人称普罗文查城）等城堡，并武力镇压高山族，烧毁村社。崇祯十五年（1642 年），荷军打败了天启六年侵占台湾北部基隆淡水的西班牙殖民者，夺占了台湾的西南部和北部。对当地汉、高山等族人民实行残酷的殖民统治和剥削，将台湾土地全部占为己有，还征收各种苛捐杂税；派遣基督教传教士向台湾人民灌输宗教思想，创办学校，推行奴化教育。荷兰的殖民统治，遭到台湾人民的多次反抗。顺治十八年（1661 年）四月，郑成功率军在台湾登陆，翌年二月一日迫使荷兰侵略者投降，结束了荷兰在台湾长达 21 年的殖民统治。

荷兰殖民者投降图

耶稣会士

耶稣会成员的统称，在中国多指在华传教的耶稣会传教士。中国耶稣会的开创者是意大利人利玛窦。他于万历十一年（1583 年）入居肇庆。为满足耶稣会在华传教需要，他制定了一整套入乡随俗的"调和策略"，主要内容包括：结交中国士大夫和中国朝廷；传播西方科学技术和其他人文科学；遵行儒家习俗，尤其赞同中国教徒实行祭祖祭孔礼仪。他们结交的士大夫，如沈一贯、叶向高、徐光启、邹元标、沈德符、李贽、李之藻、章潢、方以智、何乔远、袁宏道、袁中道、杨廷筠等均是万历、天启、崇祯朝的重要人物与知名人士。其中徐光启、李之藻、杨廷筠受洗入教，成为明末天主教三大柱石。在中国学者与文人帮助之下，耶稣会士翻译、撰写了许多有关天文、历算、地理学、物理学以及语言学方面的著作，把西方科学技术和人文科学传播到中国。影响最大者，数学有利玛窦口授、徐光启笔译的《几何原本》；天文学有徐光启督领，耶稣会士邓玉函、龙华民、罗雅各和汤若望参加修撰的《崇祯历书》（137 卷）；地理学有利玛窦编著的各种版本的世界地图和艾儒略的《职方外纪》；物理学有邓玉函口授、王徵绘译的《奇器图说》；语言学有利玛窦《西字奇迹》（今改名《明末罗马字注音文章》）和金尼阁《西儒耳目资》。

抗倭战争

明朝抗击倭寇侵扰的战争。倭寇是 14 ~ 15 世纪下半叶，在日本内战中溃败的浪人。他们成群结队逃到明朝东南沿海，烧杀劫掠，愈演愈烈，对东南海疆政治、经济构成极大破坏。明朝政府大力抗击倭寇骚扰，戚继光是对倭作战中的勇将。他十分善于用兵，亲自招募和训练了一支戚家军，联合抗倭名将俞大猷，自嘉靖四十年（1561 年）至嘉靖四十三年（1564 年），经台州、中田、横屿大战，以及平海卫、兴化、海丰、南澳等陆上、海上战役，将骚扰东南沿海的倭寇及与之勾结的奸商海盗全部消灭，保卫了东南沿海地区的安定，为明中期东南沿海的社会发展提供了坚实基础。

援朝战争

16 世纪末，丰臣秀吉统一日本，为转移政治危机，制定了吞并朝鲜、征服中国的外侵计划。1592 年日军攻入朝鲜，京城王京、平壤失陷。朝鲜王溃败到边义州，向明朝求援。明朝派将军史儒率 2000 名明军出征。史儒战死后，又派李如松、宋应昌率 7 万明军赴朝，1593 年在平壤战役中彻底击溃侵朝日军精锐 2 万余。1597 年丰臣再派军入朝，明兵部尚书邢玠奉命与朝军联合作战，将 14 万入朝日军赶到朝鲜南部，不久丰臣病死，日军败回日本，在海上与中朝军队再次激战，明军将领邓子龙和朝军将领李舜臣给日军以毁灭性打击。

第十章

最后的帝国

清朝

（1644 年—1911 年）

清朝以马上得天下。从顺治到宣统共计 268 年，10 个皇帝。在这近三个世纪中，整个清朝的前期是以扩张的形式而出现的，多尔衮的南征北战，康熙帝的文治武功，为这个新兴的王朝奠定了坚实的基础。"康乾盛世"的出现，统一北疆，收复台湾，打击西北分裂势力，奠定了近代中国辽阔而美丽的巨大版图。

西方工业革命成功后，中国巨大的市

清太祖努尔哈赤像

场空间，丰富的原材料，廉价的劳动力成为西方列强觊觎的目标，而清朝中后期的皇帝无一卓越的君主，多为苟且偷安之辈。1840 年鸦片战争的炮弹引来列强瓜分中国的狂潮。太平天国运动、义和团运动，最后在中外反动势力的联合绞杀中失败。中国人民开始遭受西方列强铁蹄的践踏，一度富强的中国成为落后的代名词。

洋务运动，戊戌变法，中华民族的有识之士在不断地探索着祖国生存发展的道路，然而苟延残喘的封建势力依然在做着卖国苟安的旧梦。辛亥革命成功了，中国开始了资产阶级革命的艰难历程。

1. 清前期政治（1644—1840 年）

清太祖努尔哈赤

（1559—1626 年）后金（清）创立者。满族，爱新觉罗氏。先世受明册封，为建州左卫都指挥使。他勤奋好学，粗通汉文，受汉文化影响很深。明万历十一年（1583 年），以祖、父遗甲 13 副起兵，多次征战，很快成为女真诸部中最强大的力量。推行"远交近攻"之术，一方面拉拢蒙古，团结朝鲜，与明廷保持臣属关系，以取得信任；另一方面对邻近的女真各部，采取恩威并用、顺者以德服、逆者以兵临的武力统一办法。万历十一年（1583 年），控制整个苏克素护部。其后 30 多年东伐西讨，南征北战，统一了建州女真和海西女真的全部，以及"野人女真"的大部。十七年，被明封为都督佥事、龙虎将军。此后又合并松花江流域的海西各

部和长白山东北的东海诸部。二十七年，他命额尔德尼和噶盖以蒙古文字母与女真语音

清朝大事年表
1644 年，清军入关。清朝定都北京。
1661 年 12 月，郑成功收复台湾。
1673 年 11 月，吴三桂等发动"三藩之乱"，至 1681 年被平定。
1683 年，清朝统一台湾。
1689 年 9 月，中俄签订《尼布楚条约》。
1712 年，规定"以后滋生人丁永不加税"。
1723 年，雍正帝设立军机处。实行"秘密立储"制度。
1727 年，在拉萨设驻藏大臣，管理西藏事务。
1729 年，实行"地丁合一"税制。
1763 年，曹雪芹逝世。著有《红楼梦》。
1796 年，川楚白莲教大起义。1804 年失败。
1799 年，嘉庆帝查办大贪官和珅。
1839 年 6 月，林则徐在虎门销烟。
1840—1842 年，第一次鸦片战争。
1842 年，中、英签订《南京条约》，是西方列强强加给中国的第一个不平等条约。
1851 年 1 月，洪秀全领导金田起义。
1853 年 3 月，太平天国定都天京（今南京）。
1856—1860 年，第二次鸦片战争。
1860 年 10 月，英、法联军攻陷北京，火烧圆明园。
1861 年 11 月，慈禧太后发动"辛酉政变"。
1864 年 7 月，天京陷落，太平天国失败。
1877 年，左宗棠收复新疆。
19 世纪 60—90 年代，洋务运动兴起。
1884—1885 年，中法战争。
1894—1895 年，中日甲午战争。
1895 年 4 月，中、日签订《马关条约》。
1895 年，康有为等发动"公车上书"，要求变法图强。
1898 年 6 月，光绪帝重用维新派人士推行"戊戌变法"。
1898 年 9 月，慈禧太后发动"戊戌政变"，杀害维新派人士谭嗣同等"戊戌六君子"。
1899 年，义和团运动开始。
1900 年 6 月，八国联军侵略中国。
1901 年 9 月，《辛丑条约》签订。中国完全沦为半殖民地。
1905 年，孙中山创立中国同盟会。之后不断发动反清起义。
1911 年 10 月，辛亥革命爆发。各省纷纷宣布独立，脱离了清政府。

创制满文，称为老满文。四十三年，建立八旗制度，又置理政听讼大臣、扎尔固齐，与八旗共同佐理政务。四十四年，在赫图阿拉（今辽宁新宾西南）即汗位，国号金，史称后金，建元天命。天命三年（1618 年），起兵反明。萨尔浒之战后，进入辽河流域。六年迁都辽阳，十年迁都沈阳。天命十一年（1626 年）进攻宁远（今辽宁兴城），被袁崇焕击败，受伤，不久病卒。

八旗制度

清代政治、军事和经济合一的组织。努尔哈赤在统一女真诸部过程中，于 1615 年建立正黄、正白、正红、正蓝、镶黄、镶白、镶红、镶蓝八旗。每旗设固山额真一人（汉译为都统），辖五甲喇额真（汉译为参领），每甲喇额真辖五牛录额真（汉译为佐领）；一牛录有 300 人。每旗为 7500 人，八旗共 6 万人，努尔哈赤是八旗的最高领导人。皇太极时，又先后增设蒙古八旗和汉军八旗，但习惯上仍称八旗。编入八旗的人户，称旗人或旗下人。八旗官员平时管理民政，战时充当将领，八旗子弟都有当兵的义务。清军入关后，八旗制度的经济生产意义渐趋丧失，军事职能日益突出。八旗兵大部集中于京城内外，其余分在各省驻防，成为清政权的军事支柱。17 世纪中叶后，八旗兵逐渐腐化，清末全部瓦解。

议政王大臣会议

清太祖努尔哈赤设立，清初为实际最高权力机构。清初，凡军国大政皆交由议政王大臣会议决定，又称国议，权力极大，"诸王大臣会议既定，虽至尊无如之何"。其成员概由满洲贵族组成，汉人不得参与。这种制度不仅妨碍了皇帝独揽大权，也不利于清廷进一步争取各族，尤其是汉族地主阶级的支持。于是，康熙即位后便设南书房，以削减议政王大臣会议的权力。雍正时期，设立军机处总揽全国军政大权，议政王大臣会议形同虚设。至 1791 年，乾隆正式取消这个机构。

内阁

官署名。明初为加强专制，废丞相另设大学士，为皇帝顾问。明成祖即位，命翰林院编修、检讨等官入午门内的文渊阁当值，参与政务，称为内阁。清代相沿。顺治十五年（1658年）清朝改内三院——内国史院、内秘书院、内弘文院为内阁，作为中央最高行政机关。设大学士满汉各2人；协办大学士满汉各1人；学士满6人、汉4人。此外，还有侍读学士、侍读典籍、中书等。其职责为：拟进谕旨、起草诏令、批答奏章、厘正典章法令、议大礼、议大政、监修史书、权稽六部等。但因实权掌握在满洲贵族手中，内阁职权日趋低落。到军机处成立后，更是徒有虚名，成为传达谕旨、公布文告的机构。

孝庄文皇后

（1613－1687年）博尔济吉特氏，名布木布泰。蒙古科尔沁人，贝勒寨桑女，顺治帝福临生母。天命十年（1625年）嫁与皇太极。崇德元年（1636年），封永福宫庄妃。顺治朝尊为皇太后，康熙朝尊为太皇太后。顺治、康熙均年幼即位，时军事大事，她多所指划。下令废除命妇更番入侍的旧制，诚康熙帝勤求治国之道。康熙二十六年（1687年）卒。葬遵化昭西陵。

清太宗皇太极

（1592—1643年）清朝创建者。爱新觉罗氏，努尔哈赤第八子。初为正白旗旗主贝勒，与大贝勒代善、二贝勒阿敏、三贝勒莽古尔泰合称"四大贝勒"。曾襄理国政，屡统兵征战，颇有战功。天命十一年（1626年），太祖卒后，被诸贝勒推为后金汗，次年年号天聪。即位后，大力加强中央集权，削弱三大贝勒权力，控制正黄、镶黄、正蓝三旗，设六部、内三院、都察院，以完善中央统治机构。设立由满汉知识分子组成的文馆，译汉文书籍，考试生员、举人，尽力笼络汉、蒙古官员。对外断绝明朝与朝鲜盟好，曾两次进攻朝鲜，逼朝鲜国王纳贡。又出征察哈尔蒙古，统一漠南，以扫除明朝北边屏障。屡次对明朝用兵，在辽西地区不断取胜，并4次遣兵入塞，攻城略地，扩大统治范围。天聪十年（1636年），改国号为清，改元崇德，受尊号为"宽温仁圣皇帝"。后又创立蒙古八旗和汉军八旗，为入关灭明做好准备。崇德八年（1643年）暴卒。葬盛京（今沈阳）昭陵。

入口之战

明、清两军在长城各入口展开的战役。宁远之战后，皇太极决心同明朝争夺天下，因有袁崇焕在宁远坚守，直接进兵北京的道路受阻，便改从长城各口入塞，长驱南下，于是发生了多次"入口之战"。明崇祯二年（1629年）十月，后金10余万大军以蒙古兵为先锋，绕道喀喇沁部落，攻破长城线上的大安口、龙井关。明朝重兵皆在宁前、锦右、山海关以西，军伍废弛。后金大军来攻，明总兵赵率教、督师袁崇焕、总兵满桂等相继率兵援助。十一月，后金军围遵化，赵率教战死，后金兵进迫北京城下，袁崇焕亲自领兵大战于广渠门外。皇太极惧恨袁崇焕，设反间计陷害袁，袁被逮下狱，次年八月含冤被杀。后金兵转而东去，连克永平、迁安、滦州。不久明朝援军赶到，陆续收复了滦州、永平、遵化、迁安4城。明崇祯三年（1630年）六月，后金兵回到沈阳。七年七月，后金再次发动入口之战。兵分四路向明朝腹地进攻，以宣府、大同为主要攻击目标，影响巨大，以至于北京戒严。九年四月，后金改国号为大清，皇太极称帝，改元崇德。是年六月，清军分路入独石口，进抵居庸关，攻克昌平，直逼北京。十一年九月，皇太极令睿亲王多尔衮、克勤郡王岳托等率清军分两路，一入墙子岭，一入青山关，至通州会师，到涿州分为八道，一路沿太行山，一路沿运河，山河之间六路并进。次年初，清军攻下济南，明德王被执，全城焚毁一空。二月清军退兵。崇祯十五年（1642年），清军分路从墙子岭入，会于蓟州，然后分道，一趋通州，一趋天津。十一月，北京戒严，明勋臣分守九门。将帅拥兵观望，无一敢战。

顺治帝福临

（1638—1661 年）清入关后第一位皇帝。皇太极第九子，崇德八年（1643 年）八月在沈阳即位，建元顺治。即位时年仅 6 岁，由皇叔多尔衮、济尔哈朗辅政。次年多尔衮统兵入关，进占北京。九月，福临诏告天下，君临全国。顺治八年，宣布亲政。直接掌握正黄、镶黄、正白三旗，限制八旗贵族权力。颁布《大清律》，继续镇压各地抗清势力。对反清势力采取"抚"重于"剿"的策略，宣布实行"招降弥乱"的怀柔政策。采取一系列措施，使濒于绝境的农业生产开始有了转机。整顿吏治，发挥汉吏作用。在推行汉化方面胜过父辈，并影响其后代。顺治十八（1661 年）年病卒。葬孝陵（今河北遵化清东陵）。

顺治帝像

松山之战

明、清两军在松山城展开的重大战役。崇祯十四年（1641 年）正月，皇太极命睿亲王多尔衮等领兵攻锦州，未能攻克，改派郑亲王济尔哈朗等进兵包围锦州。明将祖大寿奋力抵抗，告急于明廷。明蓟辽总督洪承畴、巡抚邱民仰调集王朴、唐通、曹变蛟、吴三桂、白广恩、马科、王廷臣、杨国柱 8 总兵 13 万士兵、4 万匹马及可供一年消耗的粮草聚于宁远。洪承畴拟用持久战，兵部尚书陈新甲拟速战，崇祯密敕立刻进兵。洪承畴不得已于七月二十六日誓师援锦州。明军的阵营和初期的交战都占优势。八月，皇太极率军来援，形势急转直下。清军自山至海，横截明兵饷道，使锦州受困，松山被围。洪承畴欲孤注一掷，八总兵各持异议，以致无法整军再战。王朴首先逃走，吴三桂等各军跟着向杏山奔去。清军早有埋伏，前面迎击，后面追击，明军一败涂地。曹变蛟、王廷臣突入松山城，与洪承畴坚持困守。洪承畴、邱民仰组织将士 5 次突围，均未成功。皇太极预料明杏山兵必弃宁远，便在中途设伏袭击明军，王朴、吴三桂等勉强保命。从此松山城中饷援皆绝，清军又掘壕围困。崇祯十五年三月十八日，副将夏成德等缚洪承畴，以城降清。清军入城，邱民仰、曹变蛟、王廷臣等被杀，洪承畴降清。祖大寿守锦州一年多，力竭亦以城降。

天地会

又名"洪门"，俗称"洪帮"。清朝秘密会社，先在南方传播，后被华侨带至东南亚与美洲，成为华侨团结互助的重要纽带。天地会的成员，多为农民或小手工业者、小商贩、水陆交通沿线运输工人及没有固定职业的江湖流浪者。天地会没有明确的政治纲领与政治目的，"反清复明""顺天行道""劫富济贫"等是其主张和要求。他们结会时，要举行象征团结互助的歃血仪式，立有"吾人当以同生死，誓于上天，仿昔桃园结义故事，约为兄弟……拜天为父，地为母，日为兄，月为姊妹"，"忠心义气刀下过，不忠不义剑下亡"一类誓言。按会规，凡属同会，即使素不相识，遇事也要互相帮助。为便于同会者互相识别，有一套独特的隐语、暗号，最初为三指诀，即大指为天，小指为地，接递烟茶俱用三指，或以三指按胸。以后内容日益复杂。会内机密，绝对不许外传，父母妻子皆不许告知。天地会最初主要在福建、粤东及台湾一带流传，稍后发展至广东、江西、广西、贵州、云南及湖南等省。鸦片战争后，又传至长江中下游的四川、湖北、安徽及江浙等省。清前期还有添弟、小刀、双刀、父母、三点、三合等10余名目，又出现了哥老会等大量分支。天地会曾多次举行武装反抗斗争，有卢茂起义与李少敏起义，还有台湾林爽文起义、台湾小刀会起义、陈周全起义等。鸦片战争后，重要的有厦门小刀会起义、上海小刀会起义等等。

多尔衮

（1612—1650年）清初摄政王，努尔哈赤第十四子。天聪二年（1628年）以初次从征察哈尔多罗特部有功，赐号墨尔根代青（满语，聪明之意）。其后数次入明境内山西、北直隶、山东等地掳掠，又征察哈尔、朝鲜，攻大凌河、锦州、松山等地，为皇太极所器重。天聪五年执掌吏部。崇德元年（1636年）封和硕睿亲王。崇德八年，以镶白、正白两旗势力拥立皇太极年仅6岁的第九子福临为帝，由其与济尔哈朗共同辅政。不久，集大权于一身。顺治元年（1644年）三月，李自成推翻明王朝。四月，以多尔衮为大将军的满、蒙、汉八旗兵与明山海关总兵吴三桂互相勾结，镇压农民军。山海关之战，李自成败走。五月，多尔衮入京。十月，迎福临即位于北京，对全国实行统治。是年加封为叔父摄政王，五年又尊为皇父摄政王，成为当时的实际统治者。他在维护"权归满人"的同时，对汉族地主阶级、明朝官员采取了"官仍其职，民复其业"的政策。五年又设六部汉人尚书、都察院汉人左都御史各一员。六年，下令禁止满洲诸王干预各衙门政事及指责内外汉官。执政期间开科取士，网罗人才。并采取措施限制由满族贵族、大臣组成的"议政王大臣会议"的权力，集权于摄政王，以加强中央集权。入关之后，他以重兵追击李自成于陕西、湖北，又命

入川攻张献忠。顺治二年，派兵渡长江，破南京。三年，入浙江，六月破绍兴，八月入福建，破延平、汀州，继入湖南、江西、浙江、福建、广东、广西等省。摄政七年，为清朝建立全国政权打下基础。顺治七年（1650年）冬，出猎边外，十二月初九死于喀喇城（今河北滦平东）。

南明政权

明朝灭亡后，明宗室先后在南方建立的一些地区性政权的统称。包括朱由崧的弘光政权、朱聿键的隆武政权、朱以海的鲁王监国、朱聿𨮁的绍武政权及朱由榔的永历政权。起于崇祯十七年（1644年）五月初三，讫于顺治十八年（1661年）十二月。

孝康章皇后

（1640—1663年）姓余佳，固山额真佟图赖之女。本姓佟，属汉军旗，后升为满洲旗，改姓佟佳。初为妃，后生康熙帝玄烨。康熙帝即位，尊为皇太后。康熙二年（1663年）卒。

山海关之战

李自成军同清军之间的一次战役。顺治元年（1644年）三月初，明廷命辽东总兵官吴三桂放弃宁远（今辽宁兴城），率边兵入关守卫北京。吴三桂统领数十万军民向关内进发，十六日入关，二十日至丰润，得知北京已被李自成大顺农民军攻占，便犹豫不前。李自成令吴三桂之父吴襄写信劝降，吴三桂拒降，并在滦州击败唐通、白广恩率领的大顺先遣部队，急归山海关。李自成于四月十二日亲率大军经密云、永平，东攻山海关。又派唐通另领轻兵从一片石（今河北山海关北）越关外，以阻截吴三桂与清军联合。大顺军列阵关内，北自山南至海，对吴三桂形成包围态势，吴三桂又惧又恨，竟向清廷乞师。清廷对关内蓄意已久，时摄政王多尔衮正领兵掠取关外境地，行至翁后（今辽宁省阜新附近），得吴三桂请求，立即应允。几万清军星夜

山海关城楼和镇炮
山海关是明朝防御清军入侵的战略要地。明末清初，明军和清军曾多次在此交战。后来，吴三桂引清兵入关击败李自成。山海关见证了那段风云激荡的岁月。

赶赴山海关。吴三桂所率明军已同大顺军进行了数十回合血战。四月二十二日清军进抵山海关外十五里处，先在一片石打败了唐通的边外兵。军至关门，吴三桂领亲信等到多尔衮面前称臣迎降。时大顺军与吴三桂军酣战正急，清军两翼铁骑同时驰入，万马奔跃，矢石如雨，大顺军动摇。李自成登高冈观战，见清军已与吴三桂军会合，势难抵御，策马下冈而走。清军乘胜追击，大顺军战死及自相践踏而死者数万人。李自成经永平退回北京。

闭关政策

清朝在对外关系中执行的控制贸易及隔绝与外交往的政策。大体可分为前、后两个时期。前期禁海主要在于隔绝大陆人民与台湾郑氏抗清力量的交通，防范人民集聚海上；后期则着重防禁"民夷交错"，针对外国商人，以条规立法形式，严禁对外贸易。顺治初年，清廷对来华贸易的外国商船，只准在澳门一地交易。其后，郑成功抗清力量活跃于东南沿海，清廷加强了对出海的控制。顺治十二年（1655 年）六月，"无许片帆入海"，违者予以严处。十三年下达"禁海令"，严禁商民船只私自出海，违者不论官民，俱行正法。十八年，下达"迁海令"，以保证"禁海令"的施行，以致沿海三五十里内满目荒凉。康熙十八

年（1679 年），开海禁。至乾隆时，清政府再次限制对外贸易。乾隆二十二年，清廷下令："（夷船）将来只许在广州收泊贸易，不得再赴宁波，如或再来，必令原船返棹至广，不准入浙江海口。"在对外贸易中，清政府又实行商行制度，即广州十三行，进行垄断。只允许少数殷实富商设立"公行"，负责与外商从事进出口贸易，并代表清政府与洋商交涉。乾隆二十四年，制定《防范夷商规条》，规定"防夷五事"，禁止外国商人在广州过冬，必须冬住者只准在澳门居住；禁止中国商人借外商资本及外商雇请汉人役使；严禁外商雇人传递消息；于外国商船停泊处派兵弹压稽查。嘉庆十四年（1809 年），又颁布《民夷交易章程》；道光十一年（1831 年），制定了《防范夷人章程》和《八条章程》。其中有关严拿贩卖鸦片人船等项，是针对外国侵略者鸦片贸易的正确禁令。

康熙帝玄烨

（1654—1722 年）在位 61 年，福临第三子。8 岁即位，初由贵族鳌拜等专权，推行圈地。"三藩"日益强大，逐渐形成割据势力。他亲政后，于康熙八年（1669 年）逮捕鳌拜，革职拘禁。下令削藩，二十年平定"三藩叛乱"。两年后又攻灭台湾郑氏政权，统一全国。二十四年，驱逐盘踞在黑龙江流域雅克萨的沙俄侵略军，遏制了沙俄对华侵略的野心；二十八年订立《中俄尼布楚条约》，确定中俄之间东段边界。准噶尔部首领串通沙俄发动叛乱，进攻蒙古、西藏等地，他三次派兵平乱，晚年又派兵平定藏族少数上层分子勾结准噶尔部的叛乱，加强多民族国家的统一。他十分注意恢复和发展生产，下令停止圈地弊政。修订垦荒定例，招徕农民垦荒，实行更名田，使农民成为自耕农。五十一年，宣布"滋生人丁，永不加赋"，减轻了农民负担。重视治理黄河，将河务、漕运列为头等要务。经过几十年的努力，全国垦田面积大大增加，人口迅速增长。奠定了"康乾盛世"的基础。

明珠

（1635—1708年）清朝大臣。字端范，满洲正黄旗人。其姑祖母为努尔哈赤妃、皇太极生母，即孝慈高皇后，家族被列为满洲"八大家"之一。顺治末，任侍卫官内务府郎中，因精明能干，不断擢升。康熙七年（1668年），擢升为刑部尚书。十年，调兵部。十二年，康熙帝阅兵南苑，明珠先期预为演习。届期队伍整齐，军容甚威，为康熙帝所称道。是时，三藩割据，威慑朝廷，明珠与米思翰等少数大臣坚决主张撤藩。康熙帝下令撤藩后，十一月，吴三桂首先叛乱，尚之信、耿精忠相继叛乱。明珠帮助康熙帝处理平定三藩军事，颇有功绩。十六年，晋升大学士，累加太子太傅、太师。先后任《太祖实录》《太宗实录》《平定三逆方略》《大清公典》《明史》诸书总裁，深为康熙帝信任。二十七年，御史郭琇上疏参劾其与余国柱、佛伦等互为应援，卖官索贿，他被罢大学士，不久授内大臣。此后不再受重用。

四大臣辅政

康熙初年，内大臣索尼、苏克萨哈、遏必隆、鳌拜为辅政大臣，受先帝嘱托辅佐幼帝康熙帝。康熙八年（1669年）五月，康熙帝正式亲政，四大臣辅政八年零五个月。顺治帝死时，康熙帝方6岁。清廷以索尼等异姓勋戚功臣辅政。初时，齐心合力，命吴三桂执杀南明桂王朱由榔。三年三月，镇压了大顺农民军余部李来亨领导的郧襄山区茅麓山抗清力量。从此，大清王朝进入相对稳定的发展阶段。四大臣大力恢复和发展生产，安置流民，奖励垦荒，施行赈济政策。同时，依顺治帝遗诏，撤销内阁和翰林院，恢复内三院，加强对官吏的管理，裁撤十三衙门，扩建内务府。几年间，经济发展，社会秩序趋向安定。至五年始，四大臣之间争斗日益激化。其中鳌拜与苏克萨哈矛盾尖锐，积以成仇。四朝老臣索尼无力排解，屡次呈请康熙帝亲政。遏必隆与鳌拜同旗结党，凡事附和鳌拜。苏克萨哈威望浅薄，势单力孤。六

年六月，索尼谢世。七月，鳌拜借机杀苏克萨哈。鳌拜操持国政，结党营私，文武百官出其门下，内外用其私党，严重地威胁着皇权。八年，康熙帝亲政，智擒鳌拜下狱，将其永远拘禁；遏必隆也被革职查办。

鳌拜

（?—1669年）清初权臣。瓜尔佳氏，满洲镶黄旗人，卫齐第三子。初授巴牙喇壮达，后封公爵。皇太极崇德二年（1637年），攻明朝皮岛，为先锋，以勇猛著称，擢三等梅勒章京（副都统），赐号巴图鲁（满语勇士）。六年，率兵击败杏山明兵，又败松山援兵，五战五捷。顺治二年（1645年），镇压李自成农民军。次年，征四川，击败张献忠农民军。偕侍卫李国翰等攻克遵义、夔州、茂州诸郡县。五年，率兵驻防大同，与端亲王博洛军平定总兵姜瓖叛乱。顺治帝亲政后授议政大臣，封二等公，擢升领侍卫内大臣，累加少傅兼太子太傅。康熙帝即位，他与索尼、苏克萨哈、遏必隆同受先帝嘱托辅政。他与苏克萨哈为儿女亲家，事多龃龉，积怨成仇。康熙六年（1667年）以阴谋造反等为口实，罗织24大罪状，诛杀苏克萨哈。与弟穆里玛、侄塞本特、讷莫及班布尔善等结党营私，文武各官尽出其门。凡事即家中定议，然后施行。安插亲信，并申禁言官不得上疏，以图闭塞言路。八年，康熙帝亲政后，智擒鳌拜，宣布其30条罪状，从宽革职，籍没拘禁。后猝死禁所。

索额图

（?—1703年）清朝大臣。满洲正黄旗人，辅政大臣索尼之子，康熙帝皇后叔父。初任侍卫。康熙八年（1669年）至四十年，任国史院大学士、保和殿大学士、议政大臣、领侍卫内大臣等职，是康熙朝的"辅弼重臣"。康熙帝即位之初，他辅佐计擒鳌拜，并将其党羽一网打尽。二十七年，被任为钦差大臣，与俄方会谈边界问题，由于道路被阻，半途折回。次年俄国提议以尼布

楚为谈判地点，他为谈判使团首席代表，率使团与俄方代表戈洛文谈判。他阐明黑龙江流域属于中国的原委，义正词严地驳斥俄方提出的无理要求。双方终于在对等谈判的基础上签订了第一个中俄条约——《中俄尼布楚条约》，确定以额尔古纳河、格尔必齐河、外兴安岭至海为中俄东段边界。他两次参加平定准噶尔叛乱之役。康熙四十二年（1703 年），以"议论国事，结党妄行"的罪名被拘禁，不久卒于禁所。

统一台湾

康熙年间发生的重大政治事件。康熙初年，清已基本统一全国，唯郑成功之子郑经占据台湾。六年（1667 年）十一月，福建水师提督施琅上疏要求早日进军台湾，康熙帝将他召到北京，共商大计。经朝议，对郑氏政权及其部属仍采取招抚政策，同时厉行海禁，切断郑氏和内地的联系。十三年，郑经乘"三藩叛乱"之机，联合耿精忠出兵福建，占据泉州、漳州及广东的潮州、惠州等地。十五年，耿精忠兵败降清，清军攻打郑经，连克邵武、汀州、泉州、漳州。十九年，占领厦门，郑经率领残部退回台湾。二十一年正月，郑经病死，其长子郑克塽监国，诸弟争权夺位，发生内讧，塽被杀。此时，"三藩叛乱"已被平定，清政府下令吏、兵二部速拟对台湾

巡视台湾图卷（局部）清
康熙帝统一台湾以后，于六十一年设巡台御史，负责稽核官吏，清查积案，整军统武等重大事务。

进剿方略。康熙帝接受闽浙总督姚启圣的建议，任施琅为福建水师提督，两次召见，面授机宜，强调剿抚并用。二十二年六月，施琅经过充分准备，统率清军水师 2 万多人、大小战船 300 余只由铜山起锚，向澎湖进发。经过激烈战斗，郑军溃败。郑克塽遣郑平英等人赴闽谈判。七月，郑克塽派人到澎湖会见施琅，奉表归降。八月，施琅率军抵达台湾，至此统一台湾。

李光地

（1642—1718 年）清朝大臣、理学家。字晋卿，号厚庵，福建安溪人。康熙九年（1670 年）考中进士，授翰林院编修。十二年，耿精忠在福建叛乱，正赶上李光地回乡省亲，向清廷密陈破敌之策，得康熙帝信任，擢升为内阁学士兼礼部侍郎。曾任翰林院掌院学士、直隶巡抚、吏部尚书、文渊阁大学士等要职。多次遭言官及臣僚参劾，因受宠信，得以安然为官。他钻研并笃信程朱理学，为清代著名理学家，康熙帝常召入便殿与之谈论。四十五年，奉旨编修《朱子全书》以及《周易折中》《性理精义》。康熙五十七年（1718 年）卒。著作有《榕村语录》《榕村语录续集》《榕村全集》等。

吴三桂

（1612—1678 年）明末清初军事将领。江苏高邮人，出身将门。明末任山海关总兵，负边防重责。李自成攻克北京，招他归降。他拒不奉命，引清兵入关，击败农民军。清廷封他为平西王，他更加卖力地率兵进攻陕西、四川等地农民军。1659 年深入云南，1661 年迫使缅甸交出逃入缅境的南明永历帝，将其杀害。后受清政府之命驻守云南，兼辖贵州。手握强兵，形成割据势力。1673 年 11 月起兵叛乱，进占云、贵、川、湘、两广 6 省之地，自称周王。1678 年，在衡州称帝，国号周，建元昭武，大封诸将。不久病死。孙吴世璠即位，旋为清所灭，吴三桂亦被掘墓鞭尸。

雅克萨之战

清康熙时清军驱逐沙俄侵略者的战役。17 世纪中叶，沙皇俄国在兼并西伯利亚得手后，顺势将其魔掌伸进我国的黑龙江流域，屡派武装匪徒闯入黑龙江流域烧杀掠夺，强占尼布楚、雅克萨等地，筑城盘踞。这时正值清军入关前后，无暇北顾，使沙俄侵略势力得以肆虐黑龙江流域达 40 余年之久。在平定"三藩之乱"后，康熙帝即着手进行部署，准备驱逐沙俄侵略势力。康熙二十四年（1685 年），彭春、林兴珠等率兵 3500 人出征，水陆并进，大败沙俄军，毁雅克萨城而归。同年冬，侵略者又返回雅克萨筑城固守。清政府获悉后，于次年命萨布素、郎坦等率军再围雅克萨。清军杀侵略军头目托尔布津，并围城达 3 个月之久。俄方同意谈判后，清军即停止进攻，撤至瑷珲。雅克萨之战打击了沙俄的侵略气焰，迫使沙俄同意以和平谈判方式解决边界问题。

尼布楚城内市场
尼布楚位于石勒喀河支流尼布楚河口东岸，明末清初为布拉特、乌梁海等部游牧地带。顺治十五年被沙俄侵占。

尼布楚条约

1689 年 9 月 7 日中、俄两国在尼布楚订立的划界和通商条约。雅克萨之战后，1689 年 7 月 8 日，中、俄代表在尼布楚开会，协商边界问题，经过两个多月的协商，签订了《尼布楚条约》。清廷为早定国界，做出出让尼布楚的重大让步。条约要点为：一、中、俄双方以格尔必齐河、大兴安岭、额尔古纳河为界，俄国人在中国境内建筑的房舍移往俄国境内；二、拆毁雅克萨城，

该地的俄国人撤回本国；三、严禁双方猎户人等越界捕猎偷盗；四、两国人民有合法手续者，可以互相贸易；五、条约签订之前，在中国境内的俄国人，或在俄国境内的中国人，仍留原处，不必遣还，而条约签订之后，双方有逃亡者，必须引渡送回，不许收留。该条约的签订，从法律上确定了中、俄东段的边界，保证了该段边境 160 多年的和平。

朱三太子案

康熙时发生的反清事件。清初，民间流传崇祯帝第三子尚在，一些人即以"朱三太子"为号召，举兵抗清，清廷大力搜捕，史称"朱三太子案"。康熙十二年冬（1673 年），北京的杨起隆诈称朱三太子，组织旗下奴仆、佃户，密谋起义。由于消息泄露，被清廷镇压。"三藩之乱"时，福建蔡寅诈称朱三太子，拥众数万，与台湾郑经联合反清，被清军击败于天宝山。康熙四十年后，江苏太仓、浙江大岚山等处反清力量均称拥立朱三太子。四十七年正月，捕获在浙江大岚山起兵抗清的张念一，四月，清廷根据他的口供在山东汶上县捕获王姓父子，指为起义军所拥立之朱三，押解至浙审问。王供认本名朱慈焕，系崇祯帝第四子，长期流落河南、浙江等地，与江南、浙江等处反清力量并无关系。但清廷指其伪冒明裔，以"通贼"罪仍将其解京处死。

张廷玉

（1672—1755 年）清朝大臣。字衡臣，号研斋，安徽桐城人。康熙三十九年（1700 年）中进士。康熙时曾任内阁学士、吏部侍郎。雍正帝即位，擢升为礼部尚书，入值南书房，任《圣祖实录》副总裁，纂修缮写实录及起居注，深合雍正帝之意，又任《明史》总裁。军国大事，多有参决，鸿典巨文，也多出其手。雍正四年（1726 年），晋升大学士。七年，参赞军务。乾隆初为总理大臣辅政，任《世宗实录》总裁官。三年（1738 年），罢总理事务之名而以大

学士掌机要如故。旋进封三等勒宣伯，与鄂尔泰同为三朝老臣，屡主乡试及会试。姻亲子侄、门生故吏布列于外，受到乾隆帝猜忌。诸臣及言官也屡加参劾，乾隆帝对其日渐疏远。乾隆十三年（1748 年）他自请致仕。乾隆二十年（1755 年）三月卒。

鄂尔泰

（1677—1745 年）清朝大臣。字毅庵，号西林，满洲镶蓝旗人。康熙三十八年（1699 年）中举人。四十二年，袭佐领，授三等侍卫。雍正元年（1723 年），擢江苏布政使。六年，署云南、贵州、广西总督。十年，以功授保和殿大学士，兼兵部尚书。乾隆元年（1736 年），充会试正考官。二年，为军机大臣，兼理侍卫内大臣。八年，管掌翰林院。乾隆十年（1745 年）三月，加太傅。四月病卒于位。任期中，积极推行"改土归流"政策。善诗，长于咏物。著有《鄂少保公奏疏》1 卷、《六河总图说》1 卷。

雍正帝胤禛

（1678—1735 年）在位 13 年。康熙帝第四子，初封雍亲王。康熙末年，得隆科多、年羹尧之助夺得帝位，在政治上采取多种措施巩固皇位，消除异己，分化瓦解诸皇子集团。创立秘密立储制度（即秘写即位皇子的名字，藏于乾清宫的匾额之后）。雍正元年（1723 年），实行养廉银措施，以此限制、减少官员贪赃舞弊和横征暴敛。二年，决定对贪官污吏进行抄家追赃；对于民间拖欠，命在短期内分年征收。三年，以作威作福、结党营私之名，责令抚远大将军年羹尧自尽，同时削隆科多太保之职，后圈禁致死。七年大兴文字狱，作为钳制思想、打击政敌、树立权威的手段。同年，始设军机房，选亲重大臣协办军务。还命督、抚、布、按等地方大员密折奏事，以加强皇帝对地方行政的控制。实行"摊丁入亩"，保证赋税收入。在西南少数民族地区推行"改土归流"。设置驻藏大臣，加强对西藏的管辖。出兵平定青海和硕特部贵族的叛乱，镇压准噶尔部贵族骚扰。与沙俄订立《中俄布连斯奇界约》和《中俄恰克图界约》，划定中、俄中段边界。雍正十三年（1735 年）卒。

田文镜

（1662—1732 年）清朝督抚。原为汉军正蓝旗，后升入正黄旗。康熙二十二年（1683 年）出仕县丞，升知县、知州，历 20 余年。后改官六部员外郎、郎中。五十六年，任内阁侍读学士。雍正帝即位后，深受宠信。雍正元年（1723 年），署山西布政使，次年调任河南布政使，擢升巡抚。主要是参劾营私舞弊官员；清查积欠，限制特权，严限交纳钱粮；严行保甲制度等。此举引起朝廷官员不满，雍正帝却称之为"模范疆吏"。五年，任为河南总督，加兵部尚书衔。六年，任河南山东总督。七年，加太子太保。八年兼河北总督。雍正十年（1732 年）十一月病卒。著作有《抚豫宣化录》《钦颁圣谕条例事宜》，曾主持编修《河南通志》。

军机处

全称办理军机事务处。清雍正八年（1730 年）设立。因参决军国大事，又称枢垣、枢廷。位于宫中乾清门外西侧，初名军机房，十年命名为办理军机事务处。由皇帝特旨召三品以上满、汉大员各若干人入值为军机大臣，由满、汉大学士各一员为其首领，并由各部、院考录四品以下官员入值为军

军机处

机章京。军机处职掌机要，负责奏折文书的处理及谕旨的撰拟；军机大臣常侍皇帝左右，以备顾问，并参与国家之讨论；凡文武官员的调配、赐予及外藩之朝使者颁赐等事，亦由军机处办理。宣统三年（1911年）四月，责任内阁成立，军机大臣改任总理、协理大臣，军机处与旧设内阁并撤。

年羹尧

（1679—1726年）清朝名将。字亮工，号双峰，汉军镶黄旗人。康熙三十九年（1700年）中进士，历任翰林院庶吉士、检讨、侍讲学士。四十八年，任四川巡抚。五十七年，升四川总督兼管巡抚事。六十年，改任川陕总督。曾多次督兵剿抚辖区内少数民族武装骚乱。蒙古准噶尔部的策妄阿拉布坦发动叛乱，攻袭西藏，他遣兵入藏，以定西将军衔率军征剿，平定西藏。雍正即位后，颇得倚任。雍正元年（1723年）授抚远大将军，青海罗卜藏丹津反叛，他奉命进讨，督军至西宁，以功加太保，封公爵。次年，朝廷从其议，以岳钟琪等率兵四路进剿，大破叛军，青海平定。他既居高位，乃恃功骄纵。后遭雍正帝猜忌，调任杭州将军。又因众官劾奏，罢将军任，尽削其职、爵，逮至京师问罪。雍正四年（1726年）十二月以92款罪被勒令自尽。著有《治平胜算全书》《年将军兵法》。

岳钟琪

（1686—1754年）清朝名将。字东美，号容斋，四川成都人。康熙五十年（1711年），由捐纳同知改武职，任四川松潘镇中军游击。五十七年，任四川永宁协副将。五十九年，奉命率军随定西将军噶尔弼入藏，直抵拉萨，击败准噶尔叛兵。六十年，升四川提督。雍正二年（1724年），率军随年羹尧平定罗卜藏丹津叛乱，授三等功，赐黄带。三年，兼甘肃巡抚和川陕总督。五年，在陕甘两省推行"摊丁入亩"。又对四川乌蒙等土司实行"改土归流"。雍正年间，屡征准噶尔，拜宁远大将军。后因刚愎自用，坐失战机，

被削爵夺职，拘兵部，后获释家居。乾隆十一年（1746年）金川之役以总兵衔启用。不久，授四川提督。十四年正月，随傅恒参与大金川之战，说降大金川土司沙罗奔，金川平定，加太子少保，授兵部尚书衔，还四川提督任，赐号威信。乾隆十九年（1754年），镇压陈琨起义，病死于四川资州。著有《姜园集》《蛮吟集》等。

乾隆帝弘历

（1711—1799年）在位60年。胤禛第四子，初封和硕宝亲王。雍正十三年（1735年）八月即位。在位期间，多次用兵统一疆土，使统一的多民族国家得到巩固发展。乾隆二十二年至二十四年，平定了南疆大小和卓之乱。随即设置伊犁将军，统辖全疆军政。五十六年派福康安为将军，率兵入藏击退廓尔喀（今尼泊尔）侵略军，次年颁布《钦定西藏章程》。同时，对云南、贵州、广西、四川、湖南、湖北各土司统治地区，继续推行改土归流政策。他重视文化事业，三十八年开馆编纂《四库全书》。在位期间，到处巡游，特别是六次南巡，浪费无度。后期任用和珅，大长贪污之风，政治更加腐败，清王朝开始由盛而衰。一生诗文甚多，有《乐善堂诗文全集》、御制诗5集、御制文3集、御制诗文若干集。嘉庆四年（1799年）正月卒。

和珅

（1750—1799年）清乾隆后期的权臣。钮祜禄氏，字致斋，满洲正红旗人。生员出身，1769年袭世职，由侍卫升至大学士，深得乾隆帝的倚重和信任。他外结封疆大吏、领兵大员，内掌官吏任免、财政收支、刑法诉讼，专擅朝权20余年，营私舞弊，贪污受贿，搜刮了骇人听闻的巨额财富。嘉庆帝早就恨其专横，待乾隆帝去世后，立即宣布其20大罪，责令自杀，并抄没家产，计有良田8000多顷、当铺75座、银号42座、古玩铺13座、花园楼台106座。金银珠宝、器皿难以计数。全部家产折合白银8亿两

之多，相当于朝廷 10 余年的财政总收入，以致当时有"和珅跌倒，嘉庆吃饱"之民谣。

刘墉

（1719—1804 年）清朝大臣。字崇如，号石庵，山东诸城人，乾隆前期进士。曾任左都御史，署直隶总督、吏部尚书、体仁阁大学士。先后出督安徽、江苏学政，供职南书房、修书处，充上书房总师傅及兵部尚书、协办大学士。曾充《四库全书》副总裁。派办《西域图志》《日下旧闻考》。书法名满天下，与梁同书齐名。政务之暇，不废吟咏。著作有《刘文清公遗集》17 卷、《石庵诗集》等。

福康安

（?—1796 年）清朝将领。字瑶林，满洲镶黄旗人，乾隆帝孝贤皇后之侄。以贵戚为侍卫，乾隆三十七年（1772 年）授户部侍郎、副都统，大小金川之役为领队大臣。金川平，封三等嘉勇男，擢都统。曾任吉林、盛京将军，云贵、四川总督，工、兵两部尚书。四十九年，为钦差大臣、陕甘总督，镇压甘肃回民田五起义。五十一年，台湾林爽文起义，他率兵渡台，次年俘林爽文，以功晋封一等嘉勇公。五十五年，廓尔喀侵扰西藏，率兵入藏，败廓尔喀兵，廓尔喀请和。五十八年，奏西藏善后 18 条，为该年颁布《钦定西藏章程》之蓝本。同年，加嘉勇忠锐公封号，晋大学士。五十九年，调云贵总督。六十年，率兵镇压贵州、湖南回民起义，因功晋封贝子。嘉庆元年（1796 年）五月，卒于军。

杨遇春

（1760—1837 年）清朝名将。字时斋，四川崇庆（今四川崇州）人。6 岁入家塾，17 岁时因家道中落转而习武。乾隆四十四年（1779 年）中武举人，次年入伍。后随福康安镇压甘肃田五起义、台湾林爽文起义及贵州、湖南苗民起义，深受福康安的赏识。嘉庆二年（1797 年），参与镇压川楚白莲教起义，为经略大臣额勒登保所倚

重。五年，以提督率军独立作战。起义军著名领袖覃加耀、罗其清、冷天禄、阮正隆、王廷诏等多人先后被其杀害或俘获。十八年，率兵镇压天理教起义，又镇压了陕西南山厢工起义。道光五年（1825 年），署理陕甘总督。六年，平定张格尔叛乱。八年，实授陕甘总督。道光十七年（1837 年）卒。

十全武功

乾隆时期十次重大军事行动。乾隆五十六年（1791 年），廓尔喀（今尼泊尔）再次侵入西藏。是年冬，清政府命福康安等率兵入藏，败廓尔喀兵。次年八月廓尔喀请降。清兵凯旋之际，乾隆欣然回忆他即位后 57 年间在边疆地区建立的十大武功，作《十全记》以纪其事。十全武功指：两次平定准噶尔叛乱，平定大小和卓之乱，两次金川之役，镇压台湾林爽文起义，缅甸之役，安南之役及两次抗击廓尔喀之役。乾隆因此自称"十全老人"。

嘉庆帝颙琰

（1762—1820 年）在位 25 年。乾隆帝第十五子，曾封嘉亲王。1796 年即位，嘉庆四年（1799 年）亲政。杀权臣和珅，屡令整饬吏治。九年，镇压历时 9 年的白莲教起义，及黔、湘地区苗民起义和鲁、豫等地天理教起义。禁西洋人刻书传教。令各省督抚禁断鸦片来源，贩运、吸食者皆治罪。筹八旗生计，遣闲散旗丁垦东北边外荒地。嘉庆二十五年（1820 年）卒于行宫。

道光帝旻宁

（1782—1850 年）在位 30 年，嘉庆帝次子。嘉庆二十五年（1820 年）八月即位，以次年为道光元年。六年，叛逃边外的张格尔纠集安集延、布鲁特扰边，陷喀什噶尔、英吉沙、叶尔羌、和田等城。他派兵攻剿，于次年收复四城。自即位起，奉天、直隶、河南、江苏、江西、安徽、甘肃等省灾害连年不断，政治腐败日甚，各地农民纷起反抗，他派兵镇压。并谕令严行保甲、整

饬吏治、除弊兴利、赈灾、治水利等，勤政图治，以缓和社会矛盾。十八年，英、美大量输入鸦片，他命林则徐为钦差大臣赴广东查禁鸦片。二十年（1840年），英国发动鸦片战争，攻陷定海，并至天津海口。他由禁烟、抗英转为动摇妥协。后时战时和，多所反复。二十二年八月，被迫派耆英等与英人签订丧权辱国的《南京条约》。二十四年，又分别与美国、法国签订《望厦条约》和《黄埔条约》。道光三十年（1850年）病卒。

苗民起义

清乾、嘉年间湘、黔苗族人民大起义，又称石柳邓、石三保、吴八月起义。1793—1794年间，湘西、黔东连遭旱灾，而官府的赋税、徭役及地主的剥削有增无减，广大苗民走投无路，被迫揭竿而起。1795年，贵州石柳邓率众首先发难，湖南石三保等起而响应。起义者提出"逐客民，复故土"的口号，连克湘、川、黔交界地区的许多城市。清政府调7省兵力镇压，而苗族统治阶层又与清兵勾结，以致起义渐趋失败，吴八月、石三保、石柳邓先后被俘。但起义军并未屈服，退入山中继续斗争。这次起义与白莲教大起义遥相呼应，沉重地打击了清王朝的统治。

白莲教起义

清嘉庆年间，川、鄂、陕三省以白莲教徒为骨干的农民大起义。乾隆末年，土地兼并严重，官吏贪污成风，阶级矛盾日趋激化。农民大量流入鄂、川、陕三省交界的深山老林当佃户和佣工。在官僚、地主、商人的残酷压榨下，他们群起反抗。而白莲教支派混元教的传布，从中起着组织、号召作用。1794年，清廷感到白莲教的威胁力量，下令严办白莲教徒，激起民变。1796年2月湖北枝江、襄阳白莲教徒首先发难。鄂西、川东流民纷纷响应。起义军转战川、陕、豫、鄂各省，在清军的数量优势面前，流动作战，屡挫清兵。后来清政府组织乡勇，坚壁清野，义军因缺乏统一指挥，力量分散，最后被

各个击破。这次起义，先后参加农民有数十万人，坚持斗争达9年之久，遍及川、鄂、陕、甘、豫5省地区，沉重打击了官僚地主，重挫了清廷的专制统治。

2. 清后期政治（1840—1911年）

第一次鸦片战争

1840—1842年英国对中国发动的侵略战争。18世纪末，英国资产阶级为打开中国市场，开始向中国大量销售鸦片，对中国人民形成了严重的毒害。1838年底，清政府为自身统治利益，并迫于人民压力，派林则徐为钦差大臣去广东查禁鸦片。林则徐严厉禁烟，从1839年6月3日到25日，在虎门海滩当众销毁了缴获英国及其他国不法商人的鸦片237万余斤，并多次粉碎英军的挑衅。1840年6月，在美、法等国支持下，英军舰队驶入中国广东海面，鸦片战争正式爆发。林则徐督率广东军民严守海防，英军进犯广东的企图未能得逞，又转而进攻厦门，被闽浙总督邓廷桢率军击退。7月，趁浙江防务空虚，攻占定海。8月，北窜至天津海口。道光帝被英军的武力恫吓所动摇，派直隶总督琦善到天津与英军谈判。后又命琦善为钦差大臣到广州继续议和，并将林则徐、邓廷桢革职。1841年1月英军乘琦善撤除战备，突然攻陷沙角、大角炮台。道光帝派奕山率军赴广州对英作战。2月英军攻陷虎门，5月炮击广州，奕山投降，订立《广州和约》，激起三元里等地数万民众的抗英怒潮。8—9月英军先后攻陷厦门、定海、镇海、宁波。1842年3月清兵三路反攻失败。英军拒绝求和，向长江下游进攻，6—7月，相继攻陷吴淞、宝山、上海、镇江，8月，耆英、伊里布被迫与英国侵略者在英舰皋华丽号上签订了《南京条约》，结束了鸦片战争。从此，中国开始沦为半封建半殖民地社会，进入了近代史阶段。

虎门销烟

清末规模最大的一次销烟事件。1839年3月，林则徐奉命到广州查禁鸦片，在

广州海战图　清代

这幅英国凹版图画中，一艘中国战船因被英国战舰"奈米西斯"号开炮击中而烧毁。此战发生于 1841 年 1 月，地点在珠江三角洲亚森湾，在两个小时的作战中，11 艘中国战船被击沉，500 名船员阵亡，而英军只有几人受伤。"奈米西斯"号是英国的第一艘铁甲战舰，在这样的战舰面前，中国海军的木船不堪一击。

人民支持下，一面加紧整顿海防，严拿烟贩，一面通知外国鸦片贩子，限期尽数缴出鸦片。经坚决斗争，英、美等国鸦片贩子被迫陆续缴出鸦片共约 237 万余斤。从 6 月 3 日到 25 日，在林则徐主持下，将所缴全部鸦片在虎门海滩当众销毁。虎门销烟是中国人民禁烟斗争的伟大胜利。

林则徐

（1785—1850 年）清末政治家。字元抚，又字少穆，福建侯官（今福州）人。早年曾与龚自珍、魏源等人提倡经世之学，反对八股取士。为了解西方情况，派人翻译外文书报，主持编译近代中国第一部介绍西方地理知识的《四洲志》书稿。1837 年 2 月升湖广总督，任内禁止吸食鸦片烟，卓有成效，并向道光帝上书，呼吁禁烟。1838 年 12 月底被任命为钦差大臣，赴广东查禁鸦片。次年 3 月 10 日抵广州。他与两广总督邓廷桢协力查办鸦片走私贩，迫使英、美侵略者缴出鸦片 237 万余斤，从 6 月 3 日到 25 日，亲临监督，在虎门海滩当众销毁。后会同水师提督关天培积极筹备海防，屡挫英军武装挑衅。1840 年 1 月任两广总督。鸦片战争爆发后，在广州击退英军进犯。英军转而北犯，侵占定海，又逼近大沽，威胁清廷。琦善等投降派乘机诬陷打击，他由此被革职。次年，奉命赴浙江筹划海防及去开封堵黄河决口，又遭谮害，于 1842 年 3 月

被流放新疆伊犁。1845 年被重新起用，历任陕甘总督、陕西巡抚、云贵总督等职。其著作辑为《林文忠公政书》等。

关天培

（1781—1841 年）清末将领。字仲因，江苏山阳（今江苏淮安）人。行伍出身，1834 年任广东水师提督。任内全力协助林则徐查禁鸦片，操练水师，修筑虎门诸炮台，并在穿鼻海战中督军痛击英军。1841 年 2 月 26 日，英军进攻虎门炮台，他率守军坚决抵抗，但琦善拒发援军。他孤军奋战，受伤数十处，仍亲燃大炮奋力抵御，终与众官兵壮烈殉国。虎门炮台失陷。

葛云飞

（1789—1841 年）清末将领。字鹏起，浙江山阴（今绍兴）人。武进士出身，1838 年任浙江定海镇总兵。1841 年 9 月底英军再犯定海，他与处州镇总兵郑国鸿、寿春镇总兵王锡朋协力抵抗，坚守定海土城，血战六昼夜，10 月 1 日英军趁雾登陆，郑、王牺牲，葛云飞率亲兵 200 余名冲入敌阵，奋力拼杀，后中炮牺牲。史称葛、郑、王为定海三总兵。

陈化成

（1776—1842 年）清末将领。字莲峰，福建同安（今属福建厦门）人，行伍出身。1840 年任江南提督。鸦片战争爆发时，在两江总督裕谦支持下，积极在长江口设防。1842 年 6 月，英军进犯吴淞口，他率部抵抗，击伤英舰多艘。后因两江总督牛鉴从宝山溃逃，英军乘机登陆，从后路抄袭，使吴淞炮台腹背受敌。他率士卒奋战，身负重伤犹举旗鼓舞士气，终与所属官兵为国捐躯。

南京条约

即中、英《江宁条约》，是中国近代史中第一个丧权辱国的不平等条约。1842 年 8 月，清钦差大臣耆英、伊里布与英国全权代表璞鼎查签订。主要内容为:（1）割让香港岛;

（2）赔偿鸦片烟价、商欠、军费共 2100 万银元；（3）开放广州、福州、厦门、宁波、上海 5 处为通商口岸，准许英国在五处通商口岸派驻领事；（4）中国抽收关税的税率必须由中、英共同议定；（5）废除公行制度，准许英商与华商自由贸易。《南京条约》的签订，给中国造成了无穷的危害。从此，西方资本主义侵略者打开了中国的门户，中国开始逐步沦为半封建半殖民地社会。

望厦条约

即中、美《五口贸易章程》，美国强迫清廷签订的中、美第一个不平等条约。1844 年 7 月 3 日，美国专使顾盛胁迫清两广总督耆英在澳门附近的望厦村签订。除规定美国享有英国通过《南京条约》获得的全部权益外，还增加了下列权益：（1）美国人有权在 5 个通商口岸租地建楼、开设医院和教堂；（2）美国兵船可以到中国沿海各港口"巡查贸易"；（3）美国享有协定关税权；（4）美侨在华享有领事裁判权。

黄埔条约

即中、法《五口贸易章程》，法国强加给中国的中、法第一个不平等条约。1844 年 10 月 24 日，法国专使剌萼尼与清两广总督耆英于停泊在广州黄埔的法舰阿吉默特号上签订。条约规定法国享有协定关税、五口通商、领事裁判权、片面最惠国待遇等特权。还规定法国人可在通商口岸建造教堂，中国有保护教堂的义务。订约后，法国又强迫清政府取消实行达 100 余年的对天主教的禁令。

上海租地章程

即《上海地皮章程》，1845 年 10 月 20 日公布。除划定英国在上海的租借地段外，还规定"业主不得任意停租"。他国商人在英租界内租地建屋或赁屋居住、存货者，应先向英国领事馆申请等。此章程使英国租借地区形成了在中国管辖之外的独立区域，是资本主义国家在中国强占租界的开始。

第二次鸦片战争

又称"英法联军之役"，1856—1860 年英、法联合发动的侵华战争。1856 年英、法、美三国提出修改《南京条约》等要求，被拒后，英国以亚罗号事件为借口进犯广州，挑起了第二次鸦片战争。次年，法国借口"马神甫事件"与英组成联军，攻陷广州，1858 年 5 月攻陷大沽炮台，进逼天津。清政府派桂良、花沙纳为钦差大臣赴天津谈判，分别与俄、美、英、法等国代表签订《天津条约》。11 月又在上海签订了中英、中法、中"美通商章程"。沙俄则乘机以武力强迫黑龙江将军奕山签订了中俄《瑷珲条约》。1859 年英、法公使借口到北京交换条约文本，率舰队攻击大沽炮台。清军开炮还击，重创英、法舰队。1860 年 8 月英法联军攻陷大沽，占领天津。9 月进犯北京，咸丰帝出逃承德，命其弟恭亲王奕䜣留京主持和议。10 月 13 日英、法侵略军占领北京，焚掠圆明园。奕䜣于 10 月 24、25 日，分别与英、法代表签订了中英、中法《北京条约》，批准中英、中法《天津条约》。11 月沙俄也借机胁迫清政府签订中俄《北京条约》。第二次鸦片战争加速了中国半殖民地化的进程。

亚罗号事件

1856 年广东水师查捕海盗的事件。是年 10 月 8 日，广东水师在黄埔港中的一艘中国船"亚罗号"上，逮捕了两名海盗和 10 名有海盗嫌疑的水手。该船曾向香港英国当局领过通航证，查捕时，此证已经过期。但英国驻广州领事巴夏礼硬说"亚罗号"属英国船，并谎称中国水兵侮辱了船上的英国国旗，要求两广总督叶名琛送回水手，赔礼道歉。遭拒后，巴夏礼又发出最后通牒。叶名琛屈服于压力，将水手送至英国领事馆，巴夏礼又借口礼貌不周，拒不接收。英国巴麦尊内阁利用这一事件发动了第二次鸦片战争。

马神甫事件

又称西村教案。1853 年，法国天主教神甫马赖，非法潜入我国广西省西林县活动，吸收地痞流氓入教，勾结当地土豪，奸淫抢掠，激起当地人民极大愤慨。1856年 2 月，西林知县将其逮捕并处死。法国路易·波拿巴政府以这个事件为借口，伙同英国对中国发动了第二次鸦片战争。

天津条约

第二次鸦片战争期间，英、法、俄、美强迫清政府分别签订的不平等条约。1858 年 5 月 20 日，英法联军攻陷大沽炮台，进逼天津。29 日，清政府派桂良、花沙纳赶往天津求和。于 6 月 13 日签订了中俄《天津条约》，沙俄取得了在上海、宁波、广州、福州、厦门、台湾、琼州 7 处通商，和在通商口岸设置领事，停泊军舰，购买土地，建造教堂、住房、货栈的权利，享有领事裁判权、片面最惠国待遇和自由传教的特权。条约第 9 条还规定：中俄派员勘查"从前未经定明边界"，借此进一步侵占中国领土。6 月 18、26、27 日又分别与美、英、法签订《天津条约》。主要内容有：（1）外国公使常驻北京；（2）增开牛庄（后改营口）、登州（后改烟台）、台湾（后选定台南）、潮州（后改汕头）、琼州、镇江、南京、九江、汉口、淡水等 10 处通商口岸；（3）外国人可往内地游历、通商、自由传教；（4）外国商船可驶入长江一带通商口岸；（5）减轻商船吨数；（6）对英国赔款 400 万两白银，对法国赔款 200 万两白银，赔款交清后英、法退还占领的广州。中美《天津条约》规定，清政府给其他国家的任何特权，美国得"一体均沾"。

火烧圆明园

第二次鸦片战争中，英法联军侵华罪行之一。圆明园位于北京西北郊，是清朝皇帝的一座别宫。经过 150 多年经营，形成以圆明、长春、万春三园为中心的园林建筑，占地 5000 多亩。不仅汇集了江南名园胜景和西方园林艺术，还藏有各种无价珍宝、罕见的典籍和珍贵的文物，堪称人类文化的宝库之一。1860 年 10 月 6 日英法联军闯进圆明园，大肆抢掠，把能拿走的东西全部拿走，搬不动或来不及拿的就彻底破坏。为了消匿罪证并胁迫清政府尽快接受侵略条件，英国全权大使额尔金下令将圆明园烧毁，对中国乃至世界文化造成了巨大损失。

北京条约

1860 年 10 月英法联军攻进北京后，英、法、俄强迫清政府分别签订的不平等条约。是年 10 月 24、25 日，清钦差大臣奕䜣在北京分别与英、法全权代表交换了《天津条约》文本，并签订了《续增条约》，即《北京条约》。主要内容是：（1）承认《天津条约》完全有效。（2）增开天津为商埠。（3）准华民赴英、法属地或外洋别地做工。（4）割让九龙给英国。（5）赔还以前充公的法国天主教产。（6）赔偿英、法兵费各 800 万两；恤金英国 50 万两，法国 20 万两。11 月 14 日，沙俄又强迫清政府在北京签订了中俄《续增条约》，即中俄《北京条约》，强迫清政府认可中俄《瑷珲条约》，还将《瑷珲条约》中规定中俄"共管"的约 40 万平方公里的中国领土划归沙俄。同时，又强行规定了中俄西段边界的走向，根据这一规定，于 1864 年签订了《中俄勘分西北界约记》，又侵占去约 44 万平方公里中国领土。

瑷珲条约

1858 年沙俄强迫中国签订的不平等条约。1858 年英法联军进攻天津、威胁北京，中国东北边防空虚。5 月 22 日，俄国东西伯利亚总督穆拉维约夫趁机率兵 200 多人抵达瑷珲城（今属黑龙江黑河市）。28 日，逼迫黑龙江将军奕山签订中俄《瑷珲条约》。主要内容是：（1）黑龙江以北、外兴安岭以南 60 多万平方公里的中国领土割给俄国，江东 64 屯一带除外。（2）原属中国的乌苏里江以东约 40 万平方公里的土地划归中俄两国"共管"。（3）黑龙江、乌苏里江只准中俄两国船舶航行，沙俄由此夺得了经黑龙江通往太平洋的通道。

中俄勘分西北界约记

沙俄迫使清政府签订的不平等条约。1862年根据中俄《北京条约》规定，中俄双方议划边界，由于俄方代表强迫清政府代表在其单方面绘制的图界上签字，致使谈判中断。1864年双方代表在塔尔巴哈台（今新疆塔城）继续谈判，清政府被迫接受了沙俄单方面炮制的勘界条约。至此，沙俄又霸占中国西部巴尔喀什湖以东、以南44万多平方公里的领土。加上中俄《北京条约》强占的40万平方公里的土地和中俄《瑷珲条约》强占的60多万平方公里的土地，沙俄共霸占中国领土达144万多平方公里。

领事裁判权

一国公民在他国犯了罪或成为民事诉讼的被告时，只受本国领事或由其本国所设立之法院依照本国法律审判，他国政府不能过问。又称治外法权。

协定关税

又称协定税率，是一国根据与他国缔结的条约或贸易协定，对进出口商品所规定的税率。有双边、多边和片面协定关税数种。前两者是平等互利的，而后者则是外国侵略者强加给殖民地、半殖民地国家的。

最惠国待遇

一国在通商、航海、税收及公民法律地位等方面，给予另一国享受现时或将来所给予任何第三国同样的一切优惠、特权或豁免等待遇。它的取得必须有条约根据。条约中规定这种待遇的条文称最惠国条款。这是发展国际正常贸易、消除贸易歧视的一种手段。但鸦片战争后旧中国与外国所订条约，往往只片面规定缔约的外国一方享有最惠国待遇，而中国无对等权利。

租界

帝国主义国家胁迫半殖民地国家划出的作为外侨居留和经商的一定地区或势力范围，是帝国主义国家在他国的侵略堡垒。在中国首先出现于上海，英国是第一个在中国建立租界的国家。第一次鸦片战争后，英国即在中国一些通商口岸强行划租界地，筑路建屋，而后甚至在界内取得了"管理权"。其他资本主义国家也争相效尤。旧中国租界共分两种：一种是由某一外国单独管理的，称某国租界；另一种是由几个外国共同管理的，称公共租界。外国侵略者在租界内实行完全独立于中国的行政和法律之外的另一套统治制度，以致逐渐成为"国中之国"。

辛酉政变

1861年（辛酉年）懿贵妃为夺取清朝统治权在北京发动的政变。又称祺祥政变、北京政变。1861年8月21日，咸丰帝病死承德行宫，遗诏6岁皇子载淳即位，载垣、端华、肃顺等8人为赞襄政务王大臣辅政。载淳生母那拉氏与恭亲王奕訢勾结，得到掌握兵权的胜保等人的支持和外国侵略者的默许，密谋废除八大臣辅政。10月26日，肃顺护送咸丰帝灵柩起运回京。那拉氏偕母后皇太后钮祜禄氏与小皇帝等先行到京。11月2日发动政变，宣布两宫皇太后垂帘听政。改第二年为同治元年，逮捕载垣、端华、肃顺，并于8日处死，其余五大臣或革职或充军，奕訢则被授任议政王，掌管军机处和总理衙门。从此，慈禧太后开始掌握清政府最高权力。

垂帘听政处
慈禧太后发动辛酉政变，从辅政八大臣手中夺取朝政大权，开始与慈安太后一起垂帘听政。此为养心殿东暖阁垂帘听政处。

咸丰帝奕詝

（1831—1861 年）道光帝第四子，1850 年即位。太平天国革命爆发后，调八旗、绿营重兵围剿，屡遭惨败，遂依靠汉族地主武装湘军、淮军镇压太平天国革命。第二次鸦片战争爆发后，采取妥协投降政策，分别与英、法、俄签订了丧权辱国的《天津条约》。1860 年英法联军进犯北京时逃往承德行宫，并派人签订《北京条约》。1861 年 8 月病死于避暑山庄。

肃顺

（1815—1861 年）清末官员，满洲镶蓝旗人，爱新觉罗氏，官至户部尚书、协办大学士，深为咸丰帝信用。与其兄郑亲王端华及怡亲王载垣相互倚重，煊赫一时，重用曾国藩、胡林翼、左宗棠的湘军镇压太平天国革命。对外国侵略者疑虑甚深，1859 年拒绝沙俄对乌苏里江以东地区的侵略要求。1861 年咸丰帝病死，受命为八位"赞襄政务王大臣"之一，是核心人物。同年，慈禧太后和奕䜣发动"辛酉政变"，被杀。

同治中兴

同治帝名载淳，咸丰帝长子。1861 年即位，时年仅 6 岁，由两宫太后垂帘听政，生母慈禧太后掌握实权。在位期间平定了太平天国、捻军等人民起义，支持洋务派创办工矿企业，推行自强、求富的新政，使清廷统治危机略有缓解，史家称"同治中兴"。1874 年病死。

慈禧太后

（1835—1908 年）即西太后，清咸丰帝妃。叶赫那拉氏，满洲镶黄旗人。1851 年被选中秀女，次年进宫，封为兰贵人，深得咸丰帝宠爱，1857 年被封为懿贵妃。1861 年咸丰帝死于承德行宫，其子载淳即位，尊为圣母皇太后，号慈禧。同年 11 月，与恭亲王奕䜣合谋发动政变，与"母后皇太后"慈安共同垂帘听政，改年号为同治。掌权后依靠汉族军阀和外国侵略者镇压了太平天国、捻军及各地人民起义。1874 年同治帝病死，她立 4 岁的侄子载湉为帝，年号光绪，仍垂帘听政。1881 年慈安猝死，她独揽大权。1889 年光绪帝亲政后她仍掌握实权。对外妥协投降，先

慈禧太后油画像

后签订了一系列丧权辱国的不平等条约。对内镇压人民革命，反对光绪帝推行戊戌新政。1898 年发动政变，捕杀维新派，囚禁光绪帝，直接执政。1900 年利用义和团对外宣战。八国联军侵入北京，她挟光绪帝逃往西安，下令镇压义和团运动。公然推行"量中华之物力，结与国之欢心"的卖国政策，与侵略者签订了《辛丑条约》，使清政府完全沦为帝国主义统治中国人民的工具。1902 年回京，宣布推行新政和预备立宪以缓和阶级矛盾，抵制资产阶级革命。

太平天国

19 世纪中叶反对清朝封建统治和外国资本主义侵略的农民战争。鸦片战争后，社会矛盾日益激化。洪秀全于 1843 年创立拜上帝会，秘密进行反清活动。1851 年 1 月 11 日，在广西桂平县金田村领导起义，建号太平天国，自称天王。9 月 25 日，太平军克永安（今广西蒙山），在此封王建制，革命政权粗具规模。1852 年 4 月，从永安突围北上，经湖南、湖北、江西、安徽，于 1853 年 3 月攻克南京，定为都城，命名为天京。颁布了革命纲领——《天朝田亩制度》，规定改革土地制度的办法和其他社会改革措施。对外坚持独立自主、反对外来侵略的政策。1853 年 5 月至 1856 年举行北伐和西征，军事上达到全盛阶段。1856 年 4 月攻破清军江北大营。6 月，攻破江南大营，解除了威胁天京的肘腋之患，

上至武汉、下至镇江尽在太平军控制之下，至此太平天国达到鼎盛。此后，太平天国领导集团内讧，发生了"天京事变"，之后石达开分军出走，严重削弱了太平天国革命力量。清军乘机反扑，包围天京，洪秀全及时提拔陈玉成、李秀成及洪仁玕等重组领导核心，坚持斗争。1859年颁布了洪仁玕的《资政新篇》，企图在农民革命的基础上发展资本主义。1858年和1860年再破清军江北大营和江南大营，并乘胜攻取苏州、常州，革命形势有所好转。第二次鸦片战争后，英、法、美、俄侵略者支持清政府镇压太平天国革命。1862年太平军在上海和宁波与英、法、美侵略者进行了英勇的斗争。在中外反动势力联合绞杀下，天京于1864年7月19日陷落，太平天国革命失败。太平天国革命长达14年之久，克取城市600多座，革命势力发展到18个省份，沉重地打击了中国封建势力和外国侵略者。

洪秀全

（1814—1864年）太平天国革命领袖。原名仁坤，后改秀全。广东花县（今广州市花都区）人。早年任本村塾师，屡应府试均落第，对清朝统治极为不满。1843年创建"拜上帝会"，次年到广西贵县传教。后返乡，完成了《原道救世歌》《原道醒世训》《原道觉世训》等著作，号召人民反抗清廷统治。1851年1月11日在广西桂平县金田村发动起义，建立太平天国，不久自称天王。1853年定都天京（今南京），同年颁布《天朝田亩制度》。以后深居宫闱，沉湎于宗教礼仪和女色。"天京事变"后提拔李秀成、陈玉成等青年将领，并在1859年批准颁行洪仁玕所著的《资政新篇》，表示了学习西方资本主义的愿望。第二次鸦片战争后，在中外反动势力联合进攻下，执意死守南京孤城。1864年6月1日病逝。

拜上帝会

又称拜上帝教，洪秀全创立的农民革命组织。1843年，洪秀全吸收了基督教某些教义和宗教形式，同冯云山、洪仁玕在广东花县创立。1844—1847年冯云山在广西桂平县紫荆山区建立基地，发展会员数千人。与此同时，洪秀全在花县写了《原道救世歌》《原道醒世训》等，号召人民奋起击灭"阎罗妖"（影射清封建统治者），并同冯云山制订拜上帝会的各种仪式及《十款天条》，作为会员守则。1849年洪秀全、冯云山与杨秀清、萧朝贵、韦昌辉、石达开组成领导核心。1850年7月，洪秀全下总动员令，号召会众赴广西桂平金田村集合。1851年1月11日，举行金田起义。起义军在占领区域内定期举行礼拜上帝仪式，进行宣传和组织群众的工作。

金田起义

1851年1月11日，洪秀全在广西桂平县金田村领导的武装起义。1843年洪秀全与冯云山等创立"拜上帝会"，在广西桂平紫荆山区建立基地，领导汉、壮、瑶等族人民同封建统治阶级开展斗争。1850年7月，洪秀全发布总动员令，号召会众到广西桂平县金田村集合。数月间，各地会众聚至金田达1万余人。1850年秋建成革命武装——太平军。1851年1月11日，洪秀全在金田村举行起义，建号太平天国，展开了轰轰烈烈的太平天国革命运动。

永安建制

1851年9月—1852年4月，太平天国在广西永安进行的军政建设。金田起义后，太平军于1851年9月25日攻克广西永安（今广西蒙山），在此整顿军政，其内容为：（1）整顿军队，颁布了军事法规《太平条规》。（2）分封杨秀清为东王，萧朝贵为西王，冯云山为南王，韦昌辉为北王，石达开为翼王，西王以下俱受东王节制。（3）确立官制为12级。（4）废除旧历法，颁行新历法《天历》。永安建制初步奠定了太平天国立国的组织规模，为推动革命发展准备了条件。

太平军

太平天国农民革命武装，1850 年秋，洪秀全为发动农民起义而建立。太平军按《太平军目》的规定，在正副军师统率之下，有丞相、检点、指挥、将军、总制、监军各级指挥将领。带兵官有军帅、师帅、旅帅、卒长、两司马、伍长等六级。五人为伍，五伍为两，至一军辖 13155 名官兵。有陆、水、土营，又分男、女营。按规条，将士必须遵守命令，保护武器，爱护人民，不私匿金银。作战号令按《行军总要》部署。太平军纪律严明，顽强战斗 10 余年，有力地打击了清朝封建统治和外国资本主义侵略势力。

太平军"典金靴衙听使"号衣

天京事变

1856 年太平天国领导集团内部互相残杀的事件。太平天国定都天京后，东王杨秀清独揽大权，逼天王洪秀全封他为万岁。9 月，韦昌辉接洪秀全密诏带兵 3000 人从江西赶到天京，杀杨秀清及其家属部下 2 万余人。石达开回京后，对韦杀人过多表示不满，韦又欲杀石，石逃至安庆起兵讨韦。11 月洪秀全下令诛韦，石回京辅政。次年 5 月底，石达开因洪秀全对他猜忌，从天京出走，带领 20 余万精兵单独行动。这一事件给太平天国革命事业造成极大危害。此后，太平军由战略进攻转入战略防御。

天朝田亩制度

1853 年冬太平天国颁布的以解决土地问题为中心的革命纲领。首先规定：田地按人口平均分配，男女满 16 岁均可分到一份，15 岁以下减半。其次，按照太平军的军事编制把农民组织起来，并规定：每 25 家设国库、礼拜堂各一座，每家剩余农副产品一律缴入国库。凡婚丧嫁娶或供养鳏寡孤独废疾者，均由国库支取。此外，宣布废除封建买卖婚姻。这些规定反映了太平天国革命的"有田同耕，有饭同食，有衣同穿，有钱同使，无处不均匀，无人不饱暖"的理想和广大农民反对地主剥削，要求获得土地的强烈愿望，具有鲜明的反封建性，但在小农生产的基础上，废除私有制，实现平等是一种空想，在当时也未得到真正的实行。

资政新篇

太平天国后期的纲领性文件。洪仁玕著，1859 年刊印。全文共分四部分。政治上，提出"禁朋党之弊"，以加强中央统一领导。经济上，提出发展交通事业，兴办邮政等，兴办工矿企业，鼓励发展民间工业，开办银行。文化上，主张兴医院，办学校，设新闻馆。外交上，在主权完整的前提下，自由通商，平等往来。其基本精神是向西方国家学习，发展资本主义，具有进步意义。但当时由于种种原因，没能付诸实施。

安庆保卫战

太平天国史上重大战役之一。安庆是天京西部屏障，1860 年 5 月，当太平军东征苏州、常州时，湘军再次乘机进逼安庆。太平军决定 1861 年 4 月会攻武昌，以围魏救赵之策，解安庆之围。但因李秀成部进军迟缓，致使会攻武昌计划失败。陈玉成部回师安庆西北的集贤关，图救安庆。洪秀全调洪仁玕等驰援陈玉成，双方在安庆城外层层包围与反包围，展开激战。后援军失利，陈玉成腹背受敌，率部突围。8 月集贤关守军全部牺牲，陈玉成再度冲入奋力攻敌。9 月 5 日湘军用地雷轰破北城，安庆守将叶芸来、吴定彩所部 2 万余人牺牲，安庆沦陷。从此，太平天国的军事形势日渐恶化。

湘军

清末以曾国藩为首领的封建军阀武装。

1853 年 1 月，曾国藩受命到长沙协办本省团练，以镇压太平天国革命。曾国藩以营民自招的形式建立湘军，并订营哨之制，营官大都是曾国藩的至亲密友和门生故旧。士兵由营官以乡里亲属关系招募，各营互不统属，只服从曾国藩一人指挥。1854 年 2 月，水陆两军编练完成，共计 1.7 万多人。后参与绞杀太平天国革命，镇压捻军、回民起义等。

淮军

清末以李鸿章为首领的封建军阀武装。1861 年李鸿章赴淮南合肥、六安一带募集地主团练 6500 人，仿照湘军编制训练，组成一军，即为淮军。组成后，以洋枪洋炮装备部队，镇压太平天国革命。1865 年扩充到六七万人，充当了镇压捻军的主力。

洋枪队

美、英、法侵略者为镇压太平天国而组织的武装。1860 年 6 月，由官员吴煦等资助，招募流亡于上海的外国人组成，由美国人华尔任统领。后也招编中国人充当士兵，官兵共 700 余人，被清廷命名为常胜军。1862 年 9 月，华尔在进攻慈溪时，被太平军击毙。英国军官戈登继任统领并仿英国军制加以改组，扩充队伍，配合淮军攻陷常熟、太仓、昆山等地。1864 年 5 月解散。1862 年左宗棠也曾勾结法国军官勒伯勒东仿照华尔洋枪队，在宁波组成中法混合军，称常捷军，又称花头勇，参与镇压太平军，至 1864 年解散。

天京保卫战

1862—1864 年太平天国保卫都城天京的战役。1861 年安庆失陷后，湘军对天京形成包围之势。李秀成约集几十万太平军，分兵三路救援天京，连续对湘军猛攻，重创湘军，后因粮食奇缺、冬衣无备，撤兵停攻。此后，李秀成率军西征安徽、湖北，断湘军粮道，迫使湘军撤围回救。李秀成部也因缺粮，被迫折回。从此太平天国再无力组织大规模反击。天京长期被围，粮食断绝。1864

年 6 月初，洪秀全病逝。幼主洪天贵福即位。天京太平军几次突围，均未成功。7 月 19 日湘军用火药轰塌城墙，蜂拥而入，天京失陷。天京陷落标志着太平天国革命的失败。

小刀会起义

太平天国时期上海人民的武装起义。小刀会为天地会支派，1849 年建立。1853 年 8 月，嘉定农民千余人起义，两次攻占县城。9 月 7 日，小刀会领袖刘丽川在上海起义响应，占领上海县城，建立"大明国"，宣布接受太平天国领导，并先后率部攻克宝山、南汇等县。1854 年 12 月，法国军舰配合陆战队和清军联合进攻上海。小刀会弹尽粮绝，于次年 2 月 17 日趁夜突围。刘丽川在突围中牺牲。余部在潘启亮率领下参加了太平军，或到江西参加了天地会起义。

回民起义

太平天国革命时期云南以回民为主体的农民起义。1856 年云南楚雄府石羊银矿发生回、汉争矿冲突，当地封建统治者暗中挑拨，屠杀回民群众，激起各地回民起义，其中杜文秀领导的起义军声势最大。9 月他在蒙化誓师，攻占大理，被众人推为总统兵马大元帅。起义军发布檄文，拥护太平天国，实行轻赋税、重生产等政策。1867 年杜文秀率军 20 万围攻昆明，先后攻克 53 个州县。1872 年 3 月清廷调重兵反扑，进逼大理。12 月杜文秀被杀，大理陷落。其属部坚持斗争至 1874 年。

捻军起义

太平天国革命时期北方的农民起义。捻军起源于清初，初称捻子或捻党，活跃于淮河两岸，以后逐渐扩展到山东、河南、苏北等地。1853 年太平军北伐途经安徽、河南，各地捻党纷起响应，于 1855 年 8 月在安徽北部雉河集会盟，推张乐行为盟主，组成捻军。两年后接受太平天国领导，转战豫、皖、鲁、苏等地，屡败清军。1858 年 11 月，积极配合太平军，取得三河大捷。

1863 年 3 月盟主张乐行被俘遇害，余部与太平军赖文光部会师，坚持斗争。1865 年 5 月，在山东曹州击毙僧格林沁，并歼灭其军大部。1866 年 10 月捻军分为东西两路活动，互为犄角。1867 年 12 月，在湘、淮各军的重兵镇压下，东捻军在山东寿光以南战败。西捻军回援时被围，于 1868 年 8 月在山东徒骇河全军覆没。

杨秀清

（约 1820—1856 年）太平天国领导人之一，广西桂平人。早年以烧炭为业，1846 年参加"拜上帝会"。后假托天父附体，取得代天父传言权力。金田起义后，先被封为左辅正军师、领中军主将。后在永安被封为东王，节制诸王，掌军政实权。定都天京后，居功自傲，逼洪秀全封他为万岁。1856 年洪秀全密诏韦昌辉从前线回京，于 9 月 2 日诛杀之，其全家及部属 2 万余人均遭杀戮。

冯云山

（约 1815—1852 年）太平天国领导人之一，广东花县人（今广州市花都区）。1843 年与洪秀全共创"拜上帝会"。次年，二人同入广西贵县开展宣传组织活动，后只身至桂平紫荆山区，发展会众 2000 多人，并培养了杨秀清、萧朝贵等骨干。金田起义后，在永安被封为南王。1852 年进攻全州时负伤去世。

萧朝贵

（约 1820—1852 年）太平天国领导人之一。广西桂平人，早年以烧炭为业。1846 年入"拜上帝会"。1848 年冯云山被捕后，仿效杨秀清，假托天兄附体，取得了代天兄传言的特权。金田起义后，被封为右弼又正军师、领前军主将。12 月在永安被封为西王。1852 年率部攻长沙时，中炮负伤，回营后牺牲。

韦昌辉

（约 1823—1856 年）太平天国领导人之一，广西桂平金田村人。地主出身，1848 年参加"拜上帝会"，献出全部财产。金田起义后，不久被封为后护又副军师、领右军主将。12 月在永安被封为北王。1856 年接天王密诏后赶赴天京，杀东王杨秀清全家及部属 2 万余名。11 月被洪秀全处死。

石达开

（1831—1863 年）太平天国领导人之一，广西贵县（今广西贵港市）人。1850 年率 1000 余人至金田村准备参加起义。后任左军主将，并在永安被封为翼王。1855 年在湖口等处大败湘军水师，次年与秦日纲等共破清军江南大营。"天京事变"时，被韦昌辉逼出天京。后回京辅政，因遭洪秀全猜忌，于 1857 年 5 月率 20 万精兵出走，严重削弱了太平天国军事力量。后转战于闽、浙、川、黔等地。1863 年 5 月在大渡河畔紫打地陷入清军重围，所部被全歼。

洪仁玕

（1822—1864 年）太平天国领导人之一。广东花县（今广州市花都区）人，洪秀全族弟。1843 年入"拜上帝会"。金田起义后，为避清政府迫害，逃亡香港。1858 年离开香港，于次年抵达天京，被封为军师、干王，总理朝政。1859 年写成《资政新篇》，主张学习西方，发展资本主义工商业。1860 年曾与陈玉成等共破清军江南大营。次年救援安庆，失败。天京沦陷后，于浙江湖州护送幼天王入江西，在石城被俘，11 月就义于南昌。

李秀成

（1823—1864 年）太平天国将领，广西藤县人。1851 年加入太平军，因屡立战功，升至副掌率，与陈玉成共同主持军事。后曾参与破清军江北大营、歼李续宾部，再破江南大营。1861 年率部西征，因进军迟缓，贻误了战机。1862 年，两次进攻上海，屡败外国侵略军。天京被围后，劝洪秀全弃城另辟根据地，被拒绝。天京陷落后被俘，写了供词，流露了求生之意，不久被杀害。

陈玉成

（1837—1862 年）太平天国将领，广西藤县人。14 岁随叔父参加金田起义，因作战勇猛，升至又正掌率。1858 年痛歼清军悍将李续宾部，次年封英王。1860 年为解安庆之围，率部西征武昌，但因英国领事干涉和李秀成误期而未成功。安庆失守后退守庐州（今合肥）。1862 年庐州失守，受叛徒所骗，被捕遭杀。

曾国藩

（1811—1872 年）清朝大臣、湘军首领，湖南湘乡人。1838 年中进士，1852 年奉诏在湖南办团练，创建了湘军。1854 年，发布《讨粤匪檄》，率湘军与太平军作战，次年在岳州、靖港惨败。1860 年任钦差大臣、两江总督，次年受命节制苏、皖、赣、浙四省军务。1864 年督湘军攻陷天京，封一等侯爵、加太子太保。次年因在山东镇压捻军屡败而去职。1868 年任直隶总督。1870 年查办天津教案，一味媚外，遭到朝野谴责。1872 年病死，谥文正。著作辑为《曾文正公全集》。

僧格林沁

（? —1865 年）清朝将领。蒙古族，袭封科尔沁郡王。曾受命率蒙古骑兵堵击太平天国北伐军。1857 年任钦差大臣，防守天津海口。1859 年指挥大沽口海战，击败英法联军。次年大沽、天津先后失陷，所部骑兵又败于张家湾、八里桥，被革职夺爵。后恢复郡王爵，参与镇压捻军。1865 年在山东曹州高楼寨被捻军击毙。

洋务运动

旧称"同光新政"。19 世纪 60—90 年代，清代部分官僚采用西方生产技术创办洋式企业、学校，训练新式军队的运动。主要代表人物有奕䜣、曾国藩、李鸿章、左宗棠、张之洞等。在此期间，洋务派兴办了江南制造局、福州船政局等 10 余所近代兵工厂，开办了同文馆、福州船政学堂等新式学校，并派遣留学生出国学习。70 年代以后又开办了一系列民用工业，包括运输、采矿、冶炼、纺织业等，著名的有上海轮船招商局、开平矿务局、天津电报局等。这类企业分别采用官办、官督商办和官商合办方式，属于早期官僚资本主义性质。1874—1884 年，洋务派从国外购置军舰筹划海防，海军粗具规模，拥有北洋水师、南洋水师和福建水师等。1888 年李鸿章扩建北洋舰队，成为中国最大的一支海军。经过中日甲午战争，北洋舰队受到毁灭性的打击，洋务运动遂告破产。洋务运动中学习和采用西方的先进科学技术，创办近代工业和学校，客观上刺激了中国民族资本主义工业的产生，对外国侵略也起了一定抵制作用。

轮船招商局　清代

总理各国事务衙门

清政府设立的外交性质的中央机构，简称总理衙门、总署、译署。1861 年正式建立，恭亲王奕䜣为首任总理大臣。职责是：办理外交事务，兼管通商、海关、海防、训练新军、订购军火以及修铁路、开矿山、制造枪械、主办同文馆、派遣留学生等项事务。1901 年改为外务部。

北洋海军

清末海军舰队之一。19 世纪 70 年代李鸿章在北洋等设水师，开办北洋水师学堂，向英、德订购铁甲战舰。1885 年海军衙门成立后，李鸿章着手筹建北洋舰队。到 1888 年正式编成，包括大小兵舰 22 艘，有从德国购买的"定远""镇远"及"经远""来远"等大型铁甲舰，从英国购置的"致远""靖远"等快舰。丁汝昌为海军提督，英国人琅威理为海军总教习，主持军事训练。中日甲午战争威海卫一战，北洋海军全军覆没。

同文馆

即京师同文馆。清末创办最早的"洋学堂"，用以培养翻译人员的外国语学校。1862年6月11日在北京成立，附属于总理各国事务衙门。初创时只有英文馆，学生10人，专收八旗子弟。后陆续增设法文馆、俄文馆、算学馆等，招生范围有所扩大，并由此转化成综合性的专科学校。至1887年，学生已达120人，学习期限为8年，课程增加了自然科学、实用技术的内容。汉文经学贯穿教学始终。馆内还附设印刷所，译印西方各科书籍。该校实权由总税务司英国人赫德操纵，美国传教士丁韪良任总教习近30年。1902年并入京师大学堂。

福州船政学堂

我国最早的海军学校，1866年闽浙总督左宗棠在福州创办。分前后两堂，前学堂学法文，学造船，又称法文学堂；后学堂习英文，学驾驶术，又称英文学堂；分别由法国人与英国人主持，学习期限5年。科目有数学、物理、化学、天文学、地质学、画法等，并读《圣谕广训》《孝经》，兼习策论。毕业后授予水师官职或充任监工、船主等。1876年开始选派学生赴英、法两国学习驾驶和造船。1913年，前学堂改名海军制造学校，后学堂改名海军学校。

江南制造总局

简称江南制造局，又称上海机器局，清末官办的军事工业之一。1865年李鸿章在上海洋炮局的基础上，购买了美商铁工厂，再加上曾国藩从美国购买的机器，在上海成立。经不断扩充，成为清政府拥有的规模最大的军事工业。工人最多时达2000余人，主要制造枪炮、弹药、水雷等

军用品，并修造轮船。设备、原材料、技术皆仰赖外国，管理权也在外国人手中。1867年开始制造舰船，先后造成10余艘。1905年造船部分独立经营，称江南船坞，辛亥革命后更名为江南造船所。抗日战争爆发后，厂房、设备为日军拆毁，场地并入江南造船所。

福州船政局

又称马尾船政局。清政府创办的规模最大的船舶制造厂。1866年左宗棠设于福州。法国人担任正副监督，还雇用了几十名法国技师和工头。机器设备全由法国进口。主要由铁厂、船厂、学堂三部分组成。从1866年到1907年，共造大小船舶约40艘，厂内工人约2000名。中法战争中遭到严重破坏，辛亥革命后改称海军造船所。

轮船招商局

又称招商局，中国近代最早设立的轮船航运企业，1873年由李鸿章派员创办。总局设上海，承运漕粮，兼揽商货。名为商办，实为官商合办，由北洋大臣操纵。1877年以高价购进一批美国旧船，试图开拓海外航运业务，但被帝国主义势力排挤，遭到失败。1885年由"官商合办"改为"官督商办"。1909年归邮传部管辖。1930年国民党政府改为"国营"，1932年归属交通部。

汉阳铁厂

清末规模最大的钢铁冶炼工厂，由张之洞于1890—1893年在汉阳兴办，次年投产。全厂包括大小10个分厂，有炼铁高炉、炼钢转炉、平炉、轧制铁轨设备等。雇用外国技师约40人，工人约3000人。后因经营不善，年年亏本，甲午战争后，改为"官督商办"，由大买办盛宣怀招股接办。抗战时期，部分设备拆迁重庆，成立大渡口钢铁厂。

奕䜣

（1833—1898年）清末洋务派首领。

爱新觉罗氏，道光帝第六子，咸丰帝异母弟，封恭亲王。1860年英法联军攻陷北京，被任为全权大臣，留京主持谈判，同英、法、俄分别签订了《北京条约》。咸丰帝死后，与慈禧太后相勾结，发动政变，以议政王任军机处领班大臣，兼管总理各国事务衙门，总揽内政外交大权。支持曾国藩、左宗棠、李鸿章等举办洋务，成为早期洋务派首领。后渐遭慈禧太后疑忌，被罢去议政王。1884年又被解除军机大臣和总理大臣职。后一度被起用，不久病死。

左宗棠

（1812—1885年）清末湘军军阀，洋务派首领。字季高，湖南湘阴人。早年屡赴会试不第，教学于村塾。1860年由曾国藩推荐，为官襄办军务，募"楚勇"5000名赴江西、皖南与太平军作战。1863年升闽浙总督，1865年奉命节制赣、粤、闽三省军务，镇压太平军余部。1866年创设福州船政局。同年调任陕甘总督，先后镇压了捻军和陕甘回民起义，并设西安机器局、兰州机器局。1875年被任命为钦差大臣，督办新疆军务，率军出征新疆，摧垮了阿古柏伪政权，粉碎了英、俄分割天山南北的阴谋，并收复了被俄国侵占的伊犁。后历任军机大臣、两江总督兼南洋大臣等职。著有《左文襄公全集》。

李鸿章

（1823—1901年）清末淮军军阀，洋务派首领。字少荃，安徽合肥人，1847年中进士。1861年经曾国藩推荐，编练淮军。次年率淮军奉调至上海，与外国侵略者勾结对抗太平军，并伙同戈登的洋枪队，夺取苏、常二州。1865年署两江总督。次年接替曾国藩为剿捻钦差大臣，先后镇压了东、西捻军。

李鸿章像

1870年任直隶总督兼北洋大臣，掌握清政府的外交、军事、经济大权。洋务运动期间，创办了江南制造总局、金陵制造局等近代军事工业。兴办了轮船招商局、开平煤矿、上海机器织布局、天津电报局等民用企业，并建立了北洋海军。在对外交涉中，采取妥协退让政策，主持签订了一系列丧权辱国的条约。遗著辑为《李文忠公全集》。

张之洞

（1837—1909年）清末洋务派首领。字孝达，号香涛，直隶南皮（今河北南皮）人。1863年中进士。后屡迁，至1884年任两广总督。1889年调任湖广总督后，依靠英、德等国的借款和技术，陆续兴办了湖北枪炮厂、汉阳铁厂、大冶铁矿和湖北纺纱、织布、缫丝、制麻四局。并创办两湖书院，筹办卢汉铁路，成为仅次于李鸿章的洋务派首领。后一度调任两江总督。1896年再任湖广总督后，大兴各类新式学堂并一度赞助维新运动。1898年4月，发表《劝学篇》一书，提出"中学为体，西学为用"的洋务派理论，极力维护封建伦理纲常，公然反对维新变法。1901年积极策划推行"新政"。后历任协办大学士、体仁阁大学士、军机大臣等职。遗著辑为《张文襄公全集》。

容闳

（1828—1912年）中国近代改良主义者，教育家。字达萌，号纯甫，广东香山南屏（今广东中山）人。少时入澳门马礼逊学堂，1847年初留学美国，1854年毕业于耶鲁大学，为我国第一个留美毕业生。次年回国，先后在广州美国公使馆、香港高等审判厅、上海海关和上海宝顺洋行任职。1860年11月访问太平天国都城天京，向洪仁玕提出学习西方的改良建议。后应曾国藩之邀奉命筹建江南制造局，并赴美购买机器。回国后多次向清政府建议选派青少年赴美留学。1872年率中国近代第一批留学幼童30人赴美国留学，任留学生监督，后兼任驻美副公使。他同情和支持戊戌变法。后因受清政府通缉，逃居美国。著有《西学东渐记》。

盛宣怀

（1844—1916 年）中国近代买办官僚。字杏荪，江苏武进人，秀才出身。早年追随李鸿章，协助李举办洋务。主持创办了天津电报局、上海华盛纺织总厂。1895 年创天津中西学堂。甲午战争后，李鸿章暂时失势，他也受弹劾。1896 年经张之洞奏准，主办汉阳铁厂和大冶铁矿，兼任督办卢汉铁路总公司事务大臣。1897 年开设中国通商银行，并创办上海南洋公学。1898 年开办萍乡煤矿。1911 年任邮传部尚书。组织中国红十字会，为首任会长。后以川汉、粤汉路权作抵押，与帝国主义磋商大批借款，激起全国性保路运动，辛亥革命后逃亡日本。1912 年回国后，继续经营工商业，1916 年病死。

边疆危机

19 世纪 70 年代，资本主义列强为瓜分世界、争夺市场，加紧侵略扩张。中国的邻近国家先后沦为殖民地，并成了列强侵略中国的跳板和根据地。在这种情况下，中国的东南、东北、西南、西北边疆普遍受到列强侵略的压力，面临国土沦丧的危险，称之为边疆危机。

伊犁条约

即《中俄改定条约》，沙俄强迫清政府签订的不平等条约。1871 年，沙俄乘阿古柏叛乱之机出兵强占中国伊犁地区。清政府剿灭阿古柏伪政权后，派崇厚出使俄国，谈判收回伊犁问题。崇厚在沙俄胁迫下，擅自签订《交收伊犁条约》，据此中国将失去大片土地并交巨额赔款。清政府拒绝承认该条约，将崇厚革职问罪。1880 年任命驻英公使曾纪泽兼驻俄公使，赴俄谈判。次年在圣彼得堡签订《中俄伊犁条约》，主要内容为：（1）中国收回伊犁城和特克斯河流域，但霍尔果斯河以西中国领土划归俄国；（2）中国赔

偿兵费 900 万卢布（折白银 500 万两）；（3）喀什噶尔和塔尔巴哈台边界另订界约。根据这一条约及其后的 5 个勘界议定书，中国 7 万多平方公里的领土被沙俄侵占。

藏印条约

即《中英会议藏印条约》，英国强迫清政府签订的不平等条约。1888 年英国侵略军武装进犯中国西藏地区。清政府派驻藏帮办大臣升泰赴加尔各答与英国印度总督兰斯顿谈判，并于 1890 年 3 月 17 日签订该条约。主要内容是：（1）哲孟雄（今锡金）归英国保护；（2）划定中国与哲孟雄的边界。1893 年 12 月 5 日，中英双方又在大吉岭签订了《藏印条约》的附约。主要内容是：开放亚东为商埠；准许英国驻员，亚东自开放日起，5 年内藏印贸易互不收税；限制中国西藏人在哲孟雄的传统游牧权利。

中法战争

1883—1885 年法国侵略越南和中国而引起的战争。1883 年 12 月，侵越法军向应越南政府之邀驻越的清军和黑旗军发起进攻，挑起战争。战争初期，清军接连失利。清政府急派李鸿章在天津与法国使节谈判，并于 1884 年 5 月签订了《中法会议简明条款》，承认法国对越南的"保护权"，同意中越边境通商。但法军随后向驻谅山清军挑衅，8 月，又派舰队进攻台湾基隆，被守军挫败。同月 23 日，法国舰队突然袭击福建水师，炮轰马尾船厂。由于清政府一味避战求和，致使福建水师伤亡惨重，马尾船厂亦被摧毁。26 日，清政府被迫对法宣战。10 月，法军再犯台湾，占基隆等地。1885 年 2 月法军占领中国边境重镇镇南关。同月，新任两广总督张之洞起用老将冯子材率军开赴镇南关。3 月，冯子材率清军各部在关内 10 里的关前隘筑长墙为阵地。22 日，法军分三路进犯。双方激战至 24 日，清军大获全胜，并乘胜出关追敌，于 28 日取得谅山大捷。刘永福也指挥黑旗军在临洮大败法军。清军屡获胜利，使驻河内的法军恐慌异常，准备

逃窜，法国茹费理内阁也因此而倒台。但腐败无能的清政府急于求和，派英人金登干为代表至巴黎签订《巴黎停战条件》。6月，李鸿章与法国驻华公使在天津签订《中法会订越南条约十款》，重申《中法会议简明条款》有效。至此，中法战争结束，法国在军事失败的形势下，仍达到了预期目的。从此中国西南门户被打开，西南边疆成了法国对华扩张的重要基地。

冯子材

（1818—1903年）清代将领。字南干，广东钦州（今广西钦县）人。早年参加天地会受招安，为江南大营著名悍将，后在两广任提督等职。中法战争期间，法军侵占镇南关，于危难之际任广西关外军务帮办，进抵镇南关，身先士卒，大败法军，乘胜收复谅山，一时军威大振。但清政府一味求和，于胜利之下命其撤回关内。后仍在云贵、两广任职，病死于军营。

刘永福

（1837—1917年）清末将领。字渊亭，广东钦州（今属广西）人。出身贫寒，早年参加广西天地会，后至越南六安州，创立黑旗军。1873年应越南国王请求，率黑旗军大败法军于河内。1884年接受清政府改编，与清军共同抵抗法国侵略者，曾大败法军于临洮。1894年率黑旗军驻防台湾。次年受台湾军民推举，领导反对日本割占台湾的斗争。终因孤立无援而失败，乘英国轮船逃回广东。1911年武昌起义，一度应邀出任全粤民团总长，不久辞职回籍。

马尾海战

中法战争中的战役之一。马尾是福建水师基地，福州船政局所在地。1883年，中法战争爆发，次年7月法远东舰队强行闯入马尾港停泊。在清政府妥协求和政策影响下，船政大臣何如璋等人毫不戒备，并禁止水师舰只移动。8月23日下午，法舰袭击福建水师，水师仓促应战。终因无

所戒备而损失军舰11艘、商船19艘、760名将士殉难，马尾造船厂及两岸炮台也被轰毁。26日，清政府被迫正式向法国宣战。

中法新约

清政府与法国签订的关于结束中法战争的不平等条约，即《中法合订越南条约十款》，1885年6月9日，北洋大臣李鸿章与法国驻华公使巴德诺在天津签订。主要内容：（1）清承认越南为法国的"保护国"；（2）中法合同勘定中国和北圻的边界；（3）中越边境设埠两处通商，允许法商居住并设领事；（4）货物进出中国的云南、广西边界，要降低通商税；（5）日后中国修筑铁路，应向法国经营铁路建筑者商办；（6）法军退出台湾、澎湖。从此，法国势力侵入云南、广西，加深了我国西南边疆的危机。

中日甲午战争

19世纪末日本侵略朝鲜和中国的战争，因其爆发于旧历甲午年，故称甲午战争。

中日甲午海战图　清代

1894 年春，朝鲜南部爆发东学党农民起义，朝鲜政府请求清政府派兵协助镇压。日本却借机派兵进驻汉城，并急剧增兵达万余名。6 月，清总兵聂士成、提督叶志超相继率兵 2000 人驻朝鲜牙山。东学党起义被镇压后，日本拒绝撤军，并继续增兵，中日矛盾日趋尖锐。7 月 23 日，日军占领朝鲜王宫，发动政变。25 日，日军在丰岛海面突袭中国运兵船；29 日，进犯牙山清军。8 月 1 日，中日双方正式宣战。由于李鸿章坚持避战静守的方针，使清军陷于被动。9 月 16 日日军攻陷平壤。17 日，日舰在黄海海面袭击中国北洋舰队，北洋舰队奉命退守威海卫基地。日军占领了朝鲜全境并掌握了黄海、渤海的制海权，战火延至中国境内。10—11 月，日军陆、海两路进攻辽东半岛，连陷九连城、安东、大连、旅顺。1895 年 1 月，日军海陆两路夹攻威海卫。2 月，威海卫失陷，清北洋舰队全军覆没。3 月，辽东半岛陷落。战争期间，尽管中国军民英勇作战，但由于清政府的腐朽而屡遭失败。1895 年 4 月清政府被迫与日本签订了《马关条约》。从此，中国社会的半殖民化进一步加深。

黄海战役

中日甲午战争中重要战役之一，又称大东沟之役。1894 年 9 月 16 日，清北洋海军舰队护送运兵船增援平壤，次日返航途中，遭悬挂美国国旗的日本舰队突袭，提督丁汝昌下令迎战。中国致远号和经远号战舰受创后，在管带邓世昌、林永升指挥下，奋力冲向日舰，欲与敌共亡，不幸中鱼雷相继沉没。双方激战约 5 小时，日舰队首先撤离，北洋舰队亦返旅顺。这次战役，北洋舰队沉 5 舰，伤 6 舰，管带以下官兵千余人伤亡。日本联合舰队 5 舰受重创，舰长以下死伤 600 余人。此役后，北洋舰队虽主力尚存，但被李鸿章强令避入威海卫，制海权被日本掌握。

威海卫之役

中日甲午战争的重要战役之一。威海卫是拱卫渤海的门户，北洋海军基地之一。黄海海战之后，北洋舰队受李鸿章之命，避战于港内。1895 年 1 月 20 日，日军 2 万人在山东荣成湾登陆，从后方袭击威海卫炮台，并以军舰封锁海口。2 月 1 日至 2 日，南北炮台先后失陷，威海卫陷落。北洋海军困守刘公岛，靖远、来远、威远等舰相继被击沉。定远受创，刘步蟾指挥其驶入浅滩，用作炮台，弹药用尽后下令炸沉。2 月 11 日，提督丁汝昌因指挥失控，于绝望中自杀。营务处道员牛昶炳与英、美顾问向日军投降，刘公岛遂失陷，北洋海军至此全部覆没。

丁汝昌

（1836—1895 年）清末海军将领。字禹廷，安徽庐江人。出身贫寒，早年加入太平军，后投降湘军，参加镇压捻军，擢任总兵。1877 年至天津投奔李鸿章，帮办海军。北洋海军编成后，被任命为海军提督，1894 年 9 月率北洋舰队护送运兵船增援平壤。归程中遭日舰攻击，负伤后，仍坐于甲板上督战，指挥舰队重创日军旗舰松岛号。后奉命困守威海卫港。1895 年 2 月初，日本海、陆军围攻威海卫，他组织将士反击，击沉敌舰艇 7 艘。2 月 11 日，下令突围，又命炸沉舰只，但外籍军官及部分官兵拒不执行，并迫其降敌。他拒绝降敌，自尽殉职。

邓世昌

（1849—1894 年）清末海军将领。字正卿，广东番禺（今广州番禺区）人。早年入福州船政学堂，调入北洋水师后，曾随丁汝昌赴英国购铁甲舰。1888 年升总兵，北洋海军建立后，为致远舰管带。1894 年中日黄海海战中，与全舰将士驾舰英勇作战。当旗舰定远号上帅旗被敌炮火震落后，当机立断，在致远号上悬起帅旗，稳定了军心。后因弹尽舰伤，下令驾舰快速撞向日舰吉野号，不幸中途被敌鱼雷击中舰体，与全舰 250 余名将士壮烈殉国。

刘步蟾

（1852—1895 年）清末海军将领。字子香，福建侯官（今福州）人。1867 年考入福州船政学堂，后至英国海军见习。1885年赴德国购定远舰，次年任该舰管带。1888年任北洋海军右翼总兵，仍兼定远舰管带。1894 年中日黄海海战中，提督丁汝昌负伤，他即代为督战、指挥，重创日方旗舰松岛号。次年在威海卫之战中，协助丁汝昌拒敌，后遭日本鱼雷艇袭击，定远舰受重创。便下令将舰驶至刘公岛南岸搁浅，作炮台使用。后炮弹用尽，下令炸船，并自杀殉国。

马关条约

原名《马关新约》，又称《春帆楼条约》，日本强迫清政府订立的关于结束中日甲午战争的不平等条约。1895 年 4 月 17 日，李鸿章与日本首相伊藤博文在日本马关（今下关）签订。共 11 款。主要内容为：（1）承认日本对朝鲜的控制；（2）割让台湾及其附属岛屿、澎湖列岛和辽东半岛给日本；（3）赔偿军费 2 亿两白银；（4）增开沙市、重庆、苏州、杭州四口通商；（5）日本可在中国通商口岸开设工厂、运销产品，并准在内地设货栈寄存。条约中还规定，为保证中国履行条约，日军暂时占领威海卫。该条约的签订进一步加深了中国的半殖民地化和民族危机。

三国干涉还辽

沙俄伙同法、德强迫日本将辽东半岛归还中国的事件。《马关条约》中规定中国将辽东半岛割与日本，对沙俄独霸中国东北的计划构成了威胁。该条约签订的当天，俄国向法、德建议：联合劝告日本归还辽东半岛，如不允，将在海上对日本采取军事行动。不久，三国政府同时照会日本政府，并限期答复。几天后日本声明接受劝告。其后商定了清政府付赎辽费白银 3000 万两。11 月 8日，中日签订《辽南条约》，确定中国以巨款赎回辽东半岛。三国则以干涉还辽有功，获取了租借军港、修筑铁路等特权。

势力范围

又称权力界限、利益范围，是帝国主义瓜分殖民地的一种形式。帝国主义国家把某国领域的一部或全部，通过订立不平等条约，划为自己进行政治侵略和经济掠夺的特殊地区。如：中日甲午战争后，德国把山东划成其势力范围；俄国把东北划为其势力范围；法国把广东、广西、云南划为其势力范围；英国把长江流域划为其势力范围；日本则把福建划为其势力范围。以此掀起了瓜分中国的狂潮。

门户开放政策

又称海约翰政策。1899 年 9 月 6 日美国国务卿海约翰向英、俄、德三国发出照会：（1）承认各国在中国的"势力范围"；（2）各国运往上述"势力范围"内各口岸的货物，均按中国现行关税率收税，其税款概归中国政府征收；（3）各国对于进入自己势力范围内的他国船舶，不得征收高于本国船舶之港口税，所控制的铁路运输他国货物，运费不得高于运输本国货物。其后美国又向各国发出同样内容的照会。这项政策的目的，是美国在承认列强在华势力范围的条件下，在各国势力范围内取得同样的特权。

严复

（1854—1921 年）近代资产阶级改良派代表人物。字又陵，福建侯官（今福州）人，为福州船政学堂首届毕业生。后入英国格林尼次海军大学留学。回国后，历任福州船政学堂教习、北洋水师学堂总教习、总办等职。1895—1898 年翻译出版赫胥黎《天演论》，主张以进化论思想指导变法。后发表文章，认为中国要富强，必须"鼓民力""开民智""新民德"。后来认为中国国民尚未启蒙，不能急于变法。戊戌政变后翻译大量西方学术经典著作。

康有为

（1858—1927）近代资产阶级改良运

康有为旧照

动首领。广东南海（今广州）人，原名祖诒，字广厦。早年立志变法，并在广州设万木草堂，聚徒讲学，宣传改良思想。1895 年赴京会试，正逢《马关条约》即将签订，他会同梁启超等 18 省会试举人 1300 名共上万言书，要求拒签条约，迁都、变法。史称"公车上书"。后组织强学会、圣学会、保国会，办报纸，鼓吹改良主义。1898 年依靠光绪帝发动变法维新运动，失败后逃亡出国。1899 年在加拿大组织"保皇会"，反对孙中山领导的民主革命。1912 年组织"孔教会"，后支持张勋的复辟帝制活动。1927 年病逝于青岛。

梁启超

（1873—1929 年）近代资产阶级改良派代表人物。字卓如，号任公、饮冰室主人，广东新会人。早年从学于康有为万木草堂，并协助康有为从事变法维新，时称"康梁"。1895 年同康有为共同发动"公车上书"。后于上海主编《时务报》，发表《变法通议》等论著，在全国产生了深刻的影响。1897 年 10 月，受聘为长沙时务学堂中文总教习，次年入京参与戊戌新政。变法失败后逃亡日本，创办《清议报》，宣传改良主义，鼓吹民权，并主张君主立宪制。1913 年归国后拥护袁世凯统一，并出任司法总长。后反对复辟帝制，策动护国军反袁。一度出任段祺瑞内阁财政总长。"五四"运动期间，反对尊孔复古，讴歌民主与科学。学识渊博，著述宏富，晚年讲学于清华大学。著作辑为《饮冰室合集》。

万木草堂

康有为讲学的处所。1891 年创立于广州长兴里，后迁府学宫。康有为自任总教授、总监督。著《长兴学记》为学规，以所著《新学伪经考》《孔子改制考》为讲学的主要内容。宣传托古改制，变法维新。其学生中有陈千秋、梁启超、麦孟华、徐勤等，皆为戊戌变法的重要人物。1894 年被清政府解散。

强学会

清末成立的维新派政治团体。由康有为、文廷式于 1895 年 8 月在北京发起成立。成员数十人，有清廷官僚、维新人士、英美籍传教士等。学会 10 日集会一次，每次有人发表演说，呼吁变法救国。机关报为《万国公报》，后改名《中外纪闻》。11 月康有为又至上海组织强学会分会。次年 1 月，学会及其报刊均被清政府封禁。

时务学堂

清末维新派创办的学校，由谭嗣同等发起，1897 年 10 月在长沙开办。梁启超任中文总教习，学制 5 年。3 次招考，共录取学生 203 人。教学强调"中西并重"。通过教学活动，宣传变法、民权思想。遭到以王先谦为首的顽固士绅的攻击，迫于守旧势力的压力被迫停办。戊戌变法后，改为求是书院。

国闻报

戊戌变法期间维新派的重要报纸之一，1897 年严复等创办于天津。每日出报，意图通过传播国内外新闻，使读者通上下之情、中外之情，以达到"强群强国"的目的。11 月，又增出旬刊。严复所译《天演论》最初就在旬刊上陆续发表。在维新运动中与上海《时务报》南北呼应，产生了重大影响。1898 年 9 月 28 日停刊。

时务报

清末维新派的重要刊物之一，1896 年 8 月 9 日梁启超、黄遵宪、汪康年等在上海创办。旬刊，宗旨是"变法图存"。汪康年为总理，梁启超为主笔。曾发表梁启超《变法通议》等维新派人士文章，鼓吹变法维新，宣传资产阶级改良主义思想，议论新颖、犀利，颇受读者欢迎。后张之洞以报中民权议论过多而加干涉。1898年7月，光绪皇帝谕令将《时务报》改为官办，派康有为督办，但汪康年拒绝交接，不久终刊，共出69期。

公车上书

1895年，清政府因甲午战争失败，派李鸿章赴日本签订丧权辱国的《马关条约》，引起了全国人民的反对。康有为联合18个省在北京会试的1300多名举人联名上书，提出拒签和约、迁都西安、练兵抗战、变法图强等主张，并请都察院代呈光绪皇帝，被拒。万言书被誊写散发，得到广泛传播。

戊戌变法

又称戊戌维新，发生于1898年旧历戊戌年的资产阶级改良运动。中国在甲午战争中失败后，民族危机日益严重。代表上层民族资产阶级和开明士绅政治要求的康有为等维新派，在北京发动应试举人1300余名联名向光绪皇帝上书，反对签订《马关条约》。又以变法图强为号召，先后在北京、上海组织强学会，掀起变法维新运动。维新派主张实行君主立宪制，发展资本主义，并在各地创办学会、学堂、报馆，宣传变法维新，并得到部分上层官僚的支持。1897年，德国强占胶州湾，俄国强租旅大，中国被瓜分的危机更加严重。1898年，光绪皇帝在康有为等维新派的推动下，决定变法。6~9月陆续颁发维新法令，内容主要有废除八股、裁减机构、兴办学堂、设立银行、铁路矿务总局、税务工商总局，倡办各种实业，奖励新发明、新创造，设译书局，举办新式邮政，准许自由开设报馆、学会等。不久，慈禧太后发动政变，变法失败，除京师大学堂予以保留，其他新政措施全部被取消。新政共存在了103天，史称"百日维新"。

戊戌政变

慈禧太后发动的推翻戊戌变法的宫廷政变。1898年6月11日，光绪皇帝宣布变法，推行新政。以慈禧太后为首的顽固派不断对变法维新进行阻挠和反对，并预谋政变。9月，政变风声渐紧，光绪皇帝发出密诏，令康有为等"设法相救"。康有为等欲拉袁世凯除掉慈禧的亲信、握有军政大权的荣禄，袁世凯却向荣禄告密。慈禧得悉，于9月21日凌晨，携大批随从自颐和园赶至皇宫，将光绪皇帝囚禁在中南海瀛台，又一次临朝"训政"。随即通缉维新派首要人士，惩办支持新政的官员，废除新政法令，并将维新派谭嗣同、康广仁、杨深秀、林旭、杨锐、刘光第等六人杀害于北京菜市口，史称"戊戌六君子"。戊戌变法至此失败。

光绪帝载湉

（1871—1908年）1875年即位时年仅4岁，由两宫太后"垂帘听政"。1887年亲政后，大权仍由慈禧控制。他不甘于此，笼络一些文职官员和士绅，形成"帝党"，与"后党"争权。甲午战争爆发时，曾主战而图振作，战败后，认为"非变法不能立国"，同时希望通过变法而独揽大权，达到富国强兵、朝纲重振的目的。1898年6月11日，根据维新派奏议，发布《明定国是诏》宣布变法。随即，起用维新派人士，罢黜或谴责顽固派官僚。连续发布诏书，颁行新政。戊戌政变后被囚于中南海瀛台。

帝党后党

清末光绪亲政后，实权由慈禧太后控制，在统治集团内部渐渐酿成了帝、后两党的争斗。史称主张恢复光绪帝亲政实权的官僚集团为"帝党"，掌有发布上谕之权。称支持慈禧太后掌握朝政大权的官僚集团为"后党"，后党集中了大批满族权贵及握有中央及地方军政实权的官僚，代表人物有荣禄、李鸿章、刚毅等。

谭嗣同

（1865—1898年）近代资产阶级改良

派代表人物，"戊戌六君子"之一。字复生，湖南浏阳人，少年时博览群书，鄙视科举。中法战争期间，撰《治言》，提出变法图治思想。甲午战争后，发愤提倡变法，在浏阳创算学社，开湖南新学先声。1896 年撰成代表作《仁学》，提出世界根源为"以太"，而"以太"沟通世界为整体的作用即是"仁"，并抨击君主专制，主张发展资本主义。1897 年协助陈宝箴创设时务学堂，次年倡设南学会、《湘报》，推动湖南新政。同年，应光绪帝之召入京，授四品衔军机章京，积极参与新政。戊戌政变发生时，拒不出走，"立志为变法而流血"。被捕后，狱中题诗言志，泰然就义。

杨深秀

（1849—1898 年）清末维新派人士，"戊戌六君子"之一。字漪村，原名毓秀，山西闻喜人，进士出身。1898 年 3 月创立关学会，后加入保国会，与徐致靖上疏请求变法，又疏请设译书局、派学生留学日本等，均被采纳。戊戌政变发生后，冒死上疏请慈禧太后归政，遭捕，与谭嗣同等同时遇害。

康广仁

（1867—1898 年）清末维新派人士，"戊戌六君子"之一。名有溥，字广仁，号幼博，广州人，康有为之弟。少时憎恶科举，后协助康有为从事变法维新。1897 年在澳门办《知新报》，同年在上海经理大同译书局，参与发起"不缠足会"，创女学堂。1898 年入京，助康有为拟新政奏稿。主张废八股，广兴学校，大开民智。戊戌政变后被捕入狱，与谭嗣同等同时遇害。

林旭

（1875—1898 年）清末维新派人士，"戊戌六君子"之一。字暾谷，福建侯官（今福州）人，1895 年入京会试参与"公车上书"。后以康有为为师，在京成立"闽学会"。戊戌变法时授四品衔军机章京，参与新政，

并筹划反政变活动。戊戌政变后被捕，与谭嗣同等同时遇害。

杨锐

（1857—1898 年）清末维新派人士，"戊戌六君子"之一。字叔峤，四川绵竹人，政治上与张之洞联系密切。后参加强学会，并于 1898 年 3 月创立蜀学会，戊戌变法时授四品衔军机章京，参与新政。政见与康有为等不同，曾思抽身而退。戊戌政变后被捕，与谭嗣同等同时遇害。

刘光第

（1859—1898 年）清末维新派人士，"戊戌六君子"之一。字裴村，四川富顺人，进士出身。甲午战争发生的当年在家乡教学，提倡实学。1898 年参加"保国会"，9 月 5 日授四品衔军机章京，参与新政。对新、旧派多持调和态度。戊戌政变后，与谭嗣同等同时遇害。

荣禄

（1836—1903 年）清末官员，顽固派代表人物。满洲正白旗人。由荫生而入仕，1868 年参与镇压捻军，擢左翼总兵，授内务府大臣。后历任工部尚书、西安将军、兵部尚书等职。1898 年授直隶总督兼北洋大臣，统领北洋海军，并升文渊阁大学士，握有军政实权。他反对维新，认为"祖宗之法不可变"，协助慈禧太后发动政变，捕杀维新派，出任军机大臣统掌兵部。1900 年助慈禧太后策划立溥儁为大阿哥（即皇太子），以图废黜光绪帝。义和团运动期间，屡请镇压义和团，保护各国使馆。八国联军攻陷北京前逃往西安。1902 年还京，加太子太保、文华殿大学士。

义和团

1900 年中国人民自发的反帝爱国运动。中日甲午战争后，民族危机空前严重，在反洋教斗争的基础上兴起了义和团运动。义和团源自义和拳，流行于山东、河北一带，

参加者多数是农民、手工业者及无业游民。妇女则组成红灯照等组织。1899—1900年，毓贤、袁世凯相继任山东巡抚，都对义和拳进行了血腥镇压。1899年下半年，义和拳各组织逐渐统一名称为义和团。为防一味剿杀激成大变，清政府于1900年1月、4月发布上谕，承认义和拳是合法的。山东义和团也首先提出"扶清灭洋"的口号，并为各地义和团所接受。至此，义和团迅速扩展，京津一带势力最盛，引起了帝国主义列强的恐慌。1900年6月，帝国主义列强组成八国联军，侵犯中国，义和团奋起迎战，并被清政府利用，围攻各国使馆。在义和团和清军的抗击下，八国联军付出了惨重代价，才最终攻陷北京，慈禧率王公大臣逃往西安。义和团退向农村，继续抗击侵略军。后由于中外反动派的联合镇压，义和团运动最终失败了。义和团运动表明了中国人民不屈的斗争精神，沉重地打击了帝国主义瓜分中国的野心。

义和团大战八国联军图

大刀会

清末民间秘密会社，白莲教的支派，俗称金钟罩，活动于山东、河南、安徽、江苏等省。1896年6月江苏砀山（今属安徽）大刀会因受外国教会势力压迫，向山东曹县、单县等大刀会求援。山东大刀会首领刘士端派千余人至砀山，焚毁刘堤头教堂。铜山（今属江苏）、丰县、萧县（今均属安徽）、山东单县等地大刀会纷纷响应。清政府调动山东、江苏驻军进行镇压，大刀会众数百人被杀。7月，首领刘士端等被捕遭害。次年11月，另一支大刀会又在曹州巨野（今属山东）掀起了反洋教斗争。这些斗争，使大刀会成为义和团反帝爱国运动的先驱之一。此外，大刀会既发动过反对封建压迫的斗争，也曾被地主阶级利用来镇压其他农民起义，后渐没落。

红灯照

一作红灯罩，活动于山东、直隶一带，与义和拳相似的秘密会社，义和团运动中成为华北各地的反帝斗争妇女组织。迷信色彩较浓，多能念咒"作法"。因其中青少年妇女着红衣、提红灯为标志，故名。与义和团共同战斗时，视死如归。此外，还有中年妇女组成的黑灯照，老年妇女组成的蓝灯照，寡妇组成的青灯照。

围攻公使馆

1900年6月清军与义和团围攻北京公使馆的战斗。5月底到6月初，为镇压义和团运动，各帝国主义国家调兵400多名从天津开入北京东交民巷使馆区，并不断挑衅，杀害中国军民百余人，激起中国军民极大愤慨。20日上午，德国公使克林德因令德兵杀害义和团民20余人而被清军士兵击毙。同日，清政府令荣禄任总指挥，组织清军和义和团围攻大使馆。为时不久，清政府开始采取明攻暗保之策，因而围攻大使馆近两个月，给侵略军造成一定伤亡，但未予攻破，义和团也受到了损失。

八国联军

1900年由英、法、俄、美、德、日、意、奥八个帝国主义国家组成的侵华联军。1900年夏，义和团反帝运动发展到高潮。帝国主义列强看到清政府镇压不力，想借机扩大对中国的侵略，纷纷调兵前来，联合发动了侵华战争。6月中旬，联军2000余名在廊坊被阻击；17日，联军的海军攻占大沽炮台；7月14日，攻占天津；8月14日，攻陷北京。德陆军元帅瓦德西来华，9月受任联军统帅，联军增至10万人，侵至张家口、山海关、保定、正定等地。俄国又单独出兵17万占领了东北三省。1901 年 9 月 7 日，清政府与帝国主义列强签订了屈辱的《辛丑条约》，八国联军除根据条约留下一部分常驻京、津、山海关津榆铁路沿线等要地外，其余撤回各自国家。但沙俄拒不撤退侵占中国东北的军队，向清政府提出了新的条件，激起了中国人民的拒俄运动。

东南互保

义和团运动期间，英、美等帝国主义勾结中国东南各省督抚企图分裂中国的活动。1900 年，英国深恐义和团运动向南发展，危及英国在长江流域的侵略利益。6 月指使其驻上海代理总领事霍必澜策动督办沪汉铁路大臣盛宣怀牵线联络。6 月 26 日，由上海道余联沅代表两江总督兼南洋大臣刘坤一、湖广总督张之洞与各国驻沪领事商订中外互保条约（又称《东南互保条款》）和《保卫上海城厢内外章程》，其主要内容是："上海租界归各国共同保护，长江及苏杭内地归各督抚保护，两不相扰。以保全中外商民人命产业为主。"山东、两广、浙江、福建等督抚亦先后参与"互保"。后随着形势的变化，这一条约没有正式签订。但各帝国主义国家已借口保护，纷纷将军舰驶入长江各口岸，并增兵上海。在中外反动势力的勾结下，既阻止了义和团运动向南发展，又稳定了东南地区半封建半殖民地统治秩序。

辛丑条约

即《辛丑议定书》或称《辛丑各国条约》，八国联军攻占北京后强迫清政府签订的不平等条约。1901 年（旧历辛丑年）9 月 7 日，由清政府全权代表奕劻、李鸿章与英、法、俄、德、日、美、奥、意、西、荷、比等 11 个国家的代表在北京签订。共 12 款，19 附件。主要内容为：（1）中国赔款银 4.5 亿两，分 39 年还清，年息 4 厘，本息折银 9.8 亿余两，以海关锐、常关税和盐税作抵押；（2）将北京东交民巷划为使馆界，不准中国人在界内居住；（3）拆毁大沽及北京至渤海边一线的所有炮台，各国有权在北京至山海关的 12 个重要地区驻军；（4）永远禁止中国人民成立或参加任何反帝组织，违者处死。各省官员对辖境内发生的反帝斗争，必须立时镇压，否则即刻革职，永不任用；（5）改总理各国事务衙门为外务部，班列六部之前；（6）清政府分派王大臣赴德、日等国谢罪，在德国公使克林德被杀地点建牌坊，对被杀的日本使馆书记生松山彬"须用优荣之典"；（7）清政府须惩办首祸诸臣。这个条约进一步加强了帝国主义对中国的控制，标志着清政府完全沦为帝国主义国家统治中国的工具。

庚子赔款

1901 年帝国主义各国强迫清政府签订

《辛丑条约》签字的现场旧照

的《辛丑条约》中所规定的赔款，因是由
1900 年（旧历庚子年）的义和团运动引发，
故称"庚子赔款"，总计赔款为 4.5 亿两，
分 39 年还清，本息共计 9.82 余亿两，以海
关税、常关税和盐税作抵押。1909 年，美
国为了平息中国人民的反帝情绪，决定减
免部分赔款，并将这部分款改充中国留美
学生的教育经费。随之英、法、日等国也
相继效仿此举。第一次世界大战后，中国
系参战的战胜国之一，故停止支付对战败
国德、奥两国的赔款。十月革命后，苏俄
政府于 1920 年宣布中止中国对俄赔款。但
至 1918 年止，帝国主义各国已从中国掠取
赔款白银 6.5 亿余两。

海兰泡惨案

1900 年沙俄军队在海兰泡屠杀中国居
民的事件。海兰泡与我国黑龙江省瑷珲县
黑河镇隔江相对，原名孟家屯，是中国的
一个村落，1858 年沙俄强迫清政府签订《瑷
珲条约》后被其侵占，并更名为布拉戈维申
斯克（意为"报喜城"）。该城半数以上的
居民为中国人。1900 年，沙俄在参加八国
联军进犯京津的同时，又单独出兵入侵中国
东北，并不断残害居住于海兰泡的中国居民，
迫使他们纷纷逃往瑷珲。7 月 15 日，沙俄
军队突然封锁黑龙江，次日又到处搜寻洗劫
华人居民，17 日近午，沙俄军集中大批步、
骑兵，将数千名华商、华民驱至黑龙江边，
用枪械、刀斧进行屠杀。结果，除 80 余人
泅水过江外，5000 余名华人被杀死或淹死，
造成了举世震惊的大惨案。

江东六十四屯惨案

1900 年沙俄军队屠杀中国居民的事件。
"江东六十四屯"地处黑龙江东岸，是中
国人世代居住的地方，此地因历史上曾有
64 个村落，故称。1858 年，沙俄强迫清政
府签订《瑷珲条约》，侵占黑龙江以北大
片中国领土，但规定江东六十四屯仍归中
国管辖，这里的满、汉居民有永远居住权。
1900 年，沙俄侵入中国东北，7 月 17 日继

海兰泡大屠杀后，又强占江东六十四屯，
并大肆进行烧杀。这里的 7000 余居民，除
5000 余名被瑷珲副都统凤翔部保护安全渡
江外，另 2000 余名居民被沙俄军队刀砍、
枪杀或赶入江中溺死。

拒俄运动

清末中国人民反对沙俄侵占中国东北
的爱国运动。1900 年，沙俄侵占中国东北，
后于 1902 年与清政府签约，规定俄军将分
三期于 18 个月内撤出东北。1903 年，沙俄
拒不履约，反而向东北增兵，并向清政府
提出 7 项无礼要求，激起了中国人民的极
大愤慨。4 月，上海人民召开拒俄大会；北
京、湖北、江西等地学生也纷纷集会抗议；
留日学生亦在东京举行拒俄大会，并成立
拒俄义勇队（后改名学生军），派代表归国，
要求赴东北抗俄，遭清政府压制。但全国
拒俄声浪此起彼伏，形成了拒俄运动。

辛亥革命

1911 年爆发的中国资产阶级领导的旧
民主主义革命。1894 年，孙中山建立兴中
会，标志着中国资产阶级民主主义革命的
开始。1905 年，兴中会、华兴会、光复会
联合成立中国同盟会，确定"驱除鞑虏，
恢复中华，建立民国，平均地权"的纲领。
1911 年，清政府出卖铁路修筑权，四川、
湖北、湖南、广东等省爆发动了保路运动，
成为辛亥革命的导火线。10 月 10 日，湖
北革命团体文学社和共进会发动武昌起义，
成立军政府，各省纷纷响应，清政府迅速
解体。12 月孙中山回国，经 17 省代表会
议推举为临时大总统。1912 年 1 月 1 日在
南京成立了中华民国临时政府，接着又成
立了临时参议院，颁布了《中华民国临时
约法》。2 月 12 日，清帝溥仪宣布退位。
但是由于资产阶级的软弱性、妥协性，政
权被北洋军阀袁世凯窃取，革命归于失败。
辛亥革命推翻了清政府，结束了中国 2000
余年的封建君主专制，民主共和国的观念
从此深入人心。

孙中山

（1866—1925 年）资产阶级革命家，广东香山（今广东中山）人，青少年时曾在檀香山、香港读书。1894 年上书李鸿章，提出变法自强主张，遭拒绝。遂赴檀香山，创建兴中会。后组织广州、惠州等反清起义，均失败，他被迫流亡国外开展革命活动。1905 年 8 月中国同盟会成立，被推为总理。创立民族、民权、民生之三民主义学说。武昌起义后，回国领导辛亥革命。1912 年 1 月 1 日在南京就任临时大总统，建立中华民国，主持制定了《中华民国临时约法》。2 月 13 日被迫辞职，让位于袁世凯。8 月，同盟会改组为国民党，任理事长。1913 年发动"二次革命"遭到失败。1914 年 6 月在日本东京建立中华革命党，任总理。1917 年，因段祺瑞政府拒绝恢复《中华民国临时约法》，在广州成立护法军政府，任海陆军大元帅，誓师北伐。1924 年 1 月，在共产党帮助下，召开中国国民党第一次全国代表大会，改组国民党，重新解释三民主义，确定"联俄、联共、扶助农工"三大政策，实行国共合作。11 月应北京政府之邀赴北京商定国是。1925 年 3 月 12 日病逝于北京。

兴中会

中国最早的革命团体，1894 年 11 月孙中山在檀香山建立。参加者多属华侨资产阶级，亦包括部分会党、工人、知识分子。次年孙中山到香港成立兴中会总部，曾先后发动广州起义、惠州起义。1900 年在香港出版《中国日报》，宣传革命。1903 年 10 月，提出"驱除鞑虏，恢复中华，创立民国，平均地权"的纲领。1905 年与华兴会等团体联合组成中国同盟会。

华兴会

资产阶级革命团体，1904 年 2 月在长沙建立。黄兴为会长，会员 500 余名，多为知识分子。以"驱除鞑虏，恢复中华"为政纲。在长沙设华兴公司为总部，设黄汉会以运动新军，设同仇会以联络会党。后准备于 11 月在长沙起义，事泄，遭清廷搜捕，黄兴等逃亡日本。次年 7 月，在日本与兴中会等团体联合组成中国同盟会。

光复会

资产阶级革命团体，1904 年 11 月在上海成立，蔡元培为会长。1905 年加入中国同盟会，但部分会员仍坚持独立活动。1910 年章炳麟、陶成章在东京建立光复会总部，并在浙江、上海等地组织光复军。武昌起义后，光复军起而响应。1912 年，陶成章遭暗杀，该会解体。

日知会

清末资产阶级革命团体，1906 年 2 月在武昌成立，刘静庵为总干事。主要在新军、学生和会党中开展活动。12 月，萍浏醴起义爆发，日知会准备响应，事泄，刘静庵等被捕，日知会活动停止。

中国同盟会

中国资产阶级革命政党，1905 年由兴中会和华兴会及光复会部分成员联合成立。以"驱除鞑虏，恢复中华，创立民国，平均地权"为纲领，推举孙中山为总理，在东京设总部，下设执行、评议、司法三部，在国内设东、西、南、北、中五个支部，国内支部下再设省分会。6 月，创设机关报《民报》。一年之间，会员发展至万余人。发动了萍浏醴、潮州黄冈、惠州七女湖、钦廉防城、镇南关、广州新军、黄花岗等一系列起义，直到辛亥革命推翻清朝政府。

中国同盟会会员证章

1911 年 11 月总部由东京迁至上海。南京临时政府成立时，又迁至南京。不久迁回上海。1912 年 8 月改组为国民党。

新民丛报

清末资产阶级改良派刊物，1902 年 2 月创刊于日本横滨，梁启超主编。初期着重介绍西方资产阶级社会政治学说，宣传变法维新，后在高涨的革命形势下，坚持保皇立宪立场，矛头指向革命派。1907 年停刊。

民报

中国同盟会机关报，1905 年 6 月创刊于日本东京，由胡汉民、张继、章炳麟、陶成章、汪精卫等先后任主编或署名主编。1908 年 10 月被日本政府查封。曾同《新民丛报》展开激烈论战，严厉驳斥改良派的保皇立宪立场。在发刊词中，孙中山第一次将同盟会 16 字纲领概括为民族、民权、民生的三民主义。

苏报案

清末政治案件。1903 年，《苏报》聘章士钊为主笔，章炳麟、蔡元培等为撰稿人，发表并推荐邹容所著《革命军》及章炳麟驳斥康有为改良主义政见的文章，并陆续报道各地学生爱国运动，传播革命思想。清政府勾结上海公共租界工部局于 6 月底逮捕章炳麟，邹容激于义愤投案，《苏报》被封。次年 5 月 21 日，章、邹分别被判处监禁 3 年和 2 年。1905 年邹容死于狱中，1906 年章炳麟刑满获释。这一案件充分暴露了清朝统治者的反动本性，使更多的人走上了革命道路。

预备立宪

清政府为抵制革命采取的政治措施。1905 年，清政府派载泽等五大臣出国考察宪政，1906 年下诏"预备仿行宪政"，同时改革官制。次年，宣布于中央筹立资政院，各省筹立咨议局。1908 年颁布《钦定宪法大纲》，以本年至 1916 年为预备立宪时期。

1909 年，江苏、浙江等 16 省咨议局代表在上海开会，成立国会请愿同志会，请求清政府速开国会，并联络各省代表进行请愿。清政府被迫宣布缩短"预备立宪"的期限，准备于 1913 年召开国会。1911 年 5 月，皇族内阁成立，预备立宪骗局终于破产。

长沙抢米风潮

清末长沙人民反帝反封建的斗争。1909 年，湖南饥荒，而官僚、地主、投机商人却囤积居奇。1910 年 4 月，数百饥民在木工刘永福率领下，捣毁任意涨粮价的碓坊，要求平价售粮救灾。知县郭中广假意答应，次日却逮捕了刘永福。数千群众拥至巡抚衙门，要求开仓平粜，释放刘永福。岑春蓂下令镇压。长沙罢市，两万余群众包围巡抚衙门，被枪杀 20 余名。抢米风潮迅即转化为反帝反封建暴动，群众焚毁了巡抚衙门、税关、大清银行，并将外国领事署、公司、洋行、教堂等尽行捣毁。清政府派湘、鄂两省新军在英、美、德、法、日等国军舰的配合下前往镇压，民众被捕数百人，伤亡众多。清政府不得不罢免岑春蓂等，答应平价售粮。

保路运动

清末民众反对清政府出卖路权运动。1911 年 5 月，清政府将民办的川汉、粤汉铁路收归国有，不久又将修筑权出卖给英、法、德、美四国银行团，激起了粤、湘、鄂、川四省人民的反对。其中四川反抗最烈，川汉铁路股东成立"保路同志会"，各府、州、县相继建立分会，开展抗粮抗捐斗争，并与警察发生冲突。同盟会员龙鸣剑、王天杰等乘机联络会党，组织保路同志军，准备起义。9 月，四川都督赵尔丰诱捕保路同志会代表蒲殿俊、罗伦等，并封闭铁路公司，开枪打死群众数百人。成都附近州县的保路同志军立即发动武装起义，围攻省城，随即掀起了全省人民的反清斗争。

镇南关起义

同盟会领导的反清起义。1907 年 9 月，广西钦廉防城起义失败,余部退入十万大山。年末,孙中山与黄兴等计划与十万大山部众会合,攻占镇南关。12 月起义军偷袭镇南关,抢占炮台,但弹药缺乏,大炮也多不能用。在清兵反攻下,起义军退至越南。

黄花岗起义

同盟会领导的反清起义。原定于 1911 年 4 月 13 日发动,分 10 路攻取广州。后因军饷未到,清广州政府有所警觉,决定改为四路袭取广州。至期,三路指挥临阵畏缩,仅黄兴率 120 人攻入两广总督衙门。因敌我力量悬殊,起义军被迫撤退。黄兴负伤,化装逃至香港。广州人民事后收殓起义军烈士遗骸 72 具,合葬于郊外黄花岗。

武昌起义

资产阶级革命派发动的反清武装起义。1911 年 9 月,清政府令端方率湖北部分新军入川镇压保路运动,武汉防务空虚。革命团体文学社与共进会抓住时机,准备起义,组成了统一的起义总指挥部,同盟会中部总部亦准备在南京、上海响应。10 月,孙武在汉口俄租界的秘密机关赶制炸弹,不慎引爆负伤。机关被破坏,文件被搜缴,湖广总督瑞澂即派军警搜捕革命党人。新军各标营革命士兵得知有变,于 10 日晚起义。总督瑞澂逃走,革命军占领了总督署及武昌城,并于 11 日上午成立湖北军政府,强推新军协统黎元洪为都督,咨议局议长汤化龙为政务部长。12 日,通电全国,宣布改国号为中华民国,号召各省起义。武昌起义揭开了辛亥革命的序幕,取得了推翻清朝统治的突破性胜利。

南北议和

袁世凯与南方革命军之间的谈判。武昌起义后,清政府于 1911 年 11 月任命袁世凯为内阁总理大臣。袁世凯派兵镇压南方革命军,给革命军造成巨大压力。12 月 18 日,南北双方代表在上海英租界市政厅进行和谈。伍廷芳代表革命军提出清帝退位,选举总统,建立共和政府;袁世凯内阁代表唐绍仪提出国体可召开国会公决,得到了双方认定。21 日,南京代表会议选举孙中山为临时大总统,袁世凯大为失望,于是坚持和谈以君主立宪为前提。革命派被迫让步,孙中山表示只要清帝退位,袁世凯赞成共和,即推举袁为大总统。次年 2 月 12 日,清宣统帝溥仪逊位。13 日,孙中山辞去临时大总统职。15 日,临时参议院选举袁为临时大总统,南北议和遂以袁篡夺政权而告结束。

北京兵变

袁世凯策划的兵变。1912 年 2 月,临时参议院推选袁世凯为临时大总统。为限制其力量,孙中山提出临时政府须设在南京,袁必须到南京任职,遵守《临时约法》等三个条件,并派蔡元培等为专使赴京迎袁南下。袁指使其亲信在北京、天津、保定等地发动兵变,各帝国主义国家借口保护侨民,陆续调兵入京,气氛陡然紧张。袁以北方局势不稳为借口拒绝南下,于 3 月 10 日在北京就任中华民国临时大总统。

章炳麟

（1869—1936 年 ）资产阶级革命家,著名学者。字枚叔,号太炎,浙江余杭（今属杭州市）人。1895 年加入强学会,次年,任《时务报》撰述。戊戌变法失败后,被清政府通缉,流亡日本。义和团运动后,转向革命。《苏报》案发,被捕入狱,1904 年在狱中参与筹划组织光复会,1906 年出狱后至日本,加入同盟会,参与主编《民报》。1910 年与陶成章在日本重建光复会总部,任会长。1911 年回国,任孙中山总统府枢密顾问,并参与组织统一党,拥护袁世凯,赞成定

章炳麟旧照

都北京。宋教仁被刺后，策动讨袁，被袁软禁于北京。1917年参加军政府，任秘书长。"五四"运动后，堕入保守境地，反对新文化运动，宣扬尊孔读经。"九一八事变"后，主张抗日救国。1936年在苏州病逝。

黄兴

（1876—1916年）资产阶级革命家，湖南善化（今长沙）人。1902年被选赴日本留学，创办《游学译编》，组织"湖南编辑社"，介绍西方文化。1903年参加拒俄义勇队，回国进行革命活动。1904年成立华兴会，任会长，11月策划长沙起义未成，逃亡日本。1905年与孙中山筹划成立中国同盟会，任执行部庶务。1907年起，参与或指挥钦廉防城、镇南关、广州新军、黄花岗等反清起义。武昌起义后，被推为战时总司令。1912年南京临时政府成立，任陆军总长兼参谋总长。临时政府北迁，任南京留守府留守。1913年任江苏讨袁军总司令，失败后流亡日本。1914年夏去美国养病。1916年复至日本，同年返上海，10月31日病逝。

邹容

（1885—1905年）资产阶级革命宣传家，四川巴县（今属重庆市）人。1902年春自费赴日本留学，积极参加革命活动。次年4月返国至上海，加入爱国学社，撰成《革命军》，号召推翻清朝专制统治。《苏报》案发生后，被英租界当局判刑2年，1905年死于狱中。1912年2月，南京临时政府追赠其为"大将军"。

秋瑾

（1875—1907年）资产阶级民主革命家，号称鉴湖女侠，浙江山阴（今绍兴）人。1904年4月，冲破封建家庭束缚，留学日本。创办《白话报》，提倡反清革命、男女平权。曾加入光复会，继入同盟会，被推为浙江省主盟人。1905年冬回国，次年在上海参与创办中国公学，又创《中国女报》。1907年为大通学堂督办，往来联络上海、浙江军队与会党，组织光复军，准备与徐锡麟在安徽、浙江共同起义。7月徐锡麟在安庆仓促起义失败。清政府侦知双方联系一事，将其逮捕杀害。

徐锡麟

（1873—1907年）资产阶级民主革命家，浙江山阴（今绍兴）人。1903年至日本，受拒俄运动影响，产生反清革命思想。1904年加入光复会，受命回浙江联络会员，创办大通学堂，招会党头目入校受兵操训练。1907年7月6日在安徽发动起义，枪杀巡抚恩铭。失败被杀。

陈天华

（1875—1905年）资产阶级革命宣传家，湖南新化人。1903年留学日本，积极参加拒俄义勇队活动。著《猛回头》《警世钟》等书，宣传革命。1904年与黄兴等人在长沙创立华兴会，参与策划长沙起义。起义失败，逃亡日本。参与组建中国同盟会，被举为会章起草员、《民报》撰述员。11月日本文部省颁布《取缔清国留学生规则》，留日学生群起抗议。为勉励人们"共讲爱国"，于12月8日在日本大森海湾投海自尽。

林觉民

（1887—1911年）民主主义革命者，福建闽县（今闽侯）人。1907年留学日本，参加同盟会。1911年回国约集福建同志参加广州起义。4月24日写《绝笔书》，决心为国牺牲。27日随黄兴攻总督署，后负伤被捕，从容就义。

宣统帝溥仪

（1906—1967年）中国末代皇帝。辛亥革命后被迫于1912年2月12日退位。1924年冯玉祥发动北京政变，将其赶出皇宫，并废除帝号。1925年移居天津。1931年"九一八事变"后，在侵华日军策划下潜往东北，充任伪满洲国"执政"。1934

年改称"满洲帝国"皇帝。1945 年日本投降时被苏军俘获，1950 年 8 月被引渡回国。1959 年被特赦释放。曾任政协委员。著有《我的前半生》。

隆裕太后

（1868—1913 年）清光绪帝皇后。叶赫那拉氏，满洲镶黄旗人，慈禧太后的侄女，1884 年被册立为皇后。1908 年光绪帝与慈禧太后相继病亡，溥仪即位为宣统帝，被尊为皇太后，垂帘听政。武昌起义后，袁世凯要挟她交权。1912 年 2 月 12 日，被迫宣布清帝退位。

载沣

（1883—1951 年）清末帝溥仪生父。1890 年袭醇亲王。1901 年为头等专使大臣，就德驻华公使克林德被杀一案赴德国"谢罪"。1908 年宣统帝即位，封摄政王。次年罢袁世凯，设禁卫军，集军政大权于皇族。1911 年成立皇族内阁。任用大买办盛宣怀，以铁路国有为名出卖路权。同年 10 月武昌起义，12 月被迫辞职。

3. 民族关系

平定准噶尔叛乱

清政府为消除准噶尔部贵族中的民族分裂势力，维护祖国统一而进行的征战。清初，我国漠南蒙古族各部已归附清朝，称内蒙古；漠北的喀尔喀蒙古与清朝有朝贡关系，称外蒙古。漠西的蒙古族总称厄鲁特，包括准噶尔、土尔扈特、杜尔伯特、和硕特四部。其中以在伊犁河流域的准噶尔部为最强。在清代，该部上层贵族噶尔丹、策妄阿拉布坦等外通沙俄，发动叛乱。清康熙、雍正、乾隆帝多次出兵，对准噶尔分裂势力进行了长达七八十年的战争。康熙帝曾 3 次亲率大军对准噶尔部噶尔丹作战，皆获全胜，迫使噶尔丹服毒自杀。乾隆时，准噶尔发生内乱，清政府趁机派大军直捣伊犁，经过两年征战，到乾隆二十二年（1757 年）将叛乱彻底平定，统一新疆。

平定回部叛乱

清政府铲除民族分裂割据势力，维护祖国统一的活动。清朝前期，新疆天山南路的维吾尔族居住区称为回部。乾隆二十二年（1757 年），维吾尔族贵族大和卓木、小和卓木发动叛乱，一时胁从的人达数十万。1758 年，乾隆帝派都统雅尔哈善统兵，连同鄂对等率领的维族士兵前往镇压。叛军一触即溃，放弃库车城逃往叶尔羌、喀什噶尔，次年 6 月，清军兵分两路进攻叶尔羌、喀什噶尔，大、小和卓木弃城而逃。7 月，在伊西洱库河被清军包围，大、小和卓木仅带着 300 余人突围出走，逃到巴达克山部，被该部首领擒杀，大、小和卓木的叛乱彻底平定。1762 年，清朝设置伊犁将军，统辖天山南北两路。1820 年，大和卓木之孙张格尔在英国殖民者的支持下，再次发动叛乱，攻占南疆广大地区。清廷再次派军平叛，于 1828 年生擒张格尔，解赴北京处死，又一次维护了祖国的统一。

改土归流

废除西南各少数民族地区的土司制度，由中央政府委派流官直接进行统治的措施，明代已实行，到了清雍正、乾隆时期开始大规模推行。元、明以来，中央政府在西南地区设立土司制度进行统治。土司、土官名义上接受皇帝封赐的官爵名号，实际上是割据一方的土皇帝。这是西南少数民族地区经济落后、社会生产水平低下，而中央政府在军事或政治征服后又无法立即加以改变情况下形成的一种特殊制度。它既阻碍了少数民族地区社会生产的发展，也不符合统一国家的要求。于是在清雍正年间，雍正帝接受了云贵总督鄂尔泰的建议，改土官为流官（即朝廷所派的官员），废土司为府、州、县，把少数民族人民置于清政府直接统治之下。清廷委派鄂尔泰总理滇、川、黔、桂地区的"改土归流"事务。1731 年，这项工作初步完成，加强了清朝对西南少数民族的统治，客观上也促进了少数民族区域的社会进步和经济发展。

伊犁将军

清代管理新疆地区的最高长官。1762年设置，全称总统伊犁等处将军，为全区最高军政长官，驻扎伊犁城。下设乌鲁木齐都统1人，伊犁、塔城、喀什噶尔各设参赞大臣1人，哈密、吐鲁番、镇西等12城各设办事大臣或领队大臣1人。伊犁将军具有很大的权力：统率新疆各地的军队，节制地方官吏，督办新疆屯田事务，管辖驻牧在新疆地区的准噶尔部八旗十二佐领，和硕特部四旗及1771年来归的土尔扈特部四路的一切军民事务。伊犁将军多由清朝满族权贵或亲信大臣担任。作为统一国家的封疆大吏，它的设置，对抗击外国侵略、保卫祖国边疆起到一定积极作用。

驻藏大臣

清代管理西藏地区的最高长官。西藏在清初就已归附清廷，但少数上层贵族时有叛乱。为了加强对西藏的统治，雍正五年（1727年）设置驻藏大臣，监督西藏地方事务。乾隆年间，进一步提高驻藏大臣的权力，明确规定驻藏大臣的地位和达赖、班禅平等。西藏地方的行政、军事、财政长官及各大寺庙的管事喇嘛，都由驻藏大臣会同达赖委派。西藏的对外事务，均由驻藏大臣全权办理。达赖和班禅的财政机构的一切收支，统归驻藏大臣稽查总核。总之，有关西藏的一切人事、行政、财政、军事及外交等，都由驻藏大臣过问。它的设置表明了清政府在西藏享有完全的主权。

理藩院

清廷中掌管蒙古、西藏、新疆各地少数民族事务的机关。最初为蒙古衙门，仅管蒙古事务，1683年改为理藩院，专门管理西北边疆地区的少数民族事务。所属有旗籍、王会、典属、设官、户口、理刑六司。编制与六部同等，正副长官亦称尚书、侍郎。不同的是，该院官吏全由满、蒙贵族充任，汉人不得参与。光绪三十二年（1906年）改名理藩部，辛亥革命后废除。

阿古柏

（约1825—1877年）中亚浩罕汗国军事头领。乌兹别克族人，真名穆罕默德·亚库甫。1864年新疆爆发反清起义，各地相继出现了封建割据政权。次年，他受浩罕摄政王派遣率兵侵入新疆，先后攻陷天山南路诸城。1867年建立"哲德沙尔（七城之意）汗国"，自立为汗。此后，又攻占天山北路的迪化、玛纳斯等地，在新疆实行残暴的军事统治，并出卖新疆权益，换取沙俄、英国支持。1876年，左宗棠率军出塞讨伐，新疆各族人民起而响应。清军先攻北路，转攻南路，收复了大片土地。1877年6月，阿古柏兵败，自杀于库尔勒。次年，其子伯克胡里在沙俄支持下于喀什噶尔称汗。不久，清军平定南疆，"哲德沙尔汗国"被摧毁。

4. 社会经济

官庄

清朝旗地中皇帝的私产，亦称皇庄，因属内务府会计司管理，又名内务府官庄。顺治元年（1644年），清廷在京都附近占田地，设立官庄132所。此后，陆续增设粮庄、棉庄、盐庄、靛庄和瓜园、菜园、果园等。主要分布在直隶和奉天。官庄须交纳皇粮，并向皇室提供大量鸡、鸭、鹅、猪、蛋、草、油和秫秸，以及人夫、车辆和其他物品。官庄的壮丁世代充当"包衣"（奴仆），名载档册，定期编审，不许陷漏和冒入民籍，严禁逃亡和拖欠皇粮，违者严惩。

放荒

清政府将无主山岭、荒地招民垦种的措施，又称"官荒放垦"。顺治、康熙时（1644—1722年）曾大规模推行官荒放垦。顺治初年，清朝政府宣布将州县卫所荒地无主者分给流民及官兵屯种，并由官府给以印信执照，永准为业。对于贫穷无力者，由政府贷予耕牛、农具、种子等银两。又放宽起科年限：新荒者1年后供赋，久荒者3年后（交税）起科。康熙时，还一度把起科年限宽延到4年、6年，甚至10年，后来又确定为 6 年。顺治十年起，又在全国设置兴屯道厅等官，厉行屯田开荒，规定各省土地凡办纳钱粮者为民地，其余不分有主、无主，俱为官地，由兴屯官员招民开荒。缺少耕牛种子者，也可优先发给购买耕牛籽粒的银两。此外，清朝政府还十分重视利用地主乡绅的力量进行垦荒。顺治十三年宣布：各省屯田荒地，如有殷实人户能开至 2000 亩以上，可按等授予官爵。以后，又多次补充和重申上述规定。

摊丁入亩

清政府将历代相沿的丁银（即按人丁征收的人头税）并入田赋征收的赋税制度。亦称"地丁合一""丁随地起"，通称"地丁"。康熙五十一年（1712 年）规定：以康熙五十年的人丁数作为以后征收丁银的标准，以后滋生人丁，永不加赋。康熙五十五年，"摊丁入地"首先在广东实行。随后各省纷纷提请，要求将丁银摊入地亩征收。康熙末年，四川实行摊丁入地。雍正二年（1724 年）直隶开始通省均摊。同年，福建实行各州县摊征。四年，云南实行民田与屯田分别摊征，山东实行民、灶田分别摊征，同时还有浙江、陕西摊丁入地。五年，河南、甘肃、江西实行摊丁入地。六年，江苏、安徽、广西实行各州县分别均摊。七年，湖南、湖北实行"摊丁入地"。九年，山西试行丁归地粮。乾隆十二年（1747 年），台湾实行摊丁入亩。四十二年，贵州亦完成摊丁入亩。道光二十一年（1841 年），盛京（今沈阳）把无业穷丁丁银摊入地亩，有产之家，仍不在其内。光绪八年（1882 年），吉林实行摊丁入地。至此，全国绝大多数省、府都实行了摊丁入地的赋役制度。

编审户口

清朝确查人丁数目，据以征丁赋而执行的户籍制度。顺治元年（1644 年），朝廷令州县编制户口牌甲；四年，诏令编审人丁；五年，规定每三年编审一次，十三年改为五年一次。编审办法，将户分军、民、匠、灶四籍，各定上、中、下三等。城乡各籍军民每 110 户划为一单元，城中称"坊"，近城称"厢"，乡村称"里"。坊、厢或里，推其中丁多者 10 人为甲长，其余百户分为 10 甲。各户将 16 岁至 60 岁的丁甲数目报告甲长，甲长以上逐级呈报，由户部汇齐全国总数，具疏奏报皇帝。

旗地

清代八旗成员所占有的田地。天命六年（1621 年）七月，努尔哈赤在辽沈地区实行"计丁授田"，每一成年旗人授田 6 垧（一垧约为 5 亩）。入关后从顺治初到康熙中期（1644—1684 年），清朝统治者先后进行了三次大规模的圈地，共圈占了京都官民田地 16 万余顷。各地驻防八旗也进行了圈地。京都辅旗地、驻防旗地和入关以前早已圈占的盛京旗地共同构成了清代"八旗旗地"。

民田典卖

民田的典当和买卖。土地典当，即购入者取得土地使用权和收租权，出典者若干年后可以原价收回。这类典当类似活卖。土地买卖称绝卖，即买者取得土地所有权。据顺治至嘉庆朝刑部档案中所记录的 753 件土地典卖案件中，典当事件 182 件。出典者主要是占地较少的自耕农，因经济困难出典土地后，希望以后有机会回赎。和绝卖相比，典当的地价要低得多，一般出典农民，仍将土地租回耕种，而向典当地主交租。对典当地主来说，是以低价典地而获致高额地租，具有某种高利贷性质。

押租制

清代向农民索取地租抵押金的租佃制度。其基本内容：一是凡以田出租，必先取押租银两，但其银无息。二是正租谷照常征收，但押少租重、押重租轻。三是退佃之日，押租钱照数退还佃户，但地主往往以佃户欠租为理由，侵吞押租银两。四是地主不退押租钱文，不能随便换佃。但湖南地区有"大写""小写"之别，"大写"

与各地做法相同，"小写"时押租较少，一般退佃时也不退押租钱文。押租数目，依时间、地点、土质肥瘠、人口密度和土地集中程度不同，有很大差别。

云南铜矿

清代重要的矿冶业之一。云南矿藏丰富，尤以铜、锡著名，是清代全国铸钱业的原料基地。铜系铸币材料，清廷极为重视，管理严格，称铜政。康熙二十一年（1682年），云贵总督蔡毓棠对滇矿实行招商开采，抽税20%，并定奖励办法，产品听民自售。一时各地商人来投资者甚多。四十四年，云贵总督贝和诺建议清廷实行"官买余铜"政策，即除20%铜税外，余铜由官府强制收购。另由官府发给"官本"，属预付货款性质，下月交铜时扣还；商民不借官本者，亦须运铜至官铜店交官收购。官收价每百斤银三至四两，不足市价一半。又派官驻厂监督生产，设役巡缉私铜。雍正四年至十三年，年产铜由215万斤增至649万斤。乾隆时达到全盛。最高年产量达1300万斤，京师铸钱局铸钱原料开始以滇铜为主，年供京局400万斤，称"京铜"。以后年额续有增加。

江南三织造

清代在江宁、苏州和杭州三处设立的专办宫廷御用和官用各类纺织品的织造局。顺治二年（1645年）恢复江宁织造局，杭州局和苏州局都在四年重建。八年确立了"买丝招匠"制的经营体制，并成为清代江南三织造局的定制。江南织造通常分为两部分。织造衙门是织造官吏驻扎及管理织造行政事务的官署；织造局是经营管理生产的官局工场。苏州织造局分设有织染局和总织局。局内织造单位分为若干堂或号，每局设三个头目管理，名为所官。所官之下有总高手、高手、管工等技术和事务管理人员，负责督率工匠，从事织造。江宁织造局之下设三个机房，即供应机房、倭缎机房和诰帛机房，技术分工较细，按工序由染色和刷纱经匠、摇纺匠、牵经匠、打线匠和织挽匠等各类工匠操作。

铁路投资

19世纪末至1911年，外国在中国进行了一系列兴建铁路的活动。鸦片战争结束至甲午战争前，外国势力一直企图在中国进行铁路投资，以开拓中国市场。中法战争爆发后，法国提出提供贷款2000万两，让其建筑中国铁路，作为讲和条件之一。1895年，法国首先迫使中国同意越南铁路可接至中国界内，次年又取得建筑龙州铁路的权益。1898年、1899年，取得承办从北海至南宁从广州湾向雷州半岛内地延伸的铁路的权益。其次是俄国于1896年取得建筑横穿东北北部（满洲里—哈尔滨—绥芬河）铁路的权益，1898年又取得纵贯东北南部（哈尔滨—长春—大连）铁路的建筑权益。1899年，对从北京向北或东北俄界的铁路也取得了优先承办权。其三是德国于1898年一举囊括了在山东全省建筑铁路的权益。其四是英国于同年迫使清政府给予承办建筑津浦等5条铁路的权益。同时，各国财政资本组织配合该国侵略中国政策，或应清政府要求提供铁路贷款，或迫使清廷举借路债而取得投资权益。比利时的比国铁路公司对卢汉（即后来的"京汉"），英国的中英公司对关内外（即后来的"京奉"），美国的合兴公司对粤汉各路，取得了投资权益。俄国的华俄道胜银行投资建筑柳太（即后来的"正太"）铁路则与清政府基本上达成协议。1902—1911年间，帝国主义列强攫取了开充、正德、汴洛、安奉、新奉、吉长、吉会、新法、粤汉川等9条铁路的"借款优先""独享建筑权"或"借款"的权益。他们从中国攫取的铁路建筑权益，在中国人民的抵制、列强之间的矛盾冲突等因素制约下，实际上并没有全部实现。截至1911年止，列强投资建成的铁路有京奉（979公里）、中东（2554公里）、京汉（1308公里）、胶济（433公里）、广三（50公里）、道清（166公里）、正太（243

公里）、滇越（469 公里）、安奉（260 公里）、沪宁（327 公里）、汴洛（184 公里）、广九（143 公里）、津浦（1066 公里）、吉长（100公里）14 条铁路，总长为 8282 公里。

外国在华银行

近代资本主义各国为便于向中国输出商品和资本而在中国设立的金融机构。从 1845 年起，外国纷纷在华开设银行。19 世纪 40 年代英国在华开设的银行只有 1 家，50 年代增为 4 家，60 年代初期又增加 4 家，即汇川银行、利华银行、利生银行和利升银行。它们在 1866 年上海的一次金融危机中全部倒闭。其后，汇丰银行于 1864 年 8 月 6 日在香港创立，1865 年 4 月 3 日在上海开设分行。总行设在香港，表明它一开始就把中国作为其榨取利润的对象。60 年代在福州、汉口、宁波、汕头设立机构，70 年代又在厦门、芝罘（今山东烟台）、九江设立分行，80 年代扩展到天津和澳门、海口、打狗（今台湾省高雄）等地。到 19 世纪 80 年代末，4 家著名的英国银行在中国各地设的分支机构计有丽如银行 6 个，有利银行 8 个，麦加利银行 5 个，汇丰银行 14 个，合计 33 个。其时中国自办银行尚未出现。90 年代各主要帝国主义国家纷纷来华设立银行。德国几个垄断资本集团投资的德华银行设总行于上海；日本的横滨正金银行 1893 年在上海设立分行；法国的东方汇理银行在 1894 年和 1899 年分别于香港和上海设立分行；沙俄的华俄道胜银行 1895 年在牛庄设行，1896 年在上海设行；美国的花旗银行于 1902 年在上海设立分行。外国在华银行的业务活动，最初是以中外贸易中的汇兑业务包括买卖远期汇票为主，同时吸收存款，办理放款和发行钞票。1894—1913 年的 20 年间，各国向中国输出资本以借款方式提供的银数为 10.92亿两（不包括庚子赔款转作借款）。

官办企业

清政府指派官员，筹拨创办费和常年

江南制造总局炮厂内景

经费，雇佣工人使用机器或机械动力进行生产的企业。其中，军事工业占绝大部分，民用企业只占小部分。1861 年，曾国藩设立安庆军械所，仿制洋枪洋炮。次年，设立上海洋炮局。1863 年又创办苏州洋炮局。1865 年，清政府在上海创建了江南制造总局。至 1911 年，全国共创建了 26 个军用企业。它们生产的产品不投入交换，属于非商品生产。这些企业从设计施工、机器装备、生产技术，直到原材料和燃料的供应，大多依赖外国势力的支持。19 世纪 70 年代，清政府曾设立若干民用企业，分布在采矿、冶炼和棉、毛、纺织等经济部门。为供应福州船政局和其他军事企业急需的燃料，清政府 1875 年着手开发台湾基隆煤矿，经营三年，于 1878 年产煤。这是中国第一个使用机器开采的大型煤矿。1890 年，湖广总督张之洞在湖北经营汉阳铁厂。1878 年，左宗棠在兰州筹办兰州机器织呢总局。官办棉纺织企业有湖北织布官局，由张之洞于 1888 年在武昌筹办。其后又在 1898 年设立制麻局。人们通常称湖北纺织局即是湖北织布、纺纱、缫丝、制麻四局的通称。20 世纪初，官办民用企业在数量上有所增加，绝大多数属于地方经营。

海关税务司

中国丧失海关行政权以后，外国主持

中国海关行政的首脑机构名称。1853年9月，小刀会在上海起义，设在英租界的中国海关遭到一群来历不明的暴徒抢劫。接着英国水兵占据了劫后的海关官署，英国驻沪领事阿礼国借口中国海关机构不复存在，遂与美法领事协商，宣布由各国领事代征海关税。1854年7月12日，中国历史上第一个外国税务司在上海出现，执行中国海关的行政权力。其后，税务司制扩展到广州、汕头、宁波、福州、镇江、天津、九江、厦门、汉口、芝罘（今山东烟台）、淡水、台湾（台南）、牛庄等13个通商口岸。1861年在各关税务司之上，又设立一名总税务司。第一任总税务司是英国人李泰国。各级税务司完全听命于外国公使和领事，中国地方官甚至连将军、总督都无权加以管束。总税务司在海关范围以内，享有绝对的统治权。1863年11月，赫德接替李泰国任总税务司。任职期间，不但把中国海关完全置于英国人控制之下，而且干预中国的军事、政治、经济、外交以至文化教育各个方面。

鸦片贸易

西方殖民主义者向中国非法输入鸦片和强迫中国接受的鸦片进口贸易。鸦片作为嗜好品大量输入中国，开始于17世纪。当时西班牙人和荷兰人将烟草和鸦片及其拌和吸食方法一并传入福建和台湾。18世纪葡萄牙人又从印度将鸦片运入中国。雍正七年（1729年）清廷下令禁烟，但只惩办贩运，并不处罚吸食，禁止输入的只是作为嗜好品的烟土，作为药物的不在其内。因此鸦片进口并没有停止，乾隆三十二年（1767年）进口额增加到1000箱。1773年英国东印度公司直接经营鸦片，开始了真正的鸦片贸易。乾隆六十年至嘉庆四年间（1795—1799），鸦片进口量为4124箱，到道光十五年至十九年间（1835—1839），已猛增至35445箱。在1816年以后的19年中，中国人消耗于鸦片毒物上的总值多达1.88亿元。19世纪30年代后期，

包括统治阶级在内的国内各阶级都反对鸦片进口。因此，道光十九年（1839年）3月10日，清政府派钦差大臣林则徐到达广州，严厉执行禁烟谕旨。林则徐除了驱逐外国烟贩出境、勒令在粤外商缴出所贩鸦片并将其全部销毁外，还规定以后外商到中国贸易必须保证永不夹带鸦片输入内地。英商拒不接受这项协定，英国政府还以遏制贸易、危害英国臣民为借口发动了侵略中国的鸦片战争。

中国第一家啤酒厂

1903年2月，青岛建立中国第一家啤酒厂——英德合资的青岛英德啤酒公司。西方人来中国后，喝不惯中国的烈性白酒，但当时中国没有啤酒厂，进口啤酒又不方便，青岛啤酒厂应运而生。第一次世界大战结束后，日本把德国侵占的胶东半岛强占了去。由于青岛啤酒厂是英德合资的，经过几度交涉，日本只付了英国人所出的资金，买下青岛啤酒厂。于是青岛啤酒厂便改为"大日本麦酒株式会社"的一个分厂，啤酒的商标为"太阳牌"。为适应军队和民用的需要，日本对青岛啤酒厂进行了扩建。1941年，日本人将该厂一套糖化设备换下来运到北京，在北京建成新啤酒厂。1945年日本投降以后，青岛啤酒厂落入四大家族之手。新中国成立后，人民政府接管了青岛啤酒厂，并从1954年开始试行出口。由于青岛啤酒质量好，到1959年在香港的市场占有率由刚开始的末位一跃而居第一位。原来占香港市场第一位的荷兰啤酒公司对此感到吃惊，总经理亲自到达香港进行调查。当他亲口喝了青岛啤酒以后，认为质量的确胜过他们的"三马牌"，才感到心服口服。

钱庄

清朝以办理存款、放款为主，间或经营汇兑的一种信用机构。起源于经营银、钱兑换的钱摊，主要分布在长江流域和东南各大城市。北京、天津、沈阳、济南、

郑州等地的"银号""钱铺"，其性质和钱庄相同；徐州、汉口、重庆、成都等地钱庄和银号并称。钱庄与商业有密切关系。鸦片战争前夕，钱庄签发的由其支付的庄票就起到支付手段和流通手段的作用。上海商人在买卖豆、麦、棉花、棉布时，不仅可以用庄票支付货价，而且可以到期转换，或收划银钱。鸦片战争后，上海成为国内外贸易中心，钱庄随之有较大发展。钱庄的放款对象主要是商业行号，它每年都对丝、茶、糖、棉、烟、麻等行业贷放大量资金，有时也办理工业贷款，但其数量在全部放款中所占比例很小。

盐商

清政府特许的具有垄断食盐运销经营特权的专卖商人。清代盐商主要有窝商、运商、场商、总商等名目。窝商，亦称业商。运商，亦称租商。运商认引贩盐，向窝商租取引窝，缴付"窝价"，然后，凭盐引到指定产盐区向场商买进食盐，贩往指定的销盐区销售。场商，是在指定的盐场向灶户收购食盐转卖给运商的中间商人。场商具有收购盐场全部产盐的垄断特权，并采取不等价交换的手法，残酷剥削食盐生产者而攫取商业利润。总商，又名商总。清政府盐运使衙门在运商中选择家道殷实、资本雄厚者指名为总商。其主要任务是为盐运使衙门向盐商征收盐税。总商经济实力雄厚，与官府的关系最为密切，是盐商中的巨头。

茶商

清政府特许经营茶叶的专卖商人。清初茶叶为政府实行专卖的商品，一般商人不能随意贩运。茶商因在茶叶运销中的职能不同，大致可分为收购商、茶行商和运销茶商。茶叶收购商人深入茶山，向零星茶户（茶叶生产者）收购毛茶，然后卖与茶行商人。有的地方没有这类收购商，由茶户直接卖与茶行商人。茶行商人的业务，主要是代运销茶商收购茶叶，他们一般为

经纪人，亦有兼营毛茶加工业务者。运销茶商至产茶区贩茶，必投茶行，给验茶引（官府的有关证明），预付货款。茶行商人代为收购，抽取佣金。开设茶行，要经过官府批准，领取照帖。官府禁止私自开设茶行。运销茶商有两种：运销"官茶"的称"引商"，运销"商茶"的称"客贩"。"引商"请引于部，每运一引（100斤）茶叶到陕、甘等地的茶马司，50斤"交官中马"，50斤"听商自卖"，另外还允许带销"附茶"14斤，作为"官茶"运脚之费。"客贩"请引于地方政府，专门运销"商茶"，除缴纳引课之外，凡遇税关，需验引抽税。产茶区生产的茶叶，要先尽"引商"收买，然后方给"客贩"运销。

商业行会

清代商人的同业行帮组织。同一个城市中由同业结合组成的行会，是清代商业行会组织的基本形式。按地域划分帮口，是行会组织的另一结合形式。在同一城市里，这两类商业行会并存。行会主要通过行规的强制性作用，从流通环节上调剂商品的买卖，限制彼此的自由竞争。

中国自办银行

由中国自办的经营货币资本，从事存款、放款、汇款、兑换等业务的金融机构。1897年5月27日，中国自办的第一家银行——中国通商银行，由太常寺少卿、全国督办铁路事务大臣盛宣怀"奉特旨开设"，总行在上海。在该行250万两实收资本中，由招商局和电报局分别投资80万两和20万两；盛宣怀名下包括他本人和代其他官僚出面投资的达73万两；另有户部拨存、分五年还清的生息存款100万两。其后，20世纪初，清政府又在法律上承认民营银行的开设。在短短的十几年间，各地先后建立了10余家银行，即户部银行（1905年成立，1908年改称大清银行，北京）、浚川源银行（1905年，成都）、信成银行（1906年，北京）、信义银行（1906年，镇江）、

浙江兴业银行（1907 年，总行原在杭州，不久后移到上海）、交通银行（1908 年，北京）、四明商业储蓄银行（1908 年，上海）、直隶省银行（1910 年，天津，由直隶省银号改组而成）、殖业银行（1911 年，天津）、福建银行（1911 年，福州）、四川银行（1911 年，成都）。

洋钱

清朝对外国流入的银铸币的称谓，又称番钱、番饼。外国银币流入中国，始于明朝万历年间。西方列强用银币来换购中国的丝、茶和其他土产。在多达数十种流入中国的外国银币中，西班牙本洋和墨西哥鹰洋以数量大、流通广而著名，曾一度为中国市场上重要的流通货币。

银元

清末中国自铸银币的通称。清代，把外国流入的银铸币称为洋钱，把中国自铸的银币称为银圆（元）。乾隆时曾开铸镌有班禅头像的纪念性银币，道光元年（1821 年）铸有赏赐用的银币。用机器自铸新式银元则始于光绪八年（1882 年）吉林机器局铸造的厂平（吉林通用银两）一两币。张之洞督粤，于十三年，奏准由广东造币厂试铸，每枚重库平七钱二分，币面镌有龙形，又经过二三年铸成，在市面流通，是为龙洋的起源。以后光绪、宣统年间各省所铸银元均统称为龙洋。张之洞调任湖广总督，又在武昌设立银元局铸造一两银元。二十九年，清政府曾下令划一银元，未果。宣统二年（1910 年）清政府将铸币权统一于中央，规定以圆（元）为单位，每元重七钱二分，定名为"大清银币"，由湖北、南京两个造币厂铸造。

华工

指在国外从事体力劳动的中国人，是海外华侨的重要组成部分。鸦片战争前，华工主要是自愿结伙出洋谋生，大多分布在东南亚，人数较少。到清末，几乎全是被西方殖民主义者拐掠、贩卖的契约华工，分布在世界各地。19 世纪去东南亚的华工，累计至少在 700 万人以上，绝大多数是闽南人，也有少数粤东人。

陈启沅

（1834—1903 年）近代民族工业先行者。字芷馨，广东南海（今属广州市）人。1854 年，他出国至南洋，遍历各埠，在安南（今越南）或暹罗（今泰国）看到法国式的"机械制丝，产品精良"，萌生创办缫丝厂的想法。1872 年回国后，在故乡南海简村开办继昌隆机械缫丝厂。初规模很小，丝釜不过数十个，采用锅炉热水蒸汽煮茧，并使用蒸汽动力和机器传动装置，劳动生产率显著提高。所缫之丝，粗细均匀，丝色洁净，弹性较大，售价也较高。19 世纪 80 年代初，南海一带已有丝厂多家，并出口缫丝。

唐廷枢

（1832—1892 年）清末买办和洋务活动家。字景星，广东中山人。1851 年起，在香港英国殖民政府和上海海关担任 10 年译员。1863 年进入上海怡和洋行充当买办，经理库款，经营丝茶出口贸易，开展航运。同时，从事自己的商业活动，大量附股洋行经营的保险、航运企业。1873 年，投身于李鸿章主持的轮船招商局，任总办，期间，招商局的营业状况颇有起色。1876 年，受李鸿章委托，筹办开平煤矿。从勘察矿址、拟定计划，到筹集资本、正式开采，由其一手主持，居当时所有官商煤矿之首。中国自营的第一条铁路——开平铁路和中国自营的第一家水泥厂——唐山细棉土厂，都是在其倡议或主持下兴办的

5. 文化

柳敬亭

（1587—1670 年）清初说书家。原名曹逢春，江苏泰县（今泰州市）人。15 岁时因故获罪，后免死，从此浪迹江湖。他

经常听艺人说书，自己加以揣摩，以此说书卖艺。在江苏松江（今属上海）得莫后光指点，技艺精进，先后在扬州、杭州、苏州说书卖艺。最后留在南京，长期在桃叶渡旁的长吟阁说书，结识了一批官员及文人墨客，声誉日隆。与东林党、复社等来往密切。多次被招至军营说书，曾至宁南侯左良玉幕中参划机宜。康熙元年（1662年）随漕运总督蔡士英北上，到过天津、北京。4年后又返回南方，在安徽庐江继续说书谋生。一生漂泊不定，晚景凄凉。说书艺术极为精湛圆熟，擅长《水浒》《隋唐》《西汉》等。

傅山

（1607—1684 年）清朝思想家。初名鼎臣，字青竹，号啬庐，或署公之佗、朱衣道人等。明亡后，受道法，服道服，隐居不出。康熙十七年（1678 年）诏举博学鸿儒，被荐，称疾不往，有司令役夫抬其床以行，至京师近郊，拒不入城。其学术思想偏重对诸子研究，对公孙龙子、墨子等书，多有阐发或注释，开清代子学研究之蹊径。善书画，并精医术，尤擅妇科。著作多散佚，仅有《霜红龛集》行世。

万斯年

（1617—1693 年）清朝教育家。字绳祖，号澹庵，浙江鄞县人。明末避乱搬迁，以务农教书为生。每载书以行，昼则偕老农杂作，夜则集子弟环坐讲习，非鸡鸣不止。晚年掌教桃源书院，在教育理论、教育方法方面多有建树。能诗。

梅文鼎

（1633—1721 年）清朝数学家、天文学家。字定九，号勿庵，安徽宣城人。早年随父读《周易》，喜观天象。27 岁起，开始研究数学、历法。中年丧妻，不复续娶，也无意仕进，终身潜心学术。曾两度北游京城，为《明史》馆校订《历志》舛错 10余处，撰成《明志历志拟稿》。又撰《历学疑问》以普及历法、数学知识。时西方数学知识不断传入，他兼收并蓄，融会贯通，撰成《古今历法通考》《平三角举要》《弧三角举要》《几何补编》《堑堵测量》诸书。一生博览群书，著述达 80 余种。

石涛

（1636 或 1640—1710 或 1718 年）清朝画家。本姓朱，名若极，释号原济，一作元济，又号石涛、清湘老人、大涤子、苦瓜和尚。广西桂林人。出家为僧，性喜漫游，曾屡次游黄山、南京等。与弘仁、髡残、八大山人并称"清初四画僧"。曾拜松江名僧旅庵、本月为师习佛学，擅画花果兰竹，亦工人物，笔意纵横，淋漓洒脱。尤善山水，并擅诗文，每画必题。卒于扬州。著有《画语录》。传世名画有《搜尽奇峰打草稿图》《淮扬洁秋图》《山水清音图》《梅竹图》《墨荷图》《竹菊石图》等。

蒲松龄

（1640—1715 年）清朝文学家。字留仙，一字剑臣，号柳泉，山东淄川（今山东淄博市南）人。19 岁应童试，以县府道之第一补博士弟子员，受知于施闰章，赞为"观书如月，运笔成风"。后因久困科场，屡试不第，以教书为业，曾与友人组织郢中诗社。康熙五十年（1711 年），71 岁时才援例岁入贡生。擅长文学，对经、史、哲、天文、农桑、医药等也有研究。他 20 岁左右开始创作《聊斋志异》，成书于 40 岁前后。以后不断增订、修补，50 岁才定稿，成为传世之作。

纳兰性德

（1655—1685 年）清朝词人。初名成德，后改性德，字容若，号楞伽山人，满洲正黄旗人，武英殿大学士明珠长子。康熙十四年（1675 年）举进士，曾任康熙侍卫，深得宠幸。曾奉使塞外。善骑射，好读书，爱宾客。诗文词俱佳，以词扬名。词以五代北宋为宗，反对临摹仿效，其显著特点是风格与南唐李煜相近，最善小令。著有《通志堂集》《纳兰词》。

郑板桥

（1693—1765年）清朝画家、文学家。名燮，字克柔，号板桥，江苏兴化人。出身寒微，幼丧母，由乳母抚养。少年聪颖，随其父学。康熙秀才，雍正举人，乾隆进士，曾任山东范县、潍县知县，为政清廉，有才干，同情人民疾苦，因请赈得罪上司而被罢官。去官后居扬州，以书画为生。善诗，工书画，且能熔于一炉，时称"郑燮三绝"。擅画兰、竹、松菊、石等，尤以兰、竹著称。其画取法石涛，又吸取徐渭、高其佩等人笔意，构图注重剪裁，崇尚简洁，以侧锋画兰、竹，笔墨潇洒纵逸，苍劲豪迈。论画主张对所绘对象作直接观察，抒发个人的真情实感，提出"眼中之竹""胸中之竹""手中之竹"的联系和区别。与李鱓、金农、高翔、汪士慎、黄慎、李方膺、罗聘合称"扬州八怪"。其书法在行、隶之间，以画法作书，笔法纵横错落，整整斜斜，人称乱石铺街，自称"六分半书"。工诗文，诗、词、道情、书札文皆有独特风格。为文主张"理必归于圣贤，文必切于日用"，"作主子文章，不可作奴才文章"。其诗言情述事，道民间痛痒，悲切动人。著有《郑板桥集》。有多幅画作传世。

吴敬梓

（1701—1754年）清朝小说家。字敏轩，一字粒民，晚年自号文木老人，安徽全椒人。出身缙绅世家，从小被过继给做官的伯父。18岁中秀才，其后科举失败。他不善生计，又慷慨好施，不到30岁就将田庐尽卖。33岁时举家移居南京，不愿再走仕途，甘愿过素食布衣的穷困生活。54岁时贫病而卒。一生诗、词、文、赋很多，成就最高的是小说《儒林外史》。今存《文木山房集》4卷。

袁枚

（1716—1798年）清朝诗人。字子才，号简斋，后又号随园，世称随园先生，浙江仁和（今杭州）人。乾隆进士，授翰林院编修，曾任溧水、江浦、江宁知县。他博学多识，以诗称于世。其文风洒脱不羁，对当时居统治地位的汉学、宋学均有抨击。对诗歌创作，主张直抒性情，诗人应不失赤子之心，不为格律所拘，为清代诗坛中性灵派的主要代表。所作古文、骈文亦纵横跌宕，自成一家。与纪昀齐名，有"南袁北纪"之称。提倡女子文学，礼教之士讥其轻薄无行。所著有《小仓山房集》《随园诗话》《子不语》等。

曹雪芹

（1723—1763年）清朝文学家。名霑，字芹，一字芹圃，号雪芹，又号雪亭、芹溪、梦阮，别号耐冷道人、芹溪居士、空空道人、红楼梦主、燕市酒徒等。汉军正白旗人，乾隆时中举人。江南织造曹寅之孙，曹颙之子，从其曾祖起祖孙三代为江宁织造官有60年之久，深为皇帝信任。幼年居南京，生活富贵。雍正六年（1728年），因受牵连家产被抄，随家迁居北京。乾隆时曾做过小官，老年隐居香山附近。乾隆二十七年（1762年）除夕，卒于家。一生屡遭变故，然性情豪放，善谈论。老年穷困潦倒，痛感世事炎凉，愤而著书，著有《红楼梦》（初名《石头记》），为章回体，乃中国古典文学顶峰。另著有《废艺斋集稿》8种。

曹雪芹像

章学诚

（1738—1801年），字实斋，浙江会稽（今浙江绍兴）人。曾主持定州定武书院、保定莲池书院、归德文正书院，是清代著名的史学家和思想家。代表作为《文史通义》。

黄钺

（1750—1841年）清朝大臣、诗人。字左田，又字左君，晚自号盲左，安徽当涂人。乾隆五十五年（1790年）中进士，授户部主事。任湖北、山东乡试考官，山西、山东学政。官至礼部、兵部侍郎，礼部、户部尚书，军机大臣、太子少保等职。道光二十一年（1841年）卒于芜湖。工书善画，与董诰并称董、黄二家。又善诗，编有《萧（云从）汤（燕生）二老遗诗》，著有《二十四画品》《画友录》《壹斋集》。

王引之

（1766—1834年）清朝训诂学家。字伯申，号曼卿，江苏高邮人。继承并推广其父王念孙的音韵、文字、训诂之学，用训诂说经，用训诂校经，善于以声求义，治学精而博。28岁时即有名气，被列为"四士"之一。著有《经义述闻》32卷、《经传释词》10卷。还著有《字典考证》36卷，纠正《康熙字典》引文错误达2588条。另有《周秦名字解诂》2卷，专门研究先秦人名。

龚自珍

（1792—1841年）晚清思想家、文学家。一名巩祚，字璱人，号定庵，浙江杭州人。27岁为举人。道光元年（1821年）任内阁中书，任国史馆校对官。九年始为进士，官至礼部主事，为汉学家段玉裁外孙。自幼受汉学训练，后渐涉金石、目录，泛及诗文、地理、经史百家。青年时代所撰《明良论》《乙丙之际著议》等文，对封建专制进行揭露和抨击。中年后志不得伸，转而学佛，但"经世致用之志"并未消沉。支持林则徐禁烟，主张加强战备，移民西北，巩固边陲。提倡"更法""改图"，

《海国图志》书影

主张按宗授田，恢复三代古制，"不拘一格降人才"。在哲学上，认为"自古及今，法无不改，势无不积，事例无不变迁，风气无不移易"，强调万事万物处在变化之中，阐发佛教中天台宗的观点，主张"性无善无不善"说，批判孟子"性善"说和荀子"性恶"说，认为人"各因其性情之近"而"自尊其心"。晚年思想深受佛教天台宗影响。散文奥博纵横，诗尤瑰丽奇肆。著作有《尊隐》《明良论》等文和《己亥杂诗》等诗篇。

魏源

（1794—1857年）晚清思想家、史学家。原名远达，字默深，一字墨生，又字汉士，湖南邵阳（今邵阳市）人。青年时随父入京，得刘逢禄、龚自珍等人教诲。29岁中举人，助江苏布政使贺长龄编《皇朝经世文编》。时值清朝由盛而衰，他以天下为己任，讲求经世之学，力图以此谋求国富民强，成为晚清学术之开风气者。论学以"通经致用"为宗旨。道光初，先后任江苏布政使、巡抚幕僚，主持《皇朝经世文编》纂辑事宜，对海运、水利多有建言。鸦片战争爆发，在两江总督裕谦幕府，曾痛斥琦善，参与浙东抗英斗争。兵败，感时愤事，撰成《圣武记》14卷。又主持译编《四洲志》，辑为《海国图志》50卷，后增至100卷。率先介绍西方各国历史地理状况，提出"师夷长技以制夷"，主张学习西方的先进科学技术。道光二十五年（1845年）中进士。其后，任扬州兴化知县、高邮知州。咸丰三年（1853年），参加抵抗和镇压太平军活动，因迟误驿报被免职。后居兴化寺潜

心研读佛典。咸丰七年（1857 年）三月，在杭州僧舍病卒。有经学、史学、文学、佛学著作多种传世。

华蘅芳

（1833—1902 年）清朝数学家。字若汀，江苏无锡人。自幼喜好数学，14 岁即能解明代数学家程大位《算法统宗》难题，后遍读秦九韶《数学九章》、李冶《测圆海镜》等历代数学名著，并对《数学九章》进行校补。咸丰年间，与徐寿同往上海，读教会开设的墨海书馆所译西方数学及自然科学书籍。同治初，随徐寿入两江总督曾国藩幕府，在中国近代第一艘火轮"黄鹄"号的试制中，于绘图测算、推求动力诸项多有帮助。后曾国藩设江南制造总局于上海，又协助徐寿处理筹建事宜。此后，长期寓居上海，专意著述。著有《行素轩算稿》6 种 23 卷，又独译及与英国人傅兰雅合译《代数学》《微积溯源》《三角数理》《合数术》《决疑数学》等。先后应聘讲学于上海格致书院、湖北自强学堂、两湖书院及无锡竢实学堂。

《满文老档》

清朝最早官修的一部满文编年体史书，又称《无圈点档》《老满文原档》。旧藏 180 册。所反映内容，始于明万历三十五年（1607 年），止于明崇祯九年（1636 年）。除努尔哈赤以兵甲 13 副崛起于长白山地区的卷首部分已残缺不全及中间少数年代内容有缺外，从努尔哈赤征灭乌拉、叶赫各部，继而对明朝进行战争，夺取辽东，建都辽阳，迁都沈阳，到皇太极即位后，继续进兵辽西并数次入关屡挫明军等内容，老档中均有所记载。老档还反映了当时满族的社会组织、八旗制度及氏族中一些事件，以及生产、经济情况和天文气象，满文的发展与改革，与蒙古、朝鲜交往关系等，大都为官修史书和私家著述所不载，是研究清入关前的历史和满族兴起史的最重要的第一手史料。

《满洲实录》

清太宗皇太极时编修，记录清太祖努尔哈赤的另一种史书。又名《清太祖实录战迹图》，8 卷。绘有满族起源传说及明万历十一年（1583 年）努尔哈赤起兵后征战事迹各图，附以满、汉文图说。

《皇清开国方略》

记叙清朝建国史事的官修编年体史书，32 卷。记事始于天命纪元前癸未年（1583 年）努尔哈赤起兵，讫于清顺治元年（1644 年）十月顺治帝在北京即位。卷一至卷八记"太祖高皇帝"朝的事迹；卷九至卷三十一记"太宗文皇帝"朝的事迹；卷三十二记"世祖章皇帝"嗣位、入关、定都北京的事迹。还有卷首一篇《发祥世纪》，记努尔哈赤前史。在卷首的前面，有乾隆帝写的序及其同臣下的"联句"以及撰修人的上进表文，书末有撰修人写的跋。乾隆帝敕命撰修该书，是要"直书"清朝开国创业的艰辛经过。

清三通

记述清朝典章制度的《皇朝文献通考》《皇朝通典》《皇朝通志》三书的通称。《皇朝文献通考》又名《清文献通考》，300 卷；《皇朝通典》又名《清通典》，100 卷；《皇朝通志》又名《清通志》，126 卷。均为乾隆时官修，乾隆五十一年至五十二年（1786—1787）间定稿。叙事至乾隆五十年（1785 年）为止，少数有延至次年者。

《大清律例》

中国封建社会最后一部法典。共 40 卷，卷首有六赃图、纳赎诸例图、五刑图、狱具图、服制图等 8 种图表。律文后附有注释。律文分为 7 篇，篇目冠以律名，故谓之七律。首篇是名例律，有 46 条，下面不分门类，亦称 46 例。其主要内容除了确定五刑、十恶、八议等重要制度和罪名外，还规定了一些定罪量刑的基本原则。如官吏犯罪分公罪和私罪，公罪处轻，私罪处重；犯罪分故意和过失，故意罚重，过失罚轻；共同犯罪一般区别首从，从犯减轻；数罪并发，一般只定重罪，轻罪不论；累犯加重，自首减免；老幼废疾减免，同居相隐不为罪以及类推的一般原则等。其次各篇按六部命名排列，即吏律、户律、礼律、兵律、刑律和工律，以下分为职制、户役、田宅、婚姻，共 30 门，计 436 条。

《大清一统志》

清朝官修地理总志。编排次序为：首京师，次直隶、盛京、江苏、安徽、山西、山东、河南、陕西、甘肃、浙江、江西、湖北、四川、福建、广东、广西、云南、贵州，外藩及朝贡诸国则附录于后。其内容涉及建置沿革、形势、风俗、城池、学校、户口、田赋、山川、古迹、关隘、津梁、堤堰、陵墓、寺观、名宦、人物、流寓、列女、仙释、土产 21 门。自清朝开国之初，历叙至乾隆八年（1743 年）。共 342 卷。

《西域图志》

清朝官修地方志之一。全称《钦定皇舆西域图志》，52 卷。乾隆二十年（1755 年），清廷平定准噶尔叛乱。次年二月，乾隆帝下令编纂《西域图志》，以大学士刘统勋主办其事，派都御史何国宗等率西洋人分别由西、北两路深入吐鲁番、焉耆、开都河等地及天山以北进行测绘。完稿后，乾隆帝亲自审定，即今本《钦定皇舆西域图志》。首 4 卷为天章，汇录有关论述西域全局的御制诗文；自此以下 48 卷，分为图考、列表、晷度、疆域、山、水、官制、兵防、屯政、贡赋、钱法、学校、封爵、风俗、音乐、服物、土产、藩属、杂录 19 门。自疆域、山、水至藩属，计有总图、分图 21 幅，历代西域图 12 幅。

《古今图书集成》

中国现存最大的一部完整的类书。共 1 万卷，分为 6 编 32 典。历象编有乾象、岁功、历法、庶征 4 典；方舆编有坤舆、职方、山川、边裔 4 典；明伦编有皇极、宫闱、官常、家范、交谊、氏族、人事、闺媛 8 典；博物编有艺术、神异、禽虫、草木 4 典；理学编有经籍、学行、文学、字学 4 典；经济编有选举、铨衡、食货、礼仪、乐律、戎政、祥刑、考工 8 典。典下列部，每部多至数百卷。每部根据内容有汇考、总论、图表、列传、艺文、选句、纪事、杂录、外编等篇。

《四库全书》

中国历史上卷帙最大的一部丛书。共收书 3503 种，79337 卷，36304 册。全书按照西汉以来历代沿用的经、史、子集四部分类法编纂，每大部又分若干类，类下细别为属。四部分类：经部有易、书、诗、礼、春秋、孝经、五经总义、四书、乐、小学 10 类；史部有正史、编年、纪事本末、别史、杂史、诏令奏议、传记、史钞、载记、时令、地理、职官、政书、目录、史评 15 类；子部有儒家、兵家、法家、农家、医家、天文算法、术数、艺术、谱录、杂家、类书、小说家、释家、道家 14 类；集部有楚辞、别集、总集、诗文评、辞典 5 类。全书除中国历代各种典籍外，还有朝鲜、越南、日本，以及印度和明清之际来华的欧洲传教士的一些著述。全书共抄录 7 部，分别贮于北京内廷文渊阁、京郊圆明园文源阁、盛京故宫文溯阁、承德避暑山庄文津阁，合称北四阁。又在镇江金山寺建文宗阁，扬州大观堂建文汇阁，杭州西湖行宫建文澜阁，即江浙三阁，各藏抄本一部。副本存于京师翰林院。

黄遵宪

（1848—1905 年）清末诗人。字公度，广东梅县人，举人出身。历任驻日使馆参赞、驻美国旧金山使馆参赞。曾为张之洞创办汉阳铁厂订购机器设备。光绪三年（1877 年）驻日期间，悉心研究"明治维新"，撰写《日本国志》。八年，任驻美国旧金山总领事，竭力保护华侨和华工的正当权益。十五年，任驻英使馆二等参赞。十七年，任驻新加坡总领事，倡立图南社。二十年，任江宁洋务局总办。二十一年，在上海参加"强学会"。二十二年，出资参与创办《时务报》，以救亡图存为己任。二十三年，任湖南长宝盐法道，署理湖南按察使，协助巡抚陈宝箴推行新政，禁女子缠足。接替梁启超主持时务学堂，积极参加南学会活动。倡设学校，筹水利，兴商业，劝工业。二十四年任出使日本大臣，因病未就。戊戌政变时，被扣留于洋务局，后开释回乡闲居。诗作甚富，多反映近代中国重大历史事件，被称为"诗史"。著作有《日本国志》《人境庐诗草》《日本杂事诗》等。

谭鑫培

（1847—1917 年）清末京剧艺术家。本名金福，湖北武昌人，幼随父到北京，习艺于金奎科班。父志道演老旦，称"叫天子"，其艺名一度为"小叫天"。初演武生兼武丑，后改老生，曾为清朝内廷供奉。他发展了京剧老生的表演艺术，形成独特风格，唱腔悠扬婉转，世称"谭派"。1900 年前后，成为京剧艺术的主要代表，风靡一时，当时有"家国兴亡谁管得，满城争说叫天儿"之说。代表剧目有《空城计》《李陵碑》《四郎探母》《打渔杀家》等。

吴昌硕

（1844—1927 年）清末书画家。名俊卿，一名俊，字昌硕，一作仓石，号缶庐、苦铁，晚号大聋，浙江安吉人。曾任江苏涟水县令，后迁居上海学习绘画。篆刻融合皖、浙诸家，并以秦、汉铄印，自创一派。工书法，擅写"石鼓文"，朴茂雄健。同治十三年（1874 年）后始作画，取明、清诸写意画家之长，继承并发扬"扬州八怪"画风，绘花卉以豪健墨画笔致与强烈色彩结合，别具新意。竹石、山水、佛像无不精。光绪三十年（1904 年），与吴隐等在杭州西湖孤山创立西泠印社，1913 年被推为社长。有《缶庐集》《缶庐印存》等。

京师大学堂

中国近代最早的实施高等教育的学校。成立于 1898 年 8 月 9 日，是戊戌变法的"新政"措施之一，今北京大学的前身。初由孙家鼐管理，以"广育人才、讲求实务"为宗旨，拟设道、政、农、工、商等科。戊戌变法失败后，在顽固派控制下，只设《诗》《书》《易》《礼》四班和《春秋》两班，性质与旧式书院相同。八国联军进占北京后被迫停办，1902 年复办，陆续增设预备科、速成科、进士馆、译学馆及医学实习馆。毕业生分别授予贡生、举人、进士衔。1901 年开设经、法、文、格致、农、工、商 7 科。1912 年改为北京大学。

《革命军》

书名，邹容著，1903 年 5 月刊行。以通俗的语句，宣传推翻清朝统治，反对外国侵略，建立独立自主的"中华共和国"。刊行后，辗转翻印，销量超过 100 万册。

《警世钟》

书名，陈天华著，撰于 1903 年。以通俗文字，沉痛指出中国已面临被帝国主义瓜分的危险，号召全国人民警醒起来，向帝国主义、清朝统治者进行斗争，挽救祖国于危亡。

《大同书》

书名，1901—1902 年康有为流亡印度时成书，1913 年于《不忍》杂志上开始发表。书中综合了鸦片战争之后 50 年间的维新思想和西方的进化论学说，揭露了人世间的不平等和苦难，描述了理想中的大同世界。是中国近代空想社会主义的代表作品之一，也是研究资产阶级改良主义运动的重要参考资料。

6. 科技

周元理

（1706—1782 年）清代大臣、治水专家。字秉中，浙江杭州人。乾隆早期中举人，官自知县，历巡抚至直隶总督、工部尚书。曾参与勘察沧州水利，请改沧州减河闸为滚水坝，规划山东小清河修疏。以直隶水利绩效为多，浚河修堤，以工代赈。乾隆三十九年（1774 年），参与镇压山东王伦起义。八年后卒。

康基田

（1728—1813 年）清朝官吏、水利学家。字仲耕，号茂园，山西兴县人。乾隆二十二年（1757 年）中进士，授江苏新阳知县。曾任广东潮州通判、河南河北道、江苏按察使、署理安徽巡抚。此后曾任河东河西道总督、南河河道总督、广东布政使等职。仕宦生涯 50 余年，虽屡迁屡降，治河之志不改，又以勤廉著称。主"束水攻沙，以水治水"之法，颇有成效，晚年仍疏陈河务。能诗文，著有《霞荫堂诗集》2 卷、《茂园自撰年谱》2 卷、《河渠纪闻》30 卷、《治河方言》2 卷等。

徐松

（1781—1848 年）清朝地理学家。字生伯，北京大兴人。嘉庆十年（1805 年）中进士，官至礼部郎中、陕西榆林知府。其学识渊博，精析史事，尤长地理之志。遍游天山南北，撰成《西域水道记》，并有附图。又撰《新疆识略》，言之甚详，有"千古未有之书"之誉。所著《〈汉书·地理志〉集释》《〈汉书·西域传〉补注》《新疆赋》等，为学界推崇。著述尚有《唐两京城坊考》《宋元马政考》等。

李善兰

（1811—1882 年）清朝数学家。字壬叔，号秋纫，浙江海宁人。咸丰二年（1852 年），与英人伟烈亚力、艾约瑟等合译西方科技著作。10 年间合译《几何原本》后 9 卷、美国罗密士《代微积拾级》18 卷、《重学》20 卷（附《曲线说》1 卷）、《谈天》18 卷、《植物学》8 卷。咸丰年间，先后入江苏巡抚徐有壬、两江总督曾国藩幕府，

因精于数学，深得倚重。同治七年（1868 年），入京任同文馆算学总教习，历授户部郎中、总理衙门章京等职，加官三品衔。他学贯古今，融中西数学于一堂。主要著作都汇集在《则古昔斋算学》内，13 种 24 卷，其中对尖锥求积术的探讨，已粗具积分思想，对三角函数与对数的幂级数展开式、高阶等差级数求和等题解的研究，皆达到很高水平，成为继梅文鼎之后的又一杰出代表。他一生译书甚多，将西方近代天文学、植物细胞学等科学的最新成果介绍传入中国，对促进近代科学的发展做出了卓越贡献。

徐寿

（1818—1884 年）清朝化学家。字生元，别号雪邨，江苏无锡人。咸丰十一年（1861 年）从曾国藩在安庆、江宁创设机器局，并与华蘅芳等试制中国第一艘火轮"黄鹄"号。后在上海江南制造总局任职，对船、炮、枪弹等多有发明。并建议翻译西方自然科学、工程技术书籍，成书数百种。光绪元年（1875 年），与西人傅兰雅在上海设立格致书院，进行化学实验的演示。他还参与了江南制造总局出版的《化学材料中西名目录》《西药大成中西名目表》两书的编译工作，系统地介绍了近代国外化学知识。他是中国近代化学的启蒙者，对化学元素命名法做出过可贵的贡献。并参与筹办大冶铁矿、开平矿务局、漠河金矿及推广机器缫丝技术等。译著有《西艺知新》《化学考质》《化学鉴原》《物体遇热改易说》《汽机发轫》《营阵揭要》《测地绘图》《法律医学》等。

詹天佑

（1861—1919 年）铁路工程师。字眷诚，生于广东南海（今广州市）。11 岁时即作为首批留美学生赴美。1878 年进耶鲁大学学习土木工程，1881 年毕业，同年 7 月回国。1904 年，清政府宣布筹款修建京张铁路。在英、俄两国人极力争夺该线工程师位置的情况下，他最终受命出任总工程师，

并组织了一批中国工程技术人员共同建设京张铁路。1905年10月2日正式动工，计划4年完工。他集思广益，尽量采用先进技术和工艺，创造性地解决了多项施工难题。在难度最大的关沟段，他采用了33‰的坡度，于青龙桥车站修筑了著名的"人"字形线路，开凿了长达1公里的八达岭隧道和其他三条隧道。1909年7月4日，京张铁路全线铺通，全部工程比原计划提前两个半月建成，节约工程款银35.6万余两。同年10月2日正式通车。其后，他先后担任了张绥铁路、川汉铁路总工程师，河南铁路公司顾问工程师，商办粤汉铁路粤路公司总经理兼总工程师等职，并于1909年

被选为美国工程师学会会员。同年，清廷授予他工科进士第一名。辛亥革命后，被临时政府任命为粤汉铁路会办、汉粤川铁路会办。1914年，被派为督办。1917年，任北洋政府交通部"铁路技术委员会"会长。1919年4月24日病卒。著有《京张铁路工程纪略》。

詹天佑旧照

第十一章

民主与新生

中华民国

（1912 年—1949 年）

孙中山像

1912 年 1 月 1 日，中华民国临时政府成立，标志着中国历史上第一个资产阶级共和国的建立，但随后不久，在国内外反动势力的支持下，袁世凯窃取了中华民国的政权。袁世凯建立起专制独裁的统治，对外出卖国家利益，对内专横跋扈，血腥屠杀革命党人，破坏《临时约法》，并想复辟帝制。袁世凯死后，从北洋军阀集团中分化出来的皖系、直系和奉系军阀相继控制北洋政府，中国处于四分五裂、连年混战的局面。为了反对北洋军阀，孙中山先后发动了"二次革命"、护国运动和护法运动。五四运动和新文化运动促成了马克思主义和中国工人运动的结合。中国共产党成立后集中力量发动和领导工人运动。1924 年 1 月，中国国民党第一次全国代表大会在广州召开，国共合作正式形成，成为中国革命高潮的起点。1926 年 6 月开始的北伐战争，使国民革命达到了最高潮。但是，因为蒋介石集团和汪精卫集团先后叛变革命，国民革命失败。经过二次北伐及国民党的派系斗争和军阀混战，

蒋介石集团逐渐巩固了自己的统治。中国共产党团结人民，坚持战斗，逐步开辟出一条农村包围城市武装夺取政权的革命道路，掀起一场土地革命的风暴。从 1930 年底开始，国共两党开展了"围剿"和反"围剿"的长期军事斗争。但在第五次反"围剿"中，红军由于"左"的错误而遭到失败，被迫进行了二万五千里长征，并胜利地转移到了陕北。面对日本侵略，国共实现了第二次合作。在抗日民族统一战线的旗帜下，和进步力量的支持下，中国人民经过艰苦卓绝的斗争，终于打败了凶残的日本侵略者，取得了抗日战争的最后胜利。抗日战争胜利后，国民党反动派于 1946 年 6 月发动了对解放区的全面进攻。中国共产党发动群众，在解放区普遍实行土地改革，并在不到三年的时间内，打败了国民党军队。1949 年 4 月 23 日，人民解放军占领南京，结束了国民党反动派 22 年的反动统治。

1. 政治
南京临时政府

辛亥革命后孙中山领导建立的资产阶级临时中央政权。1911 年 10 月武昌起义后，到 11 月，全国已有 14 个省宣布独立。30 日起，各独立省的都督府代表集中在汉口讨论组织临时政府，制定了《临时政府组织大纲》。从 12 月 10 日起，代表会议移至南京，29 日选举孙中山为中华民国临时大总统。1912 年 1 月 1 日，孙中山在南京宣誓就职，中华民国临时政府正式成立。1 月 3 日，会议选举

黎元洪为副总统，并通过孙中山提名的国务院9部人选。28日成立临时参议院，作为立法机关。临时政府成立后，宣布改国号为中华民国，以1912年为中华民国元年，通告各省改用阳历。并颁布了一系列有利于民主政治和资本主义发展的法令，如禁止刑讯，取消清律中对各类所谓"贱民"的特别限制，通令保护华侨；禁止买卖人口，废除奴婢卖身契约；禁止种植和吸食鸦片；禁止赌博、蓄辫、缠足；奖励兴办工商业；改革教育等，制定了具有资产阶级共和国宪法性质的《临时约法》。但是，南京临时政府对内不敢触动半殖民地半封建社会的基础，对外不敢坚决反帝，承认清政府签订的不平等条约和帝国主义在华特权。在帝国主义及其走狗袁世凯的压力下，资产阶级革命派步步退却，最后交出了政权。1912年2月13日，孙中山向临时参议院提出辞职，荐袁世凯接任。15日参议院选举袁世凯为临时大总统。4月1日正式解除孙中山临时大总统职务，2日与4日参议院分别决议政府和该院迁往北京。5日临时政府迁设北京，南京临时政府夭折。

民国初期的孙中山

1911年10月10日，武昌起义爆发。12月25日孙中山从欧洲回国，29日被选为临时大总统。1912年1月1日在南京宣誓就职，2月13日辞职。8月，将同盟会改组为国民党，被推为理事长。1913年3月，发动讨袁"二次革命"。1914年7月，在日本东京组织中华革命党，被推选为总理。1915年10月25日，在东京与宋庆龄结婚。1917年，组织中华民国军政府，被推举为海陆军大元帅。1921年5月，就任非常大总统。1924年1月，接受中国共产党和苏联的帮助，改组国民党。11月13日，应北京政府之邀抱病北上。1925年3月12日病逝于北京。主要著作编入《总理全集》《孙中山选集》和《孙中山全集》。

北洋政府

1912—1928年由北洋军阀控制的北京中华民国政府的通称。1912年2月15日，

袁世凯窃取中华民国临时大总统的职务，3月10日在北京就职，逼南京临时政府迁往

中华民国大事年表

1912年1月1日，中华民国成立，孙中山任临时大总统。
1912年2月12日，清帝溥仪宣布退位。
1912年3月，袁世凯接替孙中山任临时大总统。
1913年，袁世凯派人刺杀宋教仁。孙中山发动"二次革命"。
1915年，新文化运动开始。
1916年，袁世凯恢复帝制。全国掀起反袁的"护国运动"。
1919年5月4日，五四运动爆发。
1921年7月，中国共产党成立。
1924年1月，国民党一大召开。国共合作开展反对北洋军阀的大革命。
1925年3月12日，孙中山逝世。
1926年7月，北伐战争开始。
1927年4月12日，蒋介石发动反共的"四一二政变"。
1927年8月1日，周恩来等发动南昌起义。
1928年12月，张学良宣布"东北易帜"。蒋介石的"南京国民政府"形式上统一全国。
1931年9月18日，日本帝国主义发动"九一八事变"，侵占中国东北。
1934年10月，中央红军开始二万五千里长征。
1935年1月，红军长征途中召开遵义会议。
1936年10月，红军三大主力在甘肃会师，长征结束。
1937年7月7日，"七七事变"爆发，抗日战争开始。
1937年9月，国共两党发表合作宣言，抗日民族统一战线形成。
1937年9月，八路军取得平型关大捷。
1937年12月，日军攻陷南京，制造南京大屠杀。
1938年4月，中国军队取得台儿庄战役大捷。
1940年8月，八路军发动百团大战。
1941年1月，国民党反动派制造皖南事变。
1945年8月15日，日本宣布无条件投降。
1945年10月，国共两党举行重庆谈判。
1946年6月，国民党反动派发动全面内战。
1947年5月，国民党统治区掀起"反饥饿、反内战、反迫害"运动。
1948年9月开始，人民解放军相继取得辽沈、淮海、平津三大战役的胜利。
1949年4月，解放军解放南京，国民党反动派统治覆灭。
1949年9月，中国人民政治协商会议选举产生中华人民共和国领导人及决定各项建国事宜。

北京，标志着北洋政府统治开始。北洋政府对外依靠帝国主义支持，对内主要代表国内封建势力，以北洋军队为统治支柱，镇压人民，排斥异己，在全国建立起军事化的统治。它经历了袁世凯统治时期、皖系军阀统治时期、直系军阀统治时期、奉系军阀统治时期。直至1928年6月8日，国民党军队进入北京，北洋政府在中国的统治才最后宣告结束。此后蒋介石的"南京国民政府"成为代表中华民国的中央政府。

国民党

中国资产阶级政党。1912年8月在北京成立。以同盟会为基础，联合统一共和党、国民共进会、共和实进会、国民公党组成。推孙中山为理事长，黄兴、宋教仁等8人为理事，党务实由宋教仁主持。1913年，在国会选举中获多数席位，渐有遏制袁世凯专权之势，袁世凯遂指使人将宋教仁暗杀。8月，该党被袁世凯强行解散。1914年孙中山在日本召集部分党员，组成中华革命党。袁世凯死后，党部移至上海，1919年10月改名为中国国民党。1924年改组为工人、农民、小资产阶级与民族资产阶级的联盟。1925年孙中山逝世后，先后以胡汉民、汪精卫、蒋介石为领袖，逐渐变成大地主、大资产阶级专政的工具。

南北和谈

民国初期南北政府举行的两次议和谈判。1911年12月至1912年2月，手握重兵的袁世凯在帝国主义列强支持下，胁迫南方革命政权进行和平谈判。1911年12月18日，南方总代表伍廷芳和袁世凯的全权代表唐绍仪，在上海英租界南京路市政厅举行首次会谈，达成了湖北、陕西、山西、安徽、江苏和奉天的停战协定。和谈过程中，孙中山于12月25日归国，并于1912年1月1日在南京就任临时大总统，宣布中华民国成立。袁世凯立即撤销唐绍仪议和代表的资格，宣布由他自己与伍廷芳直接电商和谈事宜。孙中山在妥协势力包围下，

曾致电袁世凯表示"虚位以待"，但袁仍不放心，表面上就停战撤兵、国民会议、临时政府和清帝退位等通过电话与伍廷芳论争。同时，却密令唐绍仪留沪继续与伍廷芳秘密磋商关于清帝退位后的优待办法，及孙中山辞职和自己继任总统等问题。袁世凯还授意段祺瑞率北洋将领联合发电，胁迫清廷召开皇族会议，宣布共和。2月12日清帝溥仪宣告退位，13日孙中山辞职，15日临时参议院选举袁世凯为临时大总统。南北和谈以袁世凯篡夺最高权力告终。

第二次南北和谈是在1919年2月至5月。1917年，北洋军阀废弃国会和临时约法，驱走总统黎元洪。孙中山在广州召开国会非常会议，成立护法军政府，反对北洋军阀政府，形成南北对峙。1918年5月桂系军阀排挤孙中山，控制了南方政府。北京政府总统徐世昌主张南北休战，举行议和。经过协商，双方同意停战并进行谈判。1919年2月，徐世昌派朱启钤，广州军政府岑春煊派唐绍仪在上海举行和谈。当时皖系军阀首领段祺瑞唆使亲信进攻陕西护法军，致使和谈中断。4月上旬双方改为秘密谈判，五四运动发生后，和谈破裂。

二次革命

孙中山发动的讨伐袁世凯的战争，又称"癸丑之役""赣宁之役"。1913年初，国民党在正式国会的选举中赢得胜利，宋教仁准备组织内阁。袁世凯为阻止国民党执政，派人收买凶手，于3月20日晚在上海沪宁车站暗杀宋教仁。革命党人迅速协

讨袁总司令黄兴在讨袁期间颁发的委任状

袁世凯任临时大总统后和北洋各将领合影
袁世凯就任临时大总统后，南京临时政府迁都北京。这标志着北洋政府统治时期的开始。

助租界当局捕获凶手，宋案真相大白，国民党理事长孙中山动员起兵讨袁。由于实力不足，国民党军事领袖黄兴迟疑不决，主张法律解决，孙中山的革命动员受挫。4月，袁世凯筹得战争经费，准备发动内战，消灭南方革命力量。5月初，北洋第六师、第二师在湖北都督、副总统黎元洪支持下相继入鄂，统制湖北，监视江西。6月，袁世凯下令罢免坚决反袁的赣督李烈钧、粤督胡汉民、皖督柏文蔚。孙中山愤懑万分，决心冒险起兵。在孙中山的动员下，李烈钧于7月8日回到江西湖口，成立讨袁军，宣布江西独立，于12日向进驻九江的北洋第六师发动进攻，拉开了二次革命的战幕。7月15日，黄兴在南京宣布江苏独立。随后安徽、上海、广东、福建、湖南、重庆等地相继宣布独立，加入讨袁行列，"二次革命"全面爆发。主战场江西战线，北洋第一军于7月25日占领湖口，8月18日占领南昌。江苏战线，讨袁军于7月16日至22日间在徐州地区与北洋第二军和张勋所部会战失利，直退南京。上海讨袁军进攻北洋军驻守的制造局屡攻不下。7月28日，黄兴看到大局无望，遂离宁出走，讨袁军全局动摇，各地相继取消独立。

宋教仁

（1882—1913年）近代民主革命者。字遁初，号渔父，湖南桃源人。1904年先后在长沙和武昌参与组织华兴会和科学补习所，分别任副会长和文书。策划长沙起义，事泄逃亡日本。次年参与发起组织同盟会，任司法部检事长。1911年1月回上海，任《民报》撰述。1911年在上海主编《民立报》，揭露清廷腐败，反对外国侵略，宣传资产阶级民主。同年，参与组织同盟会中部总会，为总务干事。1912年，任南京临时政府法制院院长，后任北京政府农林总长。8月改组同盟会为国民党，任代理理事长，领导国民党参加国会竞选活动。1913年又在长沙、上海等地发表竞选演说，宣传责任内阁制和政党政治，主张制定民主宪法。国民党获国会多数席位后，企图成立政党内阁，以限制袁世凯专权，为袁所不容。同年3月国会召开之前，在上海车站被袁世凯派人刺杀。著作有《宋教仁集》《宋渔父日记》等。

袁世凯

（1859—1916年）北洋军阀首领。字慰亭，别号容庵，河南项城人。1882年8月，随淮军提督吴长庆入朝鲜，负责前敌营务处。1885年10月，被李鸿章保荐为三品道贡，改任"驻扎朝鲜总理交涉通商事宜"的全权代表。1895年12月，在天津小站编练"新式陆军"。1897年，任直隶按察使。

戊戌变法期间，表面上支持维新派，暗中与清政府勾结，镇压维新派。1898 年 6 月，任工部右侍郎。12 月，升任山东巡抚，残酷镇压义和团。1901 年 11 月，署理直隶总督兼北洋大臣。1907 年调军机大臣兼外务部尚书，掌握清廷的军政大权。1911 年武昌起义时，凭借北洋势力和帝国主义支持，出任内阁总理大臣。1912 年 3 月，窃取中华民国临时大总统职位。1913 年 10 月，派出军警胁迫国会选其为总统。1914 年 5 月，废除《临时约法》，公布《中华民国约法》。1915 年 5 月，接受日本提出的企图灭亡中国的"二十一条"。12 月，宣布改民国五年为"洪宪"元年，准备即皇帝位。同月，南方各省发动讨袁护国战争。1916 年 3 月 22 日被迫取消帝制，6 月 6 日在全国人民讨伐声中病死于北京。

洪宪帝制

袁世凯复辟帝制的一幕丑剧。袁世凯镇压"二次革命"后，迫使国会通过先选总统后订宪法的提案，于 1913 年 10 月被选为大总统。1914 年 1 月解散国会，5 月公布《中华民国约法》，取代《临时约法》，使大总统具有皇帝一样的权力。为寻求帝国主义对复辟帝制的支持，袁承认日本旨在独占中国的"二十一条"。1915 年 8 月由袁的宪法顾问美国人古德诺和政治顾问日本人有贺长雄出面，散布帝制舆论；同时，又指使人组成"筹安会"，宣传帝制；组织各种"请愿团"，由梁士诒等人拼凑成"请愿联合会"，要求实行帝制。为了伪造"民意"，袁的走狗还制造"国民代表大会"，进行所谓"国体投票"，在军警威逼下，全票赞成改民主共和制为君主制，并几次上"推戴书"，举袁当皇帝。12 月 12 日，袁世凯发表接受帝位的申令，改中华民国为"中华帝国"，接受文武百官朝贺，大封爵位，成立"大典筹备处"，下令改次年为"洪宪元年"，准备于 1916 年元旦登基。袁世凯复辟帝制，激起全国人民反抗。12 月 25 日，蔡锷等人在云南组织护国军，宣布独立，并向四川、贵州等省进军。接着贵州、两广、浙江、陕西、四川、湖南等省相继独立，袁见大势已去，被迫于 1916 年 3 月 23 日取消帝制，"洪宪"帝制丑剧上演了 83 天便草草收场。

二十一条

1915 年 1 月日本政府提出的企图独占中国的秘密条款。主要内容有：（1）承认日本继承德国在山东享有的一切权力，并加以扩大；（2）承认日本在南满和内蒙古东部的特权；（3）汉冶萍公司改为中日合办，附近矿山未经同意，不许公司以外的人开采；（4）中国沿海港湾及岛屿，不得租借或割让给其他国家；（5）中国政府聘用日本人为政治、财政、军事顾问，中国警政及兵工厂由中日合办；日本有在武昌与九江、南昌间及南昌与杭州、潮州间的铁路建造权，有在福建投资修铁路、开矿的优先权等。袁世凯为了取得日本对其复辟帝制的支持，竟全部接受。后因中国人民的强烈反对，未能付诸实行。

护国运动

反对袁世凯复辟帝制的武装斗争。1915 年，袁世凯称帝，蔡锷在云南宣布独立，组成护国军武装讨袁，贵州、广东等省纷纷响应。北洋军节节败退，其将领或拥兵自卫，或退隐，列强亦改变支持态度。袁内外交困，于 1916 年 3 月 22 日取消帝制，但仍居总统位。孙中山发表《第二次讨袁宣言》，号召"除恶务尽"，袁之心腹控制的四川、湖南亦迫于形势宣布独立。6 月 6 日，袁于绝望中病死。

蔡锷

（1882—1916 年）湖南邵阳人。1898 年入时务学堂，戊戌政变后入上海南洋公学。1899 年赴日留学，次年回国参与自立军在汉口策划的起义，失败又赴日，于士官学校学习军事。1904 年回国，次年至广西，历任新军总参谋长兼总教练官、新军混成协协统等职。1911 年调至云南任新军十九镇三十七协协统，与同盟会联系密切。10 月30 日，在昆明发动新军响应武昌起义，被推为总指挥，随即任云

蔡锷像

南军政府都督。1913 年因暗助"二次革命"，被袁世凯调入北京，加以监视。1915 年，袁酝酿称帝，他设法回到昆明，通电宣告云南独立，发动护国战争。黎元洪继任总统后，被委任为云南都督兼署民政长。

黎元洪

（1864—1928 年）北洋政府时代民国总统。湖北黄陂人，天津水师学堂毕业。中日甲午战争后投张之洞部下，参与训练湖北新军。1906 年升任新军第二十一混成协统领。1911 年武昌起义爆发，被迫出任湖北军政府都督。1912 年中华民国临时政府成立，当选为副总统，曾追随袁世凯参与镇压"二次革命"。1914 年被袁世凯任命为参政院院长。袁世凯死后继任大总统。1917 年因对德宣战问题与国务总理段祺瑞公开冲突，被张勋驱逐。1922 年，直系军阀控制北京政府，复任大总统。次年，因主张召集旧国会等，又被直系军阀驱逐。1928 年病死于天津。

北洋军阀

清末民初封建军事集团。1895 年清政府调袁世凯于天津小站编练新建陆军，由北洋大臣节制。1898 年新建陆军开始与甘军、武毅军并称"北洋三军"。1901 年，袁世凯署理北洋大臣，1905 年扩编北洋军，形成北洋军阀势力。辛亥革命后，袁世凯篡夺了政权，广植党羽，构成了北洋军阀统治集团。袁世凯死后，北洋军阀分裂，主要形成直、皖、奉三系。直系以直隶（今河北省一带）人冯国璋为首。冯国璋死后

曹锟、吴佩孚为首领，控制江苏、江西、湖北等省，有英、美帝国主义支持，1927 年被北伐军消灭。以安徽人段祺瑞为首的一派，称为皖系，控制安徽、浙江、山东、福建等省，受日本帝国主义支持。以奉天（今辽宁）人张作霖为首的一派，称作奉系，在日本帝国主义支持下控制东北，1928 年被国民党新军阀击败。

徐世昌

（1855—1939 年）北洋政府时代民国总统。天津人，1886 年中进士，1897 年起协助袁世凯创办北洋军。曾任东三省总督、皇族内阁协理大臣等职。1914 年任国务卿，袁世凯称帝后辞职，袁死后复任国务卿。1918 年被"安福国会"选举为总统。1922 年第一次直奉战争后被迫下台，寓居天津。

段祺瑞

（1865—1936 年）北洋军阀皖系首领，安徽合肥人。1896 年协助袁世凯建立北洋军，任江北提督等职。曾参与镇压山东义和团运动、直隶景廷宾起义与武昌起义。1912—1916 年历任陆军总长、参谋总长、国务总理。袁世凯死后，掌握北洋军阀政府实权。1920 年被直系军阀打败。1924 年又被奉系军阀和国民军推举为中华民国临时执政。次年召开"善后会议"，抵制孙中山与中国共产党提倡的国民会议，镇压反帝爱国运动，制造了北京"三一八惨案"。1926 年 4 月被冯玉祥赶下台。后被蒋介石接到上海，1935 年任国民政府委员。

冯国璋

（1857—1919 年）北洋军阀直系首领，直隶河间（今属河北省）人。1896 年协助袁世凯创办北洋军。1911 年武昌起义时，任北洋军第一军统领，在湖北参与镇压革命。1913 年参与镇压讨袁军，任江苏都督。袁世凯死后，北洋军分裂，他成为直系首领，并任副总统。1917 年代理大总统，次年被迫下台。1919 年病死于北京。

曹锟

（1862—1938 年）北洋军阀直系首领，天津人。1890 年毕业于天津武备学堂，后任北洋军第三镇统制。辛亥革命后，任北洋军第三师师长、直隶督军和直鲁豫三省巡阅使。1919 年冯国璋死后成为直系军阀首领。1923 年国会选举时，以 5000 元一票贿买议员 590 人，成为贿选总统。1924 年，冯玉祥发动北京政变，赶其下台。后退居天津至病死。

张勋

（1854—1923 年）北洋军阀，江西奉新人。1884 年投军当兵，参加中法战争，因功升参将。1895 年投效袁世凯，渐升至总兵、江南提督。辛亥革命时，被江浙联军击败，退驻徐州。任江苏巡抚、署两江总督兼南洋大臣。为表示效忠清王朝，所部禁剪发辫，时称"辫子军"。1917 年 6 月乘北洋军阀政府总统黎元洪和国务总理段祺瑞矛盾激化之机，以调停为名率兵入京，拥立清废帝溥仪重登皇帝位。7 月 12 日被段祺瑞击败，逃入荷兰公使馆，次年被赦。后退隐。

直皖战争

北洋军阀统治时期直系与皖系因争权夺利引发的战争。第一次世界大战期间，北洋军阀政府国务总理段祺瑞以参战为名，向日本大量借款，购置军火，编练军队，积极扩充皖系武力，企图统一西南，排挤直系军阀。直系军阀曹锟、吴佩孚为夺取北京中央政府的控制权，在奉系军阀张作霖支持下，积极准备对皖系的战争。1920 年 7 月 14 日，战争爆发，历时 5 天，18 日结束。双方在京汉路高碑店和京津路杨村一带决战。开始皖系在日军支持下，曾获小胜。不久，吴佩孚突袭皖军设在西路的前敌指挥部，转败为胜。同时，奉军在东路协助直军作战，皖军全线崩溃。19 日段祺瑞通电下台，直奉两系共同控制了北洋军阀政府。

直奉战争

直系军阀与奉系军阀之间进行的战争。

1920 年直皖战争后，直、奉两系军阀共同控制了北京政权，共推靳云鹏组阁。后来，张作霖迫使靳云鹏辞职，支持亲日的梁士诒任国务总理。受日本支持的奉、皖两系重新合作，并联络孙中山为首的广东政权，组成反直"三角同盟"。1922 年 1 月，受英、美支持的直系军阀吴佩孚，联合六省军阀，通电攻击梁士诒内阁媚日卖国，迫梁离职。4 月上旬，奉军开入山海关与直军对峙，29 日第一次直奉战争爆发。奉军以张作霖为总司令，率领 4 个师、9 个旅，约 12 万人，分两路沿津浦、京汉铁路向直军发起进攻。直军以吴佩孚为总司令指挥 7 个师、5 个旅约 10 万人迎战。双方在长辛店、琉璃河、固安、马厂等地展开激战。5 月 3 日，吴佩孚出奇兵绕道攻击奉军后方，使卢沟桥奉军腹背受敌；吴还分化奉军内部，使奉军第十六师临阵倒戈，造成全线溃退。5 日，张作霖败退出关。1924 年 9 月 15 日，张作霖以反对直系发动江浙战争为由，出动 6 个军及海军、空军一部，共计约 15 万人，分两路向山海关、赤峰、承德发起进攻。曹锟任吴佩孚为讨逆军副司令，调 20 万军队应战，第二次直奉战争爆发。到 9 月 30 日，奉军在热河战场连克朝阳、开鲁、建平、凌源，10 月 9 日又占赤峰。10 月 7 日奉军攻克九门口要塞，威胁直军侧翼。吴佩孚于 11 日亲赴山海关督战。14 日奉军又克石门寨，山海关直军正面阵地动摇。直系第三军总司令冯玉祥因不满吴佩孚排斥异己，开战后在古北口屯兵不前，并与直系胡景翼、孙岳密谋倒戈。10 月 23 日，冯玉祥乘直系后方兵力空虚，星夜回师北京，发动"北京政变"，囚禁曹锟，通电主和，宣布成立国民军。消息传到前线，直军士兵一蹶不振。11 月 3 日，奉军与国民军迫近天津，吴佩孚率残部 2000 余人自塘沽登船南逃，第二次直奉战争结束。

新文化运动

五四运动前后兴起的文化运动的统称。以 1915 年 9 月 15 日陈独秀等创办《青年杂志》（后改名《新青年》）为开始。代表人物主要有陈独秀、李大钊、鲁迅、胡适等。五四运动之前，主要内容是提倡民主、科学、新文学、白话文，反对封建专制、迷信、旧文学、文言文；揭露和批判封建伦理思想和旧道德，对以孔、孟为代表的封建文化思想进行抨击；启发大众追求真理，从封建传统思想的束缚下解放出来。这些为五四运动作了思想方面的准备。指导思想是资产阶级平等自由学说、个性解放观点及进化论，性质为资产阶级旧民主主义。五四运动之后，逐渐倾向社会主义，中心内容为宣传俄国十月革命，宣传马克思主义，日益和政治运动结合，并推动了马克思主义和中国工人运动的结合，在思想上、干部上为中国共产党的成立作了准备。

五四运动

1919 年 5 月 4 日爆发的中国人民反对帝国主义和封建主义的爱国民主运动。第一次世界大战结束后，1919 年 1 月，美、英、法、日等国家在巴黎召开"和平会议"，中国向和会提出希望帝国主义放弃在华特权，取消"二十一条"并收回山东的一切被日本夺去的权利，遭到拒绝，但北洋军阀政府竟准备在和约上签字。消息传出，举国愤怒。5 月 4 日，北京学生数千人在天安门前集会，高呼"外争国权，内惩国贼"等口号。会后举行游行示威，焚烧交通总长曹汝霖的私宅赵家楼，痛打当时在曹宅的驻日公使章宗祥。北洋军阀政府派军警镇压，北京学生立即实行总罢课。全国各地学生纷纷游行示威，声

五四运动（浮雕）

援北京学生。6 月 3、4 两日，北洋军阀政府又逮捕北京学生近千人，激起全国人民的更大愤怒，以上海为中心，迅速发展为以工人阶级为主力军，城市小资产阶级和民族资产阶级共同参加的全国范围的革命运动。6 至 7 日，北洋军阀政府被迫释放被捕学生，10 日，免除卖国贼曹汝霖、陆宗舆、章宗祥的职务。28 日，中国代表拒绝在和约上签字，五四反帝运动取得胜利。

中国共产党早期组织

五四运动后中国具有初步共产主义思想的革命者建立的共产主义组织的统称。1919 年五四运动后，中国工人运动迅速发展，马克思主义在中国得到更广泛的传播。1920 年 8 月，在共产国际帮助下，首先在上海成立共产主义小组，陈独秀被推举为书记。10 月李大钊发起成立北京共产主义小组。接着，共产主义小组在武汉、长沙、广州、济南相继成立。在国外，也建立旅欧共产主义巴黎小组、日本小组。各地共产主义组织建立后，深入工人群众宣传马克思主义，领导工人罢工，使马克思列宁主义和中国工人运动相结合，为中国共产党的成立作了思想上和干部上的准备。

中国共产党成立

1921 年 7 月 23 日晚 8 时，中国共产党第一次全国代表大会在上海开幕。出席会议的有国内各地和旅日共产主义小组的代表共 13 人。由于在法国的共产主义小组还没有和国内取得联系，所以没有派代表出席。一大代表有：湖南小组毛泽东、何叔衡；湖北小组董必武、陈潭秋；上海小组李达、李汉俊；北京小组刘仁静、张国焘；济南小组王烬美、邓恩铭；广州小组陈公博；日本东京小组周佛海。参加大会的还有陈独秀指派的代表包惠僧。他们代表全国 50 多名党员。共产国际代表马林·尼科尔斯基也出席了会议。会议原定由陈独秀主持，因陈未能出席，遂推举张国焘主持会议，毛泽东与周佛海任记录。由于大会

地点失密，会议中途转移到浙江嘉兴南湖的一艘游船上继续举行。大会通过了中国共产党的第一个纲领。纲领共15条，主要内容是：明确规定党的名称是"中国共产党"，提出党的基本任务和最终奋斗目标是：以无产阶级的革命军队推翻资产阶级，由劳动阶级重建国家，直至消灭阶级差别；采用无产阶级专政，废除资本家私有制，联合第三国际。大会于7月31日下午闭幕。大会选举产生了党的领导机关——中央局，推选陈独秀为中央局书记，张国焘为组织主任，李达为宣传主任。此次会议的召开，宣告了中国共产党的正式成立。

国民党一大与国共合作

1924年1月20日至30日在广州举行中国国民党第一次全国代表大会，与会代表共165人，其中共产党员23名，孙中山任大会主席。大会接受中国共产党反帝反封建的主张，重新解释了三民主义；提出了联俄、联共、扶助农工的三大政策，使旧三民主义发展成为新三民主义，构成了民主革命阶段国共两党合作的政治基础。大会通过了接受共产党员和社会主义青年团员以个人身份参加国民党的决定，使国民党改组成为工人、农民、小资产阶级和资产阶级的民主革命联盟。这次大会标志着第一次国共合作的形成。国共合作开展了反对北洋军阀的大革命运动。

北伐战争

1926年开始的国共合作进行的反对北洋军阀的革命战争。1926年7月9日国民革命军约10万人在广东誓师北伐，北伐军第一路向湖南、湖北进攻，攻占长沙和岳州；突破军事要隘汀泗桥、贺胜桥，击溃吴佩孚主力；第二路向江西进攻，攻占南昌后歼灭了孙传芳主力。第三路向福建、浙江进军，占领福州和南京。由于帝国主义的干涉，国民党右派蒋介石和汪精卫先后在上海和武汉发动反对共产党的反革命政变，致使北伐战争归于夭折。

汀泗桥战役

北伐战争中北伐军进行的一次著名战役。汀泗桥是武汉南面的门户，地形险要，易守难攻。1926年8月25日，北伐军开始攻打武长铁路线上的军事要隘汀泗桥、贺胜桥。北洋军阀直系首领吴佩孚把司令部设在贺胜桥，下令死守汀泗桥。8月26日，北伐军第四军以6个团的兵力发起进攻，双方争夺激烈，汀泗桥4次易手，仍不能决定胜负，双方伤亡惨重。27日晨，由共产党员领导的独立团发起猛攻，敌慌乱溃退，当天北伐军占领汀泗桥。第四军英勇善战，获得了"铁军"称号。

中山舰事件

蒋介石为排斥共产党人而策划的一次阴谋事件。1926年3月18日，蒋介石亲信传令"中山舰"舰长、共产党人李之龙，将中山舰驶往广州，之后却派人四处散布中山舰"无故移动"、共产党阴谋暴动等谣言。20日凌晨，蒋介石派兵将李之龙和国民革命军第一军中的共产党员全部拘捕，要求共产党员退出第一军和黄埔军校。中国共产党当时的领导人陈独秀竟接受了蒋介石的无理要求，使蒋介石打击共产党和国民党左派的阴谋得逞。

整理党务事件

蒋介石为打击共产党、夺取国民党党权而提出的反动议案。规定：共产党人在国民党各高级党部中不得占委员的三分之一以上，不得充任国民党中央机关的部长；共产党必须交出已加入国民党的共产党员的名单。因当时共产党领导人陈独秀一再执行妥协退让政策，使提案在会上得以通过。以蒋介石为首的国民党右派乘机控制了国民党中央的领导权。

四一二政变

国民党新军阀蒋介石背叛新三民主义和大革命的政治事变。1927年3月，蒋介石到上海，勾结帝国主义者、大地主大资产阶级代表及青洪帮头目等，密谋用暴力手段清除共产党。共产党内以陈独秀为代表的右倾投降主义者未作应付突然事变的准备。4月12日，蒋派兵收缴上海工人纠察队武器，大规模捕杀共产党员和革命群众，封闭上海总工会和其他革命团体。18日，蒋在南京成立了"国民政府"。

马日事变

蒋介石于"四一二政变"后策划的由湖南反动军官发动的反革命叛变事件。1927年，国民革命军第35军33团团长许克祥于5月21日深夜，率领1000余人的反动武装，抢掠并封闭湖南省总工会、省农民协会及其他一切革命团体和机关，枪杀大批共产党员和革命群众，整个长沙一片白色恐怖。事变发生后，中共湖南省委动员长沙附近各县农民进行反击，遭到陈独秀的反对，致使许克祥在长沙等地一连屠杀了七八天，被杀害者上万人。由于21日在当时的电报代称是"马"字，故称"马日事变"。"马日事变"是蒋介石、汪精卫两个反革命集团公开叛变革命、开始同流合污的信号。

黄埔军校

1924年5月，孙中山在广州黄埔创办陆军军官学校，1927年之前，这是一所国共合作的学校，校长为蒋介石，党代表廖仲恺，政治部主任周恩来。学员中有很多共产党员和共青团员。1927年以后改为中央军官学校。

南京国民政府

继北京北洋政府之后，1927—1949年中华民国的最高行政机关。"四一二反革命政变"后，蒋介石在南京建立国民政府，同以汪精卫为首的武汉国民政府争夺最高领导权。1927年秋，武汉国民政府同意迁往南京，与南京国民政府合并，史称"宁汉合流"。1928年初，蒋介石改组南京国民政府，实行独裁统治，同年底，东北易帜归顺国民政府，国民政府在形式上统一了全国。

在经济上，国民政府通过整顿税务、控制金融、改革币制等措施，增加中央财政收入，建立了官僚资本对国民经济的统治。在对外政策上，发起"改订新约运动"，实际上仍对帝国主义妥协投降。

抗日战争胜利后，南京国民政府拒绝中国共产党提出的成立联合政府、和平建国的正确主张，于1946年6月挑起全面内战。1949年4月23日，人民解放军渡过长江，解放了南京。10月1日，中华人民共和国中央人民政府在北京宣告成立。

东北易帜

东北奉系军阀改换旗号归属南京国民

黄埔军校开学典礼
1924年5月，黄埔军校正式创办，孙中山兼军校总理，蒋介石任校长，廖仲恺任党代表，周恩来任政治部主任。

政府的事件。1928 年，国民政府进行第二次北伐，占领京、津。日本帝国主义制造"皇姑屯事件"，炸死奉军首领张作霖。日本企图建立"满蒙新国"的阴谋未能得逞，转而迫使继掌东北大权的张学良实行"东北自治"，张学良识破并坚决抵制了日本欲分裂中国的图谋。7 月 3 日，蒋介石抵北平，接见奉方代表，要求东北易帜，服从三民主义。同时，派代表到东北同张学良谈判易帜之事，张表示同意。12 月 29 日，张学良宣布"东北易帜"，将原来北洋政府时代的五色旗改为国民政府的青天白日旗。31 日，国民政府任命张学良为东北边防军司令长官。至此，全国实现了形式上的统一。

张作霖

（1875—1928 年）北洋军阀奉系首领。字雨亭，辽宁海城人。1903 年任清军管带，在辛亥革命时大肆捕杀东北革命党人。后投靠袁世凯，并向日本帝国主义靠拢。1916 年起，任奉天督军、东北三省巡阅使等职，在日本帝国主义的支持下长期盘踞东北，成为奉系军阀首领。1924 年打败直系军阀后，控制北洋政府，其势力扩展入关内。1926 年被孙传芳等 15 省军阀推任安国军总司令，举兵南下，准备进攻国民革命军。宣告"反共讨赤"，于次年 4 月捕杀共产党人李大钊等。1927 年 6 月在北京组成安国军政府，任中华民国陆海军大元帅。1928 年 6 月被北伐军打败后退回东北，由于没有完全满足日本帝国主义的侵略要求，所乘专车经过皇姑屯车站时被日本关东军预埋炸药炸成重伤，当日死去。

八七会议

中国共产党在国民党右派叛变革命、大肆屠杀共产党人的危急关头所召开的紧急会议。会议于 1927 年 8 月 7 日由中共中央在汉口召开，李维汉担任会议主席，瞿秋白代表中央常委做了报告。这次会议在中国革命的危急关头结束了陈独秀右倾投降主义在党中央的统治，确立了土地革命和武装反抗国民党反动统治的总方针，并把发动农民举行秋收起义作为当时最主要的任务。但在反对右倾时却没及时注意到防止"左"倾错误的滋长。

南昌起义

中国共产党在南昌举行的武装反抗国民党反动派的起义。国民党反动派发动"四一二政变"后，中共中央决定反击，1927 年 8 月 1 日，在周恩来、贺龙、叶挺、朱德、刘伯承等组成的前敌委员会的领导下，共产党掌握和影响的国民革命军 2 万余人，在南昌举行武装起义，打响了武装反抗国民党反动派的第一枪。这次起义开始了中国共产党独立领导革命武装斗争和创建革命军队的新时期。

秋收起义

中国共产党于 1927 年秋在湘赣边界领导的武装起义。中共"八七会议"确定了土地革命和武装反对国民党反动派的总方针，并决定发动农民在秋收季节举行武装起义。9 月 9 日，毛泽东根据"八七会议"的决定，作为中共中央特派员和中共湖南省委一起领导了湘赣边界秋收起义。起义军分三路攻打长沙。由于敌人势力强大，起义军损失严重。毛泽东于 19 日晚，在文家市召开了前敌委员会会议，决定放弃夺取长沙的计划，改为向敌人统治力量薄弱的井冈山地区进军。29 日部队在江西永新三湾进行了改编，确立了党对军队的绝对领导。1927 年 10 月下旬，部队到达井冈山地区，创立了中国共产党领导下的第一个农村革命根据地。

土地革命

第二次国内革命战争时期，中国共产党在根据地开展的以土地问题为中心的革命运动。目的是满足农民的土地要求，主要内容是打土豪，分田地，废除封建剥削制。1931 年春，毛泽东总结土地革命的经验，制定出一条完整的土地革命路线，即依靠贫农、雇农，联合中农，限制富农，保护中小工商业者，消灭地主阶级，变封建半封建的土地所有制为农民的土地所有制。为了保证土地革命的顺利进行，县、区、乡各级建立了土地委员会。分田的大体步骤是：调查土地和人口，划分阶级；发动群众清理地主财产、焚毁田契、债约和账簿，把牲畜、房屋分给贫雇农，现金和金银器交公；丈量土地，插标定界，标签上写明田主、地名和面积。

中国工农红军

第二次国内革命战争时期中国共产党领导的人民军队。1928 年 5 月以后，共产党领导的各地工农革命军陆续改称工农红军，并先后组成第一、第四、第二方面军和陕北红军，建立了许多块革命根据地，粉碎了敌人多次"围剿"，至 1933 年发展到 30 万人。由于王明"左"倾错误路线的领导，使红军未能粉碎敌人的第五次"围剿"，除陕北红军外，各地红军主力先后退出原来根据地，长征到陕北，其余在南方 8 省坚持游击战争。

红色革命根据地

第二次国内革命战争时期，中国共产党和工农红军创建的武装割据地区。1927 年 10 月 7 日，毛泽东带领秋收起义部队到达井冈山北麓的宁冈县茅坪，27 日抵达茨坪，开始了创建井冈山农村革命根据地的伟大斗争。1928 年 4 月下旬，朱德、陈毅率领的南昌起义部队抵达井冈山，与毛泽东领导的秋收起义部队胜利会师。5 月，两军合编为工农革命军第四军（6 月改称工农红军第四军），由朱德任军长、毛泽东任党代表、王尔琢任参谋长、陈毅任政治部主任，下辖 3 个师，共 1 万余人。井冈山会师有力地促进了革命根据地的巩固发展。

井冈山农村革命根据地的建立具有深远的历史意义。从实践上开辟了一条在新形势下，共产党人深入农村，发动和武装农民，开展土地革命，建立农村革命根据地，

井冈山会师　油画

以保存和发展革命力量的正确道路。这条道路代表了 1927 年大革命失败后中国民主革命的发展方向。

随着红四军的发展壮大，井冈山地区作为革命根据地，经济困难、供应紧张和军事上缺乏足够回旋余地的弱点逐渐显露出来。1929 年 1 月，毛泽东、朱德、陈毅率红四军主力离开井冈山（彭德怀、滕代远指挥一部分红军留守井冈山），向自然条件和群众基础较好的赣南、闽西进军，先后开辟了这两块新根据地，为后来的中央革命根据地奠定了基础。与此同时，各地红军利用国民党新军阀混战的有利时机，主动出击，发展工农武装，扩大红色区域。到 1930 年初，全国红军主力部队发展到 7 万多人，地方武装近 3 万人，在全国 10 多个省 300 多个县建立了十几块农村革命根据地，其中较大的，除中央革命根据地外，还有湘鄂西、鄂豫皖、赣东北、左右江革命根据地等。

古田会议

毛泽东任党代表的红四军于 1929 年 12 月底，在福建上杭县古田村召开的第九次党代表大会。决议强调红军要服从党的领导，除打仗外，还要担负做群众工作、建立革命政权等任务；实行军民、军政、官兵一致和瓦解敌军、优待俘虏的政策；树立无产阶级思想，纠正各种错误倾向；要把党的思想建设放在首位，同时加强党的组织建设。此次会议对后来党和红军的建设发挥了重大作用。

五次反"围剿"

第二次国内革命战争时期，中国工农红军为反对国民党对中央革命根据地的大规模"围剿"而进行的战争。共有 5 次。1930 年 10 月，蒋介石调集军队 10 万多人，企图一举消灭红一方面军主力。此时红一方面军发展到 4 万多人，国民党军第十八师师长张辉瓒率师部和两个旅进入龙冈地区的狭窄山路，遭预先设伏的红军猛烈袭击。激战一天，红军全歼敌军近 1 万人，活捉张辉瓒。随后乘胜东击，又在东韶歼灭谭道源师一半，粉碎了国民党军队的第一次"围剿"。

1931 年 4 月，国民党军由军政部长何应钦率 20 万大军，发动第二次"围剿"，改取"稳扎稳打，步步为营"的战术。红一方面军自 5 月 16 至 31 日，从富田开始连打 5 个胜仗，横扫 700 里，自赣江之畔直达福建建宁，共歼敌 3 万多人，粉碎国民党军队的第二次"围剿"。

二次"围剿"失败后，蒋介石自任"围剿"军总司令，调集军队 30 万，于 6 月间发动第三次"围剿"。毛泽东、朱德率红军主力绕道千里，到赣南兴国集中，然后向东出击，4 天之内，3 战 3 捷，歼敌 1 万多人。在红军机动灵活的运动战打击下，敌军饥疲沮丧，只好退却。红军乘势追击，再歼敌 3 万多。第三次"围剿"又被粉碎。

1932 年底，蒋介石调集 30 多个师的兵力向中央根据地发动第四次"围剿"。分兵三路向南丰、广昌进犯。中央红军在周恩来、朱德指挥下，继续坚持前几次反"围剿"的正确方针，取得了黄陂、草台岗两次伏击战的胜利，歼敌近 3 个师，粉碎国民党军队对中央苏区的第四次"围剿"。

1933 年 9 月，蒋介石调集约 100 万兵力，采取堡垒主义的新战略，进行第五次"围剿"。这时王明"左"倾冒险主义极端错误的战略已在红军中取得统治地位，导致中央红军屡战不胜，丧失主动权。1934 年春，广昌战役失利，他们转而采用防御中的保守主义，完全陷于被动。又拒绝采纳毛泽东等先后提出的以红军主力突进浙江和湖南中部去打破敌人"围剿"的正确建议。经一年苦战，终于未能打破"围剿"。1934 年 10 月中央领导机关和红军主力被迫退出根据地进行长征。

九一八事变

日本关东军突袭沈阳，以武力侵占东北的事件。1931 年 7 月和 8 月，日本关东军在东北制造了"万宝山事件"和"中村事件"，国民党政府实行不抵抗政策，日本遂发动了大规模武装侵略东北三省的战争。9 月 18 日夜 10 时许，日本关东军自行炸毁沈阳北郊柳条湖附近一段南满铁路，然后诬称是中国军队所为，当即派兵突然进攻中国军队驻守的北大营和沈阳内城。东北军执行蒋介石的不抵抗政策。19 日 8 时 30 分，北大营、沈阳内城相继为日军占领。中午，东大营及其附近地区失守，沈阳陷落。同日，日军还攻占营口、凤凰城、鞍山、抚顺、安东（今丹东）、长春等 20 余城。21 日，日本驻朝鲜军队越境增援关东军，一周后侵占了辽宁、吉林两省大部分地区。10 月，日军开始向黑龙江省进犯，11 月 19 日占领齐齐哈尔。12 月下旬，日军进犯锦州，占领辽西地区，直逼山海关，东北军被迫撤到山海关内。1932 年 2 月 5 日，日军占领哈尔滨。东北三省全部沦陷。

张学良

（1901—2001 年）国民党高级将领，字汉卿，辽宁海城人。早年毕业于奉天陆军讲武堂，1917 年入奉军。1920 年任奉军旅长，1922 年任奉军第二军军长兼奉天讲武堂校长。1924 年任奉军第三军司令，参加第二次直奉战争。1925 年任北京军事学院院长。1928 年任奉军正太、京汉总指挥。同年，其父张作霖被炸死后，继任东三省保安总司令。是年 12 月宣布服从国民政府，被任命为东北边防军司令。1930 年率兵入关，协助蒋介石取得中原大战胜利，被任命为国民政府陆海空军副总司令。"九一八事变"后，执行蒋介石的不抵抗政策，遭到全国舆论的谴责。1932 年任国民政府军委会北平分会代理委员长，1933 年下野出国考察。1934 年后，任国民政府鄂豫皖"剿总"副司令、西北"剿总"副司令，参加"围剿"中国工农红军。1936 年 12 月发动"西安事变"，迫使蒋介石接受"停止内战、一致抗日"的主张。其后，陪同蒋介石返回南京，被扣押并被长期监禁。2001 年病逝于美国。

杨虎城

（1893—1949 年）国民党爱国将领，陕西蒲城人。1917 年为陕西靖国军第五路军司令。1924 年 10 月冯玉祥发动"北京政变"后，他任陕北国民军前敌总指挥。1925 年任国民军第三军第三师师长。1927 年参加国民革命军北伐。1929 年任国民党第十七路军总指挥。1935 年任陕西绥靖公署主任，接受中国共产党抗日民族统一战线政策。1936 年 12 月与张学良发动"西安事变"。"西安事变"和平解决后，蒋介石背信弃义，迫令其辞职出国。同年 11 月回国参加抗日工作，随即被蒋介石长期囚禁。1949 年 9 月，被国民党特务杀害。

西安事变

张学良、杨虎城在西安发动兵谏，逼迫

蒋介石抗日的事件。1935 年，中国共产党发布《八一宣言》，提出抗日民族统一战线的主张。10 月，红军长征到达陕北。不久"一二九运动"爆发，全国人民的抗日运动进入新高潮，蒋介石的"攘外必先安内"的政策更加不得人心。在西北担负"剿共"任务的东北军与西北军厌恶内战，两军领导人张学良、杨虎城等开始与共产党及红军联系，初步奠定三方团结抗日的政治基础。蒋介石对张、杨很不放心，于 1936 年 10 月间，特飞西安催逼。12 月 4 日再飞西安，进一步要挟张、杨：如不卖力"剿共"，即将张、杨两部分别调往安徽、福建。张、杨力劝蒋介石联共抗日。12 日凌晨，张学良的卫队进抵蒋介石驻地临潼华清池，与蒋的卫队交火。蒋闻枪声，仓皇越后墙逃走，爬上山坡隐蔽，被张学良的卫队搜索发现后捕获。同时杨虎城部下将留居城中的蒋介石高级党、政、军官员陈诚等 10 余人拘押，邵元冲在逃跑时被击身亡。张、杨于当日宣布立即取消"西北剿匪总部"，成立抗日联军西北临时军事委员会。通电全国提出改组南京国民政府，停止内战，释放救国会领袖及一切政治犯，开放民众爱国运动，保障人民集会、结社自由，实行孙中山遗嘱，召集救国会议等八项主张。同时致电中共中央，要求派代表到西安共商团

1936 年 12 月 2 日，蒋介石在洛阳与西北军政首脑合影。前排左起：杨虎城、蒋介石、宋美龄、杨虎城夫人、张学良、邵力子（陕西省主席）等。

结抗日大计。其后，以何应钦为首的亲日派主张进攻西安，借机扩大事态，夺取蒋介石统治权力。亲英、美的宋子文、孔祥熙则希望和平解决。13 日，宋子文、宋美龄委托英籍顾问端纳飞西安探视情况。16 日，何应钦就任"讨逆军"总司令，派飞机轰炸西安附近地区。中共中央从民族根本利益出发，确定了和平解决事变的方针。17 日，以周恩来为首的中共代表团到达西安，与张、杨恳切会谈，坚决主张和平解决事变。22 日，宋子文、宋美龄飞西安开始与张、杨及中共代表会谈。24 日，达成了改组国民党与国民政府，驱逐亲日派，容纳抗日分子，释放上海爱国领袖，释放一切政治犯，保障人民权利，联共抗日等项协议。周恩来会见蒋介石，蒋表示以人格担保，履行上述协议。25 日下午，张学良护送蒋介石飞离西安。蒋介石背信弃义，将张学良长期监禁，杨虎城后来惨遭杀害。

二万五千里长征

第二次国内革命战争时期中国工农红军主力的战略大转移。由于王明"左"倾路线的错误领导，红军未能打退国民党军队的第五次"围剿"，被迫退出中央根据地。中央的红军于 1934 年 10 月，从闽西、赣南出发，经过福建、江西、广东、湖南、广西、贵州、四川、云南、西康、甘肃、陕西等 11 省。四渡赤水河，巧渡金沙江，强渡大渡河，飞夺泸定桥，翻过终年积雪的雪山，走过人迹罕至的草地，历经艰险，击溃敌人的多次围追堵截，连续行军二万五千华里，在 1935 年 10 月到达陕北革命根据地。

遵义会议

中央红军长征途中的 1935 年 1 月 15 日至 17 日，中共中央政治局在贵州遵义召开的扩大会议。全力纠正了当时军事上和组织上的错误，结束了王明"左"倾冒险主义在党中央的统治，确立了毛泽东在中共中央和红军中的领导地位，解决了当时迫切需要解决的军事问题，挽救了党和红军。这次会议是中国共产党历史上生死攸关的一个转折点。

瓦窑堡会议

1935 年 12 月 25 日中共中央政治局在陕北瓦窑堡召开的扩大会议。讨论了建立抗日民族统一战线问题。通过了《关于目前政治形势与党的任务》决议。决议规定，中国共产党的路线、策略是：发动、团结与组织全中国全民族一切革命力量，建立抗日民族统一战线去反对当前主要的敌人——日本帝国主义和汉奸卖国贼。会后，

1936 年 10 月，红一、红二、红四方面军在甘肃会宁胜利会师，红军长征宣告结束。图为油画《三大主力会师》。

毛泽东作了《论反对日本帝国主义的策略》的报告。

抗日战争

1937—1945年以国共合作为基础，在抗日民族统一战线旗帜下，抗击日本帝国主义侵略的伟大民族解放战争，是世界反法西斯战争的重要组成部分。1937年日本帝国主义制造了"七七事变"和"八一三事变"，迫使中国军队奋起抵抗，全面抗日战争开始。全国各界各族人民、各民主党派、抗日团体、社会各阶层爱国人士、海外侨胞纷纷投身于抗战洪流中。整个战争期间，由国民党军队所承担的正面战场和由中国共产党领导的人民军队开辟的敌后战场顽强抗击日本法西斯。中国共产党及其领导的抗日人民武装在整个抗战中起着中流砥柱的作用。抗战经过战略防御、战略相持和战略反攻三个阶段。

1945年8月初，在苏、美等盟国军队的协同下，八路军、新四军、东北抗日联军、华南抗日纵队与国民党军队一起，举行全国规模的大反攻。8月15日，日本宣布无条件投降，9月2日，日本代表在投降书上签字，抗日战争胜利结束。这是中华民族在一百多年来无数次反抗帝国主义侵略的战争中首次获胜，为世界反法西斯战争的胜利做出了重要贡献。

抗日民族统一战线

1936年12月"西安事变"之后，国共两党走向合作抗日。1937年7月17日，中共代表周恩来、秦邦宪、林伯渠和国民党代表蒋介石、张冲、邵力子等在庐山进行谈判。蒋介石承认了中国共产党和陕甘宁边区的合法地位

8月，日军大举进攻上海。8月中旬，到南京出席最高国防会议的周恩来、朱德、叶剑英又同蒋介石就红军改编后的人数、设立总指挥部和保持独立自主等问题，继续进行谈判。蒋介石于8月19日同意共产党关于红军改编的主张。22日，国民政府军事委员会正式公布红军改编为国民革命军第八路军（9月11日改称第十八集团军）的命令，任命朱德、彭德怀为正副总指挥。第八路军下辖三个师：115师，师长林彪；120师，师长贺龙；119师，师长刘伯承。不久，南方八省的红军游击队改编为国民革命军陆军新编第四军（简称新四军），军长叶挺，副军长项英。

9月22日，国民党中央通讯社正式公布了中国共产党递交的国共合作宣言，蒋介石发表了关于国共二次合作的谈话。中国共产党的宣言和蒋介石谈话的发表，标志着以国共两党合作为基础的抗日民族统一战线的正式形成。抗日民族统一战线是一个以国共两党合作为主体，包括中国各族人民、各民主党派、各爱国军队、各阶层爱国人士及海外华侨的广泛的统一战线。

七七事变

又称卢沟桥事变，日本帝国主义向中国发动大规模侵略战争的开端。日本帝国主义为了摆脱新爆发的经济危机，转移国内视线，消除人民对法西斯军部的不满，决心趁英、美忙于应付希特勒在西方制造的紧张局势，中国抗日民族统一战线尚未正式形成之机，发动全面的侵华战争。1937年6月起，日本侵略军在北平西南宛平附近连续进行挑衅性军事行动。7月7日晚，日军一个中队，在事先未通知中国当地驻军的情况下，荷枪实弹开往卢沟桥附近的回龙庙至大瓦窑间进行"演习"，日军以仿佛听到宛平城内发枪数响，致使一名士兵失踪为借口，要求进宛平城搜查。遭拒绝后，即于8日黎明前向卢沟桥附近的中国驻军发动进攻，并炮击宛平县城和卢沟桥，发动以华北为重点的全面侵华战争。中国驻军第29军37师吉星文团奋起抵抗。29军司令部发出命令，要前线官兵"应与桥共存亡，不得后退"。7月8日，中国共产党通电全国号召全民族抗战。在全国人民的压力下，蒋介石被迫于7月17日在庐山发表谈话，宣布对日抗战。

平型关大捷

抗日战争时期，八路军在山西东北部平型关进行的著名战斗。1937 年 9 月，八路军开赴山西，参加国民政府组织的太原会战。9 月中旬，日军分两路向雁门关、平型关一线进攻，进逼太原。24 日，林彪率 115 师冒雨于平型关东北公路两侧设伏。25 日 7 时许，日军进入设伏地区，八路军发起猛攻，迅速将日军包围割裂，至 13 时许，战斗胜利结束。平型关大捷歼灭日军精锐部队板垣师团 1000 多人，缴获大批军用物资，打破了日军不可战胜的神话，初步稳定了华北混乱溃败的战局。

台儿庄会战

中国军队与日本侵略军在山东南部台儿庄地区的会战。1938 年初，侵华日军华北派遣军坂垣第五师团和矶谷第十师团，侵入山东南部，企图与华中日军南北夹攻徐州，打通津浦路。3 月，左路板垣师团自青岛直趋临沂，右路矶谷师团沿津浦路南下，企图会师台儿庄，袭夺徐州。第五战区司令长官李宗仁令庞炳勋部第 40 军坚守临沂，派张自忠部第 59 军驰援，打退板垣师团的南下进攻，歼其一部。矶谷师团进攻滕县，国民党军 122 师在师长王铭章的指挥下与其血战两日，大部殉国。3 月 23 日，矶谷师团猛攻台儿庄。国民党军第二集团军孙连仲部 3 个师担任台儿庄防御，与日

台儿庄大战中，中国军队发起攻击。

军反复争夺，敌受重创。4 月 3 日，国民党军第五战区全线反击，并击退由临沂增援的板垣师团一部。7 日，日军被迫向峄枣方向溃逃。是役歼敌 11984 人，中国军队损失 19500 人。

南京大屠杀

抗日战争时期日本侵略者屠杀中国人民的暴行之一。1937 年 11 月上海沦陷后，日军直扑南京，仅用十多天，就突破南京三道防线。11 月 19 日，国民政府宣布迁都重庆。12 月 13 日，日军攻陷南京。在日军华中派遣军司令官松井石根和第六师团长谷寿夫指挥下，侵略军进行了长达 6 周之久的惨绝人寰的大屠杀，对中国军民犯下了滔天罪行。南京居民和中国士兵被集体杀害并焚尸灭迹的有 19 万多人，被零散屠杀、尸体经慈善团体掩埋的有 15 万多人，总共有 30 多万人丧生。在南京城及郊区，侵略军大肆洗劫机关、仓库、商店、民宅、村舍，全市 1/3 的建筑物被日军完全烧毁。

张自忠

（1891—1940 年）国民党爱国将领。山东临清人，字荩忱。1914 年投军，后转入冯玉祥部。1931 年任国民党第 29 军第 30 师师长。1933 年在喜峰口参加长城抗战。1935 年"华北事变"后，任察哈尔省政府主席、天津市长。"七七事变"后一度代理冀察政务委员会委员长兼北平市长。1938 年先后参加徐州会战和武汉保卫战，升任国民党第三十集团军总司令、第五战区右翼兵团总司令。1940 年 5 月，在湖北城南瓜店前线同日军作战时牺牲。

长沙会战

中国军队与侵华日军在长沙地区进行的三次会战，分别于 1939 年 9—10 月、1941 年 9—10 月、1941 年 12 月—1942 年 1 月进行。每次会战，日军均调集约 10 万人，主力由岳阳、临湘地区沿粤汉铁路（今京广铁路南段）及其两侧南犯，企图歼灭

中国第九战区主力于湘北地区，占领长沙。中国守军在第九战区司令长官薛岳的指挥下，每次以20～30余万兵力，利用湘北有利地形，逐次抗击，诱敌深入，适时反击，使日军伤亡惨重，补给困难，被迫撤退。

百团大战

八路军在华北地区向日伪军发动的大规模破袭战役，因调集105个团参战，故称"百团大战"。战役从1940年8月20日开始，到12月5日基本结束，历时三个半月。经历三个阶段：第一阶段，从8月20日至9月10日，以正太铁路为重点，进行交通总破袭战。敌人在华北的主要交通线正太铁路，在八路军突然猛烈攻击下全路瘫痪，同蒲、平汉等铁路交通一度被切断，日军重要燃料基地井陉煤矿受到严重破坏。第二阶段，从9月20日至10月上旬，继续破袭日军交通线，重点攻占交通线两侧和深入根据地内的日军据点。晋察冀军区部队进行了涞（源）灵（丘）战役，129师主力组织了多次战斗，120师主力在同蒲路忻口、宁武、朔县间展开破袭战。第三阶段，从10月6日至12月5日，反击日军"扫荡"。八路军在反"扫荡"作战中，坚持以灵活多变的战术，开展广泛的游击战争，取得了反"扫荡"的胜利。共进行大小战斗1800余次，毙伤日军2万余人、伪军5000余人，俘日军280余人、伪军1.8万余人。

皖南事变

抗日战争中国民党顽固派发动的大规模反共事件之一。1940年10月19日，蒋介石指挥何应钦、白崇禧以国民政府军事委员会正副参谋总长的名义，致电八路军总司令朱德、新四军军长叶挺等。要求黄河以南坚持抗战的八路军、新四军，在1个月内撤到黄河以北，并把为抗日救国发展到50万人的八路军、新四军缩编为10万人。中国共产党坚决拒绝这种无理要求，同时为顾全大局，令新四军开赴长江以北。1941年1月4日，叶挺、项英率领新四军

总部与主力部队9000余人，由泾县的云岭起程，向茂林前进，遭到设伏的国民党军队7个师8万余人包围袭击。新四军在叶挺的指挥下，英勇抗击，经7昼夜血战，终因众寡悬殊，弹尽粮绝，除2000余人突围外，大部分壮烈牺牲。军长叶挺亲赴敌108师师部谈判，被扣留，副军长项英遇难。1月17日，蒋介石反诬新四军"叛变"，宣布取消其番号，并进攻在华中、华北的八路军、新四军部队。中国共产党把皖南事变真相公之于世，使国民党顽固派在政治上空前孤立；同时，重建新四军军部，任命陈毅为代理军长，刘少奇为政治委员，至1941年3月，第二次反共高潮被击退。

中国远征军

抗日战争时，中国政府应英国政府请求而组织的一支赴缅甸的抗日部队。根据1941年12月《中英共同防御滇缅路协定》，中国政府应英国政府请求以第五、六、六十六军，共10万余人组成远征军。由远征军第一路司令长官罗卓英和同盟国中国战区参谋长史迪威指挥，于1942年2月入缅作战。从3月4日开始，远征军在同古、仁安羌、腊戍等地与日军激战。其中仁安羌一战援救被围英军7000余人。8月，远征军大部退至怒江东岸，一部西撤印度，人员仅剩4万左右。退入印度的部队改称中国驻印军。退入滇西的部队，连同后继部队，于1943年春重新成立中国远征司令长官部，由陈诚任司令长官，黄琪翔为副司令长官。1943年10月，中国驻印军为保护中印公路，沿公路向缅北推进，于1944年8月攻占缅北重镇密支那。1944年5月，滇西中国远征军强渡怒江，沿滇缅路向缅北实施反攻。1945年1月27日，远征军与驻印军会师于缅甸芒友，打通中印公路，至3月将日军全部赶出缅北和滇西。此后，中国远征军返回国内。

白求恩

（1890—1939年）国际共产主义战士。加拿大安大略省人，加拿大共产党党员，

著名的胸外科医师。曾赴西班牙支援革命。抗日战争爆发后，受加拿大共产党和美国共产党的派遣，率医疗队于1938年来到中国，在晋察冀边区工作。他以高度的国际主义精神和忘我的工作热情、精湛的医疗技术为中国人民的解放事业做出了卓越贡献。后因抢救伤员而中毒感染，1939年11月12日在河北唐县逝世。

柯棣华

（1910—1942年）国际主义战士，印度孟买人，1938年随印度援华医疗队来中国。1939年2月到延安，任八路军军总医院外科主治医生。同年12月主动要求去晋东南抗日前线服务。后在晋察冀边区任白求恩国际和平医院院长。1942年7月7日加入中国共产党。12月9日病逝于河北唐县。

汪伪国民政府

1940年3月在南京成立的以汉奸汪精卫为首的傀儡政府。汪伪政府以"和平反共建国"为口号，协助日本在沦陷区建立殖民统治，组织伪军进攻共产党领导的抗日根据地。1945年8月抗战胜利前夕宣布解散。

汪精卫

（1883—1944年）臭名昭著的大汉奸。原籍浙江山阴，生于广东番禺。早年参加中国同盟会。1925年任广州国民政府主席。1927年在武汉发动反革命政变。"九一八事变"后主张对日妥协。抗战爆发后，任国民党副总裁。1938年底公开降日，1940年在南京成立汉奸傀儡政府，任主席。1944年病死于日本名古屋。

日本无条件投降

随着德意法西斯相继灭亡，在中国抗日军民、苏军和英美盟军的打击下，日本被迫无条件投降。1945年8月9日，日本政府召开最高战争指导委员会紧急会议，讨论是否接受同盟国命令日本投降的《波茨坦公告》。由于主战派的反对，延迟到14日才做出了最后决定。15日，日本天皇向全国广播了《停战诏书》，宣布日本无条件投降。17日，日本天皇向国内外武装部队发布了一道敕谕，命令他们投降。从这时起到9月中旬，散布在亚洲和太平洋诸岛的230多万日军陆续向同盟国投降。

9月2日，日本投降的签字仪式在停泊于东京湾的美国战列舰"密苏里号"上举行。在中国战区，蒋介石指派陆军总司令何应钦为代表接受日本投降。中国战区日本投降签字仪式于9月9日在南京举行，至此抗日战争取得了最后胜利。

蒋介石

（1887—1975年）中国国民党总裁。原名周泰，字瑞元，学名志清，后改名中正，浙江奉化人。1907年北洋陆军速成学堂毕业后，留学日本。1910年加入同盟会，辛亥革命时依附沪军都督陈其美。后在上海充当经纪人做投机生意。1923年到广东投靠孙中山，次年被派赴苏联考察军事。回国后任黄埔军校校长兼任国民革命军第一军长。1926年先后制造"中山舰事件"和"整理党务案"，排斥共产党人，乘机攫取国民党中央执行委员会常务委员会主席、组织部部长、国民革命军总司令等职。参加指挥北伐战争。1927年发动四一二反革命政变，并在各地"清党"，使第一次国共合作破裂。同年4月18日在南京成立国民政府，独揽党政军大权。1931年"九一八事变"后实行不抵抗政策，鼓吹"攘外必先安内"，继续进行反共反人民的内战。对红军先后发动5次"围剿"，并不断制造新军阀混战。1936年12月"西安事变"后，被迫开始国共第二次合作。1938年武汉失陷后，采取消极抗日、积极反共政策，先后掀起三次反共高潮。抗日战争胜利后，在与中共和谈的同时积极部署内战。旋即在美国援助下，向解放区发动大规模进攻。1946年召开一党包办的"国民大会"，通过"宪法"。1948年召开首届"国大"，就任总统。1949年国民党反动统治被推翻后，率残部去台湾，直至 1975 年 4 月在台北病逝。

何应钦

（1890—1987 年）国民党高级将领。字敬之，贵州兴义人。日本陆军士官学校毕业，在日本加入同盟会。曾任黔军团长兼贵州讲武学校校长、第五混成旅旅长。1924 年任黄埔军校总教官、教导团团长，参加讨伐陈炯明的两次东征。北伐战争中，任国民革命军第一军军长。1928 年，任军政部长、国民政府军事委员会参谋总长、陆军总司令、联合国军事参谋团中国代表团团长、国防部长、行政院院长。1949 年去台湾。

廖仲恺

廖仲恺像

（1877—1925 年）国民党左派领袖之一。原名恩煦，字仲恺，广东惠阳人，出生于旅美华侨家庭。1902 年赴日本留学，1905 年参加同盟会。辛亥革命后任广东都督府总参议兼理财政。1921 年任广东省财政厅厅长。1922 年后积极协助孙中山确定联俄、联共、扶助农工的三大政策。国民党改组后，被选为中央执行委员会常务委员、政治委员会委员，并先后担任工人部部长、农民部部长、黄埔军校党代表、广东省省长、财政部部长、军需总监等职。孙中山逝世后，他坚决执行三大政策，支持省港大罢工。1925 年 8 月 20 日在广州被国民党右派暗杀。遗著有《廖仲恺集》。

蒋经国

（1910—1988 年）中国国民党主席，浙江奉化人，蒋介石长子。1925 年赴苏留学，1937 年 3 月回国。1943 年去重庆任三青团中央干事。1944 年任三青团中央组织处长兼青年军训练总监部政治部主任。抗战胜利后，任东北行营外交特派员。1947 年代

理中央政治大学教育长。1948 年任上海区经济督导办事处助理督导。1949 年 5 月去台湾。1975 年 4 月任国民党中央常委会主席，11 月任国民党主席。1987 年主持台湾当局做出部分"开放台湾同胞回大陆探亲、停止戒严法实行"等决定。1988 年 1 月 13 日病故于台北。

宋子文

（1894—1971 年）国民党政府要员、金融家，广东文昌人（今属海南）。早年毕业于上海圣约翰大学，后去美国哈佛大学攻读经济学，获硕士学位。继入哥伦比亚大学，获博士学位。1923 年任孙中山英文秘书，后主管国民党财务。1924 年在广州创办中央银行，任总裁。1925 年任国民政府财政部长。1926 年 1 月被选为国民党中央执行委员。1928 年至 1930 年间通过谈判收回关税自主权。1942 年任国民政府外交部长后与美国国务卿赫尔利签订中美抵抗侵略互助协定，次年与外国谈判收回各国在华的治外法权。1945 年出席联合国大会任中国首席代表，同年 6 月去莫斯科与斯大林会谈，8 月签订"中苏友好条约"。1947 年任广东省政府主席。1949 年去香港，后移居美国纽约。1971 年 4 月卒于美国旧金山。

傅作义

（1895—1974 年）爱国将领，字宜生，山西荣河安昌村人。保定军校第五期毕业，原为阎锡山部属。1930 年参加阎、冯反蒋战争，任晋军津浦线总指挥。1931 年起任国民党军第 35 军军长、绥远省政府主席，曾参加长城抗战和绥远抗战。后任第七集团军总司令，第八战区副司令长官，率部参加忻口、太原、五原等战役。日本投降后，曾代表中国政府至热、察、绥受降。1949 年 1 月，接受中共提出的和平解放北平的条件，率部起义，对北平和绥远的和平解放做出了一定贡献。1949 年 9 月出席全国政协第一届全体会议。后任中央人民政府

委员，全国政协副主席，国防委员会副主席，水利部、水利电力部部长。

陈布雷

（1890—1948 年）蒋介石秘书。原名训恩，字彦及，号畏垒，浙江慈溪人。早年入慈溪县学、宁波府中学堂，后转入浙江高等学校求学。1911 年秋赴上海，任《天铎报》记者。1920 年 6 月任上海商务印书馆编译。不久任上海《商报》主笔。1927 年初随潘公展到南昌投靠蒋介石，2 月加入中国国民党。4 月任浙江省政府秘书长，5 月任国民党中央党部书记长。1928 年任《时事新报》总主笔，并与戴季陶、陈果夫等创办《新生命》月刊。1929 年 3 月，当选为国民党第三届中央候补监察委员，8 月任浙江省教育厅长，12 月任教育部常务次长。1931 年任国民党中央宣传部副部长。1934 年 4 月任南昌行营设计委员会主任。1935 年 2 月任委员长侍从室第二处主任兼第五组组长。1934 年 11 月连任国民党第五、第六届中央执行委员。抗日战争胜利后，任国民党中央政治会议秘书长、国民政府委员、总统秘书等职。1948 年 11 月自杀身亡。

李济深

（1885—1959 年）爱国民主人士。字任潮，广西苍梧人。北京陆军大学毕业，曾任粤军第一师代理师长，国民革命军第四军军长、总司令部参谋长，黄埔军校副校长。1933 年 11 月与陈铭枢等在福州成立抗日反蒋的"中华共和国人民革命政府"，任主席兼军委主席。1935 年在香港创建"中华民族革命同盟"，任中央委员会主席。抗日战争爆发后，响应中国共产党一致抗日的号召，反对国民党政府的反共政策。1948 年 1 月 1 日中国国民党革命委员会成立，任主席。新中国成立后任中央人民政府副主席、全国人大常委会副委员长、全国政协副主席。

冯玉祥

（1882—1948 年）爱国民人士。字焕章，安徽巢县（今巢湖市）人。1912 年后，历任北洋军营长、团长、旅长、湘西镇守使、陕西督军、河南督军。1924 年发动"北京政变"，任国民军总司令兼第一军军长，派兵将清废帝溥仪逐出宫，并电邀孙中山北上主持大计。后曾去苏联考察。北伐战争开始后回国，在五原誓师，出师甘陕。1927 年任国民革命军第二集团军总司令。1928 年，任南京国民政府委员、行政院副院长兼军政部长。1933 年 5 月，与吉鸿昌、方振武等组织察哈尔民众抗日同盟军，任总司令，1936 年任国民党政府军事委员会副委员长，力主停止内战，一致抗日。抗战期间，曾任第三、第六战区司令长官。1946 年以考察水利为名去美国，在美组织"旅美中国和平民主同盟"，反对美国援蒋打内战。1948 年初，当选中国国民党革命委员会中央政治委员会主席。9 月 1 日在归国参加新政治协商会议途中，因轮船失火罹难。著有《我的生活》《我所认识的蒋介石》等。

孙科

（1891—1973 年）国民党要员。字哲生，广东香山（今中山市）人。孙中山之子。早年留学美国，获哥伦比亚大学经济硕士学位。1917 年回国，参加广州军政府，任外交部秘书。1921 年任广州市长。1923 年 10 月，任国民党临时中央执行委员，参加国民党一大文件起草。1926 年 1 月，被选为国民党第二届中央执行委员。1927 年 3 月，任武汉国民政府常委、青年部长等职。8 月，任南京政府财政部长、建设部长。1928 年 10 月，任国民政府委员、铁道部长、考试院副院长。1929 年创办第一个民航机构——中国航空公司。1931 年 12 月，南京国民政府改组，孙科任行政院长。1932 年 12 月，改任立法院长。1933 年至 1936 年，主持起草"五五宪法"。1947 年 4 月，任国民政府副主席。1948 年 4 月竞选副总统失败，11 月改任行政院长。1949 年 2 月，将行政院搬到广州，反对和共产党谈判。3 月辞职，后去法国、美国。1973 年病故于台北。

孔祥熙

（1880—1967 年）国民党要员。字庸之，山西太谷人。1901 年去美国留学，就读于耶鲁大学，1907 年获耶鲁大学理化硕士学位。1921 年后，任鲁案善后公署实业处长，中俄交涉公署驻沈阳代表。1925 年任孙中山治丧处主任。1927 年初任武汉国民政府实业部长。南京国民政府成立后，任政府委员、工商部长、实业部长，并当选国民党中央执行委员。1933 年 4 月任中央银行总裁，11 月又任行政院副院长兼财政部长。曾主持银币废两改元和实行法币制度。抗战开始后一度任行政院长，后仍任副院长兼财政部长、中央银行总裁。1947 年去美国。1967 年病故于纽约。

顾维钧

（1888—1985 年）民国时期外交家。字少川，江苏嘉定（今属上海）人。毕业于美国哥伦比亚大学，1912 年获国际法博士学位。同年回国，任袁世凯总统府秘书，外交部参事。1915 年任驻美、日等国公使，后调任驻美大使。1918 年 11 月，代表中国政府出席"巴黎和会"，拒绝在对德和约上签字。1921 年任出席华盛顿会议中国代表。1922 年起，曾任北洋政府外交总长、财政总长，并两度代理内阁总理。1928 年因支持张作霖的安国军政府而受到南京国民党政府的通缉，流亡法国、加拿大等地，1929 年回国。1931 年 12 月出任南京国民政府外交部部长。1932 年任东北收复失地委员会委员长，代表中国政府参加国联李顿调查团，曾向调查团提出有关日本侵华备忘录。同年出任驻法公使，并任中国政府出席国联大会代表。1934 年任海牙常设仲裁法庭仲裁员。1935 年任中国政府出席国联大会首席代表。1936 年任驻法国大使。1941 年任驻英国大使。1945 年任中国驻联合国筹备委员会首席代表。1946—1949 年任驻美国大使兼驻联合国中国代表团团长，后定居美国纽约，1985 年病故于美国。著有《外人在华地位》《顾维钧回忆录》等。

李宗仁

（1891—1969 年）广西临桂人，字德邻。广西陆军速成学校毕业，早年加入同盟会。北伐战争时任国民革命军第七军军长、西征军总指挥、第三路军总指挥、第四集团军总司令、中央政治委员会武汉分会主席。1929 年在蒋桂战争中失败后，回广西任护党救国军第一方面军总司令。1930 年参加反蒋的中原大战。抗日战争时期，任国民政府第五战区司令长官兼安徽省政府主席、汉中行营主任，曾指挥徐州会战，获台儿庄大捷。抗战胜利后，任北平行辕主任。1948 年 4 月任国民政府副总统。1949 年 1 月任代总统，12 月去美国。1965 年 7 月回到北京，并发表声明，决心为国家做贡献。1969 年 1 月 30 日在北京病逝。

1938 年，蒋介石（中）、李宗仁（左）、白崇禧合影于台儿庄。

宋美龄

（1897—2003 年）蒋介石夫人及外交助手。祖籍海南文昌。1910 年去美国求学，1917 年毕业于威斯里安女子学院。1920 年回国，在上海参加基督教青年会活动，曾任电影审查委员会委员及由上海工部局委任的童工委员会委员。1927 年 12 月与蒋介石结婚，任蒋介石秘书及英文翻译。蒋介石推行"新生活运动"时，主持"新生活运动妇女顾问会"。1936 年任全国航空委员会秘书长。西安事变发生后，与宋子文飞往西安，代表蒋介石同张学良、杨虎城及中国共产党代表周恩来谈判，力促和平解决。抗战爆发后，任"全国妇女指导委员会"指导长，并主持"全国战时孤儿收容会"。后与宋庆龄、宋霭龄在重庆共同致力于创办工业合作社、抚恤孤儿、组织战地医疗救护等。1942—1943 年访问美国，在美国国会和许多城市发表演说，宣传中国在反法西斯战争东方战线的地位和作用。1943 年陪同蒋介石出席"开罗会议"。1965 年，在台湾出版了《蒋夫人言论汇编》。

重庆谈判

抗战胜利后，中国共产党同国民党在重庆进行的谈判。1945 年 8 月，毛泽东、周恩来、王若飞赴重庆同国民党进行和谈。10 月 10 日发表了《双十协定》。国民党不得不承认共产党提出的和平建国的基本方针和人民的某些权利，但却顽固地拒绝承认人民军队和解放区民主政权的合法地位。随即挑起了内战，继续与人民为敌。

沈钧儒

（1875—1963 年）字秉甫，浙江嘉兴人。清光绪三十年中进士。曾留学日本法政大学，回国后积极参加辛亥革命。1936 年 11 月因主张抗日，要求民主，与李公朴等人一道被国民党反动派逮捕。抗日战争时期，先后组织抗敌救亡总会和中国民主政团同盟。新中国成立后曾任最高人民法院院长、全国人大常委会副委员长等职。

张澜

（1872—1955 年）字表方，四川南充人，清末秀才。辛亥革命前参加立宪派，是四川保路同志会领导人之一。民国成立后，曾任四川省省长。1941 年参与发起成立中国民主政团同盟，被推为主席，1944 年改称中国民主同盟，继任主席，进行抗日民主运动。新中国成立后历任中央人民政府副主席、全国人大常委会副委员长、全国政协副主席等职。

蒋光鼐

（1887—1967 年）广东东莞人，保定军官学校毕业。曾任国民党第十九路军总指挥、淞沪警备司令，1932 年 1 月在上海率部抵抗日军侵略。1933 年 11 月与李济深等发动"福建事变"，成立了反蒋抗日的革命政府。抗战胜利后，任国民党第七战区副司令长官。1946 年参与发起组织"中国国民党民主促进会"。1949 年出席中国人民政治协商会议第一届全体会议。新中国成立后曾任纺织工业部部长等职。

蔡廷锴

（1892—1968 年）广东罗定人，字贤初，毕业于保定陆军军官学校。曾任国民党十九路军副总指挥，1932 年 1 月在上海率部抵抗日军。1933 年同李济深等发动"福建事变"，建立革命政府。抗战时期，一度任国民党第六集团军总司令，在两广率部抗日。1946 年在广州与李济深等共组"中国国民党民主促进会"。新中国成立后历任全国政协副主席、国防委员会副主席等职。

史良

（1900—1985 年）法学家，江苏常州人。曾参加五四运动，早年在上海从事律师职业。1935 年在上海发起成立上海妇女界救国会，后因积极参加抗日救亡的宣传活动，于 1936 年 11 月被捕，是"七君子"中唯一的女性。抗日战争爆发后被营救出狱。新中国成立后，曾任司法部部长、政协全国委员会副主席、中国民主同盟中央委员会主席、中华全国妇女联合会副主席等职。在新中国的民主与法制建设及妇女运动等方面做出了重要贡献。

杨杏佛

（1883—1933 年）民主人士。名铨，江西清江（今樟树市）人。早年留学美国哈佛大学，加入国民党。1932 年与宋庆龄、鲁迅、蔡元培等在上海发起组织"中国民权保障同盟"，任副会长兼总干事，反对蒋介石的法西斯统治。次年 6 月在上海被国民党特务暗杀。

李公朴

（1900—1946 年）爱国民主人士，江苏扬州人。早年留学美国，回国后致力于民众教育。"九一八事变"后，致力于抗日救亡运动。1936 年与沈钧儒等一起遭国民党政府逮捕，是"七君子"之一。1946年 7 月在昆明被国民党特务杀害。

解放战争

1945—1949 年中国共产党领导中国人民争取和平民主、推翻国民党反动派统治的革命战争，又称"第三次国内革命战争"。抗日战争胜利后，全国人民渴望和平民主和民族独立，要求建立一个新民主主义的中国。以蒋介石为首的国民党反动派统治集团为维持其独裁统治，当时伪装和平，三次电邀毛泽东到重庆谈判。中国共产党为争取和平民主，派毛泽东等赴重庆与国民党谈判，签订了《双十协定》。1946 年 1 月 10 日，国共两党达成《停战协定》，并与各民主党派举行政治协商会议，通过和平解决国内问题的决议。但国民党反动派背信弃义，撕毁协议，于 1946 年 6 月底向解放区发动军事进攻，解放区军民奋起自卫，粉碎了国民党军队的全面进攻及之后对陕北和山东解放区的重点进攻。1947年 6 月 30 日，人民解放军主力一部强渡黄河，挺进大别山，揭开由战略防御转入战略反攻的序幕。在国民党统治区，广大人民反饥饿、反内战、反迫害的爱国民主运动日益高涨，形成反对蒋介石独裁统治的第二条战线。在解放区，中国共产党领导军民进行土地改革，开展整党和新式整军运动，为夺取全国胜利准备条件。1948 年 9 月到 1949 年 1 月，中国人民解放军连续进行了辽沈、淮海、平津三大战役，歼灭了国民党军主力，解放了长江中下游以北地区。1949 年 4 月 20 日，国民党政府拒绝签订和平协定。21 日，中国人民解放军发起渡江战役，23 日解放南京，宣告国民党反动派统治的崩溃，接着又进军西北、西南、东南、华南。从 1946 年 7 月到 1950 年 6 月，共歼灭国民党军队 807 万。

辽沈战役

中国人民解放军东北野战军在辽宁西部和沈阳、长春地区对国民党军队展开的大决战。解放战争进入第三年时，战略决战的时机已经成熟，东北战场形势尤为有利。国民党军队在东北地区的兵力共 44 个师 48 万余人，分别收缩在长春、沈阳、锦州三个孤立地区。中共中央和毛泽东决定首先在东北同国民党军队进行战略决战。1948年 9 月 12 日，东北野战军集中 11 个纵队、1 个炮兵纵队、17 个独立师共 53 个师 70 余万人，发起辽沈战役。首先围攻战略要点锦州，同时阻击由锦西、葫芦岛方向和沈阳方向救援锦州的敌人，并继续围困长春。

1948 年 10 月 14 日，解放军对锦州发起总攻。图为东北野战军炮兵部队以强大火力摧毁敌人锦州城防工事。

10月 14 日对锦州发起总攻，经 31 小时激战，全歼守敌。锦州解放，迫使长春守敌一部起义，大部投降。攻克锦州后，东北野战军立即回师，10 月 26 日将从沈阳来援之敌包围于黑山、大虎山及其以东地区，经两天一夜激战，全歼该敌。随后又乘胜前进，11 月 2 日，解放沈阳、营口。至此，东北全境解放。此战役共歼敌 47 万余人。

平津战役

中国人民解放军在北平、天津、张家口地区对国民党军队展开的大决战。辽沈战役结束后，淮海战役正在顺利进行中，国民党在华北的 60 多万军队，为人民解放军的胜利震惊，赶忙收缩兵力，企图海运南逃或西窜绥远。为稳住平津之敌，中共中央军委及时指示东北野战军秘密入关，与华北野战军的两个兵团及地方部队并肩作战，集中 100 万兵力，于 1948 年 12 月 5 日发起平津战役。解放军神速截断敌军西窜或南逃的通路，将敌分割包围于北平、天津、张家口、新保安、塘沽 5 个据点。12 月 22 日围歼新保安之敌主力，24 日攻克张家口。1949 年 1 月 14 日向天津守敌发起总攻，经 29 小时激战，全歼守敌，活捉指挥官陈长捷，解放天津。至此，北平守敌在人民解放军严密包围下完全陷于绝境，经争取，在傅作义率领下接受和平改编。1 月 31 日北平宣告和平解放。整个战役除塘沽守敌 5 万余人从海上逃跑外，共歼灭和改编国民党军队 52 万余人。

淮海战役

中国人民解放军在以徐州为中心，东起海州，西到商丘，北至临城，南达淮河的广大地区对国民党军队展开的大决战。以徐州为中心的国民党军队有 4 个兵团、3 个绥靖区及由华中增援的第 12 兵团，共 80 万人。解放军参战的有华东野战军、中原野战军等，共约 60 万人，由刘伯承、邓小平、陈毅、粟裕、谭震林组成的总前委指挥。整个战役分三阶段。第一阶段从 1948 年 11 月

6 日到 22 日，在徐州以东新安镇、碾庄地区，歼灭黄伯韬兵团，解放碾庄以东陇海路两侧和津浦路徐蚌段两侧、徐州以西以北广大地区。国民党第三绥靖区所属 3 个半师的 2.3 万余人在台儿庄、枣庄地区起义。第二阶段从 11 月 23 日至 12 月 15 日，在宿县西南双堆集地区围歼黄维兵团，该兵团一个师起义。同时歼灭由徐州西逃突围的孙元良兵团。第三阶段从 1949 年 1 月 6 日至 10 日，在永城东北青龙集、陈官庄地区围歼杜聿明直接指挥下的邱清泉、李弥两个兵团。整个战役共歼敌 55.5 万多人，国民党统治中心南京从此处在人民解放军的直接威胁之下，蒋介石被迫于 1 月 21 日宣告"引退"。

渡江战役

中国人民解放军强渡长江的战役。国民党的主力部队在辽沈、淮海、平津三大战役后基本上被消灭，其余部队退守江南，沿江布防，企图利用长江天险固守。1949 年 4 月 20 日，国民党政府拒绝在《国内和平协定》上签字。中国人民解放军第二、第三野战军执行毛泽东主席和朱德总司令向全国进军的命令，于 1949 年 4 月 21 日凌晨，以木帆船为主要渡江工具，在西起九江东至江阴长达 500 余公里的战线上，强渡长江，彻底摧毁敌人苦心经营 3 个半月的长江防线。4 月 23 日，人民解放军解放南京，宣告国民党反动统治的覆灭。接着，又分路向南挺进，5 月 3 日解放杭州，22 日解放南昌，27 日解放上海。6 月开始进军福建。在此期间，第四野战军先遣兵团两个军，于 5 月 15 日由鄂东蕲春、黄冈地区强渡长江，16 日解放汉口，17 日解放武昌、汉阳。整个战役共歼敌 46 个师 43 万余人，解放了江苏、浙江、江西、安徽、湖北等省的广大地区和福建的部分地区。

中国人民政治协商会议

又称新政协、政协。1948 年 4 月 30 日中共中央发布纪念五一劳动节口号，号召"各民主党派、各人民团体、各社会贤达

迅速召开政治协商会议，讨论并实现召集人民代表大会，成立民主联合政府"，得到各民主党派、各人民团体、国外华侨、无党派民主人士的热烈响应。1949 年 9 月 21 日，在北平中南海怀仁堂举行第一届全体会议。特邀宋庆龄等 75 人参加。会议由毛泽东主持，通过了《中华人民共和国中央人民政府组织法》《中国人民政治协商会议组织法》《中国人民政治协商会议共同纲领》。选举产生了第一届中国人民政治协商会议全国委员会，以毛泽东为主席；中央人民政府委员会，毛泽东为主席，朱德、刘少奇、宋庆龄、李济深、张澜、高岗为副主席，陈毅等 56 人为委员。决定新中国名称为中华人民共和国；首都北平（自 9 月 27 日起改名北京）；采用公元纪年；在国歌未正式制定前，以《义勇军进行曲》为国歌；国旗为五星红旗；在首都天安门前建立人民英雄纪念碑。

2．中共人物

何叔衡

（1875—1935 年）中国共产党的创始人之一。字玉衡，号琥璜，湖南宁乡人，清末秀才。早年在长沙和毛泽东等先后组织新民学会、共产主义小组。1921 年 7 月出席中国共产党第一次全国代表大会，会后曾任中共湘区委员会组织委员。1928 年 6 月赴苏联莫斯科东方大学习，1930 年 7 月回国后，历任中华苏维埃共和国最高法院院长、内务部代理部长等职。中央红军长征后留在根据地坚持斗争。1935 年 2 月在福建长汀水口附近突围中被敌人杀害。

陈独秀

（1879—1942 年）中国共产党的创始人和早期领导人之一。字仲甫，安徽怀宁人。早年留学日本。1915 年创办并主编《新青年》杂志，提倡民主和科学，抨击封建主义。1916 年任北京大学教授。1918 年和李大钊创办《每周评论》，提倡新文化，宣传马克思主义，是五四新文化运动的主要领导人之

一。1920 年 8 月在上海发起组织共产主义小组。1921 年 7 月在中共一大会议上当选为中央局总书记。后被选为第二、第三届中央执行委员会委员长，第四、第五届中央委员会总书记。第一次国内革命战争后期，犯有严重的右倾投降主义错误，放弃无产阶级对革命的领导权，使革命遭到失败。1927 年在党的"八七会议"上被撤销总书记职务，1929 年 11 月被开除出党。1932 年 10 月被国民党政府逮捕，1937 年 8 月出狱，后在四川江津病逝。

陈独秀像

李大钊

（1889—1927 年）中国最早的马克思主义者，中国共产党的创始人之一。字守常，河北乐亭人。早年留学日本，参加反对袁世凯的运动。回国后，曾任北京大学经济学教授兼图书馆主任，同陈独秀一起编辑《新青年》。"十月革命"胜利后，接受和传播马克思列宁主义。1919 年领导五四运动，创办《每周评论》，与胡适为代表的改良主义思潮进行了斗争。10 月在北京组建了共产主义小组，创办《劳动者》周刊。1921 年中国共产党成立后，负责中共北方区委工作。中共二大至四大会议上均当选为中央委员。1924 年 1 月参加国民党一大，在帮助孙中山确定三大政策和改组国民党的工作中，起了重大作用。同年 6 月率中共代表团参加共产国际第五次代表大会。1926 年组织北方人民支援北伐战争，领导了北京的"三一八"游行示威运动，反对北洋军阀的统治。1927 年 4 月 6 日被奉系军阀张作霖逮捕，28 日在北京英勇就义。遗著编有《李大钊选集》。

李达

（1890—1966 年）马克思主义哲学家。

字永锡，号鹤鸣，湖南零陵人。1913 年到日本留学，1920 年 8 月回国，与陈独秀等发起组织了上海共产主义小组。1921 年 7 月出席中共一大，被选为中央局宣传主任。后历任中共秘密出版社——人民出版社编辑，湖南自修大学校长，主编《新时代》杂志。1923 年秋退党。此后，长期担任大学教授，宣传马克思主义。1949 年 12 月重新入党。历任湖南大学、武汉大学校长、中国哲学学会会长。在宣传马克思主义、毛泽东思想方面做出了卓越贡献。遗著编有《李达文集》。

瞿秋白

（1889—1935 年）中国共产党的早期领导人之一。字熊伯，江苏常州人。1916 年入北京俄文专修馆学习。1920 年访问苏联，向国内介绍"十月革命"后的苏俄。1922 年加入中国共产党，在中共三大至六大会议上均当选为中央委员，中共五届、六届政治局委员。在国民党一大会议上当选为中央候补执行委员。在第一次国内革命战争时期，积极参加反对国民党右派和戴季陶主义的斗争；在中共党内，反对以陈独秀为代表的右倾投降主义。1927 年 8 月 7 日主持中共中央紧急会议，当选为临时中央局政治局委员，结束了陈独秀右倾投降主义在党内的统治。1927 年冬至 1928 年春主持中央工作，犯了"左"倾盲动主义错误。1930 年 9 月主持召集中共六届三中全会，纠正了"立三路线"的错误。1931 年 1 月，在中共六届四中全会上受到王明等人打击，被排斥于中央领导机构之外。此后，在上海与鲁迅合作领导革命文化运动。1934 年 2 月到中央革命根据地，就任中央工农民主政府人民教育委员。长征时，被留在根据地。1935 年 2 月在福建武平被捕，6 月 18 日在长汀就义。遗著编有《瞿秋白文集》。

施洋

（1889—1923 年）字伯高，湖北竹山人。早年在湖北从事律师职业。1921 年开始参与工人运动，次年加入中国共产党，被聘为京汉铁路、粤汉铁路及湖北省工团联等工会团体的法律顾问，被誉为"劳工律师"。1923 年 2 月领导湖北省工团联合会和各界人士支援京汉铁路工人罢工。2 月 7 日晚被捕，15 日在武昌洪山就义。

林祥谦

（1892—1923 年）福建闽侯人。1911 年到京汉铁路江岸机车车辆厂当钳工。1922 年加入中国共产党，后任京汉铁路工会江岸分会委员长。1923 年 2 月 1 日，京汉铁路总工会在郑州成立时，受到军阀吴佩孚的阻挠和破坏，林祥谦即回江岸组织江岸罢工委员会，任委员长，领导江岸铁路工人罢工。2 月 7 日被捕，坚贞不屈，随即被杀害。

邓中夏

（1894—1933 年）中国早期工人运动的杰出领导者之一。原名康，字仲懈，湖南宜章人。1917 年考入北京大学文学系，后积极参加五四运动。1920 年 3 月发起组织北京大学马克思学说研究会，同年 10 月参加建立北京共产主义小组。1921 年 5 月参加筹建长辛店工人俱乐部。1922 年任中国劳动组合书记部主任，参加领导了长辛店铁路工人大罢工、开滦煤矿工人大罢工和京汉铁路工人大罢工。1925 年领导上海日本纱厂工人罢工和省港大罢工。在中共二大、五大会议上当选为中央委员，在"八七会议"上当选为临时中央政治局候补委员，后任中共江苏省委书记和广东省委书记。1928 年在赤色职工国际第四次大会上被选为执行委员。1930 年回国后任中共湘鄂西特委书记，红二军团政治委员。1931 年被王明撤销领导职务。1933 年 5 月在上海法租界被捕，后牺牲。著有《中国职工运动简史》。

向警予

（1895—1928 年）中国共产党早期妇女工作领导者，湖南溆浦人。1911 年入湖南省立第一女子师范学校学习，1918 年参加湖南新民学会，1919 年赴法勤工俭学。1922 年回国后在上海加入中国共产党，是中共第二、三、四、五届中央委员，并任中共中央妇女部部长。1925 年到苏联学习。1927 年初回国，在湖北武汉从事工会工作，主编中共秘密刊物《长江》。1928 年 3 月在汉口法租界被捕，5 月 1 日就义。

恽代英

（1895—1931 年）中国共产党早期青年运动领导者之一。字子毅，原籍江苏武进，生于湖北武昌。五四运动期间在武汉组织反帝反封建斗争。1921 年加入中国共产党。1923 年任上海大学教授，并任团中央宣传部长及《中国青年》主编。在国民党二大会议上当选为中央执行委员，同年 3 月任黄埔军校政治教官。1927 年春任中共湖北省委委员、武汉军事政治学校总教官，5 月在中共五大会议上当选为中央委员。曾参加南昌起义和广州起义。1928 年 7 月任中共中央宣传部秘书长，主编党刊《红旗》。1930 年 5 月 6 日在上海被捕，次年 4 月 29 日在南京遭杀害。

蔡和森

（1895—1931 年）中国共产党早期活动家。字润寰，湖南湘乡人。1918 年与毛泽东等发起成立新民学会，次年赴法国勤工俭学。1921 年回国后加入中国共产党，1922 年主编《向导》周报。1925 年在上海参加领导五卅运动。在中共二大至六大上均当选中央委员，是中共第五、六届政治局委员、政治局常委。1927 年参加"八七会议"，会后任北方局秘书长。1929 年任中共驻共产国际代表。1930 年回国，次年被派去香港指导中共广东省委工作，因叛徒出卖，被捕后引渡到广州，遭杀害。

王若飞

（1896—1946 年）革命家。原名运生，字继任，贵州安顺人。早年赴法勤工俭学，与周恩来等在巴黎组织旅欧中国少年共产党，后赴苏联学习。回国后，任中共豫陕区党委书记、中共中央秘书长，参与领导了上海工人第三次武装起义。1928 年去苏联参加中共六大，会后任中共驻共产国际代表。1931 年回国，在包头被捕，在狱中坚强不屈，1937 年经组织营救出狱。1945 年 8 月参加重庆谈判。1946 年 4 月 8 日在返回延安途中，因飞机失事遇难。

彭湃

（1896—1929 年）中国共产党早期农民运动领导者之一。原名汉育，广东海丰人。1917 年赴日本留学，1921 年回国后，在广州加入中国社会主义青年团。1922 年 7 月在海丰创建全国第一个农会。1924 年加入中国共产党，任中共海陆丰地委书记、国民党中央农民部秘书，在广州创办农民运动讲习所。1927 年在武汉任中华全国农民协会临时执行委员会委员兼秘书长。同年参加八一南昌起义。10 月领导海陆丰第三次武装起义，创立海陆丰苏维埃政府。中共五大会议上当选为中央委员，在"八七会议"上缺席当选为中央临时政治局委员。1929 年任中共中央农委书记兼中共江苏省军委书记等职。同年因叛徒出卖被捕，遭杀害。

叶挺

（1896—1946 年）军事家、中国人民解放军创始人之一。字希夷，号西平，广东惠阳人，保定陆军军官学校毕业。1922 年任孙中山大元帅府警卫团营长。

叶挺像

1924 年加入中国共产党，不久去苏联学习。1925 年回国后，任国民革命军第四军参谋处长和独立团团长。在北伐战争中，率部在湖北汀泗桥、贺胜桥两次战役中，击溃军阀吴佩孚的主力，进而攻克武昌。1927 年参加领导八一南昌起义，任前敌总指挥兼第十一军军长。同年 12 月参加领导广州起义，任起义军总司令。起义失败后出国，后脱离党的关系。1937 年回国参加抗日战争，任新四军军长。1941 年 1 月在皖南事变中被扣，在狱中坚贞不屈。1946 年 3 月获释，重新加入中国共产党。4 月 8 日由重庆返延安途中，因飞机失事而遇难。

黄公略

（1898—1931 年）名石，号公略，湖南湘乡人。1925 年考入黄埔军校，1927 年加入中国共产党。1928 年参加领导了平江起义，任红五军第二纵队纵队长。同年留在湘鄂赣边区坚持游击战争。1929 年任红五军副军长，开辟并扩大了湘鄂赣苏区。1930 年任红三军军长，开创了赣西南的革命局面。次年 9 月率部队向瑞金转移，途中遭敌机袭击，中弹牺牲。

张国焘

（1897—1979 年）原名特立，字恺荫，江西萍乡人。1916 年考入北京大学，1920 年 10 月参加发起组织北京共产主义小组和社会主义青年团。1921 年 7 月出席中共一大，当选为中央局组织主任，会后任中国劳动组合书记部主任。1923 年参加领导京汉铁路工人大罢工。1924 年 1 月被选为国民党中央候补执行委员。同年在北京被北洋军阀逮捕后叛变，并长期隐瞒。在党的二大至六大会议上均当选为中央委员，第五、六届中央政治局委员。曾反对国共合作，不同意举行八一南昌起义。1928 年任中共驻共产国际代表团副团长。1931 年春回国后任中共鄂豫皖区中央分局书记兼军委主席，中央工农民主政府副主席。1935 年，率红四方面军退出川陕革命根据地，进行长征。6 月到达四川懋功地区与中央红军会合，任红军总政治委员。反对中央关于红军北上的决定，擅自率红四方面军向川康地区转移并另立中央，进行分裂党和红军的活动。1936 年 6 月被迫取消伪中央。不久，任中共中央西北局书记，随二、四方面军抵达陕北。1937 年 4 月任陕甘宁边区政府代主席。1938 年 4 月叛逃武汉，随即被中共中央开除党籍。1979 年病死于加拿大。

项英

（1898—1941 年）原名德隆，湖北武昌人，织布工人出身。1922 年加入中国共产党，长期从事工人运动。曾被选为中央政治局委员和书记处书记。红军主力长征后，在赣粤边区坚持游击战争，为保存革命武装做出了重要贡献。抗战时期，任东南局书记兼新四军副军长，受王明后来右倾投降主义影响，使新四军在皖南事变中受到了严重损失。事变发生后突围，3 月 14 日在泾县被叛徒杀害。

陈潭秋

（1896—1943 年）中国共产党的创始人之一。名澄，字云先，湖北黄冈人，1919 年毕业于武昌高师。1920 年秋与董必武等发起成立武汉共产主义小组，1921 年 7 月出席中共一大。1924 年后历任中共武汉地委书记、国民党湖北省党部组织部长、中共湖北区委组织部长等职。第二次国内革命战争时期，历任中共江西省委书记、中共中央组织部秘书、中央驻顺直省委代表、满洲和福建省委书记等职。长征后留在根据地，1935 年赴莫斯科。1939 年回国，任中共驻新疆代表和八路军新疆办事处负责人。1942 年被军阀盛世才逮捕，次年被杀害。

张太雷

（1899—1927 年）中国共产党早期领导人之一。原名泰来，江苏武进人。1919 年在天津参加五四运动。1920 年加入北京共产主义小组，次年加入中国共产党，任共产国际远东局中国科书记。1922 年后任中共两广区委常委兼宣传部部长、中国社会主义青年团中央书记、中共湖北省委书记等职。在中共四大、五大会议上分别当选为候补中央委员、中央委员。"八七会议"

上，被选为临时政治局候补委员，会后任中共广东省委书记。同年参加领导广州起义，任总指挥，并任苏维埃政府代理主席兼陆海军人民委员，不久在战斗中牺牲。

方志敏

（1900—1935 年）中国共产党早期领导人之一，江西弋阳人。1923 年加入中国共产党。1928 年 1 月，创建了赣东北革命根据地和工农红军第十军。1934 年 11 月任红军抗日先遣队军政委员会主席，率部北上。1935 年 1 月在江西德兴县陷入国民党军队重围，因叛徒出卖而被捕。在狱中坚贞不屈，写下了《可爱的中国》《狱中纪实》等文章，同年 8 月 6 日在南昌就义。

赵世炎

（1901—1927 年）中国共产党早期领导人之一，字琴荪，号国富。四川酉阳（今属重庆市）人。1920 年赴法勤工俭学，1921 年参加旅法共产主义小组，与周恩来等成立旅欧中国少年共产党。1922 年任中共旅欧总支部书记兼法国组书记，次年 3 月赴苏联学习。回国后历任中共北京地委书记、江浙区委组织部部长兼上海总工会党团书记、江浙区委第二书记。参加领导上海工人 3 次武装起义。1927 年 7 月由于叛徒出卖，在上海被捕，19 日在龙华就义。

关向应

（1904—1946 年）中国工农红军和八路军的领导人之一。原名致祥，辽宁金县（今属大连市）人，满族。1924 年在大连加入中国社会主义青年团，同年赴苏联学习，次年在莫斯科加入中国共产党。1931 年中共六届三中全会当选中央政治局委员。历任中共湘鄂西军委主席、红三军政委、第二军团政委。长征后，历任红二方面军副政治委员、总政治委员。抗日战争中担任八路军 120 师政委、晋绥军区政治委员等职。中共七大会议上，当选为中央委员。后在延安病逝。

刘志丹

（1903—1936 年）陕甘革命根据地和西北工农红军的创建人之一，陕西保安县（今志丹县）人。1925 年加入中国共产党，黄埔军校第四期毕业生。1928 年与谢子长等一起领导渭华起义，次年任中国共产党陕北特委军委书记。1932 年创建工农红军第二十六军，任军长，领导开辟了陕甘边区革命根据地。1935 年春，任西北革命军事委员会副主席，前敌总指挥，同年秋成立红军第十五军团，任副军团长兼参谋长。在此期间，与王明"左"倾机会主义进行斗争遭到打击，被捕遭关押，党中央到达陕北后获释，并任红二十八军军长。1936 年 4 月，率部参加东征到山西抗日，在晋西战斗中牺牲。

罗亦农

（1902—1928 年）中国共产党早期领导人之一。字慎斋，号振纲，湖南湘潭人。1920 年入上海外国语学社学习，并加入中国社会主义青年团。1921 年初赴苏联学习，同年冬转入中国共产党。回国后历任中共中央驻粤临时委员会委员、江浙区委书记等职，领导了上海工人 3 次武装起义。1927 年在中共五大会议上当选为中央委员。后任中共江西省委书记、湖北省书记。"八七会议"上，当选为中央临时政治局委员。会后任中共长江局书记。11 月在临时政治局扩大会议上，当选为中央局常委和中央组织局主任。1928 年因叛徒出卖在上海英租界被捕，遭杀害。

王明

（1904—1974 年）中国共产党早期领导者之一。原名陈绍禹，安徽六安人。1925 年赴莫斯科中山大学学习，1926 年加入中国共产党，1929 年回国。1930 年 9 月以后，打着"反对立三路线"的旗号，进行宗派活动。在中共六届四中全会上，靠共产国际代表米夫的支持，当选为中央政治局委员、常委，夺取了中央领导权，推行"左"倾冒险主义，对革命造成极大危害。遵义会议结束了他在党中央的统治。抗日战争初期从苏联回国，任中共中央长江局书记，推行右倾投降主义。中华人民共和国成立后任政务院政法委员会副主任，1956 年去苏联就医。之后不归，化名马马维奇，撰写《中共五十年》等严重歪曲和污蔑中国革命的书籍和文章。

王稼祥

（1906—1974 年）中共领导人之一，安徽泾县人。1928 年加入中国共产党。从苏联回国后，担任中央苏区党、政、军的主要领导工作。1934 年 10 月参加长征，在遵义会议上坚定支持毛泽东，批判了李德等人在军事上的错误。会后，任中央三人军事指挥小组成员。1943 年第一次提出了"毛泽东思想"这一概念。"文化大革命"中遭到迫害而死。

杨靖宇

（1905—1940 年）原名马尚德，东北抗日联军的主要领导人之一，河南确山人。1927 年加入中国共产党，曾任中共豫南特委书记，1929 年被派往东北工作。"九一八事变"后，历任东北反日救国会总会长、中共哈尔滨市委书记、满洲省委书记、东北抗日联军第一军军长兼政委、第一路军总指挥兼政委。在东北长期坚持抗日游击战争。1940 年 2 月 23 日在吉林蒙江（今靖宇县）与日军作战中壮烈牺牲。

东北抗日联军将士

赵一曼

（1905—1936 年）原名李坤泰，四川宜宾人。1926 年加入中国共产党，后赴苏联学习，回国后从事党的地下工作。1931年"九一八事变"后被派往东北，1935 年任东北人民革命军第三军第二团政治委员。11 月在与日本侵略军作战中负伤被捕，在狱中英勇斗争，坚强不屈。1936 年 8 月 2日被杀害。

秦邦宪

（1907—1946 年）又名博古，江苏无锡人。1925 年加入中国共产党，次年赴苏联学习。回国后任中共临时中央政治局常委、中共中央政治局委员，主持中央工作，执行王明"左"倾冒险主义路线，导致了党的白区工作严重损失和第五次反"围剿"的失败。1946 年 2 月赴重庆参加谈判，4月 8 日在返延安途中因飞机失事遇难。

李兆麟

（1908—1946 年）辽宁辽阳人。1931年加入中国共产党。1936 年后，历任东北抗日联军第三军和第六军政治部主任及抗联第三路军总指挥等职，在东北长期坚持抗战。抗战胜利后任松江省（今黑龙江省）副省长。1946 年 3 月 9 日在哈尔滨遭国民党特务暗杀。

吉鸿昌

（1895—1934 年）爱国将领，河南扶沟人。曾任冯玉祥部旅长、师长。1928年后任国民党 21 军军长和宁夏省政府主席。后加入中国共产党，推动冯玉祥等组成察绥民众抗日同盟军，并任第 2 军军长兼北路前敌总指挥，出师抗日。1934 年 11月在天津被国民党政府逮捕，不久在北平就义。

顾正红

（1905—1925 年）上海日商所办棉纱厂工人，江苏阜宁人。1925 年加入中国共产党。同年 5 月，该厂日本资本家撕毁 2 月罢工时与工人签订的协议，以无原料为借口迫使工人停工，企图破坏成立不久的工会。15 日晚他和工人们来到工厂，领导工人进行交涉，遭日本资本家枪杀。这一事件激起全国人民的愤怒，成为五卅运动的导火线。

3 . 经济

英美烟草公司

英美烟草业的国际托拉斯组织。1902 年，美国烟草公司、英国烟草公司等 6 大烟草公司，共出资 3000 万美元组成英美烟草公司。总公司设于伦敦，分支机构遍布欧、美、澳、非、亚等洲 60 余国。当年即进入中国，收购上海浦东烟厂，最初投资为 21 万元，职工 170 余人，销售量为 12682 箱。随后在上海、天津、汉口、郑州、青岛、哈尔滨、沈阳、营口、香港等地设卷烟厂 11 个。1930 年设启东烟草公司，1934 年设颐中烟草公司，经营卷烟制造。1913 年起在山东、河南、安徽等省推广种植美烟，并设 6 个大型烤烟厂。还形成了以上海为中心，从城市到乡村，从沿海到边疆，遍布全中国的经销网。另设立 6 个印刷厂、一个包装材料厂和一个机械厂等。抗战前夕，其工厂和销售机构及其附属企业共 33 个，资本已达 2.15 亿元，职工 2.5 万人。1937 年销量已达 110 万箱，占全中国销售量的 2/3。

大生资本集团

张謇在江苏南通创建的以大生纺织公司为核心企业的民族资本集团。1895 年开始在南通集股筹建，1899 年建成投产，称大生一厂。1907 年在崇明建成大生二厂。1911 年两厂共有纱锭 66800 枚，资本近 200 万两。其后，张謇又相继创办了资生铁厂、广生油厂、复新面粉厂、翰墨林印书局、大达轮船公司、通海垦牧公司、同仁泰盐业公司等 21 个企业。1910 年大生集团投资总额为 338.7 万两。1912 年后，大生集团创办了淮海实业银行和通燧火柴厂等企业，在苏北沿海兴办了 23 个盐垦、垦殖公司。

1921 年在海门县新建大生三厂。1922 年起，三个厂分别改称大生第一、二、三纺织公司。1924 年新建大生八厂。4 个厂共有纱锭 16 万枚，织布机 1342 万台，鼎盛时资本总额达 2480 余万两。1922 年起，大生各纺织厂连年亏蚀，债务不断增加。一厂结亏为 39 万多两，负债总额达到 1242 万余两，二厂结亏为 31 万多两，负债总额也达 352 万两。从此大生资本集团迅速走上衰败破产的道路。1935 年二厂终于倒闭，其他事业也处于停滞以至衰落状态。1926 年，张謇去世，由其子张孝若继承。张孝若于 1935 年病逝。至 1948 年，大生集团尚存的企业有三个纺织厂（一厂、八厂、三厂）和电厂、冶厂、油厂、面粉厂、酒厂、火柴厂、印书局、轮船公司等。

南满铁道株式会社

日本在大连设立的对中国东北进行殖民侵略的机构，简称"满铁"。1904 年日本根据《朴次茅斯和约》，从俄国手中夺取了修筑中国中东铁路南段（长春至大连）和经营抚顺煤矿等特权。1906 年创立南满洲铁道"株式会社"（即股份公司），总资本为 2 亿日元。1907 年 4 月开业，以经办铁路、开发煤矿、移民及发展畜牧业等为其经营方针。"九一八事变"后，满铁于 1932 年将铁道附属地的行政权移交给"满洲国"。"七七事变"后，满铁于 1938 年将昭和制钢所等重工业及化学工业转让给"满洲重工业开发株式会社"。此后，满铁集中全力于铁路、煤矿及调查情报工作，并积极配合日本发动侵华战争。到 1945 年日本投降时，总资产达到 42 亿日元，员工 39.8 万人。1947 年 7 月，满铁人员撤离东北，在华机构全部被中国政府没收。

北洋军阀官僚资本

北洋军阀官僚运用政权力量，采取超经济掠夺方式经营、控制的垄断资本。他们以政府名义向帝国主义出卖主权、举借外债，利用特权垄断国家经济命脉。金融方面操纵国家中央银行，又围绕轮船、铁路、邮政、电信等官办企业组建交通银行。交行具有抵押借贷、垫支财政、收存税款、发行钞票等职能。1915—1921 年间相继成立盐业、金城、大陆、中国四家银行，号称北四行。北四行承购政府公债、库券，对政府机关发放贷款，成为北洋政府的经济支柱。工矿企业方面，不仅控制军工、轮船、铁路、邮电等大型企业，也纷纷向采矿、冶金、建筑、建材、交通、化工、纺织、粮食、食品、农林、垦殖、商业、外贸、证券交易、公用事业等部门投资，并通过政府取得保息、免税、专办、专销等特权，对一些产业或产品实施垄断。还以军粮、军饷、军需、被服作为经营粮行、商栈、银号、钱庄、被服厂的周转物资和资金。北洋军阀官僚还大量占有土地，投资于房地产，开设当铺搜刮民财。张作霖、冯国璋、段祺瑞、张勋、王占元等都拥有数万乃至百万亩以上的土地和大量房地产、当铺、商号。这些产业主要是靠政治、军事特权巧取豪夺，或利用天灾、战乱，压价购进，具有掠夺性。

中国银行

国民政府四大官僚资本银行之一。前身是 1904 年清政府创办的户部银行，1908 年改称大清银行。1912 年 2 月由上海大清银行改组成立中国银行。1913 年 4 月，北京临时参议院定名为中国银行股份有限公司，股本总额为银元 6000 万元，官股、商股各半。总行设在北京，上海中国银行改为分行，各省亦陆续成立中国银行分行。1916 年 5 月北京政府下令中国、交通两行停兑，中国银行沪行经理宋汉章筹集资金照常兑现，数日后平息上海金融风潮，信誉大著。1923 年，北京政府将所持官股 500 万元出售，于是中行摆脱北京政府的控制，成为江浙财阀的金融机关。1928 年 10 月该行改组，加入官股 500 万元，商股仍维持 2000 万元，定为国际汇兑专业银行，设总部于上海。该行成为国民党政权的主

要经济支柱之一。1935 年 6 月，国民政府规定该行资本总额 4000 万元，由财政部发行金融公债 2000 万元作为官股，改派孔祥熙为董事长，宋汉章任总经理。从此，四大家族官僚资本控制了中国银行。

四大家族官僚资本

蒋介石、宋子文、孔祥熙和陈果夫、陈立夫以及他们的亲属经营、控制的资本。蒋、宋、孔、陈成为在南京建立的代表大地主大资产阶级利益的国民党政权的当权人物，他们凭借政治特权建立以他们为中心的官僚资本集团，其资本大部分是以国家资本主义的形式出现的。它首先从建立独占的金融体系开始，1928 年成立中央银行，1930 年建立邮政储金汇兑业局，1935 年成立中国农民银行和中央信托局，用行政命令强行将金融公债作为中国银行和交通银行官股，形成以"四行二局"为中心的金融垄断体系。他们还控制与兼并了规模较大的新华信托银行、中国通商银行、四明银行和中国实业银行。工商企业方面，通过没收旧军阀、旧官僚股本等，吞并了招商局等一批企业；又在军事委员会下设资源委员会，操纵钨、锑、锡等战略物资出口贸易。其他先后建立的中国棉业公司、华南米业公司、国货联营公司等，都是垄断性的大型企业。至抗日战争前，四大家族垄断了国民经济的一些主要部门，初步

1947 年 5 月 20 日，南京学生 6000 余人举行反饥饿、反内战游行，并向国民政府请愿。图为学生们在中山路珠江路口与警察抢夺水龙头的情形。

形成了四大家族官僚资本集团。抗战爆发后，"四行"进一步成为四大家族的金融统治机构，中央银行独占了集中发行与集中准备的特权。抗战头四年，"四行"存款额占全国银行存款总额的80%—90%。工商企业方面独占丝、茶、桐油、猪鬃等重要出口物资的经营。抗战期间，以四大家族为主体的官办工业在资本、动力、产量方面的发展速度和总量都超过了民营工业。抗战胜利后，四大家族官僚资本达到最高峰。他们利用接收之名，将日伪掠夺中国人民血汗钱建立的金融机构、工商企业加以占有。至1946年6月，四大家族控制的官营银行已占国民党统治区银行总数的70%，所掌管的工矿企业已占全国产业资本总数的80%以上。

邮电

中国的新式邮政电信始于清末，到民国时期，国家才逐步独立地办理邮件及电信传递业务。1866年清政府在海关税务司下设邮务办事处，从此中国有了新式邮政。1896年成立邮局。至1911年关邮划分，邮政才自成系统。民国成立以后邮政归交通部管辖。北洋政府统治时期，中国邮政控制在外国人手里，1928年以后，逐渐转由南京国民政府控制。在中央设邮政总局，划全国为24个邮区，大致每省为一邮务区，于省城之内设一邮务管理局；在管理局下于各县镇乡地方分设一、二、三、四各等邮局，于市设支局；邮局以下还有邮政代办所、信柜、邮票代售处、村镇邮站等机构。1911年有邮政员工15200余人，1936年增至28000余人。1904年全国有邮政局、所1319处，邮路总长50500公里，1936年分别增至72690处、58.48万公里。1914年中国正式加入万国邮政联盟。抗日战争前，各城市之间以公路、河流及铁路运输邮件，大城市用少数汽车及自行车，而小城市及县城全靠人力、兽力及简单车船等。抗战后，邮政总局重新开辟公路作为运输干线，并抽调汽车于铁路、轮船阻断地段联络运邮。

同时，进一步发展了航空邮路。电信与政权关系密切，民国时期历届政府都严格控制国内电信，而对外电信则长期被外国公司把持。1907年电信局、所共239处，电报线路总长度为3.7万公里，1936年分别增为1272处、9.4万公里。民国以前长途电话线路只有北京至天津一段，1937年已达5.3万多公里。1910年市内电话交换机总容量为7865门，1937年增至10.5万门。

铁路

中国铁路运输始于清末，辛亥革命前已有铁路约9292公里。到1946年铁路全长26857公里。1876年英国怡和洋行擅筑的吴淞铁路是中国最早的铁路。

铁路测量仪器

1880年，中国开始自筑唐山到胥各庄的铁路，长10公里，1881年通车。后清政府相继设立铁路总公司、邮传部等机构，规划全国主要干线，至1911年，全国共筑铁路干线和支线约9292公里，其中外国直接占有3718公里。1912年，南京临时政府设立交通部，主管全国路政。孙中山提出10年内筑路10万公里的设想，未能付诸实施。1915年，北洋政府将11550公里铁路建筑权出卖给帝国主义。北洋军阀统治年间，新筑铁路4000公里左右。1928年，南京国民政府设立交通部，收回已成铁路管理权。"七七事变"后，日本侵略者从中国夺取以及后来修筑的铁路共约2万公里。日本投降的前夕，国民政府管理的铁路只有1400公里。1927—1948年，国民政府兴建的铁路只有2679公里。新中国成立前，共有铁路58条，全长26857公里。

民航

中国使用航空器从事非军事交通运输

始自民国。1909 年，旅美华侨冯如制造成功中国第一架飞机，这是中国航空事业的萌芽。1910 年，清政府在北京南苑建飞机场。1913 年，北京政府参谋本部在南苑开办航空学校。1919 年，国务院特设航空事务处。1920 年 5 月，京沪航线正式开航，送载旅客和邮件。1928 年，南京国民政府交通部拨款 60 万元，重新筹办民航事业。开辟从上海至成都航线，同年 7 月开航上海至南京段。到 1949 年，主要的航空公司有：中国航空公司、欧亚航空公司、哈阿公司、西南航空公司、陈纳德空运队。1949 年 11 月，中国航空公司和中央航空公司员工在香港宣布起义，两个航空公司首批 12 架飞机于当年 11 月 9 日飞抵北京和天津。

资源委员会

国民政府管理工矿企业的主要机关。前身是国防设计委员会，成立于 1932 年 11 月，隶属于国民政府参谋本部，会址设于南京。1935 年 4 月易名为资源委员会，隶属于军事委员会。1938 年 3 月，改属国民政府经济部，1946 年 3 月改属国民政府行政院。蒋介石一度兼任委员长，由正副秘书长翁文灏、钱昌照负实际责任，其成员为军政、财经、工商文教各界的知名人士。主要任务为：执掌资源的调查研究和资源的动员开发，后来逐渐发展成为重工业的主管部门。

华商证券交易所

民国时期上海买卖有价证券的市场。1912 年，上海自发形成了以茶楼为日常联络点的股票买卖市场。1914 年，上海 12 家股份有限公司在九江路设立上海股票商业公会，以彼此对做方式进行政府公债、铁路债券、公司股票、外国货币的买卖。1919 年 2 月，改组为上海华商证券交易所。1920 年 5 月开始营业，资本 300 万元，经纪人 55 名，主要经营政府公债。1927 年，南京国民政府成立后，以发行债券弥补财政赤字，债市交易活跃。1937 年抗日战争爆发，该所宣告停业。1946 年 9 月，另设

上海证券交易所，资本 10 亿元，经纪人 234 人，以发行本国企业股票债券为主，兼发行政府公债与外商在华证券。

张謇

（1853—1926 年）近代实业家、教育家。字季直，号啬庵，江苏南通人。16 岁中秀才，1876 年入庆军统领吴长庆军幕。1885 年顺天府乡试中举，1894 年中状元，授翰林院修撰。时值中日甲午战争失败，他认为政治革新无望，决心投身兴办实业和教育。1896 年，在南通筹办大生纱厂，于 1899 年建成。其后陆续创办大生第二、第三、第八纱厂和广生榨油公司、复兴面粉公司、资生铁冶公司、大达轮船公司，以及通海垦牧公司、华成盐垦公司等，并创设淮海实业银行，形成大生资本集团，鼎盛时总资本约为三四千万两。同时，创办了通州师范学校、通州女子师范学校和 10 余所职业学校以及图书馆、剧场、医院等。由他倡议和资助设立的学校有吴淞商船学校、水产专门学校、中国公学、复旦学院、南京高等师范等。曾任中央教育会会长，清廷曾以三品衔聘为商部头等顾问官。1906 年 9 月，与江、浙、闽立宪人士组织预备立宪公会，任副会长。1909 年江苏咨议局成立，任议长。他发动各省咨议局代表进京联合请愿，要求召开国会。辛亥革命后，被任命为实业总长，未就职。1913 年出任北洋政府农林、工商总长兼全国水利局总裁。1915 年，不满袁世凯恢复帝制，辞职南归。后继续从事实业、教育和地方自治事业。1923 年被迫将大生一厂向银行押款还债。1926 年 8 月 24 日，在南通病故。著有《张季子九录》《柳西草堂日记》和《啬翁自订年谱》等。

荣德生

（1875—1952 年）民族资本家。名宗铨，别号乐农，江苏无锡人。早年在上海钱庄学徒，1893 年在广东三水县河口厘金局帮理账务。1896 年与其兄荣宗敬在沪自营广生钱庄。1900 年开始与其兄在无锡集

股兴建保兴面粉厂和振新纱厂。民国成立至 20 年代初，在上海、无锡、汉口、济南等地建成茂新面粉厂一至四厂、福新面粉厂一至八厂、申新纱厂一至四厂。1918 年当选江苏省议员，1921 年当选北洋政府国会议员。在无锡兴建著名"梅园"风景区，创办公益小学、中学等。1924 年为与外国资本相竞争，对无锡申新三厂实行管理改革，使企业面貌改观。20 世纪 30 年代初期，申新纱厂发展至 9 个厂。因连年举债扩充，企业搁浅，赴沪与其兄多方斡旋，才避免被帝国主义和官僚资本吞并，后经锐意整顿，经营有所好转。七七事变后，致力于申新四厂和福新五厂的经营。1938 年其兄去世后返沪，将被日军强占的几个厂收回，并拒绝与日本人合作经营。抗战胜利后企业分别由其子侄掌管，他则在无锡投资兴建天元实业公司，建成天元麻、毛、棉纺等厂及开源机器工程公司，还创办了江南大学。1946 年在上海遭匪徒绑架，以巨金赎出。1948 年将儿子们控制的部分荣家企业组成总管理处，任总部经理。新中国成立后，曾任第一届全国政协委员、华东军政委员会委员、苏南行政公署副主任等职。1952 年 7 月 29 日在无锡病逝。

吴蕴初

（1891—1953 年）化学工业实业家，原名葆元。13 岁入塾读书，15 岁进上海广方言馆学习，后入上海兵工学校学习化学，毕业后留校任助教。1913 年任汉冶萍公司汉阳钢铁厂理化、制药和制酸课课长。1921 年与宋伟臣合作在汉口开设炽昌硝碱公司，生产火柴用牛皮胶。1932 年任上海天厨味精厂厂长兼经理，生产的佛手牌味精畅销国内及东南亚，远销美国。1928 年创办中华化学研究所，任董事长，后被选为中华化学工业会副会长。1932 年天厨厂增资改组，他取得对该厂的控制权，又以其盈利，开办天原电化厂、天厨第二和第三分厂、天盛陶器厂、天利氮气厂等。民国时期，曾担任国民政府全国经济委员会

委员、资源委员会委员、国民参政会参政员等职。新中国成立后，曾任华东军政委员会、上海市人民政府委员、上海市工商联监察委员会副主任委员、中国民主建国会中央委员及中国民主建国会上海市分会副主任。1953 年 10 月 15 日逝世于上海。

卢作孚

（1893—1953 年）航运业实业家，四川合川（今属重庆）人。1910 年加入同盟会，投身辛亥革命运动，其后从事教育、新闻工作。1916 年后任成都《群报》《川报》记者、编辑和主笔，并为少年中国学会会员。1921 年任川南永宁道尹公署教育科长。1924 年起，转入实业，在合川县集资创办民生实业股份有限公司，开办轮船航运和水电厂，任总经理。1927 年任嘉陵江三峡峡防团务局局长，并于北碚开展乡村建设运动和民众教育工作。1928 年组设北川铁路公司，以及石印社、织布厂、图书馆、报馆、民众学校等。1931 年民生轮船公司迁到重庆，业务获得巨大发展，成为全国著名的航运业实业家。抗战期间，投资钢铁、机器、纺织、金融等业，任天府煤矿、渝鑫钢铁厂及川康殖业银行等董事长、总经理。1944 年 9 月为中国出席国际通商会议代表。抗战胜利后，任全国船舶调配委员会副主任，负责川江航运，同时开始经营远洋运输。1946 年秋去加拿大借款造船，1948 年去台湾视察民生公司业务。后移居香港。1950 年 6 月回到北京，任西南军政委员会委员、第一届政协全国委员会委员。1952 年 2 月 8 日在重庆去世。

陈嘉庚

（1874—1961 年）爱国华侨领袖，福建同安人。1890 年秋随父去新加坡经商。此后长期侨居新加坡，经营橡胶种植等业，成为南洋著名的华侨资本家。1910 年加入中国同盟会，曾募捐资助孙中山从事革命活动。辛亥革命时，被闽侨推举为福建保安会会长。1913 年始，在集美、厦门等地

陈嘉庚像

先后创办了集美中学、师范学校和航海、水产、商业学校等，并创办国学专门学校和水产商船专科学校、厦门大学等。"九一八事变"前后，积极从事抗日救国活动。1937年8月，任马来西亚、新加坡华侨筹赈祖国伤兵难民大会委员会主席。同年10月，南洋各地华侨爱国团体联合成立南洋华侨筹赈祖国难民总会，被推选为主席。1940年3月，组织南洋华侨回国慰劳视察团，回国慰劳抗战军民。5月去延安视察，返回重庆后，发表《西北之观感》，对中共领导的陕甘宁边区热情赞扬。抗战胜利后，反对蒋介石反共内战独裁政策并创办《南侨日报》。1949年，应邀参加中国人民政治协商会议第一次全体会议。新中国成立后，曾任中央人民政府委员，全国人大常委，全国政协常委、副主席，华东行政委员会副主席及中华归国华侨联合会主席等职。1961年8月12日病逝于北京。

4．文化

无政府主义在中国

无政府主义出现于19世纪上半叶的欧洲，20世纪初期被旅居日本和法国的中国留学生及反清流亡者当作一种"社会主义"思想加以接受，并由他们传入国内。1907年，刘师培、张继等人在日本东京创办"社会主义讲习会"，并刊行《天义报》，形成中国最早的无政府主义派别"天义派"。同年，李石曾、吴稚晖等人在法国巴黎创办《新世纪》，形成中国另一个早期无政府主义派别"新世纪派"。他们鼓吹个人冒险，用暗杀恐怖手段推翻政府等无政府主义理论。辛亥革命以后，无政府主义开

始成为国内有影响的思潮，代表人物为刘思复。1912年夏，他在广州发起成立中国第一个无政府主义组织"晦鸣学社"，接着在上海成立"无政府共产主义同志社"，出版《晦鸣录》《民声》《新世纪丛书》《无政府浅说》等宣传无政府主义的刊物和小册子，形成了融合克鲁泡特金无政府共产主义和托尔斯泰泛劳动主义、无抵抗主义的中国无政府主义学说。五四运动和中国共产党建党时期，无政府主义也作为一种"社会主义"思潮在中国广泛传播。各地成立无政府主义社团30多个，出版刊物70多种，形成了无政府共产主义、无政府个人主义等不同的派别。无政府共产主义派又称"正统派"，以黄凌霜、区声白为代表，北京"实社"和"进化社"为其代表社团，《进化》月刊为其主要宣传阵地，是当时影响较大的一个派别。

马克思主义的传播

马克思主义自19世纪末传入中国。1899年由广学会主办的《万国公报》（月刊）分期刊登了英国进化论者颉德所著《社会进化论》前三章的中文译文，其中提到马克思及其《资本论》，这是中国最早涉及马克思主义和出现"马克思"译名的中文出版物。1902年梁启超在《新民丛报》上提到"麦喀士（马克思），日耳曼人，社会主义之泰斗也"。其后，《近世社会主义》一书摘译了《共产党宣言》的片断。1906年朱执信在《民报》上发表《德意志社会革命家小传》，部分地介绍马克思和恩格斯的生平和《共产党宣言》《资本论》的一些要点。1912年孙中山在《社会主义派别及其批评》中，称赞马克思"发阐真理，不遗余力"。在俄国"十月革命"影响下，马克思主义开始在中国传播，经过五四运动，逐渐形成强大的社会思潮。1918年下半年，李大钊先后发表了《法俄革命之比较观》《庶民的胜利》《布尔什维主义的胜利》《新纪元》等文章，用马克思主义观点分析和歌颂俄国"十月革命"。1919年5月李大钊为《新青年》主编"马

克思主义研究专号"，发表自己撰写的《我的马克思主义观》，阐述了马克思主义的唯物史观、科学社会主义和政治经济学。这是对马克思主义较系统、完整的介绍。他还帮助《晨报》副刊，发表马克思的《雇佣劳动与资本》的全译本等，并开辟了"马克思主义研究"专栏。他曾在北京大学和北京高等女子师范开设唯物史观、社会主义与社会运动、社会主义的将来等课程。1920年3月，北京大学秘密组织了"马克思主义研究会"，翻译和研究马克思主义的文章。同时，孙中山和国民党指导、支持下创办的《建设》和《星期评论》杂志，也刊登介绍马克思主义和"十月革命"的文章。1920年初，李大钊、陈独秀开始酝酿筹建中国共产党。1920年4月共产国际派代表到中国，上海率先成立了社会主义青年团，接着上海、北京、武汉、济南、长沙、广州等地相继建立了共产主义小组，使马克思主义的宣传开始有组织地进行。毛泽东通过《湘江评论》和"新民学会"宣传十月革命和马克思主义；周恩来先在天津后在留法学生中努力宣传马克思主义。马克思主义和中国工人运动相结合，为中国共产党的诞生奠定了基础。

东西文化论战

关于东方文化与西方文化特点、性质及相互关系的思想学术论争。论战可大致分为三个阶段。1915—1919年为第一阶段。五四运动前夕，新文化运动刚刚兴起，争论主要集中于比较东西文化优劣，罗列现象，引申出东西文明的异同。争论主要在以陈独秀、李大钊等人为主力的《新青年》与杜亚泉任主编的《东方杂志》间展开，蔡元培、毛子水等也加入了论争。1919—1921年为第二阶段。由比较东西文化的差异发展为如何处理东西文化间的关系，从讨论两者关系引申为辩论新旧文化能否融合。主要代表人物有陈独秀、李大钊、蔡元培、张东荪、陈嘉异、章士钊、蒋梦麟等。其间，林琴南曾运动国会议员弹劾教育总长、北京大学校长蔡元培。蔡元培发表《致

公言报并作林琴南君》，表明他坚持"循思想自由原则，取兼容并包主义"。陈独秀、李大钊等反对以政治干涉学术，以武力压制新思想，提出要正确处理学术与政治的关系，学术问题应平心静气地进行讨论，思想愈辩而愈新，真理愈辩而愈明。1921—1927年为第三阶段。梁启超《欧游心影录》与梁漱溟《东西文化及其哲学》的相继发表，使东西文化之争进入新高潮。涉及面大大超过从前，并且开始关注东西文化如何结合的实践问题。代表人物有梁启超、梁漱溟、冯友兰、张东荪、胡适、瞿秋白、郭沫若等人。

蔡元培任北京大学校长后，奉行"兼容并包，学术自由"的办学方针。"旧派"代表刘师培等与"新派"代表李大钊、鲁迅、胡适等同在课堂自由讲学。

清华大学

著名综合性大学，前身是1911年4月利用美国退还的"庚子赔款"余额创办的清华学堂。1912年10月改名为清华学校。1925年，清华增设大学部，开始招收四年制大学生，全校分为留美预备部、大学部、国学研究院三部分。1928年，国民政府接管清华，改名国立清华大学，任命罗家伦为校长。1929年，划归教育部直辖。同年

撤销留美预备部和国学研究院。1931年，著名教育家梅贻琦出任校长，直到1948年底。他贯彻教授治校原则，实施通才式教育法，注重理工学科，使清华成为国内外知名学府。1934年，清华有文、法、理、工四院，16个系，并设有10个研究部，居全国之首。1936年有学生1200人，教师210人。抗战爆发后，清华南迁长沙，后又迁到昆明，与北京大学、南开大学组成西南联合大学。抗战胜利后，1946年10月在原址复校开学，有文、理、法、工、农五院，26个系，学生2300人，教师近400人。

左联

中国左翼作家联盟的简称，现代文学艺术团体，1930年3月2日在上海成立。其宗旨是联合一切进步力量，反对国民党反动派的文化"围剿"和推动革命文学运动的发展。先后担任过"左联"领导的有鲁迅、夏衍、田汉、茅盾、冯雪峰、丁玲、胡风等。"左联"在组织上接受中共中央宣传部文化工作委员会领导，内有中共组织的"党团"，潘汉年、冯乃超、冯雪峰、阳翰笙、丁玲、周扬等先后担任过党团书记。"左联"盟员起初有50多人，后发展到数百人，包括作家、学校师生、职员等。机关刊物有《萌芽月刊》《文学》《文学月报》等。

殷墟发掘

殷墟为商王朝后期都城遗址，发现于20世纪初，1928年开始发掘。位于河南省安阳市西北郊洹河两岸，面积约24平方公里。1899年，王懿荣在中药"龙骨"上发现契刻文字，后经罗振玉、王国维等考证、调查，确认是商代甲骨，出土于安阳小屯村。1928年10月，董作宾主持了试掘。同年12月，中央研究院历史语言研究所成立考古组，负责殷墟的发掘工作。1928年10月—1937年6月，共发掘15次。发掘大墓11座、方坑1个、小型墓和祭祀坑1200多座，出土刻字甲骨近2万片和大量陶器、铜器、玉器等。

北京大学

著名综合性大学，前身是清政府办的京师大学堂，1898年创办于北京。八国联军侵占北京时遭到破坏，1902年12月恢复。1912年5月改名为北京大学，严复任校长。1917年1月，民主革命家、教育家蔡元培出任校长，对学校进行了整顿和革新，贯彻民主原则，提倡思想自由，培养学术空气，延聘著名学者任教，使北大面貌焕然一新。全校共设文、理、法三科，14个系，并成立文、理、法三个研究所，有学生1980人，研究生148人，教员217人，是全国规模最大的大学。1920年在全国首招女生。1927年7月，奉系军阀取消北大，将北京的9所国立学校合并为京师大学校。1928年6月，国民政府将京师大学校改称中华大学，8月又改为北平大学。1929年8月恢复原名，仍称国立北京大学。1930年，蒋梦麟出任校长，加强对北大的控制。抗战爆发后，北大南迁长沙，1938年4月又迁往昆明，与清华大学、南开大学组成西南联合大学。抗战胜利后，1946年10月在北京复校开学，设文、理、法、工、农、医6个学院，33个系，两个专修科，有学生3000多人。

北京猿人的发现

1918年春，北洋政府农商部矿政顾问、瑞典地质与考古学家安特生在北京西南50公里的周口店发现一处含动物化石的裂隙堆积。1921年，安特生等又在周口店龙骨山北坡找到一处更大更丰富的含化石地点。1921年和1923年，先后发掘出两颗人牙。从1927年起，中国考古学家李捷、杨钟健、裴文中先后主持周口店的系统发掘。当年发掘出一颗人的左下恒臼齿。北京协和医学院解剖科主任、加拿大籍解剖学家步达生对先后发现的三颗牙齿进行鉴定，命名为"北京中国猿人"。1929年12月2日，裴文中主持发掘工作期间，在龙骨山洞穴堆积中发现了一个完整的北京人头盖骨，随后，又陆续发现北京人化石、大量石器及用火遗迹，震动了世界。北京人属直立人，生活在距今约70—20万年的旧石器时代早期。

故宫博物院

1925年10月10日在北京紫禁城成立的、保护明清两代皇宫建筑和陈列宫廷文物与古代文化艺术品的博物院。辛亥革命后，清帝溥仪宣布退位。根据南京临时政府对清室的优待条件，溥仪仍居紫禁城后部的"内廷"。前半部"外朝"于1914年将沈阳故宫、承德避暑山庄的文物移至此，成立了"古物陈列所"。"北京政变"后，冯玉祥将溥仪逐出紫禁城，并成立"清室善后委员会"，接管皇宫，清点藏品。1925年10月10日，成立故宫博物院，同时展出宫廷文物，对外开放。

明星电影公司

1913年3月中旬，张石川在上海创立了"明星电影公司"，自任老板。1916年，张石川开办幻仙影片公司，拍摄了在舞台上轰动一时的文明戏《黑籍冤魂》。但"幻仙"资本太少，终因资金周转不灵而停业。第一部影片是郑正秋编剧、张石川导演的《难夫难妻》，这是我国摄制的第一部短故事片。此后，张石川再度与郑正秋合作，约周剑云、郑鹧鸪等人，发起组织了明星股份有限公司。

商务印书馆

1897年在上海创办，创办人为夏瑞芳、鲍咸恩、鲍咸昌、高凤池等。1901年改为股份有限公司，资本增至5万元，张元济入股，并主持编译工作。1903年建立印刷所、编译所和发行所，改为中日合办，资本各10万元，引进日本先进印刷技术。翌年编印《最新国文教科书》，数月间风行全国。此后，陆续编印修身、算术、史地、英语等教科书，还出版各种中外文工具书、刊物和学术著作。1907年在上海闸北宝山路建成印刷总厂和编译所新址。1909年将编译所收藏古籍善本和参考书籍的图书馆定名为涵芬楼，后改名为东方图书馆，对

外开放。1914年初清退日股，资本增至150万元，职工达750人，成为国内最大的集编辑、印刷、发行为一体的出版企业。一·二八淞沪抗战中，总务处、编译所、印刷总厂和东方图书馆等被日军焚毁。抗日战争前夕，在长沙建设印刷厂，往香港和西南地区疏散存书和机器。抗战爆发后，总管理处迁到长沙，后移至重庆，抗战胜利后迁回上海。新中国成立后迁址北京。

北平研究院

国民政府在北平成立的学术研究机构。1929年5月成立筹备委员会，任命李煜瀛为筹委会主任，蔡元培、张人杰为筹备员。同年8月，行政院决议以北平大学的研究机构为基础组建国立北平研究院，并于9月9日宣布正式成立，由李煜瀛任院长。该院隶属于教育部，下分行政事务与研究机构两部分。行政事务设总办事处，处理全院行政事务。研究机构分理化、生理、人地三部，设物理、化学、镭学（后改称原子学）、药物、生理、动物、植物、地质、历史等9个研究所和测绘事务所。除药物、镭学两研究所设于上海外，其余各所均设在北平。各研究所设所长一人，由专任研究员兼任，另有研究员、副研究员、助理研究员、助理员、练习生各若干人，并聘所外专家为名誉研究员、研究员及特约研究员。

中华书局

1912年1月1日由陆费逵在上海创立。初系合资经营，以编印新式中小学教科书为主要业务。1913年设编辑所，陆续编辑出版《中华教育界》《中华小说界》《中华童子界》等杂志和大型汉语工具书《中华大字典》。1915年改为股份有限公司，自办印刷所，增设发行所，成为继商务印书馆之后国内第二家集编辑、印刷、发行为一体的出版企业。抗战爆发后，陆费逵赴香港，成立驻港办事处，掌握全局重要事务，上海方面由常务董事舒新城等主持日常事务，设在公共租界的印刷总厂以"美

商永宁公司"的名义维持营业。1941年7月9日,陆费逵在九龙病逝。随后领导核心内迁,在重庆设立总管理处,仍然印制教科书,编辑出版各种图书杂志。抗战胜利后,总管理处迁回上海。1954年5月迁址北京至今。

生活书店

1932年7月,由邹韬奋在上海创办的出版政治及进步文化读物的出版社。前身是《生活》周刊社书报代办部。抗日战争爆发前,生活书店有设在上海的总店及广州、汉口的两处分店。抗战爆发后不到一年时间,在全国14个省扩充到55个分店,1938年总店迁至汉口,后迁到重庆,并改称总管理处。业务除继续出版《生活》周刊外,又增出《文学》《世界知识》《太白》《译文》四种期刊和《生活教育》《妇女生活》等杂志。所出书籍影响较大的有《法兰西内战》《列宁主义问题》《青年自学丛书》等。为鼓舞抗战将士士气而编印的《全民抗战》周刊战地版,受到普遍欢迎。生活书店一贯坚持爱国、民主、进步立场,因此遭到国民党反动派的压迫和摧残,1939年至1940年6月,55个分店大部被查封,至1941年1月只剩重庆一个书店。1948年10月26日与读书出版社、新知书店在香港合并成立三联书店。1949年3月迁址北京至今。

蔡元培

(1868—1940年)近代民主革命家、教育家。字鹤卿,号子民,浙江绍兴人,光绪进士,授翰林院庶吉士,补编修。中日甲午战争后,接触西学,同情维新。1902年与章炳麟等在上海创立中国教育会,任会长。并创办爱国学社、爱国女校传播革命。1907年冬参加组织光复会,任会长。1908年加入同盟会,被指定为上海分部主盟员。1910年留学德国,在莱比锡大学学习哲学、文学、美学与心理学,并在世界文明史研究所研究文明史。辛亥革命时归国,后任南京临时政府教育总长。不久后被孙中山派为迎袁(世凯)专使赴京。宋教仁被刺后,参加反袁。继赴法国,与吴玉章等创办留法勤工俭学会,组织华法教育会。1917年任北京大学校长,提倡科学、民主和白话文。五四运动中,反对北洋政府镇压学生。1920年赴欧美各国考察教育。1923年再赴欧洲,参与要求英国政府退还"庚子赔款"、兴办教育活动。在1924年1月国民党一大上,被选为候补中央监察委员。1927年后曾任国民政府大学院长、中央研究院院长、监察院院长兼司法部部长等职。"九一八"事变后,主张抗日,并与宋庆龄和鲁迅等发起成立中国民权保障同盟,任副主席。1937年上海沦陷,移民香港,赞成国共合作,后在香港病逝。

《新青年》

1915年9月15日创刊于上海,陈独秀任主编。始为月刊,第一卷时称《青年杂志》,从第二卷起改名为《新青年》。它一开始就高举"民主""科学"两面旗帜,宣传西方资产阶级民主,反对封建专制主义,大声疾呼要"救治中国政治上、道德上、学术上、思想上一切的黑暗",抨击以孔子思想为代表的封建文化思想,反对旧道德,提倡新道德;反对旧文学,提倡新文学;反对文言文,提倡白话文。1917年,《新青年》开始宣传俄国"十月革命",介绍马克思主义。从1920年9月第八卷起,成为上海共产主义小组的机关刊物。中国共产党成立后,一度成为党的机关刊物。1922年7月休刊。1923年6月复刊后改为季刊,成为中共中央的理论刊物。

《青年杂志》与《新青年》

梅兰芳主演无声电影

1920 年 1 月，梅兰芳主演了商务印书馆活动影戏部摄制的两部"古剧片"（戏曲片）：《春香闹学》（2 本）和《天女散花》（1 本）。为了适应无声电影的特点，唱词经过压缩后，用字幕插在片中。梅兰芳把春香逛花园的暗场改为明场，充分展现了很多富于舞蹈性的优美身段，动作比舞台演出大大增多了。服装和化妆都同舞台上一样。在《天女散花》的歌舞场面中，梅兰芳以优美的动作表现了天女凌空飘逸的意境。画面上还叠印了一些移动的云彩，借以增强表演的气氛和美感。

王国维

（1877—1927 年）近代学者。字静安，一字伯隅，号观堂，浙江海宁人，清末秀才。后留学日本，入东京物理学校，学习自然科学，研究哲学、心理学、伦理学等。早年赴上海时务报馆做书记，入罗振玉文学社学习日文。曾协办《时务报》《农学报》。师从日本人藤田十八、田冈佐代学习西洋哲学、文学、美术，对叔本华、尼采学说用力尤深。1903 年起任教于湖北农业学堂和通州、苏州等地师范学堂，讲授哲学、心理学、伦理学、逻辑学等。1907 年任清廷学部图书局编纂、京师大学堂农科教习。在京从事中国戏曲史和词曲研究，辛亥革命后逃亡日本。1916 年回上海，在仓圣明智大学任教，主持《学术丛编》。着重殷周汉魏古史研究，尤致力于甲骨文、金文、汉晋简牍、历代史及敦煌所出唐写本。1923 年应召为清宫南书房行走，伴废帝溥仪。后任清华研究院教授。除研究古史外，兼作西北史地、蒙古史料的整理考订。1927 年自尽于颐和园昆明湖。著有《静安文集》《人间词话》《宋元戏曲史》《观堂集林》等。

邹韬奋

（1895—1944 年）著名新闻记者、出版家。原名思润，福建永安人。1909 年入福州工业学校学习，1919 年转学到上海圣约翰大学，学习外国文学。1921 年从事编辑和教育工作。1926 年在上海主编《生活》周刊。1932 年与胡愈之等创办生活书店。1933 年参加中国民权保障同盟，受到国民党反动派的迫害，流亡海外。1935 年回国，先后在上海、香港主编《大众生活》周刊和《生活日报》《生活星期刊》。1936 年与沈钧儒等爱国人士因积极参加抗日救国活动被国民党政府逮捕，为"七君子"之一。"七七事变"后获释。抗战开始后，在上海、武汉、重庆等地主编《抗战》《全民抗战》等刊物。1941 年皖南事变后，被迫出走香港。1942 年底到苏北解放区。1943 年赴上海治病。1944 年 7 月 24 日在上海病逝。中共中央根据其遗嘱要求，追认他为中共党员。

胡适

（1891—1962 年）现代学者。学名洪骍，字适之，安徽绩溪人。幼年在家乡读私塾，1904 年春到上海进入新式学堂。1910 年赴美国，先后就读于康奈尔大学和哥伦比亚大学。1917 年 1 月，撰写《文学改良刍议》一文在《新青年》上发表，一时享誉全国。1917 年夏回国，受聘为北京大学教授。1918 年加入《新青年》编辑部，大力提倡白话文，宣传个性解放、思想自由，与陈独秀、李大钊等同为新文化运动的领袖人物。他信奉实用主义哲学。五四运动后，同李大钊、陈独秀等分道扬镳，由"问题与主义"之争端，一贯倡导改良，反对革命。20 世纪 20 年代办《努力周报》，30 年代办《独立评论》，40 年代办独立时论社。在此过程中，他同国民党当局的关系愈来愈密切。1938—1942 年出任国民政府驻美大使。1946—1948 年任北京大学校长。1949 年去美国。主要著作有《中国哲学史大纲》（上）、《尝试集》《白话文学史》（上）和《胡适文存》（四集）等。1962 年 2 月在台北病故。

邵飘萍

（1886—1926 年）著名新闻记者、新闻教育家。名振青，浙江金华人。1912 年在杭州与人合办《汉民日报》，抨击袁世凯专制独裁，1914年被封禁。同年赴日留学。1916年回国，任上海《申报》驻北京特派员。同年7月在北京创办新闻编译社。1918年创办《京报》，任社长。同年与蔡元培等创立北京大学新闻学研究会，主讲新闻采访和新闻学理论。1919年《京报》被查封，逃亡日本。1920年秋回国，复办《京报》。1923年后，在北京平民大学等校任教，讲授新闻学课程，撰写《实际应用新闻学》和《新闻学总论》。1925年加入中国共产党。1926年4月26日被奉系军阀杀害于北京。

陶行知

（1891—1946年）现代教育家、民主革命家。原名文濬，后改名行知，安徽歙县人。早年入县教会学堂学习。1910年就读于南京金陵大学文学系。1914年赴美留学，研究教育，受到资产阶级民主主义和杜威实用主义教育思想的影响。1916年回国后，任南京高等师范学校教务长、东南大学教育系主任。1920年参与组织中华教育改进社、中华平民教育促进会，宣传平民教育，提倡教育救国。后又认为中国教育的出路是办乡村教育，1927年3月和东南大学教授赵叔愚合办南京市试验乡村师范学校。提出"生活教育"理论，反对闭门读书，政治上不过问师生的政治信仰。1930年4月该校被国民党当局封闭，他受到通缉，逃亡日本。1931年春去上海，继续从事教育活动。1932年在沪郊创办山海工学团。"一二·九"运动后，参加发起组织上海文化界救国会、上海各界救国会，积极开展抗日救国活动。他还受全国各界救国联合会的委托，先后周游亚、非、欧、美28国，宣传抗日救国，并向华侨开展募捐活动，支援抗日救亡运动。1938年夏回国，任国民参政会参政员。1839年在重庆创办育才学校。1945年春，参加中国民主同盟，当选为中央常务委员兼任教育委员会主任委员，积极投身于反独裁反内战运动。1946年4月回到上海，7月25日突发脑溢血去世。主要著作有《中国教育改造》《行知诗歌集》《普及教育》等。

鲁迅

（1881—1936年）著名文学家、思想家、革命家，中国新文化运动奠基人。原名周树人，字豫才，浙江绍兴人。1902年留学日本，初在仙台学医，后到东京从事文化活动。1908年参加光复会。辛亥革命后，曾任南京临时政府和北京政府教育部部员、佥事，同时兼任北京大学和北京女子师范大学讲师。1918年5月，首次用"鲁迅"笔名，发表中国现代文学史上第一篇白话小说《狂人日记》。此后又连续发表了《孔乙己》《阿Q正传》等小说，奠定了中国新文化运动的基础。五四运动前后，参加编辑《新青年》杂志。1926年3月因支持北京学生爱国运动，遭当局通缉，被迫离京到厦门大学任教。1927年1月，到广州中山大学任教。"四一二"反革命政变后，辞去中山大学一切职务。1930年起，先后发起成立中国自由运动大同盟和中国左翼作家联盟。后又参加中国民权保障同盟。1936年初，"左联"解散后，积极参加文学界和文化界的抗日民族统一战线。从1927年到1936年，创作了《故事新编》中的大部分作品和大量杂文，同时领导和支持未名社、朝花社等进步文学团体。主编了《民国新报副刊》（乙种）、《莽原》《奔流》《语丝》《萌芽》《译文》等文艺期刊。翻译外国进步文学作品，介绍国内外著名的绘画、木刻。搜集、研究、整理了大量古典文学，编著《中国小

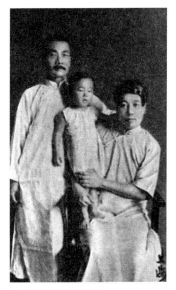

鲁迅夫妇及爱子海婴

说史略》《汉文学史纲要》等。1936 年 10 月 19 日病逝于上海。

朱自清

（1898—1948 年）现代散文家、学者。原名自华，字佩弦，号秋实，笔名余捷、知白等，浙江绍兴人。1920 年毕业于北京大学哲学系。1921 年参加文学研究会，1922 年与俞平伯、叶圣陶等创办《诗》月刊。1925 年任清华大学教授。1928 年出版散文集《背影》成名。1931 年游学英国，次年回国，仍任清华大学教授。1934 年参与《文学季刊》杂志编辑工作。抗战期间，任西南联大教授。抗战胜利后，积极支持昆明学生反对国民党发动内战。1947 年签名抗议国民党反动派任意捕人，呼吁和平，次年签名拒绝领取美国面粉救济。同年 8 月 12 日在北平病逝。

闻一多

（1899—1946 年）现代诗人、学者，原名亦多，字友三。1912 年考入清华学校。1922 年赴美学习美术、文学，并致力于诗歌创作，1925 年回国。1928 年加入"新月社"，任《新月》杂志编辑。曾先后在北京艺术专科学校、上海吴淞国立政治大学、南京第四中山大学、武汉大学、青岛大学、清华大学等校任教。1938 年任西南联大文学院教授。1943 年以后，积极参加争取民主的斗争。1944 年加入中国共产党组织的西南文化研究会，学习马克思主义。同年，加入中国民主同盟，任民盟中央执行委员。抗战胜利后，反对国民党反动派发动内战。潜心古籍研究，在《周易》《诗经》《庄子》《楚辞》的研究中有较高成就。1946 年 7 月 15 日因怒斥特务杀害李公朴等爱国志士，在昆明被国民党特务暗杀。

聂耳

（1912—1935 年）现代作曲家。原名聂守信，号子义，又作紫艺，云南玉溪人。自幼喜爱音乐。1927 年毕业于云南第一联合中学、云南省立第一师范。自学小提琴、钢琴等，与友人组织"九九音乐社"。后因参加革命活动被迫离滇赴沪，曾在商号当店员。1931 年 4 月考入黎锦晖主办的"明月歌舞剧社"，任小提琴手。1932 年 11 月入联华影业公司，参加"苏联之友社"音乐小组，组织"中国新兴音乐研究会"，参加左翼戏剧家联盟音乐组。1934 年 4 月入百代唱片公司主持音乐部工作，同时建立百代国乐队，1935 年 1 月决定经日本去苏联学习，不幸于 7 月 17 日在日本藤泽市鹄沼海滨溺水逝世。代表作有《毕业歌》《前进歌》《马路歌》《开路先锋》《码头工人歌》《新女性》《飞花歌》《塞外村女》《铁蹄下的歌女》《告别南洋》《梅娘曲》《卖报歌》、歌剧《扬子江暴风雨》、民族器乐曲《翠湖春晓》《金蛇狂舞》等。他创作的《义勇军进行曲》被定为中华人民共和国国歌。

留法勤工俭学

20 世纪初中国青年知识分子的留学活动。1912 年 4 月，蔡元培、李石曾等在北京成立"留法俭学会"，并设预备学校。不久，吴玉章等发起成立"四川留法俭学会"。1915 年 6 月，蔡元培、李石曾、吴玉章等又在巴黎成立勤工俭学会，以勤于做工、俭以求学、增进劳动者之知识为宗旨，号召青年去法国半工半读。从而使留法勤工俭学形成一个运动，1919—1920 年间达到了高潮，参加人数最多时达 1700 余人。尤以毛泽东、蔡和森等领导的"新民学会"和吴玉章等领导的"四川留法俭学会"所动员的湖南、四川两省青年为多。1921 年"留法勤工俭学"的周恩来、赵世炎、王若飞等发起成立了中国社会主义青年团和中国共产党的组织，积极宣传马克思主义。这个运动为中国革命培养了一大批领导骨干。

新民学会

毛泽东、蔡和森、何叔衡等于 1918 年

4 月在长沙创立的革命团体。宗旨是"革新学术，砥砺品行，改良人心风俗"，"改造中国与世界"。该会曾在五四运动、驱逐军阀张敬尧运动、留法勤工俭学运动、湖南自治运动中起过重要作用。1920 年下半年，许多会员加入了社会主义青年团和共产主义小组。1921 年初停止活动。编辑有《新民学会会员通讯集》3 集。

少年中国学会

五四运动时期出现的群众性进步团体。1918 年 6 月由李大钊、王光祈等发起，次年 7 月 1 日在北京正式成立。宗旨是：本着科学精神，为社会活动，以创造"少年中国"。信条是奋斗、实践、坚忍、俭朴。出版有会刊《少年中国》和《少年世界》。会员分布于国内 10 多个省市和美、英、法、德、日及南洋等处。1925 年停止活动。

觉悟社

五四运动时期的重要社会团体。周恩来、郭隆真、邓颖超等 1919 年 9 月 16 日创办于天津。宗旨是本着"革新"精神，求大家的"自觉""自决"。主要活动是

组织演讲，讨论新思潮，领导青年学生的爱国运动，反对帝国主义和封建军阀。出版刊物《觉悟》。1920 年夏被军阀解散后，主要成员大部分加入中国共产党。

中华人民共和国
（1949 年成立）

1949 年 4 月，中国人民解放军占领南京，宣告国民党反动派 22 年的统治结束。同年 9 月，中国人民政治协商会议在北京举行，选举组成以毛泽东为主席的中央人民政府。10 月 1 日，中华人民共和国正式宣告成立。定都北平，改名北京。新中国成立后，中国人民在中国共产党的领导下，探索建设社会主义的道路，创建人民民主专政的新国家。在政治、经济、文化、科技、外交等各方面都发生了天翻地覆的变化，取得了举世瞩目的成就。但其间也走过弯路，发生过曲折，甚至付出了沉重的代价。1978 年，中共十一届三中全会以后，以邓小平为核心的第二代领导集体承前启后，提出坚持"一个中心、两个基本点"，实行改革开放的治

开国大典（油画）　董希文　1952 年
1949 年 10 月 1 日下午 3 时，中华人民共和国开国大典在北京天安门广场隆重举行，毛泽东庄严地宣布："中华人民共和国中央人民政府已于本日成立了！"

国方略，使中国发生了深刻的历史性变化。政治稳定，经济持续、稳定、健康发展，文化蒸蒸日上，科技日新月异，外交取得巨大成果。在"一国两制"思想指导下，香港、澳门顺利回到祖国怀抱。1992年，中共十四大提出了中国经济体制改革的目标，即建立社会主义市场经济体制。其后，以江泽民为核心的第三代领导集体，继往开来，深化改革，扩大开放，抓住机遇，迎接挑战。顶住了亚洲金融危机的冲击，战胜了特大自然灾害，保持了社会稳定和经济持续发展。共和国正以前所未有的发展态势，迎接中华民族的伟大复兴。

1. 纪事
中华人民共和国诞生

1949年10月1日是个伟大的日子，下午2时，中华人民共和国中央人民政府委员会在北京天安门城楼举行第一次会议，中央人民政府主席毛泽东，副主席朱德、刘少奇、宋庆龄、李济深、张澜、高岗及全体委员宣布就职，宣告中华人民共和国中央人民政府成立，并选举林伯渠为中央人民政府委员会秘书长，任命周恩来为中央人民政府政务院总理兼外交部长、毛泽东为中央人民政府人民革命军事委员会主席、朱德为人民解放军总司令、沈钧儒为中央人民政府最高人民法院院长、罗荣桓为中央人民政府最高检察署检察长。会议决定：接受《中国人民政治协商会议共同纲领》为本政府的施政方针；向各国政府宣布，中华人民共和国中央人民政府为代表中华人民共和国全国人民的唯一合法政府，愿与遵守平等互利及互相尊重领土主权等项原则的任何外国政府建立外交关系。下午3时，首都各界群众30万人在天安门广场集会，隆重举行开国大典。林伯渠宣布典礼开始，军乐队奏《义勇军进行曲》。毛泽东主席宣读中央人民政府公告，向全世界庄严宣告中华人民共和国成立。随后，开始阅兵式，朱德总司令任检阅司令员，华北军区兼京津卫戍区司令员聂荣臻任阅

中华人民共和国大事年表
1949年10月1日，中华人民共和国宣告成立。
1950年6月，土地改革运动开始。
1950年10月19日，抗美援朝战争开始，1953年7月结束。
1954年9月，第一届全国人民代表大会召开。
1956年，基本完成对农业、手工业、资本主义工商业的社会主义改造。
1956年9月，中国共产党八大召开。
1957年夏，开展"反右派"斗争。
1958年，开展"大跃进"和"人民公社化"运动。
1959年，庐山会议错误地将彭德怀等人打成"反党集团"。
1960年至1962年，遭受三年严重自然灾害。
1962年11月，中印边界自卫反击战。
1964年10月16日，中国第一颗原子弹试爆成功。
1966年5月，"文化大革命"开始，持续到1976年10月。
1970年4月，中国第一颗人造地球卫星发射成功。
1971年9月13日，"九一三事件"发生，林彪外逃时坠机身亡。
1971年10月，中国恢复在联合国的合法席位。
1972年2月，美国总统尼克松访华。
1976年1月，周恩来逝世。
1976年4月，天安门广场发生反抗"四人帮"的"四五运动"。
1976年7月，唐山发生大地震。
1976年9月9日，毛泽东逝世。
1976年10月6日，中共中央粉碎江青为首的"四人帮"。"文化大革命"结束。
1978年12月，中共召开十一届三中全会。中国从此走上改革开放之路。
1979年1月，中国与美国正式建交。
1979年2月，中越边界自卫反击战。
1980年5月，中共中央正式决定开办经济特区。
1983年6月26日，邓小平提出"一国两制"构想。
1992年春，邓小平南方讲话发表。
1997年2月19日，邓小平逝世。
1997年7月，香港回归祖国。
1999年12月，澳门回归祖国。
2001年12月，中国加入世界贸易组织（WTO）。
2008年8月，第29届夏季奥运会在中国举办。
2010年5月，第41届世界博览会在上海举行。

兵总指挥，检阅了陆、海、空三军组成的受阅部队。阅兵后，朱德宣读《中国人民解放军总部命令》，命令全体指战员坚决执行中央人民政府和伟大的人民领袖毛主席的一切命令，迅速肃清国民党反动军队的残余，解放一切尚未解放的国土。大典历时 3 小时。最后，举行了盛大游行。

中华人民共和国国旗

是五星红旗，旗面为红色，长方形，左上方缀黄色五角星五颗，四颗小星环拱在一颗大星的右面。大星象征中国共产党，小星象征广大人民，表示亿万人民团结在中国共产党周围。

国旗是在广泛发动群众的基础上设计而成的。1949 年 7 月，中国人民政治协商会议筹委会向全国人民以及海外侨胞征集国旗设计方案，一共收到 2992 个方案，经过反复讨论、挑选，最后选中现在使用的这个方案。它的设计者是当时上海"现代经济通讯社"的曾联松。

中华人民共和国国歌

是由田汉作词、聂耳作曲的《义勇军进行曲》。1935 年，中国遭到日本帝国主义的侵略，在中华民族危亡的紧要关头，他们创作了这首歌曲，激励人民奋起抗战，保卫我们的国家和民族。十数年来，这首歌在人民群众中产生了深远的影响，对激发我国人民的爱国主义精神起了巨大的作用。因此，在 1949 年 9 月召开的中国人民政治协商会议第一次全体会议上，把这首歌曲定为代国歌，体现了中国人民的革命传统和居安思危的思想。1982 年 12 月 4 日，第五届全国人民代表大会第五次会议通过了关于中华人民共和国国歌的决议，会议正式决定，《义勇军进行曲》为中华人民共和国国歌。

中华人民共和国国徽

国徽图案内容包括国旗、天安门、齿轮和麦稻穗，象征工人阶级领导的以工农联盟为基础的人民民主专政的新中国的诞生。

在国徽中，天安门图案是民族精神的象征；齿轮、麦稻穗象征工人、农民阶级；国旗上的五星，代表中国共产党领导下的全国人民大团结。1950 年 6 月 18 日，中国人民政治协商会议第一届全国委员会第二次会议，通过了中华人民共和国国徽图案及对图案的说明。同年 9 月 20 日，毛泽东主席向全国公布了中华人民共和国国徽的命名。

中华人民共和国成立前夕，根据党中央的指示，清华大学和中央美术学院成立了国徽设计小组。著名教授梁思成、林徽因，著名画家张仃、周令钊都参加了这个小组，在全国范围内征集了数百幅国徽方案，经过反复研究比较后，由中央美院和清华的教授加工，设计成现在的国徽图案。

土地改革运动

中国共产党在各个革命历史时期，领导广大农民废除封建土地所有制、实现农民土地所有制的运动。第二次国内革命战争时期，在革命根据地内开展打土豪、分田地的斗争和查田运动，开始实行土地改革。抗日战争时期，在根据地内实行减租减息政策。全国解放战争时期，中共中央于 1946 年 5 月 4 日发出指示，把减租减息政策变为没收地主土地归农民所有的政策。1947 年 10 月 10 日公布了《中国土地法大纲》。新中国成立后，1950 年 6 月，中央人民政府又颁布《中华人民共和国土地改革法》，在全国范围内开展了土地改革运动，并且执行了依靠贫农、雇农，团结中农，中立富农，有步骤有分别地消灭封建剥削制度，发展农业生产的正确路线。

三反、五反运动

新中国成立初期，1951 年底至 1952 年 10 月在国家机关、部队和国营企业等单位中开展"反对贪污、反对浪费、反对官僚主义"的"三反"斗争。1952 年在全国资本主义工商业中开展"反对行贿、反对偷税漏税、反对盗骗国家财产、反对偷工减料和反对盗窃国家经济情报"的"五反"斗争。

西藏和平解放

新中国成立后，中央人民政府用和平方式解放西藏的事件。中央人民政府于1950年1月上旬，决定解放西藏。10月，人民解放军进军西藏，并解放昌都。1951年4月，西藏代表团进入北京，就和平解放西藏进行谈判。5月23日签订《中央人民政府和西藏地方政府关于和平解放西藏地方的协议》，宣告了西藏和平解放。1951年10月26日，解放军进藏部队进驻拉萨。至此，除台湾和一些海岛外，中国领土全部解放。

抗美援朝

1950年10月19日，中国人民志愿军分路渡过鸭绿江，揭开了抗美援朝战争的序幕。朝鲜战争开始时，朝鲜人民军势如破竹，一直把南朝鲜军队逼到朝鲜半岛最南端的大邱、釜山一线，整个朝鲜半岛即将获得解放。但是，由于美国纠集了15个国家的军队（即所谓的联合国军），突然在仁川登陆，使朝鲜人民军前后受敌，遭受很大损失，被迫撤至北部山区及鸭绿江沿线。美军此时长驱直进，气势正盛。同时，美国政府不顾中国政府的一再警告，把战火引向中国边境，轰炸丹东等地。为了保卫新中国，应朝鲜请求，中国政府毅然做出"抗美援朝，保家卫国"的决定，组织中国人民志愿军赴朝作战。面对武器装备占有绝对优势的敌军，志愿军与朝鲜人民军并肩作战，敢打敢拼，先后进行了五次战役，将敌军打回到"三八线"附近。1951年7月，美国被迫坐到谈判桌前。在

中国人民志愿军雄赳赳，气昂昂，跨过鸭绿江。

随后的两年时间里，由于美国无和谈诚意，形成了边谈边打的局面，战斗一直在"三八线"附近展开。到1953年7月，美国终于被迫在停战协定上签字，历时3年的朝鲜战争宣告结束。抗美援朝战争的胜利，粉碎了美帝国主义妄图吞并朝鲜的野心。

朝鲜战争

朝鲜战争是二战后发生的规模最大的局部战争之一，共19个国家（朝鲜民主主义人民共和国、中国、南朝鲜、美国、英国、加拿大、土耳其、新西兰、法国、澳大利亚、泰国、菲律宾、希腊、荷兰、比利时、哥伦比亚、埃塞俄比亚、南非联邦、卢森堡）卷入了这场战争，双方投入作战的兵力最多时达320万。这场战争对朝鲜、中国，以及对整个世界的政治、经济、军事等格局，都产生了重大的影响。

朝鲜战争按战争进程可分为两个时期。第1个时期，朝鲜人民军单独与美军、南朝鲜军作战。这个时期分为两个阶段，从1950年6月25日至9月14日为第1阶段，朝鲜人民军连续进行了五次进攻战役，由"三八线"进至洛东江；从9月15日至10月中旬为第2阶段，美军和南朝鲜军发起反攻，朝鲜人民军被迫由洛东江向北部中朝边境地区撤退。第2个时期，中国人民志愿军入朝后和朝鲜人民军一起对以美军为首的"联合国军"作战。这一时期也分为两个阶段，第1阶段从1950年10月19日至1951年6月上旬，中朝人民军队进行5次运动战战役，恢复了朝鲜民主主义人民共和国"三八线"以北领土；第2阶段，从1951年6月中旬至1953年7月27日，中朝人民军队在"三八线"地区胜利地进行了阵地防御和阵地进攻作战，迫使美军在停战协定上签了字。

上甘岭战役

抗美援朝战争中，中国人民志愿军为粉碎美国为首的"联合国军"发动的"金化攻势"，于1952年10月14日—11月25日，

在上甘岭地区依托坑道工事进行的坚守防御作战。

这次战役，交战双方先后动用兵力达 10 万余人，反复争夺 43 天，作战规模由战斗发展成为战役，其激烈程度是战争史上罕见的。"联合国军"炮兵和航空兵对两山头共发射炮弹 190 余万发，投炸弹 5000 余枚，把总面积不足 4 平方公里的 537.7 和 597.9 两高地的土石炸松 1～2 米。志愿军防守部队贯彻"坚守防御、寸土必争"的作战方针，依托坑道工事，坚决抗击"联合国军"的进攻。整个战役经历了争夺表面阵地、坚持坑道斗争、实施决定性反击三个阶段。"联合国军"由于伤亡惨重，被迫停止进攻，上甘岭战役遂告结束。

此役，志愿军第 15、第 12 军打退"联合国军"营以上兵力冲击 25 次，营以下兵力冲击 650 余次，进行数十次反击，共毙、伤、俘敌 2.5 万余人，击落击伤敌机 270 余架，击毁击伤其大口径火炮 60 余门、坦克 14 辆，最终守住了阵地。作战中，志愿军伤亡 1.15 万余人。上甘岭战役，创造了现代战争史上坚守防御作战的范例，表明以坑道为骨干、支撑点式的防御体系，对抗击强大火力的突击、增强防御的稳定性有着巨大作用。

全国人大一届一次会议

第一届全国人民代表大会第一次全体会议于 1954 年 9 月 15 日至 28 日在北京举行。会议一致选举毛泽东为中华人民共和国主席，朱德为副主席，刘少奇为第一届全国人民代表大会常务委员会委员长，宋庆龄、林伯渠、李济深、张澜、罗荣桓、沈钧儒、郭沫若、黄炎培、彭真、李维汉、陈叔通、达赖喇嘛丹增嘉措、赛福鼎 13 人为副委员长。根据国家主席毛泽东的提名，人大任命周恩来为国务院总理。根据周恩来总理的提名，大会任命陈云、林彪、彭德怀、邓小平、邓子恢、贺龙、陈毅、乌兰夫、李富春、李先念 10 人为国务院副总理。这次大会通过了《中华人民共和国宪法》，结束了由中国人民政治协商会议代行全国人民代表大会职权、由《共同纲领》代替国家宪法的过渡状态。出席大会的代表 1226 人。

万隆会议

周恩来总理于 1955 年 4 月 18 日至 22 日率领中国代表团，出席在印度尼西亚万隆举行的有 29 个国家参加的亚非会议。针对与会各国对新中国缺乏了解和各国之间存在分歧的形势，周恩来在会上提出了"求同存异"的著名方针。他说，中国代表团是来求团结而不是来吵架的，是来求同而不是来立异的。求同的基础，就是亚非绝大多数国家和人民自近代以来都曾经受过、并且现在仍在受着殖民主义所造成的苦难和痛苦。从解除殖民主义的灾难中找共同基础，我们就很容易互相了解，互相同情和支持，而不是互相疑虑和恐惧、互相排斥和对立。同时，会议应将这些共同愿望和要求肯定下来。在中国代表团和与会各国代表团的共同努力下，会议对议程中的各项问题达成了一项协议，在"和平共处五项原则"的基础上，制定了著名的"万隆会议十项原则"。这次会议所体现的亚非国家团结合作，反对帝国主义和殖民主义，争取和维护民族独立，发展各国人民友好往来以及保卫亚非和世界和平的精神，被称为"万隆精神"。

义务兵役法

《义务兵役法》于 1955 年 7 月在第一届全国人大第二次会议上通过。该法规定：中华人民共和国公民，不分民族、种族、职业、社会出身、宗教信仰和教育程度，都要义务服兵役。每年 12 月 31 日以前年满 18 岁的男性公民应当被征集服兵役。义务兵在部队服役，是为国家尽义务，除衣、食、住等由国家供给外，每月发给少量的津贴费。国家对义务兵家属实行优待政策：家居农村的，由当地人民政府给予优待；家居城镇的，如果生活困难，由当地人民政府给予适当补助。现役军人牺牲或病故，他们的家属受到国家的抚恤优待。

中共八大

1956 年 9 月 15 日至 27 日，中国共产党第八次全国代表大会在北京举行。毛泽东致开幕词，刘少奇作政治报告，周恩来作《关于发展国民经济的第二个五年计划的建设报告》，邓小平作《关于修改党的章程的报告》。大会指出：社会主义制度在中国已基本建设起来，国内主要矛盾已不再是无产阶级和资产阶级的矛盾，而是人民对于经济文化迅速发展的需要同当前经济文化不能满足人民需要的状况之间的矛盾；全国人民的主要任务是集中力量发展社会生产力，实现国家工业化，满足人民的经济文化需要。根本任务是发展生产力。因此，要健全社会主义法制，进一步扩大社会主义民主，大力反对官僚主义。大会坚持了既反保守又反冒进，即在综合平衡中稳步前进的经济建设方针政策，并根据毛泽东《论十大关系》的精神，制定了一系列重要的经济政策。大会还着重提出了执政党的建设问题，强调要坚持民主集中制和集体领导制度。这次大会从指导思想上，为新时期社会主义建设事业的发展和党的建设指明了方向。出席大会的代表 1026 人，候补代表 107 人，代表着全国 1073 万名党员。

社会主义建设总路线

20 世纪 50 年代末为"超英赶美"，尽快进入共产主义社会而提出，内容是"鼓足干劲，力争上游，多快好省地建设社会主义"，1958 年 3 月中共八大二次会议正式通过。但之后中国却逐步走上了"以阶级斗争为纲"的道路。

"大跃进"运动

20 世纪 50 年代末用群众运动来大搞经济建设的一个典型事件。1958 年 8 月，中共中央政治局北戴河会议轻率地提出，1958 年的钢产量要比 1957 年翻一番，达到 1070 万吨。会后，在全国很快形成了以全民大炼钢铁为中心的"大跃进"运动，使得以高指标、瞎指挥、浮夸风和"共产风"为主要标志的"左"倾错误严重地泛滥开来，造成整个国民经济比例严重失调，人民生活受到很大影响。到 1960 年冬，"大跃进"运动才被制止。

农村人民公社化运动

20 世纪 50 年代末不顾中国国情而在全国农村掀起的大办人民公社的运动。1958 年 3 月，有的地方办起"一大二公"的人民公社。8 月，中共中央政治局在北戴河召开的政治局扩大会议上通过了《关于在农村建立人民公社问题的决议》，全国迅速形成了大办人民公社运动的热潮。到 10 月底，全国办起 2.6 万多个人民公社。但在公社化运动中发生了混淆社会主义和共产主义、集体所有制和全民所有制的界限问题，引起"一平二调"的共产风。这些问题严重影响了农民的积极性和农业生产的发展。

庐山会议

中国共产党在 20 世纪 50 年代末召开的两次重要会议，即 1959 年 7 月 2 日至 8 月 1 日在江西庐山召开的中共中央政治局扩大会议和 8 月 2 日至 16 日召开的八届八中全会。在政治局扩大会议上，彭德怀对 1958 年以来的"左"倾错误提出一些中肯的意见，被毛泽东指责为"右倾"。在接着举行的八中全会上即开展了对所谓"彭德怀、黄克诚、张闻天、周小舟反党集团"的斗争。此后，又在全党开展了一系列"反右倾"运动。结果，使党内民主生活遭到严重损害，使"左"倾错误愈演愈烈。

中印边境自卫反击战

从 1952 年开始，印度军队先后在中印边境西段、中段和东段越过中印双方实际控制线，逐步蚕食中国领土。从 1962 年 4 月起，印军在侵占的中国领土上设立数十个侵略据点。9 月, 印军第 7 旅侵占"麦克马洪线"以北的克节朗地区, 并连续袭击择绕桥的中国边防部队, 打死打伤中国官兵 47 人。中国政府曾多次向印度政府提出通过谈判解决边界问题的建议, 但印度政府拒绝谈判, 并在中印边境地区集结 2.2 万余人的兵力。10 月 20 日, 印军向中国边防军发起大规模武装进攻, 中国边防军在忍无可忍的情况下, 被迫在东、西两段同时实施自卫反击。至 11 月 21 日, 击退了印度军队的入侵, 清除了印军设立的侵略据点, 并追击到传统习惯线附近。中国政府于 1962 年 11 月 21 日发表声明, 宣布人民解放军边防部队全线主动后撤到中印实际控制线 20 公里以内地区。停战后, 中国主动将缴获的大批武器、车辆和军用物资交还印度, 并于 1963 年 5 月 26 日前释放了印军达维尔准将以下 3213 名全部被俘人员。中印边境的自卫反击作战, 打退了入侵中国领土的印度军队, 保卫了中国领土的完整。

麦克马洪线

从 19 世纪 40 年代开始, 英国就企图由北印度进入中国西藏。1885 年, 在印度的英国官员组织力量企图武装进入西藏, 遭到藏族人民的反对而失败。1903 年英国从印度公开派兵远征西藏, 1904 年 8 月 3 日到达拉萨。英国代表麦克马洪于 1914 年 3 月 24 日在印度德里与西藏地方当局代表秘密换文, 在附图上标出藏印分界线, 该线被称为"麦克马洪线"。此线把历来属于中国的 9 万平方公里的领土划归英属印度。1929 年出版的《艾奇逊条约集》第十四卷记载了那次秘密换文的经过以及 1914 年 7 月 3 日西姆拉会议的经过。1939 年, 遭英国在印度供职的官员篡改, 造成了文献上的极大混乱。这就为以后解决中印两国的边界问题埋下了隐患。

城市青年下乡

《人民日报》1963 年 6 月 5 日发表社论《坚持不懈地搞好组织学生参加生产劳动》, 动员和组织城市青年下乡, 其目的是安置城市待业青年和配合国民经济调整、压缩城市人口的工作。6 月 29 日至 7 月 10 日, 中央安置城市下放职工和青年学生领导小组召开了六个大区城市精简职工和青年学生安置工作会议, 周恩来在接见会议代表时指示: 今后 15 年内, 动员城市青年学生下乡参加农业生产是城乡结合、移风易俗的大事。各大区、省、市、自治区都要做长远打算, 编制 15 年安置规划。这次会议指出, 在今后 15 年内, 每年大约 100 万左右的青年学生需要有计划地安置下乡, 参加农、林、牧、副、渔业生产。年龄可以由 18 岁放宽到 16 岁, 条件是能够独立生活。安置的方向首先是插入人民公社的生产队, 其次是插入国营农、林、牧、渔场, 再其次, 才是建立新的国营农、林、牧、渔场。1962、1963 年两年, 有近 10 万名知识青年下乡插队。1964 年, 全国又有 30 余万知识青年上山下乡。

中国第一颗原子弹爆炸成功

中国核工业创建于 1955 年初, 由中共中央指定陈云、聂荣臻、薄一波负责领导筹建工作。以后周恩来、聂荣臻领导制定了两次科学技术长远规划。1962 年 11 月, 中共中央决定成立以周恩来为首的专门领导机构。1964 年 9 月 16 日至 17 日, 中央召开第九次

我国第一颗原子弹于 1964 年 10 月 16 日 15 时爆炸成功。

专门委员会会议, 讨论关于首次核试验的准备工作、预演总结、正式试验时间及其有关问题。21 日, 周恩来向毛泽东转交罗瑞卿的会议报告并附件说: "关于核爆炸

及其有关问题，急需待主席回京后，当面报告，以便中央早作决定，时间以不迟于24日为好。因为如决定今年爆炸，以10月中旬到11月上旬为最好。"10月16日15时（北京时间），中国制造的第一颗原子弹在本土西部地区爆炸成功。这次试验比美、英、法等国的首次核试验在技术上更为先进。它的成功，标志着中国国防现代化进入了一个新的阶段，对于打破帝国主义、霸权主义的核讹诈、核垄断，加强和巩固国防具有重要意义。当天，中国政府宣布：中国在任何时候、任何情况下，都不会首先使用核武器。并建议召开世界各国首脑会议，讨论全面禁止和彻底销毁核武器问题。

西藏自治区成立

1965年9月1日，西藏自治区正式成立。西藏自治区首届人民代表大会在拉萨举行。会议期间，西藏自治区筹备委员会主任阿沛·阿旺晋美做工作报告。报告中说，根据1951年《中央人民政府和西藏地方政府关于和平解放西藏办法的协议》中关于"在中央人民政府统一领导之下，西藏人民有实行民族区域自治的权利"的规定，1956年，西藏建立了成立自治区的筹委会。几年来，西藏在政治、经济、文化战线上，出现了欣欣向荣的局面。农业连续6年获得丰收，1964年与1958年相比，粮食总产量增长了45.71%，牧畜增长了36.36%。解放前，西藏没有一座工厂，而到1964年年底，全区已建立水电站、汽车修配厂等许多现代化中小型工厂。修筑了1.5万余公里的公路，建立93处邮电局（所），改变了西藏交通邮电闭塞的状况。全区已建立中学7所、公办小学86所，还建立了专门培养藏族干部的西藏民族学院、西藏民政干校和师范学校。建立设备比较完善的医院15所，免费为藏族人民治病。到自治区成立时为止，全区有藏族干部1.65万人，其中农奴和奴隶出身的干部占96%，有1.2万名藏族干部担任自治区各级领导职务。

"文化大革命"

1966年5月到1976年10月间，由毛泽东错误发动，被林彪、江青反革命集团所利用，给党和国家带来严重灾难的一场政治运动。1966年5月，中共中央政治局扩大会议和同年8月中共八届十一中全会的召开，是"文化大革命"全面发动的标志。1981年6月，中共十一届六中全会通过了《关于建国以来党的若干历史问题的决议》，对"文化大革命"做出了正确的总结。

中国第一颗氢弹爆炸成功

1967年6月17日，中国独立研制的第一颗氢弹在中国西部上空爆炸成功。这是中国核武器发展的一个里程碑。爆炸成功后，中共中央、国务院、中央军委向从事研制和试验工作的所有人员致以热烈祝贺，并再次重申在任何时候、任何情况下，中国都不会首先使用核武器。氢弹爆炸成功是广大工程技术人员和干部、工人、战士排除"文化大革命"的干扰，坚持国防建设所取得的突出成就，是中国核武器发展的又一飞跃。

珍宝岛事件

苏联边防军于1969年3月2日悍然入侵中国黑龙江省珍宝岛地区，制造了严重的流血事件。2日晨，苏联出动边防军70余人、装甲车2辆、卡车和指挥车各1辆，从下米海洛夫卡和库列比亚克依内两个方向，悍然入侵中国黑龙江省虎林县境内的珍宝岛，开枪打死打伤中国边防战士多人。中国边防军多次警告无效，进行自卫还击。4日至12日，苏军又出动边防军和飞机，连续入侵珍宝岛。15日，苏军在飞机掩护下，动用20余辆坦克、30余辆装甲车、200余名步兵，再次向珍宝岛发起攻击。中国守岛军民奋战9小时，打退苏军3次攻击。16日，苏军登岛收尸，中国军队按照"有理、有利、有节"的原则，严密监视，未予打击。17日，苏军在猛烈炮火掩护下，先后出动坦克3辆、步兵100余人，又向中方进攻。

411

中国军队对登岛苏军予以还击，毙伤入侵者一部分，其余苏军撤走。事件发生后，中国政府一再向苏联政府提出最强烈抗议，并警告苏联政府，由此产生的一切严重后果只能由其承担全部责任。《人民日报》《解放军报》发表社论《打倒新沙皇！》，表明全国军民坚决支持中国政府的严正态度。

中国第一颗人造地球卫星

中国第一颗人造地球卫星"东方红一号"于 1970 年 4 月 24 日发射成功。卫星运行情况良好，各种仪器工作正常，遥测仪器不断发回各种数据。卫星重 173 公斤，运行轨道距地球最近点 439 公里，最远点 2384 公里，轨道平面和地球赤道平面的夹角为 68.5 度，绕地球一周需用 114 分钟。卫星用 20.009 兆赫的频率，播送《东方红》乐曲。这意味着中国发展空间技术取得了重大突破。

中国恢复联合国合法权利

中华人民共和国代表团于 1971 年 11 月 11 日至 12 月 18 日出席在纽约举行的第 26 届联合国大会。1945 年，联合国成立。中国作为发起国之一，当时共产党派出董必武参加大会，并在《联合国宪章》上签了字。中华人民共和国成立后，宣布中央人民政府为中国唯一合法政府，并致电联合国要求恢复在联合国的合法权利，但美国从中阻挠。自 1961 年第 16 届联大起，联合国内外开展了恢复中国在联合国合法权利的一系列斗争。1971 年第 26 届联大又展开了"恢复中华人民共和国在联合国组织的合法权利"和"中国在联合国的代表权问题"两项议案的争论。10 月 25 日，联合国大会终于以 76 票赞成、35 票反对、17 票弃权的压倒性多数，通过阿尔巴尼亚、阿尔及利亚等 23 国的联合提案，恢复中华人民共和国在联合国的一切合法权利。

美国总统尼克松访华

1972 年 2 月 21 日至 28 日，美国总统

1972 年 2 月 21 日至 28 日，美国总统尼克松访问中国。图为周恩来、叶剑英、李先念等到机场迎接的情景。

理查德·尼克松应周恩来总理的邀请，访问了中国。陪同访问的有尼克松夫人、美国国务卿威廉·罗杰斯、总统助理亨利·基辛格博士和其他美国官员。21 日，毛泽东会见了尼克松，两位领导人就中美关系和国际事务认真、坦率地交换了意见。27 日，中美双方在上海就《联合公报》达成协议。28 日，《联合公报》发表。《联合公报》说："中美两国的社会制度和对外政策有着本质的区别。但是双方同意，各国不论社会制度如何，都应根据尊重各国主权和领土完整、不侵犯别国、不干涉别国内政、平等互利、和平共处的原则来处理国与国之间的关系。国际争端应在此基础上予以解决，而不诉诸武力威胁。美国和中华人民共和国准备在其相互关系中实行这些原则。"中国方面重申自己的立场：台湾问题是阻碍中美两国关系正常化的关键问题；中华人民共和国政府是中国的唯一合法政府，台湾是中国的一个省；解放台湾是中国的内政，别国无权干涉；全部美国武装力量和军事设施必须从台湾撤走。中国政府坚决反对任何旨在制造一中一台、一个中国两个政府、台湾独立和鼓吹台湾地位未定的活动。美国方面声明：美国认识到，在台湾海峡两边的所有中国人都认为只有一个中国，台湾是中国的一部分。

中日邦交正常化

日本内阁总理大臣田中角荣应中国政府的邀请，率大平正芳外相和二阶堂进官

房长官等，于 1972 年 9 月 25 日至 30 日对中国进行访问。27 日，毛泽东会见田中角荣。28 日，周恩来出席田中首相举行的答谢宴会，席间发表祝酒词说：我们即将结束两国间迄今存在的不正常状态。战争状态的结束，中日邦交的正常化，使中日两国人民这一长期愿望得以实现。我们双方富有成果的会谈证明，只要双方都具有信心，两国间的问题是可以通过平等协商得到解决的。只要双方信守和平共处五项原则，我们两国伟大的人民定能世世代代地友好下去。29 日，中日两国在北京签署《中华人民共和国政府和日本国政府联合声明》，决定自 1972 年 9 月 29 日起建立外交关系。《联合声明》表示："自本声明公布之日起，中华人民共和国和日本国之间迄今为止的不正常状态宣告结束"；"日本国政府承认中华人民共和国是中国的唯一合法政府"。中华人民共和国政府重申："台湾是中华人民共和国领土不可分割的一部分。日本国政府充分理解和尊重中国的这一立场，并坚持遵循《波茨坦公告》第八条的立场。"

"三个世界"理论

20 世纪 60 年代，国际关系经历了剧烈的动荡和分化，世界政治的基本格局已由两大对立阵营向多极化发展。苏、美两个超级大国争霸世界，成为世界和平的最大威胁；在反帝、反殖、反霸斗争中成长起来的发展中国家，逐渐成为维护世界和平的主要力量；西欧和日本已逐步成为独立政治经济实体。1974 年 2 月，毛泽东明确提出"三个世界"理论。2 月 22 日，毛泽东会见赞比亚总统卡翁达，明确提出美国、苏联是第一世界，日本、欧洲、加拿大是第二世界，亚洲除了日本之外都是第三世界，整个非洲是第三世界，拉丁美洲是第三世界。他强调：中国属于第三世界。因为在政治、经济各方面，中国不能跟富国、大国比，只能跟一些比较穷的国家在一起。3 月 21 日中共中央转发了《有关毛泽东主席与卡翁达总统、布迈丁主席谈话的文件》。

4 月，邓小平在联合国大会第六届特别会议上，对毛泽东关于"三个世界"的思想作了全面的论述。这一理论的提出对团结世界人民反对霸权主义，改变国际力量的对比，改善国际环境，具有不可估量的作用。

唐山大地震

1976 年 7 月 28 日 3 时 42 分，河北省唐山、丰南一带发生强烈地震。这次地震为里氏 7.8 级，震中在北纬 39.4 度，东经 118.1 度。累计死亡 242769 人，重伤 164851 人；在唐山城乡总计 683367 间、10932272 平方米的民用建筑中，有 656136 间、10501056 平方米在地震中倒塌或遭到严重破坏。唐山原是河北省最大的重工业城市，面积约占全国的万分之一，人口约占全国的 1‰，而产值却将近占全国的 1%。它有当时中国最大的煤矿——开滦煤矿和中国最大的火力发电站——陡河火电站。强烈的地震使唐山瞬息之间变成一片废墟。8 月 4 日，党中央成立了抗震救灾指挥部，历时多年，建设新唐山。

四五运动

"文化大革命"后期全国人民已对"四人帮"深恶痛绝，1976 年 4 月在全国范围内掀起了以"天安门事件"为代表的悼念周恩来、反对"四人帮"的革命群众运动。1976 年 1 月周总理不幸逝世，全党和全国人民无限悲痛。3 月底，北京上百万人连续几天到天安门广场，在人民英雄纪念碑前敬献花圈，抒发对周恩来的悼念之情，痛斥"四人帮"的倒行逆施。4 月 4 日清明节，天安门前的悼念活动达到高潮，天安门成了诗的世界、花圈的海洋。花圈中出现大量反对"四人帮"的诗词。4 月 5 日晚，"四人帮"对广场上的群众进行残酷镇压。南京、太原、西安、郑州、杭州等地，同时掀起类似的群众运动，均遭镇压。

以"天安门事件"为中心的"四五运动"，是人民群众对"四人帮"义愤的总爆发，是人民群众起来反对"文化大革命"

而进行的斗争，它为后来粉碎江青反革命集团奠定了群众基础。

真理标准讨论

"文化大革命"结束后出现的一场意义深远的思想解放运动。1978 年 5 月 10 日，中共中央党校内部刊物《理论动态》发表了由南京大学哲学系教师胡福明和中共中央党校理论室共同撰写的、经胡耀邦审阅修改定稿的文章《实践是检验真理的唯一标准》。11 日此文作为特约评论员文章在《光明日报》上发表。12 日《人民日报》和《解放军报》同时转载，全国各省、市的报纸也相继转载。

关于真理标准的讨论，是粉碎"四人帮"后在全党、全国人民中进行的一次深刻的马克思主义自我教育运动，它打破了长期以来"左"倾思想的禁锢，解放了人们的思想，为党的十一届三中全会的召开进行了思想准备。

中共十一届三中全会

1978 年 12 月 18 日至 22 日在北京举行。参加会议的有中央委员 169 人，候补中央委员 112 人。中央和地方有关部门的负责人列席了会议。全会结束了 1976 年 10 月以来党的工作徘徊不前的局面，开始全面地、认真地纠正"文化大革命"中及以前的"左"倾错误。充分肯定了必须完整地、准确地掌握毛泽东思想的科学体系，高度评价了关于真理标准问题的讨论，确定了解放思想、开动脑筋、实事求是、团结一致向前看的方针；停止使用"以阶级斗争为纲"的口号，做出全党工作重点转移到社会主义现代化建设上来的战略决策；提出要注意解决好国民经济重大比例严重失调的要求，同意将《中共中央关于加快农业发展若干问题的决定（草案）》和《农村人民公社工作条例（试行草案）》发到各省、市、自治区讨论并试行。讨论并原则同意 1979、1980 两年的国民经济计划安排。全会着重提出了健全社会主义民主和

加强社会主义法制的任务；审查和解决了党的历史上一批重大的冤假错案和一些重要领导人的功过是非问题，决定撤销中共中央发出的有关"反击右倾翻案风"运动和"天安门事件"的错误文件，审查并纠正了过去对彭德怀、陶铸、薄一波、杨尚昆等人所做的错误结论，提出要坚决地平反假案，纠正错案，昭雪冤案。全会认为，过去那种脱离党和群众监督，设立专案机构审查干部的方式，弊病极大，必须永远废止。全会增选陈云为中共中央政治局委员、常委、中央委员会副主席；邓颖超、胡耀邦、王震为中共中央政治局委员。成立中央纪律检查委员会，选举陈云为中纪委第一书记。这次会议从根本上冲破了长期以来"左"倾错误的严重束缚，端正了党的指导思想，重新确立了马克思主义的思想路线、政治路线和组织路线，是新中国成立后中国共产党历史上具有深远意义的转折。

对越自卫反击战

中国边防部队在广西、云南边境，于 1979 年 2 月 17 日至 3 月 16 日对越南进行的自卫反击战。这次自卫反击战，歼灭和重创了越军有生力量，拆除和摧毁了越方设在中国边境的据点和军事设施，击毁和缴获了大量武器和作战物资，捍卫了中国的领土主权，打击了越南的地区霸权主义。中越边界是中国清朝政府同法国于 1885 年至 1887 年签约划定的，全长 1347 公里，曾是一条友好边界。1957 年和 1958 年中越两国换文确认了维持边界现状的原则。从 1974 年起，越南不断派兵越界巡逻、修路、开荒，干涉中国方面的巡逻和生产活动，甚至毁坏边界标志，在边境地区调部队，增设边防点，破坏了两国友好的边界线。与此同时，越南当局还大肆驱赶华侨，恶化两国关系。1977—1978 年，中越双方就陆地边界问题举行副外长级谈判，因越方缺乏诚意而无进展。1978 年底至 1979 年初，越南连续出动部队，侵犯中国领土，袭击中国边防部队和边境居民，严重威胁了中

国南疆的和平与安全。1979 年 3 月 5 日，新华社奉中国政府之命发布声明，宣布中国边防部队被迫自卫还击，已达到预期目的，从即日起全部撤回中国境内，并且再次建议中越双方迅速举行谈判。3 月 16 日，中国边防部队全部撤回中国境内。

中美建交

中国与美国 1979 年 1 月 1 日正式建交，美国按照双方协议宣布同台湾断交，美国国务院正式通知台湾当局，美台《共同防御条约》将于 1980 年 1 月 1 日终止。1979 年内，美国暂停与台湾签订新的销售武器的协议。当日，华国锋总理就中美建交举行记者招待会，美国总统卡特也发表了电视讲话。1979 年 1 月 28 日至 2 月 5 日，邓小平副总理和夫人应美国总统卡特的邀请，赴美国进行正式访问。这次访问是中华人民共和国成立后，中国领导人第一次对美国的访问。3 月 1 日，中美两国在对方首都正式建立大使馆。同月，中国首任驻美大使柴泽民和美国首任驻华大使伍德科克分别到任。从此，中美两国关系进入到一个新时期。

经济特区

建立经济特区的设想，最早是由邓小平在 1979 年 4 月中央工作会议期间提出的。邓小平说，可以划出一块地方，叫特区。中央没有钱，要你们自己搞，杀出一条血路来。1979 年 7 月，中共中央和国务院正式批准广东、福建两省在对外经济活动中

1978 年 12 月，邓小平在中国共产党中央委员会第十一届三中全会上。这次会议重新确立了解放思想、实事求是的指导思想，开始了系统清理重大历史是非的拨乱反正。

实行特殊政策和灵活措施，决定在深圳、珠海、汕头、厦门 4 个市划出部分地区试办特区，当时称"出口特区"，后更名为"经济特区"。1980 年 5 月，中共中央下发 41 号文件，对《广东、福建两省会议纪要》作了批示，指出：一年来的实践证明，中央决定广东、福建两省在对外经济活动中，实行特殊政策和灵活措施是正确的。根据两省的有利条件，中央决定，在广东省的深圳市、珠海市、汕头市和福建省的厦门市，各划出一定范围的区域，试办经济特区。经济特区的管理，在坚持四项基本原则和不损害主权的条件下，可以采取与内地不同的体制和政策。1980 年 8 月，第五届全国人大常委会第十五次会议决定，批准国务院提出的在广东省的深圳、珠海、汕头和福建省的厦门设置经济特区，批准《中华人民共和国广东省经济特区条例》，完成了设置特区的立法程序。

四项基本原则

又称"四个坚持"，十一届三中全会以来党的路线的两个基本点之一。即坚持社会主义道路，坚持人民民主专政，坚持共产党的领导，坚持马克思列宁主义、毛泽东思想。其核心是坚持党的领导。1979 年 3 月 30 日，在中国共产党的理论务虚会上，邓小平针对十一届三中全会以来，党内外出现的"左"的和右的两种思潮，提出了四项基本原则的方针。指出，要在中国实现农业、工业、国防和科学技术四个现代化，必须在思想政治上坚持四项基本原则。1982 年 9 月，该方针作为"全党团结一致的政治基础"，写进了《中国共产党章程》。12 月，又载入《中华人民共和国宪法》。

改革开放

是社会主义初级阶段中国共产党基本路线的一个基本点，也是中共十一届三中全会以来全党、全国人民各项工作的中心点。邓小平同志是改革开放的总设计师。改革指包括经济体制和政治体制的全面改

革；开放指发展对外经济技术交流和合作，广泛的意义还包括对内开放，即加强和发展国内多种形式的横向经济联系和协作。

中国第一枚运载火箭

1980 年 5 月 18 日，中国第一枚运载火箭向太平洋预定海域发射成功。从中国本土到太平洋海上的测量船队，数百套中国自行设计制造的现代化设备，精确地测定、记录、报告着火箭发射后每一瞬间的情况。在电子计算机系统和飞行控制中心，一排排电视屏幕上五颜六色的数码和自动记录仪显示，火箭飞行一切正常。早已到达太平洋预定海域的中国远洋测量船队，布阵在火箭预定落区，各种设备迅速捕捉火箭的踪迹，记录下火箭的飞行数据。火箭从中国本土飞越万里长空，准确地落入了预定海域。

公审林彪、江青反革命集团

1981 年 1 月 25 日，最高人民法院特别法庭对林彪、江青反革命集团 10 名主犯做出判决。特别法庭庭长江华宣读特别法庭判决书。判决书详细列举了江青等 10 名主犯的犯罪事实，确认江青是林彪、江青反革命集团的首要分子。江青对她所组织、领导的反革命集团在十年动乱中危害中华人民共和国、颠覆政府、残害人民的罪行，都负有直接或间接的责任，情节特别恶劣。在十年动乱中，张春桥是向人民民主政权实行夺权的肇始者和煽动者、策划者。特别法庭根据江青等 10 名被告人犯罪的事实、性质、情节和对于社会的危害程度，依照

公审林彪、江青反革命集团主犯
最高人民法院特别法庭根据江青等 10 名被告人的犯罪事实、性质、情节和对社会的危害程度，依照《中华人民共和国刑法》有关条款，对 10 名被告进行了判决。

《中华人民共和国刑法》，分别判处：江青、张春桥死刑，缓期 2 年执行，剥夺政治权利终身；王洪文无期徒刑，剥夺政治权利终身；姚文元有期徒刑 20 年，剥夺政治权利 5 年；陈伯达有期徒刑 18 年，剥夺政治权利 5 年；黄永胜有期徒刑 18 年，剥夺政治权利 5 年；吴法宪有期徒刑 17 年，剥夺政治权利 5 年；李作鹏有期徒刑 17 年，剥夺政治权利 5 年；邱会作有期徒刑 16 年，剥夺政治权利 5 年；江腾蛟有期徒刑 18 年，剥夺政治权利 5 年。

关于建国以来党的若干历史问题的决议

1981 年 6 月 27 日中共十一届六中全会通过的一项重要决议。共分 8 个部分，即：建国以前 28 年历史的回顾；建国 32 年历史的基本估计；基本完成社会主义改造的 7 年；开始全面建设社会主义的 10 年；"文化大革命"的 10 年；历史的伟大转折；毛泽东同志的历史地位和毛泽东思想；团结起来为建设社会主义现代化强国而奋斗。决议以辩证唯物主义和历史唯物主义为指南，对建国 32 年来党的重大历史事件做出了正确的总结，特别是对"文化大革命"从理论上与实践上给予了彻底否定。实事求是地评价了毛泽东在中国革命中的历史地位，指出他对中国革命的功绩远大于过失；并且概括了毛泽东思想作为中国共产党的指导思想的伟大意义，强调毛泽东思想是中国共产党集体智慧的结晶。充分肯定了十一届三中全会以来逐步确立的、适合中国国情的建设社会主义现代化强国的正确道路，进一步指明了中国社会主义事业继续前进的方向。这是一个拨乱反正、继往开来的纲领性历史文献，对统一全国人民的思想认识，团结一致向前看，把我国逐步建设成为一个现代化的、高度民主的社会主义强国，具有深远的影响。

星火计划

20 世纪 80 年代中期，中国第一个依靠科学技术促进农村经济发展的计划。1985

年开始试点，1986 年正式实施。其宗旨是把先进适用的科技"星火"撒向广大农村，指导广大农民依靠科技振兴农业，引导乡镇企业健康发展，推动农村发展以科技为支柱的社会主义市场经济，推动农业现代化的进程。

"一国两制"

1983 年 6 月 26 日，邓小平首次公开具体地阐述"一国两制"的构想。他说，和平统一已成为国共两党的共同语言，但不是我吃掉你，也不是你吃掉我。我们希望国共两党共同完成民族统一，大家都对中华民族做出贡献。他说，制度可以不同，但在国际上代表中国的，只能是中华人民共和国。祖国统一后，台湾特别行政区可以有自己的独立性，可以实行同大陆不同的制度。司法独立，终审权可以不需到北京。台湾还可以有自己的军队，只是不能构成对大陆的威胁。大陆不派人驻台，不仅军队不去，行政人员也不去。台湾的党、政、军等系统，都由台湾自己来管。中央政府还要给台湾留出名额。

三峡工程

长江干流治理开发的水利工程，使自古以来无数仁人志士治理长江的梦想成为现实。这一工程是中国规模最大的水利枢纽，也是世界上装机容量最大的水电站。坝址在湖北省宜昌三斗坪，位于长江三峡中的西陵峡。控制流域面积为 100 万平方公里，占长江流域面积的 56%。坝址处多年平均流量为 14300 立方米 / 秒，基岩为完整坚硬的花岗石。

工程方案采用明渠通航三期导流的方案，枢纽主要由混凝土重力坝、水电站和双线多级船闸及一线垂直升船机组成。最大坝高 175 米，坝顶高 185 米，坝顶长 1983 米，正常蓄水位 175 米，初期蓄水位 156 米。总库容 393 亿立方米。水电站装机 26 台，总计 1820 万千瓦。采用"一级开发，一次建成，分期蓄水，连续移民"的建设方针。

三峡工程的实施将促进华中、华东、西南以至全中国的经济和社会发展。

邓小平南方讲话

1992 年春，邓小平先后在中国南方的武昌、深圳、珠海和上海等地视察，并就一系列重大问题发表重要谈话。谈话的主要内容是：革命是解放生产力，改革也是解放生产力，社会主义本质是解放生产力，发展生产力，消灭剥削，消除两极分化，最终达到共同富裕；党的"一个中心、两个基本点"的基本路线要长期坚持下去，不能动摇；改革开放胆子要大一些，建设的步伐要更快一点；判断姓"社"还是姓"资"的标准，应该主要看是否有利于发展社会主义的生产力，是否有利于增强社会主义国家的综合国力，是否有利于提高人民的生活水平；计划和市场都是经济手段，不是社会主义与资本主义的本质区别，在社会主义建设中要警惕"右"，但主要是防止"左"的影响，"右"和"左"都可以葬送社会主义；抓住有利时机，加速发展，力争中国经济建设隔几年上一个新台阶；坚持两手抓，一手抓改革开放，一手抓坚持四项基本原则；一手抓物质文明建设，一手抓精神文明建设，两手都要硬；注意培养接班人；保证中国长治久安，关键是中国共产党内部要搞好；正确认识社会主义发展进程中出现的暂时曲折，正确把握社会主义发展总趋势。

此后，中共中央政治局全体会议根据邓小平视察南方谈话精神，做出"关于加快改革开放和经济发展的决定"，标志着中国的改革开放和现代化建设事业进入新的阶段。1992 年 10 月，中共十四大召开，大会阐述了建设有中国特色社会主义的理论，明确提出了建立社会主义市场经济体制，加快改革开放的步伐。

香港回归

根据中英两国政府关于香港问题的联合声明，1997 年 7 月 1 日香港正式回到祖国怀抱。6 月 30 日午夜至 7 月 1 日凌晨，中英两国政府香港政权交接仪式在香港会议展览中心隆重举行。中国国家主席江泽民庄严宣告：中国对香港恢复行使主权。当天凌晨，中华人民共和国香港特别行政区政府成立，董建华任香港特区首任行政长官。香港回归标志着中国以"一国两制"和平解决祖国统一问题的基本国策的实施，为解决澳门问题和台湾问题提供了成功的先例。

1997 年 6 月 30 日午夜至 7 月 1 日凌晨，在香港会议展览中心，中英两国政府举行香港政权交接仪式。

澳门回归

中葡两国政府于 1987 年 3 月 26 日在北京草签了关于澳门问题的联合声明，宣告澳门将继香港之后回到祖国怀抱。联合声明称："中华人民共和国政府和葡萄牙共和国政府声明：澳门地区（包括澳门半岛，凼仔岛和路环岛，以下称澳门）是中国领土，中华人民共和国政府将于 1999 年 12 月 20 日对澳门恢复行使主权。"同时，还做出使澳门保持稳定和发展的各种安排。4 月 13 日，中葡关于澳门问题的联合声明在北京正式签署。澳门于 1999 年 12 月 20 日回归祖国。

汪辜会谈

中国政府一直积极致力于最终解决台湾问题，"汪辜会谈"是解决台湾问题过程中一个重要转折点。1993 年海峡两岸关系协会会长汪道涵与台湾海峡交流基金会董事长、台湾工商界巨头、国民党中央常委辜振甫在新加坡举行会议。1992 年 1 月 8 日汪道涵曾两度邀辜振甫，希望就两岸经济发展和两会会务交换意见，洽谈方案，推动两岸关系的交流与发展。3 月 12 日，辜振甫先生正式回函受邀。海基会副董事兼秘书长邱进益与海协会常务副会长唐树备先后在北京、新加坡举行磋商，为"汪辜会谈"做好准备，最后确定会谈地点在新加坡，定调为"民间性、事务性、经济性、功能性"。"汪辜会谈"的顺利举行是两岸关系发展的里程碑。"汪辜会谈"取得了一系列积极成果，使两岸交流有了正常化、制度化的联系渠道；两会领导人达成新的共识；确立加强两岸科教新闻交流原则；两地议定成立经济科技小组和综合事务小组，指定专人联系、处理两岸紧急事务问题。正式签署了《两岸公证书使用查证协议》《两岸挂号、函件查证、补偿事宜协议》《两岸联系与会谈制度协议》，发表了《汪辜会谈共同协议》。"汪辜会谈"为两岸进一步对话铺平了道路。

加入世贸

"世贸"指世界贸易组织，简称WTO，中国为加入世贸进行了十多年艰苦的谈判。2001 年 11 月 20 日，世贸组织总干事迈克尔·穆尔致函世贸组织成员，宣布我国政府已于 2001 年 11 月 11 日接受《中国加入世贸组织议定书》，这个议定书于 12 月 11 日生效，我国也于同日正式成为世贸组织第 143 个成员。中国加入世界贸易组织，可以全面参与世贸组织的各项工作，全面享受世贸组织赋予其成员的各项权利，并要遵守世贸组织规则，认真履行义务，积极参加世贸组织新一轮多边贸易谈判，这将不仅促进中国自身的改革开放和经济发展，还有助于多边贸易体制的发展。

2. 人物
毛泽东

（1893—1976）伟大的马克思列宁主义者，无产阶级革命家、思想家，中国共产党、中国人民解放军和中华人民共和国的主要缔造者和领导人。字润之，湖南湘潭韶山冲人。1913年考入湖南省立第一师范读书，1918年与蔡和森等发起组织新民学会。五四运动前后开始接受马克思主义，创办《湘江评论》。1920年先后组织社会主义青年团和共产主义小组，研究和宣传马克思主义。1921年7月出席中共一大，会后，任中共湘区委员会书记等职。1923年6月在中共三大上，当选为中央委员，并任中央局秘书。1926年11月任中共中央农民运动委员会书记，先后主持广州、武汉的中央农民运动讲习所。1927年"八七会议"上当选为中央政治局候补委员。会后领导秋收起义，在井冈山创建了第一个农村革命根据地，组建了中国工农革命军（后改称中国工农红军）第四军，并任党代表。开辟了以农村包围城市，最后夺取城市的革命道路。1930—1934年先后任红军第一方面军总政治委员，中华苏维埃临时中央政府主席、中共中央政治局委员，和朱德、周恩来等领导红军粉碎了国民党军队的四次军事"围剿"。1934年10月随中央红军进行长征。1935年1月，中共中央在遵义召开政治局扩大会议，确立了他在全党的领导地位。1937—1945年领导中国人民进行了抗日战争，1942年发动和领导了党内的整风运动。1943年3月，当选为中共中央主席和中央政治局主席，以后历届中央委员会均当选为主席，直至逝世。1946—1949年领导中国人民进行解放战争，推翻了国民党反动派的统治，建立了中华人民共和国，并当选为中央人民政府主席、全国政协第一届委员会主席。1954年9月当选为中华人民共和国主席。1958年制定建设社会主义的总路线，并领导发动大跃进和农村人民公社化运动。1959年辞去中华人民共和国主席职务。1966年错误地发动"文化大革命"。1976年9月9日逝世。

刘少奇

（1898—1969年）中国共产党和中华人民共和国主要领导人之一。字渭璜，湖南宁乡人。1920年加入中国社会主义青年团。1921年到苏联学习，转入中国共产党。1922年夏回国，在上海参加中国劳动组合书记部工作。参加领导了粤汉铁路工人大罢工、安源路矿工人大罢工、五卅运动和省港大罢工等斗争。大革命失败后，在上海、天津、东北等地从事党的白区工作。1931年1月在中共六届四中全会上，当选为中央政治局候补委员。任全国总工会党团书记。1932年冬进入中央革命根据地，先后任全国总工会委员长、中共福建省委书记等职。1934年10月参加长征，担任过红八、红五军团中共中央代表、红三军团政治部主任等职。遵义会议上，支持毛泽东的正确主张。1936年春任中共中央北方局书记。抗战初期，领导了山西抗日新军和华北、华中根据地的创建工作。皖南事变后，任新四军政治委员、中共华中局书记。1943年任中共中央书记处书记和中央军事委员会副主席。1945年在党的七大上，对毛泽东思想作了系统的论述，提出要用毛泽东思想作为党的指导思想。1949年任中央人民政府副主席、人民革命军事委员会副主席等职。1954年在一届人大第一次全体会议上，当选为人大常委会委员长。在中共八届一中全会上当选为中共中央副主席。在二、三届人大会议上，均当选为中华人民共和国主席、国防委员会主席。他对党的建设、工人运动和党的白区工作提出的理论观点，是毛泽东思想体系的重要组成部分。"文化大革命"开始后受到错误批判，并遭陷害和人身摧残，在河南开封病逝。1980年中共十一届五中全会公开为他恢复名誉。主要著作收入《刘少奇选集》。

周恩来

（1898—1976）中国共产党和国家、军队的主要创建人和领导人之一。字翔宇。原籍浙江绍兴，生于江苏淮安。1917年留学日本。1919年回国，在天津参加五四运动，1920年11月起先后赴法、德勤工俭学。1921年加入中国共产党，是中共旅欧总支部负责人之一。1924年9月至1926年冬，先后任中共两广区委委员长、黄埔军校政治部主任、国民革命军第一军政治部主任、中共中央军委书记等职，是中共党内最早从事军事工作的领导人。1927年先后领导上海第3次工人武装起义、八一南昌起义，为创建人民军队做出了重要贡献。第二次国内革命战争期间，历任中共中央组织部长、中央军委书记、中共苏区中央局书记等职。在中共六届一中全会上当选为中央政治局常委，以后历届均当选。1934年10月参加长征，在遵义会议上支持毛泽东的正确主张，并参加三人军事小组。西安事变后，作为中共全权代表去西安，促成了事变的和平解决。抗日战争期间，任中共中央代表和南方局书记，长期在国民党政府所在地武汉、重庆进行统一战线工作。1945年6月任中央政治局书记处书记。8月随同毛泽东参加重庆谈判。1946年11月任中国人民解放军总参谋长，协助毛泽东组织指挥解放战争。中华人民共和国成立后，一直担任国务院总理，并任军委副主席，第一、二、三届政协全国委员会副主席、主席，中共八、九、十届中央委员会副主席，并长期领导外交工作。

朱德

（1886—1976）中国人民解放军和中华人民共和国的创建人和领导人之一。四川仪陇人。早年考入云南陆军讲武堂，加入同盟会，参加过辛亥革命。后在滇军任职，参加了护国战争和护法战争。1922年赴德国留学，同年在德国加入中国共产党。后转赴苏联学习。回国后创办军官教导团，参加领导了八一南昌起义。1928年初，率南昌起义余部举行湘南暴动。4月至井冈山同毛泽东领导的部队会师，成立了中国工农革命军第四军，任军长。1930年起，历任红一军团军团长，红一方面军总司令，中国工农红军总司令，中华苏维埃共和国中央军委主席。与毛泽东一起指挥红军取得了3次反"围剿"的胜利，并与周恩来指挥红军取得了第四次反"围剿"的胜利。

长征途中同张国焘的分裂叛党活动进行了坚决的斗争。抗战爆发后，任八路军总指挥，领导八路军深入敌后开展抗日游击战争。1945年在中共七届一中全会上当选为中央政治局委员、中央书记处书记。解放战争时期任中国人民解放军总司令，协同毛泽东指挥了三大战役和渡江战役，推翻了国民党反动派的统治。新中国成立后历任中央人民政府副主席、中华人民共和国副主席、国防委员会副主席、人大常委会委员长等职。1955年被授予元帅军衔。

任弼时

（1904—1950）中国共产党领导者之一。原名培国，湖南湘阴人。1922年加入中国共产党。1925年任团中央组织部部长。中共五大至七大会议上均当选为中央委员。在"八七会议"和六届四中全会上当选为临时中央政治局委员、中央政治局委员。后历任中共长江局委员、组织部长兼湖北省委书记、武汉市委书记等职。1931年3月进入中央苏区。1933年任中共湘赣省委书记。长征途中，先后任红六军团政委、红二方面军政委，与张国焘分裂阴谋进行了坚决斗争，促成了二、四方面军与中央红军会师。抗战期间，历任八路军总政治部主任、中共中央秘书长、中央书记处书记，是中共七届中央政治局委员、书记处书记。1950年病逝。

董必武

（1885—1975）中国共产党的创始人之一。名用威，号璧伍，湖北黄安（今红安）人。1911年参加辛亥革命，并加入同盟会。1914年留学日本。1920年在武汉发起组织共产主义小组，1921年7月出席中共一大。会后任中共武汉地方委员会书记、中共湖北省委员等职。1927年赴苏联学习，回国后，历任中共中央党校校长、中共中央党务委员会书记、中华苏维埃共和国最高法院院长、工农检察委员会副主任等职。长征后，任中共中央党校校长、陕甘宁边区政府代理主席。1948 年任中共中央华北局书记处书记、华北人民政府主席。新中国成立后，历任中央财政经济委员会主任，政务院副总理，最高人民法院院长，中华人民共和国副主席、代理主席、全国人民代表大会副委员长等职。中共七届一中全会后，当选为历届中央政治局委员。十届一中全会上当选为中央政治局常委。

宋庆龄

（1893—1981 年）杰出的社会活动家，广东文昌（今属海南）人。1913 年毕业于美国威斯理安女子大学。1915 年与孙中山结为夫妇。孙中山逝世后，她坚持联俄、联共、扶助农工三大政策，同国民党右派进行了斗争。1927—1931 年在苏联和欧洲访问期间，两次被选为国际反帝同盟大会名誉主席。1932 年底在上海同鲁迅等组织中国民权保障同盟。抗日战争时期，先后在广州、香港组织保卫中国大同盟，积极支持抗日斗争。新中国成立后历任中央人民政府副主席、人大常委会副委员长、国家副主席等职。逝世前不久被接收为中共正式党员，并被第五届人大会议授予国家名誉主席称号。

邓小平

（1904—1997 年）我党我军的卓越领导人，我国社会主义改革开放和现代化建设的总设计师，邓小平理论的创立者。出生于四川广安，是中国共产党早期的党员和积极活动家。第一次国内革命战争时期，在西北革命军队中负责政治工作，后来到武汉，参加"八七会议"。第二次国内革命战争时期，他来到中央根据地，由于拥护毛泽东的正确路线而被当时党内"左"倾领导者撤职；随后到红军从事政治工作，参加长征，长征途中参加了遵义会议。抗日战争期间，担负起领导华北敌后抗日根据地的重任。在党的七大上被选为中央委员。解放战争期间，率大军强渡黄河，千里跃进大别山，揭开了人民解放战争全国战略反攻的序幕，成为以毛泽东为核心的

中共领导集体的重要成员。"文化大革命"中，受到错误批判和斗争，被剥夺一切职务。1977 年复出任职。他力挽狂澜，对"文化大革命"以来的严重困难局面开始全面整顿，取得了显著成效。在社会主义现代化建设的历史新时期，邓小平成为第二代中共领导集体的核心。创立了邓小平理论。创造性地提出了"一国两制"以实现祖国和平统一的构想，顺利解决了香港、澳门问题。1997 年因病逝世。

彭德怀

（1898—1974 年）中国共产党军事领导人，人民解放军创始人之一，湖南湘潭人。毕业于湖南讲武堂，1928 年加入中国共产党。同年 7 月领导平江起义，建立了工农红军第五军，开辟了湘鄂赣革命根据地。11 月率红军到井冈山，参加反"围剿"作战和长征。抗战时期任八路军副总指挥，协助朱德率八路军挺进敌后，开辟抗日根据地并指挥了著名的"百团大战"。解放战争时期任中国人民解放军副总司令、第一野战军司令员兼政委。率部转战陕甘宁地区，消灭了国民党胡宗南部，解放了大西北。新中国成立后历任中共中央西北局第一书记、西北军政委员会主席、中共中央军事委员会副主席、中国人民志愿军司令员兼政委、国务院副总理兼国防部部长等职。1955 年被授予元帅军衔。1959 年在庐山会议中被错定为"右倾机会主义分子"。"文革"中被迫害致死。

八路军副总司令彭德怀在前线指挥百团大战。

刘伯承

（1892—1986 年）四川开县人。1912 年考入重庆军政府将校学堂，之后参加护国、

护法战争。1926 年加入中国共产党。北伐战争时期，任国民革命军四川各路总指挥、暂编第十五军军长。1927 年参加领导南昌起义，任中共前敌委员会参谋团参谋长。后留学苏联。1930 年回国。土地革命战争时期，历任中央军委委员、中共中央长江局军委书记、中央革命军事委员会总参谋长，参加了长征。抗日战争时期，任八路军一二九师师长。解放战争时期，任晋冀鲁豫军区、中原军区、中原野战军、第二野战军司令员。中华人民共和国成立后，任中共中央军委副主席、全国人大常务委员会副委员长。1955 年被授予元帅军衔，是中共第七届中央委员，第八、九、十、十一届中央政治局委员。

贺龙

（1896—1969 年）中国人民解放军创始人之一。本名文常，字云卿，湖南桑植人。1914 年加入中华革命党。1916 年 2 月领导湘西暴动、组织讨伐袁世凯的民军，任总指挥。1923 年被孙中山任命为四川讨贼军第一混成旅旅长。1926 年参加北伐战争，历任国民革命军九军一师师长、二十军军长等职。1927 年参加领导八一南昌起义，任起义军总指挥，同年加入中国共产党。1928 年与周逸群等在湘鄂西建立根据地，任中国工农革命军第二军军长等职。1934 年参加领导开辟湘鄂川黔根据地，历任红二、红六军团总指挥、湘鄂川黔军区司令员等职。1935 年参加长征，任红二方面军总指挥。抗日战争时期，任八路军 120 师师长、晋绥军区司令员、陕甘宁晋绥五省联防军司令员。解放战争时期，任西北军区司令、西北军政大学校长、中共中央西北局第二书记等职。中华人民共和国成立后，历任西南军区司令员、国防委员会副主席、中共中央军事委员会副主席、国务院副总理兼国家体育运动委员会主任等职。中共八届一中全会上当选为政治局委员。1955 年被授予元帅军衔。

陈毅

（1901—1972 年）中国人民解放军创建、领导人之一。字仲弘，四川乐至人。1919 年赴法勤工俭学。1923 年在北京加入中国共产党。1926 年在川军中进行革命活动。1927 年 8 月在江西抚州参加南昌起义后南下的部队，任团党代表。1928 年初参加湘南起义，同年随朱德到井冈山与毛泽东会师。红军长征后，留任中央政府办事处主任，坚持游击战争。抗日战争时期历任新四军第一支队司令员、新四军代理军长、军长。解放战争时期任第三野战军司令员兼政委。1949 年 4 月率部打过长江，解放了南京、上海和东南广大地区。任上海市市长、华东军区司令员等职时，为建设新上海做出了重大贡献。后历任国防委员会副主席、国务院副总理兼外交部长等职。1955 年被授予元帅军衔。

叶剑英

（1897—1986 年）原名叶宜伟，字沧白，广东梅县人。1917 年入云南讲武堂。1927 年加入中国共产党，参加领导广州起义。1928 年赴莫斯科学习。1930 年回国，任中央革命军事委员会委员兼总参谋部部长，参加了长征。抗日战争时期，任八路军参谋长。1941 年任中央军委参谋长。解放战争时期，任中国人民革命军事委员会副总参谋长，北平市市长。中华人民共和国成立后，任中南军政委员会副主席，中南军区代司令员，军事科学院院长，中央军委副主席。1955 年被授予元帅军衔。是第五届全国人大常委会委员长，中共第八、九届中央政治局委员，第十至十二届中央政治局常委，第十、十一届中央副主席。

聂荣臻

（1899—1992 年）四川江津人。1922 年加入中国共产党。1924 年赴苏联学习。1925 年回国后，任黄埔军校政治部秘书兼政治教官，中共湖北省委军委书记。1927 年参与领导南昌起义、广州起义。土地革命战争时期，任中共广东省委军委书记，中国工农红军总政治部副主任。参加了长征。抗日战争时期，任八路军一一五师副师长，中共中央晋察冀分局书记。解放战争时期，任华北军区司令员、中共中央华北局第三书记。中华人民共和国成立后，任解放军代总参谋长，国务院副总理兼国家科学技术委员会主任，中共中央军委副主席。1955 年被授予元帅军衔。是第四、五届全国人大常委会副委员长，中国共产党第七至第十二届中央委员，第八、十一、十二届中央政治局委员。

徐向前

（1901—1990 年）原名徐象谦，字子敬，山西五台人。黄埔军校第一期毕业。1927年加入中国共产党。参加广州起义。土地革命战争时期，任工农革命军第四师参谋长、师长，红四方面军总指挥。参加了长征。抗日战争时期，任八路军一二九师副师长，陕甘宁晋绥联防军副司令员。解放战争时期，任晋冀鲁豫军区副司令员，华北军区副司令员。中华人民共和国成立后，任中国人民解放军总参谋长，中共中央军委副主席，中华人民共和国国务院副总理兼国防部部长。1955 年被授予元帅军衔。是第三、四届全国人民代表大会常务委员会副委员长，中共第七至十二届中央委员，第八、十一、十二届中央政治局委员。

罗荣桓

（1902—1963 年）湖南衡山（今衡东）人。1927 年加入中国共产党。同年参加了鄂南暴动和湘赣边界秋收起义。土地革命战争时期，任工农革命军红四军政治委员，中国工农红军后方政治部主任。参加了长征。抗日战争时期，任八路军一一五师政治部主任、政治委员，代理师长，山东军政委员会书记，山东军区司令员兼政委。解放战争时期，任东北民主联军副政治委员，第四野战军第一政治委员，中共中央华中局、中南局第二书记。中华人民共和国成立后，任中央人民政府最高人民检察署检察长，人民革命军事委员会副主席。1955 年被授予元帅军衔。是第一、二届全

国人大常务委员会副委员长，中共第七届中央委员、第八届中央政治局委员。

张闻天

（1900—1976 年）又名洛甫，上海南汇人。1925 年加入中国共产党，同年去苏联学习，并在共产国际东方部工作，1930年底回国。次年任中共中央宣传部部长，6 月当选为临时中央政治局常委，1933 年至江西革命根据地，在六届五中全会上当选为政治局委员和书记处书记。1934 年 2月当选为中华苏维埃共和国中央政府人民委员会主席。遵义会议上拥护毛泽东的正确领导，当选为政治局常委，主持中央工作。长征途中反对张国焘分裂主义的活动。1938 年后任中央书记处书记兼宣传部长、马列学院院长等职。在中共七大上当选为政治局委员，此后到东北做地方工作。新中国成立后，曾任驻苏联大使和外交部第一副部长。在中共八大上当选为中央委员和政治局候补委员。1959 年在庐山会议上与彭德怀一起受到错误批判。后任中国科学院经济研究所特约研究员，从事政治经济学等方面的理论研究。"文革"中遭迫害，在江苏无锡病逝。

马寅初

（1882—1982）经济学家、人口学家、教育家。浙江绍兴人。早年留学美国，获耶鲁、哈佛两大学经济学博士学位。1915年回国后，历任北京大学经济系主任、教务长，中国经济学社社长，中央大学教授兼经济系主任，南京国民政府立法院经济委员会委员长、财政委员会委员长等职。因反对蒋介石的对内镇压、对外不抵抗政策，1940 年 12 月被国民党政府逮捕。1944年 12 月获释。1948 年经香港进入东北解放区。中华人民共和国成立后，历任中央人民政府委员，政务院财政委员会副主任、华东军政委员会副主席、北京大学校长、中国人口学会名誉会长、中国银行常务董事等职。1957 年因发表《新人口论》而受

到错误批判，中共十一届三中全会后得到彻底平反。主要论著编入《马寅初经济论文集》。

陈寅恪

（1890—1969）江西义宁（今修水）人，生于湖南长沙。清光绪二十八年（1902年）经上海去日本求学，后因病回国。三十三年入上海吴淞复旦公学。宣统二年（1910年）起先后在德国柏林大学、瑞士苏黎世大学、法国巴黎高等政治学校、美国哈佛大学研究古文字学和佛学。通晓英、法、德、日、拉丁、希腊、梵、蒙、满、藏等多种文字，对魏晋南北朝史、隋唐史、蒙古史以及梵文、突厥文、西夏文等古文字和佛学经典，均有精到研究。著有《隋唐制度渊源略论稿》、《元白诗笺证稿》、《寒柳堂集》、《金明馆丛稿》、《柳如是别传》，有《陈寅恪文集》。

梁漱溟

（1893—1988）中国哲学家、教育家。原名焕鼎，字寿铭，广西桂林人。早年加入同盟会。1917年任北京大学印度哲学讲习，1924年辞离北大后，任河南村治学院教务长并接办北平《村治月刊》。1931年在邹平创办山东乡村建设研究院，任研究部主任、院长，倡导乡村建设运动。抗日战争中，主张团结抗日，参与发起组织统一建国同志会，后改组为中国民主政治同盟，任中央常务委员并为机关报《光明报》社长。1946年任民盟秘书长。新中国成立后，为第一、二、三、四届全国政协委员，第五、六届全国政协常委，并任中国孔子研究会顾问，中国文化书院院务委员会主席等职。一生致力于研究儒学学说和中国传统文化，造诣颇深。著作主要有《东西文化及其哲学》、《乡村建设理论》、《中国文化要义》、《人心与人生》。

李四光

（1889—1971）中国地质学家。原名仲揆，湖北黄冈人，曾留学日本和英国。

早年加入同盟会，参加辛亥革命。曾任北京大学地质系教授、中央研究院地质研究所所长。新中国成立后任地质部部长、中科院副院长、中科院古生物研究所所长、地质力学研究所所长等。1958年加入中国共产党。当

李四光像

选为中国科协主席，第一至第三届全国人大代表，第二至第四届全国政协副主席，中共第九届中央委员。毕生倡导以力学观点研究地质构造的发生、发展及组合的规律，认为各种构造形成是地应力活动的结果，建立了"构造体系"的概念，创建了地质力学学派。注重研究构造体系对矿产分布的控制，并倡议将地应力分析用于地震及地区稳定性的研究，取得了成效。著有《中国地质学》、《冰期之庐山》、《地质力学概论》、《地震地质》及文集《天文、地质、古生物》等。

竺可桢

（1890—1974）中国气象学家、地理学家和教育家，中国近代气象事业创始人之一。字藕舫，浙江上虞人。早年赴美国留学，获哈佛大学博士学位。回国后，任教于武昌高等师范学校、南京高等师范学校、东南大学、南开大学等，曾任中央研究院气象研究所研究员兼所长，浙江大学校长。新中国成立后任中科院副院长。当选为第一、二、三届全国人大常委会委员。任中华全国科学技术协会副主席，中科院综合考察委员会主任。当选为中国气象学会名誉理事长以及中国地理学会理事长等职。中科院生物学地学部主任。在研究中国气候的形成、特点、区划和变迁方面，以及气候学和自然科学史方面著有论文多篇，对台风、暴风也有研究。著有《竺可桢文集》、《竺可桢日记》等。

熊庆来

（1893—1969）字迪之，云南弥勒人，我国近代杰出的数学家、教育家。他18岁考入云南省高等学堂，20岁赴比利时学采矿，后到法国留学，获博士学位。他是公认的中国近代数学的先驱，亲手创建了国立东南大学、清华大学、西北大学、云南大学等中国近代四所大学的数学系，是我国高等学校中数学教育的开山人之一，对中国近现代科学发展做出了十分罕见的功绩。在他手中，先后培养出钱三强、赵九章、彭恒武、赵忠尧、陈省身等著名科学家，华罗庚也是被熊庆来慧眼识珠发掘的。熊庆来主要从事函数论方面的研究，他定义的无穷级被国际上称为"熊氏无穷级"，载入世界数学史册。

茅以升

（1896—1989）字唐臣，出生于江苏丹徒（今镇江），我国杰出的土木工程学家、桥梁专家、工程教育家。1937年11月，他在水文地质条件极其复杂的情况下，克服重重困难，设计建成了钱塘江大桥，打破了外国人垄断中国近代大桥设计和建造的局面，这是中国桥梁史上一个伟大的里程碑，也是中国桥梁建设史上的一项重大成就。新中国成立后，他主持我国铁道科学研究院工作30余年，为铁道科学技术进步做出了卓越的贡献，是将土力学学科应用于工程中的开拓者。在工程教育中，始创启发式教育法，坚持理论联系实际，致力教育改革，为我国培养了一大批科学技术人才。茅以升长期担任学会领导工作，是我国工程学术团体的创建人之一。著有《桥梁次应力》、《钱塘江桥》、《中国的古桥与新桥》，主编有《中国古桥技术史》。

严济慈

（1901—1996）浙江东阳人，我国现代物理研究工作的开创者之一。他于1923年毕业于南京高师，在大学期间编著的《初中算术》和《几何正题法》产生了广泛的影响，我国早期的许多数学家，几乎都读过这两本书。之后他赴法国留学，是世界上第一个精确测定石英压电定律"反现象"的人，成为第一个荣获法国国家科学博士的中国人。抗日战争时期，他领导开展应用光学的研究，研制大批军用光学仪器设备，在抗日战争中发挥了重要的作用。新中国成立后他曾担任中国科学院应用物理研究所所长、技术科学部主任、副院长以及《中国科学》主编等职务。他在压电晶体学、光谱学、地球物理学、压力对照相乳胶感光的效应以及应用光学等方面都取得许多重要成果，是我国杰出的老一辈科学家。

梁思成

（1901—1972）出生于日本东京，原籍广东新会，我国近代杰出的建筑学家和建筑教育家，著名学者梁启超之子。他11岁由日本回到北京，14岁进清华学校（清华大学前身）学习，1924年赴美国入宾夕法尼亚大学学习建筑，获得建筑硕士学位。回国后应东北大学之邀去沈阳创办了建筑系，1946年创设清华大学建筑系。他毕生都从事中国古代建筑的研究和建筑教育事业，系统地调查、整理、研究了中国古代建筑的历史和理论，是这一学科的开拓者和奠基者。他曾经参加主持中华人民共和国国徽、人民英雄纪念碑以及扬州"鉴真和尚纪念堂"的设计，还提出文物建筑保护的理论和方法。他的《中国建筑史》、《中国雕塑史》、《营造法式注释》都是典范之作。

童第周

（1902—1979）字蔚孙，浙江鄞县人，我国实验胚胎学研究创始人之一，国际知名胚胎学家。早年曾在比利时留学，取得博士学位。新中国成立后，历任中国科学院海洋研究所、动物研究所所长、中科院副院长等职务，参与领导了我国有关生物学方面规划的编制工作。童第周最突出的贡献在于对鱼类、两栖类动物和无脊椎动物卵子发育能力的独特创见。从20世纪50年代开始，他对文昌鱼的卵子发育规律进行了系统研究，为进一步确定文昌鱼在动物学上的位置提供了重要证据，丰富了实验胚胎学理论。60年代后，他又在细胞分化和性状遗传中的相互关系以及细胞核和细胞质与鱼类个体发育方面取得了突破性进展。此外，他在经济鱼类育种的新途径、经济水产动物的人工养殖和海洋有害生物的防治等方面也有着骄人的成就。1989年出版的《童第周文集》是他科研成果的集萃。

苏步青

（1902—2003）浙江平阳人。1927年毕业于日本东北帝国大学数学系，后入该校研究院，获理学博士学位。回国后，受聘于浙江大学数学系。1952年全国院系调整，到复旦大学任教，任教务长、副校长、校长等职，1983年起任复旦大学名誉校长。1985年起任温州大学名誉校长。历任第七、八届全国政协副主席，第五、六届全国人大常委，民盟中央副主席。1955年当选为中国科学院数学物理学部委员，兼任学术委员会常委。专长微分几何，创立了国内外公认的微分几何学派。撰有《射影曲线概论》、《射影曲面概论》等专著10部。研究成果有"船体放样项目"、"曲面法船体线型生产程序"等。

周培源

（1902—1993）江苏宜兴人，我国老一辈杰出的物理学家、教育家和社会活动家。1924年毕业于清华学校，后赴美就学于芝加哥大学和加利福尼亚理工学院，获得了学士、硕士、博士学位。新中国成立后曾任北京大学校长、中国科学院副院长、中国科协主席等职。他在物理学基础理论研究方面取得了辉煌的成果。在湍流理论方面，他首先提出脉动方程，建立了普通湍流理论，在国际上形成了"湍流模式理论"流派。他还在世界上第一次用实验确定了从衰变初期到后期的湍流衰变规律和微尺度扩散规律的理论结果，并将这些结果推广到普遍湍流运动中去。在广义相对引力论方面，他提出了"谐和条件是物理条件"的重要观点，在世界上首次

获得地球表面水平方向和竖直方向传播速度的相对差值在10—11量级上相同的结果。

王淦昌

（1907—1998）江苏常熟人，我国现代著名的核物理学家。1929年从清华大学物理系毕业，之后赴德国柏林大学留学并获哲学博士学位。回国后曾任山东大学、浙江大学教授。他是中国核武器研究实验工作的开拓者。在我国的核武器研制中，他作为主要的科学技术领导人之一，指导并参加了原子弹、氢弹的研制工作。他指导了中国第一次地下核试验，领导并具体组织了中国第二、三次地下核试验。在他的主持、指导下，抗电磁干扰、近区核爆炸探测、炸药工艺、抗核加固技术和激光模拟核爆炸试验等方面都取得突破性进展。他也是中国惯性约束核聚变研究的奠基者。1964年，他与苏联著名科学家巴索夫同时独立地提出激光惯性约束核聚变的新概念。他一手促成了中国高功率激光物理联合实验室的成立，并一直指导着惯性约束核聚变的研究。

华罗庚

（1910—1985）中国著名数学家，江苏金坛人。初中毕业后刻苦自学，取得优异成绩。1930年入清华大学，1936年赴英国留学。1938年回国后任西南联合大学教授。1946年赴美，任普林斯顿高级研究所研究员、伊利诺伊大学教授。新中国成立后曾任清华大学教授，中国科技大学数学系主任、副校长，

1974年，华罗庚（左三）下乡推广优选法。

中科院数学研究所、应用数学研究所所长，数学物理学化学部委员、副主任，中科院副院长，中国科技协会副主席。曾当选为一至六届全国人大常委会委员，第六届全国政协副主席，中国民主同盟副主席。在解析数论、典型群、矩阵几何学、自守函数论与多复变函数论等许多方面有深刻的研究和开创性的贡献。从 20 世纪 60 年代初期开始，他把数学方法创造性地应用于国民经济领域，筛选出以改进工艺问题的数学方法为内容的优选法和处理生产组织与管理问题为内容的统筹法，并亲自到全国各地推广应用。主要著作有《堆垒素数论》、《数论导引》、《高等数学引论》、《典型群》、《典型域上的调和分析》以及《优选法平话及其补充》、《统筹法平话及补充》等。

钱学森

（1911—2009）中国著名物理学家，政治活动家，中国科学院院士，中国工程院院士。原籍浙江杭州，1911 年 12 月 11 日生于上海。1934 年毕业于上海交通大学铁道机械工程系。1938 年获美国加利福尼亚理工学院航空及数学博士学位，并留美进行科学研究及任教，曾任加利福尼亚理工学院喷气推进中心教授，1955 年回国。他是中国航天事业的杰出奠基人之一，1956 年最先为中国导弹与火箭技术设计了实施方案，负责规划与组建了国防部第五研究院，长期直接参与组织领导和主持了中国运载火箭、导弹、卫星的试验研制，为中国航天事业的创建与发展做出了卓越的贡献。20 世纪 60 年代开始致力于研究系统工程论和系统科学。发表研究论文 300 余篇，其中 1938—1956 年期间的论文有《钱学森文集》，并有《工程控制论》等专著多种。

钱三强

（1913—1992）原名钱秉穹，出生于浙江绍兴，他的父亲钱玄同是中国近代著名的语言文字学家。他年轻时就读于清华大学物理系，毕业后进入巴黎大学居里实验室做研究生，导师是居里的女儿、诺贝尔奖获得者伊莱娜·居里及其丈夫约里奥·居里。在法国学习和研究期间，钱三强在原子核物理学领域中取得了突出的成果。他首先从理论和实验上确定了 5 万电子伏特以下的中低能电子的（真）射程与能量的关系。他根据实验继续分析研究得出能量与角分布等关系，对三分裂现象从实验与理论两方面做出了全面的论述，得到了全世界的公认。1948 年回国后，他培养了一批从事研究原子核科学的人才，建立起中国研究原子核科学的基地。在原子弹的研究中，钱三强担任技术上的总负责人、总设计师，在"两弹一星"的领域创造了世界上最快的发展速度，为中国原子能科学事业的创立、发展和"两弹"研制做出了突出贡献。

卢嘉锡

（1915—2001）生于福建省厦门市，原籍台湾台南，祖籍福建永定。英国伦敦大学哲学博士，研究员、教授，中国科学院院士。中国物理化学家。早年设计的等倾斜魏森堡照相的 Lp 因子倒数图，曾为国际 X 射线晶体学界普遍采用。1944 年，由于在燃烧与爆炸研究方面的出色成绩，被美国国防委员会授予科学研究与发展成就奖。同年成为中国化学学会永久会员。他还是中国科学院福建物质结构研究所的创始人。曾任中国科学院院长。1973 年在国际上最早提出固氮酶活性中心网兜模型之一，之后又提出过渡金属原子簇合物"自兜"合成中的"元件组装"设想，还系统地提出一些 [MO3S4]4 簇合物的"类芳香性"本质问题，因而使中国化学模拟生物固氮及有关原子簇合物的合成和结构化学研究跻身世界前列。

吴运铎

（1917—1991）生于湖北省武汉市，我国现代杰出的兵工专家。幼年时期曾在煤矿做童工、当学徒，1938 年参加了新四军，在军司令部修械所工作。在革命队伍中，读完了中学课程，并自修了机械制造专业理论。

抗日战争中，他在各方面条件极端困难的情况下研制出杀伤力很强的枪榴弹和发射架及各种地雷、手榴弹。新中国成立后，他先后任前中南兵工局副局长、二机部第一研究所所长和兵器科学研究院副院长兼总工程师等职务。1954—1965 年间，他主持了无后坐力炮、高射炮、迫击炮和轻武器等多项重要课题研究，取得了重大成果，并且为国家培养了一批年轻的兵工人才，为改善我军装备、实现国防现代化做出了不可磨灭的贡献。

邓稼先

（1924—1986）中国著名物理学家，安徽怀宁人。1945 年毕业于西南联合大学物理系。1948 年赴美国留学，1950 年获普渡大学博士学位。当年返国后曾任中科院近代物理研究所助理研究员、副研究员。1958 年，任第二机械工业部核武器研究所理论部主任、副所长、所长。核工业部建立后，任第九研究设计院副院长、院长，部科学技术委员会副主任，国防科工委科学技术委员会副主任。1980 年当选为中科院数学物理学部委员。主要从事核物理、中子物理、等离子体物理、统计物理和流体物理方面的研究。是中国核武器理论研究工作的开拓者与奠基人之一，也是中国核试验的主要组织领导者之一。被誉为中国的"两弹元勋"。

陈景润

（1933—1996）福建闽侯人，我国杰出的数学家。他年青时代就立志于解决哥德巴赫猜想，1953 年从厦门大学毕业后，他的数学论文受到华罗庚教授的赏识，把他调到中国科学院数学研究所当实习研究员，从此便在华罗庚的指导下，向哥德巴赫猜想进军。1966 年，陈景润在物质条件极端简陋的情况下，攻克了世界著名数学难题"哥德巴赫猜想"中的 (1+2)，创造了距摘取这颗数论皇冠上的明珠 (1+1) 只有一步之遥的辉煌。他证明了"每个大偶数都是一个素数及一个不超过两个素数的乘积之和"，这就是著名的"陈氏定理"。这一定理被誉为筛法的光辉顶点，

在世界上被广为征引。他研究哥德巴赫猜想和其他数论问题的成就，至今仍然在世界上遥遥领先。他在组合数学与现代经济管理、科学试验、尖端技术等方面也卓有成就，有《数学趣味谈》、《组合数学》等著作传世。

袁隆平

（1930—）中国水稻育种专家，中国工程院院士。1930 年 9 月 7 日生于北京。1953 年毕业于西南农学院。先后任湖南省农业科学院研究员，湖南农学院、西南农学院教授等职。20 世纪 60 年代，开始致力于杂交水稻的研究。70 年代先后主持育成了南优 2 号等杂交水稻品种，1975 年又研究出一整套生产杂交种子的制种技术，使杂交水稻得以大面积推广，比常规良种约增产 20% 左右，这是水稻育种史上的又一次重大突破。为此他在 1981 年荣获中国第一个国家特等发明奖，1985 年荣获联合国知识产权组织授予的"杰出发明家"金质奖章，1987 年获联合国教科文组织科学奖。1993 年获美国布朗大学设立的菲因斯特拯救饥饿奖。在国内外享有"杂交水稻之父"的称号。著有《杂交水稻》等。

郭沫若

（1892—1978）著名作家、诗人、历史学家、社会活动家。原名开贞，号尚武，四川乐山人。1914 年赴日本留学，入九州帝国大学学医。1918 年开始新诗创作。五四运动时期，积极从事新文化运动，1921 年出版第一部诗集《女神》，并与郁达夫、成仿吾等组织"创造社"。1926 年参加北伐战争，任国民革命军总政治部副主任。1927 年参加南昌起义，在南下途中加入中国共产党。1928 年因遭蒋介石通缉，旅居日本，从事中国古代史和甲骨文、金文的研究，写成《中国古代社会研究》、《甲骨文字研究》、《卜辞通纂》。1930 年加入中国左翼作家联盟。抗战爆发后，回国从事抗日救亡运动。曾任《救亡日报》社长、中华全国文艺界抗敌协会理事、国民政府军事委员会政治部第三厅厅长

和文化工作委员会主任。其间创作了《屈原》、《虎符》等大型历史剧。1944年发表了《甲申三百年祭》，曾被定为解放区整风学习文件。所著《青铜时代》、《十批判书》创见颇多。1949年北平解放后，被选为全国文联主席。新中国成立后，任中央人民政府委员、政务院副总理兼文化教育委员会主任、中国科学院院长兼哲学社会科学学部主任、中国人民保卫世界和平委员会主席、中日友好协会名誉会长、全国人大常委会副委员长、全国政协副主席。中国共产党第九、第十、第十一次全国代表大会均当选为中央委员。长期从事科学文化教育事业的组织领导工作。发表了《蔡文姬》等历史剧作。1978年6月12日在北京逝世。

老舍

（1899—1966）现代当代作家、戏剧家，原名舒庆春，字舍予，满族，北京人。1918年北京师范学校毕业后任小学校长。1924年应聘到英国伦敦大学东方学院当中文讲师。在英期间创作了长篇小说《老张的哲学》《二马》等。这些小说以"看戏"的态度来旁观北京的众生相，文笔轻松活泼、幽默诙谐。1926年加入文学研究会。1944年开始创作近百万字的长篇巨著《四世同堂》，1946年完稿。这是一部结构谨严、气势磅礴、饱含感情的民族抗争史。曾因创作优秀话剧《龙须沟》而被授予"人民艺术家"称号。他的作品大都取材于市民生活，为中国现代文学开拓了重要的题材领域。主要著作有长篇小说《骆驼祥子》《火葬》等，中篇小说《月牙儿》等，短篇小说集《赶集》、《樱海集》等，剧本《龙须沟》、《茶馆》等。

冰心

（1900—1999）现当代女作家，儿童文学作家，原名谢婉莹，福建长乐人。1919年开始发表第一篇小说《两个家庭》。其后，受泰戈尔《飞鸟集》的影响，写作无标题的自由体小诗。这些晶莹清丽、轻柔俊逸的小诗，后结集为《繁星》和《春水》出版，被人称为"春水体"。1921年加入文学研究会。1923年赴美留学，获威祺利女子大学文学硕士学位，其间，写有散文集《寄小读者》，显示出婉约典雅、轻灵隽丽、凝练流畅的特点。这种独特的风格曾被时人称为"冰心体"。1926年回国后曾任燕京大学、清华大学教师。1946年赴日本，曾任东京大学教授。1951年回国，先后任《人民文学》编委、中国作家协会理事、中国文联副主席等职。作品主要有散文集《归来以后》、《再寄小读者》、《三寄小读者》，小说集《超人》、《去国》、《冬儿姑娘》，以及《冰心全集》、《冰心文集》、《冰心著译选集》等。

巴金

（1904—2005）中国现当代作家，被鲁迅称为"一个有热情的有进步思想的作家，在屈指可数的好作家之列的作家"。原名李尧棠，字芾甘，四川成都人。1920年入成都外国语专门学校。1923年从封建家庭出走，就读于上海和南京的中学。1927年初赴法国留学，写成了处女作长篇小说《灭亡》。1929年到1937年间任文化生活出版社总编辑，主编有《文学月刊》等刊物和《文学丛刊》等丛书。抗日战争爆发后，编辑《呐喊》、《救亡日报》等报刊。1949年后，巴金曾任全国文联副主席、中国作家协会主席、中国笔会中心主席等职。早期小说主要取材于腐朽的封建家庭和"五四"后开始觉醒的青年知识分子的生活，以此展示了封建势力必然崩溃，民主革命必然兴起的伟大历史转折。在艺术上长于通过细腻的心理刻画表现人物，语言自然流畅富有诗意。其作品大都充满热烈的感情激流和扣人心弦的力量，从而形成独特的直抒胸臆的艺术风格。代表作有"激流三部曲"（《家》、《春》、《秋》）、"爱情三部曲"（《雾》、《雨》、《电》）等。20世纪40年代，《寒夜》等作品体现了巴金创作的转型和深入，是其小说创作的另一高峰。其巨作《随想录》是我国反思"文化大革命"的标志性作品，是1949年以来我国散文的代表作品。